KB271355

민족불교의 이상과 현실

김광식

건국대 사학과를 졸업하고 동 대학원을 졸업하였다.(문학박사).
독립기념관의 책임연구원과 전시부장을 거쳐 현재 부천대 초빙교수,
대각사상연구원 연구부장, 백담사 만해마을 연구실장, 조계종 불교사연구위원으로
있으면서 근현대불교를 중점적으로 연구하고 있다.
지은 책으로『고려무인정권과 불교계』,『한국근대불교사연구』,『한국근대불교의 현실
인식』,『근현대불교의 재조명』,『새불교운동의 전개』,『한국현대불교사연구』,『용성』,
『그리운 스승 한암스님』,『만해 한용운평전─ 첫 키스로 만해를 만난다』,『아! 청담』,
『동산대종사와 불교정화운동』,『우리가 살아온 한국불교백년』 등이 있다.

민족불교의 이상과 현실

글쓴이 · 김광식 / 펴낸이 · 김인현 / 펴낸곳 · 도피안사
2007년 11월 28일 1판 1쇄 인쇄 / 2007년 12월 15일 1판 1쇄 발행
영업 · 혜국 정필수
관리 · 법해 김대현, 혜관 박성근
인쇄 · 금강인쇄(주)
등록 · 2000년 8월 19일(제19-52호)
주소 · 경기도 안성시 죽산면 용설리 1178-1
전화 · 031-676-8700 / 팩시밀리 · 031-676-8704
E-mail · dopiansa@kornet.net

저작권자 ⓒ2007 김광식

ISBN 978-89-90223-34-0 04220
      89-90223-00-8 (세트)

眞理生命은 깨달음[自覺覺他]에 의해서만 그 모습[覺行圓滿]이 드러나므로
도서출판 도피안사에서는 '독서는 깨달음을 얻는 또 하나의 길'이라는 신념으로 책을 펴냅니다.

山高水長 2

민족불교의

이상과 현실

김광식

DO PIANSA 到彼岸社

머리말

근대기 불교계의 화두는 불교의 발전이었다. 이에 조선시대의 억압 상태 및 승려중심의 불교에서 벗어나 도회지 중심의 불교 및 대중불교로 나아가기 위한 다각적인 노력을 하였다.

그러나 당시는 서구문명의 후원을 받은 개신교세의 급증, 일제의 첨병이었던 일본불교의 침투, 일제에 의한 국권상실이 동시에 등장하였기에 불교로서는 이를 감당하는 것이 간단하지 않았다. 더욱이 한국을 식민지화한 일제는 불교를 행정적으로 철저히 관리, 통제하는 식민지불교 체제를 구현하였다. 그리하여 일시적으로는 일제 및 일본불교에 좌절되거나 친일의 모습이 나타난 경우도 있었다. 그러나 불교는 불교 본연의 길을 가면서 불교가 처한 시대적인 사명을 결코 저버리지는 않았다. 이처럼 근대기 불교가 걸어가야 할 길은 민족불교의 지향이었다.

이러한 성격을 갖고 있는 민족불교의 근대적 전개는 불교의 근본이념인 상구보리와 하화중생의 적극적인 실천이었다. 달리 말하자면 근대기 불교는 민족의 문제를 끌어안아야 되었고, 저버릴 수도 없었다. 즉 개항기, 일제강점기의 불교의 이해에 있어서는 민족의 문제를 고려하지 않고서는 그 본질에 다다를 수 없다. 민족은 식민지 한국에서 삶을 구현하였던 중생의 다른 이름이었으며, 불교계 구성원이었고, 불교 포교의 대상이었다. 민족의 고통과 모순을 해결하는 것이 불교가 갖고 있는 보살도의 실천으로 인식되어야만 되었다. 그리하여 불교와 민족은 동질적인 인식의 대상이었다. 간혹 불교와 민족은 함께 등장하지 않은 경우도 있어 우리는 불교계가 민족의 문제를 껴안았다고 주장하는 필자의 주장에 선뜩 동의하지 않을 수 있다. 그러나 독자들도 필자가 근대기 불교를 연구하면서 불교와 민족문제가 연결되어 있는 소재, 내용, 활동을 중점적으로 분석한 본서를 접하게 되면 그에 대한 우려는 해소될 것이다.

이 책은 필자가 근현대 민족불교와 연관된 주제를 연구하여, 개별 논문으로 발표한 것을 재정리하여 펴낸 것이다. 그 주제 및 내용을 대별하여 불교의 민족의식, 민족불교의 고뇌로 구분하였다.

'1부 불교의 민족의식'에서는 항일승려 백초월, 대한승려연합회 선언서, 치열한 무장항쟁을 전개한 법정사의 사례, 3·1운동의 민족대표인 백용성의 독립운동 방략, 비밀결사 만당의 추이와 효당, 이청담의 영산도, 강석주의 민족불교 지향을 살펴보았다.

'2부 민족불교의 고뇌'에서는 명진학교와 민족불교 형성, 중앙학림 설립에 나타난 근대성과 일제의 개입, 사찰령 수용에 관련된 고뇌와 대응, 식민지불교와 제주불교와의 연계, 불교개혁에 나선 학인대회, 그리고 일제강점기 조계종의 종정과 종무총장을 역임한 한암, 지암의 행적과 성격에 관한 내용을 분석하였다.

최근 한국불교학 분야에서는 한국불교의 정체성에 대한 논란이 약간 있었다. 한국불교 1700년 역사에서 한국불교의 정체성, 특성을 논하는 것은 간단한 문제가 아니다. 지금껏 한국불교의 특성과 관련하여 호국불교, 통불교, 원융불교의 개념이 활용되었다. 그런데 필자는 한국불교의 전통 및 정체성을 점검하기 위해서는 지금 현재의 한국불교에 대한 탐구가 필히 선행되어야 한다고 본다. 불교 현장 및 현실에 대한 이해, 탐구도 없이 한국불교사 1700년의 흐름과 본질을 논한다는 자체가 어불성설이다.

거듭 강조하건대 자신이 서 있는 한국불교 현실에 대한 냉정한 분석과 이해하에 한국불교의 정체성, 전통 탐구에 나서길 기대한다. 이러한 전제하에 필자는 이 책이 한국불교 현장, 현실 이해에 일익을 제공할 수 있다는 점에서 출간의 의의를 찾고자 한다.

지금까지 필자가 근현대불교의 연구 개척이라는 처절한 화두를 들고 전국 각처를 순방하거나, 자료수집을 위해 고군분투할 때에, 혹은 새로운 연구 주제를 풀지 못해 고민을 할 때에 격려해주시고, 다양한 후원을 베풀어주신 수많은 분들께 우선 감사의 말씀을 드린다. 필자의 본 저술이 한국불교사의 재정립 혹은 한국불교의 현재와 미래를 고뇌하는 분들에게 조금이나마 도움이 되었다면 이에 대한 공로는 전적으로 전국 각처의 그분들에게 돌려야 할 것이다.

한편, 필자의 무딘 감각을 일깨워주시고 불법과 삶의 오묘한 진리를 가르쳐주신 백담사의 무산 오현스님의 넉넉한 품이 있었음에 필자의 오늘이 있었음을 고백한다.

그리고 척박한 불교문화, 출판문화를 기름진 땅으로 일구며, 본서 출간의 인연을 만들어주신 안성 도피안사의 송암스님께도 고마움을 드린다. 송암스님이 추구하는 대각구국구세정신과 반야바라밀 정신

이 이 땅에 무궁하기를 발원한다. 본서가 송암스님의 대각구국구세정
신의 발현임을 체감하면서, 근현대불교 연구의 심화를 필자의 삶의
이정표로 삼겠다는 다짐을 하면서 글을 맺는다.

2007년 11월

김 광 식

머리말 4

1부 - 불교의 민족의식

불교의 민족의식

법정사 항일운동의 재인식

1. 서언

1918년 10월 5~7일, 제주도 중문의 법정사에는 일제를 처단, 구축
하려는 승려, 불교도, 선도교도, 농민 등 수십여 명이 모여 있었다. 이
들은 제주도의 일제, 일본인을 제주도에서 내몰고 국권회복을 기하려
는 목적에서 무장 항일투쟁을 개시하였다. 그들은 화승총과 곤봉 등
을 들고 서귀포를 향하여 그 행보를 내딛기 시작하였다. 중문지역의
농민들도 그 대열에 참여하면서, 400여 명에 달한 항일투쟁 세력은
중문지역에서 일제의 통치기관, 시설을 파괴하였다. 나아가서 이 세
력은 일본인, 개신교인에게도 위해를 가하였으며, 일제에 구금되어
있었던 농민 13명을 석방시켰다. 그러나 이 항쟁은 일제의 적극적인
반격, 진압으로 말미암아 중도에 실패하고 말았다. 이에 법정사의 항
일투쟁 세력은 퇴각하였으며, 그 주도자들은 체포되었고, 일부 관련
자들은 피신할 수밖에 없었다. 일제에 피체되어 검거된 인원은 66명
이었으며, 재판에 회부되어 실형을 받은 대상자는 31명이었다.

이러한 법정사 무장투쟁은 국권회복을 위한 항일운동이었다. 이 운동은 1910년 국권상실 이후부터 1919년 3·1운동의 발발 이전까지의 한국 독립운동사의 흐름을 유의해보아도 그 구체적인 내용, 지향이라는 면에서 특이한, 주목할 만한 역사적인 사건이었다. 그러나 지금껏 이 운동에 대한 전체적인 개요, 내용, 성격, 위상 등에 대한 전반적인 검토는 역사학계, 불교계 등 관련 학문분야에서 전혀 수행되지 않았다. 다만 최근 이 운동의 전모와 내용을 밝힐 수 있는 일제 측 기록(형사사건부, 수형인명부, 판결문, 고등경찰요사)[1]이 발굴되면서 운동의 내용이 파악되었고, 신문에서도 보도하기[2] 시작하였다. 그리고 동시에 이 운동을 주제로 한 토론회(중문청년회의소)와 심포지엄(제주학회)이 개최되었다. 이러한 분위기에 힘입은 관련 논문이 집중적으로 발표되었다.[3] 그 결과 운동의 전개과정, 참가자의 분석, 참가자의 사회경제적 배경, 1910년대 제주도 종교현황 등이 정리되면서 운동에 대한 이해는 상당히 진전되었다. 그러나 이 운동에 대한 전모와 성격

---

1) 그 자료는 다음과 같다. 1918년도 형사사건부(광주지방법원 목포지청 검사분국), 수형인명부(광주지방법원 제주지청), 정구용의 대구복심법원 판결문(1923.6.29, 정부기록보존소), 고등경찰요사(1934, 경상북도 경찰부).
2) 『불교신문』 1994.3.2, 「3·1절 특집, 무오년 제주법정사 항일무장봉기」.
3) 그 연구성과는 다음과 같다.
　　김봉옥, 「법정사 항일운동의 재조명」, 『제주도사연구』 4, 1995.
　　임혜봉, 「제주 법정사 스님들의 항일투쟁」, 『중문청년회의소 창립20주년, 해방50주년 기념학술토론회 자료집』, 1995.
　　안후상, 「무오년 제주 법정사 항일항쟁 연구」, 『종교학연구』 15, 1996.
　　박찬식, 「1918년 중문지역의 항일운동」, 『제주도』 99, 1996.
　　박찬식, 「법정사 항일운동의 역사적 성격」, 『제주도연구』 22, 2002.
　　조성윤, 「일제하 제주도의 종교상황과 법정사 항일운동」, 『제주도연구』 22, 2002.
　　김창민, 「법정사 항일운동 가담자와 운동의 성격」, 『제주도연구』 22, 2002.
　　김정인, 「법정사 항일투쟁의 민족운동사적 위상」, 『제주도연구』 22, 2002.
　　한금순, 「1918년 제주 법정사 항일운동의 성격」, 『대각사상』 9, 2006.

을 이해하기에는 아직도 해결할 문제가 적지 않다. 때문에 이 운동이 한국근대사, 독립운동사, 근대불교사, 한국종교사, 제주사 등 각 분야의 일반사에 포함시키기에는 난점이 제기되는 것이다.

현재, 이 운동에 대한 구체적인 이해를 어렵게 하는 요인은 무엇인가? 우선 이 운동은 참가자의 구성원이 승려, 불교도, 선도교도, 농민 등 다양한 구성원이 포함되었기에 그 성격을 파악하기에는 적지 않은 난점이 제기되어 왔다. 두 번째는 일제강점기의 제주도에서의 선도교도에 대한 비판적인 정서가 잔존하고 있다. 간혹 이 운동이 선도교(보천교)난,[4] 폭동으로 매도당하고 선도교의 성격을 약화시키려는 것은 이를 예증한다. 세 번째는 관련 자료가 미흡하다는 것이다. 현전하는 자료는 일제 측 재판 관련의 기록과 약간의 보도기사뿐이다. 재판기록도 중요하지만, 재판기록의 한계도 있음을 분명히 이해해야 할 것이다. 네 번째는 이 운동을 연구, 발표한 선학의 연구에 있어서 일부 편향적인 접근과 지나친 해석이다. 운동을 초기에 연구한 개척적인 의미는 있지만, 그 이후 연구의 일정한 장애로 작용하고 있음을 유의해야 한다. 연구와 해석은 자유, 자율이지만 학문탐구에 있어서는 實事求是적 기본에서 엄정한 학문적인 자세, 냉정한 객관성, 자료중심의 이해, 적절한 해석, 풍부한 상상력의 활용이 기본임을 잊지 말아야 할 것이다. 다섯 번째는 이 운동의 해명과 연구는 그 출발 자체가 관련 유족, 지방자치단체가 개입, 주도하였음을 부인하기 어렵다. 이 측면은 일면으로는 연구의 활성화를 촉발시키기도 하지만 지원과 개입의

---

4) 본 고찰에서는 보천교, 태을교라는 명칭보다는 법정사 항쟁에 관여한 선도교라는 표현으로 통일하여 정리하겠다. 보천교는 1920년대 초반부터 등장한 명칭이고, 태을교와 선도교는 1910년대에 함께 쓰인 명칭이지만 제주도에 연관이 보다 많은 선도교라는 명칭을 활용하고자 한다.

역할은 분담되고 조율되어야 할 것이다. 비판적으로 본다면 연구자들이 주최 측의 원심력에 이끌린 면이 없었는가도 생각해볼 문제이다. 다만 자료수집, 증언 청취, 자료 제공 등이라는 면에서 적극성을 발휘한다면 좋은 결과가 나올 것이다.

본 고찰은 필자의 이 운동에 대한 최종 분석, 해석이라는 입장에서 발표하는 것은 아니다. 필자가 이 운동에 대한 개요와 성격을 접한 지는 오래되었으나 연구의 기회를 갖지 못하였다. 그러나 최근 제주의 근현대불교사 연구에 관심을 갖게 되면서 구체적인 자료를 접하였다.

이런 배경에서 본 고찰은 다음과 같은 관점에서 이 운동을 살펴본 것이다. 그것은 우선 1910년대, 혹은 개항 이후의 제주도 종교계 동향, 불교계의 움직임을 거시적으로 이해하려고 하였다. 1919년 3·1운동의 이전과 이후는 종교사뿐만 아니라 여타 분야에서도 그 이해의 차별성을 고려해야 한다고 본다. 특히 불교의 정황을 발전적·동태적인 관점에서 접근하였다. 지금껏 연구자들은 제주 근대불교를 불교의 황폐화, 부진이라는 차원에서 바라보았으며, 최근 발표된 연구성과를[5] 참조하지도 않는 경향이 있었다. 본 고찰은 이를 극복하려는 의식이 깔려 있는 것이다. 다음으로는 이 운동은 불교, 선도교(보천교)가 개입된 종교운동이다. 때문에 연구자는 종교운동과 해당 종교에 대한 상식, 이해의 폭을 갖고 분석, 해설에 임해야 된다고 본다. 요컨대 불교, 선도교의 입장을 유의하여 분석하고자 하였다.

---

5) 김광식, 「해방직후 제주 불교계의 동향」, 『근현대불교의 재조명』, 민족사, 2000.
   이경순, 「이회명과 제주불교협회」, 『근대제주불교사 자료집 출간기념 세미나 자료집』, 2002.
   제주불교사연구회, 『근대제주불교사 자료집』, 2002.
   오　성, 「근대 제주불교의 태동과 관음사 창건」, 『대각사상』 9, 2006.
   한금순, 「이일선과 제주불교연맹」, 『정토학연구』 9, 2006.

이러한 관점에서 본 고찰은 법정사 항일운동의 주도세력의 논란, 항일투쟁의 원인을 재검토하고자 한다. 이 문제는 어찌보면 매우 단순한 문제이지만 운동의 성격, 본질을 다룸에 있어서는 가장 중요한 과제라고 볼 수 있다. 그러나 본 고찰도 이 문제를 완전 해결할 수는 없고, 그렇게 될 수도 없다. 다만 그 문제에 관한 필자의 관점, 생각을 제시하는 것에 머무를 것임을 전제한다.

2. 주도세력의 논란

법정사 항일운동에 대한 이해의 첫 출발은 그 운동의 성격의 문제이다. 그것은 대체적으로 항일투쟁, 항일운동, 국권회복, 독립운동, 민족운동 등으로 구체화되었다. 이러한 운동의 개념 및 성격은 대략 '항일운동'으로 집약되고 있다고 볼 수 있다. 그러나 이 운동의 주도세력, 주체의 문제는 간단하게 접근되고 처리될 것은 아니다. 이는 운동의 이념과 목적에서 나온 항일운동이라는 개념에 뒤질 수 없는 초미의 관심사인 것이다. 운동의 수식어로 '법정사'를 포함시킬 것인가의 여부와 운동이 중문·제주도 차원에서 전개되었다는 이해는 바로 그 단적인 예증이다. 그리고 구체적인 운동의 이해와 서술에 있어서도 불교 중심적인가, 혹은 그렇지 않느냐는 주장도 주도세력의 논란에서 제기된 문제이다.

그런데 필자는 지금까지의 주도세력의 논란에 있어서, 그 논란을 제공한 당사자들의 현실적인 입장, 가치판단, 개별적 학문의 취향이 과도하게 개입되지 않았는가 하는 의구심을 떨쳐버릴 수가 없다. 학문의 연구에 있어서 자신이 처한 환경, 입장, 사상 등이 자연스럽게 개입됨은 그 누구도 부정할 수 없는 사실이다. 그래도 학문의 작업에 있어서는 상식적인 객관성이 있어야 할 것이며, 보편타당한 설명이 성립되어야 한다고 본다. 이러한 입장에서 필자는 주도세력의 문제를 이해함에 있어서 기록에 나오는 것을 중심으로 하고, 실사구시적인 입장에서 해석하고자 한다. 본 고찰의 해석과 논리가 지나치거나 잘 못되었다면 본 고찰도 수정을 받아야 할 것이다. 다만 필자는 근대 제 주불교의 동태적인 입장과 급증한 이 시대 불교사의 연구성과를 적극 반영하고자 한다.

본 고찰에서는 주도세력의 이해를 운동 참가자들의 성향에 의거 재 검토하고자 한다. 즉 역할, 참가 동기, 일제 피체 및 구형량에 따라서 일정하게 구분하고, 그에 따라 주도세력 문제를 재검토하자는 것이다. 법정사 항일운동에 참가한 400여 명[6] 대부분은 국권회복, 일제의 타 도 및 구축을 원하였고, 이를 위해서 항일 무장투쟁을 전개하였다. 그 러나 사전 준비, 전개과정에 있어서는 그 역할이 상이하였다. 이제 그 운동의 준비, 주도, 참여, 동참이라는 내용에 따라서 주도세력 이해에 관련된 보다 구체적인 실마리를 찾아야 할 것이다.

필자는 이 운동의 참가자 400여 명을 주동세력, 동참세력, 참가세 력, 단순 가담자 등으로 대별화시키고자 한다. 주동세력은 이 운동의 모의, 준비, 주도적인 진행을 담당한 대상자로 보고자 한다. 동참세력 은 이 운동의 초기단계에서는 배제되었지만 운동의 준비단계에서부 터 동참하고 운동의 전개에 깊숙이 관여한 대상자로 보고자 한다. 참 가세력은 운동의 초기 모의 및 준비단계에는 관여하지 않았지만 운동 의 전개과정에 참여한 당사자들을 지칭한다. 그밖에 단순가담자는 운

---

6) 『매일신보』 1920.12, 「불무황제 체포」에서는 그 대중을 700명이라고 전한다.

동의 전개시에 일제 타도라는 목적에 부응한 일반 대중들을 말한다. 이러한 주동, 동참, 참가세력, 단순가담자라는 구분은 운동의 시간적인 흐름에서도 구별된다.

주동세력은 운동의 제안자이면서 주동세력의 핵심인 법정사 승려인 김연일이[7) 1914년경 법정사의 주지로 머무르기 시작할 때부터 운동을 구체적으로 모의하였다는 1918년 8월경까지 법정사에 머물렀던 승려, 제주도 거주 승려, 법정사 거주의 불교도 등이라고 본다. 정구용 판결문에서 "김연일은 수명의 동지와 계획하여 불교도 및 농민을 모아 작당하였다"고 한 정황을 말한다. 이 기록에 의하면 운동의 주동은 김연일과 그의 동지이다. 이러한 운동의 주동자들은 누구인가? 지금껏 나온 기록을 종합하면 김연일, 강창규, 방동화, 강민수, 정구용, 김상언, 장임호, 김용충, 김인수, 김삼만, 한윤옥 등 11명이라고 보겠다. 이들 중 김연일, 정구용, 강민수, 강창규, 방동화는 그 당시에는 승려였음이 기록에 나온다.[8) 김상언은 당시 기록에는 승려라고 나오지 않지만 제주도 지역 주민의 증언에 의해서 승려로 보고 있다.[9) 그러나 잔여 인물은 법정사에 거주하면서 사찰의 소임을 보았던 대상자들이었기에 지금의 관점으로는 승려라기보다는 불교도라고 볼 수 있을 것이다. 이들 중에서도 장임호와 김용충은 일제의 기록에 법정사 거주, 무직이라고 나온다. 그런데 흥미로운 것은 일제의 기록인 수형인 명부에는 법정사 승려와 법정사에 거주하며 소임을 본 인물 전체를

---

7) 김연일의 호적명은 基仁이었다.(김연일의 손자 김갑출 증언)
8) 그 기록은 일제의 고등경찰요사, 해방공간 제주도에서 발간한 교적부, 승적첩이다. 고등경찰요사 266쪽에 김연일, 정구용, 강민수는 승려로 나오고, 교적부에는 강창규가 승려임이, 현전하는 방동화의 승적첩에는 그가 1913년 기림사에서 출가하였음이 나온다.
9) 김봉옥과 임혜봉의 이해이다.

직업란에 '無職'이라고 적고 있다는 것이다.[10] 때문에 무직이라고 기재된 인물들은 법정사의 승려, 법정사에 머무르면서 법정사의 소임을 보았던 준승려로 볼 수 있다. 그들의 구체적인 내용을 보면 김삼만은 법정사의 인부, 김인수는 김연일의 조카,[11] 한윤옥은 법정사의 행자(下男)였는데 이들은 법정사에 머물렀던 준승려인 불교도들이라고 볼 수 있다.

한편 이들 중 김연일, 강민수, 정구용, 김용충, 김인수 5인은 경북 영일에서 건너온 외지인이었는데, 이들의 중심인물은 물론 김연일이었다. 그러나 강창규, 방동화, 김상언, 김삼만, 장임호, 한윤옥 등 6인은 제주도 지역의 출신들이었다.[12] 여기에서 우리는 주동세력이 육지인 영일과 제주도 출신들로 구성되어 있음을 알 수 있다. 그런데 강창규는 1892년에 전북 임실의 죽림사에서 출가 득도한 승려였지만,[13] 일제 기록에는 법정사 거주로 나오지 않고, 무직이며 그 주소는 안덕의 사계로 나온다. 방동화와 김상언도 당시에는 승려였지만 법정사에 머물렀다는 일제 측 기록은 없다. 이 내용들은 이 운동이 법정사 승려들만으로 주동세력이 구성되지 않았음을 말하는 증거이다. 요컨대 법정사 외곽의 제주도 승려들도 이 운동에 가담하였음을 말한다.

실제 운동의 전개과정을 세밀히 살피면 운동의 추진에 가장 적극적

---

10) 일제 측 1차 기록인 형사사건부에서는 김연일은 법정사 주직이라고 표시하였지만, 수형인 명부에서는 무직이라고 표기하였다. 이 연유는 혹시 불교, 승려라는 것을 대외적으로 공개하기를 꺼린 것에서 나온 것이 아닌가 한다.

11) 김인수는 당시에는 승려가 아니었으나 운동이 종료되고 수감생활을 마친 1940년대 초반에는 승려가 되었으며, 경북 영일이라는 곳에서 절을 갖고 있었다.(김연일의 손자 김갑출의 증언)

12) 이중 장임호는 본적이 함북 출신으로 되어 있지만 제주도에 들어온 것이 오래되었을 것으로 보았다.

13) 『근대제주불교사자료집』(제주불교사연구회, 2002), 230쪽. 출생지는 북제주군 제주읍 오등리로 나온다.

인 인물은 金蓮日(총괄, 주모, 징역 10년), 姜昌奎(실행 및 무장투쟁 선도, 징역 8년), 房東華(기획 및 준비, 징역 6년)였다. 지금껏 일제 측 기록에 의거 이 항쟁의 주도는 김연일이고, 그는 선도교의 책임자인 박주석(징역 7년)을 포섭하여 항쟁한 것으로 이해하였다. 그러나 우리가 항쟁의 진행 경과를 유심히 보면 실제 항쟁에서 제주도 출신 승려인 강창규가 최일선에서 가장 강력하게 진두지휘하였음을 알 수 있다. 또한 육지에서 건너 온, 외지인으로서 제주도 사정을 완전 파악할 수 없는 김연일이 항쟁을 준비, 주도함에는 적지 않은 한계가 있었음을 이해할 수 있다. 때문에 우리는 강창규, 방동화와 같은 제주 출신의 가담, 활동에 주의를 기울여야 한다. 이 점과 관련하여 아래의 매일신보 기사는 우리에게 유익한 정보를 제공한다.

제주도 중면 사계리 강창규라는 자는 자칭 불무황제 겸 치민황제 김연일이라는 자와 공모하고 선위선봉대장이라고 한 후 대정 8년 10월 6일 밤에 좌면 도순리에 있는 승려 수명과 부근의 주민 수십 명과 단결한 후 각 리 구장에게 현지로 이번 옥황상제에게 성덕 주인이 출세하여 조선 백성을 구할 터인즉14)

이 기록은 강창규가 항쟁 이후 도주하였다가, 1922년 12월 28일에 일제에게 체포되었음을 보도한 기사이다. 이 기사제목에는 강창규를 '자칭 황제'라는 표현을 하였고, 기사의 내용에는 그가 김연일과 공모하고, 항쟁에서는 선위선봉대장을 역임하였음을 전하고 있다. 즉 법정사 외부에 있는 제주 출신 승려인 강창규가 항쟁에 큰 역할을 하였

---

14) 『매일신보』 1923.2.18, 「자칭 황제 강창규, 제주도에 잠복중 드디어 체포 주재소에 침입하여 가구 문서와 건축물에 방화한 자칭 황제」.

다는 것이다. 이는 김연일의 제의를 받고 항쟁에 참여한 박주석과는 그 성격이 전연 다르다. 강창규는 김연일이 법정사에서 항쟁의 지도부를 구성할 때에도 선봉대장이었으며, 실제 항쟁에서도 선두에서 강력한 투쟁을 한 것에서 항쟁을 공모하였다는 정황을 뒷받침해 준다. 후술하겠지만 김연일과 강창규, 방동화는 거사 이전부터 친근한 관련을 맺고 있었다. 추측을 한다면 제주 출신인 강창규와 방동화는 거사를 준비하면서 방동화는 법정사 내부에서 기획을 담당하고, 강창규는 법정사 항쟁의 투쟁준비 역할을 분담한 측면을 생각할 수도 있다. 지금껏 중문지역 이외에서도 항쟁에 참여한 대상자가 있었던 것을 갖고 선도교도인 박주석의 역할을 고려한 경우도 있었지만, 이제는 강창규와 방동화의 역할을 주목해야 한다고 본다. 그리고 당시 기록에는 승려로 전하지 않지만, 증언에 의해 승려로 추정한 김상언의 판결이 징역 6년이었음을 보면, 김상언에 대한 성향과 역할도 검토할 과제이다. 추후 이에 대한 자료수집이 요망된다. 이는 위에서 언급한 제주 출신으로서, 제주에서 활동하고 있는, 법정사 외부의 승려의 참여라는 점을 강조하는 것이다. 그리고 오인석의 경우 그는 당시 38세로 농업으로 나오지만, 필자가 원인상15)과 제주불교의 증언 청취의 대화에서 그는 방동화의 '사형'이라고 회고하였다.16) 사형이라 함은 승려로서의 선배를 지칭한다. 오인석은 1945년 해방직후 제주불교의 교구를 구성할 당시, 방동화가 대표인 교무원장이었을 때 그는 김석윤과 함께 고문으로 추대된 인물이다. 요컨대 오인석도 당시에 승려일 가능성이 높다. 이 사례도 더욱 세부 검토가 요청된다.

이상과 같은 분석을 통하여 우리는 주동세력은 불교에 관련된 인물

---

15) 서귀포 원만정사에 주석한 혜관스님을 말한다.
16) 『22인의 증언을 통해 본 근현대불교사』(선우도량, 2002), 205쪽.

들 중심으로 구성되었음을 파악할 수 있다. 그리고 공간적인 중심은 물론 법정사였다. 예컨대 정구용이 이에 대해서 다음과 같이 개진하였음에서 이를 단적으로 알 수 있다.

나는 1918년 음 4월부터 9월까지는 법정사에 머물렀는데 그때 나와 함께 있던 자는 장임호 외 6명 등으로, 김연일은 기회 있을 때마다 우리들에게 제주도에 있는 일본인 관리 및 일본인을 몰아내지 않으면 안 된다고 말했었다.(정구용 판결문)

한편 선학의 연구에서 지적한 승려(스님)가 12~13명이었다는 애매한 표현은 보다 구체적으로 정리해야 할 것이다. 승려였다면 그에 대한 구체적인 증거를 제시해야 할 것이다. 간혹, 당시에는 불교신자였다가 운동이 종료된 이후에 출가하여 승려가 된 경우도 있을 것이다. 이럴 경우면 그에 대한 세부사정을 제시해야 하며, 승려로는 볼 수 없고 불교도로 보아야 할 것이다. 다만 제주불교가 완전 토착화되지 않은 여건을 고려하면 처사, 사찰의 소임을 본 대상자들도 광의의 승려로 볼 수는 있다. 그러나 현재적인 관점과는 차이점이 있다.

다음으로 검토할 것은 운동의 동참세력이다. 이 동참세력은 법정사 중심의 주동세력이 제시한 운동의 목적과 방법에 대하여 동의하였으며, 그 운동의 초창기 준비과정에 적극 가담한 세력을 지칭한다. 즉 운동의 준비단계부터 참여한 대상자를 지칭한다. 요컨대 이들은 무장대오의 간부, 선두에 있었던 운동의 중추로서 1918년 10월 7일, 법정사를 출발할 당시의 결사대원 33명을[17] 말한다. 물론 이 중에서 앞서

______

17) 결사대원은 떠나기 이전 항쟁의 의지를 다지기 위한 차원에서 서명(원형의 모양으로, 사발통문)을 하였다. 이 서명자는 김연일, 김인수, 정규용을 포함한 33명이었다. 그런데 이 서명부는 김연일의 손자가 보관하다 그의 외사촌이 빌려가서

말했던 운동의 주동세력은 제외해야 될 것이다. 그러면 그 대상자는 20명에 달할 것으로 보인다. 이들은 김연일을 중심으로 한 법정사 내외의 주동세력이 운동을 구체적으로 준비하고, 신도 및 대중들에게 동의를 얻었던 1918년 7월 직후에 가담한 대상자로 보인다. 김연일은 8월, 9월에 자신이 구상한 운동의 취지를 법정사의 신도 및 주변 농민들에게 알리기 시작하였다. 그해 9월 19일(음력 8월 15일, 추석), 법정사에서 개최된 盂蘭盆의[18] 행사에서 불무황제가 나타나 국권의 회복이 가능할 것이라는 취지의 발언을 한 김연일의 행적은 그 예증이다.

이즈음 운동에 찬동하여 가담한 대상자는 불교도와 선도교도라 할 수 있다. 우선 지금껏 논란이 가장 많았던 것은 보천교도(선도교도)의 가담이었다. 보천교 즉 선도교 리더격은 박주석이었다.[19] 박주석은 선도교 본부에서 파견한 인물은 아니고, 당시 제주도 한림의 금악에 거주하였던 농민이었다. 그런데 박주석이 운동에 가담한 것은 법정사에 거주하고 있었던 김연일을 비롯한 불교도들의 협조 요청에서 나온 것이다. 아래의 글은 박주석의 회고이다.

1918년 음력 6월 말, 피고 방동선이 자택에 와서 법정사에 와 달라

분실하였다고 한다. 김연일의 유품이었던 피 묻은 태극기도 함께 분실되었다.(김갑출 증언)

18) 불교의 우란분 행사는 음력 7월 15일이다. 한편, 9월 19일(음력)은 증산도에서 말하는 고수부가 강증산의 성령을 받은 날인 기념일이기에 선도교와의 관련을 지적하는 경우도 있다. 그러나 필자는 기록은 기록 자체로 수용해야 한다고 본다. 불교 우란분의 행사가 간혹 추석인 음력 8월 15일에 지내는 경우도 있다. 이 우란분제에 선도교와 공동행사를 개최할 가능성도 추정할 수 있지만 이는 별도의 문제이다.

일본은 양력을 기준으로 생활하는 것임은 상식화되어 있었고, 증산도(보천교, 선도교 등)에서는 음력으로 제반 행사를 이해, 처리하고 있다.

19) 박주석이 선도교 수령임은 고등경찰요사에 나온다.

고 함으로써 음력 8월 4일 그 절에 가자 거기에는 피고 김연일, 강민수, 장임호, 김용충, 김인수 등이 함께 있었는데 그들로부터 이번 폭동의 상담을 받았다. 법정사에 있었던 피고들은 나를 선생으로 호칭하였는데, 김연일은 나에게 자기는 김해 김씨의 후예이며 제주도에 있는 일본인 전부를 몰아내고 이어 육지에 나가 불교를 넓히고 싶은바, 그 수행에 조력해 달라고 하였다.(정구용 판결문)

우리는 이 회고에서 일단은 박주석으로 상징되는 선도교도가 이 운동에 참여하였을 가능성을 추론한다. 필자는 현재 박주석 이외의 인물로 누가 선도교도였는지를 구체적으로 확인하지는 못하였다. 선학의 연구에서는 강봉환, 김무석, 조계성을 그 대상자로 비정하고 있다.[20] 추측하건대 선도교도는 66명의 대상에서, 그리고 전체 참가자 400여 명을 고려한다면 더욱 추가될 수 있으리라고 이해된다. 여기에서 우리는 선도교 세력이 동참세력에 포함되었음을 수긍한다. 제주도에서 법정사 항쟁을 ‘보천교난’이라고 한 것은 운동이 종료된 이후에 그 참가대중이 대거 보천교에 입교했기 때문이 아닐까 하는 점도 추측할 수 있다.

그런데 우리는 이러한 일반적인 견해를 재검토할 사정에 직면하였다. 그것은 우선 박주석이 선도교라는 증거, 기록에 대한 문제이다. 박주석이 ‘仙道敎 首領’이라고 전한 고등경찰요사는 1934년에 발간된 책자이다. 즉 운동이 발발된 15년 후에 나온 기록이기에 그 기록의 이면을 보아야 한다.[21] 운동이 종료된 직후 박주석에 대한 일제 측 기록

---

20) 김봉옥과 임혜봉이 여기에 해당된다.
21) 경북의 고등경찰요사는 일제 고등계 형사들의 업무 지침서의 성격이다. 때문에 그 당시 경상북도 내 요시찰 인물들의 관련 내용을 종합, 정리한 것이다. 때문에 1934년 직전의 상황일 가능성이 추론된다.

(형사사건부, 수형인 명부)에는 선도교라는 표현이 전혀 없다. 주목할 것은 형사사건부에는 농업, 한림의 금악(주소), 55세로 나와 있다. 발굴된 정구용 판결문에도 선도교라는 표현은 전혀 없다. 그런데 수형인 명부의 박주석의 인명란에 '處士'라는 표현이 나온다. 일반적으로 처사라 함은 불교신자로서 사찰에 왕래하는 재가신도, 혹은 사찰의 일을 보는 재가신도, 불교 교리와 신앙에 밝은 지식인, 사찰의 신도로서 신도회 간부 등을 지칭하고 있다. 실제 정구용 판결문에는 '박 처사'가 항쟁을 진두지휘하였다는 기록이 있는데, 이 박 처사를 바로 박주석으로 볼 수 있다. 때문에 박주석은 항쟁 전후에는 법정사의 처사로 보는 것이 순리일 것이다. 다만 그가 그즈음에 선도교로 전향하던 시기이거나 내면적으로는 선도교도, 혹은 항쟁 이후에는 완전한 선도교의 간부로 활동했을 수도 있을 것이다. 필자는 일단 그를 외적으로는 불교신도이나 이면적으로는 선도교도라고 보고자 한다. 한편 김연일을 비롯한 법정사 거주자들이 그를 선생으로 호칭하였고, 그도 항쟁의 지도부였으며,[22] 일제에 피체되어 징역 7년을 구형받았기에 박주석도 일단은 운동에서 주요한 역할을 담당한 것은 사실이다. 박주석은 당시에는 불교신도로서의 신도 간부격이며, 선생을 칭함에서는 상당한 지식인이었고, 그를 포섭한 것은 그 지역에서의 일정한 인망이 있었기에 운동의 대중화를 기하려는 목적에서 나온 것으로 보고자 한다.

그러면 추가의 동참세력이 있었는가를 살펴보겠다. 이를 단적으로 알 수 있는 단서는 김연일이 운동의 선봉대를 정함에 강창규를 선봉대장, 방동화와 강민수를 좌·우대장, 양남구를 중군대장, 김삼만을

---

22) 박찬식은 「법정사 항일운동의 역사적 성격」에서 박주석을 운동의 '都大將'으로 표현하였는바, 어느 기록을 근거로 그렇게 주장하였는지 알 수 없다.

후군대장, 장임호를 謀士로 삼았다는 내용이다. 이를 보면 운동의 추진체는 법정사 거주자가 기본이었으며, 법정사 밖에 있었던 대상자는 강창규, 방동화, 양남구뿐이었다. 방동화는 법정사 외부에 거주한 것으로 나왔지만 그 당시에는 승려였고, 양남구는 1918년 음력 2월부터 불교도가 되었다. 그러므로 동참세력은 법정사 외부의 승려와 불교도, 그리고 선도교(박주석 계열)로 구성되었다고 보는 것이 좋을 것이다. 즉 무장투쟁 세력은 법정사, 불교도, 선도교도 등 3개 출신으로 성립되었다.

여기에서 우리는 김연일 등 운동의 주동세력이 왜 박주석을 끌어들이고, 항일무장대의 지도부 일원으로 내세웠는지를 설명해야 한다. 법정사 거주자와 법정사 신도인 불교도들은 거의 동참을 유도하였다. 그리고 선도교는 선도교에 영향력이 있는 대상자인 박주석과 그와 연결된 것으로 보이는 강봉환(징역 2년), 김무석(징역 2년), 조계성(징역 2년)이 동참세력으로 참여하였다. 이는 법정사 주위뿐만 아니라 여타 지역에서도 일반 농민, 불교도, 선도교들이 혼재되어 삶을 영위하였던 사정을 고려하면 그 결정은 수긍할 수 있을 것이다. 이들은 서귀포를 향하여 운동을 구체적으로 전개하였을 당시 33명에 포함된 대상자들이라고 하겠다. 즉 불교도와 선도교도 중에서 항쟁의 선도대인 33명에 포함된 인물들을 동참세력으로 보고자 한다.

다음은 운동의 참여세력이다. 참여세력은 운동의 최종 결과로 일제에 체포된 66명의 대상 중에서 앞서 언급한 주동, 동참세력을 제외한 대상자를 일컫는다. 단순하게 구분하면 피체된 대상자 중에서 실형이 언도되지 않은 대상자를 말한다. 이들에게는 벌금형, 불기소 처분이 내려졌다. 이들은 주동, 동참세력들이 법정사에서 대오를 갖추어 서귀포, 중문지역으로 일제를 처단하러 내려갔을 때, 촌락에서 적극 동참한 대상자들로 보인다.

　마지막으로 검토할 대상은 단순가담 세력이다.[23] 이들은 법정사 항일운동 전체를 400여 명으로 볼 경우 앞서 살핀 주동, 동참, 참여세력을 제외한 잔여 대상자를 일컫는다. 이들의 숫자는 대략 340여 명에 달할 것이다. 이들 중에는 불교도와 선도교도 있었을 것이다. 신앙을 갖고 있지 않은 농민들도 있었을 것이며, 간혹 이들 중에서 1920년대 초 이후에는 보천교도로 입교하였을 가능성도 고려할 수 있다. 여기에서 우리는 이 법정사 항쟁이 그간 제주도에서 '보천교의 난'으로 불리게 된 단서도 찾을 수 있을 것이다. 지금껏 단순가담자에 대한 연구의 관심은 매우 미흡하였다고 보인다. 이는 사료의 부족에서 기인한 것이지만 연구자의 관점과 시각 자체에서도 약간의 문제점은 내재하였다고 보인다. 민중운동, 중문·제주도 지역의 항일운동이라는 관점을 강조한 연구자들은 이들에 대한 검토는 필수 불가결한 것이 아닌가 한다.

　지금껏 법정사 항일운동의 주도세력의 논란과 관련하여 활동내용, 가담 시기 등을 고려하여 주동, 동참, 참여, 단순가담 등으로 대별하여 살펴보았다. 이는 운동의 본질을 더욱더 새롭게 보려는 차원에서 시도한 것이다. 이러한 시도에 의하면 우리는 불교계의 세력이 주동, 동참, 참여를 주로 하였다면, 선도교는 동참, 참여세력에 해당되는 것이 아닌가 한다. 단순가담은 불교도, 선도교, 일반 농민들이 모두 포함되었을 것이다. 때문에 우리는 이 운동을 불교가 중심적으로 주도하였다는 사실에 주목할 수 있다. 그러나 선도교를 전적으로 배제하

---

23) 이들도 운동세력의 범주에 넣을 수 있다. 이들도 실제 일제 처단의 일선에 섰으며, 10월 4일 각 이장들에게 격문을 보냈지만 이를 일제에 알리지 않았음도 고려할 대목이다.

거나, 일부의 역할이 전혀 없었다고는 말할 수 없다. 이제 우리는 왜 이 운동이 불교 중심으로 주도, 진행되었지만 선도교가 결합된 채 발발하였고, 전개될 수밖에 없었는가에 관심을 기울이지 않으면 안 될 것이다. 그 기묘한 사실, 역사성을 제주도 내부의 특수성으로 해명해야 한다. 그 연후에 특수성에서 보편성(종교운동), 일반화(항일 민족운동)로 나아갈 수 있을 것이다.

3. 항일투쟁의 원인

법정사 항일운동의 원인 및 전개과정에서 가장 중심적인 역할을 한 것은 법정사였음을 부인할 수 없다. 불교만의, 불교도가 전적으로 한 것은 아니지만 그래도 법정사가 운동의 출발처, 공간 제공처, 운동의 대중화로 나아감의 기반이었다는 것이다. 그래서 우리는 법정사가 이 운동에서 어떤 역할과 성격을 갖게 되었나를 설명해야 한다.

지금껏 이 운동의 해설 및 연구에 있어서 당시 일제의 침략상, 일본인의 경제 수탈, 참가자들의 핍박과 피해, 참가자들의 생활상 등을 분석하고 그것이 운동의 일정한 요인이 되었다고 이해하였다. 그러나 운동 발발에 대한 구체적·보편적인 설명은 흡족하지 않았다고 보인다. 그러면 왜, 어떤 연고로 법정사가 운동의 기반이 되었는가? 그리고 김연일을 비롯한 다수의 승려들은 어떤 연유로 일제를 처단하려고 무장 항일투쟁을 하였는가? 그리고 박주석을 비롯한 선도교도는 법정사 승려들의 항일투쟁에 무엇 때문에 기꺼이 참여하였는가? 이 의문을 해소시킬 때 이 운동에 대한 개요 및 성격이 설명될 수 있을 것이다.

이런 의문을 풀기 위해서는 우선 법정사라는 사찰의 건립, 성격 등에 대한 개괄적인 이해가 필요하다. 법정사는 근대 제주불교의 산파역인 봉려관에 의해서 창건되었다는 것이, 일반적인 이해이다.

제쥬도 아미산 관음사(蛾眉山 觀音寺)라는 절은 봉려관(蓬廬觀)이라는 녀승이 자기 한 사람의 힘으로 창죠한 절인바, 그 뒤에 안도월(安道月)을 쥬지로 삼어 전도에 죵사하던중, 신도의 수효가 수백 명에 이루엇슴으로 근쟈에 그 절의 규모를 확댱하기 위하야 법당을 새로히 짓기로 하얏고 또 이왕에는 법정산 법돌사(法井山 法乭寺)라는 절도 건설하얏더라.24)

위의 1918년 3월의 기록에서 우리는 일단 법정사도 봉려관과의 연고가 있음을 알 수 있다. 그러면 관음사와 법정사는 언제 창건되었는가. 이에 대한 구체적인 기록은 1937년의 기록이지만 아래의 내용을 참조할 수 있다.

이 관음사는 봉려관이라는 비구니가 창건하였는데……이때 문득한 노스님이 나타나 "저 산천단으로 내려가거라" 하므로 다시 발심해서 산천단으로 내려왔다. 운대사(雲大師)라는 이상한 스님이 계셨는데, "오래 기다렸더니 이제야 본다" 하시며 가사(袈裟) 한 벌을 내어 주었다. 다시 다음 해(1909)에 마을에서 구재(鳩財)하야 초암(草庵) 여러 칸을 지었다. 또다시 다음 해(1910)에 영봉(靈峰)화상과 안도월(安道月) 처사 등이 바다를 건너 제주에 들어오면서 용화사(龍華寺)의 불상과 각 탱화 등을 모시고 와서 반가이 맞이하여 봉안하였다. 다음 해(1911) 9월에 법정암(法井庵)을 창건하였다. 그리하였으나 도민은 계속 내쫓으

---

24) 『매일신보』 1918.3.2, 「제주도 아미산 봉려관의 기적, 꿈갓흔 기괴한 이야기」.

려 하였는데, 다음 해(1912) 4월에 돌을 던지는 폭행에도 상처가 없는 기적으로 인하여 드디어 복종하게 되니 여기다 관음사를 이룩하게 된 것이라 함이 이 절의 창건 삽화이다.[25]

요컨대 관음사는 1909년에, 법정사는 1911년에 창건하였다는 것이다. 그런데 여기에서 우리가 주의를 기울일 것은 근대 제주불교에는 봉려관에 대한 신화, 찬사, 신비성이 적지 않다는 것이다. 이에 우리는 그 신비적인 기록, 구전에 나온 것을 재구성하고, 역사적인 내용으로 정비할 필요성을 만난다. 또한 봉려관의 신앙, 원력, 노력이 뛰어나다고 하여도 사찰의 불사는 일개인의 힘만으로는 불가능한 것이다. 이러한 정황은 예나 지금이나 동질하다. 그렇다면 본 고찰의 초점인 법정사는 과연 봉려관의 단독적인 사업으로 가능하였을까? 그렇지는 않았을 것이다. 이런 점과 관련해서는 이를 상의한 동지, 승려, 후원자, 그 지역의 불교도들의 지원 등등을 거론할 수 있다. 사찰 불사, 더욱이 새롭게 창건한 지역에서, 제주도처럼 불교세가 미약한 현실에서는 더욱 그러하다.

이에 관하여 우리의 시각을 넓힐 자료가 있다. 그것은 위의 기록에 '운대사'라고 표현된 스님으로, 1909년 제주도 항일의병의 주도자로 널리 알려진 金錫允이다.[26] 김석윤은 제주읍 이도리 출신으로서, 1894년 전주 위봉사에서 박만하를 은사로 사미계를 받고 제주도로 돌아와서는 제주 광양 서재에서 통감, 사서, 사략 등 유교경전과 반야경 등의 불경을 공부하였다. 그는 1898년에는 대흥사에서 초등과를, 1902년에는 통영 용화사에서 사교과를, 1910년에는 용화사에서 수선안거

<hr>

25) 이은상, 「두륜산인관음사사적기」, 『탐라기행』(1937).
26) 「모충사 항일독립운동 선열록」(광복회제주도 지부, 1999) 참조.

를, 1916년에는 위봉사에서 비구계를 받고 부산 범어사에서 불교를 공부한 승려였다.[27] 그러나 그는 단순히 승려로 지내기보다는 서당, 학교에서 교사로도 근무한 지식인이었다. 이를테면 당시 근대 제주에서의 다방면의 지식이 충만한 지성인으로 볼 수 있을 것이다. 이런 그의 사상과 신앙은 불교라고 말할 수 있다. 그런데 그는 보천교에도 관심이 있었고, 의병을 모의하여 일제에 체포되었음을 보면 민족의식이 내재된 지성인으로 보인다.

바로 이런 성격을 갖고 있던 김석윤이 법정사의 창건에 관여하였다는 것은 우리의 주목을 받을 수 있는 대목이다. 그의 일생을 총정리한 기록에 법정사는 김석윤이 세웠다는 내용이 있다.

공은 본디 세상을 초탈하는 불교를 좋아하였다. 대구에서 돌아온 후 여승 봉려관과 함께 색수수(塞水藪, 새미털)에 불사(佛舍)를 창건하였다. 남주(南州)의 사찰들은 이곳에서 시작되었다. 또 법정(法井)에 도량을 세웠는데, 모두 시사(施舍)가 있었다.[28]

요컨대 관음사와 법정사도 봉려관 혼자 창건한 것이 아니라 김석윤도 동참한 결과라는 것이다. 김석윤은 의병의 주도로 일제에 피체되어 대구의 일제 감옥에서 수감되었다가 풀려난 1909년 7월에는 제주도로 돌아온다. 그 직후 그는 관음사에서 관음사 서무로 근무하였다. 여기에서 우리는 법정사의 창건과 설립 정신에는 김석윤의 의지, 의도, 의식이 개입되었음을 파악할 수 있다. 때문에 법정사는 일반 사찰과는 약간의 이질성을 찾을 수 있다. 그것은 추측하건대 민족의식이

---

27) 『근대제주불교사자료집』, 214쪽의 김석윤의 이력서(교적부).
28) 김석익, 「亡兄石惺道人行錄」(1937), 『근대제주불교사자료집』.

개입되지 않았는가 하는 것이다. 한편 위의 기록에서 관음사와 법정사에 '施舍'가 있었다는 표현을 주목할 수 있는데, 이는 곧 불교도, 신도들의 후원인 보시가 있었음을 말해주는 것이다.29) 이러한 기록들에서 법정사는 법정사 주위의 신도들과 밀접한 관계하에 창건되었고, 김석윤으로 대변되는 민족정신이 일정하게 개입되었음을 알게 되었다.

최근 관음사와 근대 제주불교를 연구, 발표한30) 제주도 출신 승려인 오성은 법정사에 김연일이 머무르게 된 것을 설명하였다. 그것은 제주 출신 승려인 혜관(원인상)이 방동화에게 전해 들은 증언에 기초하여 당시의 상황을 설명한 것인데, 필자는 이를 참고하고 방동화의 자제인 방진주의 증언도 고려하여 재구성하겠다.

1909년 관음사가 봉려관과 김석윤의 협력으로 창건, 기초를 닦은 후에는 방동화 처사가 봉려관을 돕고 있었다. 그러나 김석윤은 의병 주도자였던 연고로 일제의 감시가 심하자, 1910년 1월 제주를 떠나 통영의 용화사로 가서 수선안거를 시작하였다. 1911년 1월에는 다시 제주로 돌아와 해월학원 교사로 근무하였다. 그는 제주도에 있는 것이 여의치 않아 제주를 다시 떠나, 1912년부터 1916년까지는 범어사의 강원에서 대교과 과정을 수료하였다. 그런데 1910년경 통영 용화사에서 조성된 불상과 탱화가 관음사로 오면서 용화사 승려인 안도월이 관음사로 오게 되었다. 추측건대 여기에는 용화사에서 수행하였던

---

29) 방진주에 의하면, 법정사가 창건되기 이전에 그곳은 방동화의 부친(처사)과 방동화가 수행을 하였던 '초당'이었다고 한다. 이를테면 이전부터 절터였다는 것이다. 방동화가 유년시절에 그곳에서 생활한 것은 집안의 독자였고, 절에 보내야 오래 산다는 민간의 말에서 기인한 것으로 회고한다. 이에 방동화는 관음사로 간 것이다.

30) 오 성, 「근대 제주불교의 태동과 관음사 창건」, 『대각사상』 9, 2006.

김석윤의 중재, 역할이 작용한 것으로 보인다.

그런데 당시 관음사에 처사로 있던 방동화는 불교에 발심하여, 관음사의 강창규의 영향을 받아 출가를 하기 위해 1913년에 기림사로 가게 되었다. 그가 기림사로 가게 된 것은 범어사에 있었던 김석윤에게 자문을 받은 결과로 보인다. 범어사에서는 김석윤의 은사 승려인 박만하를 통하여 기림사로 가는 주선을 받았다. 방동화는 기림사에서 입산, 득도하였으며 기림사에서 김연일을 만났다. 방동화는 당시 김연일이 '한소식'을 하였다고 할 정도로 불교에 정통하고, 법문에 능하여 김연일을 관음사에서 초빙하도록 주선하였다. 방동화는 입산 득도한 이후에는 문경 대승사 강원에 가서 사미과, 초등과, 중등과, 수의과를 배웠다.31) 이에 그는 1915년에 사미계를 받고 제주도로 복귀하였다. 그러므로 김연일의 제주도 초빙은 방동화의 주선과, 강창규의 주관에 의하여 진행되었다고 보인다.

이런 연고로 김연일이 관음사로 오게 되었다. 강창규는 김연일이 법문 즉 불교의 대중강연에 능하고 신도들이 환호를 하자 그를 관음사에 머물도록 하였으나, 봉려관과의 의견이 일치하지 않아 김연일을 법정사로 보내게 되었다. 이처럼 법정사는 1913년경부터 김연일이 중심이 되어 활동하게 된다. 김연일 일행이 봉려관과 서로 의견의 일치를 보지 못한 이유는 앞서 김석윤과 연계된 인맥에서 제주도로 건너온 김연일이 관음사에 머무름으로 인해, 봉려관이 일제의 탄압을 받을 수 있음을 우려함에서 기인한 것이 아닌가 한다. 아니면, 대중강연에 능한 김연일로 인해 자신의 위상이 위축될 것을 염려한 면도 있었을 것이다. 항일의병 출신인 김석윤이 개입된 용화사의 탱화 전래, 김

---

31) 방동화의 승적첩과 수행이력서 참조.

석윤과 친근한 강창규의 관음사 주석, 방동화와 강창규가 김연일을
관음사 법사 요청과 머무름 등의 변동은 봉려관으로서는 여러 측면에
서 거북한 입장이었을 것이다.32) 이런 문제를 타개하는 방안으로 김
연일, 강창규, 방동화 일행을 법정사로 가도록 유도하였다고 보인다.

그러면 여기에서 김석윤과 연계되어 나오는 姜昌奎라는 인물에 주
목을 해보자. 강창규의 수행 이력서에 의하면,33) 그는 북제주군 제주
읍 출신으로 1892년 전북 임실군 죽림사로 출가하였다. 당시 그의 사
미계사는 박만하였고, 1905년에 하동 칠불암에서 수선안거를 시작하
여 그해에는 강원도 건봉사로 가서 사미과 및 사집과를 수료하였다.
바로 이 같은 강창규의 이력에서 우리의 시선이 가는 것은 그의 사미
계사가 朴萬下라는 점, 그리고 박만하는 김석윤의 은사, 법사라는 점
이다.34) 이를테면 같은 스승 밑에서 출가 득도를 한 것이다. 이는 이
들이 제주 출신이라는 동향과 함께 긴밀한 인연을 가질 수 있는 요인
이 아닌가 한다.35) 더욱이 당시 제주불교에는 제주 출신 승려가 희귀
한 상황을 고려하면 더욱 그러하다. 김석윤은 1877년생이고, 강창규
는 1872년생이었으며, 입산 출가는 강창규가 2년이 앞서기에 이들은
거의 동지와 같은 입장이었을 것이다.

이 증언에 기초한 당시 상황을 유의하면 우리는 우선 김연일, 강창
규, 방동화라는 법정사 항일운동의 주동세력이 김석윤과 연계되어 있
음을 알 수 있다. 그리고 김연일, 강창규는 봉려관과의 노선이 이질적
임도 알 수 있다. 여기에서 말할 수 있는 이질성은 어떤 측면인가? 자

---

32) 방진주는 방동화와 안도월도 서로 불편한 입장이었다고 증언하였다.
33) 앞의 『근대제주불교사자료집』, 230쪽.
34) 김석윤의 교적부.
35) 강창규는 1933년 위봉사에서 도첩을 받았는데, 위봉사는 김석윤의 출가 사찰이
    다. 김석윤도 위봉사에서 1938년에 도첩을 받았다.

료가 없어 단정하기는 어려워도 추측을 하면 관음사의 봉려관과 안도월은 순수불교를 지향하였다면 김연일, 강창규, 방동화는 일제 식민지불교, 일제의 국권 강탈과 식민지 수탈을 직시, 극복하려는 민족불교적인 노선을 염두에 두었지 않았는가 한다. 이는 김석윤, 김연일, 강창규, 방동화가 모두 민족불교, 항일운동이라는 공통적인 노선을 걸었던 인물들이었다는 연유에서 그렇게 이해하였다.

한편 김연일이 제주도에 내방한 것은 관음사에 머물던 강창규와 방동화가 법사로 초청한 저간의 사정이 있었다는 것을 다시 주목해 보자.36) 김연일이 제주도에 초청되어 행한 법문과 대중강연에 제주지역의 신도들이 큰 감명을 나타내자, 강창규와 방동화가 김연일에게 제주도에 머물면서 불교 포교에 앞장서 달라는 간청을 하였다는 것이다. 그런데 김연일이 육지로 돌아가려고 하자, 이를 무마시키기 위해 강창규는 자신의 딸(17세)에게 김연일을 모시고 살도록 하기까지 하였다는 것이다.37) 또한 거사 이전에 김연일, 강창규, 방동화가 결의형제를 하고, 항일 결의를 관음사 인근의 산천단에서 하였지만 사정이 여의치 않아, 백일기도를 법정사에서 하였다는 것도 이들의 인연을 말해주는 단서이다. 이런 사정을 통해 우리는 김연일, 강창규, 방동화가 운동 이전에 깊은 연관을 갖고 있었음을 파악할 수 있다.

---

36) 방동화의 자제인 방진주 증언.
37) 법정사에 주석한 비구니 법의와 방진주 증언. 강창규의 딸은 김연일의 첫 번째 부인이 되었는데, 여기에서 딸을 하나 두었다. 그 딸은 육지에 나와 살고 시집을 가서는 아들 1명을 두었다. 이 아들은 제주도로 들어가서 살았다고 한다. 김연일은 일제에 피체, 수감, 석방 이후 고향에 와서 다시 결혼한 것으로 보인다. 그 부인은 강성돈이었는데(마산 출신) 김연일이 일제의 감시와 집을 불지르는 등의 연고로 인해 출가하여 비구니로서, 경북 영일군 동해면에 관음사라는 절을 창건하였다. 강성돈은 1978년, 76세를 일기로 입적하였다. 현재 그 절은 도시 팽창과정에서 없어졌다. 이상은 김갑출의 증언에서 나온 것이다.

　　그리고 김석윤은 의병의 참가로 피체, 수감된 이후 친지들의 구명 노력으로 석방되어 1911년 이후에는 해월학원에서 교사로 근무하였고, 1912년에는 강원의 대교과 과정을 마치러 범어사로 떠났기에 자신이 법정사의 주지, 책임자로 일선에 나설 수 없었다. 이에 그는 그와 친근한 강창규를 통하여 김연일을 법정사에 머물게 하도록 한 것임을 추론할 수 있다. 여기에서 우리는 방동화가 기림사로 가서 출가를 하고 1918년에 제주도로 돌아온 이후 법정사 항쟁에 동참하게 된 사정, 강창규가 법정사에 머무르지도 않고 김연일과 함께 법정사 항쟁에 동참하게 된 이면을 알 수 있다. 그리고 방동화는 출가 이전에 하원의 한문사숙에서 김석윤에게 한문을 배우고, 나아가서는 불교 수행을 지도받았다는 것도[38] 유의할 내용이다.

　　이제부터는 김연일이 1914년 무렵부터 법정사 주지로 활동하면서, 선도교와 연관을 갖게 된 연유를 살펴보겠다. 김연일은 승려로서 법정사를 기반으로 포교활동을 하였을 것이다. 그런데 그 당시 제주도는 불교세력이 미약한 상황이었다. 미약한 불교의 상황, 그리고 조선 후기 이래의 탄압 또는 제주도만이 갖고 있는 종교 상황으로 인해 정상적인 포교활동은 매우 어려웠을 것이다. 그것은 당시 제주도의 종교는 무속신앙과 습합된 상태로 존립되었던 정황, 혹은 유교와 불교가 혼재된 것을 말한다. 이러한 여건에서 1914년경부터 제주도에 전래, 파급되기 시작한 선도교의 영향은 김연일에게는 적지 않은 도전으로 나타났을 것은 충분히 이해할 수 있는 대목이다. 한편 김연일은 대중교화에 능하였기에 법정사에는 많은 신도들이 운집하였을 가능성을 추론할 수 있다. 이 운집 대중에는 불교에 호감을 갖고 있으면서

도 선도교에 경도되기 시작한 부류도 있었을 것이다. 이에 김연일은 선도교로 경도되는 대중들을 불교 신앙으로 유지시키려고 고심하였을 것이다. 여기에서 우리는 김연일과 선도교와의 연계를 추론한다.

그런데 선도교는 강증산의 사후인 1911년에 교단 창립을 한 증산교단의 최초의 교단이다. 선도교는[39] 그 교리 자체가 유불선의 종합적인 측면이 있었다. 그리고 선도교는 일본의 패망과 한민족의 부흥을 내포한 교리의 성격상 일제의 탄압을 받고 있었다. 일제는 선도교를 유사종교로 간주하여 일반 종교로 취급하지 않고, 정치단체, 비밀결사체로 간주하면서 집회 자체를 규제하였다.[40] 선도교단은 1914년에 접어들면서 강증산의 부인인 高首婦와 고수부의 이종사촌인 車京石 간의 교권 장악을 둘러싼 내분이 일기 시작하였다. 그 결과 1916년 12월 무렵에는 차경석 중심의 교권 장악이 일단락되었다. 이에 차경석은 교권강화를 기하기 위하여 24방주체제라는 전국적인 조직체계를 시도하기 시작하였다.[41] 이러한 선도교단의 변화는 제주도에도 일정하게 미쳤을 것이다. 요컨대 1917년 이후에는 중앙의 선도교단에서 제주 포교를 위한 인물을 파견하였을 것이다. 선도교의 신도 증가세는 구체적으로 전하는 기록은 없지만 총독부 기록을 재구성한 것을 유의하면 1912~1916년에는 2~4%의 증가세였지만 1917년에는 7.64%, 1918년 22.87%가 증가한 것으로 제시되고 있다.[42] 즉 1917년, 1918년에는 비약적인 증가 추세를 보여주는 것이다. 이러한 일반적인 통계는 제주도에도 적용할 수 있을 것이다.[43]

---

39) 임경석, 「일제하 증산교단의 성립과 분화」, 『증산도사상』 3, 2000.
40) 성주현, 「1920년대초 태을교인의 민족운동」, 『한국민족운동사연구』 29, 2001.
41) 임경석 위의 논문, 259~266쪽.
42) 임경석 위의 논문, 256쪽.
43) 김석익의 『심재집』(1990)의 1917년 조항에 보천교가 처음 들어와 십여년간 몰래

선도교의 교리 및 성향이 민족주의적인 면이 내포되어 있었지만, 일반 농민들의 입교는 무병, 생활안정, 소원성취, 자손번창, 교주 등극 후의 지위 획득 등44) 개인 취향을 배제할 수 없는 것이다. 때문에 선도교의 신도들은 선도교의 교리 및 사상에 대한 이해가 강하다고 말하기도 어려운 것이다.45) 다만 그들은 일제의 패망 및 개벽이라는 선전에 마음이 기울었고 구습을 고집하면서 신식문화에 거부감을 갖고 있었다.46) 이러한 성향은 선도교도들이 선도교의 교리 및 사상보다는 일제 침략, 일제의 수탈, 비참한 현실 등을 탈피하려는 현실 구원의 사상에 젖어 있었다고 볼 수 있는 대목이다. 물론 이러한 구원의식, 메시아를 고대하는 정황은 선도교도에만 있다고 볼 수 없다. 당시 일반 농민들에게도 그 의식은 유포되어 있었다. 조선 후기 이래 새 세상이 와야 한다는 바람과 개벽사상은 미륵사상과 접목되었다. 이는 미륵신앙과 민중적 요청과의 만남으로 미륵의 도래는 각처에서 자생하고 있었다. 더욱이 이 미륵사상은 각처의 현실에 맞게 변용되어 민중철학으로 전이되었는데 기아, 착취, 탄압으로부터 해방을 염원한 농민사회에서 미륵불교는 민중의 역사의식을 키워 갔던 것이다. 때문에 이 미륵사상은 일제강점기에서도 결정적인 사건, 운동과 결합되어 나타날 가능성이 농후하였다.47)

그런데 당시 1910년대 제주도의 선도교는 교단조직이 정비되지 않았고, 포교가 증대되어 가는 현실이었다. 특히 일제의 감시와 집회의 불허는 종교행위의 존립을 가늠하는 중차대한 문제였다. 이에 그들은

활약하였다고 한 것도 이를 말한다.
44) 『조선의 유사종교』(계명대출판부, 1990), 713쪽.
45) 위의 자료, 722쪽.
46) 위의 자료, 789쪽.
47) 고은, 「미륵과 민중」, 『한국근대 민중종교사상』, 학민사, 1988.

선도교의 의식 및 집회를 행하기 위한 공간 확보가 절실했다고 보인
다. 여기에서 우리는 선도교가 법정사에 왕래하였을 가능성을 추론한
다.

이처럼, 김연일과 선도교의 접촉 가능성을 파악하였다. 그러면 이
양자 간의 구체적인 만남을 가능하게 한 계기를 어디에서 찾을 수 있
을까. 이에 대한 물음과 답변은 법정사 항쟁에 선도교가 참여한 사정
을 밝힐 수 있는 단서이다. 그러나 현재로서는 이에 대한 기록이 부재
하기에 하나의 추론으로만 이야기할 수 있다. 현전하는 일제 측 기록
과 선도교 관련 교단의 기록에는[48] 선도교가 간접적으로 연계되었다
고 전하고 있다.[49] 다만 1922년 동아일보의 기록에 1918년 11월에 제
주에서 선도교도를 검거하기 시작하였다는 내용은[50] 주목된다. 그런
데 당시 승려 및 불교도 측의 후손들은 선도교의 관련을 부인하고 있

---

48) 그러나 현전하는 『보천교연혁사』, 『대순전경』, 『증산교사』, 증산도의 『도전』 등
  에는 선도교의 책임자인 차경석의 검거 개시, 태을교도의 소행으로 일제가 파악,
  치성금(교금) 7만 원을 갖고 나오다 목포에서 체포, 선도교의 고수부(고판례)를
  배후로 몰고 체포, 구금한 사실 등이 산견한다. 그러나 이 기록에 보천교(선도교)
  가 주도하였다고는 서술되어 있지 않다. 김연일을 승려 혹은 보천교 간부로 서
  술하지 않고, '術士'로 제시하고 있다.
49) 그런데 그 내용을 보면 법정사 항쟁이 보천교, 선도교, 증산교에서 주도한 것이
  라는 서술은 거의 없고, 그 사건으로 인해 자신들의 교도들이 피해를 보았다는
  것이다. 구체적으로는 차경석이 일제에 지명수배를 받았고, 제주도 신도들의 성
  금인 7만 원을 갖고 나오다 목포에서 경찰에 체포되었고, 그로 인하여 지역 책
  임자인 방주가 체포, 구금되었으며, 고수부도 목포경찰서에 구금되었다는 내용
  들이다.
50) 『동아일보』 1922.2.24, 「독립당의 단체로 관헌의 엄중, 종적잃은 차경석」, 「풍설
  이 전하는 태을교 ―教主의 死와 대분열」. 그런데 이 보도기사에는 3·1운동 이
  후임에도 불구하고 제주도 보천교도의 검거의 원인을 독립운동, 일제 타도로 전
  하지 않고 있다. 그 요인은 총독부에서 집회의 자유를 허락하지 않아, "많은 교
  도가 모이는 것을 정치운동의 음모로 인정"하였기에 1918년 11월에 검거하기
  시작하였다고 서술하였다. 이는 선도교와 법정사 항쟁과의 연계는 이러한 이질
  성을 주목해야 한다는 사례이다.

다. 심지어는 방동화의 후손인 방진주는 법정사 항일운동의 선발부대 33명 전원이 '승려'였다는 말을 방동화에게 들었다고 증언한다.

이에 대한 추론은 다음과 같은 측면에서 이해할 수 있다. 우선 첫째로는 당시 법정사에 왕래하였던 선도교도들이 자신들이 선도교도임을 밝히지 않았을 가능성이 있다. 이 경우에는 김연일을 비롯한 승려들은 이들을 불교신도로 보고 그들에게 불교의 사상 및 교리를 전달하였을 것이다. 그리하여 이들이 일제에 의해 피해를 볼 경우에는 이를 차단하고 신도들을 보호하려고 하였을 것이다. 혹은 그들이 선도교도라는 것을 말하지 않아도 김연일은 그들의 정체를 알고 있을 수도 있다. 두 번째로는 선도교도들이 법정사 승려들에게 자신의 정체를 밝힐 수도 있을 것이다. 이 경우에는 선도교도들이 집회 및 신앙의 공간 확보 차원에서 양해가 이루어진 전제에서 가능하다.

이러한 가정에서 현실적으로 실현성이 있는 것은 전자의 경우이다.[51] 박주석이 처사라고 나온 기록도 있지만, 선도교 간부라는 기록이 동시에 나온 것이 그 예증이다. 그런데 이 두 가지 경우에 있어서 선도교도가 법정사 왕래를 한 보다 결정적인 요인은 없는가? 그것은 법정사에서의 미륵사상이 구현되었을 가능성이다. 만약 이 추론이 긍정적이라면 법정사와 선도교의 연결 고리는 미륵사상으로 설명이 가능하다. 선도교가 포함된 범증산종단에서는 미륵사상과의 연계를 갖고 있는데,[52] 그것은 강증산이 생전에 '내가 미륵이라'고 하였으며, 자신의 사후에 자신을 보고 싶으면 금산사의 미륵상이 자신임을 이야

---

51) 『심재집』의 1917년 조항에 보천교가 처음 들어와서는 십여 년간 '暗躍'하였다는 것도 이를 말하는 것이다.
52) 김탁, 「한국종교사에서의 불교와 증산교의 만남」, 『홍찬유선생팔순기념논총』, 1994.

기 하였다. 그래서 강증산의 사후, 일제시대에도 증산교도들은 금산사의 미륵불상을 친견하고, 자신들의 신앙대상으로 보려는 움직임이 지속되었다. 그리하여 1920년대 초에는 강증산의 제자인 김형렬이 미륵불교라는 교단을 만든 후, 자신의 교도들을 이끌고 금산사 왕래를 하였다. 그러나 후에는 자신들의 정체를 밝히고 불교신도로 귀의하겠다는 의사를 표시하고 왕래하였다. 그러나 이면적으로 금산사 미륵상 앞에서 증산교 의식을 거행하여 그 정체가 폭로되고, 미륵상에 치성금을 바치게 하고 그 자금을 횡령, 독립자금으로 전용하였다는 사건으로 일제에 피체된 사건 즉 증산교 圖得運動이 있었다.53) 요컨대 증산교(보천교, 선도교)에서는 미륵신앙과의 연계가 깊으며, 미륵하생신앙에서 나온 메시아 강림이라는 의식이 투영되었던 것이다.54) 후술하겠지만 김연일이 항쟁을 주도하면서 불교신도들에게 말한 佛務皇帝의 하강, 玉皇上帝 聖德主人의 등장, 상제의 가호는 미륵하생신앙의 변용으로 볼 수 있는 대목이다.

바로 이러한 금산사의 실례가 법정사의 정황을 설명해줄 수 있을 것이다. 그러나 이것은 추론의 성격을 넘지 못한다. 필자는 본 고찰에서 법정사와 선도교와의 관계를 선도교도들이 자신들의 정체를 법정사 측에 밝히지 않고 법정사를 왕래한 것으로 이해하고자 한다. 그러므로 김연일이 법정사 인근의 불교신도, 선도교로 경도되고 있는 불교신도, 일반 농민들에 강력한 피해가 왔을 때 법정사와 자신의 사상, 의식, 정신적인 관할 안에 있었던 다수 민중들을 위한 거사를 감행할 수 있었다고 본다.

지금껏 우리는 법정사 항쟁이 법정사를 중심으로 일어났음에도 불

---

53) 김광식, 「일제하 금산사의 사격」, 『근현대불교의 재조명』, 민족사, 2000.
54) 최정규, 「증산도와 미륵신앙」, 『증산도사상』 3, 2000.

구하고 그 참가자에 선도교도가 포함된 연유에 대한 배경을 추론하였
다. 그럼에도 법정사 항쟁은 김연일의 항일의식, 민족불교 지향에 의
하여 시작되었다.

> 전라남도 제주도 도순리 한라산 서남쪽 기슭 법정사의 주지 김연일
> 은 일찍부터 제국(일본) 정부의 조선통치에 대해 불평을 품어(정구용
> 판결문)

> 수괴 김연일은 경상북도 영일군 출신으로 4년 전 제주도 좌면 법정
> 사에 살면서 항시 교도들에게 반일사상을 고취하고 있었는데(고등경
> 찰요사)

위와 같은 기록은 김연일의 항일의식이 거사의 원동력으로 볼 수
있는 증거이다. 김연일의 후손의 증언에 의하면,55) 김연일은 제주도
에 가기 이전에는 동학혁명과 관련된 농촌의 지식인과 유대가 깊었으
며, 특히 대구와 영천지역의 독립운동가들과도 교류가 있었다고 한다.
이점은 그가 제주도 내방 이전에 이미 일정한 민족의식, 항일의식을
소지한 인물이라는 점에서 매우 주목되는 증언이다. 김연일은 운동의
주도로 일제에 피체·수감되고 석방된 이후, 고향에 돌아와서도 일제
의 감시로 정상적인 생활을 할 수 없어 고향을 떠나 만주지역으로 독
립운동을 하러 떠난 것으로 후손은 전하고 있다.56)

---

55) 이는 주로 김연일의 부인이 현재 생존하고 있는 김연일의 손자인 김갑출에게 전
    해준 내용이다.
56) 김연일은 1년에 1~2회 정도 집에 왔고, 늘 몇 명이 함께 다녔으며, 1~2말 정도
    로 밥을 하면 그것을 먹고 남은 것은 주먹밥을 만들어 갖고 떠났다. 그중에는 승
    려도 포함되었다고 한다. 심지어 그는 영일에 있는 그의 선대의 묘를 제주도로
    이장하였는데 이것은 육지의 자금을 제주도로 옮겨, 군자금으로 활용한 것으로
    후손은 추정하고 있다. 김연일은 해방 직전 고향에 와서 사망하였다고 한다. 동

그러면 김연일이 결정적이면서도 구체적인 항쟁을 촉발하게 한 단서는 어디에서 찾을 수 있을 것인가? 김연일의 항일의지, 김연일과 함께 거사에 동참한 승려, 불교도들의 항일의식은 인정한다 하여도 일제와 무장투쟁을 하게 된 요인은 어떻게 말할 수 있을 것인가?

현재 이에 대해서는 만족스러운 답변을 줄 수 없다. 지금껏 이에 대한 추론으로 일제의 식민지 수탈의 가속화, 토지조사사업의 완료에 즈음한 수탈의 심화를 제시하였다. 그러나 종교 지도자의 최우선적인 과제와 임무는 해당 종교의 교단 수호, 종교 조직의 보호로 볼 수 있다. 이는 물론 일반적인 정황이다. 또한 당시 제주도민들의 천주교와의 갈등, 제주민란을 통해 나타난 전통수호 정신도 일정하게 영향은 주었을 것이다. 그러나 김연일을 비롯한 승려들이 일제와의 무장항쟁을 한다는 것은 사찰의 존폐를 건 것이었으며, 일면으로는 목숨을 건 투쟁이었다고 볼 수 있는데 이러한 안위, 존립을 걸 정도의 항쟁을 촉발하게 하였으리라는 정황은 현재 찾을 수 없다. 다만 항쟁의 과정에서 일제에 구금된 13명을 석방한 것을 보면 당시 일제는 법정사 관련 농민들에게 가혹한 수탈을 자행하였고, 수감된 농민들은 그에 저항하였으리라는 것은 납득할 수 있다. 종교운동으로서의 저항을 가정할 경우에는 일제가 선도교의 증가를 감시하면서 선도교도가 법정사 왕래를 빈번하게 한다면 그것은 곧 법정사 전체에 대한 탄압을 초래할 수 있는 것이다. 일제의 기록인 고등경찰요사에서 거사의 원인을 선도교에 대한 경찰의 취체가 심한 것에서 찾은 것은 바로 이 정황과

리 사람들의 회고에 의하면 기골이 장대하고, 머리가 백발이었으며, 늘상 사람들에게 백두산 천지에 가서 기도를 해야 한다고 하였다고 한다. 이는 일본놈의 등쌀로 인해 살기가 어려우니 일본놈들이 빨리 망하도록 기원하는 기도를 해야 한다는 취지였다.(김갑출 회고, 증언)

부합하는 단서이다. 또한 법정사의 기반이었던 불교신도들에 대한 수탈도 법정사의 존립을 위태롭게 하였을 것이다.

바로 이런 정황이 1918년 초반부터 구체화되었기에 김연일이 항쟁을 준비하였다고 본다. 방동화와 친근하게 지냈던 원인상이 항쟁준비를 3년간 하였다는 증언을 남긴 것도[57] 일제의 탄압이 서서히 시작되어 1918년에 접어들어서는 폭발 지경에 달하였음을 말한다. 그리하여 김연일은 1918년 8월(음력 6,7월경)부터 거사를 보다 구체적으로 준비하고 법정사 거주자들과 항쟁을 상의, 동의를 받고, 이후에는 박주석을 거사에 동참시켰다. 당시 김연일은 박주석에게 다음과 같은 발언을 하였다.

김연일은 내게, 자기는 김해김씨의 후예이며 제주도에 있는 일본인 전부를 몰아내고 이어 육지에 나가 불교를 넓히고 싶은바 그 수행에 조력해달라고 말했다.(정구용 판결문)

김연일은 일본인 구축과 불교의 포교라는 거사의 목적을 개진하였다. 이를 보면 김연일과 박주석은 친교가 오랫동안 있었음을 알 수 있고, 김연일의 목적에 쉽게 동의한 박주석도 김연일의 취지에 찬동하였음을 엿볼 수 있다. 그러므로 그 당시 김연일과 박주석은 동질적인 사고(민족의식)를 갖고 있었다고 보인다. 만약 김연일이 박주석이 완전한 선도교도이고, 자신의 제의를 거부할 대상자라고 판단하면 그 포부를 밝히지도 않았을 것이다. 이 점에서 필자는 박주석이 자신이 선도교도임을 밝히지 않았다고 이해하고자 한다. 그 이후 김연일은 박주석과 함께 항쟁의 구체적인 계획을 상의하였다.

---

57) 『죽비소리』 2호(1999.2), 「노장에게서 듣는다, 원인상스님을 찾아서」.

그러면 박주석은 어떤 인물인가. 당시 그의 나이는 55세로 김연일 (48세)보다 7살이나 연상이었다. 김연일이 그와 親交가 있었고, 선생으로 호칭하고, 거사를 상의하고 도움을 요청한 것을 보면 그는 이를테면 지방의 지식인, 법정사 신도의 간부 일원이라고 보면 지나친 억측일까. 때문에 그는 지식인으로서 선도교의 저항성, 개벽 지향에 경도되어 이면적으로는 선도교의 책임자일 수도 있는 것이다.

법정사 항쟁의 첫 봉화는 1918년 9월 19일(음력 8월 15일)의 우란분 행사였다. 당시 김연일은 그 행사에 참여한 불교신도들에게 다음과 같은 발언을 하였다.

왜놈이 우리 조선을 병합하였을 뿐만 아니라 병합 후에도 관리는 물론 상인 등에 이르기까지 우리 동포를 학대하고 있다. 불원 佛務皇帝가 출연하여 국권을 회복하게 될 것이니 우선 제일로 제주도에 사는 일본인 관리를 죽이고 상인들을 도외로 구축하여야 한다.(고등경찰요사)

이러한 발언은 당시 그 행사에 참가한 양남구의 신문조서에도 나오고 있다.

그해 음력 8월 15일 법정사에 참배한 남녀 30명쯤이 모여 있었다. 김연일은 모두에게 이번에 불무황제가 이 세상에 나타나 조선불교를 멀리 포교하고 또한 조선을 잘 통치해서 옛날의 독립국으로 만드는 데 진력하기로 했으므로 모든 사람은 불무황제의 명에 따르지 않으면 안 된다고 하는지라 우리들은 모두가 찬성했다.(정구용 판결문)

김연일은 우란분 행사에서도 일제의 침탈을 지적하면서, 이번에 불무황제가 나타나 국권회복과 불교포교에 도움을 줄 것임을 예고하였다. 이런 내용에서 우리는 불무황제로 나타난 미륵하생신앙을 파악할 수 있다. 김연일의 발언을 당시 불교도들이 대부분 찬동하였음도 파악하였다. 이는 김연일의 제안, 계시를 암묵적으로 동의하였다는 내용인바, 여기에서 당시 법정사 불교도들의 미륵신앙의 수용을 조심스럽게 수긍한다.

우란분절의 행사 이후 10월 4일, 법정사 인근의 마을 이장 앞으로 보내는 격문을 발송하였다. 그 요지는 일제를 처단할 기회가 왔으니 10월 7일 오전 4시에 하원리에 집결하라는 통보였다. 제주성을 습격하고 나아가서는, 일제를 제주도에서 추방한다는 계획을 첨부하였다. 10월 5일에는 각 지역에서 선발된 장정 33명을 법정사에 소집하였다. 김연일은 이 자리에서 자신이 불무황제로서 일제의 처단, 구축에 나설 것임을 선언하였다.

김연일은 그들을 향해 자신은 불무황제이다. 지금부터 조선 정치를 개량하려고 하는데 우선 그 수단으로 일본인 관리를 이 섬으로부터 추방하지 않으면 안 되므로 여러분은 나의 명령에 의하여 부락 인민들에게 명을 전하고 인민들을 끌어 모아 우선 중문리의 순사주재소를 습격, 일본 관리를 추방토록 하라고 명령함으로(정구용 판결문)

이제 법정사 항쟁은 깃발을 올리게 되었다. 10월 7일 새벽, 법정사를 출발한 무장 대오는 서귀포 방면을 향하여 떠났다. 여기에서 우리가 주목할 것은 10월 4일, 이장들에게 격문을 발송하고, 10월 5일부터는 항쟁이 이미 본격화되었는데도 불구하고 일제의 차단, 일제에게 밀고한 농민이 전혀 없었다는 것이다. 이는 그만큼 일제의 식민 수탈이 심하였음을 말해준 단서이지만, 법정사의 신뢰와 위상이 강력하였음도 파악할 수 있다.

서귀포로 향한 항쟁의 대오는 마을에 내려가 주민들을 항쟁의 대열에 가담시켜 그 숫자가 400여 명에 달할 정도가 되었다. 그후에는 일제의 시설물을 제거하고, 일본인과 개신교 목사를 린치하였으며, 주재소 건물을 방화하고, 구금된 농민 13명을 석방시켰다. 그러나 일제의 강력한 진압에 항쟁세력은 퇴각할 수밖에 없었다.

4. 결어

지금껏 본 고찰에서는 1918년 10월, 제주도 법정사의 항일운동에 대한 개요와 성격을 재인식하기 위한 목적에서 몇 가지 문제점을 검토하였다. 그 문제점은 주도세력의 논란, 운동의 발발 원인이었다. 이제부터는 앞서 살핀 제반 내용에서 나타난 주요 사항을 갖고 운동의 성격, 추후 이 운동의 연구 활성화를 위한 제언을 요약하는 것으로 맺는말에 대하고자 한다.

첫째, 우선 이 운동에 대한 명칭에 대한 문제로 필자는 '법정사 항일'이라는 개념적인 표현이 반드시 포함되어야 한다고 본다. 지금껏 이 운동의 주도세력, 운동의 공간적인 범위를 갖고 법정사 항쟁의 성격에 대한 우려를 피력한 연구자들이 있었다. 그러나 본 고찰에서도 나온 것처럼 운동의 준비, 가시화, 전개의 무대가 법정사임을 부인하지는 못할 것이다. 그리고 운동의 주체라는 면에서도 운동의 주동, 동참은 불교세력이 분명하였다. 여기에는 법정사 내부, 외부의 승려들이 주체적으로 관여하였다. 더욱이 법정사의 성격이 민족불교적인 성향이 창건 직후부터 자생적으로 대두되었음을 간과해서는 곤란하다. 그리고 김연일이 항일의지를 밝힐 때에도 분명 불교발전, 포교라는 목적을 표시하였으며, 거사 선언일도 우란분절이었고, 그날 모인 대중들도 불교도, 불교신도라는 것이 전하고 있다.

둘째, 그럼에도 불구하고 운동의 종료 이후에 나타난 일제 측 기록에 선도교의 책임자, 향토사 차원의 조사과정에서 그 가담자에 선도교도가 나오고 있다. 이는 선도교도가 이 운동에 참여한 것은 분명 인정해주어야 한다는 내용이다. 따라서 불교만의 운동이라고 강변해서도 안 될 것이다. 다만 우리가 주의를 기울일 것은 어떤 연유로 선도교도가 참여하였는가에 대한 보편적·상식적인 설명이다. 이 문제와 관련하여 간혹 1920년대, 1930년대 제주도의 보천교, 태극무도교에 대한 정황과 인식을 갖고 1910년대의 선도교의 현실을 즉각적으로 대입시켜 이해하는 것은 신중을 기할 문제이다. 그 비교는 참고에 머물러야 한다.

셋째, 이 운동에 대한 지금까지의 이해는 근본적으로 제주 근대불교의 낙후성, 열악성에 근거한 것이다. 본 고찰에서도 나왔지만 강창규, 방동화로 대변되는 제주 출신 승려의 움직임을 더욱 주목할 필요가 있다. 이는 곧 근대 제주불교에 대한 연구의 필요성이 더욱 요청되는 문제이다. 관음사, 법정사 그리고 여타 사찰로 고찰의 범주를 확대해야 한다.

넷째, 제주도 전체의 종교 상황에 대한 이해가 절실하다. 제주도는 불교, 유교, 무속신앙이 습합된 채 내려온 전통이 있다. 이런 정황에서 각 종교의 동향, 성격이 정리되어야 할 것이다. 본 고찰에서도 김석윤의 경우가 단적인 실례인바, 이런 제주 종교의 특성을 다양한 방면에서의 접근이 요청된다.

다섯째, 광범위한 자료수집과 분석이 요청된다. 지금껏 이 운동에 활용된 자료는 주로 일제의 판결문, 수형기록, 고등경찰요사 등인데 일제 측 기록은 기록 생성과정에 이미 편견, 편향이 개입되었다. 그리고 고문, 취조, 재판과정에서 운동 참여자들은 자연적으로 피해를 예방하기 위한 자위적 입장에서 그 진실을 왜곡, 축소시킬 가능성이 농후한 것이다. 최근 관련자들의 호적중초를 분석한 연구도 나왔지만 더욱 다양한 자료 발굴이 요구된다. 이점과 관련하여 추후의 연구자들은 이 운동에 참여한 400여 명에 달한 일반 농민들의 관련 기록을 찾아내야 할 것이다. 그러나 그 기록들은 현전하지 않기에 서귀포시, 지역 연구단체, 관련 연구자들을 중심으로 그 후손, 구전 청취자, 제주 향토사의 서술자 등을 대상으로 한 구술사 작업을 요망한다. 구술사(증언 청취, 기록, 해석)는 문헌 기록이 부재한 상태를 타개하는 차원에서 최근에는 다양한 학문 분야에서 시도되고 있다.[58] 그 결과 그 성과물도 상당하고, 각 기관 및 연구단체에서 구술사 작업은 계속 증대되고 있다.

여섯째, 이 운동의 접근과 이해는 순수 학술검토 차원에서 제기된 것이 아니다. 즉 관련 지방자치단체, 후손, 종교계의 이해관계가 일부 개재되어 있다. 이는 연구 활성화를 유도하지만 그 반대의 경우도 제기된다. 이에 각 기관, 단체, 후손 등은 역할분담을 통하여 진실을 밝히고, 역사적 성격을 정립하고, 이를 통하여 역사교육, 민족교육에 활용해야 할 것이다. 우리가 주의를 기울일 것은 무엇보다도 운동의 진실과 개요를 밝히는 것이다. 그후 운동의 성격 파악, 역사성 부여, 위상 정립, 교훈 찾기, 계승사업 등은 별도로 더욱 천착할 문제이다.

---

58) 김광식, 「구술사연구의 필요성 : 현대불교의 공백을 메우자」, 『불교평론』 15, 2003.

대한승려연합회 선언서와 민족불교론

1. 서언

일제강점기 한국불교계가 항일운동에 참여하였음은 널리 알려진 사실이다. 이는 불교계의 민족운동, 독립운동의 내용을 말하는 것이다. 나아가서 이러한 내용은 근대불교의 성격이 민족불교임을 의미하는 것이다. 이와 같은 일제강점기 불교의 항일운동에 대한 구체적인 내용 및 성격에 대해서는 적지 않은 연구 업적이 축적되어 있다.[1]

---

[1] 그에 관련된 연구성과는 다음과 같다.

김법린, 「3·1운동과 불교」, 『신천지』 1-2, 1946.

김법린, 「한국불교의 독립을 위한 항일투쟁기―조계사는 이렇게 창건되었다」, 『대한불교』 41호, 1963.8.1, 9.1.

김상호, 「한국불교 항일투쟁 회고록」, 『대한불교』 54호, 1964.8.23.

이용조, 「내가 아는 卍字黨 事件」, 『대한불교』 55호, 1964.8.30

백성욱, 「3·1운동과 중앙학림」, 『동대신문』 1966.6.20

안계현, 「3·1운동과 불교계」, 『3·1운동50주년기념논총』, 1969.

조영암, 「스님들의 항일운동」, 『불교사상』, 1985년 3월호.

정광호, 「일본 침략시기 불교계의 민족의식」, 『윤병석교수화갑기념논총』, 1990.

김상현, 「3·1운동에서의 한용운의 역할」, 『이기영박사고희기념논총, 불교와 역

그러나 이에 관련된 승려가 관련 기록이나 회고를 적극적으로 남기지 않은 측면, 그리고 그 제자 및 후손들도 기록 보존에 대해서는 별 주의를 기울이지 않아 발굴되지 않은 불교의 독립운동 내용이 상당하다고 볼 수 있다. 더욱이 8·15해방 이후 종단, 사찰, 종립학교, 승가단체에서도 이 분야에 대한 연구에 주목을 하지 않았다. 그에 반해 1950~60년대 이른바 정화불사라는 일련의 움직임에서 일제강점기 주류 불교계의 노선 및 성향이 친일불교라는 지적을 받은 것과, 최근 친일파 청산이라는 시대적 현실에 있어 일부 승려들이 친일파로 지적을 받은 것을 주목할 필요가 있다. 이는 불교의 항일에 대한 분야가 보다 심층적으로 연구될 필요성을 환기시키는 것이라 하겠다.

이러한 배경에서 본 고찰에서는 지금까지의 불교 독립운동 연구에서 크게 주목을 받지 못한[2] <대한승려연합회 선언서>를 집중 분석하

사』, 1991.

채상식, 「한말, 일제시기 범어사의 사회운동」, 『한국문화연구』 4, 1991.

김창수, 「일제하 불교의 항일독립운동」, 『가산이지관스님화갑기념논총』 하, 1992.

김광식, 「1910년대 불교계의 조동종맹약과 임제종운동」, 『한국민족운동사연구』 12, 1995.

김광식, 「조선불교청년총동맹과 卍黨」, 『한국학보』 80, 1995.

김봉옥, 「법정사 항일운동의 재조명」, 『제주도사연구』 4, 1995.

김광식, 「백용성의 독립운동」, 『대각사상』 창간호, 1998.

김창수, 「한국독립운동사에서의 불교계의 위상」, 『대각사상』 창간호, 1998.

김순석, 「3·1운동기 불교계의 동향」, 『한국민족운동사연구』 29, 2001.

김광식, 「백초월의 삶과 독립운동」, 『불교학보』 39, 2002.

김광식, 「일제하 불교계 독립운동의 전개와 성격」, 『새불교운동의 전개』, 도피안사, 2002.

김정인, 「법정사 항일투쟁의 민족운동사적 위상」, 『제주도연구』 22, 2002.

김상현, 「효당 최범술(1904~1979)의 독립운동」, 『동국사학』 40, 2005.

김광식, 「법정사 항일운동의 재인식」, 『한국독립운동사연구』 25, 2005.

김광식, 「한용운의 '조선독립의 서' 연구」, 『만해학연구』 창간호, 2005.

김광식, 「만당과 효당 최범술」, 『동국사학』 41, 2005,

2) 김소진의 박사학위논문 『1910년대의 독립선언서 연구』(1995, 숙명여대)와 김순석

고자 한다. 이 선언서는 1919년 11월 15일, 중국 상해에서 제작되어 국내외에 배포된 것으로 당시 불교계의 독립운동에 대한 단면을 뚜렷이 보여주는 문건이다. 일반적으로 '승려독립선언서'라고도 불렸던 이 선언서는 1919년 3·1운동 직후의 불교계 독립운동을 상징적으로 말해주는 기념비적인 선언서이다. 더욱이 그 선언서 내용에는 불교가 독립운동에 임하는 논리를 극명하게 보여주는 표현이 전하고 있다. 이에 필자는 이 선언서의 개요를 정리하고, 그 연후에는 선언서에 담긴 불교의 항일 논리를 추출하고자 한다. 이 논리는 일제강점기 한국 불교계의 독립운동에 대한 이념적 기초를 담보한다고 볼 수 있다.

일반적으로 한국불교는 호국불교, 혹은 민족불교의 성격을 갖고 있다고 말한다. 그러나 그러한 특성이 언제부터, 어떤 계기에 의해 수용, 전개, 변화되었는가를 분석한 연구성과는 찾을 수 없다. 2006년 겨울, 『불교평론』에서 <불교와 민족주의>라는 특집을 마련하면서 그에 관련된 논고가 발표되었지만[3] 아직은 초보 단계에 불과한 실정이다. 불교와 민족주의는 양립할 수 있는가, 한국불교는 호국불교의 전통을 갖고 있나, 한국불교는 민족불교의 성격을 갖고 있다고 말할 수 있는가, 한국의 비구 승려는 군대 가는 것이 타당한가 등등 이에 관련된 다양한 의문이 제기된다. 이러한 문제에 답하기 위해서는 다양한 분야에서 세부적인 검토가 요청된다.

이에 필자는 대한승려연합회선언서에 나타난 불교의 독립운동 논

의 「3·1운동기 불교계의 동향」(『한국민족운동연구』 29, 2001)에서 개요가 소개, 정리되었을 뿐이었다. 김소진은 학위논문을 보완하여 『대한독립선언서연구』(국학자료원, 1999)를 펴냈는데, 이 책의 <대한승려연합회 선언서와 임시정부>편이 참고된다.

3) 박노자, 「한국 근대 민족주의와 불교」, 『불교평론』 28·29, 2006.
서재영, 「민족불교와 불교적 보편주의」, 『불교평론』 28·29, 2006.

리를 민족불교론의 성격과 연결지어 이 분야에 대한 연구의 단초를 제공하고자 한다. 요컨대 1876년 개항 이후 1919년 3·1운동 발발 이전까지 기간의 불교 근대화라는 거대한 흐름에서 불교계가 민족운동에 나서게 된 배경, 사조 등의 주요 사례를 통해 검토하여 민족불교론의 대두 과정을 시론적으로 제시하고자 한다. 이러한 필자의 연구가 일제강점기 한국불교의 성격, 혹은 민족불교의 성격을 조망하는 데 참고가 되기를 기대한다.

2. 대한승려연합회 선언서의 개요

1919년 거족적인 3·1독립운동의 열기가 식지 않았던 1919년 11월 15일, 중국 상해에서는 대한승려연합회의 선언서가 발표되었다. 이는 3·1운동 당시 서울 및 전국의 각 사찰에서 만세운동을 전개하였던 승려들이 상해로 망명하여 3·1운동의 정신을 계승하고, 독립운동을 지속하려는 흐름에서 나온 것이다. 이는 3·1운동 직후에도 불교도들이 독립운동에 참가하였음을 단적으로 보여주는 중요한 문건이다. 그런데 이 선언서가 나오게 된 배경, 배포과정, 영향 등에 관련된 직접적인 기록이 없어 구체적인 내용은 알 수 없다. 그러나 그 정황을 유추할 수 있는 간접적인 자료가 일부 전하고 있다. 이에 단편적인 자료를 재구성하여 당시 움직임을 이해할 수는 있다. 이에 본 장에서는 그 선언서의 전문을 살펴보고, 선언서가 발굴된 배경, 선언서 제작의 배경, 선언서에 담긴 내용 및 의의 등을 살펴보고자 한다.

우선 선언서의 전문을 제시한다. 선언서는 한글(국한문), 한문, 영문 3개 국어로 별도 기술되었고 활판 인쇄로 작성되었다.[4] 선언서는 '大

韓僧侶聯合會宣言書'라는 제목이 쓰인 별지와 '宣言書'라는 주제로 된
본 내용의 선언서로 작성되어 있다. 그러면 먼저 한글로 된 선언서 전
문을 제시한다.

　宣言書
　韓土의 數千 僧侶는 二千萬 同胞 及 世界에 對하야 絶對로 韓土에 在한
日本의 統治를 排斥하고 大韓民國의 獨立을 主張함을 茲에 宣言하노라.
　平等과 慈悲는 佛法의 宗旨니 무릇 此에 違反하는 者는 佛法의 敵이
라. 그러하거늘 日本은 表面 佛法을 崇한다 稱하면서 前世紀의 遺物인
侵略主義 軍國主義에 耽溺하야 자조 無名의 師를 起하야 人類의 平和를
騷亂하며 한갓 그 强暴함만 恃하고 敎化의 恩을 受한 隣國을 侵하야 그
國을 滅하며 그 自由를 奪하며 그 民을 虐하야 二千萬 生靈의 冤聲이 嗷
嗷하며 特히 今年 三月 一日 以來로 大韓民族은 極히 平和로운 手段으로
極히 正當한 要求를 叫號할새 日本은 도로혀 더욱 暴虐을 肆行하야 數萬
의 無辜한 男女를 虐殺하니 日本의 罪惡이 斯에 極한지라 我等은 이믜
더 沈默하고 더 傍觀할 수 업도다.
　일즉 全民族 代表 三十三人이 獨立宣言을 發表할새 我 佛徒中에서도 韓
龍雲 白龍城 兩 僧侶—此에 參加하였고 그 後에도 我 佛徒中에서 身과 財
를 獻하야 獨立運動에 奔走한 者—多하거니와 日本은 一向 前過를 懺悔
하는 樣이 無할 뿐더러 或은 警官을 增加하고 軍隊를 增派하야 더욱 抑
壓政策을 取하고 一邊 不正한 手段으로 賊子輩를 驅使하야 一日이라도
그 惡과 二千萬 生靈의 苦惱를 더 깊게 하려 하니 이제 我等은 더 忍見
할 수 없도다. 不義가 義를 厭하고 蒼生이 塗炭에 苦할 때에 劍을 仗하
고 起함은 我 歷代 古祖 諸德의 遺風이라. 하물며 身이 大韓의 國民으로
生한 我等이리오.

---

4) 한문은 '宣言書'로 영문은 The Manifesto of the Korean Buddhists로 되어 있다. 영문
에는 대표자 법명도 영어로 기재되어 있다.

願컨대 佛法이 韓土에 入한지 于今 二千年에 李朝에 至하여 多少의 壓迫을 受함이 有하였다 하더라도 其他의 歷代 國家는 모다 此를 擁護하야 그 發達의 隆盛함이 世界佛敎史上에 冠絶하였나니 彼 日本人을 佛陀의 慈悲 中에 引導한 者도 實로 我 大韓佛敎라. 壬辰倭亂 其他 危急의 時에 여러 祖師와 佛徒가 身을 犧牲하야 國家를 擁護함은 歷史에 昭詳한 바이어니와 이는 다만 國民으로 國家에 對한 義務를 盡할 뿐이라. 國家와 佛敎의 깊고 오랜 因緣을 因함이니라. 日本이 强暴하고 그 詭譎한 手段으로써 韓國을 合倂한 以來로 韓國의 歷史와 民族的 傳統 及 文化를 전혀 無視하고 各 方面에 對하야 日本化 政策 及 壓迫政策으로써 韓族을 全滅하려할세 我 佛徒도 그 毒手의 犧牲이 되여 强制의 日本化와 苛酷한 法令의 束縛下에 二千年來 韓土의 國家의 保護로 누리던 自由를 失하고 未幾에 特有한 我 歷代 祖師의 遺風이 湮滅하야 榮光잇던 大韓佛敎는 滅絶의 慘境에 陷하려 하도다.

이에 我等은 起하엿노라. 大韓의 國民으로서 大韓國家의 自由와 獨立을 完成하기 爲하야 二千年來 榮光스러운 歷史를 가진 大韓佛敎를 日本化와 滅絶에 救하기 爲하야 我 七千의 大韓 僧尼는 結束하고 起하였노니 矢死報國의 이 發願과 重義輕生의 이 意氣를 뉘 막으며 무엇이 막으리오. 한번 結束하고 奮起한 我等은 大願을 成就하기까지 오직 前進하고 血戰할뿐인뎌.

大韓民國 元年 十一月 十五日

大韓僧侶聯合會

代表者　吳卍光　李法印　金鷲山　姜楓潭　崔鯨波

朴法林　安湖山　吳東一　池擎山　鄭雲峯

輩相祐　金東昊

이렇듯 명쾌하게 한국의 독립선언을 개진한 승려연합회의 선언서는 불교가 일제에 항쟁하는 원칙, 당위성을 보여준다는 점에서 역사적 가치가 중요하다고 본다.

이 선언서의 자료적인 측면에서 개괄을 시도하겠다. 이 선언서는 일제강점기에는 상해 임시정부의 기관지인 『독립신문』(1920.3.1)에 '불교선언서'라는 제목으로 보도되었다. 그리고 상해에서 집필, 발간된 박은식의 『한국독립운동지혈사』에서는 '승려연합대회선언서'로 수록되어 있다.[5] 해방 이후 귀국한 독립운동가들이 주축이 되어 조직된 애국동지회에서 1956년에 발행한 『한국독립운동사』에는 '승려연합대회의 선언서'라는 제목으로 게재되었다.[6] 그런데 그 문장을 보면 일부 문장에서 오류된 글이 나오고 있다. 그렇지만 이렇게 다양한 지면에 소개되었음을 보면 이 선언서가 일제강점기의 독립운동가들에 의해 그 존재가 분명하게 인식되었음을 알 수 있다.

그러다가 1969년 프랑스에 거주하였던 교포 홍재하가 보관하였던 이 선언서의 원본이 국사편찬위원회에 기증되었다. 이로써 이 선언서가 3개 국어로 나온 문건이라는 점과 내용의 정확성을 기할 수 있었다. 즉, 홍재하 씨가 작고함에 따라 그가 보관해 오던 파리구미위원부 관련 문서의 일부가 홍재하 씨의 유족에 의해, 유이민사를 집필하고 있었던 현규환 씨에게 전달되었다.[7] 현규환 씨는 그 자료를 국사편찬위원회에 기증하였으며, 당시 국사편찬위원회의 연구관으로 재직하였던 임영정에[8] 의해 3·1절을 기해 언론에 소개되었다.[9] 洪在廈라는

---

5) 『박은식전서』 상권, 단국대출판부, 97~99쪽. 여기에는 한문본이 수록되었으나 말미의 일시와 대표자 법명이 누락되었다. 그리고 상해에서 간행된 『新佛敎』 7권(1920. 제1기)에 상해 거주 한국인이 이 선언서를 <朝鮮佛敎徒之宣言>이라는 제목으로 기고하였다. 그런데 이 선언서를 기고한 한국인은 필명을 N.S라고 하여 그 대상자는 알 수 없다. 황신추안, 「근대 중국불교 간행물에 게재된 한국불교 사료」, 『불교평론』 31(2007년 여름) 195, 201쪽 참조.
6) 한글본이지만 일부 문맥에서 오류가 있다.
7) 『대한불교』 343호(1970.3.15), 「대한승려연합회 독립선언서 원문 발견의 의의」.

인물은 만주, 시베리아, 영국을 거쳐 프랑스 파리로 이주하여 살았을 것으로 추정된다. 홍재하는 파리에 주재하면서 대한국민회 파리지부장을 역임하였다. 여기에서 상해에서 인쇄된 선언서가 파리주재 외국사절들에게도 전달되었을 가능성을 추론할 수 있다.

이렇게 1970년에 일제강점기 불교의 독립운동의 정수를 보여주는 귀중한 자료가 발굴, 소개되었음에도 불구하고 그 이후 누구에 의해서도 이 선언서를 중점적으로 연구한 사례는 매우 희박하였다. 다만 독립선언서, 3·1운동기 불교의 동향 및 독립운동을 연구하면서 그 일부 내용만 소개하였지만 불교 독립운동선상에서의 의의, 위상에 대해서는 크게 강조하지 않았다고 보인다.10) 필자도 이 분야의 연구를 하면서 집필의 기회를 가지려고 하였으나 주변 여건이 여의치 않아 이제야 연구에 임하게 되었다. 그러나 필자가 그간 연구를 바로 착수하지 않은 것은 선언서와 관련된 자료, 증언을 확보하지 못하였기 때문이다. 이제 필자는 더 이상의 새로운 자료의 확보를 기다릴 여유가 없고, 민족불교론을 해명하고자 하는 필자 나름의 연구 기획에 의거 선언서에 대한 분석을 하게 되었다.

이제부터는 선언서가 작성된 배경, 과정 등에 대하여 분석하고자 한다. 그런데 앞서 언급한 바와 같이 이와 관련된 직접적인 사료는 매우 부족하다. 간접적인 방증 자료일 뿐이다. 그러나 주어진 자료를 갖고 당시 상황을 재구성하도록 하겠다. 우선 선언서의 주체, 작성자, 작성처, 인쇄처, 배포처 등에 대하여 살펴보자. 이 선언서의 주체인 대한승려연합회는 현전하는 기록 이외에는 뚜렷하게 나오지 않는 이

---

8) 그는 이후 동국대 역사교육과 교수로 근무하였다.
9) 『동아일보』 1969.2.20, 「3.1운동 대한승려연합회 선언, '우리말 원본' 발견」.
　『대한불교』 342호(1970.3.8), 「우리말 원본 宣言書와 大韓승려聯合會의 독립운동」.
10) 앞에서 소개한 김창수, 김소진, 김순석의 글이 그러하다.

름만의 단체이다. 추측건대 이 단체는 3·1운동 이후 상해로 망명한 승려들이 불교계의 독립운동을 추동시키기 위한 목적에서 임의로 내세운 항일단체로 보인다. 그리고 선언서의 실질적인 작성자, 즉 누가 기술하였는지도 역시 알 수 없다. 문장을 작성한 대상자를 알 수 없기에, 선언서를 작성한 장소도 단정하기는 어렵다. 그러나 여러 정황을 고려할 때 선언서의 인쇄처와 배포처는 상해임이 틀림없다.[11] 필자는 이 선언서를 상해에 있는 승려가 작성하였을 가능성과 국내에 있는 승려가 작성하였을 가능성을 우선 가정한다. 그러면 이러한 전제하에 이 선언서가 어떤 배경으로 나왔는가를 전하는 일제 측 기록을[12] 보자.

不逞僧侶 檢擧의 件

客年 3월 지나 상해로 달아나 同地 임시정부에 투신한 승려 이종욱, 백성욱 등이 함께 조선불교도를 대표하여 독립운동에 분주하고 있다. 승려 申尙玩은 최근 몰래 來鮮하여 전도의 승려를 규합하여 의용승군이라는 비밀결사를 형성하고 또 독립운동 자금의 모집 및 유력한 승려를 상해로 誘出하려고 기획한 사실을 탐지하고 4월 6일 경성 종로 경찰서에서 이를 체포하여 공범자와 함께 형사 追訴에 회부했다. 사건의 개요는 다음과 같다. (중략)

---

11) 『독립운동사 자료집』(1975, 독립유공자편찬위원회), 제9집(임시정부사), 1000쪽에 전하는 <대정 9년 형공 제792호> 제7, 김상헌에 대한 공술 내용에서 "신상완은 동년 4월 상순, 경성부 인사동 숙소에서 상해 이종욱이라는 자로부터 보내온 대한승려연합회 선언서라 제목한 조선독립을 선언한 내용을 기재한 인쇄물 수매"라고 서술한 것을 유의할 수 있다.
12) 1920년 5월 6일 고등경찰 1254호의 <不逞僧侶 檢擧의 件>으로 김정명의 『조선독립운동』 제1권 분책, 민족주의 운동 편에 실린 것을 국사편찬위원회에서 번역한 자료이다.

범죄사실 개요

　신상완 및 김상헌은 불교 측 대표라 하고 손병희 등 33명의 독립선언서 서명자의 한 사람인 승려 한용운과 결탁하고 김봉신, 김법윤, 김대용, 백성욱 등과 함께 시내 각 학교 생도 대표자와 연락하여 중앙학교 생도에게 독립사상을 고취하고 1919년 3월 1일 경성에 있어서의 소요할 때에는 동 학교 생도들을 지도한 자인데 관헌의 수사가 엄중하여 신변이 위급하므로 3월 7일경 그의 스승인 경기도 수원군 용주사 주지 강대련으로부터 여비 백 원을 얻어 상해로 달아났으나 당시 상해에 있어서의 승려의 세력이 희미하고 부진하므로 다액의 운동자금을 얻어 불교도의 세력을 확장하려고 그 후 상해에 도항한 동지 백성욱과 相携하여 歸鮮하기로 하고 4월 상순 同地를 출발하여 동 중순 경성에 귀래하여 동지 이종욱(이강공 사건 관계자), 김상헌, 김법윤, 김봉신, 박민오 등과 자금조달에 노력하였지만 목적을 달성치 못했다. 다시 상해로 가서 7월 중순 백초월 및 김봉신으로부터 금 2천 원의 송금을 얻어 이를 당시의 임시정부 내무총장 안창호에게 교부하고 그 후 이종욱, 김법윤, 김상헌 등과 회합하여 상해에서 僧侶의 團體를 조직하기로 결정하고 이 목적을 달성하기 위하여는 승려 중의 유력자인 경상남도 합천군 해인사의 주지인 이회광을 유출하여 승려를 收攬할 필요가 있다고 하여 7월 중순경 백성욱을 渡鮮케 했는데 8월 중순에 이르러서도 하등의 소식이 없으므로 신상완은 안창호로부터 이회광에 대한 권유장과 申을 강원도 특파원 및 내무부 위원에 임명한다는 취지의 辭令을 받고 8월 하순 歸鮮하여 이회광에 대해 상해의 도항을 권유했지만 동인은 태도를 애매히 하고 거취를 결정하지 못하므로 경성에 와서 백초월로부터 운동자금 및 여비라 하고 금 3백 원을 수령하였으나…… (중략)

　경성으로 귀래했는데 9월 말일에 이르러서도 선언서가[13] 도착하지

---

13) 이 선언서는 본 고찰의 대상인 승려독립선언서가 아니다. 1919년 10월 1일을 기해 임시정부에서 기획한 제2의 만세운동 당시에 살포할 예정의 선언서이다.

않아서 상해를 향해 출발했다. 同地 도착 후 박민오, 김봉신이 선내에서 모금한 운동자금 2천 원을 수령했다. (중략)

　신상완은 상해에 귀래한 후 이종욱, 백성욱, 김법윤 등과 협의한 후 승려의 단결을 도모하려고 별지 譯文과 같은 宣言書 및 臨時義勇僧軍制라는 것을 작성하였는데 이 목적을 달성하기 위하여는 유력한 승려를 상해에 유출하고 또 鮮內 사찰에 機密部라는 것을 두어 승려 간의 기밀 교통기관으로 하여 점차 僧林의 결합을 견고하게 할 필요를 느끼고 안창호의 찬동을 얻어 동인으로부터 各寺 앞으로 보내는 回章을[14] 휴대하고 본년(1920) 2월 19일경 상해를 출발 천진, 봉천을 경유하여 동 25일경 入京하여……

이상과 같이 일제가 상해 임시정부 및 국내를 오가며 독립운동의 최일선에 있었던 신상완을 체포하면서 파악한 내용에는 우리가 관심을 갖고 있는 내용이 적지 않다. 이를 요약하면 다음과 같다. 우선, 3·1운동 직후인 1919년 4~7월경 상해 임시정부에는 3·1운동에 참여하였다가 일제의 체포를 피하고 독립운동을 지속하기 위해 모인 다수의 승려들이 있었다. 그런데 이들은 대부분 한용운에게 영향 받은[15] 중앙학림 출신의 학승들이었다.[16] 둘째, 이들은 임시정부에서의 불교 세력이 부진한 것을 극복하기 위해 승려 단체를 만들고 동시에 국내의 유력한 승려를 상해로 망명시키려고 하였으나 여의치 않았다. 셋째, 1919년 10월경 상해 임시정부에 모인 항일 승려들은 승려의 단결, 불교의 독립운동을 조직화하기 위하여 선언서 및 임시의용승군제

---

14) 이는 諸山僉賢이라는 제목의 안창호 편지로 불교계에서 독립운동을 도와달라는 내용이었다.
15) 김법린, 「3·1운동과 불교」, 『신천지』 1-2, 1946.
16) 이종욱은 중앙학림 출신은 아니지만, 명진학교 출신이기에 이들과 선후배 사이라는 동질감이 있었다고 보인다.

를 작성하였는데 여기에는 임시정부 안창호의 동의가 있었다.

그러므로 이상과 같은 내용에서 필자는 대한승려연합회의 선언서는 1919년 10~11월경 중국 상해에 망명한 항일승려들의 협의, 주도에 의해서 작성되었다고 본다. 때문에 대한승려연합회는 불교의 독립운동을 본격화하기 위해 내세운 임의단체라 하겠다. 그러면 그 선언서는 누가 기술하였는가. 위의 일제 기록에서 신상완이 선언서와 임시의용승군제를 작성하였다는 것을 주목하면 일단은 신상완이라고 볼 수 있다. 그러나 초안을 만든 것과 선언서의 문장을 실제로 완성한 것은 분리해서 볼 수도 있다. 이러한 내용을 더욱 분석하고 위의 일제 측 기록을 신중하게 독해하면 새로운 단서를 찾을 수 있다. 즉 일제 측 기록은 범죄 개요, 범죄자, 체포된 신상완·김상헌, 선언서 및 임시의용승군제로 구분된다.[17] 다시 말하면 범죄 사실의 전체 개요에서는 7월 중순경 신상완, 이종욱, 백성욱, 김법윤,[18] 김상헌 등이 함께 상의하여 승려의 단체를 결성하기로 합의하였던 것이다. 요컨대 1919년 7월에 승려 단체를 결성하기로 하였다. 승려의 단체를 결성하겠다는 결정을 본 이후 신상완은 1919년 8월 하순부터 9월 말까지는 서울을 근거처로 독립활동을 하였다. 바로 이 기간에 선언서 작성을 염두에 두고 누군가에게 선언서의 기술, 기초를 의뢰하고, 1919년 10월 초순에 상해로 갈 때 갖고 갈 수도 있는 것이다. 이 같은 논리를 고려한 것은 1919년 당시 신상완은 29세였기에 연령, 사상, 학문의 깊이라는 점에서 선언서 기술자로 단정하기에는 수긍되지 않은 측면이 있기 때문이다.

---

17) 그런데 필자는 위의 인용시 범죄자(체포자, 미체포자), 선언서 및 임시의용승군제는 인용하지 않았다.
18) 동국대 총장을 역임한 김법린이다.

그렇다면 이러한 측면, 선언서 작성을 신상완 이외로 볼 수 있는 단서를 찾아보자. 이에 대해서는 두 가지의 기록을 제시한다. 첫 번째 기록은 당시 신상완과 서울 및 상해에서 독립운동을 함께 하였던 백성욱의 회고와, 두 번째 기록은 신상완을 비롯한 중앙학림 학승들에게 군자금을 제공한 항일 승려인 백초월의 독립운동에 관한 일제 측 비밀보고 문건이다.

　　이러한 항일투쟁을 적극화하고 항구적으로 김법린, 김상헌, 김상호 등은 「혁신공보」를 발행하여 독립정신을 더욱 고취하는 한편 全國佛教徒獨立 운동 본부를 두어 투쟁을 더욱 체계있게 조직화하였다. 그리고 국내 독립운동 상황을 보고하고 긴밀한 상호 유대의 길을 마련하기 위하여 상해 임시정부에 신상완과 나를 파견키로 하였다. 신상완과 나는 전국의 투쟁 상황을 돌아보고 4월 초순 임시정부를 찾았다. 당시 우리는 임정이 4천여 명의 조직을 갖고 있었지만 감투싸움 등으로 적지 않은 실망을 느껴야만 되었다. 게다가 자금 부족으로 소기의 항쟁을 할 수 없는 형편이었다. 그 뒤 佛教徒獨立 투쟁본부에선 나라를 잃은 망명정부의 투쟁에 소요되는 군자금 모금운동을 갖은 위험을 무릅쓰고 벌렸다.19)

　　백초월은 승려로 있는 몸임에도 불구하고 항상 불온사상을 품고 국권회복을 몽상하여 은근히 그때가 오기를 기다리던 중, 금년 봄 소요 발발한 이래 해외 동포는 조국의 부흥을 위하여 러시아, 또는 중국 영토에서 독립군을 일으키고, 또 중국 상해 가정부를 조직하는 등 오직 독립운동에 활약하고 있으며, 鮮內에 있어서도 예수교도 및 천도교들은 매우 이에 협조하고 있으나, 다만 불교도만은 이에 무관심하고 있음을 크게 유감지사로 생각하여, 금년(1919) 4월 경성에 들어와 시내

---

19) 백성욱, 「동국60년 회상기 : 3·1운동과 중앙학림」, 『동대신문』 1966.6.20.

각처에 잠재하면서, 우선 불온 문서를 간행하여 인심을 교란시킬 계획으로 韓國 民團本部라는 단체를 경성 중앙학교 내에 설치하여 스스로 민단부장이 되어 자금 모집에 활약하였으며, 또 금년 7월 이후 스스로 社長이라는 명목으로 자금을 투자하여, 前記 김재운 집필하에 朴允 등과 함께 『혁신공보』라는 비밀 출판물을 간행 배포하였으며, 鮮內에 있는 청년들로 하여금 독립군 및 그 정부에 가입시키려는 계획에 이의 자금을 얻기 위하여(중략) 그 사이 조선인 청년에게 여비를 주어 11명을 길림성 독립군에게, 6명을 상해 가정부에 보냈다고 말하고 있으나 그의 주소 성명에 대해서는 일체 입을 다물고 말하지 않는다. (중략)

백초월은 다시 운동비를 모집할 목적으로 민단 부원 정병헌, 신상완, 백성욱으로 하여금 상해 가정부는 경비가 곤란하기 때문에 인천, 부산, 원산 등 3개 항구의 관세를 담보로 하여 미국의 정부에게 15억 달러의 차관을 신청하였으나 미국 정부는 구미제국 중 한 나라가 보증을 한다면 이에 응하겠다고 회답이 있었다.[20]

위의 두 기록에서 공통적으로 확인이 되는 것은 3·1운동 직후 서울에 불교도 독립운동 본부가 있었다는 것이다. 그런데 그 본부에 관련된 대상자는 주로 중앙학림 출신 청년승려들이었다. 그들은 백성욱, 김법린, 신상완, 김상헌, 김상호 등이었다. 여기에서 나온 불교도 독립운동 본부는 백초월 관련 일제 측의 문건에는 한국민단 본부라고 나온다. 그리고 그 거점이 중앙학림이었다는 것이다. 요컨대 불교도 독립운동 본부가 바로 민단 본부라고 볼 수 있다. 나아가서 민단 본부의 책임자는 백초월이었고, 그 부원은 백성욱, 김법린, 신상완, 김상호 등이라는 것이다. 이에 필자는 3·1운동 직후, 한용운이 일제에 수감된

---

20) 『독립운동사 자료집』 9, 임시정부, 431~433쪽.

1919년 4월 이후의 국내 불교계 독립운동의 지도자는 백초월이라고 본다. 나아가 이 선언서의 기술자는 백초월로 비정할 수 있다. 즉 그는 1919년 당시 40대 초반으로 영원사 조실의 역임, 중앙학림 초대 강사로 내정(1915), 불교 잡지에 기고한 문장력, 3·1운동 직후 전개한 독립운동의 열정 등을 고려하면 필자의 추정을 신뢰할 수 있는 것이다.21)

그러나 현재는 선언서를 누가 기술하였는가에 대한 구체적인 기록은 애매한 상태이다. 이 문제와 관련해서 김순석도 백초월로 비정하였으며, 박희승은 이종욱의 독립운동을 폭넓게 정리하면서 상해 임정에 참여한 불교계 인사들의 공동의 결과물로 이해하였다.22) 한편 임시정부 내무총장이었던 안창호의 1920년 일기에는 신상완이 의용승군제를 만들기 위해 안창호의 동의, 지시를 받았다는 내용이 전한다. 우선 그 일기를 보자.

1월 21일, 신상완 군이 내방하여 국내에 在한 승려로 하여금 군대를 편제하자 하며

1월 24일, 신상완 군이 내방하여 승려의용대 편제안을 示하고 가부를 문하기로 동의를 표한 후에 군무부에 가서 차를 批准하라고 권하다.

2월 18일, 신상완 군이 래방왈 금일 내지로 향하여 출발한다 함으로 입국하여 진행할 방침을 문한 즉, 군왈 일은 전국 주유하며 선전할 것이요 이는 불교청년으로 의용대를 조직할 것이라고 하며 여를 향하

---

21) 필자는 『불교학보』 39집(2002)에 기고한 「백초월의 삶과 독립운동」, 133~138쪽에서 백초월의 3·1운동 직후의 독립운동과 그 구도에서 승려선언서의 집필자일 가능성을 추론한 바 있다.

22) 박희승, 「일제강점기 상해임시정부와 이종욱의 항일운동 연구」, 『대각사상』 5, 247쪽.

여 불교청년회에 고문을 허락하고 또 동회 회장에게 수서함을 간망한다 함으로 이에 허락하고 수함이다.[23]

이 기록을 유의하면 선언서는 1919년 11월 15일자로 제작, 배포되었지만 1920년 1월 하순경에 승려의용대(의용승군)가 조직되었음을 알 수 있다. 작성의 중심에는 신상완이 있었고, 임시정부의 개입, 조율이 있었던 것이다. 임시의용승군 憲制는 국내에 있는 승려들을 승군으로 편제하기 위한 조직이었다. 그 대강의 내용을 보면[24] 總領部를 정점으로 하고, 총령부 산하에는 秘書局, 參謀局, 軍務局, 軍需局, 司令局으로 분장되어 있다. 총령부는 대한승려연합회장을 總長으로 하는 승군의 최고본부로, 임시정부와 승군과의 연락기관으로, 임시정부 작전 계획을 협의·실행하는 것으로 기관 성격을 규정하였다. 그리고 전국에 산재한 승군을 지휘하기 위하여 사령국 내에 각 도와 군에 산하기관을[25] 두도록 하였다. 또한 승려연합회에 가입한 승군은 기밀 엄수, 當務의 비밀 누설 방지, 의무금[26] 제출 등을 信條로 정하였다.

이렇듯이 상해 임시정부와 국내 불교계 독립운동의 총본부였던 민단 본부를 배경으로 1919년 11월부터 1920년 4월경에 가시화된 대한승려연합회 선언서와 임시의용승군 헌제는 당시 불교계 독립운동의 상징적 존재였다. 그 선언서에 나온 불교 독립운동의 이념을 실천하기 위하여 국내의 전 사찰 및 승려를 의용승군이라는 비밀결사체로 조직화시켜 일제에 정면으로 항쟁하려는 준비를 기획한 것이었다. 현재 기록의 부재로 승려연합회의 대표자로 서명한 12명의 대상자를 확

---

23) 도산기념사업회, 『안도산전서』(중, 1990), 224~228쪽.
24) 김정명, 『조선독립운동』 제1권, 분책, 401~402쪽.
25) 道隊, 郡隊, 山隊 등을 말한다.
26) 그 액수는 정하지 않았다.

인할 형편은 아니다. 그 12명의 이름이 대부분 가명으로 쓴 것이 안타깝기만 하다.[27] 그리고 이러한 의용승군제는 실제 집행단계까지 이르렀다. 상해에서 불교 대표 격으로 독립운동을 하였던 이종욱과 실무자 격으로 불교 독립운동의 최일선에 있었던 신상완은 의용승군의 추진을 위한 機密部라는 비밀연락 기관을 통도사, 해인사, 범어사, 석왕사에 두기로 정하였다. 그리고 이는 국내로 귀국한 신상완에 의해 추진되었는바, 그는 임시의용승군 헌제 및 선언서를 석왕사, 해인사, 통도사에 발송하였다. 나아가서는 조선 본산급 사찰 30개 중 15개 사찰을 택하여 기밀부를 설치하고 상해 임시정부와 연결을 도모하였으나 1920년 4월 6일 일제에 피체되었다.

지금까지 살펴본 바에 의하면 1919년 11월 15일에 제작, 배포된 대한승려연합회 선언서는 3·1운동 직후 국내 및 상해를 포괄하였던 불교 독립운동의 핵심이었다. 당시 이 선언서 작성을 주도하였던 항일 승려들은 선언서에서 구현한 불교 독립운동의 이념을 실천하기 위하여 의용승군제 및 기밀부를 조직하여 전 사찰 및 승려들을 승군 및 항일불교의 대열로 추동하기 위해 분투하였다. 그렇다면 3·1운동 이후 항일불교의 정수, 상징인 대한승려연합회의 선언서 내용과 이념은 무엇이었는가에 대해 분석하고자 한다.

그 전문은 앞서 제시하였기에 여기에서는 그 내용에 나타난 주요 핵심을 나누어 제시하겠다. 그 연후에 내용에 나타난 불교의 독립운동의 이념을 추출하고자 한다. 내용을 대별하면 다음과 같다.

첫째, 한국에 있는 7천 승려는 일본 통치 배척, 대한민국의 독립의

---

27) 『대한불교』(1970.3.8)에서는 그 대상자들에 대하여 당시 생존한 승려들에게 자문한 결과, 오만광은 오성월(범어사 주지), 이법인은 이회광(해인사 주지), 김취산은 김구하(통도사 주지), 지경산은 김경산(범어사 고승)이라고 확인하였다.

당위성을 국내의 동포와 세계에 천명하였다. 이는 당시 불교가 식민지 현실을 완전 부인하고, 독립항쟁에 나선다는 사명감을 공개적으로 언명한 것이라는 점이 주목된다.

둘째, 불교의 근본이념을 평등과 자비라고 전제하면서, 일제는 불법에 어긋난 적으로 단정하였다. 일본이 표면으로만 불법을 숭상하고, 침략주의와 군국주의에 경도되어, 평화를 교란하고, 은혜를 배반하였으며, 평화적인 3·1운동을 무력으로 진압한 것 등을 그 실례로 지적하였다.

셋째, 불교계는 선언서를 발표하기 이전에도 3·1운동 민족대표로 참가한 사실, 심신을 바쳐 독립운동에 뛰어든 불교도가 다수였음을 개진하였다. 이는 선언서가 바로 그러한 불교 독립운동을 계승하는 것임을 밝힌 것이다.

넷째, 일본의 야만적인 식민통치를 중단하게 하려는 것은 도탄에 빠진 중생들의 고통을 좌시하지 않았던 역대 조사들의 유풍임을 자각하였다.

다섯째, 불교는 역대 국가에서 보호받고, 발달해 왔기에 국가와 불교는 깊은 인연 즉 국가불교임을 재인식하였다. 그러므로 불교가 독립항쟁에 나서는 것은 국민된 도리라고 하였다.

여섯째, 한국을 침략한 일본은 한국의 역사, 문화, 전통을 무시하는 일본화 정책 및 법령으로 한국 민족을 전멸시키고자 하였다. 그 결과 불교도 이에 희생되었다고 인식하였다. 이에 불교의 자유를 잃어버리고, 역대 조사의 유풍이 사라져 결과적으로 불교의 근원, 생명이 멸절되었다는 것이다.

이에 이상과 같은 연유에서 불교는 일본과 싸울 수밖에 없음을 천명하였다. 나라의 자유와 독립을 완성하고, 동시에 불교의 일본화 및 멸절의 구렁텅이에서 구하기 위하여 7천 승려들은 결속하고, 일어섰고, 죽음을 불사하여 나라에 보답하겠다는 발원과 의기로써 피로써 싸우겠다는 선언을 하였던 것이다.

선언서에서 불교가 일본과 혈전을 하겠다는 요인을 다시 축약하면 다음과 같다. 불법의 측면에서 일본은 敵이며, 일본의 일본화 정책 및 사찰령으로 불교는 자유와 전통이 상실되었다는 것이 그 첫째 요인이다. 다음으로는 역대 조사의 유풍으로 표현된 대승불교 전통의 실천이었다. 이는 국가와 불교의 깊은 인연으로 표현한 즉 국가를 옹호한 전통의 구현이다. 필자는 이 부분을 가장 주목하고자 한다. 즉 선언서에서 "身이 대한의 국민으로 生한 我等, 다만 국민으로 국가에 대한 의무를 盡할 뿐, 이때 我等은 起하였노라 대한의 국민으로써" 등에 나타난 국민의식이다. 이는 국가 공동체 일원임을 분명하게 자각하고, 그 일원으로서의 책임을 다하겠다는 근대적인 시민의식, 민족의식의 뚜렷한 발로이다. 조선 후기, 개항기에 간헐적으로 보이는 중세적·소외적 산중불교의 분위기는 전혀 찾을 수 없다. 새롭게 도래한 근대 사회의 주역, 근대 민족국가의 당당한 구성원으로서 국가를 파멸시킨, 불법에 반한 행동을 자행한 일본과 항쟁하겠다는 자기 정체성을 극명하게 표출한 선언이다.

지금까지 분석한, 선언서에 나타난 불교 독립운동의 이념은 근현대 불교 역사에서 가장 명쾌한 논리가 아닌가 한다. 여기에서 나온 요체를 민족불교의 내용으로 필자는 주장하고자 한다.

3. 민족불교론의 수용과 이념

본 장에서는 앞서 살핀 1919년 11월 15일, 대한승려연합회 선언서에 나타난 민족불교의 이념을 일제하 불교 독립운동의 사상적인 정수라고 보고, 그 연원 및 배경을 살피고자 한다. 다시 말하자면 일제강점기 불교의 독립운동 이념의 원형, 모델을 선언서의 내용으로 보고, 그 성립과정을 조명하려고 한다. 그것은 불교적인 입장에서도 불교의 사상, 교리 측면에서 부합되고, 민족운동 및 민족의식의 입장에서도 근대적인 가치관에 부합되는 것이다. 민족불교에 대해서는 지금껏 개념적인 정리가 거의 부재하였다. 그러나 필자는 근현대불교를 설명하는 하나의 관점, 흐름으로 민족불교를 바라보고자 한다. 필자가 고려하는 민족불교는 첫째, 민족 공동체 구성원(일원)이 믿고 수행하는 불교이며 둘째, 국가 및 민족 공동체 그리고 공동체 구성원(중생, 민중, 대중)의 모순과 고통을 해소하기 위해 활동하는 종교이며 셋째, 그 지향이 불교적인 가치, 이념, 사상, 교리에서 부합되는 것을 핵심 요체로 보고자 한다.

그러면 어떤 배경으로 이와 같은 민족불교의 이념이 수용, 변화, 전개되었는가를 조망하고자 한다. 그런데 당시 기록에는 이와 관련된 직접적인 자료가 흔치 않다. 때문에 불가불 추측, 해석이 지나칠 수밖에 없을 것이다.

필자는 민족불교의 이념이 나오게 된 것을 불교 내부의 논리, 흐름과 불교 외부에서 불교계가 나아갈 방향, 노선을 지적한 거대한 두 흐름이 결합된 것에서 찾고자 한다. 요컨대 불교 내의 논리와 불교 외부의 논리가 일제강점기 불교라는 시공간에서 합류된 것이라는 것이다.

우선 필자가 제시한 그 논리를 제시하면 다음과 같다. 우선 불교 내부의 논리는 佛教大衆化이다. 그리고 불교 외부의 논리는 佛教社會化이다.28) 불교사회화는 세속화론의 성격을 띠는데 불교가 산중에서 머물면 안 되고 세속·사회의 요청, 변화에 동참해야 된다는 논리이다.29)

이러한 전제에서 불교대중화론을 제시한다. 불교대중화론은 조선후기 산중 중심의 불교에서 개항, 문명의 도래, 근대사회로의 전이라는 조류에 맞추어 도회지 중심의 불교로 가야만 된다는, 기존 승려 중심의 불교에서 대중 중심의 불교로 전환되어야 한다는 논리를 의미한다. 이러한 불교대중화론을 단적으로 말하고 있는 만해 한용운의 입장을 살펴보자.

在來의 조선불교는 역사적 변천과 사회적 정세에 의하여 다만 寺刹의 불교, 僧侶의 불교로만 되어 있었다. 이것은 불교의 역사적 쇠퇴의 일시적 현상에 지나지 않는 것이니 어찌 이것을 불교의 教義라 하리오. 佛教徒는 마땅히 이러한 현상에 대하여 斷然 타파하지 않으면 아니 될 것이다. '山間에서 街頭로' '僧侶로서 大衆에'가 현금 조선불교의 '슬로간'이 되지 않으면 아니 될 것이다. (중략)

대중불교라는 것은 불교를 대중적으로 행한다는 의미이니 불교는 반드시 愛를 버리고 親을 떠나 인간사회를 隔離한 뒤에 행하는 것이 아니라, 인간 사회의 만반 현실을 조금도 여의지 아니하고 煩惱 중에서 菩提를 얻고 生死 중에서 열반을 얻는 것인즉 그것을 인식하고 실천하는 것이 大衆佛教의 建設이다.30)

---

28) 『매일신보』 1921.9.3, 「조선불교는 사회화하라」.
29) 종교가 세속화되면 부수적으로는 속세의 가치관, 행위에 근접하는 성향이 있다. 이에 종교에서는 聖스러운 곳에서 俗으로 가는 것을 경계하였다.
30) 앞의 자료, 8~9쪽.

여기에서 나온 '산간에서 가두로' '승려로서 대중에'로 상징되는 대중불교가 불교대중화론을 대변하는 논리이다. 그렇기에 만해는 불교도가[31] 대중불교로 나서기 위해서는 사회의 현실에 뛰어 들어 불교의 이상을 실천해야 한다고 주장하였다. 만해가 이 주장을 한 것은 1931년인바, 이는 그가 1910년부터 20년간 불교의 혁신, 대중화를 위한 다방면의 활동을 한 총결산의 결론이다. 다시 말하자면 1931년에 발표된 이론이지만 이 논리는 그가 불교의 개혁과 불교대중화, 일제에 대한 저항을 본격적으로 전개하기 시작하였던 1910년대 이래의 이념이라고 볼 수 있다.[32]

한편 한용운은 1913년에 출간한 『조선불교유신론』에서 불교 성질을 平等主義와 救世主義라고 단언하였다. 그러면서 그는 불교의 평등주의를 진리라고 인식하고, 당시 서양에서 나온 근대적인 사조인 자유주의, 세계주의도 평등에서 기인하였다고 지적하면서 문명세계에서도 불교는 주역이 될 수 있다고 보았다. 그리고 구세주의는 이기주의에 반대되는 개념으로 보면서 세상, 중생을 구제하는 불교의 근본 뜻이라고 강조하였다. 이에 한용운은 불교가 근대사회, 문명사회에서 당당히 자리잡을 수 있을 것임을 논리적·사상적으로 확신하였다. 그 연후에 한용운은 불교가 산중중심의 불교에서 도회지 불교로, 대중불교로 나가야 한다고 강조하였거니와 그 논리를 필자는 대중불교론으로 부르는 것이다.

그런데 한용운의 『조선불교유신론』과 대중불교론의 저변에는 승려

---

31) 불교도는 승려와 재가신도를 통칭한 대중불교론의 구도에서 나온 지칭으로 보인다.
32) 한용운이 『조선불교유신론』을 집필한 시점은 1910년 6~8월이었다. 그리고 승려의 결혼 허용을 주장한 건의를 한 시점도 1910년 3, 9월이었다.

가 인간으로서 대접을 받아야 한다는 인권론이 자리잡고 있다. 이 인권론은 조선시대에 승려가 사회적으로 천하게 인식, 대우받았던 것을 극복하려는 강한 의식이다. 이에 한용운은 『조선불교유신론』에서 승려의 인권 회복에 대한 별도의 장을 마련하여 그 대안 강구까지 제시하였던 것이다. 그리고 그 내용에서도 승려가 수백년간 대단히 압박을 받았다, 온 나라의 사람들이 승려 보기를 소·말이나 노예같이 하여, 전날의 구속을 벗어 던지고 사람 고유의 인권을 회복하고자 할 것 같으면 무엇보다도 스스로 생산하여 자활할 필요가 있다는 내용을 서술하였다. 한용운의 승려 인권에 대한 인식은 당시 승려들의 보편적인 관심사라고 볼 수 있다.[33]

그래서 한용운은 승려의 인권 회복을 위해서, 불교가 대중불교로 나아가기 위해서는 불가불 불교의 유신, 개혁을 하기 위한 다양한 방안을 주장하였다. 기존 제도 및 관행의 파괴를 기해야 한다고 하면서 교육 및 참선, 포교, 사원의 위치, 의식 개혁, 주지 선거, 승려의 단결, 사원의 통할에 이르는 대안을 강구하였다. 심지어는 승려들의 결혼까지 허용해야 한다고 강조하였던 것이다. 한용운 주장의 초점은 근대 한국불교의 제도 자체의 개혁, 유신이었지만 그것이 가능하기 위해서는 승려의 인권이 회복되고, 근대사회에서 불교가 정상적인 인식, 대접을 받아야만 되었다. 나아가서는 불교도들은 더욱더 불교의 사상을 철저히 이행해야 하는 것이다. 다시 말하면 한용운이 말한 불교의 평등주의, 구세주의를 근대사회의 현실에서 실천에 옮겨야 하는 것이다. 여기에서 대중불교론의 실천의 문제가 제기된다.

---

33) 『매일신보』 1917.1.12, 「京城小言 與三十本山 住持」 참조. 이 내용에는 승려의 유일 희망과 욕구를 수백년래 사회에서 천대받음을 탈각하고, 속인과 동격으로 일반사회의 대우를 받고자 하는 정신을 가장 중요한 관심사로 평가했다.

때문에 불교의 근본이념인 평등주의, 구세주의를 실천하는 것이 가
장 긴요한 문제일 터이다. 더욱이 당시는 서양문명의 도래, 일제의 침
투 및 침략이 전개되는 현실이었기에 불교는 자기 체질을 개혁하면서
근대 한국사회의 중생, 민족, 국가의 문제에 동참해야 하는 것이다.
이는 불교가 민족운동에 동참해야 하는 역사적 과제를 말하는 것이
다. 이러한 역사적 과제의 실천과 관련하여 필자가 주목한 내용은
1906년에 구체화된 명진학교의 설립이다. 당시 그 학교 설립에는 승
려들의 도회지 불교로의 전환, 민족운동의 동참을 찾아볼 수 있다.

> 研究會 都總務僧 洪月初 等이 學部에 請願하되 矣等이 遯跡窮巷ᄒ야 專
> 眛事ᄒ고 疎忽國務ᄒ와 自棄自賤이러니 當此時局ᄒ야 濫以顧光ᄒ오니 世
> 界和通ᄒ고 天下文明이라. 人人이 各自 愛國ᄒ고 無非忠君이라. 經綸運動
> 이 專爲國富民强이오니 雖山中枯物이라도 血氣之質과 天稟之性이 亦有ᄒ
> 야 各出補助ᄒ와 元興寺 一隅公廨를 暫借ᄒ야 私自設立學校에 學員이 現
> 爲五十餘名이오 十三道에 有名巨刹에 普告ᄒ야 亦設學校之意로 玆以請願
> ᄒ오니 旣爲認許ᄒ라 하얏다더라.[34]

즉 속세의 사회 구성원들이 문명에 유의하며 각자 행하는 愛國과 忠
君 그리고 나라의 부강 및 백성들의 자강을 의도하는 흐름에 동참하
겠다고 하였다. 명진학교의 설립 주역인 홍월초는 기존 불교의 관행
을 변화시키고[35] 불교 사회화에 대한 강한 의지로 명진학교의 설립을
추동하였다.[36] 이러한 추세에 힘입은 것으로 당시 일본의 빚을 갚아

---

34) 『대한매일신보』 1906.5.27, 「僧校請認」.
35) 『황성신문』 1906.7.3, 「釋家新學」에서는 出家遠俗하였던 本志를 변화하여 時務學
　　業에 주의하면서 학교를 세우겠다는 의사 표시를 명진학교 설립자들이 고민하
　　였다고 한다.
36) 필자는 명진학교의 건학정신을 자각의식, 불교의 천양의식, 문명 수용의식, 민족

서 국권 수호를 하자는 국채보상운동에도 불교계의 승려들이 적극적으로 참여하였음도 결코 생경스러운 것이 아니었다.37)

이제 불교계에서도 불교의 이상을 추구하면서 동시에 세속·사회에서 고민하는 공동체에 대한 문제를 방관할 수 없다는 동참의식이 정착된 것이 아닌가 한다. 즉 불교와 민족(사회)의 문제를 함께 끌어안지 않으면 안 되었다. 불교의 문제는 불교대중화이며, 민족의 문제는 불교사회화로서의 민족운동 및 주권수호운동이었다. 이에 필자는 이 두 문제가 결합된 것을 불교도가 당시 상황을 주체적으로 수용한 결과로서 민족불교론이라고 부르고자 한다. 이런 문제를 단적으로 찾을 수 있는 자료가 1908년 3월 전국의 중견 승려들이 서울의 원흥사에 모여 불교의 단일적인 종단건설을 결의한 圓宗 창립의 취지서이다. 당시 전국 불교를 대표하는 13도 總代 승려 65명은 원흥사에 모여 불교의 종단건설을 결의하고, 그 실제 이행을 담당할 불교종무국을 설립하겠다는 의지를 구현하였다. 그 취지서의 일부 문장에는

> 目下 救急은 以其快活手段으로 相時度宜ㅎ야 革其舊慣之未妥者ㅎ며 叅以新進之合者ㅎ야 以犧牲的 思想과 獻身的 精神으로 合力同事ㅎ야 奉揚國輝於無窮ㅎ고 訓致斯民於樂岸ㅎ야 仰報佛恩與皇恩이 非我宗敎家之責任者耶아.38)

佛恩과 皇恩에 보답해야 한다는 구절이 분명하게 나오는 것이다. 이

이 처한 현실에 동참하려는 정신, 애국애족 정신 등으로 제시하였다. 졸고, 「명진학교의 건학정신과 근대 민족불교관의 형성」, 『불교학보』 45, 2006, 343~344쪽.
37) 『대한매일신보』 1907.3.7, <釋迦愛國>.
38) 『대한매일신보』 1908.3.17, 「광고, 佛敎宗務局 趣旨書」.

렇게 불교계에서의 현실인식이 표출됨은 예사로운 것이 아니다. 더욱이 전국의 불교를 대표하는 승려들이 종단 발기를 하면서 작성한 취지서라는 점은 당시 불교계의 의식을 대변한다고 볼 수 있다. 이에 그러한 점은 더욱더 불교계에 파급되어 갔다고 하겠다. 1908년 5월경, 대흥사가 설립한 학교인 대흥학교를 발기하는 취지서에서도 이를 찾을 수 있다. 그 취지서에는 기존 불교를 변경하고, 혁신하지 않으면 장래에는 '대한불교' 네 자는 찾을 수 없을 것이라는 인식을 하였다.

物競天擇으로 弱肉强食ᄒ야 世界가 恁麼危ᄒ니 千年 伽藍과 十方芯芻의 維持方針이 惟在於創立學校ᄒ야 亟圖敎育而己라. 今將禪敎 詮ᄒ야 頓法從前卑劣之性質ᄒ며 次以新學 法律 歷史 地誌 算術 圖書 等ᄒ야 取扱 文明 空氣ᄒ고 培養 愛國 精神ᄒ며 以需時用ᄒ고 完成 人格ᄒ야 不墮固有之權能ᄒ고 總報回恩ᄒ고 普渡 二有ᄒ면 庶不負丈者兒 落之本志ᄒ리며 亦不偉大雄氏應變之大體ᄒ리니 惟祈諸大德은 勉旃焉이어다.39)

즉 불교의 유지를 위해서는 신식학교의 창립을 통한 교육사업에 나설 수밖에 없음을 강조하였다. 이에 禪敎를 가르치면서 신식학문을 배우게 하여, 문명을 수용하게 하고 애국정신을 배양하겠다는 판단을 하였다. 이런 바탕에서 불교와 세속에 대한 능력을 갖추면 불교의 근본에서 낙오하지 않으며, 세속 변화에 대해서 당당히 대응할 수 있는 자질을 갖추게 될 것이라고 인식하였다.

지금껏 살핀 바와 같이 불교는 개항, 승려 도성출입금지 해제령 이후 급증하는 문명의 세례, 일본 및 일본불교의 침투에 즈음하여 불교의 자기 정비를 고민하게 되었다. 그런 과정에서 불교는 산중불교에

---

39) 『황성신문』 1908.5.31, 「禪門敎育」.

머물 수 없음을 자각하고, 불교대중화의 길로 나서게 되었다. 그런데 불교대중화를 추진함에는 불교의 이상뿐만 아니라 불교의 터전이었던 공동체, 세속·사회의 문제까지 불교의 문제로 수용해야 한다는 인식 및 노선상의 변질이 일어나고 있었다. 그 논리는 불교사회화였다. 그러나 이러한 변화는 불교대중화의 논리와 이질적인 것이 아니었다. 불교의 이념인 평등주의, 구세주의를 실천하는 것이었다. 다만 이를 인식하고, 급변하는 문명세계에서 불교의 존립을 기하기 위한 정체성 재정비의 산물로 구현하였던 것이다. 필자는 그 흐름의 사조를 잠정적으로 민족불교론이라고 개념화하는 것이다.

이제부터는 이상과 같은 민족불교론의 발현이라는 구도를 유의하면서, 불교 외부에서의 불교에 대한 요구사항을 살펴본다. 이는 불교사회화로 칭할 수 있는 것인데 종교적인 측면에서는 세속화론이라고 볼 수 있다. 이 논리는 불교가 단순히 세속화되어야 한다는 것이 아니라, 불교의 존립 및 불교의 존재 가치는 세속·사회의 문제를 배제하고서는 불가능하다는 것이다. 그리고 이는 한국불교의 전통이라는 문제까지 연결된다. 그러면 이런 배경에서 당시 사회에서 불교가 나가야 할 길, 이념에 대한 주문을 상징적으로 보여주는 『대한매일신보』의 논설을 우선 제시한다. 이 논설은 일제의 국권 강탈이 한창 기승을 부릴 때인 1908년에 나온 것이다. 이 논설의 집필자는[40] 팔만대장경에 나온 내용을 요약하면 救世 두 자에 불과하다고 보면서, 이를 석가 및 불교의 핵심으로 주장한다. 그리고 한국불교의 역사적 특색을 국가주의로 단언하였다. 나아가서 그는 국가주의를 당시 다수 승려들이 一心으로 護持하고 있다고까지 주장하였다.

---

40) 필자는 이전 「명진학교의 건학정신과 민족불교관의 형성」의 논문 집필 때에 이 자료를 이용하면서 그 집필자를 단재 신채호로 비정하였다.

嗚呼라. 佛祖 救世의 本旨를 講演하며 韓國 佛教의 特色을 發揮홈이 是 韓國 僧侶의 責任이라. 雖閉門獨守의 時라도 此 責任을 忘홈이 不可하거날 況此 時가 乃如何흔 時인가. (중략)

近日에 幾個 和尙이 風潮를 感覺ㅎ고 學校를 設立ㅎ야 靑年僧徒를 敎育 ㅎ는 者 - 或 有ㅎ나 其 內容을 探知ㅎ면 西山大師와 四溟堂의 救國宗旨 를 懷抱ㅎ야 後進을 開導ㅎ는 者는 少ㅎ고 只是 時勢를 趨ㅎ야 日語 幾句 로 通辯의 生活을 謀코즈 ㅎ니 僧侶 諸君의 壹恥오. 又 或 幾個 和尙이 佛 敎硏究會를 設ㅎ야 宗門의 面目을 保全코즈 ㅎ나 彼 日本 僧徒와 갓치 東 西古今 哲學家의 學說을 叅互ㅎ야 佛敎의 新面目을 露出ㅎ는 者 - 無ㅎㄴ 니 此亦 僧侶 諸君의 壹恥오. 彼 日本 僧徒가 託土相傳의 宗鉢을 持ㅎ야 此國에 到來ㅎ야 布敎ㅎ는 此에 抗立ㅎ는 者 - 無홀뿐 아니라 居然 今日 儒敎界에 추生루士가 統監 伊藤氏의 대學 講說을 拜授홈과 如히 彼來 승 輩의게 즙즙히 其 說法을 聽ㅎ는 者 - 多ㅎ다 ㅎ니 此亦 僧侶 諸君의 壹 恥니 凡 僧侶 諸君은 汲汲히 奮興ㅎ야 (壹) 佛氏 相傳의 救世主義를 物忘 ㅎ며 (二) 韓國 佛敎 特色의 國家主義를 勿失하며 (三) 新世界 知識을 輸入 ㅎ야 一切事業을 外國 승려에 勿讓ㅎ고 大雄 大無畏 大進步홀지어다. 深 山 各寺에셔 禪味를 獨食ㅎ야 自家一身만 天堂에 往ㅎ랴 ㅎ는 者는 佛祖 의 所不許라. 頑空外道에 墮ㅎ야 地獄에 入홀지니라.[41]

그러나 위의 글의 필자는 당시 승려들의 불교대중화의 행보가 미약 하고, 투철하지 못하다고 비판하였다. 즉 救國宗旨의 미계승, 서구 문 명 및 사조의 미수용, 불교의 新面目 불철저, 일본불교의 국내 포교에 대한 미대응을 지적하였다. 이러한 비판의 근본 근거는 불교의 구세 주의와 한국불교의 국가주의였다. 근대기 불교에 대한 주문을 이렇게 명쾌하게 제시한 것도 흔치 않다.

구세주의[42]와 국가주의, 이는 불교의 보편성과 한국불교 특수성의

---

41) 『대한매일신보』 1908.12.13, 「遍告僧侶 同胞」.

결합이라 볼 수 있다. 이러한 불교에 대한 주문 즉 불교사회화, 세속
화론은 국권상실 직전의 글인 아래의 『황성신문』의 기고문에서도 찾
을 수 있다.

吾儕가 僧侶 同胞를 對ᄒ야 勸告 ᄒ는 바는 維何오. 盖宗敎派는 恒常
世界的 主義와 出世的 思想이 有ᄒ 者이나 必其 國土와 民族이 保存홈으
로 宗敎도 維持롤 得ᄒᄂ니 此는 西山 四溟 靈圭 등 諸 禪師가 捨身救國
의 雄猛力을 發揮ᄒ 바라. 僧侶 同胞는 此個精神을 體存ᄒ며 此個主義를
確守홀지어다.43)

국권상실 직전이기에 불교의 보편성보다는 한국불교의 특수성인
국가주의를 더 강조하는 불교사회화의 요청이다. 捨身 救國하였던 서
산대사, 사명대사의 계승에 우선 순위를 두었다. 경술국치 전후 사회
에서의 불교에 대한 바람은 국가주의가 우선해야 한다는 추세로 전환
되어 간 것으로 보인다. 이는 국권 상실, 국권 강탈에서 나온 국가 및
민족 보존에 대한 현실적인 위기감에서 나온 것으로 보인다. 1910년
4월경 승려의 결혼을 구한국 정부에 건의하고, 그 인가가 나올 것이
예견되는 가운데 나온 대한매일신보의 논설, 「僧尼界의 喜消息」 내용
도 이를 확인해 준다. 그것은 승려계에서 嫁娶 임의 문제가 山門에서
협의되었다고 전하면서, 이를 정부에 건의하였던 것은 좋은 소식으로
인정해 주면서도 승려들의 일본 승려에 대한 우호성은 개탄하였다.

---

42) 『대한매일신보』 1909.6.8, 「奇書, 大呼 한국종교계 위인 / 노영택」에서는 불교에
　　대하여 불교는 救世主義가 本源인데, 당시 한국불교는 小乘派에 불과하고, 行乞하
　　고, 入山退臥하고 있다고 비판하면서 중생을 구제하는 大乘的인 慈悲觀이 없다고
　　주장하였다.
43) 『황성신문』 1910.4.10, 「八萬大藏經에 對한 續論」.

그리고 다음과 같이 주문하였다.

> 最終에 吾儕는 僧尼同胞에게 一勉홀바 - 有ㅎ니 同胞가 此 問題를 實行
> ㅎ는 동시에 敎育을 擴張ㅎ며 실업을 奮勵ㅎ며 國家精神 民族主義를 大
> 振興ㅎ야 滅亡의 禍를 脫ㅎ고 極樂의 福을 收홀지어다.[44]

僧尼의 결혼은 수긍하면서, 결국에는 불교도 국가정신 및 민족주의
구현에 발 벗고 나서라는 촉구였다.

이렇듯이 사회에서 불교사회화를 요청하였던 배경에서 불교가 국
가정신, 민족주의를 적극 수용, 실천하였다는 현실인식은 상해 대한
민국 임시정부에서 발간한 『한일관계사료집』[45]의 「일본이 한국불교
에 대한 압박」이라는 주제의 글에서도 찾을 수 있다. 이 글은 항일 승
려인 신상완이 서술한 것이다.

> 故로 大韓 僧侶는 此等 祖國精神의 계통이 特有홀 뿐 아니라 數千年間
> 傳來ㅎ는 佛殿高樓의 建物과 石物 等을 朝夕으로 對홀 時마다 祖國에 對
> 혼 愛國의 淚를 咽ㅎ나니 此等 建物과 石物 等은 歷代 諸皇室과 人民이
> 國家의 福祉를 祈코져 ㅎ야 建혼 者이며 古人의 愛國熱誠 等을 記錄한
> 거시라. 故로 僧侶等은 有形無形 兩方面으로 祖國의 精神을 感受 遺傳ㅎ
> 야 今日에 及토록 古祖師의 愛國誠을 不變ㅎ고 祖國을 爲ㅎ야 每日 四回
> 以上의 祈禱를 行홈을 見홀지라도 僧侶 等의 愛國 精神이 如何홈을 可證
> ㅎ겟도다.[46]

---

44) 『대한매일신보』 1910.4.19, 「僧尼界의 喜消息」.
45) 이 자료집은 상해 임정이 국제연맹에 한민족의 독립의 당위성을 알리기 위해 편
　　찬한 임정 최초의 역사서이다. 1919년 7월, 안창호, 이광수 등 20여 명이 근무하
　　였던 사료조사편찬부에서 이를 발간하였다.
46) 『한국독립운동사』, 국사편찬위원회, 9, 1983, 127쪽.

신상완은 승려들의 조국에 대한 투철한 애국정신을 강조하였다. 승려들은 조국정신으로 古祖師의 애국정신을 계승하여, 조국을 위하여 매일 기도하고 있음을 지적하면서 불교의 애국정신이 한국불교의 전통임을 분명히 제시하였다.

지금까지 살핀 바와 같이 세속 및 사회에서의 불교에 대한 바람은 1910년 8월 국권상실 이전에는 불교의 구세주의와 국가주의였다. 그러나 점차 국권상실의 지경에 이르러서는 구세주의보다는 국가주의를 강조하는 노선으로 경도되고 있었다. 요컨대 필자가 제기한 불교사회화론은 당시 사회에서 불교에 요청하는 노선을 개념화한 것이다. 일반적으로 종교의 세속화, 불교의 사회화는 세속인과 동질적인 고민, 현실인식, 세계관이라고 말할 수 있다. 따라서 승려가 사회인과 같은 행동양식을 취하게 된다는 우려 및 모순에 접하게 된다.47) 나아가서는 종교성의 근본인 聖과 俗의 경계가 애매해지는 문제에 봉착된다. 이러한 불교의 세속화는 한용운이 말한 승려중심 불교에서 대중중심으로의 전환에 부수적으로 나오는 딜레마적인 산물이다.

필자는 앞서 본 고찰의 기본 전제인 민족불교론을 불교 내부의 불교대중화의 논리와 불교 외부에서 나온 불교사회화 논리의 결합이라고 보았다. 이러한 전제에서 불교대중화론과 불교사회화론이 갖고 있었던 구체적인 내용을 1900~1910년대의 대체적인 흐름에서 나온 주요 단면을 통해 조망하여 보았다. 이에 필자는 민족불교론이 국권강탈이 진행되는 민족적 위기라는 비상시국에 나타나게 되었다고 본다. 이후 국망과 항일 독립운동이라는 현실로 접어들면서 민족불교론이

---

47) 여기에서 일제강점기 승려들이 승려도 사람이다, 인권이 있다, 담배를 피울 수 있다, 나아가서는 여타 인간들이 누리고 있는 성욕, 음식욕을 차단할 이유가 없다는 단계까지 갈 수 있음을 파악한다. 그 대표적인 상징이 帶妻食肉이다.

더욱더 강세적인 논리, 불교 자체의 고민을 거쳐 또 다른 단계로 나아
간 것으로 본다. 또 다른 단계로 나갔음은 3·1운동을 대변하는 3·1
독립선언서와 상해의 대한민국 임시정부의 이념의 세례를 받았음을
지적하는 것이다. 즉 3·1운동 이념인 자유, 평등 정신 그리고 임시정
부 설립에 나타난 민주공화주의 이념 등에서 나온 근대 민족의식을
불교계에서도 수용하였다. 바로 그러한 수용, 진일보 단계에서 응결
되어 나온 것이 대한승려연합회의 선언서이다.

그러므로 대한승려연합회 선언서에 나온 이념이 자연스럽게 민족
불교론의 요체가 되었다. 이에 불교대중화론과 불교사회화론의 이념
적 결합에서 나온 민족불교론은 한국 근대불교의 주요한 흐름의 하나
로 자리를 잡게 되었다. 때문에 민족불교론은 불교의 보편성(교리, 사
상)을 띠고, 근대불교에 부여된 역사적 사명(민족운동, 독립운동)을 구
현하며, 한국불교의 전통을 계승하려는 논리, 고뇌인 것이다. 그래서
민족불교론은 불교의 교리 및 사상에서 결코 이탈하지 않고, 대승불
교의 근대적 변용을 실천하며, 한국불교의 역사와 전통을 이으려는
근대 불교도의 정체성 재정비의 산물이라 하겠다.48)

4. 결어

맺는말에서는 지금까지 살펴본 민족불교론의 근대적 전개에서 나
타난 미진한 분야, 추후 더욱 연구할 문제 등을 제시하는 것으로 대신
하고자 한다.

---

48) 필자는 지금껏 제시, 분석한 민족불교론의 대표적인 제안자, 실천자를 한용운으
　　로 비정한다. 이에 대해서는 추후에 연구를 수행할 예정이다.

첫째, 불교대중화론에 대한 정치한 입증, 분석이 요망된다. 본 고찰에서는 불교대중화론의 실례를 한용운의 대중불교론에서 찾았다. 그러나 한용운의 대중불교론은 더욱 다각적인 분석이 요망된다. 그리고 한용운의 대중불교론이 일제강점기 불교에서 그를 따르던 불교청년, 단체에서 어떻게 구현, 계승되었는가를 사례를 갖고 정리해야 한다.

둘째, 불교사회화론을 일반 사회에서 불교에 주문한 것으로 본 고찰에서 막연하게 이야기 하였는데, 이에 대한 분명한 개념, 성격이 분석되어야 한다. 그리고 세속화론과의 연계도 더욱 다각도로 보완, 설명되어야 한다.

셋째, 민족불교론의 다양한 내용, 성격을 일제강점기의 불교민족운동에서 더욱더 찾아내야 한다. 3·1운동 참가, 군자금 모집, 사찰령 체제에 저항, 만당 등의 사례에서 어떻게 나타나는지를 분석해야 한다.

넷째, 민족불교론과 호국불교, 혹은 민중불교와의 비교 연구도 요망된다. 그리하여 근현대에 나타난 이런 개념들이 한국불교의 성격, 즉 통불교, 종합불교, 원융불교 등과는 어떠한 맥락을 갖고 있는지도 흥미로운 주제이다.

이상으로 추후 연구할 주제, 대상을 제시하였다. 본 고찰이 근대불교의 성격의 재인식, 민족불교론의 이해, 그리고 승려선언서 연구에 하나의 디딤돌이 되었으면 좋겠다. 여타 학자, 후학들의 이 분야에 대한 지속적인 연구를 요망하는 바이다.

백초월의 삶과 독립운동

1. 서언

거족적인 3·1운동이 일어난 직후 동국대의 전신인 중앙학림 내에 항일투쟁의 거점인 韓國民團本部를 설치함과 동시에 국내 각 사찰에서 모금한 군자금을 상해 임시정부 및 만주지역의 독립군에 보낸 승려가 있었으니, 그는 白初月이다. 백초월의 독립운동은 민족의식을 고취시킨 혁신공보 발간, 임시정부 성립 축하 시위, 승려독립선언서 작성 및 의용승군 조직, 일본의회에서의 독립청원 사건 등으로 구체화되었다. 이러한 백초월은 독립운동을 수행하다 일제에 피체되어, 수감 중 갖은 고문을 받아서 반 미친 상태의 정신병자로 내몰리기도 하였다. 그러나 그의 독립운동은 멈추질 않았다. 그는 일제 말기 신의주를 거쳐 만주로 가는 기차에 '대한독립만세'라는 낙서를 쓴 사건에 연루되어 일제에 체포, 구금, 수감 등의 가혹한 악형을 받았다. 마침내 백초월은 1944년 6월 청주형무소에 수감 중 고문 후유증으로 순국하였다.

이러한 백초월의 행적은 우리의 주목을 받기에 충분하다. 더욱이 그는 1915년 중앙학림이 개교할 당시 불교계가 내정한 초대강사였으며, 그즈음 지리산 영원사의 주지였다. 이는 불교계에서 그의 경학 실력을 공인할 정도의 강백이었음을 말해주는 단서이다. 그의 경학에 대한 실력은 1935년 봉원사가 강원을 열 때도 그를 강사로 초빙하였음에서도 확인된다. 백초월의 독립운동은 정부에서도 그의 공을 기려 1986년에는 건국포장을, 1990년에는 품격을 재심하여 애국장을 추서하였다.

이렇듯이 백초월의 생애와 행적은 불교계에서 큰 주목을 당연히 받아야 함에도 불구하고 지금껏 백초월이라는 이름은 잊혀져 있었다. 즉 근대불교사에서 그의 행적에 대한 평가는 그 어디에서도 적절한 자리매김을 받지 못하였다. 다만 근대불교사를 연구하는 일부 연구자들의 미약한 관심사에 머물러 있었다.[1] 이 분야를 연구하는 필자는 백초월의 행적을 접하면서 때가 되면 백초월의 삶을 재구성하여 그의 삶을 복권시키겠다는 소박한 생각을 갖고 있었다. 이에 필자는 이 시기 불교사 자료를 수집, 분석, 정리하면서 그의 자료를 꾸준히 모아왔다. 이제 그의 삶과 꿈을 완벽하게 재구성을 할 정도로 만족스러운 것은 아니지만, 일단 지금껏 수집한 자료를 갖고 그의 삶과 독립운동을 정리하고자 한다.[2] 미흡한 점은 지속적인 자료수집을 통하여 보완하고자 한다.

필자는 본 고찰을 서술하면서 나라와 민족을 구하기 위한 독립운동

---

[1] 그간 백초월의 생애는 항일불교 차원에서 극히 소략하게 소개되었다. 예컨대 김창수의 「일제하 불교계의 항일민족운동」(『가산이지관스님화갑기념 한국불교문화사상사』, 1992)과 이철교의 「항일 독립운동 불교인 열전」(『대중불교』 1993년 8월호)이 그 실례이다.

[2] 필자가 미진한 자료를 갖고 그의 삶을 재구성하려는 것은 그의 행적이 구체적이고, 근거에 의해서 서술되어야 한다는 입장에서 나온 것이다. 최근 그에 대한 서술을 보면 일부 내용에서 납득하기 어려운 것이 나타나고 있다.

에 헌신하였고, 그 때문에 일제에 피체되어 갖은 고문을 당하였으며, 그로 인하여 옥중에서 순국한 승려를 인식하는 현재의 불교계의 정서에 대하여 강한 의문을 갖게 되었다. 필자가 파악하기로는 일제강점기 불교계에서 평생을 치열하게 독립운동을 전개하다 옥중에서 순국한 대표적인 승려가 백초월이다. 민족불교, 호국불교를 강조하고 자랑스럽게 이야기 하였던 한국불교, 조계종단의 역사의식은 어디에 있는지 매우 의심스럽다. 백초월의 삶과 그가 지향한 독립운동의 행적을 복원하면서, 불교계의 역사에 대한 성찰의식을 되새겨 보려는 것이 이 글의 초점이다.

2. 출신과 수행

백초월은 1878년 2월 17일 경상남도 고성군 영오면 성곡리 금산부락에서, 부친 白河鎭과 모친 김해김씨의 세 아들 중 둘째 아들로 태어났다.3) 수원백씨 26세손이었던 그는 그의 부친이 진주군 정촌면 관봉리로 이주함에 따라, 이곳에서 유년시절을 지냈다. 그러나 그의 나이 14세에 지리산에 위치한 靈源寺로4) 입산, 출가의 길을 걷게 되었다. 입산의 이유는 정확하지 않지만5) 배움에 뜻을 두었다고 한다.6)

---

3) 백씨화수회 족보, 즉 白氏大同譜에는 그의 이름이 道洙로 나온다. 그의 형은 學洙이고, 동생은 圭洙이다. 그러나 그의 종손(백외식)에 따르면 그 형제들의 兒名은 학순, 학명, 학구로 불렸다고 한다.
4) 영원사는 함양군 마천면 삼정리에 있다.
5) 그의 부친이 1883년 12월 16일에 사망한 것을 유의하면(1985년 진양군 정촌면장의 확인), 생계 해결의 문제도 제기할 수 있다.
6) 그의 출가 이전의 행적은 그의 속가 후손(甥姪)인 白樂貴(백봉섭)가 『백씨대종보』 5호(1987.6.1)에 기고한 「일가의 발자취」를 참고하였다.

입산한 그는 영원사의 주지를 역임한 李永鎭을[7] 은사로 모시고, 수행하였다. 백초월의 수행 이력에 대하여 현재 구체적으로 전하는 내용은 전혀 없다. 그의 족보명은 道洙, 법명은 東照, 寅榮이었으며, 법호는 初月, 별호는 龜國이었고 이명 및 가명은 最勝, 義洙, 義告, 寅山, 自忍 등으로 불렸다. 이명과 가명은 그가 독립운동을 하였을 당시 사용한 것이다.

백초월에 대한 기록 중 필자가 확인한 것으로 가장 앞서는 것은 영원사의 역대조실들을 총정리한 『祖室案錄』이다.[8] 이 내용에는 백초월이 1903년 겨울~1904년 영원사 조실이었음이 전하고 있다. 그리고 1907년 해인사 선방에서 수행하였는데, 1907년 동안거 수행을 한 방함록에[9] 初月 東照라는 법명이 전한다. 한편 1911년 무렵, 그가 원종의 조동종맹약에 반발한 임제종운동에 참여하였다는 증언이 있다.[10] 주지하는 바와 같이 조동종맹약은 1910년 9월에 체결되었는데 그 당시 종단을 지향한 圓宗의 이회광이 원종을 공권력에 공인받기 위한 조급함으로 인하여 일본불교인 조동종과 조약을 맺은 것인데, 결과적으로는 한국불교를 일본불교에 매종하였다는 거센 비판을 받았다.[11]

---

7) 이영진은 李南坡로도 불린다. 백초월은 남파에게 得法하였다.

8) 이 저술(필사본)은 조선중기부터 구한말까지의 영원사 역대 조실을 총정리한 책이다. 그 내용에는 芙蓉부터 雲畊까지 122명의 승려들의 명단과 그들의 법명, 속성, 출신지, 득법사들을 요약하였다. 서술 시점은 1909년 음력 元月 상원일이고, 琴巴 竟胡가 서술하였다. 이 저술 열람의 후의를 베풀어준 영원사 주지인 대일스님께 감사의 말씀을 드린다.

9) 현재 해인사에 보관되어 있다. 당시 수행한 승려 중 조실은 萬虛이고, 선학원 창건에 일익을 담당한 보통 남전스님으로 지칭하는 南泉 翰奎가 백초월과 함께 수행한 것으로 나온다.

10) 이 증언은 백초월이 동학사 강사 시절에 그에게 수학하였던 이대영스님(대전 도마1동 보광사 주석, 2002년 현재 89세)의 구술을 필자가 청취하였다. 1914년생인 이대영은 그의 나이 15세 무렵에 동학사로 입산, 출가하였다.

11) 김광식, 「1910년대 불교계의 조동종맹약과 임제종운동」, 『한국근대불교사연구』

당시 조동종맹약에 반대한 움직임이 지리산 일대의 사찰에서도 거세게 일어났는데 바로 그때 백초월도 그 운동에 참여한 것으로 보인다. 동학사 학인으로 동학사 강원에서 백초월에게 능엄경을 배운 이대영은, 백초월로부터 백초월 자신이 임제종운동에 참여하였으며 임제종운동 당시의 법문에서 "초월이 동조하니, 회광이 자멸이라"는 발언을 했다는 것을 직접 청취하였다고 필자에게 전하였다. 1913년 3월경에는 『조선불교월보』14호에 「智異山華嚴寺淸霞彈靜禪師의 入滅과 瑞相」을 기고하였다. 이는 그가 지리산 일대의 사찰에서 활동하였음을 말하는 단서이다.

다음으로 우리가 주목할 내용은 1915년 3월 31일에 개최된 조선불교 선교양종 30본산연합사무소 常置員 제1회 총회의 결의내용인데, 당시 그 총회에서는 중앙학림의 학교 위치, 직원 선정 등이 결정되었다. 직원 선정에서 백초월이 강사로 결정되었다.[12] 중앙학림의 초대 강사로 내정되었다[13] 함은 당시 그의 불교사상과 경학에 대한 실력이 상당하였음을 말해주는 것이다. 그러나 그는 1916년 3월 24일에 개교한 중앙학림의 강사로 취임하지 않았으며, 그 대신에 박한영이 근무하였다.[14] 이즈음 그는 『조선불교계』1호(1916.5)에[15] 사찰령 반포 직후 영원사 초대 주지를 역임한 전재룡의 생애를 요약한 「琴巴和尙略傳」을[16] 기고하였다. 또한 선암사의 강백인 김경운이 『조선불교계』2호

(민족사, 1996).

12) 학장은 강대련, 학감은 김하산, 국어교사 송헌석, 산술교사는 이명칠, 寮監은 오리산 등이었다. 『조선불교진흥회월보』3호(1915.4.15), 83쪽.

13) 그러나 현재 전하는 기록이 없어 백초월을 추천한 인물, 그 배경 등에 대해서는 알 수 없다.

14) 이 사정도 현재로써는 알 수 없다.

15) 49~50쪽에 게재되었다.

16) 금파는 영원사 주지를 역임한 田在龍이었는데, 영원사 화재로 인한 영원사 복구

(1916.6)에 「送白初月禪師之金剛山」이라는 글을 기고한 것에서 김경운과 깊은 연계가 있음을 말해준다. 그리고 이능화가 1918년 3월에 간행한 『조선불교통사』에 백초월을 김포광과 함께 영원사를 대표하는 승려로 제시하면서, '以教爲宗 講說爲主'하였다고 표현한 것을 보면[17] 백초월은 강백이었음은 분명하다고 하겠다.

한편 그는 1912년 이후에는 영원사에 머문 것으로 보인다. 1911년 12월 9일 영원사는 큰 화재를 당하여 100여 간이나 되는 전각이 거의 전소되었다.[18] 이에 당시 영원사의 주지 전재룡, 이영진, 백초월, 김포광은 화주로 각처를 돌아다니면서 기부, 모금활동을 하였다. 이에 당시 시가 5,000여 원의 기부금을 포함한 11,000여 원의 복구공사를 1914년 3월부터 시작하여 1917년 11월 31일에 그 낙성식이 거행되었다.[19] 그런데 복구공사가 한창 진행되던 1916년 12월 16일에 영원사 주지가 이영진에서 백초월로 바뀌었다.[20] 따라서 복구를 기념하는 낙성식 행사는 영원사 주지인 백초월의 주관으로 진행되었다.[21] 이런 사정이 있었기에 중앙학림의 강사로 부임하지 못하였다고 추측해 볼 수 있다. 백초월은 1919년 12월 15일에 임기 만료에 의거 사직하였다는 기록을[22] 볼 때, 영원사 주지로 3년간 재직하였다.

이 기간에 그가 수행한 일 중에서 유의할 것은, 영원사 전임 주지인

를 추진하다 1915년 정월 16일에 입적하였다. 백초월은 자신을 금파의 '法侄'이라 하였으며, 이 약전은 1916년 정월 16일에 작성하였다.

17) 『조선불교통사』 하권, 959~960쪽.
18) 『조선불교월보』 12호, 65쪽, 「兩寺의 回祿」.
19) 『매일신보』 1917.11.29, 「함양, 영원사 낙성식」.
20) 『조선불교총보』 1호(1917.3), 49쪽, 「관보초록」. 이영진은 법주사 주지로 갔다.
21) 『조선불교총보』 9호(1918.5), 64~65쪽, 「靈源寺 落成」. 당시 낙성식에는 법주사 주지 이영진, 화엄사 주지 박포월, 천은사 주지 하룡화, 해인사 대표 지보명, 청곡사 주지 최월봉, 대원사 주지 조영태, 김포광 등이 참석하였다.
22) 『조선불교총보』 20호(1920.3.20), 58쪽, 「관보」.

이영진이 법주사 주지로 근무하면서 청주 시내에 연 용화사포교당의 포교사업이다. 이 포교당은 1917년 12월 2일의 낙성봉불 개교식에 의거 문을 열었다. 이 개교식에서 백초월은 설교를 맡았으며, 이영진의 요청으로 개교사로도 활동하였다.[23] 그런데 그 포교활동의 성격은 일정기간의 상주인지, 아니면 불특정의 비상근 상태였는지는 확인하기 어려우나, 백초월 자신은 청주지방에서 3년간 포교를 하였다고 회고하였다.[24] 그럼에도 불구하고 당시 그의 포교에 감명을 받고[25] 출가한 인물로, 당시 충북도청 서기인 이영재가 있다. 이영재는 3·1운동 직후 출가하여 영은사 공비유학생으로 일본 유학을 가 재일불교청년운동을 주도하고, 1922년에는 조선일보에 '조선불교혁신론'을 기고하였으며, 불교연구차 인도 유학중 1927년 10월에 요절하였다.[26] 한편 백초월은 1918년 4월 7일에는 산청의 대원사 화재 복구의 가람 봉불식에 참석하여 축사를 하였다.[27]

이상과 같은 내용이 3·1운동 발발 이전의 백초월의 행적이다. 현재는 구체적인 자료의 부재로 인하여 더 이상의 추측은 불가하다. 그가 중앙학림의 강사로 결정될 정도면 그가 경학을 배운 사찰, 그의 은사 등에 대한 이해가 있어야 하나, 지금으로서는 만족스러운 설명이

---

23) 『조선불교총보』 9호(1918.6), 65~66쪽, 「봉불식의 성황」.
　　백초월, 「충청북도 청주군사주면 용화사창건기」, 『조선불교총보』 15호(1919.5.20), 86~88쪽.
24) 初月 白寅榮, 「佛法中要를 紹介함」, 『금강산』 6호(1936.2), 9쪽.
25) 『불교』 42호(1927.12), 21쪽, 「故梵鸞李君을 追憶하고」에서 "그래서 청주읍에서 얼마 머지 아니한 龍華寺에 住하신 당시 포교사 白初月和尙에게 자주 다니면서 불교의 진리를 연구하며 주일마다 설교를 드럿다……당시에 나와 가치 잇는 講堂 동모들의게 드른즉 「李君은 청주도청에 있는 나리로 신학문에 無所不知하는 사람인데 初月스님의 法門을 듯고 發心出家하랴 한다"고 전한다.
26) 졸고, 「이영재의 생애와 조선불교혁신론」, 『한국근대불교사연구』(민족사, 1996).
27) 『조선불교총보』 10호(1918.7), 85~86쪽, 「대원사낙성」.

부족하다. 다만 당시 불교계 잡지에 다양한 성격의 글을 기고한 것에
서 근대지향 혹은 불교대중화를 추구한 성격이 있었다고 보인다. 바
로 이러한 측면이 그가 독립운동에 나설 수 있는 체질이 아닌가 한다.

3. 3·1운동과 항일투쟁

1919년 3월 1일, 거족적인 3·1운동 당시 백초월의 행적은 현재 구
체적으로 전하지 않는다. 다만 3·1운동 당시 불교계 대표로 활동한
한용운은 백초월을 민족대표에 포함시키려는 밀약이 있었다는 회고
가 있다.[28] 이에 대한 구체적인 정황은[29] 전하지 않고 있으나 한용운
이 백초월을 민족대표로 포함시키려 했다는 것은 곧 한용운이 백초월
의 민족의식과 불교계에서의 위상을 인정한 사례로 볼 수 있는 대목
이다.

3·1운동 직후의 백초월의 행적은 1919년 12월 5일자로 일제의 경
찰이 독립운동 자금을 모집한 독립운동가를 체포하면서 그 결과를 보
고한 문서에[30] 자세히 나온다. 이제 그것을 요약하면서 백초월의 행
적을 정리하겠다. 당시 일제는 상해 임시정부를 돕기 위한 군자금 모
집에 종사하는 승려가 있다는 정보를 갖고 그 관련자를 체포하였는데
그 대상자가 바로 백초월이었다. 그 밖에도 승려인 이도흔(31세), 김재
운(24세), 천은사 주지 하룡화(39세), 화엄사 승려 이인월(45세)이 그

---

28) 김관호, 「심우장 견문기」, 『한용운사상연구』 2집(만해사상연구회 편, 민족사,
1981), 283쪽.
29) 밀약이 한용운과 백초월 간에 있었는지, 아니면 한용운과 손병희·최린 등의
3·1운동을 주도한 당사자 간에 있었는지 알 수 없다.
30) 김정명, 『조선독립운동』 제1권 분책, 219~220쪽, 대정 8년 12월 5일자, 『고경』
제34511호, 「독립운동 자금모집자검거의 건(경성 본정 경찰서장 보고)」.

대상자였다. 당시 일제 측 문서에는 백초월이 경성부 와룡동 28번지에 있었다고 하는데, 아래의 내용에 그의 독립운동 관련 단서가 전한다.

白初月은 승려로 있는 몸임에도 불구하고, 항상 불온사상을 품고 국권회복을 몽상하여 은근히 그때가 오기를 기다리던 중, 금년 봄 소요 발발한 이래 해외동포는 조국의 부흥을 위하여 혹은 러시아, 또는 중국 영토에서 독립군을 일으키고, 또 중국 상해 임시정부를 조직하는 등 오직 독립운동에 활약하고 있으며, 鮮內에 있어서도 예수교 및 천도교들은 매우 이에 원조를 하고 있으나, 다만 불교도만은 이에 무관심하고 있음을 크게 유감지사로 생각하여, 금년 4월 경성에 들어와 시내 각처에 잠재하면서 우선 불온문서를 간행하여 인심을 교란시킬 계획으로 韓國民團本部라는 단체를 경성 中央學林내에 설치하여 스스로 민단 부장이 되어 자금과 부원 모집에 분주하였으며[31]

위의 일제 보고문서에는 백초월이 서울로 올라와 독립운동에 투신한 시점을 1919년 4월로 전하고 있다. 그리고 그 이유를 3·1운동 발발 당시 국내의 동포뿐만 아니라 해외 동포, 기독교와 천도교는 만세운동에 적극 가담하는데 반하여 불교도는 무관심한 것을 개탄함에서 찾고 있었다. 그가 상경하여 독립운동을 전개한 것은 우선 중앙학림 내에 한국민단 본부를 설치하고, 군자금 모집을 주도하였다는 것이다. 韓國民團本部는 3·1운동 직후 김법린, 김상헌, 박민용, 김상호가 상해 임시정부에 가서 보고한 全國佛敎徒獨立運動本部를[32] 지칭하는 것으로 보인다. 이는 이 두 단체의 관련자가 공통되며, 거의 같은 시기의 독

---

31) 앞의 자료와 같음.
32) 김상호, 「한국불교항일투쟁회고록」, 『대한불교』 1964.8.23.

립운동의 구심체였기 때문이다.

여기에서 의문이 나는 것은 백초월 그는 3·1운동이 일어난 3월에는 어디에 있었는가 하는 점이다. 영원사에 있었거나, 아니면 용화사에 있었을 것이다. 필자가 보기에는 청주의 용화사에 있었을 것으로 보인다. 그런데 그가 어떤 연고로 중앙학림 내에 민단본부를 두었는가 하는 점이다. 중앙학림에 재학중인 학인들은 만세운동 당시 전국 각처의 사찰로 흩어져 만세운동을 지속하였는데, 혹시 그때 해인사 및 화엄사를 담당한 학인과 연결되지 않았을까 하는 점도 생각해 볼 수는 있다.

백초월의 독립운동은 대략 군자금 모금과 革新公報의 발간을 통한 민족의식 고취로 나누어 볼 수 있다. 우선 군자금 모집에 대하여 살펴보자. 군자금 모집은 그 자신이 직접 나서기도 하고, 그의 특파원으로 중앙학림 생도이며 민단 부원이었던 대상자들을[33] 사찰 및 승려에게 보내 모금하였다. 천은사 주지 하룡하, 화엄사 총무 이인월, 화엄사 승려 김영렬, 쌍계사 등이 백초월의 자금 제공에 협조한 대상이었다.[34] 그리고 모금된 자금은 상해 임시정부 및 만주의 독립군에 보내졌으며, 나아가서는 청년 불자들을 임시정부 및 독립군에 보내려는 계획도 갖고 있었다. 이러한 제반 상황을 유의하면 당시 임시정부와 긴밀한 연결 고리를 갖고 있었던 것으로 보인다. 특히 그가 임시정부의 경비 지원을 목적으로 인천, 부산, 원산 항구의 관세를 담보로 미국에게 15억 달러의 차관을 신청하였다는 이면에는[35] 임시정부와의

---

33) 그 대상자는 박학규, 정병헌, 신상완, 백성욱 등이었다.
34) 동학사 학인이었던 이대영은 백초월이 공주 갑부 김윤환으로부터 군자금을 인수하였다고 필자에게 증언하였다. 이는 그가 백초월에게서 직접 들은 내용인바, 백초월이 밤중에 총을 사용하여 군자금을 반강제로 인수하였다는 것이다.
35) 일제의 보고문에는 이 제의에 미국은 구라파의 한 나라가 보증을 하면, 응하겠

깊은 연계가 없으면 불가한 것이었다.

다음으로 혁신공보에 대하여 살펴보자. 백초월은 서울에서 활동하였던 김재운, 박윤[36]과 함께 혁신공보라는 비밀 출판물을 발간, 배포하였다. 이 간행은 1919년 7월 이후부터 본격화되었다. 당시 그는 자신이 그 혁신공보사의 사장이라고 내세웠다. 그런데 이 혁신공보 발간은 중앙학림 출신인 김법린, 김상헌, 박민용, 김상호 등이 공동으로 작업한 것이었다.[37] 이 혁신공보는 『한국불교 100년』에[38] 게재되어 있다. 그 내용은 주로 상해, 만주의 임시정부와 독립운동 단체의 활동 내용을 요약하여 정리한 지하신문으로 '가리방'으로 작성되었다.

이처럼 백초월은 1919년 4월경에 상경하여 중앙불교계에서의 항일운동의 중심인물로 등장하였다. 이에 그 중심적인 역할로 인해 상해 임시정부와 연결되어 있었다고 보인다. 그러면 이처럼 그가 불교계의 독립운동의 중심인물로 등장할 수 있었던 요인은 어디에서 찾아야 하는가? 그것은 단언할 수 없지만 일단은 그가 3·1운동 이전에 중앙학림의 강사로 결정될 정도의 실력과 명망이라는 조건을 고려할 수 있다. 그리고 당시 그의 나이 40세 초반이라는 중년의 연령도 운동선상에서 지도자로 추대받을 수 있었던 요인으로 볼 수 있을 것이다.[39] 추측을 더욱 하자면 한용운이 민족대표 33인으로 일제에 피체되어 수감

다고 하였으며 이승만, 안창호, 김규식은 그 보증국을 구하였으며, 이에 백초월은 국내에서 임시정부의 공채를 발행할 계획이었다고 한다.

36) 이철교는 김재운은 중앙학림 학인이었던 김대용으로, 박윤은 김법린으로 비정하였다. 김법린의 당시 이름은 김법윤이었다.

37) 김상호, 「한국불교항일투쟁회고록」, 『대한불교』 1964.8.23.

38) 필자가 편자로 펴낸 사진집인데, 민족사에서 2000년 5월에 발간하였다. 이 책의 74쪽 참조. 여기에 게재한 혁신공보(34호)는 독립기념관에 소장된 것을 활용하였다.

39) 한용운은 1879년생이었기에 백초월보다 한 살이 어리다.

생활을 하고 있는 정황에서 백초월의 등장은 자연스럽게 불교계 독립운동의 지도자 역할을 대행하였을 가능성도 고려할 수 있다. 백초월은 이러한 활동을 수행하다 1919년 12월 2일 일제의 검사국으로 송치되었다. 그런데 그 후의 백초월의 신상의 변동, 즉 재판에 회부되었는지, 그리하여 정식 구형·수감되었는지에 대해서는 알 수 없다.

한편 백초월은 1919년 12월 초에 일제에 피체되었지만 그해 11월 25일 단군의 건국기념일을[40] 기하여 만세운동을 전개한다는 계획에도 관여된 것으로 보인다. 당시 종로 삼청동에 태극기와 단군기념이라는 깃발이 내걸리고, 대한민국 임시정부 성립에 관한 축하문과 선언서, 포고문 등이 인쇄·배포되었는데, 그 이면에 백초월의 역할을 고려할 수 있다.[41] 이 만세운동은 임시정부와 국내에서 독립운동을 추진한 대동단과 공동으로 추진하였는바, 그 이면에는 승려로서 상해를 오가며 독립투쟁의 최일선에 있었던 이종욱이 있었다. 추측건대 이런 요인으로 백초월이 그 시위에 관여된 것으로 보인다. 당시 뿌려진 선언문의 민족대표 33인에 백초월의 이름이 전하고 있음에서 이를 단적으로 말해주고 있다.

이 선언서는 임시정부와 대동단이 공동으로 의친왕 이강의 망명을 준비하면서 기획한 것이었다. 즉 항일투쟁을 전개한 大同團에서[42] 1919년 11월 10일에 의친왕 이강을 상해 임시정부로 망명시키면서 뿌려진 이른바 '義親王以下 三三人의 宣言'에 백초월의 이름이 전한다.[43]

---

40) 11월 25일은 음력으로 10월 3일(개천절)이었으며, 실제 시위는 11월 28일에 전개되었다.
41) 김정명, 『조선독립운동』 제1권 분책(일본 ; 原書房), 200~220쪽.
42) 장석흥, 「조선민족대동단연구」, 『한국독립운동사연구』 3집(한국독립운동사연구소, 1989).
43) 『독립신문』 1920.1.1, 「의친왕이하 33인의 선언」.

이 대동단의 실무진에는 건봉사 출신 승려인 정남용이 중심인물로 활동하였다. 그 33인의 민족대표에 불교계 대표로 백초월과 정남용이 포함된 것에서 그 당시 독립운동선상에서의 백초월의 위상을 짐작하게 한다.

이처럼 백초월은 1919년 12월 이전까지는 다양한 방면에서 독립운동을 전개하였음을 알 수 있다. 그런데 그는 1920년 3월 1일, 일본유학생들이 3·1선언 1주년을 맞이하여 일본에서 만세운동의 전개, 국내에 격문의 배포, 일본의회에 독립청원을 기도한 사건에 연루, 일제에 피체되었다.44) 이 사건은 일본에서 『신조선』의 주간으로 활동하였던 李達에 의하여 추진되었는데, 백초월은 이 사건의 관련자인 李重珏의 제의를 받아들여45) 2월 18일 일본으로 건너갔다. 그러나 구체적인 운동을 전개하기도 전인 1920년 3월 1일, 동경에서 일본 경찰에 체포되어 3월 9일 본국으로 압송되었다. 국내로 압송된 백초월은 정식 구금, 재판까지는 이르지 않은 것으로 보인다. 왜냐하면 1920년 5월, 이른바 승려독립선언서 및 의용승군제 추진 사건에 또다시 연루되어 일제의 추적을 받게 된 것에서 이를 알 수 있다. 이 사건은 1920년 5월 6일 일제의 고등경찰비밀문서 보고문에서46) 그 전모가 나왔는바, 당시 백초월은 미체포자로, 영원사 주지인 승려(42세)로 나온다.

한편 僧侶獨立宣言書47) 및 義勇僧軍制 사건은 3·1운동 직후 상해로

---

44) 김정명, 『조선독립운동』 제3권, 561~563쪽 ; 『독립운동사자료집』 3권(3·1운동, 下), 679쪽.

45) 이중각(24세)이 백초월을 선생으로 여긴다는 표현을 한 것을 보면 이들은 이 사건 이전부터 깊은 연계가 있었을 것이다. 백초월은 체포시 영원사 승려, 당 42세로 나오며, 이 사건시에는 별명 白義洙로 활동하였다.

46) 김정명, 『조선독립운동』 1권, 분책, 398~399쪽.

47) 승려독립선언서는 1919년 11월 15일 대한승려연합회 대표 승려 12명의 가명으로 국내외에 배포된 선언서이다. 국문, 한문, 영문의 3종으로 작성된 이 선언서

망명하여 임시정부를 거점으로 독립운동을 전개하였던 승려들에 의
하여 주도되었다. 중앙학림 출신인 신상완, 김상헌, 김법린, 백성욱 등
은 독립운동선상에 불교세력을 강화시키기 위하여 안창호, 이종욱 등
과 협의하여[48] 국내 불교계의 거물을 상해로 망명 유도,[49] 불교계 자
금을 군자금으로 제공, 불교 단체의 독립운동 참가 등을 추진하였다.
이 과정에서 승려독립선언서 작성[50]과 배포, 그리고 임시의용승군제
가 추진되었다.

　승려독립선언서는 3·1운동 직후 불교계의 항일투쟁의 정신을 극
명하게 보여준 선언서로 1919년 11월 15일자로 작성, 배포되었다.[51]
이 선언서는 불교계를 대표하는 승려 12명의 가명으로[52] 상해에서 제
작, 국내외에 배포되었는데 지금껏 그 작성자에 대한 명확한 근거가
없었다. 이 선언서의 작성자로 백초월을 지목한 연구도 있었지만, 그
에 대한 명쾌한 근거는 부재하였다. 다만 당시 그 선언서를 서술할 수
있는 학문적 기반, 문장력, 불교계 독립운동선상에서의 위상 등이 종

는 3·1운동기 불교계의 독립정신을 핵심적으로 보여준 문건이다. 이 선언서의
발굴에 대해서는 『대한불교』 1970.3.8, 「우리말 원본선언서와 대한승려연합회의
독립운동」 참조.

48) 『안도산전서(중) : 언론·자료편』(도산기념사업회, 1990), 224쪽, 228쪽의 1920년
1월 21일, 24일 일기에 "申尙玩君이 來訪하여 國內에 在한 僧侶로 하여금 軍隊를
編制하자 하며", "申尙玩君이 來訪하여 僧侶義勇隊編制案을 示하고 可否를 問하기
로 同意를 表한 後에 軍務部에 가서 此를 批准하라고 勸하다"는 내용이 나온다.

49) 그 대상자는 해인사 승려인 이회광이었다. 당시 이회광은 불교 교단의 상징적인
인물이었다.

50) 현재 이 선언서 작성자(서술)에 대해서는 연구자들의 주장이 다양하다. 김소진은
신상완, 김창수는 이종욱, 김순석은 백초월 등이다. 김순석, 「3·1운동기 불교계
의 동향」, 『한국민족운동사연구』 29집, 21쪽.

51) 김소진, 『1910년대의 독립선언서 연구』(숙명여대 박사학위논문, 1995), 205~230
쪽.

52) 지금껏 그 가명 중 추정할 수 있는 승려는 김구하, 김경산, 오성월, 이회광 등이
다.

합 판단되어야 한다는 것이 필자의 입장이었다. 그런데 필자는 본 고찰을 준비하면서 현재 영원사 주지인 김대일의 증언을 듣고, 일단은 그 작성자로 백초월로 보고자 한다. 김대일의 증언은 일제강점기 영원사 주지를 역임한 서병재로부터[53] 청취한 것으로 그것은, "백초월이 독립운동을 수행하였을 당시 그 운동에 관련된 사무, 초안, 글씨 등은 마땅히 할 인물이 없어 거의 백초월이 담당하였고, 그로 인하여 일본 경찰에 끌려갔다"는 내용이다.[54] 이 증언을 확대 해석하여, 승려 독립선언서의 서술, 작성자를 백초월로 판단하고자 한다. 여기에 필자가 앞서 살핀 영원사 조실, 중앙학림 초대 강사 내정, 불교 잡지에 기고한 그의 문장력, 3·1운동 직후 그가 전개한 독립운동의 위상, 선언서에 나타난 투철한 저항정신[55] 등등도 함께 고려된다면 필자의 이 추정은 더욱 설득력을 가질 것이다. 의용승군제는 전국 사찰의 승려를 대한승려연합회 산하의 대상으로 설정하고, 그들을 임시정부와의 긴밀한 연관하에 항일투쟁을 전개할 수 있도록 승군조직체를 의도한 것이었다. 특히 승군의 조직체를 총괄하는 總領部를 두고 그 내부에 비서국, 참모국, 군무국, 군수국, 사령국을 두었다. 그리고 전국적으로는 조직의 거점으로 각 道, 郡, 山이라는 기관을 대별하고, 그 내부에서도 자체조직을 갖추도록 하였다. 이러한 의용승군제를 추진하기 위해 신상완 등은 그 관련 문서를 석왕사, 해인사, 통도사에 송부하고 僧林의 단결을 위하여 30본산 중 15개 사찰에 機密部를 설치하여 임시정부와 유기적인 연락을 가능하게 하는 계획을 시도하였다.

---

53) 서병재는 일제시대 포교사 1호라는 말을 들을 정도로 포교활동에 적극적이었으며, 실상사의 주지를 역임하였다.
54) 필자는 2002년 7월 24일 영원사에서 이 구전을 전해들었다.
55) 필자가 강조한 이 부분은 백초월의 일생을 조망하면 더욱더 신뢰가 갈 수 있을 것이다.

이 같은 사건 내용에서 백초월과 연관된 것은 1919년 7월경 2000원의 군자금을 주었는데 그 자금이 임시정부의 안창호에게 전달되었다는 것, 8월 하순경 300원의 운동자금 및 여비를 제공하였다는 내용이다. 즉 백초월은 군자금을 주었다는 것이었다. 이러한 내용은 앞서 살편 1919년 12월 5일, 일제가 백초월을 체포하였을 당시의 내용과 거의 흡사하다. 백초월이 이 당시 군자금과 연계된 정황은 일제강점기 통도사 주지를 역임한 김구하가 군자금 내역을 회고한 내용에도 '白最勝(初月) 京城서 革新公報社長時 持去'하였다고[56] 나오는 것으로 보아 백초월이 김구하로부터 2,000원을 가져갔음은 분명하다.

지금껏 살펴본 백초월의 독립운동은 1919년 4월부터 1920년 5월까지의 내용이다. 근 1여 년의 기간에서 백초월은 다양한 독립운동의 행적을 우리에게 남겨 놓았다. 이 내용에서 우리는 그가 국내외를 망라하는[57] 독립운동을 추진하였으며, 중앙학림 학인들과 혼연일체가 되었으며, 3·1운동 직후 급증한 불교계 독립운동의 중심에 있었으며,[58] 사찰의 주지를 역임한 40대의 승려로 독립운동의 최일선에 나섰다는 사실 자체를 주목할 수 있다.

지금부터 필자가 관심을 기울이고자 하는 것은 백초월이 언제 처음으로 일제에 피체되었으며, 정식 재판에 회부되었으며, 그리고 그 구형량과 실제 수감된 기간은 얼마였는가이다. 그러나 현재 이에 대한 문헌 기록은 아직 파악하지 못하였다. 일제의 백초월 관련 판결문도

---

56) 정광호, 『한국불교최근백년사편년』(인하대출판부, 1999), 242쪽.
57) 필자는 이 시기에는 상해 및 만주까지는 그의 행보가 이르지 않은 것으로 본다. 다만 일본에 다녀왔음은 분명하다.
58) 이종욱은 상해를 거점으로 한 독립운동의 중추로 보이며, 백초월은 주로 국내 운동의 중추로 보고자 한다. 상해와 국내를 오가는 독립운동의 연결 고리는 중앙학림 출신인 신상완으로 이해된다.

아직 확인되지 않고 있다.59) 본 고찰에서 살핀 바와 같이 백초월이 피체된 것은 1919년 12월과 1920년 3월이었으며, 1920년 5월에는 미체포로 나왔다. 1919년 12월과 1920년 3월에 체포되었지만 정식 재판에 회부되지 않았는지 아니면, 재판에 회부되어 수감생활을 하다 방면된 것인지 등등에 대하여는 단언하여 말할 수는 없다.

그런데 백초월의 피체, 고문, 후유증에 대해서는 그의 문도, 지인을 통해서 다양한 증언이 나오고 있다. 그것은 그의 순국비문에60) 대략 다음과 같이 정리되어 있다.

1920년 3월 동경에서 피체, 경기도 경찰부에 넘겨져 참혹한 고문을 당하였는데, 그 일본 형사는 三輪和三郎이었다.61) 그 형사 주도의 고문으로 거의 불구폐질의 몸으로 출옥하였다. 그러나 상해 임시정부 연계의 의용승군제 사건에 연루되어 재차 피체, 구금되어 고문을 당하였다. 이번에도 이전 일본형사에게 당한 고문과 옥고로 반미치광이로 출옥하였다고 한다. 백초월의 3·1운동 직후 독립운동으로 인한 피체, 고문, 수감, 방면에 관한 구체적인 행적은 후일을 기다릴 수밖에 없다.

---

59) 백초월 후손은 1985년에 국가유공자 신청을 하기 위해 각처를 돌아다니며 판결문의 입수 노력을 하였으나 현재까지 그 원본, 사본은 확인하지 못하였다.

60) 그의 비석은 출생지인 경남 고성군 영오면에 건립되었는데, 그의 후손과 고성군이 주도하여 1991년 6월 1일에 제막되었다.

61) 백초월을 고문한 이 형사는 안창호도 고문한 유명한 인물이었다고 하는데, 백초월은 평생을 그 형사를 저주하며 지냈다고 한다. 당시 고문의 후유증으로 머리를 똑바로 들지 못하였다고 한다.

4. 독립운동의 지속과 만행

3·1운동 직후, 백초월이 추진한 독립운동은 불꽃 같은 섬멸이었다. 일제에 피체되어 당한 고문의 후유증으로 삶 자체가 지난하였지만 독립운동을 지속해야 하겠다는 의식은 팽배하였을 것이다. 본 장에서는 감옥에서 출옥한 이후부터 그가 재차 수감된 1930년대 후반까지의 행적을 정리하려고 한다. 이 시기의 행적을 확연하게 말해주는 문건이 부재하지만 그의 다양한 행적을 승려의 萬行이라는 시각으로 그 세세한 행적을 찾아내고자 한다.

백초월의 행적은 설교, 포교활동이 우선 주목된다. 재한 일본불교인이 주도한 불교 신행단체인 '조선불교대회'의 발회식이 1921년 11월 21일 조선호텔에서 열렸는데 백초월은 '一圓相'이라는 주제의 연설을 하였다.[62] 1921년 12월 15일, 서울 장사동 妙心寺에서 개최된 불교대회 제2회 강연회에서는 '一心萬能'이라는 주제 강연을 하였다.[63] 조선불교대회 주최로 열린 1922년 1월 5일 서울 정동 중앙포교소의 제4회 강연회에서는 석가의 성도기념 설교사로 나섰다.[64] 조선불교대회의 제5회 강연회가 열린 1922년 1월 15일에는 '佛敎와 世界의 魂'이라는 주제의 강연을 하였다.[65] 조선불교대회와 연관된 강연은 지속되어 1922년 2월 25일, 각황사에서 백초월은 불교 교리에 대하여 강연을

---

62) 『매일신보』 1921.11.22, 「불교대회」.
63) 『동아일보』 1921.12.14, 「불교대강연회」.
　　『매일신보』 1921.11.14, 「불교강연회는 오는 십오일 밤에 묘심사에서 개최」.
64) 『매일신보』 1922.1.5, 「불교강연회」.
65) 『매일신보』 1922.1.15, 「불교강연은 今日」.
　　『동아일보』 1922.1.15, 「불교대회 강연회」.

하였다.66)

　이처럼 백초월은 1922년 초반을 조선불교대회와 연계되어 불교 강연회의 연사로 나섰다. 그리고 그는 불교중앙포교소와 약간의 관련이 있는 것으로 전하고 있다.67) 그런데 여기에서 문제시되는 것은 조선불교대회와 불교중앙포교소의 성격과 주체에 대한 문제이다. 조선불교대회는 1921년 11월에 출범한 불교단체인데, 이 단체는 재한 일본 불교도들이 주축이 되어 조직하였다. 여기에는 일본불교에 우호적인 한국 측 재가불자가 대거 가담하였다. 요컨대 그 노선과 성격이 일본불교, 조선총독부의 식민통치에 우호적인 재가불교단체였다.68)그리고 중앙포교소는 당시 해인사 주지인 이회광이 불교대중화의 기치를 내걸고 해인사의 재정을 투입하여 세웠는데, 현재의 서울 정동에 있었다. 이 포교소를 주도적으로 설립한 이회광은 1910년 10월 한국불교를 일본불교에 팔아버리려 하였다는 이른바 조동종맹약의 당사자였기에 당시 불교계에서는 그의 행적에 대한 비판이 있었다.69) 이러한 노선을 걸어간 이회광과 백초월이 함께 활동을 한 것을70) 어떻게 이해해야 하는가? 이에 대하여 필자는 단언을 유보한다. 조심스럽게 이야기 하자면, 불교포교를 위한 차선의 대안으로 볼 수 있다. 그리고 이들 단체에 대하여 당시 백초월은 그 정체 및 성격을 정확하게 판단

---

66) 『매일신보』 1922.2.27, 「불교강연은 성황」. 이 당시의 구체적인 강연 제목은 전하지 않는다.
67) 위의 『매일신보』 1922년 1월 5일 기록에, "본 교당 백초월사(白初月師)"라 하였다는 것을 주목한 것이다.
68) 이 단체의 개요와 성격은 김순석이 『한국독립운동사연구』(한국독립운동사연구소, 1995) 9집에 게재한 「조선불교단 연구」가 참고된다.
69) 졸고, 「1910년대 불교계의 조동종 맹약과 임제종운동」, 『한국근대불교사연구』(민족사, 1996).
70) 백초월은 영원사 주지를 역임하였는데 그 당시 이회광은 해인사 주지였다. 그런데 영원사는 해인사 말사였기에 업무적으로는 자주 접촉을 하였을 것이다.

하지 못하였을 수도 있을 것이다. 혹은 그의 독립운동에 대한 행적으로 인한 일제의 감시를 따돌리려는 의도도 고려할 수 있다. 그 밖에도 백초월이 서울의 중앙포교당에서71) 포교, 강의를 하였다는 구전 증언은 있다.72)

이 같은 1922년 포교활동 이후의 행보에 대해서는 구체적으로 전하는 것이 매우 적다. 재일불교유학생들의 잡지인 『금강저』의 2호(1924.7)에 백초월이 '금강저의 노래'를 기고하였다고73) 하지만, 현재이 내용은 확인할 수 없다.74) 백초월의 행적은 1927년 6월경에 나타나고 있는바, 그는 현재 조계사의 전신인 각황사 선원에서 화엄산림을 음력 5월 1일부터 7일까지 열었을 때 법사로 참여하였다고 한다.75) 그리고 1928년 1월 15일 서울 시내 돈의동의 조선불교부인회관에서열린 조선불교부인회 창립총회에서 백초월은 축사를 하였다.76) 이러한 사례를 보면 1920년대에도 백초월은 중앙불교계에서 일정한 역할을 하였을 것으로 보고자 한다. 그러나 당시 그의 주거지, 사찰 등에대해서는 전혀 파악하지 못하였다.

1930년대에는 동학사, 봉원사, 진관사, 월정사 등지에서 강백으로활동하였다는 기록, 구전 증언이 전하고 있다. 우선 1929년에는 동학

---

71) 이 포교당은 각황사로 보인다.

72) 예컨대 1920년대 불교청년운동을 하였던 박문성(부산, 마하사)스님은 중앙포교당에서 초월스님의 강의를 들었으며, 백초월은 사상가이며 한용운과 친분이 각별하였다고 백락귀에게 증언하였다. 백성기(부산, 문수암) 스님도 밀양 표충사에서 강론을 듣고 중앙포교당에서 만났는데, 당시는 옥고를 치르고 나온 이후였다고 역시 백락귀에게 증언하였다.

73) 『금강저』 21호(1933.12) 57쪽, 「창간호~20호의 총목차」.

74) 『금강저』 2호가 현재 전하지 않기 때문이다.

75) 『선원총람』(조계종교육원, 2000), 928쪽. 그 당시 법사로 함께 참여한 인물은 백학명, 백용성, 이춘성, 이화담, 송병기, 이동광 등이다. 『불교』 44호(1928.2), 「불교휘보」, '조선불교회의 창립총회와 진행방법'.

76) 『조선불교』 47호(1928.3), 38쪽, 「조선불교부인회 창립」.

사와 연계가 맺어졌음이 분명하다. 현재 동학사의 자료로[77] 보관되고 있는 「鷄龍山東鶴寺事蹟」이 1929년에 서술되었는데, 그 서술자가 바로 백초월이다. 그 사적기 도입부에 '最勝道人 初月東照'라고 전하고 있다. 그런데 1929년에 백초월이 동학사의 사적기를 서술한 연유가 분명하지 않다. 즉 백초월이 1929년부터 동학사의 강사로 있었기에[78] 이 사적기를 서술한 것인지, 아니면 이 사적기를 서술한 연고로 강사에 취임하였는가는 알 수 없다. 후술하겠지만 1931년경부터 동학사 강원의 강사로 근무하였음은 분명하다.[79] 그러나 그 사적기에는 동학사 주지인 임연성이 백초월에게 사적기를 써줄 것을 요청하였다고 전한다.

백초월은 동학사에서는 3년간 강원의 강사로 있었는바, 이는 당시 그 강원의 학인이었던 이대영의 회고에 나온다.

단기 4264년(신미) 서기 1931년 초월대선사께서 충청남도 공주군 반포면 계룡산 동학사 불교전문강원 강사로 재임하실 때 수학하던 학인이 남녀 승니가 30여 인이고 上下 寺 대중이 30여 인이었다. 其中 一人이 李大永(호 錦岩)은 당시 스님을 모시고 近侍하며 수학하였다. 然而 선사의 고매박학은 당시 한국불교계에서 타의 추종을 불허이며 又 수도정진하심이 恒如하시고 보살도의 정신으로 憂國愚民하시며 세태의

변천을 따라 왜인들의 强勝을 嫉唾하며 倭皇의 사진이 誌上에 나타나면 반듯이 침을 발라 指頭로 까뭉개며 壓見하심을 수차 발견했으며 유시에는 제1차 세계대전 종식 후에 개최한 萬國公會(국제연맹기구)의 준비 시설 규모와 각국 대표 연설문을 2책으로 분류하여 표제를 金科玉條라 名題한 책자를 비장하시고 한적할 때에는 年中披覽 낭독하시매 의연한 整頓을 하시고 鬱恨을 自解하시었다. 평생에 財色을 不食急心하시고 衣食의 儉約은 後生之所守라. 如人이 來乞에 無呑惜하시고 物質之所授를 不滅再開하시다. 유시에 如狂如痴로 對下官憲하며 世人에게 獨立精神을 激蒙하시니 得意 高流가 潛聽其志하였다.……3년간 동학사에 계시면서 후학을 교화하시고 서울 방면으로 飛錫雲行하시다.[80]

위의 회고, 증언으로 백초월이 동학사 강사로 있었음은 분명해진다. 그런데 위의 내용 중 3년간 강사로 있었다고 하였는데 그 기간이 1931년부터인지, 아니면 1929년부터인지는 단언할 수 없다. 전후사정을 고려하면 1931년부터로 이해된다. 이 기록에서 우리의 눈길을 끄는 것은 그의 강한 민족정신이 용솟음쳤다는 것과 함께 관헌에게는 미치광이, 바보로 행세하였지만[81] 세인에게는 독립정신을 불어넣었다는 대목이다. 여기에서 우리는 그의 민족정신, 독립운동은 이 시기에 이르기까지 전혀 죽지 않았음을 거듭 확인하였다.

그러면 동학사를 떠난 백초월은 어디로 갔는가? 당시 동학사 학인이었던 이대영은 백초월은 계룡산 신도안의 용화사로 이전하여 2년

---

80) 본 자료는 동학사 강원에서 백초월에게 배운 이대영(대전시 중구 도마 1동, 보광사)의 자필 기록, 「백초월스님의 행장일부」이다. 이 자료와 같은 증언 자료는 백초월의 조카인 백락귀(봉섭)가 백초월의 독립운동의 포상을 위해 1985년경 전국을 왕래하면서 받은 자필 증언기록이다. 필자는 이 자료를 백락귀의 자제인 백외식으로부터 인수하여, 본 고찰 서술에 활용하였다.
81) 이 시기에도 일본 형사가 정기적으로 동학사를 내왕하여 백초월을 감시하였다고 한다.(이대영의 증언)

간 주석하였다고 회고하였다. 이는 자신이 용화사에 몇 차례 찾아갔다는 사실을 회고하였음에서 사실로 보인다. 백초월의 행적은 1935년 3월경, 봉원사에서 찾을 수 있다. 즉 그는 봉원사 강사로 취임하였다. 이를 말해주는 기록을 보면 다음과 같다.

> 경기도 고양군 연희면 봉원사에서는 今春부터 講堂을 여러서 불교를 專門 敎授하야 오든바 白初月禪師를 招請하야 講師로 就任케 하얏다더라.82)

백초월이 봉원사 강사로 있었음은 여타의 기록에서도83) 재확인되며, 당시 그에게 수학하였던 문도들의 증언도 유의할 수 있다. 봉원사 강사시절, 백초월에게 수학하였다는 봉원사 노장 승려인 박송암은 다음과 같이 회고하였다.

> 봉원사 朴松岩 小納은 當 21세시 불교 사집과를 (초월스님에게, 필자 주) 수학하였습니다.
> ……(중략)……
> 그리고 봉원사 강주로 계실 적에 여름 더운날 모기가 까막혜 몸에 부터도 모르시고 치운 겨울에도 방문을 열고 기셔도 치운즐 모르고 당시로 두손를 머리에 대시고 좌우로 흔드는 습관이 전번에 刑바드실 때 고문에 못이겨 된 것이라고 하시드구뇨. 그리고 舊正月이 도라올 무렵 고깜 한점 싸드시고 나스시는 걸 뵈옵고 어듸 出他하십니까, 하니깐, 김활란 박사를 친히 아는 同志임으로 방문한다고 하시며 상쾌한 기분으로 가시는 것을 뵈온 이리 있습니다.84)

---

82) 『불교시보』 2호(1935.9), 「휘보」, 「백초월화상 봉원사 강사 취임」.
83) 『불교시보』 4호(1935.11), 「축 불교시보, 발전」에 '고양군 연희면 봉원사 강사 백초월'이 전하고 있다.

여기에서 우리는 백초월의 고문 후유증과 당시 그의 생활의 단면을 여실히 알 수 있다.[85] 한편 이 시기에 백초월이 불교 잡지인 『금강산』에 기고한 글이 있어 우리의 시선을 끌고 있다. 그것은 금강산에 있는 사찰인 표훈사에서 발간한 『금강산』 6호(1936.2), 7호(1936.3)에 기고한 「佛法中要를 紹介함」이다. 그 대강의 요지는 대승불교를 강조하면서, 이를 교학적인 근거에 의해 대중들에게 소개한 것이다. 그 내용 중 주요 항목만 소개하겠암. 백초월은 우선 三聚淨戒, 즉 攝律儀戒, 攝善法戒, 攝衆生戒 중에서 섭선법계와 섭중생계를 중요시하면서, 일반대중들이 이를 모르고 불교 교리, 신앙, 관행을 보면 자연 불교계 현실을 비판할 수밖에 없다고 보았다. 이 전제하에 백초월은 불교계 현실에서 食肉, 대처, 음주, 끽연, 승려, 임제종, 재산, 승려의 생활, 계·정·혜 삼학, 종승, 교육 등 11개의 분야를 대별하고 그에 대한 자신의 입장을 간결하게 개진하였다. 그의 입장에 흐르고 있는 본질은 대승불교에 대한 강한 소신과 자부심이다.[86] 동시에 불교는 인간화, 행동화를 옹호하는 종교임을 주장하면서 불교는 현실에 토착화되어야 함을 거듭 강조하였다. 여기서 필자는 백초월의 이 같은 입장을 그가 추구하고 있는 독립운동의 불교 교학적인 자기 정비라고 보고자 한다.

한편 백초월이 봉원사 강사로 언제까지 근무하였는가를 말해주는 정확한 단서는 찾기가 어렵다. 다만 봉원사에서 진관사로 옮겨 갔다는 증언, 그리고 서울 마포의 진관사포교당에 있었다는 기록은 있다.

---

84) 태고종 봉원사 노장 박송암의 회고, 「백초월대선사에게」(1985.3.17).
85) 1985년 당시 봉원사 대웅전의 주련 글씨가 백초월의 작품이었으나, 최근에는 이를 제거하였다.
86) 그는 비구승과 보살승과의 대비를 극명하게 하면서, 현실적으로 비구승은 존재할 수 없으며 보살승 중심의 이해를 한 것이 이채롭다.

우선 『불교시보』 30호(1938.1) 근하신년란(16면)에 '京城府 麻浦津寬寺 布敎堂 金澄璣 白初月'이라고 전하고 있다. 이 단서에 의하면 백초월은 마포의 진관사포교당에 1938년 1월 전후에 있었음은 분명하다. 이 포교당은 현재 극락암으로 불린다. 그런데 1937년 12월 현재 봉원사 강원의 전모를 전하는 문건에는 강주가 金葆光으로 나온다.[87] 따라서 백초월은 1937년 12월 이전에 봉원사를 떠났을 것이다. 백초월이 봉원사를 떠나 진관사로 나왔다는 것은 분명한데,[88] 이 문제와 관련하여 당시 진관사에 있던 金月泫은 다음과 같이 회고하였다.

> 백초월 선사께서는 36년 전에 진관사에 枉臨하셔서 당사 강당에서 승려 30명을 訓學하고 9년간 계시다가 진관사포교당 金澄基 스님 처소에 계시며 포교를 다년간 하시다가……
>
> 백초월 스님은 본인이 아는 바는 학력이 俗書나 불교에 학력이 여유할 뿐만이라 筆力 유명할 뿐 아니라 우리 민족성이 강하시며 우리 대한민국에 독립은 내 이 몸이 부서저 업서지는 한이 잇서도 독립이 되도록 결심햇다고 하시는 말심을 무수히 들엇슴이다.[89]

즉 백초월이 진관사로 간 것은 분명하다. 그리고 진관사 시절에도 독립정신은 지속되었음을 거듭 확인할 수 있었다. 그런데 여기에서 애매한 것은 진관사 강당에서 학인들을 가르쳤다는 것이다. 그리고 진관사의 주석 기간이 9년간이었다는 점이다.[90] 이는 위의 회고를 한

---

87) 『홍법우』 창간호(1938.3), 73쪽, 「전조선 강원학인명부」.
88) 위에서 소개한 봉원사 노장 박송암도 "선사께서는 본사를 떠나 마포 극락암으로 가신 것만은 잘 알고 있습니다"라고 하였다.
89) 이 글은 1985년 3월 17일, 당시 80세의 연령으로 자필한 기록이다.
90) 이는 진관사로 온 1937년부터 그가 입적한 1944년까지의 기간을 말하는 것으로 보인다.

김월현이 회고 당시 연령이 80세였기에 그 연대, 시기 등의 세부적인 내용에서는 착오를 일으켰을 가능성도 고려해야 한다. 이에 우리는 진관사에서도 학인들을 가르쳤으며, 그 거주처는 마포의 진관사포교당이었다는 선에서 내용을 정리하고자 한다. 또한 1938년 11월 12일에 당시의 총본사(현재의 조계사) 대웅전에서 박인희의 출가 득도식을 주관하였다는 내용을[91] 접할 수 있다. 즉 1938년 말까지는 중앙불교계에서 일정한 활동을 하면서 독립의식 구현을 위한 다양한 만행을 하였다.

한편 백초월의 행적 중 간과하지 못할 것은 그가 월정사 강원에서 강사를 하였다는 것이다. 그런데 강사로 활동하였던 기간이 명쾌하지 못하지만, 전후관계를 고려할 때 1930년대 중후반으로 보인다. 이를 증언하는 승려로 월정사에서 백초월에게 배운 조영암이 있다. 그리고 1935년경부터 해방될 무렵까지 상원사에서 수행하였던 김희태는[92] 백초월이 강사로 온 직후 방한암에게 인사를 왔었다고 필자에게 증언하여 조영암의 회고에 무게를 더해주고 있다. 조영암은 건봉사 출신 승려로 한용운에게 문학 영향을 받아 1930년대 후반부터 불교적 선의 세계를 형상화하는 시인으로 활동하였는데,[93] 그 당시 상원사의 방한암 회상에서 수행하였고, 백초월에게도 배운 이력이 있는 인물이었다. 그는 백초월에게 배운 것에 대하여 다음과 같이 회고하였다.

---

91) 『신불교』 19집(1939.1), 26쪽, 「교계소식」. 영원사 승려 백초월로 나온다.
92) 김희태(보경)는 대전 자광사에 주석하였던 승려로, 당시 방한암과 김탄허를 시봉하였다.
93) 한계전, 「만해 한용운과 건봉사 문하생들에 대하여」, 『만해학보』 창간호(만해학회, 1992), 171~172쪽. 조영암은 건봉사에서 수학하였을 적에 건봉사 소년회 문예부장을 역임하였고, 건봉사에서 수행한 한용운에게 문학의 습작을 지도받았다. 박설산, 『뚜껑없는 조선 역사책』(삼장, 1994), 136쪽.

(초월스님은) 월정사 강주로 계시었는데 당시 주지 이종욱 스님은 친일을 가장한 열렬한 의사로서 무장 항일을 기획하던 애국지사로 우리의 초월선사와 함께 계시면서 그 무장 항일운동의 심층에도 관여하신 것으로 전해지고 있으며[94)

즉 월정사 강주로 있었는데 거기에는 당시 월정사 주지인 이종욱과의 항일의식의 연계가 있었다고 주장하였다. 이종욱과 백초월은 3·1운동 직후 상해 임시정부 군자금 전달 등 다양한 방면에서 함께 독립운동을 수행한 인물이었다. 때문에 이러한 연관을 갖고 있었기에 월정사 강사로 근무할 수 있었다고 보인다. 조영암은 이에 대하여, "백초월스님을 강사로 월정사에 뫼신 것 또한 지금 생각해보니 우연이아니었음을 알 만하다"고[95) 하였다. 또한 조영암은 그가 월정사에서 수학할 때, 오대산 中臺에서 백초월이 갑자기 '대한독립만세'를 외쳤다고 회고하였다.[96) 이러한 조영암은 월정사에서의 백초월의 행적을 다음과 같이 개진하였다.

필자와 오대산은 상당히 인연이 깊다. 방한암스님뿐 아니라 백초월스님을 2년간이나 모시고 있었기 때문이다. 나는 월정사에서 초월스님에게 화엄경을 이수하고 있었다. 초월스님은 우리 불교계가 소유한

---

94) 조영암, 「구국당 백초월 대선사 옥사 순국록(약기)」. 본 순국록은 조영암이 백초월을 독립운동가로 지정할 것을 국가보훈처에 요구하면서 작성한 기록으로, 지금껏 지면에 공개된 적은 없다.

95) 조영암, 「스님들의 항일운동」, 『불교사상』 1985년 3월호, 69쪽. 조영암은 이 글에서 백초월의 신상에 대하여, "항상 상기된 머리를 바른 손으로 어루만지는 습관이 있었다. 키는 육척의 장신이요, 몸은 중후하였다. 옛말 그대로 헌헌 대장부였고, 사실이 그러했다. 스님은 일생을 항일과 교학에 바치셨으나 그 행적은 오리무중에 깔려 있고 드러난 것이 자세하지 않다"고 하였다.(위의 글 65쪽)

96) 위의 「백초월 대선사 순국비문」의 銘.

독립운동의 거봉이다. 그는 일제에 의해 청주형무소에서 옥사하셨다. 봉원사 대웅전 주련은 초월스님의 글씨이다. 초월스님의 글씨는 힘차고 놀랍다. 한번은 스님을 모시고 오대산 산정에 오른 일이 있다. 그때 스님은 갑자기 큰 고함소리로 「대한독립 만세!」를 외쳤다. 나는 깜짝 놀랐다. 스님은 그후 금강산에 가셨을 때도 만세를 불렀다고 한다. 이러한 기벽이 스님을 일제의 모진 고문앞에 쓰러지게 하였다.[97]

위의 글에는 백초월의 민족정신, 일제의 저항정신이 잘 묘사되어 있다. 특히 월정사 강사를 2년간 하였으며, 화엄경을 강의하였다는 내용을 전하고 있다. 백초월의 행적을 종합하여 고려할 경우, 그가 월정사에 강사로 있었던 것은 봉원사 강사를 사직한 이후로 보인다. 월정사를 떠난 이후에는 진관사로 가지 않았을까 하는 것이다. 조영암이 말하는 2년은 햇수로 2년으로 볼 수도 있다.[98] 거듭 아쉬운 것은 백초월이 월정사 강사를 언제부터 언제까지 하였는가에 대하여 소상하게 파악하지 못한 것이다.[99]

그밖에도 백초월의 행적은 유점사,[100] 무량사, 표충사, 벽송사, 안국사, 통도사, 송광사 등지에도 있었다고 한다. 그러나 구체적인 행적과 그 내용은 전하지 않고 있다.

---

97) 조영암, 「원로에세이 : 나의 인생, 나의 불교」, 『불교사상』 15호(1985.2), 33쪽.
98) 김희태는 이에 대하여 필자에게 1년간 월정사에 있었다고 회고하였다.
99) 통도사 윤월하는 이에 대하여 월정사에 '다년간' 있었으며, 통도사 김구하와 친근하였다고 백락귀에게 증언하였다.
100) 『유점사본말사지』(한국사지총서 : 아세아문화사 영인, 1977), 43~44쪽의 '影幀'에는 백초월의 문장이 전한다. 그는 백초월의 스승, 문중 어른 등에게 행한 분향문 등이다. 이를 요약하여 제시하면 栗峰堂 7대손 初月東照. 月松堂 門後生 初月東照. 龍岩堂(慧彦) 5세손 初月東照. 大雲堂(性起) 門後 初月東照 등이다. 이를 보면 백초월은 유점사에 왕래가 잦았던 것으로 볼 수 있다.

5. 기차 낙서사건, 순국

본 장에서는 백초월의 순국과 연관된 봉천행 열차 낙서사건을 중심으로 백초월의 행적을 정리하겠다. 지금껏 백초월의 순국을 야기한 봉천행 열차 낙서사건의 시점은 1939년으로[101] 서술되어 왔다. 애국동지회에서는 이러한 내용을 1956년에 간행한 『한국독립사』에서 다음과 같이 정리하였다.

禪僧 白初月은 三一運動 후에 臨時政府를 爲하여 金品을 募集하다가 倭敵에 가진 拷問을 當하여 半狂 狀態의 廢人이 되어 京城 麻浦의 어느 布敎堂에 있었다. 그 敎堂의 門간 房을 빌어 있는 朴壽男이 龍山 鐵道局의 作業夫요 四二七二年 己卯(필자주, 1939년)에 奉天行貨物車에 大韓獨立萬歲라는 洛書를 하였던 것이 發覺되어 囚禁되었는데 그 愛國思想이 白初月에게서 感受되었다는 嫌疑로 拘禁되어 많은 惡刑을 받았다. 그리하여 敎堂 監院 金瀅機 其他 白初月과 來往하던 僧侶 七十餘人이 拘禁된바 朴壽南·金瀅機와 女學生 一人은 拷問 餘毒으로 死亡하고 白初月은 三年役을 服하다가 淸州獄에서 死亡하였다.[102]

위의 기술은 애국동지회에서 하였기에 일단 신뢰할 수 있다. 당시 그 사건 정황에 대한 자료 조사를 하여 서술하였다고 이해되고, 그 정

---

101) 이철교도 1939년이라고 서술하였다. 일부 기록에서는 1938년이라고 한 곳도 있다. 사건은 1938년 말에 일어났지만 백초월의 체포, 구금은 1939년에 있었을 가능성도 고려할 수 있다.
102) 『한국독립사』(사단법인 애국동지회, 1956), 88~89쪽. 이는 김승학과 김국보가 공편저자로 펴낸 『한국독립사』(한국독립사편찬위원회, 1983), 157쪽에 거의 같은 내용으로 게재되었다.

황에 대한 내용도 구체적으로 정리되어 있다. 진관사 마포포교당에서 주거하였던 용산철도국의 노동자 박수남이 봉천행 열차에 '대한독립 만세'라고 쓴 낙서의 발각, 그 사건의 주동자 박수남의 애국사상에 영향을 준 인물이 백초월이었다는 혐의, 그리고 승려 70여 인의 구금 등이었다. 그런데 위의 서술의 후반부 내용인 박수남, 김형기, 여학생 등의 고문 여독으로 인한 사망, 백초월이 3년형을 복무하다가 청주옥에서 사망 등은 그 서술 전반부와는 논지 전개가 이질적이라는 것이다. 요컨대 전반부는 사건 전개인 반면, 후반부는 사건 이후의 결말이다.

따라서 필자는 1939년의 낙서사건과 백초월의 1944년 6월의 입적과는 다른 사건으로 보고자 한다. 다시 말하자면 낙서 사건으로 백초월은 구금되어 악형을 받은 것으로 일단락되었고, 1944년 6월의 3년형 복무 도중의 사망은 별도의 사건인 독립운동으로 피체, 수감된 것으로 볼 수 있다는 것이다. 이는 3년형 복무라면 최소한 1942년부터 수감이 시작되어야 가능한 것이다. 그 관련 판결문이 없는 정황이기에 단언하기는 어렵지만, 1943년부터 3년형의 수감이 시작될 수도 있는 것이다.

이러한 필자의 논리에 도움을 주고 있는 당시 진관사에 있었던 김월현의 회고를 주목하고자 한다.

진관사포교당 김형기스님 처소에 게시며 포교를 多年間 하시다가 용산경찰서 일본인에게 구금을 당하시여 三年間게시는중 奉京鍾이라 하는 僧侶가 모시고 잇서는대 한동유라 하여 그 사람도 동시에 구속을 하여 八九個月 苦生을 無數하다가 奉京鍾은 나오고 白初月스님께서는 一年 以上 龍山警察署에서 가진 苦痛을 받으시다가 진관사포교당 김

형기스님 처소로 나오섯다는 말을 듯고 가서 만나 베옵고 위로를 한
일이 잇슴이다.[103)

즉 용산경찰서에서 1년 이상 3년간의 구금을 당하였다는 것이다.
그리고 중요한 것은 그 구속이 끝나 진관사포교당으로 찾아가서 위로
를 하였다는 점이다. 요컨대 낙서사건으로 3년을 고생하다 나왔다는
것이다. 바로 이 점이 필자가 주장하고 있는 것과 거의 일치한다. 백
초월을 시봉하였던 봉경종은 1년 이내에 출감하였다는 것은 백련사
주지였던 박금봉의 증언에서도 나왔다.[104)

그런데 필자의 이런 주장을 뒷받침하는 백초월 관련 자료가 있다.
그것은 일제강점기 독립운동가들의 수형기록 카드이다. 이 자료는 그
간 법무부에서 보관하였는데 국사편찬위원회가 그 자료를 이관, 보전
한 후에 영인, 출간되었다.[105) 그 자료에는 백초월의 수형기록 카드가
있다. 그 자료의 여러 내용을 세밀히 분석하면 그것은 본 고찰의 대상
자인 백초월의 수형기록 카드로 필자는 판단하고 있다. 즉, 씨명이 白
初月이고, 본적이 구례군 마산면으로,[106) 주소는 경성 마포정으로 나
온다. 이는 백초월의 출신지인 지리산 영원사와 주 거주처였던 마포
를 유의하면 쉽게 동의할 수 있다. 그러나 이 카드에는 낙서사건에 대

---

103) 앞의 김월현 증언.
104) 백초월의 제자이며, 현재 백련사(서울 홍은동)에 주석하고 있는 박금봉은 일본
     경찰에게 고문을 당할 때 백초월이, "이놈아, 밥을 치면 떡밖에 더 되겠느냐,
     그리고 아무리 행패를 부리더라도 계란을 가지고 삼각산을 쳐도 삼각산이 없
     어질리 없다"고 호통을 쳤다는 사실을 봉경종(백초월과 함께 수감된 시봉자)에
     게 들었다고 하였다.
105) 『한민족독립운동사자료집』(국사편찬위원회, 1992) 별집 4권, 290쪽.
106) 이처럼 본적이 후손이 주장하는 곳과 다른 이유는 판단하기 어렵다. 혹시 백초
     월의 선친이 사망하고 집안을 승계한 백초월의 큰 형의 주소지가 구례일 가능
     성도 있다.

한 개요는 일체 언급이 없고 죄명은 치안유지법 위반, 2년 6월의 징역, 1940년 10월 22일 경성지방법원에서 판결 언도를 하였으며, 출소는 1943년 3월 3일로, 형무소는 서대문형무소로[107] 기재되어 있다. 그리고 이 카드에는 백초월의 사진이 첨부되어 있는데, 촬영일자는 1940년 5월 16일로 기재되어 있다.[108] 이 카드에서 말하는 2년 6월의 기간, 그리고 그 이전 3개월여의 구금, 재판기간을 합하면 위의 김월현이 말하는 3년간의 구금과 거의 같다.[109]

그러면 백초월은 1939년 낙서사건으로 1940년 5월경부터 구금되어 1943년 4월에 출소되었다가, 재차 구금되었다는 잠정적인 결론에 도달한다.[110] 그리하여 재수감된 그는 대전형무소를 거쳐, 청주형무소로 이감되어 수감생활을 하다 1944년 6월 순국, 입적하였다. 그러나 현재로서는 재수감의 이유를 알 수 없다. 왜냐하면 그에 관련된 기록

---

107) 백초월이 서대문형무소에 있었음은 장도환이 『신생』 1946년 7월호에 기고한 글, 「萬海先生山所 參拜記」에도 나온다. 즉 그는 "서대문감옥은 우리 조선의 많은 사상인 지식인들이 잊혀지지 않는 곳이다. 봄을 가을을 청춘 일대를 아니 白骨로 이 옥을 나온 분들의 수를 헤아릴 수 없으니 김동삼선생을 비롯하야 도산선생, 초월화상에 이르기까지 그 수효를 들기가 어렵다"고 하였다.

108) 백초월의 조카인 백락귀는 1940년 4월에 상경하여 백초월을 만나기 위해 마포 진관사포교당(현 극락암)에 찾아가니, 완전 폐쇄되어 있었다고 한다.

109) 이 수형카드의 대상자는 여러 정황을 고려하면 백초월이 분명하다. 필자는 이 카드(복사)를 갖고, 동학사 시절 수학한 이대영스님을 만나 백초월이 분명하다는 동의, 확증을 받았다. 이대영은 그 카드의 사진을 보고 백초월임을 바로 판단하였다.

110) 그런데, 해방공간에 간행된 『신생』 3집(1946.7) 16쪽에는 「白初月師의 獄死」라는 제목하에 간략한 내용이 나온다. 이 내용은 "師는 중앙에서 독립운동에 노력하다가 酷刑에 머리를 상해 정신이 부실하였으나 速해 그 운동으로 지하로 하다가 임오년에 옥사하였다. 師는 경남 함양 출신으로 재경활동하신 분이다. 을묘년은 結社中 팔십여인 체포되어 金瑩機 朴壽男 極刑 사망하고 말았다"고 나온다. 이 내용은 본문에서 소개한 제반 사실과 거의 부합된다. 그리고 백초월의 옥사를 임오년 즉 1942년으로 기술하였는데 이 시점은 본문에서 인용한 『한국독립사』의 시점과 동일하다. 이러한 정황에서 필자는 더 이상의 단정, 해석은 하지 않는다.

과 정황이 전혀 없기 때문이다. 이는 백초월의 행적을 밝힐 일제의 판결문이 없는 정황이기에 나오는 복잡성이다.

그런데 불교근대사 연구자인 박경훈은 최근 『불교근세백년』의 개정판을[111] 내면서 백초월 내용을 추가시켰다. 그 요지는 백초월은 독신승 강백이었으며, 1943년 겨울 수색역의 군수열차에 백묵으로 대한독립만세라는 격문을 쓴 사건의 범인으로 지목되어 일제에 체포되었다는 것이다. 이에 백초월은 청주감옥에 구금되었으며, 이때 받은 고문 후유증으로 1944년 6월 옥사하였다고 한다. 1945년 8월 광복후 백초월의 집안 5촌조카뻘 되는 승려 백석기가[112] 청주감옥의 묘지를 찾아 시신을 수습하려 하였으나 팻말 하나 없어 뜻을 이루지는 못하였다고 서술하였다.[113]

이러한 박경훈의 서술이 사실이라면 백초월의 재수감, 옥중 순국은 자연스럽게 이해가 된다. 그러나 이 서술은 문헌적 근거에 의한 것이 아니기에 약간의 문제점은 제기된다. 백초월의 입적 장소는 청주형무소가 분명하지만 앞서 소개한 수형자 기록카드에는 형무소가 분명 서대문형무소로 전한다. 이제 우리는 백초월의 독립운동, 수감 등에 대

---

111) 초간본은 1980년 중앙일보사에서 냈으나, 개정판은 2002년에 민족사에서 출간하였다. 개정판, 160쪽 참조.

112) 백석기는 옥천사 출신 승려로 해방공간에서 큰 활동을 하였다. 그는 불교청년당의 위원장, 재무부장, 총무부장 그리고 동국대 강사, 제헌국회 출마 낙선(고성), 서울시 문교사회국장, 한국전쟁시 납북 등이다. 백외식은 그의 선친인 백락귀가 백석기가 우리 집안에서는 제일 출세한 사람이라는 말을 하였다고 회고하였다.

113) 박경훈은 필자에게 이런 사실은 백석기와 동행한 조종현에게 전해들었다고 회고하였다. 박경훈은 이 내용을 유엽(화봉)에게도 청취하였는데, 백석기가 백초월의 유골을 인수하기 위해 청주에 방을 얻을 정도로 신경을 썼다고 한다. 유엽은 해방공간 조계종단 사회부장을 역임한 승려로서 그는 백초월과 친근하였는데, 1960년대 후반 대한불교신문사에 주필로 근무하면서 동 신문사의 편집국장인 박경훈에게 그 사정을 회고하였다.

하여 일단은 정리를 해야 한다. 우선 백초월은 1930년대 후반부터 1944년 사이에 2회의 독립운동과 체포, 구금을 거쳤다고 보인다. 이렇다면 1939년의 낙서는 그의 영향을 받은 철도노동자가 하였으며, 1943년의 낙서는 백초월이 하였다고 말할 수 있는 것일까? 아니면 1943년의 사건은 또 다른 독립운동이었는가. 그러나 더 이상의 추정은 불가하다.

지금부터는 백초월의 입적과 그의 묘소, 그의 시신 확인 등에 대한 문제를 정리하겠다. 현재 그가 입적한 장소와 시점은 1944년 6월 청주형무소였다는 것은 대체적인 공통의 사실이다. 그러나 그의 입적 후 청주형무소의 공동묘지에 있었던 시신이 언제, 어디로 옮겨졌는가에 대해서는 의문이 적지 않다. 이에 대해서는 당시 백초월의 행적을 증언하고 있는 몇 사람의 증언, 회고가 있다.114)

첫째, 1946년부터 1970년까지 청주 용화사 주지를 역임한 尹碧山의 증언이다.115) 윤벽산은 8·15해방 후 1947년 6월,116) 청주시 금천동에 있는 공동묘지에서 「故白初月墓」라는 標木을 발견하여 獻香獻花하고, 청주교도소로 가서 백초월의 판결문을 읽어보았다. 이에 그는 그 판결문의 내용을 보고서 백초월의 독립운동이 대단한 것을 파악하고 그것을 사본하고, 충북도 차원에서 추모재를 올리고, 중앙광복회에

---

114) 이 자료는 백초월의 조카 백락귀가 1985년에 그 관련자를 만날 때, 면담자의 증언, 회고의 내용을 면담 당사자가 자필로 써준 것을 입수, 보관한 것이다. 필자는 본 고찰을 준비하는 과정에 그 자료를 입수하였다.

115) 그의 증언을 정리한 문건 제목은 「故白初月스님光復行蹟抄」(1985.6.6)이다. 이 글을 쓸 당시 윤벽산은 청주시 와우산, 대한불교수도원 원장이었다.

116) 백초월 비석 제막식 당시 배포한 「龜國堂 寅榮 白初月 大禪師 殉國碑錄」에 게재된 「故白初月大禪師光復行蹟抄」 참조. 당초 그의 문건에는 1950년 6월 10일로 되어 있었다. 그러나 이는 추정하건대 1985년에 쓴 것을 재검토하는 과정에서 정정한 것으로 보여지기에 '행적초'의 것을 활용한다.

보고하겠다는 의도를 갖고 있었다. 그러나 바로 한국전쟁이 터져 피난길에 오르고, 1951년 8월에 청주로 돌아와 보니, 폭격에 의해 용화사와 교도소가 폐허가 되어, 판결문 등 관련 자료가 모두 소실되었다는 것이다. 이후 그는 판결문을 입수하기 위해 노력하였으나 뜻을 이루지 못하고 대신 그가 본 판결문의 내용을 다음과 같이 기억하였다.117)

- 백초월은 소년시절에 출가, 승려가 되었으나 승려는 위장이고 내심의 목적은 독립운동이었다.
- 각지, 각 사찰의 유명 강사, 선사를 歷訪修學하였기에 能文能辯하여 때로는 선사로, 강사로, 포교사를 歷任하였다.
- 그는 一心敎를 창안하여 一心 교리를 선양하였는데, 한국인에게는 3천만이 一心이 되면 독립이 가능하다고 역설하고, 일본인을 만나면 조선과 일본이 一心이 되면 內鮮一體도 가능하다고 교묘하게 일심 교리를 설명하였다.
- 一心敎의 3대 강령
① 一心 萬能主義 : 일심이면 모든 일이 가능하다.
② 群敎 統一主義 : 잡다한 여러 종교를 일심교로 통일, 세계평화 성취.
③ 世界 平和主義 : 전 인류가 일심이 되면 세계 평화는 가능하다.
- 일심교리를 핵심으로 하여 가는 곳마다, 만나는 사람마다 광복운동을 적극 설득하고, 군자금을 수집하여 임시정부에 밀송하였고, 임시정부에 밀사를 보냈으며
- 대한독립만세라고 대서특필하여 기차 내에 붙였는데 서울에서 신의주까지 가서 발각이 되어, 크게 소동이 야기되었다.
- 그를 감시하는 시선을 피하기 위해 죽은 거북이를 방안에 비치하여 두고, 요시찰인들이 내방하여 묻는 말은 대답 않고, 죽은 거

---

117) 그는 판결문의 분량이 200여 쪽에 달한다고 기억하였다.

북이와 자문자답하여 정신이상자로 취급하게 하여 문답을 교묘
히 피하였다.118)

둘째, 백초월이 입적할 당시 청주교도소의 名籍係 부장이었던 김인
식의 증언이 있다.119) 김인식은 대전형무소의 청주지소 공동묘지(청
주시 금천동 소재)에 백초월이 안치되어 있었다고 주장한다. 1948년
봄에 모 단체인사 4, 5인(이종욱, 김구하 등)이120) 청주형무소를 내방
하여, 사상범 행형 서류를 조사하여 비로소 백초월 선생이 승려로서
지하활동을 한 독립투사임을 인지하였다. 이때 백초월의 묘소를 확인
하였고, 당시 내방 인사들의 유골 인수신청에 의하여 김인식 자신이
묘지까지 동행하여 유골을 인도하였다.121) 유골의 인도 당시 제반 절
차의 구비서류, 보존서류를 보관하고 있었지만 한국전쟁 당시 망실,
부패되었다.

셋째, 일제강점기 청주형무소의 의무계 부장이었던 장수만의 증언
이 있다.122) 장수만은 그가 백초월의 묘를 발견한 것은 해방 이후라
하였다. 그는 해방 후 청주형무소에서 형무소의 공동묘지를 합장할

---

118) 이로써 그의 당호가 龜國이란 것을 알 수 있다. 동학사 학인이었던 이대영은 동
　　학사에서도 죽은 거북이를 보자기에 싸 놓고, 이따금 그 거북이를 觀하였다고
　　한다.
119) 이 증언은 김인식이 1985년 3월 25일에 자필로 쓴,「白初月先生遺骨引渡確認」의
　　문건을 말한다.
120) 이 인사에 대하여 위의「고백초월대선사광복행적초」에서는 월정사 주지인 이
　　종욱, 통도사 주지인 김구하라고 서술하였다. 또한 그들이 내방한 것도 1948년
　　'初春頃'으로, 그 내방도 3회로 표현하였다. 당초 그의 문건에서는 이를 1947·
　　8년경이라고 하였으나, 이 시점도 수정, 보완과정을 거친 것으로 이해된다.
121) 김인식은 유골을 염할 시에 보니, 그 유골이 깨끗이 落骨되었음까지 보았다고
　　하였다.
122) 이는 1985년 6월경, 그의 자필로 쓴「백초월 선생의 묘소 확인」이라는 문건을
　　말한다.

당시 상부 지시에 의하여 백초월 선생님은 독립유공자이므로 합장을 하지 않고 원상태로 보관하였다고 기억하였다. 그밖에 박동준은[123] "서울에서 발행된 신문에서 초월선생의 유족을 찾는다는 기사 내용을 확실히 읽어보았다"고[124] 주장하였다.

지금까지 몇 사람의 증언, 회고를 분석하여 백초월의 순국 이후의 묘소와 관리, 그 이장 등에 대하여 살펴보았다. 이제 그 내용 중에서 공통적인 사항을 정리하겠다. 우선 백초월의 입적 및 순국은 1944년 6월이었다. 그리고 그 시신은 청주형무소의 공동묘지인 청주시내 금천동 소재의 공동묘지에 매장되었다. 백초월의 시신은 이종욱, 김구하 등에 의해 이장되었는데, 이는 당시 청주교도소의 행정절차를 따른 것이었다. 백초월의 유골이 이종욱 일행에게 인도될 당시에 신문 지상에 유족 광고가 나왔던 것으로 보인다. 그리고 백초월의 판결문과 그 사본이 청주형무소 및 용화사에 보관되어 있었으나 한국전쟁의 전란으로 소실되었다. 한편 백석기 일행이 백초월의 묘소를 확인하지 못한 것은 납득하기 어려운데, 이는 청주교도소를 탐방하지 않고 바로 금천동의 공동묘지로 갔기 때문에 찾지 못하였을 것으로 보고자 한다.[125]

---

123) 이 대상자는 백락귀가 백초월 자료수집차, 전국 순회시 함양읍의 포교당 보살이 소개하여 만난 인물이다. 당시 거주지는 서울 성북구 정릉동 10-140번지였다. 박동준은 백초월이 1918년에는 법주사, 1920년부터는 청주시 용화사포교당에 있었으며, 형사가 초월스님을 감시하기 위하여 용화사에 자주 내왕하였으며, 이를 초월스님이 못마땅하게 여겨, 용화사 대문에 '四海一家 六海無門'이라고 써 붙이자 세인들이 명필이라고 하였으며, 용화사에 있다가 독립운동 사건으로 투옥되었다고 회고하였다. 이를 미루어 보면 그는 용화사의 신도이거나, 용화사 승려일 가능성이 많다.

124) 그는 그 신문을 읽은 시점을 명시하지 않았다. 필자가 추정하건대 해방공간시 이종욱 일행이 유골을 인도할 즈음이 아닌가 한다. 박경훈은 그 신문을 동아일보라고 증언하였다.

이처럼 백초월은 파란만장한 삶을 독립운동에 헌신하다[126] 일제의
체포, 구금, 고문에 의하여 승랍 53세, 속랍 67세를 일기로 삶을 마감
하였다. 그는 불교의 강백으로 그 이름을 불교계에 떨쳤지만, 나라와
민족을 구하려는 독립운동선상에도 불교를 대표할 수 있는 정신을 각
인하였다.

6. 결어

이상으로 일제강점기 불교계의 항일투쟁사에 길이 남을 행적을 전
하고 있는 승려인 백초월의 삶과 그의 독립운동을 총체적으로 살펴보
았다. 이제는 지금까지 정리한 내용을 재정리하면서 그에 담긴 의미
를 더욱 조명하고자 한다.

백초월은 1878년 경남 고성에서 태어나 그의 나이 14세 무렵 지리
산 영원사로 출가하였다. 그는 당시 영원사 승려인 이영진을 은사로
득도하여 승려로서의 수행을 하였다. 그의 수행 이력은 구체적으로
전하지는 않지만 지리산 일대의 사찰에서 참선, 경학을 닦았을 것이

---

125) 그 시기는 청주교도소에서 합장을 하면서 백초월 묘지에 백초월묘라는 표목을
하기 이전이었을 것으로 보인다.
126) 조영암은 '옥사순국록'에서 백초월의 민족정신을 다음과 같이 요약하였다. 말
한마디면 풀려나서 자유의 몸이 될 것을 뻔히 아시면서 스님은 민족정기 수호
의 절대적 사명 앞에 자신의 비굴과 나약을 채찍하곤 한 것이 결국 옥사라는
참혹한 최후를 가져오게 하였다. 스님께서 제2차 검거로 입감되었을 때 조선불
교계는 연판장과 탄원서로 미친 체 하기만 하면 방면하겠다는 사면운동을 벌
렸는데 스님은 왜경이 "네가 미쳤는냐"고 묻는 말에 강경한 어조로 "내가 왜
미쳐, 너희들 왜놈들이 미쳐서 남의 나라 땅을 강점하고 있는 것이지, 내가 왜
미쳤단 말이냐, 너희가 미쳤지" 하고 추상 열일의 자세로 호령하였고, 그 결과
로 재판에 회부되었고 형을 받아 고문으로 옥사하신 것이다.

다. 28세 무렵에 영원사 조실을 역임하였으며, 1910년대에는 불교 잡지에 글을 기고할 정도의 학식을 갖고 있었다. 그런데 화재로 인한 영원사의 소실, 그리고 이를 복구하는 과정에서 영원사 주지로 선출되면서 불교계의 중심부에 등장하였다. 그러나 그는 이미 1915년 중앙학림의 초대강사로 내정될 정도의 경학에 대한 실력을 이미 검증받았다고 보인다.

그후 그의 은사가 법주사 주지로 가고, 법주사 청주 포교당인 용화사의 포교활동의 일선에 나서면서 불교대중화에 관심을 가지게 되었다. 여기에서 그는 중생교화, 혹은 민족에 대한 문제를 고민하였을 것이다. 이러한 경험을 거치는 동안 당시 터진 3·1운동은 그에게 커다란 '화두'로 다가왔을 것이다. 3·1운동 당시 그의 행적은 전하지 않지만, 그는 1919년 4월 서울로 올라왔다. 백초월의 상경은 거족적인 3·1운동에 불교계의 참여가 미흡한 것을 개탄하면서 독립운동의 일선에 참여하기 위함이었다.

그는 서울의 불교계 독립운동의 중심부에서, 그 운동의 지도자로서 불교의 독립운동을 진두지휘하였다. 그가 수행한 것은 우선 각 사찰에서의 군자금 모집, 상해 임시정부 및 만주 독립군 단체에 군자금 제공, 민족의식 고취를 위한 혁신공보 발간, 임시정부 수립 축하 시위 주도, 승려독립선언서 작성 및 배포, 임시의용승군제 추진, 일본에서의 독립청원 시도 등 그 활동은 다양하였다. 1920년 5월경, 그는 일제에 피체되어 구금되었으며 갖은 고문을 받았다. 그러나 그는 고문을 받으면서도 자신의 독립정신을 결코 포기하지 않았다.

출옥한 그는 1920년대 초반에는 서울에서 불교 강연회, 설교회에 참여하였다. 그것은 주로 불교 교리의 설명이었다. 이는 그의 독립정신을 일단은 숨기고 일제의 감시 눈초리를 잠재우기 위한 것으로 보인다. 1920년대 중후반 그의 활동은 서울에서 지속되었는데 화엄산림 법사, 불교부인회 창립 행사의 축사, 재일불교유학생회 잡지 기고 등이었다. 1930년대에 접어들면서 백초월의 행적은 강원의 강사로 나타난다. 동학사, 봉원사, 진관사, 월정사 등의 강원이 그 대상이다. 백초월은 강원에서 후학을 가르치면서도 단순히 불교 교학만 교육시킨 것은 아니었다. 그는 학인들에게 민족의식과 독립에 대한 갈망을 전하였다. 이렇듯이 그가 강사로 활동하였을 당시에도 일제는 그에 대한 감시를 늦추지 않았다. 이럴 때이면 그는 미친 행동을 하고, 정신병자 노릇도 하였다. 또는 그의 민족정신의 이념인 一心敎의 논리를 강조하기도 하였다. 그런데 아쉬운 것은 그에 대한 기록이 거의 없어 이를 입체적으로 조명하지 못하는 것이 안타깝다. 이 당시는 금강산 유점사에서 그의 선배 문도, 은사에 대한 추모의 정을 감추지 않았다. 그리고 불교 잡지인 『금강산』에 불교계 현실에 대한 그의 입장을 극명하게 개진하였다. 이는 현실에 대한 그의 적극성을 잘 보여주고 있는 단서이다.

백초월의 삶의 극명성을 더욱 리얼하게 보여주었던 것이 기차 낙서 사건이다. 이는 서울에서 신의주를 거쳐 만주로 가는 기차에 '대한독립만세'라는 낙서를 한 사건을 말한다. 이 시건의 시점은 1939년이다. 이 사건은 백초월에게 영향을 받은 용산역 노동자가 기차에 '대한독립만세'를 쓴 낙서가 발각되어 나타난 일대 파문을 말한다.

그런데 필자가 발굴한 자료에는 백초월이 1940년 5월경에 구금되어, 1940년 10월에 언도(2년 6개월), 1943년 출소 등이 전한다. 이 자료를 신뢰하면 1939년에 사건이 발생하여, 그 여파가 백초월에게 미쳐 1940년에 체포, 구금, 구형, 수감된 것이 아닌가 한다. 그런데 백초월은 1944년 6월 청주형무소에서 수감생활 도중에 순국, 입적하였다.

그의 입적 사유는 일제의 고문 후유증으로 알려지고 있다. 그렇다면 1940~1943년의 구금, 수감 이외에 또 다른 사건, 수감이 있었는가? 이에 대한 정황은 단언하여 말할 수 없다. 일단 필자는 1939년 낙서 사건과, 이 사건이 이 외에 또 다른 사건이 있었다는 추측과 전제만을 개진한다.

백초월은 1944년 6월 청주형무소에서 입적하였으며, 그의 시신은 청주 공동묘지에 쓸쓸히 묻혀 있었다. 1945년 8월, 해방이후 그의 시신을 찾았던 백석기는 그 목적을 달성하지 못하였다. 다행히 청주교도소에서 묘를 합장하는 과정에 백초월 묘에는 표석을 세웠으며, 이종욱과 김구하가 그의 시신을 정식으로 인수하였다. 그런데 그 인수한 시신을 어떻게 처리하였는가에 대해서는 전하는 바가 없다. 당시 신문지상에 백초월의 후손을 찾는 광고가 났다는 증언도 이 사실을 방증하는 것이다.

백초월은 이렇듯 불교계에, 독립운동사에 기념적인 행적을 남겼다. 그러나 그를 대하는 후학, 불교계, 조계종단은 어떠하였는가? 그의 독립운동의 공적을 기리겠다는 염원을 가졌던 조카 백락귀(봉섭)는 1985년 독립기념관 건립에 즈음하여 그의 행적을 찾아 독립유공자의 공훈 신청을 하였다. 당시 그는 전국 방방곡곡을 돌면서 실날같은 관련 자료를 찾고, 정리하였다. 그 결과 백초월은 1986년 국가보훈처로부터 건국포장을 추서받았다. 그러나 정작 그의 정신을 기리고 기념할 불교계에서는 이렇다 할 움직임이 전혀 없었거니와 이에 대해서는 무엇이라고 말을 해야 하는지 곤혹스러운 입장이다. 이에 대하여 일찍이 백초월에게 배운 조영암은 "이 나라 불교계의 유일한 獄死 殉國의 巨物 偉人에 대한 불교계의 暗愚와 蒙昧와 無誠意와 唾棄할 無關心에 대하여서는 스스로 自愧 自嘆치 않을 수 없는 바이다. 아직도 碑石 하나 表ㅅ말 하나 없이 九天을 맴돌 初月 大宗師의 슲은 魂魄을 慰撫할 사람은 없는가 땅을 치고 號哭하며 慟哭하고 싶은 심정임을 禁할 수 없는 바이다"라고 피를 토하는 심정으로 그의 입장을 드러냈다.

필자는 불교독립운동사, 불교 지성사, 3·1운동사에 또 하나의 족적인 백초월을 찾아내면서 그로부터 뜨거운 숨결을 찾을 수 있었다. 용성, 만해의 길과는 또 다른 길을 갔던 傑僧 白初月, 그의 삶과 독립운동은 지금부터 재평가, 재인식, 복권되어야 한다.

백용성의 사상과 민족운동 방략

1. 서언

백용성(1864~1940)은 3·1운동 당시 불교계 대표로 민족대표 33인에 포함된 승려이면서 독립운동가이다. 한편 그는 치열한 깨달음을 달성한 선사로서, 일제강점기 불교계를 대표하는 승려였다. 그러나 그는 3·1운동의 민족대표, 깨달음을 성취한 선사라는 사실 이외에도 그를 설명하는 다양한 내용을 갖고 있다.

즉 백용성은 일제로부터 국권을 강탈당한 직후 한국불교가 일본불교에 예속되는 것에 반발한 臨濟宗運動의 주역이었으며, 한국불교의 일본불교화에 저항하였던 구도에서 나온 禪學院과 萬日參禪結社會도 주도하였다. 그리고 그는 일본불교의 모방에서 나온 이른바 '帶妻食肉'의 풍조를 저지하려는 최일선에 나서기도 하였다. 그밖에도 그는 일제강점기의 중생을 불교를 통하여 깨닫게 하기 위한 목적, 즉 불교대중화를 위하여 한문으로 된 불경을 한글로 번역하는 역경사업에 전념하여 수많은 경전을 역경하여 결과적으로는 우리말 수호에도 일정한 기여를 하였다. 또한 그는 1927년부터 일제강점기 승려, 승가의 자립을 기하려는 의식에서 승려의 노동 즉 禪農佛敎를 실행하였을 뿐만 아니라 일제강점기 불교의 행태를 완전 부정하려는 독자 노선을 걸어갔거니와 그것은 大覺敎 창설이었다.

이렇듯 백용성 그는 일제치하에서 다양한 행적과 노선을 우리에게 남겨 놓았다. 이제 우리는 그 개요 및 내용을 정리, 분석하고 그에 대한 적절한 의미를 부여해야 할 것이다. 그러나 백용성에 대한 관심, 연구는 시작 단계에서[1] 벗어나 연구의 심화 단계로 이제 접어들었다고 보아야 할 정도로, 아직 일천한 단계이다.[2] 다만 최근 불교계에서 그의 생애와 사상을 연구하는 대각사상연구원이 1998년에 발족하여 연구를 다각화하고 있다.[3]

---

[1] 이에 대한 연구는 다음과 같다.
　이영자, 「백용성연구 서설」, 『불교사상』 6호, 1973.
　한보광, 『용성선사연구』 감로당, 1981.
　한보광, 「용성선사의 수행방법론」, 『가산이지관스님 화갑기념논총』, 1992.
　한보광, 「용성선사의 역경사업이 갖는 역사적 의의」, 『석림』 26, 1993.
　한보광, 「용성선사의 불교개혁론」, 『회당학보』 2, 1993.
　한종만, 「백용성의 대각교사상」, 『박길진박사고희기념 한국종교사상사』, 1984.
　고광덕, 「용성선사의 새불교운동」, 『새로운정신문화의 창조와 불교』, 우리출판사, 1994.
　김용환, 「용성선사의 대각교운동에 관한 연구」, 『종교연구』 12, 1996.
　김광식, 「1926년 불교계의 대처식육론과 백용성의 건백서」, 『한국독립운동사연구』 12, 1997.
[2] 3·1운동시 불교계 대표로 활동한 한용운에 대한 연구는 문학, 역사학, 불교학 등 각 분야에서 왕성하게 추진되어 저서, 자료집, 학위논문, 논문 등의 연구 성과물이 600여 건에 달한다. 이에 비해서 백용성에 대한 연구의 빈약은 납득하기 어렵다. 이에 대한 1차적인 책임은 그의 문도 및 조계종단의 역사의식의 빈곤에서 찾아야 한다.
[3] 대각사상연구원이 출범한 이후의 연구성과는 다음과 같다.
　한보광, 「용성스님의 전반기 생애」, 『대각사상』 1, 1998.
　한보광, 「용성스님의 중반기 생애」, 『대각사상』 2, 1999.
　한보광, 「용성스님의 후반기 생애(1)」, 『대각사상』 3, 2000.

이러한 배경에서 본 고찰은 지금껏 정리, 분석, 연구된 기존의 연구 성과를 활용하면서 백용성의 사상 및 민족운동의 성격을 점검하려고 한다. 그런데 백용성의 사상은 그가 승려였기에 그가 갖고 있었던 불교사상에 대한 점검의 기초에서 제시되어야 한다. 그러나 현재 이에 대한 정리나 연구가 미진하기에 그의 사상을 단언하여 제시될 형편은 불가능하다. 때문에 본 고찰에서는 그가 추진하였고 혹은 관련을 맺었던 민족운동의 내용과 성격을 정리하면서, 그의 사상과 연계하여 바라볼 수 있는 것을 제시하는 것에 머무르고자 한다.

이에 우선 그의 민족운동의 내용을 요약하여 제시하고, 그 내용에 담겨진 그의 민족운동의 방략 및 성격을 살펴보고자 한다. 이러한 내용과 성격을 통하여 그의 사상의 기초를 이해할 수 있는 여건을 갖고자 한다.

2. 임제종운동, 3·1운동에 참여

백용성은 1864년 전북 장수군 번암면 죽림리 252번지에서 태어났다. 그는 16세에 해인사로 입산, 출가의 길을 내딛었다. 이후 그는 승려로서의 기본교육을 받고 고운사, 보광사, 송광사, 표훈사 등지에서 치열한 구도의 길을 갔다. 그 과정에서 4차례의 깨달음을 얻고, 그에

한보광, 「용성스님의 후반기 생애(2)」, 『대각사상』 4, 2001.
한보광, 「용성스님의 역경」, 『대각사상』 5, 2002.
홍윤식, 「대각교운동의 역사적 위치」, 『대각사상』 1, 1998.
김광식, 「백용성의 독립운동」, 『대각사상』 1, 1998.
김광식, 「백용성의 선농불교」, 『대각사상』 2, 1999.
김광식, 「백용성의 불교개혁과 대각교운동」, 『대각사상』 3, 2000.
김광식, 「백용성과 일제하의 사찰령·사찰재산」, 『대각사상』 4, 2001.

머무르지 않는 '悟後修行'을 지속하였다. 당시 그는 경전의 열람, 선지식의 순방, 은둔을 통한 자기 성찰 등을 하였다. 이러한 그의 행보는 불교에서 진리를 구하는 것으로 말하는 上求菩提의 과정이었다.4)

이러한 그가 도회지인 서울에 올라온 시점은 그의 나이 48세 때인 1911년이었다. 도회지에 나오기 이전의 그는 산중선회를 개설하여 운수납자인 승려들을 7년간 지도하였다. 그가 서울에 와 처음으로 한 활동은 불교의 포교활동이었다. 그런데 그 당시는 서울 시내에 각황사라는 사찰 이외에는 불교활동을 할 수 있는 거점이 거의 없었다. 이에 그는 우선 신도집에 머무르면서 참선을 통한 포교를 시작하였거니와,5) 이로부터 서울에는 참선이라는 말이 처음으로 회자되었다.

그런데 그가 불교의 포교활동에서 한발 더 나아가 민족운동과 연계된 포교활동을 하게 된 것은 1912년 5월 12일에 개교한 朝鮮臨濟宗中央布教堂의 개설과 연계된다. 이 임제종포교당은 1910년 9월에 친일승려로 널리 알려진 이회광이 일본불교인 조동종과 비밀리에 맺은 이른바 曹洞宗 盟約에 대응, 반발하면서 나온 것이었다. 조동종 맹약은 주지하는 바와 같이 1908년 3월, 당시 불교계 지도급 승려가 자주적인 종단을 만들자는 염원에서 나온 圓宗을 다양한 방법으로 구한국정부 및 통감부에게 공인받으려는 과정에서 나왔다. 결국 그 공인 노력은 친일파인 송병준, 혹은 일본의 한국 침략의 선봉대로서 활약하였던 일본 승려까지 동원하였지만 끝내 무산되었다.6) 이에 원종의 종정이었던 이회광은 한국의 국권상실 직후 일본으로 건너가 일본의 일개 종단인 조동종과 원종의 공인을 요청하는 조약을 맺었다. 그런데 문

---

4) 한보광, 「용성선사의 수행방법론」, 『가산이지관스님 화갑기념논총』, 1992.
5) 「만일참선결사회 창립기」, 『용성선사어록』 권하, 24쪽.
6) 당시 그 과정에 대한 전모 및 성격은 최병헌의 「일제의 침략과 불교—일본 조동종의 무전범지와 원종」(『한국사연구』 114, 2001)에 잘 정리되어 있다.

제는 그 공인을 지원, 협조해 주는 대가로 일본불교의 한국 포교에 협조한다는 것뿐만 아니라 한국불교의 자주성을 손상시키기에 이르렀다. 당시 그 조약을 진두지휘한 이회광은 귀국 후 그 조약의 내용을 불교계에 알리지 않고 맹약에 대한 추인만을 받으려고 하였다. 그러나 그 조약의 내용이 우연히 전 불교계에 알려지면서 불교계에서 반대운동이 거세게 일어났으니, 그 운동이 臨濟宗운동이었다.[7]

그 반대의 논리로 임제종을 내세운 것은 한국불교는 일본불교와는 역사와 전통이 다르다는 명분에서 나온 것이다. 조동종이나 임제종은 중국의 선종 계열의 종파이지만 한국 선종의 주류는 주로 임제종 계열과 깊은 연계를 맺고 있다는 것이었다. 이는 하나의 방편의 성격을 갖고 있는 것으로, 그 이면에는 한국불교가 일본불교에 예속, 구속, 매종되었다고 이해한 당시 승려들의 위기의식이 작용하고 있었다. 그리하여 임제종운동은 1911년 초반부터 불붙기 시작하여 송광사, 쌍계사, 해인사, 통도사, 범어사 등 주로 남방 지역의 사찰을 거점으로 전개되었다. 이 운동의 전면에는 한용운, 박한영, 송종헌, 진진응, 오성월 등이 있었다. 이 운동의 추진세력은 처음에는 운동의 추진체인 종무원을 송광사에 두었다가 범어사로 이전시켰다. 그리고 운동의 다각화를 위하여 각처에 포교당을 개설하여 홍보에 나서기도 하였다. 그중 1912년 5월, 서울의 인사동에 개설하였던 임제종중앙포교당은 실제나 상징적인 측면에서 효과는 대단하였다. 개설하는 날에 수천 명이 운집하였다는 저간의 사정은[8] 이를 단적으로 말해주는 것이었다.

백용성이 임제종운동과 연결되었던 것은 개설 당일 開敎師長으로의

---

7) 김광식, 「1910년대 불교계의 조동종 맹약과 임제종운동」, 『한국민족운동사연구』 12, 1994.
8) 『매일신보』 1912.5.26 · 28, 「중앙포교당 개교식장」, 「포교당의 성황」.

활동이었다. 개교사장이라 함은 그 개교의 정신적인 총책임자, 즉 조실, 회주, 증명법사를 의미한다. 당시 한용운은 포교당의 主務로서 개당 및 행사의 전반을 진행하였다. 한용운이 백용성을 개교사장으로 초빙한 것은 백용성이 이미 1년 전부터 서울 중심부에서 포교활동을 한 측면,[9] 깨달음을 성만한 선사라는 점, 그의 나이보다 15세의 연상인 어른이라는 점 등등이 결합하여 나온 것으로 보인다. 이후 한용운과 백용성은 1915년경까지는 그 포교당에서 함께 활동을 하였는데, 이러한 임제종포교당에서의 공동 활동은 민족불교의 지향으로 볼 수 있는 대목이다. 그리고 한국불교의 전통을 수호하려는 것임은 두말할 나위가 없다.

그러나 이 포교당은 일제의 사찰령 구도에서 변질, 왜곡되었다. 일제가 한국을 강점한 직후 제정, 시행한 사찰령은 한국불교의 자주성과 운영을 부정하며, 한국불교를 일제의 행정 편의주의적인 구도에 끌어들인 법이었다. 사찰령 체제에서는 한국불교의 종명을 禪敎兩宗이라는 기형적·타율적인 종명을 수용할 수밖에 없었다. 물론 그 이면에는 원종과 임제종 간의 일정한 갈등관계를 불식하려는 움직임이 작용하였다. 이러한 종명 체제의 등장은 곧 원종뿐만 아니라 임제종의 퇴진을 의미하는 것이었다. 마침내 그 포교당이 설립된 지 불과 1개월 후인 1912년 6월 21일 일제는 포교당의 주무인 한용운을 불러 '임제종'의 간판 철거를 명령하였다. 이에 한용운과 백용성이 주석하였던 포교당은 기존 임제종포교당에서 선종포교당으로 명칭 변경을 할

---

9) 『매일신보』 1914.2.1, 「宗敎之人, 寺洞 선종 중앙포교당 선사 白龍城談」. 이 기록에는 백용성과 이 포교당의 관계를 암시하는 내용이 나온다. 그것은 백용성이 상경하여 禪旨를 復興唱道하기 위해 서울에 '本部'를 건설하기 위해 노력하였으나 여의치 않아 범어사의 후원으로 절대적인 중앙포교당과 연계를 맺었음이 나온다. 이 중앙포교당은 곧 임제종중앙포교당을 지칭한다.

수밖에 없었다. 더욱이 일제는 포교당 건립 자금을 일제의 동의를 받지 않고 모금하였다 하여 한용운을 구금, 재판에 회부하기도 하였다.

그럼에도 불구하고 백용성은 포교당에 주석하며 포교활동을 지속하였다.[10] 한용운 역시 그 포교당에 있으면서 조선불교회, 불교동맹회를 불교청년들과 함께 결성하며 불교대중화의 활동을 지속하였다. 이처럼 백용성과 한용운은 그 포교당을 거점으로 항일불교, 불교대중화의 노력을 거듭하였는바, 여기에서의 공동활동이 3·1운동 당시 불교계 대표로 함께 민족대표로 나설 수 있는 여건이 되었다는 점에서 주목된다.

그러나 1915년 이후에는 백용성과 한용운은 각기 이 포교당을 떠나 개별적인 행동으로 나선다.[11] 백용성은 1915년 초부터 서울 종로의 장사동에 禪宗臨濟派講究所를[12] 설립하고, 이를 거점으로 포교, 연구활동을 하였다.[13] 이러한 독자성은 그가 한국불교의 전통이 임제 계통임을 재확인하고, 이를 대중화하였기에 은연중 일제 불교정책에 반발하는 뜻을 갖게 되었다고 하겠다. 요컨대 일제가 정한 禪敎兩宗에 대하여 臨濟禪宗임을 내세웠던 것이다. 그는 이 무렵 조선총독부가 한국불교의 종파에 대한 답변을 요청한 글에서도[14] 이를 분명하게 밝힐

---

10)『매일신보』1913.10.1,「중앙포교당 경전강습」. 이 기록에는 매주 화요일 백용성 (개교사장)이 일반 신도들 30여 명을 대상으로 경전을 강의하였다고 전한다.
11) 한용운은 백담사에 주석하면서 깨달음을 겪고 1918년에 서울로 상경한다.
12) 임제종강구소로 하지 않고, 임제파강구소라 한 것에서 일제의 개입이 있었을 가 능성도 추측하게 한다. 왜냐하면 일제는 사찰령 반포 이후 특히 범어사에서 임 제종을 사용하는 것을 강력 제재하였다. 그런데 이전 백용성이 있었던 포교당은 그 운영자금의 대부분을 범어사에서 충당하였기에 그 포교당에 있었던 백용성 이 지속적으로 임제종을 주장함은 상당히 곤란하였을 것이다. 그 포교당은 이런 배경으로 일반적으로 범어사포교당으로 불렸다.
13)『매일신보』1915.5.14, 7.7,「선종임제파강구소」,「오종은 임제선종」.
14)『용성선사어록』권하,「因總督府問朝鮮宗派 口辯論」,「變宗說」.

정도로 그의 임제종 종파의식에 대한 자신은 확고하였다. 이는 곧 한국불교의 전통, 그 중에서 특히 종파의식을 고수하겠다는 의지와 무관한 것은 아니다. 달리 말하면 자주불교의 지향이었다.

한편 그는 1916년부터는 그가 구상하고 있는 다양한 활동을 전개하기 위한 자금을 확보하기 위한 금광사업을 하였다. 그러나 북청에서의 금광사업은 간단한 것이 아니었기에 1918년에는 이를 중단하고 새로운 주석처인 서울 종로의 봉익동에 머무르고 있었다. 현재의 대각사 바로 인근인15) 봉익동 1번지는 1916년부터 그의 주석처였기에16) 이는 이전 장사동에서의 임제파강구소의 이전 형식을 띤 것이 아닌가 한다.

이처럼 백용성은 임제종운동을 통하여 항일불교, 한국불교의 전통 고수를 지향하고 있었다. 그러나 그 활동에는 한용운을 제외한 그 누구도 그와 뜻을 함께 하지는 않았다. 즉 고독하게 자신만의 길을 묵묵히 걸어갔거니와, 승려의 신분으로 금광을 시도하였다 함은 그의 불교의 자주화 추구가 얼마나 철저하였는가를 말해준다.

이러한 그가 또 한번의 민족운동 대열에 참여한 것은 1919년 3월 1일에 거족적으로 전개된 3·1운동 당시의 민족대표 피선이었다. 그런데 그는 3·1운동의 민족대표 33인에 피선되었지만, 그 일선에서 주도적·적극적으로 활약하지는 않았다. 다만 불교계를 대표하여 최일선에서 활동한 한용운의 뜻을 지지하고, 3·1운동의 불교계 대표로 기꺼이 자신을 포함시킬 것을 찬동하였던 것이다.17) 이는 임제종운동

---

15) 현재 대각사는 봉익동 2번지이다.
16) 이는 그가 3·1운동으로 일제에 피체되어 서대문 감옥에 있을 때 예심 판사에게 한 답변에 나온다. 즉 "53세(1916년, 필자주)부터 봉익동 1번지에 단독으로 있었다", 이병헌 편저, 『삼일운동비사』(시사신보사), 137쪽.
17) 김순석, 「3·1운동기 불교계의 동향」, 『한국민족운동사연구』 29, 2001, 12~13쪽.

당시 뜻을 함께 하였던 이력에서 나온 것으로 볼 수 있다. 또한 1918년부터 한용운이 민족의 정신문화를 선도하려는 목적에서 간행한 『유심』지에[18] 백용성도 기고하였음을 보면[19] 이 당시에도 백용성과 한용운의 교류는 재개, 지속되었을 것이다. 바로 이러한 교류는 이전 임제종운동시의 정신적인 지향을 복구시키면서 자연스럽게 3·1운동의 구도에 합류하게 되었을 것이다. 그러나 그는 3·1운동 추진의 일선에 나서지는 않았지만 3·1운동 및 한국의 독립에 대한 그의 입장은 분명하게 개진하였다. 이를 알 수 있는 서대문 감옥 수감시의 재판 답변에서

한용운이란 사람이 나에게 와서 금번 구주전쟁의 결과 파리강화회의에서 각국은 독립을 하려고 하였기 때문에 우리 조선도 독립을 하지 않으면 안 된다고 하여 금명일내로 선언하려고 하니 그대 생각은 어떠한가 하므로 그런 일이면 마땅히 찬성한다고 하였다.

먼저 말한 것과 같이 한용운의 제의에 찬성하고 같이 일을 하려고 하였다. 그런데 어느 때든지 통지만 하면 어느 곳으로 가기로 약정하고 한용운은 돌아갔다.[20]

라 하였다. 여기에서 우리는 그의 독립에 대한 확고한 의식 그리고 주저없는 찬성, "어느 때든지 어느 곳으로" 가겠다는 운동 참가의 적극성을 알 수 있다. 그런데 이러한 그의 의식은 그가 생각하고 있는 불교사상에서부터 기인하였다. 즉 1919년 8월 27일의 고등법원 재판에

---

18) 전보삼, 「만해 한용운의 '유심'지 고찰」, 『유심』 복간 2호(2001. 6), 195쪽.
19) 백용성은 2집(1918.10)에 「破笑論」을 기고하였다.
20) 「백용성선생취조서」, 『삼일운동비사』, 137~138쪽.

서 독립선언에 참가한 목적을 묻는 질문에

> 동양의 평화를 영원히 유지하기 위해서는 조선의 독립은 필요하다.
> 일본에서도 그것을 알고 있을 것이며 또 불교사상으로 보더라도 조선
> 의 독립은 마땅한 것이므로 여러가지 점으로 보아 하여튼 조선의 독
> 립은 용이하게 될 것으로 믿고 있는 터이다.[21]

라는 답변은 불교사상의 입장에서도 독립은 마땅한 것으로 보고 있음
을 확인할 수 있다. 동양의 평화 유지 및 불교사상[22]의 차원에서 독립
은 당연한 것으로 주장하였다.

이처럼 백용성이 3·1운동 당시 민족대표에 피선된 것은 그가 임
제종운동 당시부터 일관되게 갖고 있었던 민족불교의 지향이 거족적
인 만세운동에 자연스럽게 합류된 결과였다. 불교사상의 입장에서 독
립은 마땅하다는 그의 발언은 그의 의식을 단적으로 말하는 것이다.
지금까지 살펴본 바와 같이 임제종운동, 3·1운동에 나타난 그의 의
식은 한국불교의 종파의식 수호, 한국의 국권을 강탈하고 나아가서는
동양평화까지 저해하는 일제로부터 독립을 당위로 여기는 것이었다.

3. 일제강점기 불교에 저항, 한국불교 전통의 수호

3·1운동의 민족대표로 일제에 피체된 백용성은 1년 6개월의 옥고

---

21) 『한민족독립운동사자료집』(국사편찬위원회) 권12(3·1운동편), 91쪽, 「백상규 심
  문조서」.
22) 여기에서 그가 말하고 있는 '불교사상'은 어떠한 내용인가에 대한 탐구는 필자
  의 후일 연구주제로 남겨 두고자 한다.

를 치르고 1921년 봄에 출옥하였다. 출옥 후 백용성은 민족의식 지향을 위한 고뇌를 거듭하였다. 그 결과, 그가 지향한 활동은 주로 식민지불교에 저항하면서, 일제강점기 불교로 인하여 한국불교 전통이 혼미, 왜곡되어 가고 있는 불교계의 현실을 바로 잡으려는 노력이었다. 일제의 식민통치하에 있던 불교는 점차 일본불교를 모방하게 되고 한국불교의 특성이 쇠퇴하였다. 이에 3·1운동 직후 불교계에서는 10여 년간의 사찰령 체제에서 나타난 제반 모순을 개혁하려는 움직임이 거세게 일어났거니와 그것은 주로 사찰령 철폐운동, 불교계를 통일하여 종단을 수립하려는 운동 등이었다.

이러한 배경에서 그가 관련 맺은 것은 1921년 11월 30일에 창건한 선학원23) 출범에 관여한 것과 한국 전통의 선을 부흥시키면서 청정한 계율을 유지하는 것이었다. 선학원은 일제의 사찰령 구속을 피하면서 한국의 전통 선을 수호하려는 일단의 수좌인 김남전, 강도봉, 김석두, 송만공에 의하여 시작되었다.24) 그리하여 1922년 3월에는 선학원의 창설 정신을 지지한 전국의 선원과 수좌들의 조직체로 결성된 禪友共濟會가 등장하였다. 백용성은 이 선학원 및 선우공제회의 활동에 구체적으로 가담하지는 않았다. 그러나 선학원의 상량문에 전하는 발기인의 명단에 첫 번째 대상자로 나오고 있다.25) 이처럼 선학원 발기인의 첫 번째 인물로 그가 등장하였음은 당시 그가 불교계에서 차지하는 위상을 단적으로 말해준다.26) 요컨대 그가 출옥 후 처음 관련 맺은 것

---

23) 일제강점기 선학원에 대한 전모는 졸고, 「일제하 선학원의 운영과 성격」(『한국독립운동사연구』 8, 1994)이 참고된다.
24) 정광호, 「한국 전통 선맥의 계승운동」, 『근대한일불교관계사연구』(인하대출판부, 1994), 186~192쪽.
25) 『재단법인 선학원 약사』(선학원, 1986).
26) 『매일신보』 1921.10.21, 「唯心學友會 役員」의 내용에는 서울에서 공부하는 청년 불교도들의 모임인 유심학우회의 고문이 백용성임을 전한다. 이는 당시 청년불

이 선학원이었음은 그의 정신이 선학원 창건 정신과 무관하지 않았음을 알려주는 것이다.

다음으로 그가 추진한 활동은 도봉산 망월사에서 시작한 萬日參禪結社會였다. 이 결사회는 1925년 6월부터 불교계 내외에 알리면서 구체화되었다.[27] 그가 이 결사회를 추진한 것은 일제강점기 불교에서 일본불교의 유입, 전통 선의 쇠퇴, 승려들의 명리 추구, 승가공동체의 파괴 등 불교의 근본이 무너지고 있음을 직시한 산물이었다. 이에 그는 그 대안으로 이 결사회를 내세우면서 결사의 목적을 活口參禪, 見性成佛, 廣度衆生이라 천명하였다. 이 같은 목적은 곧 당시 불교계에서 그 내용들이 지켜지지 않고 있음을 반영하는 것이다. 그리고 그는 이 결사회에 참가하는 승려들에게 승가사회 계율의 경전인 梵網經과 四分律을 중요하게 설정하겠다고 공고하였다. 즉 그는 승려의 청정성을 매우 강조하였다고 보인다. 이는 승려의 기본적인 자질, 자세에서 시작되어 승가 전체, 불교에 대한 위신, 승가공동체 파괴가 여기서부터 시작되었음을 인식한 결과이다. 즉 결사의 목적을 달성하기 위한 최소한의 조건인 셈이었다. 이는 그가 이 결사회를 '禪律'이 함께 서 있었다고 보았던 바에서[28] 더욱 드러난다. 이러한 그의 의식은 당시 불교계가 일본불교의 영향과 승려들의 타락으로 인하여 莫行莫食하는 행태에 대한 강한 비판이었다.

더욱이 이 결사회를 추진하는 구체적인 행동으로 午後不食, 長時默言, 洞口不出을 표방하였음은 그가 얼마나 이 결사를 강력하게 밀고 나가려 하였는가를 짐작할 수 있다. 이 결사는 당시 수좌들의 일정한 호

교도들 사이에서도 인망이 두터웠음을 말한다.
27) 『불교』 14호, 15호, 「결사회 선전문」, 「정수별전선종활구만일참선결사회 개칙」.
28) 앞의 「만일참선결사회 창립기」.

응을 받아 60명 내외 수좌들이 망월사에서 수행하는 것으로 전개되었다.[29] 그러나 이 결사회는 도봉산의 산림이 보안림으로 지정되는 문제로 인해 통도사 내원암으로 이전하여 재개되었다.

요컨대 이 만일참선결사회는 백용성 그가 일제강점기 불교의 상황을 객관적으로 직시하고 이를 해결하기 위한 대안을 불교계 내부에서 찾았음을 말하는 대목이다. 즉 민족불교의 파탄, 일본불교로의 경도, 승려 수행풍토의 파탄을 극복하기 위한 방안을 한국 전통의 선에서 찾고 이를 실행에 옮겼다는 것이다. 이는 곧 불교계의 문제점을 스스로 정화, 해결하는 불교 자주화를 추구한 의식의 소산이라고 하겠다.

그런데 그가 일제강점기 불교의 모순을 더욱 근본적으로 해결하기 위해 나선 것은 이른바 승려의 帶妻食肉[30]을 차단하기 위한 목적에서 일제 당국에 올린 대처식육 금지 건백서였다. 이는 곧 일본불교의 모방의 핵심이자 승려 타락의 근본 요인으로 지목된 승려의 결혼과 승려의 육식문제를 해결하기 위한 고육지책이었다. 일제강점기 승려의 결혼문제는 구한말 당시 일본불교가 침투되면서 가시화되어 3·1운동 이후에는 그 보편화 현상이 더욱 심화되었다. 불교대중화를 추구하려는 청년승려들의 의식, 일본 유학을 다녀온 수많은 청년승려들의 결혼 및 환속 등이 중첩되면서 대처육식은 더욱 대중화되어 갔다. 특히 승려 결혼문제는 승려의 타락, 명리 추구, 승가공동체의 내분, 일제 당국의 긴박, 주지쟁탈전 등과 맞물려 있었다.[31] 더욱이 승려들의 결혼으로 인한 가정경제의 재화를 사찰의 재산에서 구하였던 당시 사

---

29) 『자비보살의 길』(불교영상, 1990), 377쪽.
30) 대처식육으로 상징되는 일본불교에 대한 제반문제는 정광호, 「한국 근대불교의 '대처식육'」, 『근대한일불교관계사연구』(인하대출판부, 1994), 95~116쪽 참조.
31) 몽정생, 「위기에 직면한 조선불교의 원인 고찰」(속), 『불교』 101·102합호 (1932.12).

정은 이 문제를 더욱 복잡하게 하였다. 특히 사찰재산의 망실은 불교의 존립 기반을 근원부터 파괴하는 것이었다. 그런데 문제는 이 같은 승려의 결혼을 일제 당국이 은연중 장려하는 데에 있었다.

이 문제는 1925년에 접어들면서 불교계 내부의 뜨거운 감자로 떠올랐다. 그것은 일본 유학을 마치고 귀국한 청년승려가 결혼을 하였으며, 결혼한 청년승려가 자신의 출신 사찰에서 주지에 취임하려고 기존 사법을 수정하려는 데서 비롯되었다. 당시까지는 승려가 결혼하여 비구계를 어기게 되면, 주지 취임의 자격이 없다고 각 본사의 사법에 규정되어 있었다. 그런데 그 사법의 개정을 총독부에 제출하면서 불교계 내외는 이 문제를 둘러싸고 일대 논란이 전개되었다. 법 개정을 추진한 본산에서는 이완용까지 동원하여 그 개정운동을 전개하였다.[32] 그러나 이 개정은 이를 반대하는 본산의 저지로 인하여 1925년에는 성사되지 못하였다.

1926년에 접어들면서 이 문제는 재개되었으며, 그 논란은 더욱 뜨겁게 달아 올랐다.[33] 이 지경에 처하자 백용성은 승려의 대처식육은 불교의 근본에서 어긋나며, 한국불교를 망치는 장본인으로 규정하고 그 저지를 위한 일선에 나서게 되었다.[34] 당시 백용성은 그와 뜻을 같이하는 승려 127명의 동의를 받아 반대운동을 하였다.[35] 즉 백용성은 승려의 대처식육이 절대 불가함을 역설하는 건백서를 작성하여 조선 총독에게 제출하였다. 그 건백서의 일부를 보면 다음과 같다.

---

32) 『동아일보』 1925.1.31, 「참지 못할 一呵, 去益悲運의 불교계」.
33) 그 논란은 『조선불교』 27~32호(1926.7~1926.12)에 소개되어 있다.
34) 1926년의 대처식육 허용 논란에 대한 전모와 성격은 졸고, 「1926년 불교계의 대처식육론과 백용성의 건백서」(『한국독립운동사연구』 11, 1997)에 자세히 정리되어 있다.
35) 『동아일보』 1926.5.19, 「백여 명 연명으로 범계생활 금지 진정」.

　　僧된 者의 持戒修道함은 當然한 本分事이어늘 엇지 寺法을 改定하야
帶妻者로써 住持되기를 當局에 希望하리요. 其 羞恥됨은 舌端으로서 掛
키 不能하도다. 當然히 斷角치 아니하면 反히 其亂을 招하나니 맛당히
絶對로 帶妻僧侶와 帶妻 住持를 嚴禁하야 現今에 弊害를 察하야 後日의
歎이 無하도록 할 것이오.36)

　　승려는 마땅히 계율을 지키면서 수행에 임해야 되는데도 불구하고,
일제 당국에 사법 개정을 의뢰하였음을 백용성은 개탄하고 있다. 이
에 일제 당국에 대처 승려·주지에 대한 현실을 직시할 것을 요구하
면서 사법 개정을 거부할 것을 촉구하였다. 이 같은 백용성의 입장은
석가 이래로 대처식육하는 승려는 없었는데 최근에 들어 대처식육을
감행하는 무리로 인하여 사원이 마굴로 변하고 있다는 현실인식에서
나온 것이다. 즉 그는 그 무리들을 불가의 ‘大賊’으로 단언하였다.

　　그러나 이 같은 백용성의 건백서를 접수한 일제 당국은 백용성의
의견을 긍정적으로 수용하지 않았다. 오히려 그 문제는 한국불교계
내부의 일임을 전제로 이를 요청하면 행정적으로 처리하겠다는 입장
을 개진하였다. 이는 백용성 주장의 거부 곧 수용불가를 말하는 것이
다.37) 이에 백용성은 그 주장을 다시 정리한 2차 건백서를 그해 9월에
일제 당국에 제출하였다. 그런데 여기에서는 이전의 주장을 지속하면
서도 약간의 대안을 내놓았다. 그 내용을 보면 다음과 같다.

　　現今 朝鮮僧侶의 帶妻啖肉者가 寺院을 掌理함으로 修行衲子와 年高納僧
은 自然 驅逐되어 泣淚彷徨하게 되니 此 數千大衆이 何處에 安住乎닛가.
自然 安心되지 못하외다. 蓄妻啖肉을 嚴禁하시던지 不然이면 持戒 僧侶

---

36) 『용성선사어록』 권하, 27쪽 상.
37) 『매일신보』 1926.5.21, 「내적 생활의 해방으로 조선사법 개정 결정」.

의개 幾個本山을 割給하야 淸淨寺院을 復舊하야 持戒僧侶로 安心 修道케
하여 주시고 有妻僧侶와 無妻僧侶의 區別을 朝鮮大衆이 共知케 하야 주
심을 全心 建白하나이다.[38]

이처럼 그는 1차 건백서에서 제시한 그의 소신, 즉 대처식육은 절
대 불가하다는 입장과 당시 한국불교계의 현실에서 대처로 인한 문제
점을 지속하여 개진하면서도 새로운 대안을 내놓았다. 그는 지계자,
즉 결혼하지 않은 승려들을 대상으로 한 몇 개의 본산을 요구하였다.
그리하여 일반 대중이 무처승려와 유처승려를 구분할 수 있도록 요청
하였다. 일면으로 보면 이러한 대안 자체에도 일정한 문제점이 있을
것이다.

그럼에도 불구하고 일제 당국은 백용성의 의견을 전연 수용하지 않
았다. 오히려 일제는 사법의 개정을 장려하고 있었다.[39] 그리하여
1926년 10월 이후부터는 31본산 중 10여 본산이 사법 개정을 완료하
였고, 여타 본산도 추진중이었다.[40] 이러한 일제의 정책은 그들의 일
제강점기 불교정책의 구도에서 나온 것임은 물론이었다. 일제가 내세
운 명분은 한국불교 내부의 문제, 즉 결혼한 승려를 주지에서 배제하
면 사찰의 수호와 운영이 불가하다는 것이었지만 그 이면에는 불교계
내분 조장의 의미도 내포하였다고 보인다. 그리고 승려, 사찰, 승가공
동체의 성격을 일본불교화라는 동화구도로 전환시키려는 것과 무관
할 수는 없는 것이다.

요컨대 백용성은 한국불교가 일본불교로 전락됨과 동시에 불교의
근본, 청정승려, 화합공동체 등을 근원부터 몰락시켰던 승려의 결혼

---

38) 앞의 어록, 28쪽 상~하.
39) 『매일신보』 1926.11.26, 「사찰주지의 선거자격 개정」.
40) 『매일신보』 1926.11.27, 「조선사법의 개정」.

을 강력 저지하였다. 그러나 여기에서 백용성의 행적에 대한 의아심
이 제기될 수 있다. 그는 왜, 일제 당국에 '건백서' 제출이라는 외형으
로써 문제를 해결하려고 하였는가? 한국불교계 내부에서 해결할 수는
없었는가. 이에 대한 해답은 당시 불교계 사정을 약간 고찰할 필요가
있다. 즉 당시 한국불교는 자주, 자생적인 완전한 의미의 종단이 부재
하였다. 이는 일제가 사찰령 체제에서 30본산을 직접 관리하는 본말
사체제였기 때문이다. 다만 불교 사업을 공동으로 수행하는 협의체인
재단법인인 교무원만이 있었다. 이 같은 종단 부재의 문제의 해결을
위해 불교계 내부의 모순을 직시한 다수의 청년승려들이 3·1운동
직후부터 그 개선을 시도하였지만 1920년대 중반까지도 가시적인 성
과를 기하지는 못하였다.41) 그러므로 각 사찰의 운영은 각 본산이 정
하여 총독부의 인가를 받은 사법에 의하여 전개되었다. 문제는 사법
의 개정권을 조선총독이 갖는다고 사찰령에서 규정하였기에, 각 본산
은 결혼한 승려도 주지에 취임할 수 있도록 조치, 개정하였던 것이다.
그러므로 결혼한 승려가 주지에 취임하지 못하게 하기 위해서는 해당
본산을 설득하거나 아니면 일제 당국에 요청을 해야만 되었다. 그런
데 당시는 불교계 내부가 중세 분권주의와 같이 분권화 현상이 매우
심하였다. 더욱이 백용성은 3·1운동 이후에는 기존 본산체제와는 일
정한 거리를 두고 활동을 하였기에 그의 주장이 해당 본산에 수용될
여지는 거의 없었다. 여기에서 우리는 당시 불교계 내부의 모순의 단
면을 거듭 확인할 수 있다. 즉 종단의 부재, 본산 간의 분열이 바로 그
것이다. 그리고 우리가 유의할 것은 승려의 대처로 상징되는 한국불
교의 왜색화가 가일층 경도되는 현실에 직면하여 그 저항을 위한 대

---

41) 졸고, 「일제하 불교계 통일운동과 조계사」, 『새불교운동의 전개』(도피안사,
　　2002), 41~49쪽.

열의 최일선에 백용성이 있었다는 것이다. 현재 백용성과 함께 그 건백서에 동의한 승려 전체의 명단이[42] 부재하고, 그 동의과정을 알 수 없지만 재삼 일제강점기 불교계에서 백용성의 위상은 인정할 수 있다. 여기에서 그의 민족불교 지향, 한국불교 전통의 수호의 정신, 문제의 본질을 직시하고 그 해결을 위해 분투하였던 지성적 자세를 찾을 수 있다.

4. 선농불교와 대각교운동

백용성, 그는 한국불교의 전통을 수호하기 위해 그 자신을 내던졌으나, 결과는 그의 의도대로 전개되지 않았다. 오히려 그가 의도한 정반대로 불교계 현실은 진행되었다. 그러나 그는 그 결과를 인정하거나 수용할 수는 없었다. 이제 그의 길을 독자적으로 걸어갈 수밖에 없었다. 그 독자노선은 선농불교 실천과 대각교의 창설이었다. 이 두 노선은 상호 맞물리면서 1927년부터 본격화되었다. 1927년부터 본격화되었음은 1926년 5월과 9월의 대처식육 금지를 요구한 건백서가 거부되면서 즉시 가동시켰음을 의미한다.

우선 禪農佛敎의 개요와 성격을 살펴보겠다. 선농불교는 승려가 노농을 하면서 선 수행을 하는 것을 말한다. 그리고 노농 자체가 선 수행을 지향한다. 그가 이를 실행에 옮긴 것은 승려의 대처가 계율 파괴라는 면을 말하는 것이지만 동시에 승려의 대처로 인한 승려의 나약성, 기존 사찰재산에 의지하여 생존, 신도들에게 의지하는 행태 등에

---

42) 현재 그 127명 중 신상이 파악된 승려는 오회진(해인사), 이대전(석왕사)뿐이다.

대한 문제점을 인식하는 가운데 나온 것이다. 더욱이 그는 당시 불교 현실이 불교의 근본이 무너지고 있으며, 사회주의 및 반종교운동이 극성을 부리는 현실을 직시하면서 그 대안을 찾았다. 이에 대한 그의 주장을 먼저 살펴보자.

> 아— 우리는 광이들고 호무가지고 힘써 勞動하여 自作自給하고 他人을 依賴치 말자. 余는 此를 覺悟한 제가 二十年 前이나 勢 부득이 하지 못하고 잇다가 五六년 前에 中國 吉林城 瓮聲習子 龍山洞에 數千日耕 土地를 買收하여 吾敎人으로 自作自給케 하여 쓰며 또 果農을 五六年間을 勞力중이다.[43]

그는 승려의 노동을 통한 自作自給의 실천을 위해 선농불교를 구현하였다. 그 대상처는 중국 길림의 연변과 경남 함양의 백운산이었다. 중국 연변의 명월·용봉촌 일대의 28,000여 평[44]의 토지에서 半農半禪을 하였다. 그리고 이곳에 1927년 3월에 시작하여[45] 9월 11일에 설립한[46] 大覺敎堂을 두었다. 또 다른 선농불교의 구현처는 경남 함양군 백전면의 백운산으로 그곳은 주로 과수원 농사를 하였던 華果院이었다. 여기에서는 산림, 황무지 수만 평을 개간하여 그곳에 과수, 감자, 야채 등을 재배하고 인근 촌락의 아동을 가르치기도 하였다.[47] 백용성은 간혹 화과원에 주석하며 선농을 실천하고, 그곳에 마련한 선원에서[48] 수행을 하면서 저술작업도 하였다.

---

43) 백용성, 「중앙행정에 대한 나의 희망」, 『불교』 93호(1932.3).
44) 어느 기록에는 수천일경의 토지라고도 한다. 28,000여 평에 대한 근거는 당시 70여晌이라는 근거를 현대적으로 환산한 것이다. 『대각사상』 2집, 101쪽 참조.
45) 『연변문사자료』 제8집, 80쪽.
46) 『불교』 40호(1927.10), 「불교 휘보, 대각교당 봉불식」.
47) 심두섭, 「백용성선사를 찾아서」, 『조선불교』 89호(1933.6).

이처럼 그가 선농불교를 추진한 것은 1차적으로는 승려의 자급자족이고, 이를 통한 불교의 자립을 시도한 것이었다. 나아가서는 당시 기존불교, 일제강점기 불교의 상황에서 벗어나 불교 본연의 자세로 회귀하려는 의식의 발로였다. 선농불교를 시작한 1927년은 그의 나이 64세였다. 고령의 나이에 수많은 어려움을 극복하고, 자신이 그 일선에서 농사를 지으며 수행하였던 그의 고뇌에 대해서는 일정한 평가를 해주어야 할 것이다. 요컨대 그가 선농불교를 실행에 옮긴 것은 승려의 자급자족, 불교의 개신이었지만 그 이면에는 일제강점기 불교상황에 대한 반발이 깔려 있다 하겠다.

그런데 백용성이 일제강점기 불교체제를 벗어나서 단행한 독자적인 노선의 극치는 1927년의 大覺敎의 공개적인 제창이었다. 즉 불교의 근본을 새롭게 이해하고 이를 현실에 맞게 조율한 대각교운동을 전개하였다. 그는 大覺이 부처의 깨달음을 의미하기에 그가 내세운 대각교는 기존 불교와 전혀 다르지 않음을 강조하였다. 그가 이처럼 기존 불교를 벗어나 새로운 대각교를 제창한 것은 지금껏 걸어온 그의 노선에서 나온 것이다. 즉 그는 일제강점기의 불교의 행태를 수용할 수 없었다. 그 사정은 아래의 글에 잘 나와 있다.

敎生은 僧籍을 除去하엿쓰니 其故는 朝鮮僧侶로 畜妻喫肉하고 寺財를 盡耗함에 對하야 僧數에 處할 生覺이 頓無한 原因이외다.

---

48) 백용성은 이를 '작은집'으로 표현하였을 정도로 일반적인 사찰로 보기는 어렵다. 당시 그 선원은 한국전쟁으로 소실되어, 현재는 용성문도가 그 복구작업을 하고 있다. 일제 말기에도 이 선원은 화과원선원으로 지칭되고, 수좌들 10여 명이 참선수행을 하였다. 이는 정광호, 『한국불교최근백년사편년』(인하대출판부, 1999), 266~271쪽 참조.

老漢은 現在 寺刹制度와 二百萬圓 債務를 看할 時에는 現在 僧數에 同列할 生覺이 絶無한 故로 除籍한 것이요. 大覺의 聖訓을 捨한 것이 안이며 大覺敎를 建設한 後로 新敎人 數萬人을 得하여 薄伽梵의 最上 眞理를 宣布하니 大覺敎나 佛敎나 本無 二致耳라. 兩不相妨也니다.[49]

즉 그는 대처식육하는 기존 사찰제도와 당시 불교계의 부채 200만 원에 대한 환멸을 느끼고 그에 함께 할 수 없다는 입장에서 기존 승적을 내던졌던 것이다. 대처식육을 방관, 용인하는 사찰의 제도와 그 제도에서 파생된 승려들의 사찰재산 탕진에서 야기된 200만 원의 부채를[50] 그는 수용할 수 없다는 것이었다. 그리고 자기의 독자노선인 대각교를 건설하였는데 이는 불교의 다름이 아니라는 것이다.

1927년부터 선농불교를 본격화하고, 대각교를 주창한 것에서 1927년은 백용성에게 있어서 하나의 전기를 갖는다 하겠다. 즉 이제까지는 기존 불교계 내부에서 민족불교 지향을 추구하였다면 1927년부터는[51] 그 틀을 벗어나 자신이 고민하고, 대안을 내세운 그 길을 걸어갔던 것이다.[52]

---

49) 『삼소굴소식』(극락선원, 1997), 176~177쪽, 「용성이 경봉에게 보낸 편지」.
50) 일제강점기 불교계의 사찰재산과 그 소모, 부채에 대한 전모는 졸고가 참고된다. 김광식, 「백용성과 일제하 사찰재산·사찰령」, 『새불교운동의 전개』(도피안사, 2002).
51) 『조선의 유사종교』의 '유사종단의 분포와 교세의 성세'의 표에서도 대각교는 1927년부터 활동하였음이 전한다. 1927년의 그 내용에는 신도 87명, 지부 1개처로 나온다.
52) 그러나 그가 대각교라는 것을 처음으로 쓴 것은 1922년 4월 초파일(음력)이었다. 『조선의 유사종교』(계명대출판부, 1991)의 412쪽의 「대각교 제칭이유서」 참조. 이로써 그가 구상한 불교의 개신은 3·1운동시 옥중에서 구상한 것으로 보여진다. 이는 그가 출옥한 후 머물렀던 봉익동 2번지의 대각사를 대각교당, 대각교회라고 지칭한 것에서 알 수 있다. 또한 그의 여러 저술에서는 1922년을 기점으로 대각교가 시작되었다는 구절도 산견된다.

그는 그의 주석처인 대각사(대각교당, 대각교회)를 대각교의 중앙본
부로 하고 그가 선농불교의 대상처로 삼은 만주 용정(선농당)과 함양
의 백운산(화과원)을 그 지부로 삼고[53] 대각교운동을 전개하였다. 용
정의 대각교 지부에 대해서는『조선의 유사종교』에도 그 내용이 전하
고[54] 있으며, 중국 측의 연변불교를 설명하는 자료에도 전한다.

　　대각교는 소화 2년(1927) 3월에 대본산파로 출발하였고, 교주 백용
성의 경성본부 보조와 지원으로 설립되었으며, 당시의 신도 수는 300
명이었다.[55]

중국 용정의 대각교당, 대각교 지부에 대해서는 이 자료 이외에도
다양한 자료에서 그 내용이 적출되고 있다.[56] 그러면 대각교의 지부
는 만주의 용정 이외에는 없었는가에 대하여 궁금하다. 이에 대하여
『조선의 유사종교』에서는 포교소 3, 지구 2라는 내용이 적출된다. 이
를 보면 일단 그 대상 지부로 함양의 화과원을 거론할 수 있다. 그리
고 백용성이 그의 편지에서 용정의 일을 '北間島事業'이라 하고, 함북
의 '羅南事業'이라고 한 것을 보면[57] 나남도 대각교 관련 대상처임을
알 수 있다.

---

53) 용정의 대각교당은 1927년부터 지부로 출발하였지만, 화과원은 1930년부터 지부
　　가 되었다고 보인다. 이는 앞의『조선의 유사종교』, 458쪽의 1930년부터 지부가
　　2개처로 나오기 때문이다.
54)『조선의 유사종교』, 「대각교제칭이유서」에는 그 건립을 1927년 봄이라고 전한
　　다.
55) 앞의 「연변문사자료」, 80쪽.
56)『조선불교일람표』(한국근현대불교자료전집, 65), 50~55쪽에는 1928년 3월 현재
　　포교당조사표가 나오는데, 그 후반부에 '北間島第四區 大覺教堂'으로 나온다. 그
　　리고『불교시보』59호(1940.6)에 석대은이 기고한 「고백용성대선사의 추모」에는
　　'간도 용정가'에 지부를 두었다고 전한다.
57)『삼소굴 소식』, 181쪽, 「용성스님이 경봉스님에게 보낸 편지」.

백용성이 주창한 대각교는 단순히 기성 교단에 대한 반발에 머문 것은 아니었다. 그것은 백용성이 1927년 10월에 『대각교 의식』을[58] 간행한 것과 현전하는 대각교 교헌 및 교칙을 보면[59] 그 대안이 치밀하였음을 알 수 있다. 『대각교의식』에는 그가 생각하고 있는 대각교 의식에 관한 내용과 행동강령이 국문으로 총정리되어 있다. 그의 대각교에 대한 사상 정비는 1930년 3월에 간행한 『覺海日輪』에서 일단락되었다.[60] 대각교에 대한 그의 정열은 1933년 『각설범망경』을[61] 번역, 간행하면서 그 부록에 「대각교수계의식」과 「대각교참회행법」을 게재한 것에서 더욱 확인할 수 있다. 그 밖에도 대각교의 사상 및 교리체계에 대한 대중화를 위하여 1937~1938년에도 『吾道의 眞理』, 『吾道는 覺』을 출간하였다.[62] 이처럼 그는 1940년 입적한 그날까지 새로운 불교를 실천하기 위한 고난의 길을 멈추지 않았다.

그런데 그가 추진한 대각교는 민중을 위한 것이었다고 자평한 것을 보면, 그의 대각교 추진은 승려 중심의 불교를 고려한 것으로 볼 수는 없다.

　生은 北間島 龍井市에 新設 大覺教하고 方今 布教而 革命的 民衆教로 爲務耳[63]

즉 '혁명적인 민중교'를 위주로 하였다는 것인데, 민중적인 형태는 화과원에서도 나오고 있다.[64] 민중적이라 함은 기존 불교에 대한 과

---

58) 『용성전집』 8권, 445~628쪽.
59) 앞의 『조선의 유사종교』, 329~339쪽.
60) 『용성전집』 권1, 6~220쪽.
61) 『용성전집』 권3.
62) 한보광, 「용성스님의 후반기 생애」, 『대각사상』 4, 2001, 60~61쪽.
63) 『삼소굴소식』 175쪽.

감한 혁신을 전제로 하였음을 볼 수 있다. 이 경우 기존 불교, 즉 일제 강점기 불교체제에 대한 저항의식을 더욱 확인할 수 있다. 그리고 연변의 용정에 세워진 대각교당은 교묘한 일제의 항일의지 마비정책에 일정한 대응을 하였다고 한다. 이 내용을 전하는 연변의 자료를 보면 일제의 식민통치 첨병 역할을 하였던 일본불교에 대항한 것을 엿볼 수 있다.

1927년 조선불교계의 大覺寺파 역시 룡정에 절간을 세웠다. 1929년, 1930년간에는 歸珠寺파도 룡정에서 普興寺를 짓고 연길에서 延明寺를 새로 지었다.

금세기 20년대 후 연변의 불교계는 수화극상의 두 파로 갈라졌다. 즉 조선불교계의 귀주사, 대각사파가 그 한 파라면 일본불교계의 정토종, 선종파를 다른 한 파로 해서 서로 엇서서 '자선사업'으로 불자들을 쟁탈했다.

1934년에 이르러 안도현을 망라한 연변 5개 현의 절간은 도합 14개소였고, 불교도는 2,400여 명에 달했다. 일찍이 금세기 20년대 초부터 일본 제국주의자들은 연변 땅에 저들의 불교사찰을 애써 운영하며 조선불교도들을 '무마하는 정책'으로써 조선인들의 반일정책을 마비시키고저 시도하였지만, 그 음험한 목적을 달성할 수가 없었다.[65]

이 내용은 지금껏 백용성 문도들이 주장하였던 용정의 대각교당을 배경으로 백용성이 군자금 지원을 비롯한 독립운동의 후원을 하였다는 것에[66] 대한 간접적인 방증이다.

---

64) 백용성은 화과원에서의 의식도 일반 민중에게 '適合'한 것을 시행하였다. 예컨대 기존 불교의식 거부, 불상 배제, 승려의 가사 미착용 등이었다. 앞의 『조선불교』 89호 「백용성을 찾아서」.
65) 『연변문사자료』 제8집, 종교자료선집, 80쪽.

　지금까지 살펴본 바와 같이 백용성이 1927년부터 본격화한 선농불교와 대각교운동은 일제강점기의 불교 체제를 벗어나서, 그가 강구한 불교 혁신을 실천에 옮긴 것이었다. 그러나 그 혁신은 기존 불교의 사상을 저버리지 않고, 그 근본 이념을 살리고, 또는 재해석하여 현실에 맞게 시도한 것이었다. 때문에 우리는 이 같은 선농불교와 대각교가 그가 입적(1940)하기 이전인 1936년 11월까지 지속되었음을 볼 때 그의 투철한 현실의식을 엿볼 수 있다.

　한편 1936년 11월, 그가 관장하였던 서울의 대각사, 함양의 화과원, 용정의 선농당의 일체의 대각교 재산은 범어사 소유로 전환되었다.[67] 여기에는 일제의 유사종교에 대한 탄압정책이 개입되었다. 그러나 그는 1938년에는 '朝鮮佛敎禪宗叢林'을 표방하고[68] 그의 이념을 재추진하였지만[69] 75세라는 노령의 나이, 변화된 현실, 일제의 감시와 방해 등으로 인해 큰 활동은 기하지는 못하였다.[70]

---

66) 한보광, 『용성선사연구』(감로당, 1981), 90쪽.
67) 『불교시보』 17호(1936.12), 「불교소식」, 「대각교당이 다시 대본산 범어사 경성포
　　교소로 이전 수속」.
68) 그가 왜 서울 종로구 봉익동 1번지에서 선종총림을 표방했는지에 대해서는 추후
　　의 연구가 필요하다. 지금까지는 대각교 재산 일체를 범어사로 전환시키는 재산
　　기부과정에 일제의 간섭, 그리고 이를 확대하여 이해한 제자들의 불충에서 나온
　　것으로 보았다. 그리고 한보광은 백용성이 그 전환이 잘못된 것을 알고 다시 대
　　각교로 개명하려고 노력하였으나, 대각교로 활동시에 유사종교 취급을 받으면
　　서 탄압을 받았기에 조선불교선종총림으로 바꾸었다고 주장한다. 한보광, 「용성
　　스님의 후반기 생애(2)」, 『대각사상』 5집, 2001, 63쪽.
69) 졸저, 『용성』(민족사, 1999), 231~233쪽.
70) 봉익동의 선종총림은 백용성이 입적한 1940년 이후까지도 존속하였다. 정광호,
　　『한국불교최근백년사편년』(인하대출판부, 1999), 265쪽 참조. 이는 당시 선방의
　　통계자료에 나오는 것인데 1940년 하안거, 동안거의 대중이 10여 명으로 나온
　　다.

5. 결어

지금껏 백용성의 민족운동의 관련 개요와 내용을 정리하여 보았다. 이제부터는 위에서 서술한 내용에 나타난 민족운동의 성격 및 방략을 제시하겠다. 그 연후에 백용성의 사상에 접근하는 관점을 제시하려고 하거니와, 이는 추후의 백용성 사상 총정리에 일익을 줄 것이다. 우선 백용성의 민족운동의 성격 및 방략을 대별하여 제시하고자 한다.

첫째, 백용성은 승려 및 불교의 범주에서 민족운동을 추진하였다. 그는 승려로서 일생을 살아갔으며, 일시도 불교의 범위를 이탈하지 않았다. 때문에 그의 민족운동은 자연 승려라는 신분으로 가능한 범위에서만 전개되었으며, 불교계 내부의 문제를 그의 민족운동 중심과 제로 삼았다.

둘째, 백용성은 민족운동의 대상으로 설정한 불교계 내부의 대상을 문제로 지적함과 동시에 그것을 실천에 옮겼다는 데에 그의 특성이 있다. 이는 불교계의 대표적인 독립운동가였던 한용운이 불교계 내부의 문제를 통렬하게 지적, 비판한 『조선불교유신론』을 1913년에 간행하였지만 그 실천은 미흡한 것과 큰 차별성을 갖는다. 이에 그의 실천은 불교개혁이라는 의미를 담보하는 것이다.

셋째, 백용성 그가 문제시한 불교 내부의 문제는 주로 한국불교의 전통 고수라는 성격을 갖는다. 임제종운동 당시와 이후에 그가 문제시한 것은 한국불교의 종지와 종통은 임제종이라는 것이다. 이에 그는 임제종의 표방을 억압하고, 비자주적인 종명(선교양종)을 강요한 일제의 식민통치에 저항, 반발하였다. 이러한 성격은 선학원 발기인, 만일참선결사회에서도 드러나고 있거니와, 선학원과 참선결사회가 추구하였던 한국 선불교 전통의 수호, 회복은 백용성의 민족운동의 성격을 단적으로 말한다. 그리고 그가 3·1운동 당시 3·1운동의 당위를 강조하면서 불교사상의 입장에서도 독립은 당연하다는 것도 이러한 범주에 있었다고 보인다.

넷째, 백용성 그는 일제강점기 불교체제의 고착화, 일본불교의 침투와 보편화로 나타난 제반 모순 중에서도 승려의 대처식육, 계율파괴를 그 핵심으로 인식하고 그 저지를 위해 적극 노력하였다. 대처식육, 계율파괴로 인한 당시 한국불교계 내부의 모순은 다양하게 나타났다. 이에 그는 이 모순을 해결하기 위해 일제 당국에 그 금지를 요구하는 건백서를 제출하였다. 또한 그는 만일참선결사회를 비롯한 그가 관여하였던 모든 일에서 그 차단을 최우선시하였다.

다섯째, 백용성 그는 일제강점기 불교체제를 근본적으로 저항, 거부, 이탈하기 위한 독자적인 노선을 경주하였다. 그것은 선농불교와 대각교운동이었다. 일제강점기 불교체제는 대처식육의 허용, 계율파괴의 허용, 사찰공동체 와해, 청정 수행정신의 몰락, 일제강점기 현실에 안주, 일제 당국의 운영체제에 기생 등(흡혈적·사기적·기생적 종교) 다양한 문제를 갖고 있었다. 이에 그는 이 같은 일제강점기 불교의 현실을 벗어나기 위해 식민지불교의 승적을 내던지고, 그의 독자노선인 선농불교와 대각교 창설 및 운영을 시도하였다. 그런데 그의 독자노선은 1927년을 기점으로 기존 불교체제에서의 활동과 그 체제 밖에서의 활동으로 나누어 볼 수 있다.

지금부터는 이 같은 민족운동의 특성을 유의하면서 그의 사상 접근에 유의할 수 있는 관점을 대별하여 제시하겠다. 그런데 그는 승려였고, 4차례의 깨달음을 겪었을 뿐만 아니라 수많은 경전을 번역하고 다수의 저술을 갖고 있는 인물이었다. 때문에 그에 대한 사상의 전모는 그의 저술에 대한 다각적·종합적인 분석하에 가능하다. 그러나 현재 이에 대한 정리나 분석이 매우 미흡하기에, 본 고찰에서 사상적인 전모를 그려낸다는 것은 불가하다. 그럼에도 불구하고 추후 그 접근에 참고할 수 있으며, 사전 준비의 차원에서 그에 관련된 관점을 제시하겠다. 다시 말하자면 본고에서 제시하는 사상에 대한 관점은 주로 그의 민족운동에 나타난 사상, 요컨대 독립사상이다.

첫째, 백용성의 생애와 활동에 나타난 특성은 무엇보다도 근본 추구성이 강조되었다. 근본 추구성의 대상은 불교, 한국불교의 전통, 승려의 자세, 수행 등이었다. 이러한 각 대상에 대한 근본과 여기에서 나온 역사와 전통을 고수하려는 성격이 배어 있었다. 때문에 불교의 근본을 석가의 깨달음[覺]에서 찾았고, 기존불교를 벗어나 새불교운동으로서 대각교를 내세울 때 이를 활용함은 그 단적인 예증이다. 佛性, 如來藏으로 지칭하는 인간성의 회복과 자각을 대각교에서 강조함도 이와 같은 내용이다. 禪律의 兼行을 매우 강조한 것도 이 성격에서 나왔다. 그러므로 이러한 입론에 서 있었기에 일제, 식민지불교와 타협하지 않았다고 볼 수 있다.

둘째, 백용성이 추구하고, 전개한 여러 사업은 자주성이 우선시되었다. 그것은 인간, 불교계, 사회, 민족의 문제들이 갖고 있는 현안과 모순을 해결하면서 늘상 자주적으로 해결하려 했다는 것이다. 임제종으로 한국불교의 전통을 강조하였을 때, 3·1운동의 민족대표에 참여하였을 때, 선농불교의 시행, 대각교운동 추진, 대처식육 금지 건백서 등등에서 그는 자신이 직접 하였으며 한번 결심한 사안은 결코 나약하지 않았다. 본고에서는 대상화하지 않았지만 그는 수많은 경전을 한글로 번역하는 역경사업에도 큰 업적을 냈다. 이 역경사업의 전개과정을 보면 이것도 그 지난한 일을 거의 독단으로 즉 자주적으로 추진하였다. 이러한 성격은 곧 정신적인 측면의 자주를 의미하거니와 이로서 우리는 그를 정신적인 민족운동의 범주에 포함시킬 수 있는 것이다.

셋째, 그의 다양한 분야의 불교혁신 주장과 실천, 대각교운동, 선농불교 등에서는 민중에 대한 중요성이 제기되었다. 혁명적 민중교, 민중대각화 사업, 민중에게 적합한 대각교운동, 민중의 思潮를 관찰하는 覺慧로 시대에 적합하도록 하는 운동을 추구하였다.71) 여기에서 언급하는 민중이 계급적인 개념이 포함된 것으로 보기는 어려우나, 그가 설정한 민중은 일반적으로 불교에서 말하는 중생의 의미와는 다르다고 보인다. 요컨대 그가 대상으로 설정한 민중은 기존 중생의 다른 표현이지만 거기에는 불교적인 관점의 틀을 벗어난 즉 사회의식과 역사의식이 개입된 표현이라고 생각하고자 한다. 이러한 전제하에 그의 노선은 중생으로 박제화된 수동적인 상태에서 벗어나 보다 적극적·유동적, 역사와 함께 한 역동적인 民이 아닌가 한다. 그러므로 그의 지향과 활동은 현실사회에 영향을 주고 현실에 기여할 수 있는 존립을 갖는 것으로 보고자 한다. 한편 그의 여러 글을 유의하여 살펴보면 현실, 현실사회, 현실의 변화에 대한 강한 관찰이 자주 제기되거니와, 이것도 결국은 민중과 불교의 터전으로서의 현실을 직시한 산물로72)

---

71) 그는 출옥 후인 1921년부터 역경사업을 본격적으로 추진하기 위한 三藏譯會를 출범시켰는데, 당시 『동아일보』(1921.8.28)에서 그를 「불교의 민중화운동─삼장역회의 출현」이라는 주제의 사설로 보도한 것도 유의할 것이다.
72) 예컨대, 민중들이 한문을 모르고, 점차 한문을 배울 수도 없는 시대가 올 것이라는 전제하에 그는 역경에 나섰다. 한문으로 된 불경을 어떻게 읽도록 할 것인가에 대한 고민하에 한글 역경작업에 나선 것은 그 실례이다. 그는 화엄경, 능엄경, 금강경, 원각경, 대승기신론, 지장경, 육조단경 등 20여 권을 그 자신이 번역하고, 그의 자금확보의 노력으로 발간하였는데 백용성의 역경에 대한 전모는 한보광의 고찰이 참고된다. 「용성스님의 역경」, 『대각사상』 5, 2002.

볼 수 있다,

넷째, 그의 다양한 활동과 추진은 경제적 자립성을 강조하고 이를 실천하였다. 그가 포교자금 및 한국불교의 종지 보급을 위한 활동을 위한 목적에서 금광 경영을 시도한 점, 역경사업이 여타 사찰에서 후원이 전무하였음에도 정열적으로 자신의 힘으로 이를 추진한 것, 선농불교의 이면에 승려의 자작자급을 관철하려는 의도가 있었던 점 등은 바로 이를 말해주는 것이다. 그리고 그는 승려가 신도들의 보시에 의지하는 관행, 승려들이 결혼을 하고 그 생존을 위한 생활비를 사찰 재산에 기대는 것 또한 비판하였다. 이에 그는 승려나 종단이 실업공장의 건설, 생산·소비조합의 운영, 사원의 삼림제도 개선을 통한 식료품 생산까지 주장하였다.[73]

이상으로 백용성의 민족운동의 개요와 그 내용을 정리하고, 거기에 나타난 그의 민족운동의 성격 및 방략을 살펴보았다. 그리고 나아가서는 그의 민족운동에서 나타난 본질을 독립사상으로 제시하였다. 이러한 독립사상은 그의 총체적인 사상을 바라볼 수 있는 관점과 연계하여 하나의 참고가 될 것이다. 이러한 접근은 추후 그가 갖고 있는 성격, 본질, 사상을 재검토하였을 경우 하나의 기초로 적용될 수 있을 것이다. 그리고 그의 사상에 대한 정리는 구체적인 단계로 진입조차도 못하였는바, 이는 본 고찰의 한계로 작용할 것이다. 그의 사상은 우선 그가 승려였기에 불교적인 접근이 선행되어야 가능하리라 본다. 백용성의 불교적인 사상의 정리는 필자의 연구주제로 남겨두고자 한다.

---

73) 백용성, 「중앙행정에 대한 희망」, 『불교』 93호(1932.3).

卍黨과 효당 최범술

1. 서언

卍黨은 일제강점기 불교계의 대표적인 항일 비밀결사 단체이다. 1930년 5월경, 비밀리에 창립된 만당은 만해 한용운을 따르던 항일의식이 투철한 불교청년들이 정교분립, 교정확립, 불교대중화라는 강령을 내세우면서 일제의 불교정책에 저항하고 민족불교의 지향 활동을 하였다. 이에 만당의 움직임은 민족운동, 독립운동의 구도에 포함시킬 수 있는 것이다. 만당의 당원은 당시 불교청년운동을 이끌던 핵심 승려들로 전국적인 차원의 유일한 불교청년운동 단체였던 조선불교청년총동맹의 주체였다. 그런데 만당은 1932년 초반부터 교단 현실에 대한 당원들의 이견으로 말미암아 조직 내에서 내분을 겪다가, 1933년 4월경에는 자진 해소되었다.

그러나 만당의 당원들은 만당의 외형적인 조직체는 해소하였지만, 항일 저항의식을 갖고 자신들이 처한 위치에서 일제강점기 불교를 극복하려는 움직임을 결코 포기하지 않았다. 필자는 일제강점기 불교청년운동을 이해하기 위한 기획의 일환으로 조선불교청년회와 조선불교여자청년회, 그리고 조선불교청년총동맹과 만당에 대한 역사적인 조명 차원의 관련 글을 발표하였다.[1] 그런데 당시는 관련 자료의 미흡 등으로 인하여 만당이 설립되어 해소되기까지의 과정만을 정리하였다. 요컨대 만당이 공식적으로 해소된 이후의 내용, 즉 만당 당원들의 개별적 활동, 만당의 재기 움직임, 만당 당원에 대한 일제의 구속 등에 대해서는 살필 여유가 없었던 것이다.

본 고찰은 바로 위와 같은 배경에서 일제강점기 불교청년운동의 핵심 주도자였고, 만당 당원을 일제 통치에서 보호하기 위해 만당의 해소를 단행하였으며, 만당의 당원들을 결집시키면서 민족의식을 지속적으로 확대·발전시키다가 일제에 구속되어 갖은 고초를 겪은 효당 최범술과 만당과의 상호관계를 정리하려는 글이다.

曉堂 崔凡述(1904~1979)[2]은 사천에서 태어나 다솔사에서 승려가 되었으며, 3·1운동 당시에는 해인사에서 만세운동을 주도하였다. 그후 그는 일본으로 유학 가서 무정부주의자인 박열과 흑도회를 조직하고, 불령선인사를 만들어 일제에 저항하다 일제에 구속되기도 하였다. 1933년 귀국 후에는 불교청년운동의 주역으로 활동하면서, 한편으로는 다솔사를 근거로 만당의 당원들을 결집시키면서 만당의 재건을 기도하였다. 그러나 그 활동이 일제에 발각되자 경찰서에 끌려가 갖은 고초를 겪었다. 해방 이후에는 조계종 총무부장, 제헌국회 의원, 해인

---

1) 김광식, 「조선불교청년회의 사적 고찰」, 『한국근대불교사연구』, 민족사, 1996.
   김광식, 「조선불교청년총동맹과 만당」, 『한국근대불교사연구』, 민족사, 1996.
   김광식, 「조선불교여자청년회의 창립과 변천」, 『한국 근대불교의 현실인식』, 민족사, 1998.
2) 그의 법명은 英煥, 범술은 아명 및 속명이고, 법호는 錦峰, 효당은 자호인데 한때는 石蘭이라는 당호도 사용하였다.

사 주지, 국민대 및 해인대의 이사장, 원효 연구, 반야로 차의 개발 등 다양한 행적을 우리에게 남겼다.[3] 이러한 활동, 공로로 정부로부터 독립운동의 공적을 인정받았다.[4]

이에 본고에서는 비밀결사로서의 만당이 해소된 이후 지하로 잠복한 만당 당원들의 재기활동을 중점적으로 살펴보고자 한다. 그런데 지하 활동은 주로 다솔사를 근거로 이루어졌는데, 그것이 가능하였던 것은 만당의 재기활동의 중심에 다솔사 주지였던 최범술이 있었기 때문이다. 때문에 이 글의 전개는 그 당시 최범술 행적의 집중적인 정리를 통하여 가능하기에, 결과적으로는 최범술의 민족의식, 민족운동에 대한 조명도 이루어질 수 있을 것으로 기대된다. 미진한 점은 지속적인 자료수집 및 보완을 통하여 해결하고자 하는바, 강호제현의 질정을 바란다.

---

3) 최범술에 대한 지금까지의 관련 글은 다음과 같다.
　김지견, 「효당종사의 생애」, 『주간불교』, 1986.8.27.
　조영호, 「효당 최범술」, 『대중불교』 53호, 1987.
　임혜봉, 「최범술 – 열렬한 민족주의자였던 기승」, 『선우도량』 13, 1998.
　임혜봉, 「열렬한 민족주의자 최범술」, 『일제하 불교계의 항일운동』, 민족사, 2001.
　김광식, 「만해와 효당 그리고 다솔사」, 『유심』 6, 2001.
　채원화, 「현대 차도의 중흥조, 효당의 삶과 차도」, 『茶道』 46호(2004.2)~61호 (2005.5) 연재.
　김상현, 「효당 최범술(1904~1979)의 독립운동」, 『동국사학』 40, 2005.
4) 1986년에 대통령표창을 받았으나, 1990년에는 건국훈장 애족장으로 전환, 추서받았다. 그러나 최범술을 연구한 임혜봉은 최범술의 북지황군위문사 근무, 다솔사 주지라는 측면에서 최범술의 친일 측면을 강조한 글을 발표하고, 친일파인명사전을 주관하는 민족문제연구소에서도 최범술의 친일 행적을 들추어냈다.(임혜봉, 「불령선인회와 만당에서 활동 그리고 친일」, 『친일승려 108인』, 청년사, 2005) 이에 대하여 필자는 역사 탐구, 개인의 행적을 이해하고 서술하는 것은 자유일 것이나 인간의 전 생애를 평가하며 단정하는 것은 신중을 요한다고 보고자 한다. 즉 역사 해석에는 균형적인 시각, 실사구시적인 이해가 절대 필요함을 부연한다.

2. 만당과 최범술

항일 비밀결사로서의 만당은[5] 1930년 5월에 결성되었다. 만당은 만해 한용운의 민족의식에 큰 영향을 받은 불교청년들의 식민지불교의 극복, 불교의 자주화, 불교의 대중화를 기하려는 의식에서 태동되었다.[6] 이러한 성격은 정교분립, 교정의 확립, 불교대중화라는 만당의 강령과 "보라! 삼천년 법성이 허물어져 가는 꼴을! 들으라! 이천만 동포가 헐덕이는 소리를! 우리는 참을 수 없는 의분에서 일어난다. 이 법성을 지키기 위하여 이 민족을 구하기 위하여"라는 선언에서 자명하게 나타난다.

이러한 만당의 창립 때부터 효당 최범술이 관여되었다는 증언이 있다. 만당 당원이었던 박영희의 회고(1989년)가 바로 그것이었다.

아마 내가 중전(필자주, 중앙불전) 3학년 때(필자 주, 1930년)라고 생각되는바 어느날 만해스님이 학교로 나를 찾아 오셨어. 그리고 비밀결사를 조직할 것이니 인물을 모색하라고 지시했지. 그래서 옛날 함께 운동했던 최범술·이용조·강재호·박근섭을 만나 탑골공원 근처에서 막걸리 한잔씩 먹고 結社不變의 맹세를 했지. 그 뒤 점차 동지를 규합했는데 30~40명을 확보했지.[7]

---

5) 박노준·인권환, 『만해 한용운연구』(1960, 통문관), 373~376쪽, 「만당과 만해」에서는 만당을 "불교인들이 중심이 되어 조직된 독립투쟁 비밀결사단체"라 하였다.
6) 만당의 전모는 앞의 졸고, 「조선불교청년총동맹과 만당」참고할 것. 그리고 『주간조선』은 2004년 3·1절 특집으로 이범진 기자의 「불교 항일투쟁의 '선봉' 만당과 만해」라는 글을 수록하였다. 『주간조선』 1794호(2004.3.11), 40~43쪽.
7) 『불교신문』 1989.3.1, 「조선민중은 노예의 삶을 거부했다」.

이렇게 만당의 결성에는 만해의 비밀결사를 만들라는 지시를 받은 박영희의 주도가 있었다. 이에 박영희는 효당, 이용조, 강재호, 박근섭을 만나 결사불변의 맹세를 하고 만당을 만들었다는 것이다. 그런데 박영희의 회고와 약간 다른 정황을 전하는 만당 당원인 이용조의 회고록이 있다.[8] 그 회고에 의하면 만당은 1929년 4월 이후 이용조, 조학유, 김상호, 김법린의 잦은 교류 그리고 그를 통해 나타난 불교 현실에 대한 비판에서 구체화되었다는 것이다.[9] 이에 이들 4인은 1929년 1월의 승려대회에 적극 참여하면서 그 고민을 키워가다 순교정신을 가진 동지들을 규합하여 비밀결사를 조직하기로 합의하였다. 마침내 1930년 5월경에 위의 4인이 1차 결사를 하고, 2차로 조은택, 박창두, 최봉수를 포섭하고 중앙불전 학생이었던 박영희, 박윤진, 박근섭, 한성훈, 김해윤도 입당시키고 비밀리에 창당 선언을 하고 당명을 만해정신을 따른다는 뜻에서 卍黨으로 정하였다고 한다.

이상과 같은 두 개의 회고에서 공통적으로 일치하는 것은 이념과 당원, 그리고 만해의 영향이다. 다만 만해의 개입문제는 후술하겠지만 직접적인가에 대해서는 의문의 여지가 있다.[10] 그리고 본고의 대상 인물인 효당이 창립 초기부터 만당에 가입하였는가도 세밀히 분석할 문제이다.[11] 당시 효당은 일본에 유학을 가 있었다. 그러나 그는

---

8) 이용조, 「한국불교 항일투쟁 회고록－내가 아는 卍字黨 사건」, 『대한불교』 56호 (1964.8.30).
9) 이용조는 『동대신문』(1964.5.8)에 기고한 「아쉬운 梵山의 入寂」에서도 만당의 최초 발기인을 조학유, 김법린, 이용조, 김상호 등 4인이라고 회고하면서 비밀당수로 한용운을 모셨다고 주장하였다.
10) 이용조는 만해의 직접 개입을 전혀 회고하지 않았다.
11) 이와 관련해서 효당은 그의 인생의 자서전인 「청춘은 아름다와라」(『국제신문』 연재)에서 만당의 출범과 자신과의 관련을 객관적으로만 언급하였다. 즉 효당도 이를 "그때에 김법린, 조학유, 강재호, 박근섭, 박영희 등 18명은 비밀결사 만당을 조직하였다. 이것이 주축되어 재래의 불교청년회가 청년총동맹으로 개칭되

1928년에는 다솔사 주지로 임명되었기에 국내에 이따금은 나왔을 가
능성이 있다는[12] 점에서 박영희의 회고를 무조건 부인하기는 어렵다.
필자는 효당이 박영희에게 만당의 취지를 전해 듣고, 그에 찬동하였
을 가능성을 수긍한다. 왜냐하면, 인간의 기억은 쉽사리 지워지지 않
으며 특히 역사적으로 중요한 사건은 결코 망각으로 잊혀질 수 없기
때문이다. 다만 그 세부적인 정황에서 약간의 차이점은 노출되지만
그 대강은 인정해야 한다고 본다.[13] 이런 전제에서 박영희가 위의 회
고를 한 시점보다 더욱 빠른 시점인 1973년 8월의 광복절 대담은 필
자의 관심을 끌고 있다. 우선 만당과 최범술의 관련을 회고한 대담을
보자.

    김어수 : 처음 만당(卍黨)을 조직한 동기와 만당(卍黨)의 활동상황은
대개 어떠합니까?
    박영희 : 시국이 점점 불리(不利)해지고 동지(同志)들의 변절(變節)이
자꾸만 늘어가는 것을 본 만해(萬海)선생은 비분(悲憤)을 참을 길 없어
실의(失意)의 생활과 고궁(固窮)의 나날이 계속되던 중 그때 연대(年代)
는 지금 기억나지 않습니다마는 내가 중전(中專) 3학년 때라고 생각됩

─────────────────────

었다"고 하였다. 자신도 출범에 참여하였다면 분명 그 사실을 회고하였을 터인
데, 이해하기 어렵다. 자신의 행적을 내세우지 않으려는 겸양지덕인가는 알 수
없다. 다만 효당이 회고한 여타 사실은 대부분 진실에 부합된다. 만당 당원을 18
인이라고 하였는데 후술하겠지만 강유문이 만당 당원 18인을 회고할 때에는 효
당도 그 18인에 포함되는 것으로 나온다. 「청춘은 아름다와라, 42」(『국제신문』,
1975.3.24) 참조.
12) 방학 때마다 귀국하여 다솔사 주지의 직무를 수행하였다. 그렇다면 방학을 마치
고 약간 늦게 일본으로 돌아갔을 가능성을 추론할 수 있다.
13) 필자는 이전 만당 관련 글을 집필할 당시에는 이용조의 회고에 무게를 두고, 박
영희의 증언에는 주목하지 않았다. 그런데 그 이후 10여 년간 다양한 증언의 청
취를 하면서, 구술사에 대한 신뢰를 하는 입장에서 박영희 회고를 재평가하기에
이르렀다.

니다. 어느 날 만해선생이 학교로 찾아오셔서 나를 살짝 불러 학교 뒤
바위 위에 올라가 젊은 동지(同志)를 규합하여 비밀결사를 조직할 것
을 의논하고 인물(人物)을 골라 서너 번 찔러본 다음 생각이 꿋꿋하거
든 입당시키자고 하여 최범술(崔凡述), 이용조(李龍祚), 박근섭(朴根燮),
강재호(姜在鎬) 등을 당장 찾아가 입당 겸 발기총회가 되고 탑골 근처
에 가서 막걸리 한잔씩 마신 다음 결사불변(結社不變)의 맹세를 한 뒤
차츰차츰 동지(同志)들을 규합한 것이 만당(卍黨)이고, 활동상황이란
대개 한 달에 한 번 정도 비밀 회합을 갖고 각자(各自)가 살핀 정세(情
勢)보고에 의하여 그것을 검토 평가하는 것을 주로 한 것이지요. 이러
한 회의(會議)와 의논이 수십 번 있었고 모였던 장소도 수십 군데이지
만 워낙 기밀(機密)을 엄히 하는 까닭으로 회록(會錄)이나 혹은 문서(文
書)기재는 전혀 없었던 것입니다. 그리 묵묵히 지하에서 자기 맡은 의
무대행(義務代行)에 철저했을 뿐입니다.[14]

　박영희의 이 회고는 그 정황 및 전개 내용에서 아주 구체적이다. 이
런 회고는 사건을 겪은 당사자가 아니면 할 수 없는 것이라 보인다.
이에 필자는 효당은 만당이 출범할 그즈음에 국내에 있었으며, 만당
을 창립한 핵심 당원들과 탑골공원 근처에서 막걸리를 먹으면서 만당
을 결사불변의 자세로 함께 추진하자고 맹세를 한 핵심 당원이라고
보고자 한다. 다만 효당은 일본으로 다시 공부하러 갔기에 만당이 출
범한 초기, 국내에서의 활동은 미약하였다고 보인다.[15]
　효당은 해인사, 다솔사 인근에서 3·1운동을 주동하여, 일제에 피
체되었지만 나이가 만 15세가 되지 않아 훈방으로 석방되었다. 석방

---

14) 『법륜』 174호(1973.8), 「특별기획 대담 : 광복절에 생각한다」. 이 대담은 박영희
　　(대흥사)와 김어수(중앙포교원 법사)가 하였다.
15) 이 점과 관련하여 효당은 만당 당원에 들라는 박영희의 제의에 피동적으로 가입
　　하였고, 바로 일본으로 건너갔기에 효당의 자서전에는 이를 강하게 기재하지 않
　　은 것으로 보인다.

후 효당은 해인사 지방학림을 졸업하고 1922년 6월 일본으로 건너갔다. 일본에서 효당은 무정부주의자인 박열을 만나 항일 독립운동으로서의 불령선인회를 조직하고, 상해까지 가서 다물단 동지로부터 받은 폭탄상자를 일본의 동경으로 운반하는 등 저항활동을 하였다. 이후 1926년 3월에는 입정중학교를 졸업하고, 물리학교에 입학하였다. 1927년 4월에는 대정대학 예과를 입학한 이후부터 재일조선불교청년회에 가입하여 불교청년운동에 뛰어 들었다. 1928년 4월에는 재일조선불교청년회 제8회 정기총회에서 이재부 간사로 선출되었다.16) 효당은 그 청년회 잡지인 『금강저』에 불교사상의 글을 기고하면서,17) 재일유학생과 함께 불교를 연구하는 학회인 삼장학회를 조직하여 연구활동을 주도하였다.18) 1930년 봄, 효당은 대정대학 불교학과에 입학하였다.

그런데 만당이 국내에서 결성된 시점은 1930년 5월이었다. 만당이 결성된 이후 각 처에 지부조직을 만들었다는 이용조의 회고에는 일본의 동경이 제1차로 지부조직으로 만들어졌다고 하였다.

동경을 위시해서 국내 특수지구에 支部도 조직되었으며 제일차로 동경지부에는 김법린 동지가 책임지고 조직하였는데 동경지부 당원으로 생각나는 사람 중에 허영호, 장도환, 최범술 제씨가 들어 있었다.19)

---

16) 『불교』 48호(1928.6) 94쪽.
17) 그것은 다음과 같다. 『금강저』 15호(1928.1), 「哀悼의 一片」, 「불타의 면영」 ; 『금강저』 16호(1928.10), 「비약의 세계」 ; 『금강저』 17호(1929.5), 「불타의 戒에 대해서」 ; 『금강저』 19호(1931.11), 「화엄교학 육상원융론에 대하야」 ; 『금강저』 20호(1932.12), 「칠언한시, 석란대」.
18) 『불교』 48호, 97쪽.
19) 앞의 이용조 회고록.

그러면 언제 만당 지부가 동경에서 조직되었을까? 추측건대 김법린이 일본으로 건너간 시점이 1931년 초였기에 1931년 2~3월경이 아닐까 한다. 이용조의 회고를 적극 해석하면, 김법린은 만당 창당의 최초의 멤버이기에 그의 도일을 계기로 일본에도 지부를 만들어야 한다는 만당 본부의 결정에 의거 지부조직이 결성되었을 것이다. 이에 동경지부의 당원은 김법린, 허영호, 장도환, 최범술이었다는 것이다. 최범술은 본 고찰에서 살핀 바와 같이, 만당 출범시에 국내에서 이미 당원으로 가입되었기에 그가 동경지부에서 활동하였음은 오히려 당연한 귀결이었다. 이렇게 동경에 만당이 등장하면서, 기존의 재일본조선불교청년회는 1931년 5월 23일, 정기 총회를 개최하여 기존 회제의 조직을 해체하고, 국내 총동맹의 동경동맹으로 조직을 전환시켰던 것이다.[20] 이때 김법린은 동경동맹의 집행위원장으로 선출되었고, 효당은 집행위원인 서기장에 피선되었다. 즉 동경동맹도 만당의 당원인 김법린과 최범술이 주도하였던 것이다.

그런데 이와 같은 정황에 대하여 효당은 아래와 같이 그를 회고하였다.

이에 앞서 약 1년 전부터 김법린이 도꾜에 와서 구택대학 선과에 입학하면서부터 비밀결사 만당의 조직이 되었다. 그때까지 재동경 불교 유학생 중심으로 금강저라는 잡지도 내었다. 이 잡지는 당시 퇴폐상태에 빠져 있던 우리나라 불교계에 활기를 불러일으키기도 하였다.[21]

---

20) 『금강저』 19호(1931.11), 75쪽.
21) 「청춘은 아름다와라, 41」, 『국제신문』, 1975.3.22.

즉 김법린이 동경으로 건너와 구택대학에 입학한 것을 계기로 만당이 조직되었다는 것이다.22) 김법린이 일본에 온 시점이 1931년 봄이었기에 효당의 이 회고도 위의 이용조의 회고내용과 거의 부합된다.23) 다만 만당 당원에 대하여는 언급하지 않았다. 이점은 우리가 유의할 측면인바, 이용조 회고에는 만당 당원으로 김법린, 효당 등이 나오는데 효당의 회고에는 자신이 만당 당원이었음이 누락되었다. 여기에서 우리는 효당은 자신의 행적을 과신하지 않는 회고 성향을 파악하게 된다.

이렇게 효당은 만당의 출범 초기부터, 그리고 일본의 동경지부에 처음으로 만당의 지부가 만들어질 때부터 만당의 당원으로 활동하였음을 알 수 있었다. 지금껏 기존 효당의 연구에서 효당이 언제부터 만당의 당원이었는가를 애매하게 처리하거나, 만당 당원으로서의 활동을 간과한 경우가 있었지만 이제는 효당과 만당과는 불가분의 관련이 있음을 분명히 파악하였다.24)

3. 만당의 해소·재기와 최범술

일본에서 만당 당원, 동경동맹의 간부로 활동하며 대정대학에서 불교를 공부하였던 효당은 1933년 봄, 대정대학을 졸업하였다. 당시 그

---

22) 김법린은 만당의 동경지부장이었다고 생전의 강재호는 증언하였다. 『어둠을 밝힌 사람들』(부산일보사, 1983), 209쪽. 김법린의 독립운동의 전모는 『대중불교』 115호(1992.6)의 「불교사상으로 항일에 앞장선 범산 김법린」 참조.
23) 김법린, 허영호는 1932년 봄에 귀국하였다. 이에 동경 만당의 결성은 1931년 3월경으로 보아야 한다. 『어둠을 밝힌 사람들』, 209쪽.
24) 기존 만해, 만당 연구 및 자료에는 만당 당원의 핵심자(초기 가담자)를 18명으로 보고 있다. 이 18명에는 최범술이 포함되어 있었다.

의 나이 30세였다. 그런데 바로 그때, 국내의 불교청년운동의 진용에
서 효당에게 귀국하라는 소식이 전하여졌다.

> 1933년 3월 초, 대학을 나올 무렵 서울에서는 나를 청년총동맹 중
> 앙집행위원장으로 선임, 곧 서울로 와야 한다는 전보와 상세한 서신
> 을 보내 왔다.[25]

즉 효당에게 급히 귀국하라는 전보와 편지가 왔던 것이다. 그러면
국내의 어떠한 사정이 효당을 불렀을까? 그 대강의 내용은 다음과 같
다.[26] 만당은 1932년 가을부터 내분이 일어나고 있었다. 그것은 만당
당원이었던 정상진과 허영호 간의 불교 교단에 대한 이견에서 시작되
었다. 그것을 촉매하게 하였던 문제는 교무원 재단법인의 100만원 증
자였다. 교단에 근무한 정상진은 지방 사찰의 현실을 인정하여 증자
는 재고되어야 한다는 입장이었고, 교단 외곽에서 교단을 비판하며
중앙불전에서 강의를 하였던 허영호는 불교발전을 위해서는 당연히
재단은 증자되어야 한다는 원칙을 강조하였다. 이 문제를 두고 지상
설전을 하면서 당원 간의 갈등이 노정되었다. 그리고 당원이었던 김
상호가 당원은 중앙교단의 고위직에 진출하지 않기로 한 약속을 어기
고 교무원 이사로 취임하였다. 급기야 그 내분은 허영호가 중앙불전
학감에서 파면되고, 교단의 분열로 확대되었다. 이런 사태에 즈음하
여 만당을 창립시킨 이용조는 그 중재, 해결을 통한 만당의 근본 개조
를 기획하였으나 여의치 않자 1932년 10월 30일, 만주로 이주하였
다.[27] 또한 내분의 빌미를 준 김상호는 범어사로 내려갔다.[28] 당시 그

---

25) 앞의 「청춘은 아름다워라」.
26) 이 내용은 졸고, 「조선불교청년총동맹과 만당」의 내용을 요약한 것임.
27) 이용조, 「橫堅相華」, 『금강저』 24호(1940.7).

해결이 어려웠던 것은 만당이 비밀결사이기에 그 논란 및 해결의 과
정이 지상에 알려지거나 소문이 나면, 자연적으로 일제가 만당의 실
체를 파악하게 되어 당원들이 일제에 피검, 구속되는 사태로 나아갈
것이라는 우려였다.[29]

효당이 귀국한 1933년 3월, 만당은 내분으로 그 근본이 흔들렸고,
만당이 주도한 불교청년총동맹은 집행부를 개편하여 허영호를 퇴진
시키면서 효당을 중앙집행위원장으로 선출하였으며, 교단은 본산 간
의 갈등으로 대립하였으며, 그 와중에 중앙불전과 보성고보는 경영난
이라는 명분으로 운영의 여부가 검토되었고, 불교의 기관지인『불교』
지는 휴간되고, 불교 자주화의 기치에 등장한 종헌체제의 근간이 흔
들리는 등 불교청년운동 및 교단의 진로에 난관이 가득할 때였다.

귀국한 효당은 필자가 위에서 살핀 불교청년운동 및 교단의 현실을
냉정하게 파악하였다. 당시 그의 심정은 아래와 같다.

이후부터는 내가 활동하게 될 장소는 우리나라 안의 지방이 되었으
며 각 방면에 걸쳐 있는 인사며 사회단체와도 결연되어 있는 불교 중
심으로 기반을 둔 靑年運動者의 총수 노릇을 하여야 했다. 그리고 모든
지도는 卍海 韓龍雲先生에게 받게 되었고 핵심체는 卍黨員들이었다.
도시와 산농촌 서울과 지방 산중 등 곳곳에 대본산이라는 것이 자
리잡고 있었다. 만당원들은 '정교분립' '대중불교의 확장'을 부르짖었
다. 교단 내에서는 친일파를 축출하고 대외적으로는 불교에 대한 일
제 총독부의 정치적 세력을 배제하자는 것이 '정교분립'을 내세우는
우리들의 의도였다.[30]

---

28)『불교』104호(1933.2),「교계소식」,「김상호 전별회」.
29) 앞의 이용조 회고록 참조.
30)「청춘은 아름다와라, 41」,『국제신문』1975.3.22.

불교청년운동의 총책임자로, 만해 한용운의 지도를 받으면서, 만당 당원들과 함께 불교 교단 내의 친일파 축출과 일제의 세력을 배제하는 것이었다. 귀국한 효당은 불교청년운동의 변동 및 교단에서 전개된 다양한 사건을 만당을 주축으로 한 세력이 불교 교단의 중심부에 들어가 교단내의 친일파를 숙청하면서, 총독부 간섭을 배제하는 과정에서 나온 것으로 파악하였다.

효당은 귀국하여 위와 같은 제반 현실을 이해하였지만, 일시적으로 그러한 구도에 휘말리고 싶은 마음도 없지 않았다. 그러나 만해 한용운의 권고에 의해 일제강점기 불교체제와 정면 대결을 하기로 작정하였다. 당시 효당은 만당의 당원인 김법린, 허영호, 장도환을 신뢰하였다. 그런데 그들이 중앙 교단 내부의 투쟁에서 소외되어 생활 자체도 어렵게 되었다.

그리하여 중앙에서 실직한 김법린 전 가족, 허영호, 한보순과 불교계와는 딴판이지만은 김범부 선생과 그 가족(범부선생 동생 김동리씨도) 등의 생활을 다솔사로 데려와 내가 맡았고 卍海선생의 생활상의 책임도 져야 했다. 어쨌든 多率寺는 이 같은 관계로 排日 抗日의 근거지가 되었다. 이들 인사들을 수용하는 데는 추수 3백석이 될락말락하는 다솔사의 주지인 나에게는 소위 弱馬駄格이 되었다.

거기에 친일파인 총독부 지지파 중들과 맞서야 했고 동시에 捲土重來를 계획해야 했다. 그러나 나는 도꾜에서 박열 등과 더불어 싸웠던 경험의 소유자가 아닌가. 나는 패잔병 같은 처지의 이 식솔들을 집결시켜 투쟁을 하여야만 하는 難境에 서게 된 셈이었다. 내가 굴복하고 말면 우리 진용은 완전히 무너질 것 같았다.31)

---

31) 앞의 「청춘은 아름다와라」.

마침내 효당은 결단을 내렸다. 친일파, 총독부 체제와 정면 대결을 하는 노선을 정하였다. 이에 그는 우선 김법린 가족, 허영호, 한보순, 김범부 가족, 김동리 등을 다솔사에서 함께 생활하도록 배려하였다. 그리고 동시에 만해에 대한 생활의 지원도 감당하였다. 효당의 이 같은 단안, 실행은 곧 만당이 패배할 수 없다는 처절한 투쟁의식에서 나온 것이다. 그리하여 그즈음의 다솔사는 배일, 항일의 근거처라는 새로운 위상으로 자리잡게 되었다.

이러한 결정을 한 효당은 우선 만당의 외형적인 해산을 주장하였다. 그것은 일본 동경에서 일제와 많은 투쟁을 해본 경험의 당사자로 만당이 일제에 발각될 것을 우려한 것에서 나온 것이었다.

나는 이해 4월 중순 어느날 불교청년회관 근처의 東海樓라는 곳에서 卍黨의 당원들을 모았다. 이 자리에서 卍黨의 해체를 제의했다. 도꼬에서 不逞社를 통해 투쟁한 경험이 있는 나로서는 이 같은 비밀결사가 이로울 것이 없다고 생각했다. 이 같은 비밀결사는 자칫 잘못하면 총독부 당국에 의해 역이용 당하여 동지간에 불화가 생길 우려가 있었다.[32]

1933년 4월 중순,[33] 효당은 만당 당원들을 소집하여 만당의 해소를 제안하였다. 그것은 총독부 당국의 역이용으로 동지 간의 불화를 사전에 차단하자는 것이었다. 그러나 그 이면에는 당시에 나타나고 있는 당원 간의 불화가 총독부 당국에 파악될 가능성을 근원에서 예방하는 것이었다. 즉 만당 전체가 노출되어, 당원들이 큰 피해를 보고 나아가서는 만당이 지향하는 노선이 퇴진하여 결국에는 민족불교 노

---

32) 「청춘은 아름다와라, 44」, 『국제신문』 1975.3.27.
33) 4월 12일이었다.

선이 좌초되는 것을 막는 것이라 보여진다. 이러한 효당의 제의에 일부 당원들은 아쉬움을 표하였지만, 대부분의 당원들은 찬동을 하거나 효당에게 일임하였기에 효당은 만당의 해산을 선언하였다. 그 직후 효당은 총동맹의 집행부도 개편하고, 『불교』 및 『불청운동』의 운영의 방침도 정비하였다.

이처럼 효당은 만당의 자진 해체를 통하여 만당이 일제에 발각되는 것을 차단하고, 만당 당원을 보호하면서, 만당이 지향하였던 이념을 재건하였다. 그리하기 위해서는 무엇보다도 만당 당원들의 생존이 가장 긴요한 문제였다. 이런 배경하에 만당의 당원들이 다솔사에 칩거하였거니와 다솔사는 배일, 항일의 근거처가 되면서 자연적으로 만당의 '집합처'가 되었던 것이다. 이렇게 중앙교단에서 항일활동을 하였던 인사들이 다솔사에 모여들자 일제 당국은 다솔사를 예의주시하였을 것이다. 이에 효당은 그 주시를 피하면서, 민족운동의 지속을 위한 활동을 강구하였는데 그것은 다솔사에 불교전문강원과 광명학원의 설립이었다.[34]

그래서 우리는 다솔사에 불교전수강원을 설치했다. 두 金씨와 姜高峰 씨가 강사로 나섰다. 또 이때 金東里 씨 등은 光明학원을 따로 설립하여 다솔사 일대의 농민 자제들을 모아 가르쳤다.[35]

다솔사에 설립된 불교전수강원의 강사는 김법린, 김범부가 나섰다.

---

34) 강원, 학원이 설립된 구체적인 일자는 알 수 없다. 추정하건대 강원의 설립은 1933년 5월 초순이 아닌가 한다. 그리고 광명학원이 강원과 함께 설립된 것인지도 더욱 분석할 문제이다. 효당은 강원, 학원을 병렬적으로 언급하였지만 이는 해방 이후 회고의 성격의 측면이 개입된 것임을 유의해야 할 것이다.
35) 「청춘은 아름다와라, 44」, 『국제신문』 1975.3.27.

김법린은 범어사 출신으로 중앙학림을 졸업하고, 파리 및 일본의 유학을 다녀온 당시로서는 최고의 엘리트 학승이었다. 김범부는 동양학의 대가로 유불선에 능통하였다. 그리고 이 강원에는 당대의 신진 강백으로 유명한 강고봉도 강사로 동참하였다. 강고봉(1900~1967)은 일제강점기 선지식으로 유명한 백용성의 법을 이은 강백이었는데, 그는 용성, 제산, 만공 문하에서 선 수행을 하고 이고경, 장석상, 박한영 등 당대의 강백에게 수학하였을 뿐만 아니라 화과원, 석왕사·유점사 강원에서 경전을 공부한 이후 은해사, 대원사, 쌍계사 등지에서 후학을 가르친 이력이 있었다.36) 강고봉이 다솔사에 온 인연의 전후 사정은 알 수 없지만 그의 강사 취임은 다솔사 강원의 위상을 높게 하였음이 분명하다. 이렇게 등장한 다솔사 강원은

　　현 경남 사천군 다솔사 주지 최영환의 신축으로 '현대 불교도에게 필요한 불교 교리와 일반 학술에 관한 지식 기능을 교수하야 실제 생활에 적절한 인재 양성을 목적'으로 한 「多率講院」이 該寺에 창립되었다고 한다. 이것은 正히 현 學徒들의 光明일진저37)

라고, 재일 불교청년들에게 알려졌을 정도이다. 다솔사 강원은 당시 강사로 참여한 김범부가 범산 김법린을 회고한 내용에서도 찾을 수 있다.

　　특히 불교운동은 교권운동으로서가 아니라 그것은 독립운동의 일부분이었다. 내가 범산을 안 것도 그 무렵 한용운 씨가 운영하는 「불

---

36) 「김천 청암사 고봉당 태수대종사비문」, 『한국고승비문총집』(가산불교문화연구원, 2000), 1174~1175쪽 참조.
37) 『금강저』 21호(1933.12), 「우리 뉴-스」, 「다솔강원 창립」.

교」지의 주간으로 있을 때부터이다. 그 뒤 그와는 여형약제(如兄若弟)한 사이가 되었고, 한때는 동거도 했으며 비록 감옥은 다를지라도 같은 시기에 옥살이도 했다. 그러니까 일제 말기 왜경이 한창 과민할 때 범산과 나는 사천 다솔사에서 그곳 주지이며 동지인 최범술과 더불어 학원을 경영하고 있었다. 범산은 역시 원장으로 있으면서 틈틈히 불경과 한국역사를 교수하며 조국정신을 고취하기에 진력하였다. 우리 셋은 비록 도원결의를 한 것은 아닐지라도 언제나 진배 없었고, 또 세상 사람들이 그렇게 불렀다. 범산은 호요, 범술은 아명이며, 범부는 내 자이건만, 우연하게도 무슨 돌림자를 쓴 것처럼 일치된 것은 사실이다.38)

즉 효당이 운영하는 다솔강원에서 김법린은 불경, 한국역사를 교육시키면서 학인들에게 조국정신의 고취에 진력하였다는 것이다. 이렇듯이 김법린, 김범부는 효당과 함께 다솔강원에서 강사로 활동하면서 정신적인 민족운동을 하였음이 분명하다.

그러나 다솔강원은 1935년 9월부터 다솔사의 본사인 해인사강원에 합병되었다.39) 비록 다솔강원은 2년만에 사라졌지만, 다솔강원을 흡수한 해인강원이 기존의 형식과 다른 개량된 강원으로 정비되었다는 평가를 들은 것은 효당의 불교개혁의 정신과 무관할 수는 없는 것이다. 효당은 합병된 해인사 강원에 김법린, 김범부와 함께 강사로 나가기도 하였다.40)

한편 다솔사 인근 농민의 자제들을 모아 가르친 광명학원은 초등교육과정이었는데, 소설가로 유명한 김동리도 강사로 참여했다. 그러면

---

38) 『대한일보』 1968.3.18.
39) 『불교시보』 4호(1935.11), 「휘보」, 「다솔사강원이 해인사강원과 합병」.
40) 그러나 김법린은 1937년경부터는 범어사 강원의 강사로 활동했다.

김동리의 회고를 주목해 보자.

> 1937년 봄부터 나는 진주와 하동 사이 중간지점 쯤에 있는 院田이란 곳에서 學院일을 보고 있었다. 원전 마을 뒷산에 빨간 지붕의 양식 건물 한 채가 서 있었는데 그곳이 내가 일을 보고 있는 光明學院이었다. 이 광명학원이 된 건물은 몇해 전에 같은 昆明面(사천군) 소재의 多率寺에서 資材를 부담하고 마을에서 노력을 맡고 해서 본디는 포교당으로 쓸 목적으로 지어진 것이었다. 그러나 절의 형편이 여의치 못해서 비어진 채 있다가 그해 봄부터 학원 개설로 合意를 보았던 것이다.
>
> 낮에는 어린이들이 약 50명, 밤에는 청년 남녀들이 약 20명 한글 일본어를 중심한 국민학교 4학년 정도의 교육을 시키고 있었다. 처음엔 내가 혼자서 맡아 가르치다가 나중엔 마을청년 한 사람이 나와서 거들어주었다.
>
> 그렇게 한 일 년이 지나 38년 봄이었다고 기억하는데, 하루는 다솔사에서 사환이 왔다. 서울서 韓龍雲 선생이 절에 오셨으니 수업이 파하는 대로 오라는 것이었다. 거기서 절까지는 약 십리 가량 되었다. 나는 곧 자전거를 타고 절로 달려갔다. 그 무렵엔 내 伯氏(凡父先生)도 다솔사에 寓居中이었다. 伯氏는 본디 민족주의 계통으로 경찰의 괴롭힘을 받고 지내다가 이 절의 주지 錦峰스님(崔凡述氏)의 好意로 여기서 잠깐 몸을 숨기고 휴양중이었던 것이다.
>
> 절의 큰방에는 만해선생과 내 백씨와 주지스님이 앉아 이야기를 나누고 있었다. 나는 만해스님에게 인사를 드리고 내 백씨와 주지스님 사이에 앉았다.[41]

김동리의 이 회고에서 주목할 것은 우선 광명학원이 다솔사 인근

---

41) 김동리, 「작가가 말하는 작품의 세계, 等身佛 : 만적 통해 인간 해탈의 실례 표현」, 『불교신문』 1981.5.10.

마을에 있었던 다솔사 포교당의 건물에서 1937년 봄에[42] 개설되었다는 것이다. 이 내용을 천착하면 광명학원은 다솔사 강원이 해인사 강원과 합병된 이후에 세워졌다는 것을 짐작하게 한다. 다음으로는 효당의 배려로 다솔사가 김범부 등과 같은 민족주의 인사들의 은거지역할을 하였다는 점이다. 민족주의 인사를 꺼려하는 것이 일반적인 정황인데 반하여 다솔사는 오히려 그들을 끌어 안는 성격을 갖고 있었다. 이런 성향으로 말미암아 만해 한용운도 다솔사에 내려올 수 있었다고[43] 보여진다.

그리고 효당은 만해 한용운에 대한 경제적인 지원도 주관하였다고

---

42) 광명학원(사천군 곤명면 봉계리, 원전)의 개설은 지금껏 1934년 3월, 1936년 3월의 설이 있었지만 그에 대한 근거는 애매하였다. 김동리는 1935년 조선중앙일보 신춘문예에「화랑의 후예」가 당선되어 문단에 등단하였는데, 1935년 봄 다솔사에 2개월간 머물렀지만, 해인사로 가서 6개월간 체류하며 작품활동을 하였다. 1936년에는 경주와 서울을 오가며 작품활동을 하였지만 집중이 안 되어 1936년 가을, 다시 다솔사에 와서 광명학원의 강사를 역임하였다. 그는 광명학원에서 5년간 후학을 가르치다 1943년 10월경 학원이 한글을 교육시킨다는 일제의 압력으로 폐쇄된 이후, 다솔사(광명학원)를 떠났다. 김동리는 다솔사에서 만해에게 들은 이야기에서 착안하여 소설「등신불」(사상계, 1961.11)을 구상하였고, 그의 첫 번째 부인인 김월계와 결혼을 하였다. 이때 한용운은 주례를 보았다. 이상의 내용은『작가세계』67호(2005년 겨울)에 곽상순이 기고한「김동리의 문학적연대기」참조.

43) 그런데 김동리는 3·1운동 60돌 및 만해 탄신 100주년 기념 학술세미나에서는 만해의 내방을 1937년 가을로 추정하였다. 즉 다음과 같이 언급하였거니와, 즉 "내가 만해 선생을 처음 만나 뵌 것은 1937년 늦은 가을 경남 사천군에 있는 다솔사에서였다. 이 절의 주지 석란사(石蘭師, 최범술 선생)가 며칠 조용히 쉬어 가시도록 초청을 했던 것이다. 그 당시 이 절에는 범산선생(김법린 씨)과 내 백씨(범부선생)가 왜경의 박해를 피하여 은거중이었다. 주지 석란사는 이러한 뜻 있는 학자들을 그 절에 은신시켜 보호했을 뿐 아니라 절에서 약 십리 가량 떨어진 곳에 가난하여 배우지 못한 사람들을 위하여 光明學院이란 私設講習所를 개설하여 나로 하여금 그 일을 맡게 했던 것이다. 나는 만해선생이 오셨다는 연락을 받고 절로 뛰어가 곧 인사를 드렸다. 선생은 내가 소설을 쓴다는 말을 이미 듣고 계셨던 모양으로 절에 오길 잘했다, 會心作은 무어라고 하느냐 하는 따위를 물었다"는 내용이다. 『법륜』123호(1979.5), 김동리,「萬海의 本性」.

보인다. 이는 만당 당수에 대한 당원들의 기본적인 책무에서, 그리고 불교계 항일운동의 상징적인 인물을 지키려는 의식에서 나온 것이라 하겠다.44) 효당은 다솔사에 내려온 당시 일본 학생으로, 김일엽의 아들인 김태신을 통하여 한의사인 박광과 자신이 모은 자금을 서울 성북동의 심우장, 만해에게 전달하고 있었다.45) 김태신은 일본 학생이기에 일본 경찰에게 감시, 불심검문을 받지 않는 속성을 이용한 방법이었다.46) 그런데 김태신이 그 자금을 전달한 것은 3차례로 주로 1939년 이후였다. 이 사정은 1939년 이전에도 다른 방법을 통해 만해에게 자금이 전달되었음을 알게 해준다.

이렇듯이 다솔사는 1930년대 중후반, 만당 당원들의 집합처 성격을 띠면서 결과적으로 배일, 항일의 근거지가 되었던 것이다. 그리하여 만당의 조직체는 공적으로는 해소되었지만, 그 당원은 각처에서 항일 의식, 민족의식을 키워 가고 있었다. 다솔사에는 만해 한용운, 만당 당원,47) 항일운동을 하였던 사회주의자, 항일 지사, 의열단원, 다양한

---

44) 박영희는 만당의 자금 조달책을 맡았다고 회고했다. 앞의 박영희『불교신문』회고. 그리고 박설산은 건봉사의 이금암과 만해가 만당 云云하는 이야기를 들었으며, 자신이 이금암이 제공하는 자금을 심우장의 만해에게 전달하였다고 주장한다. 박설산 회고록, 『뚜껑없는 조선 역사책』(삼장, 1994), 135, 213쪽 참조.

45) 김태신, 『라홀라의 사모곡』(상, 한길사, 1991), 177~180쪽.

46) 김태신은 김일엽의 아들이었지만 당시 김일엽이 출가한 신분이라 이를 감추기 위해 직지사의 주지인 김봉률의 아들로 위장시켰다. 그런데 김봉률(호, 망태)은 해인사에서 효당과 같이 3·1운동을 전개하였고, 이후에는 만주의 독립운동 단체와 연결되어 국내 사찰을 순방하며 군자금을 모아 전달하다 일제에 피체된 이력이 있는 인물이다. 요컨대 이런 배경에 김태신이 그 자금 전달역을 수행한 것이다. 『법보신문』 383호(1996.8.21), 「독립유공자 된 봉률스님 생애 재조명」.

47) 정맹일의 후손인 정재호의 증언에 의하면 만당 당원이었던 김법린, 최범술, 서원출 등이 정맹일이 주지로 있던 통영의 안정사에 자주 내왕을 하였다고 필자에게 증언하였다. 요컨대 다솔사를 근거로 만당 당원의 잦은 접촉이 있었던 것이다. 정재호는 이를 자신의 모친(정맹일의 부인)으로부터 들은 것을 필자에게 전하여 준 것이다.

계통의 유지 인사 등이 왕래하였다. 바로 그 중심에 효당이 있었다. 그런데 다솔사는 불교계 인사들만 모여드는 곳이 아니었다. 다솔사에는 그 지역의 유력가, 민족의식을 지닌 인사들도 일제의 감시를 피해 비밀 회합을 갖기도 하였다. 당시 다솔사에 자주 왕래하였던 하동 출신인 황남은 대표적인 인물이었다. 황남 문영빈(1891~1961)은 하동 출신으로 1914년에는 상해에 망명을 하여 1915년에는 비밀결사 배달학회를 조직하였다. 귀국한 이후 3·1운동 당시에는 고향에서 만세운동을 주도하였다. 1919년 5월에는 비밀리에 독립운동 자금의 수합, 전달을 맡았던 백산주식회사의 주주로 참여하였다. 그리고 1926년에는 하동청년회관을 건립하는 등 지역사회에서도 민족의식 고취에 앞장선 인물이다.[48] 이러한 성향의 문영빈이 다솔사를 왕래하자, 하동지역 유력가와 백산주식회사 주주로 독립운동 자금 모집에 진력하였던 인사들도[49] 다솔사에서 모임을 가졌다. 이런 배경이 있었기에 문영빈은 만해전집 간행에도 일정한 일조를 하였고, 효당은 문영빈의 유고집 제작을[50] 주관하였다. 문영빈이 다솔사와 연계를 갖게 된 것은 안희제를 중심으로 한 백산상회의 주역(부산 및 인근 지역의 유지)들이 독립운동의 인재양성을 위해 1919년 11월에 만든 기미육영회에서 비롯되었다. 즉 그 육영회의 제2차 유학생 선발 대상자로 金鼎卨이 포함되었다.[51] 그런데 김정설은 김범부의 본명이었는데, 그는 효당과의 인연으로 1930년대 중반 무렵에 다솔사에 칩거하였던 것이다.[52] 때문

---

48) 『백산의 동지들』(부산일보사, 1998), 63~74쪽, 「천년의 한, 흐르지 않는 강 : 황남 문영빈」.
49) 안희제에 대한 생애 및 독립운동에 대한 전모는 이동언, 「백산 안희제 연구」(『한국독립운동사연구』 8, 1994)를 참고할 것.
50) 그러나 이는 발간되지 못하였다.
51) 위의 이동언 논고, 327쪽 참조.
52) 김범부는 다솔사 입구에 거처를 마련하고 생활하였다. 경주 출신인 김범부는 유

에 김범부와 문영빈은 서로 친근할 수 있는 연결 고리가 있는데다가 김정설이 다솔사 칩거를 계기로 더욱 왕래가 잦았던 것이 아닐까 한다.

이렇게 다솔사는 불교계, 지역사회에서 배일·항일의 근거처로 굳건하게 자리잡았다. 이런 정황을 효당은 '재정비된 만당'으로 표현하였던 것이다.

4. 만당의 수난, 효당의 민족의식과 그 고뇌

1933년 봄, 만당은 공식적으로 해소되었지만 다솔사를 주된 근거처로 이용하면서 만당 당원들은 민족의식을 지속적으로 발전시켜 나갔다. 만당 당원(약 80여 명)은 자기가 처한 곳에서 일제 식민통치와 대립하고, 이를 확대시켜 나갔다. 이에 당원들이 전파시킨 민족의식의 그 파급 효과는 적지 않았다고 보인다.

그런데 1938년에 접어들면서 만당에 수난이 시작되었다. 그것은 만당의 실체에 대한 일제 당국의 조사, 취조, 구속이었다. 이 사정은 이용조의 회고록에 자세히 나온다.

 1938년 年末頃인듯 한데 뜻밖에 진주경찰서 고등계에서 신분 조사

년시절에 四書 三經을 수학하였으며 기미육영회 장학생으로 일본에 유학을 가서 동양대학에 입학하여 동양철학을 수학하고, 이어서 경도대 및 동경대에서 청강생으로 동서양 철학을 비교, 연구하다 1922년 귀국하여 중앙불전에서 동양철학을 강의하였다. 때문에 그는 다솔사에 오기 이전부터 김법린과 알고 있었으며, 그 요인이 다솔사에 올 수 있었던 것으로 보인다. 김범부의 생애, 사상 등에 대한 전모는 『茶心』 창간호(1993, 봄)의 「다심 창간기념 범부선생 추모 특집」의 기고문을 참고할 것.

의뢰가 있다고 하면서 吉林警 형사가 찾아왔었다. 까닭을 몰랐는데 뒤에 알고 보니 卍黨이 발각되어 김법린, 장도환, 최범술, 박근섭 등 여러 동지들이 피검되었다는 것이다. 나는 다행히 국내에 없었고 또 피검된 동지들이 주동인물로 이미 작고한 조학유 씨를 내세웠고 문자기록이 전무했으므로 검거를 면했으나 왜경에 밀고한 것은 당원 외 인물이고 동지의 배신이 아니었음은 불행중 다행으로 자위할 수밖에 없었다.53)

즉, 만당이 발각되어 진주경찰서에 김법린, 장도환, 박근섭, 효당 등이54) 피검되었는데, 이를 밀고한 것은 당원 외의 인사라는55) 것이다. 그런데 다행으로 만당 관련의 문건이 전무하고, 그 조직의 책임자를 당시에 이미 작고한 불교청년운동가인 조학유를 지목한 사정으로 일제가 그 전모를 파악하지 못하여 이용조는 구속까지는 가지 않았다고 한다. 당원들이 당수로 추대한 만해 한용운도 피해를 입지 않았다.56) 이러한 사태에 대하여 효당은 다음과 같이 회고하였다.

1938년이 되자 우리 청장년들은 일제의 침략전쟁터로 끌려 나갔고 재정비된 만당도 수난을 당했다. 이해 8월에 박근섭, 장도환, 김법린 등이 진주서에 검거되었고, 10월엔 김범부, 노기용 등이 경기도 경찰부 감방 신세를 졌다.57)

---

53) 앞의 「내가 아는 만자당 사건」.
54) 박영희도 피체되어 만당 자금 모금의 소임을 맡은 것을 40일간 집중 추궁받았으나, 기밀을 털어놓지 않고 전남 도경찰에서 풀렸났다고 한다. 앞의 박영희 회고록.
55) 박영희는 그를 '鄭某'라 하였다.
56) 이는 만해에게 자문은 하였으되, 만해가 당수라는 것을 알리지 않았고, 결사는 하였지만 그 당명이 만당이라는 것도 알리지 않은 결과로 이용조는 보았다. 이는 만해를 보호하기 위한 사전 조치라는 것이다.
57) 「청춘은 아름다와라, 46」, 『국제신문』 1975.3.31.

1938년 8월에 박근섭, 장도환, 김법린, 정맹일58) 등이 진주서에 구속되고, 그해 10월에는 김범부, 노기용 등이 경기도 경찰에 구속되었다는 것이다. 그런데 최근 발굴된 효당의 친필 글(국제신문사에 보낸 자필 유고)에는59) 효당과 김적음(선학원)도 경기도 경찰부에 함께 구속되었다고 한다. 이에 효당은 1938년 10월 2일에 검거되어, 경기도 경찰부에 4개월간 피검되었다.60) 그러나 필자는 효당이 그 4개월간 겪은 고초, 여타 만당 당원들이 풀려난 구체적인 내용은 아직 파악하지 못하였다. 한편, 만당의 대강의 실체를 짐작하였을 일제의 감시는 당원들, 특히 다솔사와 효당에게 집중되었을 것이다. 1939년 7월, 다솔사에서 만해의 회갑연이 효당을 중심으로 한 당원, 그 지역 인사들이 참여한 가운데 열린 것도61) 단순한 것만은 아니었다. 엄혹한 시절, 만해를 중심으로 많은 인사가 모여들 수 있었음은 항일과 민족의식의 지속이라는 관점에서만이 해석될 수 있는 것이다.

즉 효당은 만당의 정신을 결코 포기하지 않았다. 그것을 예증하는 사건이 있었으니 이는 단재 신채호의 유고를 모아 책을 내기로 하였지만, 결과적으로 중단되고 이 일로 효당이 일제 경찰에 13개월간 구

---

58) 정맹일도 만당 당원으로서 당시 함께 구속되었다. 이에 대한 정황은 만당 당원이었던 강재호가 정맹일의 후손의 부탁으로 행한 증언에서 나왔다. 필자는 그 증언을 정리한 정맹일의 공적서에서 확인하였다. 필자는 이 공적서를 정맹일의 후손인 정재호가 제공하여 열람할 수 있었다. 정재호는 자신의 누이가 자신의 모친, 즉 정맹일의 부인으로부터 진주형무소에서 출옥할 때 택시로 귀가시켰다는 말을 들었다고 회고하였다.
59) 김상현, 「효당 최범술(1904~1979)의 독립운동」 각주 34의 내용 참조.
60) 김상현의 글, 『동국사학』 40집, 417쪽 참조.
61) 만해는 서울 청량사에서 1차로 회갑을 갖고 다솔사로 3일 후 내려왔다. 당시 청량사 회갑연에 참가한 인사들의 기념 휘호는 영인되어, 지금도 널리 보급되고 있다.

금된 사건이다. 구한말의 대학자요, 역사의식을 고취하며 치열한 독립운동을 하였던 신채호는 일제에 피체되어 수감생활을 하던 1936년 2월 21일 만주 여순감옥에서 순국하였다. 그의 유해는 수습되어 고향인 청주 옛 집터의 묘소에 안장되었다. 이에 만해는 그 묘 앞에 묘비를 세울 준비를 하였다. 이에 만해는 비문은 자신이 짓고, 글씨는 오세창이 쓰기로 정하였다. 그러나 일제의 감시로 인해 비문 작성은 중지하고, 대신 비의 표제인 「丹齋 申采浩之墓」라는 것만 새겨 단재의 친척인 신백우에게 전달하여 세우도록 하였다. 그 이후 만해는 단재의 『조선상고사』 등 고대사 관련 유고를 모아 전집을 간행하기로 정하였다. 만해는 그 일을 효당과 상의하여, 진행하였다. 그러나 그 일을 진행하였던 효당 측에서 일이 발각되었다.

그리고 필자와 만해선생이 단재선생의 문헌을 수집, 기획하여 간행하려던 것이 일제에게 탄로되어, 필자는 경상남도 경찰부 유치장에서 13개월간 구금되었다.[62]

효당이 그 일을 만해와 함께 시작한 것은 1940~1941년경이 아닌가 한다. 당초 만해와 효당은 단재 유고를 수집하여 전집 간행과 동시에 그 유고의 원본은 영구히 보존하기 위해 전주 四塊紙에 써서, 황밀을 먹인 뒤 그것을 석탑 가운데에 보관할 계획을 추진했다. 그런데 효당이 그 일을 맡긴 이대천이 진주경찰서에 붙들려 감으로써 효당의 의도는 중단되고, 일제에 피검되었다. 1942년 9월 초, 일제 경찰 28명이 다솔사로 불시에 들이닥쳤다. 당시 일제는 사상보호 예비 검속법령을

만들어 민족운동을 하거나, 할 가능성이 있다고 판단되면 누구라도 구속하였다. 더욱이 그해 10월에는 조선어학회 사건이 일어나 수십 명이 일제에 구금되었다. 그때 다솔사에 칩거한 경험이 있는 만당 당원인 김법린도 그 대상자에 포함되어 있었다.63)

당시 다솔사에 들어온 일제 경찰은 절 경내를 모두 뒤졌으나, 끝내 어떤 단서도 찾지 못하였다. 그때 효당은 자신의 방에 있었던 단재의 유고를 기지를 발휘하여, 즉 다솔사에 머물던 일본인 여인에게64) 극적으로 전달하고, 그 일본 여인도 그것을 잘 보관하여 단재 자료는 후일에 빛을 보게 되었다. 그러나 효당은 일제에 피체되었다.

내가 일경의 무리들과 절 경내 밖인 김범부 댁에 이르자 그들 일파 3인이 김범부 선생을 억류했다. 내 방안을 수색하듯 그분의 가택도 샅샅이 수색하여 다소의 책자를 내한테서 압수한 것과 별도로 묶어서 가져갔다.

우리는 화물차에 실려서 사천서로 연행되었다. 김범부 선생은 바로 부산 경남경찰부로 연행되었고 나만은 사천서에서 3일간 유치되었다가 4일만에 도경찰부 5호 감방에 수감되었다. 그때 김범부는 제2 감방에 수감되었다.65)

이렇게 효당은 경남 도경찰부의 감방에 피체, 구속되었다. 효당과

---

63) 김법린은 1938년 11월, 범어사에서 진주경찰서 형사들에게 체포되어 3개월간 고문을 받았다. 그리고 범어사 강원의 강사로 복귀하였지만 1942년 10월 19일 조선어학회 사건으로 함남 홍원경찰서로 끌려가 징역 2년을 선고받고 복역하다가 8·15해방으로 석방되었다. 이상은 『어둠을 밝힌 사람들』(부산일보사, 1983), 「불교사상으로 항일 앞장, 김법린편」의 211쪽 참조.

64) 그 여인은 효당이 유숙하였던 일본 경도의 만수사라는 사찰 주인의 딸인 구사가(日下)였다. 구사가는 한국 유학생과 연애하여 잉태를 하였다. 이에 만수사 주지인 한국인 승려 유종묵(방한암 제자)이 고민하자, 효당은 그 여인을 다솔사로 데려와 해산하게 하였다.

65) 「청춘은 아름다와라, 50」, 『국제신문』 1975.4.5.

김범부는 약 3개월간을 함께 수감되어 있다가, 김범부는 먼저 석방되었다. 그 이후 그곳에는 효당의 제자이며 김범부의 큰아들인 김지홍과 김태명이 연행되어 왔으며, 1943년 1월경에는 단재의 유고를 보관하던 일을 맡았던 이대천도 진주서에서 효당이 구속된 그곳으로 연행되어 왔다. 이에 효당은 이대천과 단재의 유고에 관련된 대질심문을 받기도 하였다. 효당이 그 감방에 수감되었음은 효당의 회고록에 그 전후사정이 상세히 전하고 있지만, 일제 측 기록에서 이를 확인하기는 어렵다. 다만 당시 그 감방의 간수로 있었던 한국인 신형로의 회고담이 있어 필자의 흥미를 유발한다.

나는 그 당시 23살의 젊은 나이로 일제에 의해 전쟁터에 가야 하는 강제적 지원병과 징용을 피하기 위해 부끄럽게도 일본 경찰에 투신하여 경남도경 유치장 간수 근무를 하던 시기였는데 우연인지 필연인지 범부선생과 효당스님을 내가 근무하는 유치장에서 만나게 되었던 것이다.

내가 근무하던 곳은 일본 경찰의 비밀 유치장으로 파렴치범은 별로 없고 대부분이 일제통치에 반대하거나 우리 민족의 자주독립을 위해 활동하고 투쟁하는 애국지사들이나 일본의 신사참배를 거부하는 항일 기독교인 등 사상범들을 구속 조사하는 곳으로 구속자는 거의 조선사람이었다.

그때에 두 분은 사천 다솔사에서 독립운동 혐의인 이른바 '해인사 사건'으로 관할 경찰서에 검거 구속되어 있다가 다른 동지들과 함께 경남도경으로 이송되어 왔었는데, 처음엔 어떤 분들인지 잘 몰랐으나 입감 수속을 밟은 과정에서 지켜 본 그 첫 인상이 너무나 침착하고 온화하고 인품이며 시종 담담하고 의연한 태도에 젊은 내 마음에 외경심이 일어나 그때부터 우러러 모시게 되었던 것이다.

두 분은 쇠창살이 쳐진 살벌하고 음침한 감방에 수감되어 1년이 넘도록 모진 옥고를 치르면서도 시종일관 그 자세와 마음가짐이 조금도 흩어짐이 없이 유연하게 거거하시는 태도가 다른 수감자들에게 정신적인 기둥이 되는 어른들로서 존경을 받았다.

그리하여 나는 자연히 그 두 분이 당대 조선의 저명한 석학이며 애국자임을 알게 되어 마음 깊이 존경하면서 내 나름대로 두 분을 보살피고 도와드리려고 애쓰곤 했었다. 당시 그 유치장은 본관 건물과는 상당히 떨어진 곳에 있어서 야간이면 경찰부 숙직 감독이 간혹 순시를 왔다가기는 했으나, 오지 않는 경우가 많았으므로 나는 내가 당번인 때를 틈타 심야에 겁도 없이 자물쇠로 범부선생이 수감된 감방문을 열고는 선생을 나오시게 해서 따뜻한 난로가 의자에 마주 앉아 따근한 차를 마셔가며 그분의 해박한 지식으로 들려주는 동서고금의 역사와 철학과 문화에 관한 얘기에 심취하여 시간가는 줄 몰랐다. 또 효당스님도 자주 나오시게 해서 불교의 교리며, 원효대사의 일화며, 자장율사와 금개구리의 설화며, 스님이 일본 동경서 신문배달을 하면서 고학을 할 때, 사이고(西鄕) 후작 저택의 얄미운 猛犬을 삶은 무를 먹여 처치한 얘기 등을 흥미진진하게 들었다.66)

이렇게 효당과 김범부는 경남 경찰서 감방에서 1년이 넘는 동안 갖은 고초를 겪었던 것이다. 그즈음 만해 한용운은 효당을 면회하기 위해 경남 도경을 찾았으나 일제 당국이 면회를 허용하지 않자, 효당이 수감된 감방 앞에 수감을 축하한다는 꽃다발을 던지고 갔다고 한다.67)

한편 출감한 김범부는 1주일 후에 다시 일제에 피체되어 합천경찰서로 끌려갔다. 그러면 왜 그는 다시 피체된 것일까? 김범부가 관련된 그 사건은 이른바 「해인사 사건」으로 칭하고 있는데, 해인사 내에서

---

66) 申炯魯, 「내가 만난 凡父선생과 曉堂스님」, 『季刊 茶心』 창간호(1993 봄호).
67) 앞의, 최범술의 「철창철학」.

민족의식을 갖고 일제에 저항한 세력을 일망타진하기 위해 일제 경찰이 자행한 무자비한 만행이었다. 그 경과의 개요는 다음과 같다.[68] 1942년 12월경, 해인사의 주지는 변설호였다. 그런데 그는 해인사 주지를 두 번 연임 근무하면서도,[69] 1944년의 주지 선거를 통해 주지 연임의 의도를 갖고 있었다. 그러나 변설호는 해인강원 즉 法寶學院의 원장인 임환경의 위세에 의해 주지 권한의 행사가 위축되었고, 임환경이 주지에 나올 수 없었으면 하는 기대감을 갖고 있었다고 보인다.

이런 정황하에 당시 사천경찰서장에서 합천경찰서장으로 전근한 일본 경찰인 竹浦는 다솔사, 효당을 중심으로 하는 비밀결사체인 만당의 실체를 파악하고 있었다. 더욱이 다솔사는 해인사의 말사였고, 효당도 해인사 학림 출신으로 당시에는 해인사의 법무로 재직하였으며, 효당의 은사인 임환경과 이고경 강백은 법보학원 운영의 책임자로서 민족의식을 소유한 인사였고, 해인사 출신 학승들이 만당의 당원이었던 점을 고려하여 해인사의 민족의식을 분쇄할 명분과 대상처를 찾기에 이르렀다. 이에 일제 경찰, 고등과 형사 10명은 해인사에 찾아와 이고경 강백과 강원 학인들과 좌담회를 가졌다. 그리고 학인들의 책상, 가방을 조사하였더니 거기에는 민족의 역사와 순국선열들의 사적이 적혀 있었고 서산대사, 사명당, 안중근, 윤봉길의 업적이 기록되어 있었다. 또한 학인들과 대화를 한 결과, 그들은 일제를 증오하며 민족의 역사에 대한 자부심을 갖고 있었으니, 이런 사태에 즈음해서 일제는 강원을 즉시 폐쇄시키고 임환경, 이고경의 방을 수색하였다. 수색

---

68) 이 개요는 후술하면서 구체적으로 인용하겠지만 민동선, 최범술, 오제봉, 이지관, 임혜봉 등의 관련 글을 필자가 재구성한 것이다.
69) 그는 1936~1940년에 해인사 9세주지를 역임하고 1940~1944년까지 10세주지를 연임했다.

한 결과, 이고경 강백에게서는 『임진록』이, 임환경 원장에게서는 불온서적이 다수 나왔다는 명분으로 그 관련자 10여 명을 합천경찰서로 연행하여, 취조하고, 고문하는 야만행동을 저질렀던 것이다.[70]

해인사 사건으로 갖은 고문을 당하고, 그 사건을 목격한 직접적인 당사자로 만당 당원이면서 당시 해인사 강원의 강사였던 민동선의 회고담이 필자의 시선을 끈다.

1942년 12월 어느날이었다. 때마침 冬季放學이라 학원 학생들도 대개 귀향하고 深冬이라 외래객도 없는 조용한 산중이었다. 합천경찰서 형사대 5~6명이 들이닥치더니 우리 일동 5~6명을 추럭에 처싣고 경찰서를 향하여 질주하는 것이었다. 추럭에 실려가는 몸이 백여 리를 다 가도록 千思萬慮하여 보아도 이렇다 할 추측도 안 나섰다. 전등이 켜지고 밤이 되었다. 서장실이 온통으로 問招大部가 되고 竹浦署長이 직접 진두에 서서 심문을 시작하는 것이었다. 네가 閔東宣이냐? 학생들에게 무슨 사상을 주입시키는냐? 조선말로 작문을 지어라 하고 박모선생이 조선말로 작문을 짓지 말라 하니 그대는 일본놈의 똥이라도 먹겠느냐? 그런 말을 한 일이 있지. 또 학생들에게 조선역사를 가르치고 임진란 때 사명당이 일본놈 대가리를 삼대 베어 넘기듯 베어 넘기었다는 말한 일이 있는가?

李古鏡, 그대가 이고경인가? 做人莫道松低塔하라 松長他日塔還低(정인홍 소년작) 이 詩는 무슨 생각으로 학생들에게 일러주었는가? 松은 조선이요 塔은 일본이라 말하였다면서.

林幻鏡, 그대가 임환경인가? 사명대사가 가등청정에게 以汝頭爲寶라. 너의 대가리로써 우리나라 보배를 삼는다라 한 말을 외래 관광객들에게 말하여 주었다면서.

---

70) 이지관, 「해인사 성지를 오염시킨 倭政 走狗」, 『해인사지』(1992, 가산문고), 1159~1160쪽.

이밖에 사람들에 대한 문초 내용도 大同小異하였다. 소장 서적 내용에 대한 질문과 友人 간의 서한 내용 질문 등 어처구니 없는 수작들이고 대관절 이 자들의 擧事 목적이 무슨 사건을 探知하자는 것인지 악형을 주기 위한 것인지 분간할 수 없었다. 一問十打. 한 번 물으면 열 번은 차고 받고 갈기고 올라서고 비틀고 불로 지지고 물 퍼붓고 등등의 노름이었다. 완전히 鬼畜의 세계요, 인간 상실의 세계다.71)

이렇게 일본 경찰은 민동선, 이고경, 임환경의 민족의식 고취를 위한 해인사 강원에서의 교육내용을 트집 잡아 갖은 고문을 자행하였던 것이다. 합천 경찰서에서 야만적인 취조, 고문을 한 일제 당국은 사건을 점차 확대시키기 위하여 그 관련자, 참고인을 불러들이기 시작하였다.

이리하여 날짜가 경과함을 따라 외처에 나가 있는 幻鏡스님의 권속 및 해인사와 인연 있는 사람들을 묶어 들이기 시작하는데 며칠 후에 진주에 吳濟峰씨가 잡혀 오고, 사천에 金凡父씨, 李元九씨, 산청에 朴仁峰씨, 삼천포에 金重○씨, 거창에 金貞泰씨, 임시 유치장을 二房이나 증설할 정도로 그득히 잡혀 왔다.72)

일제는 임환경의 제자, 해인사와 인연 있는 대상자들을 피체, 구속하여 해인사 민족의식과 관련 있는 어떠한 조직체를 밝혀내려는 의도를 관철하였다. 일제가 의도하는 그 조직체는 무엇이었는가? 필자는 그것을 만당으로 비정하고자 한다. 일제가 밝히려고 한 것은 해인사의 민족의식, 저항인사들의 본질에 있었던 항일 조직체 및 배후세력

---

71) 민동선, 「왜정말기의 해인사 사건」, 『대한불교』 85호(1964.9.20).
72) 앞의 「왜정말기의 해인사 사건」.

이었을 것이다. 이와 관련하여 당시 합천경찰서로 끌려온 오제봉의 회고는 필자에게 그에 관한 결정적인 단서를 제공한다.

1939년(필자 주, 1942년의 기억 착오) 음력 12월 초이레였다. 해질녘인데 일본인 형사 한 명과 조선인 앞잡이 한 명이 갑자기 들이닥쳐서는 내 방을 샅샅이 뒤지는 것이었다. 2시간 남짓 이 잡듯이 뒤지고는 나보고 차에 타라고 했다. "내게 무슨 죄가 있어 이러시오." 항변하는 나에게 그들은 "스님도 萬海黨의 당원임에 틀림없으니 무조건 갑시다"는 것이었다. 당시 해인사 출신 승려들은 만해 한용운 선생의 투철한 항일정신에 영향 받아 독립사상이 드높았는데, 그 중 일부는 선생을 중심으로 조직된 세칭 만해당에 가입, 보다 본격적인 항일의 태세를 갖추고 있던 참이었다. 나 역시 선생의 사상에 동조, 만해당에 들어 있었으나 별다른 항일활동은 하지는 않았던 터였다. (중략)
트럭에 실려 가면서 조선인 앞잡이에게 사태가 어떻게 된 것이냐고 물어 보았다. 그의 말로는 최범술은 배일사상을 퍼트리는 萬海黨의 주범으로서 이미 경상남도 경찰국에 유치돼 있고, 합천경찰서에는 林幻鏡 스님을 비롯 金法隣, 金凡父, 西峰, 李古鏡, 閔東宣, 李元九, 朴仁峰, 崔性寬 등 11명이 굴비 묶이듯 줄줄이 끌려와 문초받고 있다는 대답이었다. 해인사에서 만해선생의 사상에 동조했던 말깨나 하는 사람들은 죄다 붙잡힌 셈이었다.73)

요컨대 일제가 해인사 사건의 본질을 만해당, 즉 만당의 활동으로 보고 있었던 것이다. 다시 말하자면 만당에 가입하였거나 가입하였을 가능성이 있었던 대상자들을 체포, 구금하였던 것이다. 나아가 그들이 만해 선생의 항일정신을 따르고, 배일사상을 퍼트리는 만해당(만당)의 주범으로 효당 최범술을 지목하였음에서 그것은 더욱 분명해진

---

73) 오제봉, 『나의 회고록』(물레출판사, 1988), 42~43쪽.

다.

이상과 같은 배경에서 전개된 해인사 사건과 만당과의 연계에 대하여 효당은 어떻게 인식하였는가를 주목해 보자.

이때의 陜川署에는 竹浦라는 자가 사천서에서 합천서장으로 전임되었다. 이 자는 당시 해인사 주지 星下榮次라고 創氏한 卞雪湖와 서로 심기 상통한 모의가 성립되어 卍黨의 근거를 이룬 나의 스님 林幻景, 전주지 李古鏡, 閔東宣, 朴仁峰, 金周成, 金貞泰, 崔性觀, 吳제봉, 李元九, 李寶均 등 16명과 그외 金凡父 선생이 첨가되어 17명이 감옥에 들어가게 되었다. 이분들은 나와는 法緣의 師僧 또는 叔伯, 형제, 제자, 조카제자인 것이며, 俗族으로는 나와는 姪兒 垣景 등 數 3명이었다. 경찰서 유치장 감방이 부족하므로 임시 감방을 3개 지었다. 그것도 부족하여 쇠사슬에 개매듯이 손목 발목 허리를 매어 경찰서 기둥에 달기도 했다. 그리고 해인사에 있는 사명대사비는 과거 일본과 맞서서 싸웠던 사람의 불온한 비석이므로 파괴하고 서산대사, 사명대사의 尊影마저 낱낱이 후면을 칼로 그려 불온문서가 있나 의심하여 경찰서에 가져갔다. 또한 해인사에는 卍黨 분자들의 소굴로서 四溟思想을 고취하고 있다는 등으로 이 竹浦者의 난폭한 지휘하에 巡査部長이라는 자의 횡포가 극심했다. 그 횡포무도한 고문 加刑은 이루 다 말할 수 없었다. 이와 같은 만행으로 李古鏡 스님 같은 학덕이 겸비하신 큰스님은 드디어 그곳에서 처절한 최후를 마쳤다. 실로 나의 僧門俗族은 이와 같은 혹형에 처하여졌다.74)

즉, 효당은 일본인 합천경찰서장과 당시 해인사 주지 변설호가 모의하여75) 해인사의 만당의 근거를 이루고 있었던 당사자 17명을 구속

---

74) 「청춘은 아름다와라, 50」, 『국제신문』 1975.4.5.
75) 변설호의 사건에 대한 입장, 즉 모의, 동의, 방치는 정확하지 않다. 다만 그는 해

한 사건으로 단정하였다. 그 17명의 중심인물이 임환경과 효당 자신이라고 이해하였다. 당시 효당은 합천경찰서에 있지 않고 경남 도경에 구속되어 있었기에 이러한 판단은 사건이 종료된 이후, 사건 정황에 대한 종합적인 생각이었던 것이다. 이러한 효당의 생각에서 필자의 주목을 끄는 것은 해인사가 '만당분자의 소굴'이라는 표현이다. 바로 이점이 일제 당국이 강력하게 밝혀내려는 것이었을 것이다. 이상과 같은 해인사 사건으로 해인강원의 강백이었던 이고경은 고문의 후유증으로 입적하였고,76) 해인사 홍제암의 사명대사비는 깨트려져 방치되었다.77)

한편 만당의 구성분자로 지목되어 합천경찰서에서 갖은 만행을 당하였던 그들은 1943년 6월, 4명은 석방되고 6명은 관련 서류와 함께 부산의 검사국으로 이송되었다.78) 그러다가 그해 10월에 전원 무죄로 석방되었다.79) 여기에서 의문점이 드는 것은 효당도 경남 도경 감방

방직후 일제에 피체되어 갖은 고초를 겪은 민동선의 칼침을 받았으나 목숨은 유지되었고, 해방공간 불교 교단에서 체탈도첩이라는 중형을 선고받았다. 이지관은 『해인사지』에서 그를 '寺內의 一部蟲'이라고 표현하였다. 민동선의 法師가 입적한 이고경이었기에 그는 변설호에 대하여 강한 불만을 가졌을 것이다.

76) 이고경은 고문으로 10여 일만에 중병을 얻자, 경찰서 인근 창성여관으로 장소를 제한하는 보석으로 옮겨졌으나 가부좌한 모습으로 입적하였다고 한다. 당시 이고경은 "민족을 위해 역사의 진실을 교육한 것이 무엇이 잘못이냐"고 당당히 답변하면서, 최후를 맞이하였다. 이에 일본인 경찰서장, 순사부장은 한동안 그 여관 앞을 지나지 못하였다고 한다.

77) 이 비석은 4개로 동강내고 부서져, 일본 경찰의 해인사 주재소 정문의 발디딤돌로 쓰였다. 해방 이후 이를 수습하여 해인사 내 명월당에 모아 놓았다. 1958년에는 당시 해인사 주지인 이청담이 철봉으로 비석의 속을 연결하고, 파손 부분을 석회로 때워서 원래 있었던 자리인 홍제암 동편에 다시 세웠다. 그러나 임환경은 1947년에 변영만이 지은 문장으로 사명당의 비석을 다시 세웠다. 비문의 서두에는 "왜놈들과 절안의 일부 벌레(倭酋與寺內之蟲)가 통모하여 울분을 품은 사람이 적지 않았다"고 기록했다.

78) 필자는 석방자와 부산 검사국으로 간 그 대상자의 전모를 파악하지 못했다.

79) 앞의 「왜정말기 해인사 사건」.

에 수감되어 있을 때에 해인사 사건과 관련하여 취조, 고초를 받았는가 하는 점이다. 다시 말하자면 효당은 해인사 사건과 어떤 관련이 있는가 하는 것이다. 이 점과 관련해서는 기록이 충분하지 않다. 효당이 국제신문에 연재한 「청춘은 아름다와라」는 그 관련 정황이 나오기 이전에 연재가 중단되었다. 효당은 후일 자신이 경남 도경에 구속된 것을 13개월이라고 하였다.[80] 13개월간 구금되었다면, 효당이 석방된 것은 1943년 10월경이었다. 이는 효당이 해인사 사건의 연루자가 무죄 석방될 때 함께 나왔다는 것인바, 이를 보면 효당도 해인사 사건에 연루되고 함께 문초를 받았다고 보는 것이 순리일 것이다. 그렇게 이해할 때 13개월간 구속되었다는 설명이 가능하다. 단재의 유고 보관이라는 문제만 갖고 13개월을 구금할 수는 없었을 것이다.

지금껏 필자는 효당의 단재 유고 관련으로 피체된 개요, 그리고 해인사 사건의 경과 및 개요를 집요하게 분석하였다. 이러한 분석으로 필자는 만당이 만당 내부의 조직체에서는 1933년 4월에 해소되었지만, 그것은 완전 해소가 아니라 운동의 방략으로 해소된 것임을 알 수 있었다. 나아가 만당은 다솔사를 근거처로 하여 지하운동으로 재기하였으며, 지속적으로 민족운동 차원의 활동을 전개하였다. 그 중심에 다솔사와 효당이 있었다고 보여진다. 그런데 당시 만당의 당원들은 전국 각처 사찰에 흩어져 있으면서 그 처한 공간에서 민족의식을 갖고 민족운동을 추진하였다. 바로 그 실례가 해인사가 아닌가 한다. 당시 해인사는 효당의 은사인 임환경, 이고경 강백이 만당 당원들의 버팀목 역할을 하면서 민족의식 고취를 강원에서 실천에 옮기고 있었다. 임환경과 이고경이 만당 당원이라는 단서는 없어 그들까지 당원

---

80) 앞의 「철창철학」.

이라고 볼 수는 없다. 그러나 임환경, 이고경의 민족의식에 계발받은 해인사의 승려 다수는 분명 만당 당원이었다.81) 나아가서 해인사의 인근 지역에 거주하였던, 만당 당원 혹은 그들에 영향 받았던 다수의 인사들은 민족의식을 저버리지 않고, 일제와의 투쟁과 민족불교 지향 활동을 지속적으로 밀고 나갔다.

필자가 이전에 수행한 청년동맹과 만당의 연구는 만당에 대한 1차적인 중앙차원의 연구라면, 본 연구는 다솔사, 해인사를 무대로 한 만당의 지방 사찰을 배경으로 한 2차적인 개별 연구라 하겠다. 이 연구를 통하여 필자는 다솔사가 만당의 거점, 재기된 만당 당원의 집결처, 배일과 항일의 중심처임을 분명히 인식하게 되었다. 이에 그러한 활동, 문화의 중심에 있었던 효당 최범술의 민족의식, 민족운동을 결코 부인하기는 어려운 것으로 보고자 한다.

5. 결어

이상으로 만당과 효당 최범술을 중심으로 만당이 해소된 이후의 활동을 중점 살펴보았다. 이제 맺는 말은 본 서술에서 정리한 중요 내용

---

81) 해인사 법보학원 원장이었던 임환경은 1919년 3·1운동 당시 민족대표 33인 오세창, 백용성, 한용운을 사전에 만나 만세운동에 동참, 운동 이후의 수습과 지하운동을 해야 한다는 지시를 받은 후, 탑골공원 거사를 보고 해인사로 내려와 지하활동을 하였다. 만해가 1932년 8월 해인사를 처음 방문하였을 때 임환경은 자신의 거처 암자인 影子殿에서 石茶로 만해를 대접하였다. 이상의 내용은 『환경 대선사 회고록』(1982, 서문당)의 연보, 16~28쪽 회고 내용 참조. 이 회고에도 해인사 사건이 서술되어 있지만, 일부 내용은 오류가 있다. 여기에서는 사건 발발을 1929년 10월 1일로, 1930년 4월 1일 합천경찰서에서 부산 형무소로 이송되었으며 10월 1일 부산에서 출감하였다고 기재하였다.

을 대별하여 제시하는 것으로 대신하고자 한다. 이를 통하여 우리는 만당의 개요 및 실체 접근에 근접할 수 있을 것이다.

첫째, 만당은 1933년 4월에 조직체 내부의 문제로 해소되었지만 그 것은 완전 해소가 아니라 방략상의 해소임이 분명해졌다. 그 방략은 내적인 갈등을 겪던 조직의 재건, 논란의 와중에서 당원 전체를 보호 하려는 자위적인 성격을 갖고 있었다. 이에 외형적인 해소를 통하여 만당의 당원은 각처에서 지속적인 저항, 항일투쟁을 할 수 있었다.

둘째, 해소된 만당의 본부는 기존 서울 중심에서 경남의 다솔사로 그 중심지가 전환되었다. 이에 만당의 당원, 한용운, 우국지사 등 다 양한 항일활동을 하였던 인사들이 다솔사를 왕래하면서 자연적으로 다솔사는 배일·항일의 거점이 되었다.

셋째, 만당의 다솔사 거점은 효당 최범술의 민족의식의 기반에서 전개되었다. 효당은 만당 당원, 불교청년운동의 간부로서 만당을 재 건하면서 항일투쟁을 추진하였다. 이에 그는 만당의 당원들이 다솔사 에 지낼 수 있도록 다솔사 강원, 광명학원을 설립, 운영하였다. 그리 고 단재전집 발간, 한국사 교육, 민족의식 교육을 통하여 다솔사, 경 남 일대가 항일의 근거지로 기능할 수 있게 유의하였다.

넷째, 1942~1943년 해인사 사건은 지금껏 사명대사비 파괴, 해인사 강원의 원장과 강백이었던 임환경과 이고경의 민족의식의 관점에서 만 이해되어 왔으나 본 고찰로 인하여 만당의 구도에서 재평가할 여 지를 갖게 되었다. 즉 해인사 사건의 본질은 만당의 활동의 영역에서 일어난 것이었으며 만당의 당원을 일망타진하려는 일제 당국의 의도 에서 나온 것이었다. 당시 피체, 구금된 인사의 대부분이 만당 당원이 었을 개연성을 분명히 파악하게 되었다.[82] 이로써 해인사 사건의 재 해석이 요청된다고 볼 수 있다.

다섯째, 만당 당원에 대한 철저한 재연구가 요청된다. 본 고찰에서는 주로 효당 최범술을 대상으로 연구를 수행하였지만 추후에는 당원 전체 혹은 당원의 개별적 활동에 대한 연구 시각의 확대가 필요함을 느낄 수 있었다.

지금껏 본 고찰에서 밝혀진 것, 그리고 추후 연구되어야 할 대상 등을 중심으로 본고의 맺는 말을 제시하였다. 이를 통하여 필자는 만당의 성격과 효당의 민족운동이 재검토되어야 함을 파악하였다. 이 분야 관련 연구자들의 다양한 접근을 제안하는 것으로 이상 글을 마친다.

---

82) 『만해 한용운연구』(통문관) 375쪽에서는 만당 당원의 6차 검거로 해인사 사건을 취급하면서 "해인사에서 『만당』원 及 그에 관련된 인사 40명이 검거되고"라고 서술하였다.

백용성의 민족불교

1. 서언

백용성(1864~1940)은 근대불교의 거목으로서 진정한 깨달음을 거친 선지식이었다. 그러나 그는 단순히 도를 깨치고 산중에서 칩거만 하였던 여타 '큰스님'과는 질적으로 다른 자신만의 길을 묵묵히 걸어갔으니 그 길은 곧 민족불교의 길이었다. 그 길에는 민족운동, 항일불교, 역경불교, 선농불교가 자리잡고 있었다.

백용성이 걸어간 그 길은 당시에는 외롭고 쓸쓸한 길이었거니와 지금에 와서 돌이켜보아도 결코 간단한 것은 아니었다. 그 길은 불교를 살리고, 나라를 빼앗긴 시절의 승려들이 마땅히 해야 할 일을 제시하고, 중생교화를 위해 승려들이 할 일이 무엇인지를 보여준 길이었다. 그리하여 현재 한국불교를 대표한다는 조계종단의 구성원인 승려의 상당수가 용성문중임을 자부하는 위상도 여기에서 나온 것이다. 그 결과 해인사, 범어사, 화엄사, 쌍계사, 신흥사 등의 큰 사찰이 바로 용성문중의 근거 사찰로 지칭되기도 한다.

그럼에도 불구하고 현재 백용성에 대한 이해는 조계종단 내부에서 뿐만 아니라 한국불교계, 한국 사회에서는 매우 미약한 실정이다. 심지어는 그 이름도 모르는 대중들이 적지 않다. 어찌하여 이 같은 현상이 생긴 것일까? 이 같은 원인은 다음과 같이 대별하여 살필 수 있다. 우선 조계종단의 용성문도 구성원들이 자신들의 어른이며 문도의 상징인 백용성에 대한 추모정신, 계승의식, 이해하려는 노력 등이 부진함에서 기인한다. 물론 용성문도의 기반인 대각회가 있으며,[1] 용성의 생애와 사상을 정리하는 대각사상연구원이 발족하였으며,[2] 그의 생가 터에 죽림정사가 건립되면서 용성기념관과 용성교육관이 설립되었고, 그의 평전이 발간되었고,[3] 그의 비석(용성조사행적비)을 새롭게 조성하였지만[4] 그 파급이라는 측면에서는 만족할 만한 수준에 도달하지는 못하였다.[5] 여기에서는 용성문도 산하의 문파 중심의 개별적인 계승의식, 완전한 합의라는 면에서 미흡하게 진행된 선양사업, 용성의 생애와 행적에 대한 해석의 혼란스러움 등이 작용하고 있음도 간과할 수 없는 일이다. 다음으로는 조계종단 내부의 교육기관에서

---

1) 대각회 창립은 1969년 9월 11일에 재단법인으로 문화공보부에 등록하였다. 대각회 역대 이사장은 동헌, 자운, 고암, 광덕, 도문, 지관스님이 역임하였고, 현재는 홍교스님이 맡고 있다.
2) 1998년 3월에 출범하였다. 출범 후 현재에 이르기까지 그 책임은 보광스님(동국대)이 담당하고 있다. 매년 세미나를 개최하고 그 결과를 『대각사상』에 수록하여 발간하고 있다.
3) 용성 평전은 한보광이 펴낸 『용성선사 연구』(1981, 감로당)와 김광식이 펴낸 『용성』(민족사, 1999)이 있다.
4) 해인사 입구(성보박물관 근처)에 1993년 6월 19에 재건립되었다. 용성 입적 후인 1년 뒤인 1941년에 사리탑과 비석이 현재의 해인사 내 용탑선원에 세워졌지만 그 내용, 법맥 등에 오류가 많아 용성문도협의회와 대각회가 주관하여 재건립하였다.
5) 미진한 것의 실례는 용성전집의 발간이다. 대각사, 도문스님 등이 15년 전에 『용성대종사전집』(전 18권)을 영인, 발간하였지만 부족한 측면이 많다. 우선 보급이 미약하였고, 자료의 누락, 영인 발간의 한계 등이 노정되었다.

용성을 거의 교육시키지 않는 측면을 지적할 수 있다. 즉 동국대, 중앙승가대, 각 사찰의 승가대(강원)에서는 용성을 비롯한 근현대 선지식의 생애와 사상을 교육대상으로 거의 취급하지 않고 있다. 마지막으로는 용성을 바라볼 수 없는 정신적인 척박함이 있다. 용성을 찾으려는 정신과 자세가 부재할 경우 용성의 고뇌와 지향은 결코 이 시대에서 만날 수 없는 것이다. 이 같은 현실에서 현재의 불교를 키우고 가꾼 선지식의 고뇌와 사상이 현재 및 미래의 불교계 주역들에게 전달되지 않았다는 것이다. 때문에 불교계에서 정리, 분석, 계승되어야 할 백용성의 생애와 사상은 일반 대중들에게 거의 알려지지 않은 것은 당연한 것이었다.

이 같은 백용성 이해를 정상화하기 위해서는 무엇보다도 불교계에서 백용성에 대한 생애와 사상을 정리하고, 이를 계승하면서 대중화하기 위한 방안을 강구해야 할 것이다. 이 같은 차원에서 우리가 유의할 것은 그의 생애와 행적을 한국불교사, 한국불교의 고승, 근현대불교사 차원에서 재정비해야 할 것으로 생각한다. 이 경우 그 재정비 차원의 관점은 민족불교라고 보고자 한다.

민족불교라 함은 지금껏 호국불교라고 지칭한 개념을 극복하여 근현대불교를 새롭게 보려는 필자의 관점이다. 호국불교는 그 개념이 일본에서 유입되었다는 설도 있으며, 그 성격상 보수적인 면도 배제하기 어렵다. 우리가 일견 호국불교하면 승병, 승군, 서산대사, 사명대사를 떠올리는데 이는 나라가 국난에 처하였을 때 승려들이 국가 수호에 헌신한 역사를 말하게 된다. 그러나 국난이 아닐 경우에 행하는 승려들의 행적은 어떻게 바라보아야 하는가? 즉 필자는 국난이건 아니건, 어느 때이건 승려들이 자신이 속한 공동체(민족) 및 국가를 위해서 기여하는 행적은 별도의 개념으로 정리해야 한다고 보는바 그것을 바로 민족불교라 제안하는 것이다. 민족불교는 민족 공동체 구성원으로서의 승려들이 마땅히 지향하는 길로서, 중생교화의 극치라 하겠다. 이 개념에는 물론 상구보리로서의 자신의 수행, 득도가 전제되는 것임은 자명하다. 수행과 득도가 근본불교 및 한국 전통불교의 맥락에 서 있는 것도 당연한 전제이다.

이에 필자가 백용성의 행적과 사상을 민족불교의 관점에서 재정리하려는 것이 본 고찰의 초점이다. 나아가서 백용성을 원효, 지눌, 태고, 서산 등으로 이어지는 한국불교사의 근대 시기의 '고승'으로 자리매김을 제언하는 것이다.

2. 민족운동가로서의 용성

백용성은 주지하는 바와 같이 1919년 3월 1일, 거족적인 3·1만세운동 당시 민족대표 33인에 피선되었다. 즉 그는 3·1운동의 민족대표였던 것이다. 3·1운동은 불교, 천도교, 개신교 등 3대 종교의 주도로 전개된 항일 민족운동으로서, 일제강점기 최대의 독립운동이었다. 때문에 3·1운동은 민족운동의 분수령, 호수로도 별칭됨에서 그 운동의 위상을 짐작할 수 있다. 이러한 운동에 용성은 불교계 대표로서 그 선두에 있었던 것이다.

그런데 용성은 3·1운동에 동참하기 이전부터 민족운동의 대열에 가담하였다. 그러한 그의 행적을 이해할 경우에는 무엇보다도 불교민족운동의 시발점의 성격을 갖고 1911~12년에 전개된 임제종운동에 대한 이해가 선결되어야 한다. 이제부터는 용성의 민족운동을[6] 이해하는 전제로서 무엇보다도 그의 출가, 수행, 득도의 과정을 간략히 살

피고 그 연후에 그가 임제종운동에 가담하게 된 연유를 정리하고자
한다.

용성은 1864년 5월 8일 전북 장수군 번암면 죽림리 252번지에서 출
생하였다. 그의 속명은 상규였으며, 유년시절부터 학문 및 불교에 대
한 애정이 남달랐다고 한다. 그는 유년시절에는 향리의 서당에 나아
가서 한학의 기초를 수학하면서 인생과 세계에 대한 의문점을 갖기에
이르렀는데 이는 고결한 세계를 그리워하였던 정서와 무관한 것은 아
니었다. 마침내 14세에 고결한 세계에 접하려는 의식을 불교에서 풀
어보려는 그의 발걸음은 남원의 교룡산성 덕밀암으로 향하였다. 그런
데 이 덕밀암은 그가 출가하기 전에 꿈에서 보았던 바로 그 절이었기
에 그의 수행에 대한 인연은 간단한 것은 아니었다. 그럼에도 불구하
고 그곳에서의 출가는 오래가지 않았다. 속가의 부모가 찾아서 집으
로 돌아갈 수밖에 없기 때문이었다. 속가의 집으로 온 그는 재출가를
하기 위한 준비와 고뇌를 거듭하다가 그의 나이 16세에 해인사의 극
락암에서 2차 출가를 단행하였다. 이곳에서 그는 화월을 은사로 정하
여 사미계를 받고 승려의 길을 가게 되었다.

이후 그는 해인사에서 승려로서의 기본 소양을 공부하고, 이후에는
고운사의 수월 장로를 찾아가 대비주를 통한 업장 소멸을 터득하는
등 본격적인 수행의 길로 나섰다. 그후 통도사에 가서 선곡율사에게
비구계, 보살계를 받았으며, 양주 보광사의 도솔암과 보현사에서는
대비주 염송과 무자화두 참구를 통하여 見道, 修道의 깨달음을 얻었다.
그러나 그의 수행은 여기서 멈추지 않았다. 지리산, 송광사 등지에서
수행을 거듭하여 無學道, 悟道의 깨달음을 겪었던 것이다. 이 같은 깨

---

6) 김광식, 「백용성의 독립운동」, 『대각사상』 창간호, 1998 참조.

달음을 거친 이후에는 그 깨달음을 점검하는 경전과 어록의 열람, 각
처의 정통한 선지식의 탐방, 자기 성찰을 지속하였으니 이는 이른바
悟後修行, 保任修行이었다. 이러한 다양하고도 치열한 수행을 한 시점
은 그의 속세의 나이 40세 이전이었다.

　이제 그는 그의 깨달음을 대중들에게 널리 알려줄 길을 가게 되었
다. 우선 승려 대중들의 선 수행을 지도하였다. 이에 그는 지리산 상
비로암, 금강산 불지암, 보개산의 성주암과 석대암, 덕유산 호국사, 해
인사의 원당암 및 백련암, 지리산 칠불암 등지에서 선회를 개설하여
수행납자들을 일깨워주었다.

　이처럼 깨달음, 수행, 납자의 지도를 거친 후 그가 서울에 올라온
것은 그의 나이 48세 때인 1911년이었다. 그는 상경하기 이전에 치열
한 수행을 마치고, 자신의 깨달음을 후배 승려들에게 알려주었던 것
이다. 그러면 그가 상경하여 한 일은 무엇이었나. 그가 회고한 기록을
보면, 그가 한 일은 일반대중들의 참선법회 지도였다. 당시 서울에는
기독교의 포교가 한창 번성하였을 때였는데 용성은 이를 보고 한탄을
하면서 불교는 寂寞無人이었다고 표현하였다. 당시 서울에는 각황사라
는7) 절 하나밖에 없었고, 선종에서는 선을 알려줄 승려가 한 명도 없
었던 것이다. 이에 용성은 즉시 그 현실을 극복하기 위하여 노력한 결
과 3개월만에 신도 100여 명을 확보하였다. 이후에는 가회동의 강영
균이라는 신도 집으로 이주하여 수십 명의 신도들과 함께 참선을 하
는 법규를 만들면서 선종을 널리 알리게 되었다. 이 사정은 용성의 다
음과 같은 회고에서 단적으로 나온다.

---

7) 김광식, 「각황사의 설립과 운영」, 『대각사상』 6집, 2003.

익년 신해(1911) 이월 회일에 경성에 들어와서 시대사조를 관찰한
즉 다른 종교에서는 곳곳마다 교당을 설립하고 종소리가 쟁연하며 교
중이 만당함을 보았으나 우리 불교에서는 각황사 하나만이 있을 뿐이
고 더욱 우리 선종에서는 한 사람도 선전함이 없음을 한없이 느끼어
탄식하고 즉시 임제선사의 삼시구로 제접함을 본받아 종지를 거량하
였을 따름이었다.[8]

姜信佛家에 留錫度生하니 時年이 四十八歲라. 未數 三月에 得信徒數百
名하다. 又移居 康侍郞永均之家하야 與數十信士로 入參禪法規하며 擧唱宗
乘하다.[9]

이처럼 용성은 상경한 직후 참선을 통한 대중교화에 나서, 어느 정
도 포교에 성공을 거두었다.

이처럼 용성이 서울에 올라와서 참선을 통한 포교를 하고 있을 때,
당시 한국불교는 커다란 격변을 치르고 있었다. 이 격변은 친일 승려
인 원종의 종정인 이회광이 한국불교를 일본불교에게 매종한 조동종
맹약에 대한 저항인 임제종운동[10]을 말한다. 1908년 3월 한국불교의
중견 승려 60여 명은 서울 원흥사에 모여 한국불교의 종단건설을 결
의하였다. 당시 내세운 종단 명칭이 원종이었다. 이 원종의 등장은 개
항 이후 최초로 불교 종단을 건설하겠다는 움직임의 결실로서 근대불
교사에서는 기념비적인 사실이었다. 그런데 당시 구한국정부와 일제
통감부는 이 종단설립을 인가해주지 않았다. 그 불인가는 한국을 강
탈한 후에 불교계를 재정비하려는 원대한 야망에서 나온 것으로 보인

---

8) 용성, 『용성선사어록』 권하, 124쪽.
9) 용성, 「만일참선결사회창립기」, 『용성선사어록』 권하, 25쪽.
10) 김광식, 「1910년대 불교계의 조동종 맹약과 임제종운동」, 『한국근대불교사연구』,
　　민족사, 1996.

다. 이에 원종의 간부들은 원종의 인가를 위해 다방면으로 노력하였지만 끝내 소기의 성과를 이루지는 못하였다. 당시 원종 간부들은 친일파이면서 불교신자인 송병준, 한국에 건너와서 포교에 전념한 일본불교의 간부들도 동원, 활용하였으나 인가를 얻지 못하였다.

이러한 와중에 한국은 일제에게 국권을 강탈당하였다. 그런에 당시 원종의 책임자인 이회광은 나라가 망한 지 불과 1개월 후에 전국 승려들에게 일본에 건너가 일본불교의 조동종과 불교발전을 위한 조약을 맺고 귀국하겠다면서 그에 대한 위임장을 갖고 일본으로 들어갔다. 이회광은 귀국 후 일본 조동종과 불교발전을 위한 조약은 맺지 않고 원종의 종단 인가 후원, 조동종의 한국에서의 포교 지원, 한국 사찰에서의 조동종 개입 등에 대한 조약을 맺었다. 더욱이 이회광은 그 조약을 알리지도 않고 조약 체결의 동의만을 요구하였다. 그런데 우연한 기회에 그 조약의 내용이 전불교계에 알려지면서 조약을 반대하는 거센 목소리가 등장하였다. 특히 전라도 일대에서 시작된 매종 반대 움직임은 매우 격렬하였다. 당시 반대의 명분으로 등장한 것이 한국불교는 선종 중에서도 임제종 계열이라는 것이다. 이에 그 저항의 깃발을 올렸기에 임제종운동이라고 명명한 것이다.

이때가 1911년 2월경이었으니, 그 반대 집회는 송광사에서 개최되었다. 이후 임제종운동은 쌍계사, 해인사, 범어사, 통도사 등지로 파급되어 갔다. 당시 이 운동을 진두지휘한 인물은 한용운, 박한영, 진진응, 오성월 등이었다. 그리하여 범어사로 운동의 본부인 종무원을 이전시키고 점차 임제종 계열의 포교당을 전국에 설립하기에 이르렀다. 이는 임제종운동의 대중화였던 셈이었다. 이에 불교계는 친일적인 원종과 항일적인 임제종이 대치하게 되었다.

이런 배경에서 1912년 5월 26일, 서울의 인사동에 설립된 조선임제종중앙포교당의 개교식이 거행되었다. 이 포교당의 자금은 전라도, 경상도 지역의 사찰에서 후원한 것이었다.11) 실무는 주로 한용운이 담당하였다. 용성은 바로 이날 開敎師長으로 활동하였다. 개교사장이라 함은 현재의 조실, 법사의 성격을 띠는 것이다. 용성이 자주적·항일적인 임제종운동의 전면에 이렇게 등장한 것은 매우 이채로운 것이다. 지금껏 수행, 전법에만 유의하였던 그가 정치적인 불교운동 즉 민족운동에 가담한 것이다. 이는 임제종운동의 추진 주체들이 용성의 법력, 선지식으로서의 능력, 도회지 포교의 일선에서 서울에서 활동하였던 이력 등이 맞물려서 나온 것으로 보인다. 여기에서 우리는 용성이 자연스럽게 불교계 중심 무대에 다가서면서, 민족운동의 대열에 들어감을 볼 수 있다. 이는 민족운동과 불교가 별개가 아님을 즉 동체불이임을 파악할 수 있는 단서이며 그 대상인물이 바로 용성이었다.

그러나 임제종운동은 일제의 탄압으로 1912년 6월 말에는 중도퇴진을 하게 되었다. 일제는 한국불교를 장악하기 위한 사찰령을 제정하여 인사권과 재산권을 직접 관장하였다. 그 구도에서 나온 한국불교의 종명이 조선불교 禪敎兩宗이었다. 이에 임제종포교당은 조선 선종중앙포교당으로 간판을 변경할 수밖에 없었다. 용성은 한용운과 그 포교당에서 활동을 하면서도 자신을 따랐던 신도들과 함께 참선의 대중화를 지속하였다. 그리하여 선종포교당, 용성의 개별적인 활동으로 인하여 서울에서도 참선을 하는 불교 신자가 3천여 명이나 되었으며, 이때에 참선이라는 이름이 처음으로 회자되었다고 한다.

용성은 일제가 강압적인 종명을 강요하였지만 그에 굴하지 않고 자신의 길을 고독하게 걸어갔다. 이에 대한 용성의 입장은 아래의 용성

---

11) 주된 합의는 범어사와 통도사가 담당하였으나, 자금은 범어사가 상당 부분 담당하였다.

어록에서 찾을 수 있다.

> 근세에 무식한 衲子들이 그 自家의 정신을 잃어버리고 망령스럽게 禪敎兩宗이라 하니, 이는 마치 머리가 둘 달린 사람을 일반으로 여기는 것과 같다.

즉, 일제의 불교정책을 정면으로 반박하였다. 이러한 노선에서 용성은 일제의 간섭이 작용하고 있는 선종포교당을 떠나 1915년 5월부터는 서울 종로의 장사동에[12) 禪宗臨濟派講究所를 세워 임제종 대중화에 나섰다. 용성은 이곳에서 선종 및 임제선풍을 강연하였거니와, 이는 일제강점기 불교에 대한 자신의 대응의식이었다. 그곳에서의 활동은 불과 2년을 넘지 못하였지만 이는 간단한 고뇌는 아니었다. 용성의 1915년 기록을 보면[13) 이 시기에 임제종에 대한 계승의식이 유별났음을 보면 당시 용성은 일제강점기 불교정책에 대응하면서도 불교의 정체성, 현주소에 대한 고민이 심화되었다고 보겠다. 그후 용성은 포교 자금을 확보하기 위한 차원에서 북청에 가서 금광경영을 시도하지만 실패하고 1918년 무렵에는 1916년부터 새로운 주석처로 마련한 종로구 봉익동 1번지에 머물렀다. 이곳이 현재의 대각사의 모태가 되었다.

이런 내용이 용성이 3·1운동에 참가하기 이전의 배경이었다. 그러면 용성이 3·1운동 민족대표로 참여한 배경은 어떠하였는가. 그것은 우선 그 자신이 1911년부터 상경하여 대중포교, 임제종 활동의 일선에 있으면서 일제강점기 불교정책에 대한 저항의식이 고양되고 있었

---

12) 지금의 종묘 앞 세운상가 근처이다.
13) 『매일신보』 1915.7.7, 「吾宗은 임제선종 / 가지산문 백용성」.
　　『용성선사어록』 권하, 「因總督府問朝鮮宗派 口辯論」.

음을 주목해야 한다. 특히 전술한 바와 같이 그는 임제종 종파의식이 아주 강하였는바, 이는 불교계에서 강조되는 정체성으로서의 종파의식을 주목한다면 당연한 것이다. 다음으로는 한용운과의 유대의식이다. 3·1운동의 최일선에는 한용운이 불교계 대표로 활동하였음은 상식화된 정설이다. 용성과 한용운은 임제종포교당에서 3년여를 함께 활동하였기에 상호간에 신뢰가 형성되어 있었을 것이다. 그리고 깨달음이라는 측면에서 한용운이 용성을 어른, 선지식으로 예우하였을 것은 쉽게 추측할 수 있다.

한편 우리가 생각해 볼 것은 민족적인 거사에 용성과 같은 도인, 선지식이 자신보다 15년 후학인 한용운이 주도한 민족운동에 피동적으로 참여하였을까에 대한 의구심이 제기될 수도 있다. 물론 용성이 만해 한용운이 만세운동에 민족대표로 참가하라고 한 제의에 단순하게 동참하였다고 볼 수도 있다. 그러나 여기에는 위에서 필자가 개진한 용성의 3·1운동 이전의 행적을 우선 주목해야 할 뿐만 아니라, 만해가 전면에서 활동하고 용성이 2선에서 참여하였다고 하여 그것이 용성의 진면목을 가리는 것은 아니라고 보아야 한다. 그것보다는 당시 용성은 3·1운동과 같은 민족운동에 동참은 당연한 행보라고 판단하였을 가능성이다. 즉 그는 민족운동에 동참하는 것이 목숨을 건다거나, 위험한 것으로 보았다는 등의 차원이 아니었다. 달리 말하자면 그는 4차의 깨달음을 거친 노년의[14] 선지식이었다. 오히려 그는 불교를 정상적으로 포교, 발전시키는 이를테면 진리의 고양에 더욱 고민하던 시기라고 볼 수 있다는 것이다. 예컨대 용성은 3·1운동의 참여 이유를 묻는 일제의 질문에 한용운의 조선독립 선언의 내용을 듣고 즉시,

---

14) 당시 그의 나이 56세인바, 당시에는 노인 대접을 하였던 시기였음을 유의해야 한다.

마땅히 찬성한다는 의사를 표시하였다. 그리고 어느 때든지 통지만
하면 즉시 달려가겠다는 의사도 전달하였던 것이다. 이러한 대답의
이면에는 용성은 한국의 독립에 관련된 것을 흔쾌히 수락한 민족의식
이 충만해 있었다는 것이다. 당시 그는 한국이 마땅히 독립되어야 한
다는 소신을 갖고 있었다. 이는 일제 고등법원의 판사가 용성에게 독
립선언을 한 근본목적을 묻는 질문에 다음과 같이 답한 것에서 명쾌
하게 드러난다.

　동양의 평화를 영원히 유지하기 위해서는 조선의 독립은 필요하다.
일본에서도 그것을 잘 알고 있을 것이며 또 불교사상으로 보더라도
조선의 독립은 마땅한 것이므로 여러 가지 점으로 보아 하여튼 조선
의 독립은 용이하게 될 것으로 믿고 있는 터이다.15)

　용성은 이처럼 한국의 독립을 당연하게 여긴바, 그것은 동양평화,
불교사상 등의 견지에서 나온 것이었다. 이러한 확고한 의지에서 민
족운동인 3·1만세운동에 민족대표로 참여한 것이었다. 이에 우리는
당시 고승이 적지 않았음에도 불구하고 3·1운동의 대열에 적극 참
가하지 않은 다수의 선지식과는 그 근본이 달랐음을 알 수 있다. 그리
고 감옥에서 나와 입적하는 그날까지 일제의 회유와 탄압에 전혀 굴
복하지 않고 오히려 다양한 방면에서 항일운동을 지속할 수 있는 바
탕이 굳건하였던 것이다. 이에 우리는 항일지사, 민족운동가로서의
용성을 거듭 확인할 수 있다.

---

15) 『한민족독립운동사 자료집』 권12(3·1운동, 2), 91쪽, 「백상규 신문조서」.

3. 항일불교 선도자로서의 용성

일제는 한국을 식민지로 경영하면서 한국인의 정신에 큰 영향을 미치는 불교를 행정적으로 통제, 관리하였다. 이는 곧 일제강점기 불교의 성격을 말하는 것이다. 이에 한국불교는 일제의 총독부에 구속되어 불교 본연의 길을 가지 못할 정도로 피폐하였다. 더욱이 일제는 일본불교의 신앙을 권유, 강요하면서 한국 전통불교의 특색은 혼미해져 갔다. 더욱 문제시된 것은 이 같은 일제강점기 불교구도에 적극적으로 합류하는 대가로 자신만의 영달을 꾀한 친일성 승려가 적지 않게 등장하였다는 점이다. 그로 인해 불교계 및 사찰 내부에서 자주와 친일의 대결구도가 드러나고 민주적인 산중공의제도가 붕괴되었으며, 일제의 후원을 받았던 주지들의 독단이 암적인 존재로 자리잡게 되었다.

그러나 당시 불교계에서는 일제강점기 불교의 구도를 거부하고, 불교발전을 기하면서도 한국 전통불교를 수호하려는 저항의 움직임이 강하게 일어나고 있었다. 이 흐름은 대략 3·1운동 직후 강하게 일어났다. 그 흐름의 중심에는 불교청년, 청년승려, 학인 등이 자리잡고 있었으며 초기에는 당시 대부분의 본산이 지지하였다. 그들은 일제 불교정책의 핵인 사찰령 철폐운동을 전개하였으며, 자주적인 종단건설을 위한 운동을 전개하였다. 이 흐름은 불교개혁, 불교자주화의 명분으로 전개되면서 일제강점기 권력을 배제한 불교발전을 추구하였다. 그런데 그 흐름의 일각에서는 불교대중화 차원에서 승려 결혼은 묵인되어야 한다는 목소리가 자리잡고 있었다. 일본제국주의, 일본불교의 개입과 간섭은 배제하면서도 일본불교의 한 특징인 승려의 결혼

(대처승)을 수용하였던 것이다. 이는 분명 모순이었다. 때문에 항일불교를 기하기 위해서는 이에 대한 입장을 정리할 필요성이 대두되었다. 바로 이에 대한 명쾌한 대응을 위해 나선 인물이 백용성이었다. 이제부터는 바로 그 움직임의 중심인 용성의 행적을 항일불교 차원에서 정리하겠다.

위에서 언급한 일본불교에 대응적인 움직임은 우선 수행승려인 수좌들에서부터 나왔다. 민족의식을 갖고 있었던 일단의 수좌들은 일제 강점기 불교정책의 구도에서 벗어나기 위한 차원에서 하나의 거점을 만들었으니 바로 선학원이었다. 1921년 12월에 창건된 선학원은 사, 암이라는 명칭을 붙이지 않음으로써 사찰령의 구속을 벗어나겠다는 전략에서 나왔다. 그리고 선학원에 전통불교 수호, 수좌간의 상부상조를 기하기 위한 선우공제회라는 조직체를 만들었다. 선우공제회는 전국 선방 및 수좌들을 기반으로 하여 전통적인 불교를 지키려는 고육책에서 나온 것이다. 바로 이 선학원의 발기인에 용성이 포함되었다는 것을 주목해야 한다. 비록 용성은 선우공제회의 활동에는 개입하지 않고 자신이 구상한 길을 갔지만 선학원 창건 정신도 용성의 항일불교 정신의 단초로 볼 수 있는 대목이다.

용성의 불교수호의 움직임은 1925년 6월부터 모습을 드러낸 망월사 만일참선결사회였다. 이 결사회는 용성이 당시 불교의 정황에 강한 불만을 드러내고 자신이 구상하였던, 즉 불교가 가야 할 길을 구체적으로 제시한 것이다. 특히 선종 계열의 입장을 정리한 것이다. 이는 결사회의 목적을 活口參禪, 見性成佛, 廣度衆生이라고 표방한 것에서 극명하게 드러난다. 그리고 결사회에 입사하려는 자는 범망경과 사분율을 준수하려고 결심한 자와 범행이 청정한 자라고 강조되었음에서 그 지향은 분명 한국 전통의 선을 부흥시키려는 것과 무관한 것은 아니었다.

특히 이 결사회에서 주목되는 점은 공동체의 생활이 철저하였다는 것, 계율을 함께 지킬 것을 강조한 것이다. 이 실행을 용성은 禪律의 균형적인 실천이라고 보았다. 용성은 이를 실행에 옮기기 위해 午後不食, 長時默言, 洞口不出이라는 견고한 방안을 주장하였다. 그리고 용성이 이 결사를 추진한 시기가 1925년 중반이라는 점도 세밀히 살펴야 한다. 위에서 살핀 선학원의 선우공제회가 이때에 접어들면서 점차 침체 단계로 가고 있었는데 반하여, 용성은 오히려 새로운 결사를 등장시켰던 것이다. 여기에서 우리는 용성의 진지하면서 일관된 전통불교를 수호하겠다는 의지를 엿볼 수 있다.

일면에서는 용성의 이 행적에서 항일불교까지 바라본다는 것에 대하여 이의를 제기할 수 있다. 그러나 우리의 시야를 재고한다면, 그것은 문제시될 것이 없다. 당시에는 수좌 및 선방이 점차 축소되고, 승려의 결혼이 파급되고, 치열한 수행풍토가 사라지면서, 특히 음주 및 육식이 반야(진리)에 무방하다는 계율 파괴의 흐름이 거세게 일어날 때였다. 다시 한 번 강조하거니와 일제강점기 불교계에서 계율 수호, 선과 율을 함께 수행의 양 날개로 강조한 인물이 있었는지 자못 궁금하다. 선율을 동시에 강조하였다는 것은 그만큼 당시에는 그 문제가 타락, 피폐하였음을 말하는 것이 아닌가 한다. 때문에 용성의 결사회는 자연적으로 항일불교의 성격을 띠게 되는 것이다. 그러나 망월사에서의 결사수행은 1년여 이상 가지 못하고 통도사 내원암으로 이전하였다. 당시 그 결사회에 참여하였던 다수의 수좌들이 해방 이후 현대불교의 주역으로16) 활동한 것도 예사로운 것은 아니었다.

---

16) 대표적인 승려가 고암, 인곡, 운봉, 전강스님이다.

그러나 용성의 결사회를 통한 전통불교 수호의 노력이 가시적인 성과를 가져오지는 못하였다. 오히려 계율 파괴의 흐름은 더욱 가속화되었다. 자신이 추구한 결사회도 수좌들의 나태로 스스로 퇴락의 길을 가고 있었다.[17] 이와 관련된 사건이 1925년에 접어들면서 일어난 본산 주지 취임에 장애가 되었던 승려의 결혼 금지를 삭제하려는 움직임이었다. 이 사건은 일본 유학을 갔다 온 청년승려가 귀국 전후에 결혼을 하였는데, 그 승려가 자신의 출신 본사에 주지 취임하려고 사법을 개정하기 위해 친일파 신도(이완용)를 앞장 세워 총독부에 개정 노력을 하였다. 이에 그 소식을 들은 다수의 본산 주지들이 반대운동을 하여 일시적으로는 사법 개정이 무산되었다. 이 같은 움직임을 지켜본 용성은 승려결혼의 허용을 법적으로 묵인하는 것은 절대 불가하다는 건백서를 1926년 5월에 총독부에 제출하였다. 당시 용성은 그와 뜻을 같이 하는 승려 127명의 서명을 받아 건백서를 작성하였다.[18] 그 요지는 승려의 결혼은 불교의 근본과 한국 전통불교 차원에서는 있을 수 없는 일임을 지적하고, 당시 불교계의 모순의 근원에는[19] 승려의 결혼문제가 자리잡고 있었다고 강조하였다. 용성의 단호한 의지가 그 건백서에는 확실히 나온다.

僧된 者의 持戒修道함은 당연한 本分事이어늘 엇지 寺法을 개정하야

---

17) 당시 용성의 회고적인 편지에 "세상에 믿을 것이 하나도 없습니다. 生(용성)은 정성을 다하여 한 일이온대 3년간 동구 밖으로 나가지 않을 것이라든지, 오후에 먹지 않을 것 등 온갖 규칙을 모두 스스로 파괴하고 나의 지휘는 털끝만큼도 따르지 않으니 나의 신심도 또한 게으르게 되었습니다"는 내용이 이를 말해준다. 김광식, 『용성』(민족사, 1999), 157쪽.
18) 『동아일보』 1926.5.19, 「백여명 연명으로 범계생활 금지 진정」.
19) 그 예로 거론한 것은 사찰 내에서 가정생활을 하고, 고기를 먹으며, 자녀를 길러 청정도량을 오염하게 하였다는 것이다.

帶妻者로써 주지되기를 당국에 희망하리요. 其 羞恥된은 舌端으로써 掛키 불능하도다. 당연히 斷却치 아니하면 反히 其亂을 招하나니 맛당히 절대로 帶妻僧侶와 帶妻住持를 嚴禁하야 現今에 弊害를 察하야 後日의 歎이 無하도록 할 것이오.[20]

이는 불교교리의 입장에서 승려 결혼은 파계임을 선언한 것이었다. 요컨대 용성은 승려 결혼을 절대 인정하지 말고, 파계한 승려는 환속시켜 재가신도의 지위에 있도록 해야 한다고 주장하였다.[21]

그러나 이러한 용성의 건백서를 받은 총독부는 일체의 대응을 하지 않았다. 이에 용성은 그해 9월 두 번째의 건백서를 다시 제출하였다. 이 건백서에서도 이전의 주장을 더욱 지적하면서[22] 현실적인 대안을 제안한 것이 특이하다. 즉 그 내용은 승려 결혼을 만약 인정할 수밖에 없다면 승려 결혼을 반대하는 청정 비구들이 수도할 수 있는 전용의 본산 몇 개를 할애하라는 요구였다. 다시 말하면 무처승려와 유처승려를 구분하자는 것이다. 그러나 이에 대해서도 일제는 전혀 대응하지 않았다.

그리하여 일제는 용성의 건의를 완전 무시하고, 1926년 10월경부터 접수된 10여 본산의 사법 개정을 인가하기에 이르렀다. 그 결과 1929년 후반에 접어들면서는 당시 대부분의 본산이 결혼한 승려도 본산 주지에 취임할 수 있게 하는 사법을 개정하였다.[23] 이로써 결혼한 승

---

20) 『용성선사어록』 권하, 27 上.
21) 김광식, 「1926년 불교계의 대처식육론과 백용성의 건백서」, 『한국근대불교의 현실인식』, 1998, 민족사.
22) 이 건백서에서 추가로 지적된 모순은 결혼한 승려가 사찰을 장악함으로 인해 수행납자와 청정 비구승은 자연 사찰 밖으로 구축되고 있다는 내용이다.
23) 고교형, 『이조불교』 91쪽. 1929년 4월에 가서는 80%의 사찰이 사법을 개정하였다.

려의 제한은 완전 사라지게 되었다. 당시 총독부는 승려의 결혼문제
는 불교계에서 알아서 할 일이지 행정적으로 관여할 수 있는 것이 아
니라는 입장을 피력하였다. 그러나 은근하게 시세의 순응이 중요함을
언급하면서, 결혼한 승려의 주지 취임을 반대하면 결과적으로 주지할
대상자가 없을 것이라고 강변하였다. 이는 총독부가 주지 취임을 허
용, 방관, 장려하는 것이었음을 말해주는 것이다. 외적으로는 이러한
입장을 표명하였지만 용성이 1차 건백서를 올린 직후에 각 도지사에
게 내린 공문에는 사법 개정의 범위를 지시하였다.24) 그는 주지 자격
의 조항인 "비구계를 수지하고, 보살계를 수지한 자"를 삭제하라는
것이었다.

이에 일제 당국의 이러한 정책에 의거 당시 불교계의 결혼은 완전
허용되었는바,25) 당시 세간에서도 이를 '一大 革命'으로 칭하였다.26)
혹자는 용성의 이 건백서 제출을 타협적이고 문제가 있는 것으로 볼
수도 있다. 그러나 우리가 갖고 있는 생각을 재고한다면 그것은 간단
한 것이 아님을 간파할 수 있다. 우선 그러한 모순과 변동에 대하여
정면으로 문제를 제기할 수 있다는 것은 결코 쉬운 일이 아니다. 누가
암울하고 엄혹한 식민통치하에서 일제의 불교정책을 정면으로 비판,
반박할 수 있는가. 그리고 그 비판도 비판을 위한 비판이 아니라, 대
안을 제시하였기에 현실적인 탄력성이 있는 것이다. 또 다른 측면에
서는 그 건백서를 한국불교의 종단에 제출하지 않고 일제 당국에 제
출한 것은 자주적이지 못하다는 지적을 할 수 있다. 그러나 이는 당시
불교계의 사정을 모르는 것에서 나온 것이다. 유감스럽게도 당시에는

---

24) 『매일신보』 1926.5.21, 「내적생활의 해방으로 조선사법 개정」.
25) 『매일신보』 1926.11.26, 「사찰주지의 선거자격 개정」.
26) 『매일신보』 1926.11.27, 「논설, 조선사법의 개정」.

완전한 의미의 종단은 부재하였다. 교무원이라고 있었지만 그것은 불교사업을 공동으로 추진하는 일종의 재단법인에 지나지 않았다. 즉 종단의 권한은 대부분 일제가 장악하였기에 그 권한의 당사자인 일제에게 건백서를 제출한 것은 당연한 것이었다.

용성은 일제의 불교정책, 타락한 계율의 풍조, 명리를 추구하는 불교계의 정서를 근본적으로 전환시키려고 하였지만 자신의 뜻을 관철시키지는 못하였다. 이에 용성은 깊은 고민을 하였다. 그 고뇌하에 나온 것이 기존 불교를 뛰쳐 나오는 것이었다. 이에 용성은 자신의 승적을 과감히 던져 버렸다.[27] 그리고 자신만의 길을 더욱더 힘차게 갔던 것이었으니 곧 大覺敎의 선언이었다. 이 정황은 용성이 경봉에게 보낸 편지에 적나라하게 드러난다.

선원의 宗主 문제는 본 大覺敎의 일이 번다하여 부탁하신 청을 들어드리지 못하오니 양해하시옵소서.
敎生(용성)은 僧籍을 제거하였는데 그 까닭은 조선 승려는 畜妻를 하고 고기를 먹으며 사찰재산을 없앰에 대하여 僧數(사찰, 승려들이 모여 있는 기존 단체)에 처할 생각이 없기 때문입니다.[28]

용성은 이러한 노선의 대전환을 일시에 단행한 것은 아니었다. 이러한 그의 의식은 1933년 7월경에 용성이 경봉에게 보낸 편지에서도 확인된다.

보내온 편지의 말씀은 일일이 절실하여 사람으로 하여금 감복하여 저절로 숙여지게 합니다만, 나는 이미 除籍한 지 오래 되었으므로 다

---

27) 자신의 상좌인 동헌에게 승적 탈퇴서를 내용증명으로 발송하게 하였다고 한다.
28) 『삼소굴소식』, 176쪽.

시 상속할 생각이 없습니다.

그러나 老漢은 대각성전에 大戒를 버린 것은 아니니 본래 받은 戒를 몸과 마음에 굳게 짊어지고 있으므로 대각성존께서 나를 버릴 이치가 없기 때문입니다. 다만 현재 僧籍만 제거할 것이며 다시 괘념할 필요를 느끼지 않을 뿐입니다.

노한은 요즈음 사찰의 제도와 또 2백만 원의 종단 채무를 볼 때 도저히 승려들의 무리 속에 함께 할 생각이 없어져 스스로 除籍한 것이요, 대각의 聖訓을 버린 것은 아니며, 이미 大覺敎를 세운 뒤에 새로 교를 믿는 사람 수만 명을 얻어 부처의 최상 진리를 선포하니 대각교나 불교나 둘이 아닌지라 둘이 서로 방해롭지 않은 것 같습니다.

경에 이르기를 佛을 大覺이라 이름하는 것은 일체의 지혜를 갖추었기 때문이라 하니 스스로 外道가 아닌 것입니다.[29]

이 편지에서 보이듯 용성, 그가 이처럼 기존 불교의 타락과 모순에 처절히 반발한 것은 불교에 대한 애정뿐만 아니라 불교를 식민지 통제의 수단으로만 활용하는 일제에 대한 저항의식이 개재되었다고 하겠다.

그러나 그의 대각교 선언은 우연히 나온 것은 아니다. 그는 이미 3·1운동으로 옥중에 수감되었을 때부터 이에 대한 고민을 하였다고 보인다. 그 단적인 예로 그가 1922년에 현재의 대각사 자리에 새롭게 포교당을 열었을 때 그 간판을 대각교당으로 표방하였다. 즉 이즈음부터 대각이라는 명칭, 개념을 사용하였음에서 이를 알 수 있다. 그런데 1925년부터 참선결사회, 승려 결혼 반대를 위한 건백서 제출 등이 좌절로 나타나자 마침내 그는 이전부터 구상한 자신의 노선을 선언한 것이다. 이에 그는 서울의 대각교당에 대각교중앙본부라는 간판을 부

---

29) 『삼소굴소식』, 177쪽.

착하였다. 나아가서 그는 대각교의 교리서인 『대각교 원류』, 『대각교 의식』을 집필하고, 대각교의 신앙 및 의식도 독자적으로 개편하였다.

이는 기존 불교와의 완전 단절을 의미하는 것이다. 때문에 그의 대각교 선언은 그가 식민지불교를 정면으로 부정함을 말하는 것이기에 이는 항일불교의 성격을 띠는 것이다. 여기에서 용성은 3·1운동 민족대표로 요약되는 민족운동의 구현에서 이제는 그가 속한 사찰, 불교를 통한 민족운동을 지속하였거니와 그것은 항일불교 선도자로서의 용성의 모습이었다.

4. 역경불교 개척자로서의 용성

용성의 민족불교의 특이한 이력은 역경을 통해서도 찾을 수 있다. 역경이라 함은 일반적으로 불교의 교조인 석가의 가르침인 경, 율, 론의 삼장에 대한 번역을 말한다. 용성은 일제강점기 역경사업을 본격화시킨 주역이다. 그가 번역한 종류는 수십 종에 달하고, 그 양은 십만 권에 달할 정도이다. 그러나 그의 역경은 단순한 역경에 머무른 것은 아니다. 그가 역경사업에 매진한 것은 불교라는 진리를 일반 대중에게 전달해야 한다는 사명감에 나온 것이다. 또한 거기에는 나라를 잃고 신음하는 중생들의 정신을 일깨워주려는 민족의식 계몽의 측면도 개재되어 있었다. 그리고 진리전달, 민족의식 계발은 자연 불교의 체질 개선과도 불가분의 관계를 갖는 것이다. 일제강점기 불교는 일제강점기 체제에 억압된 불교, 승려중심의 불교의 성격이 주종을 이루고 있었다. 이런 기존 불교의 체질을 개선하기 위해서는 역경의 산물로 나온 대상을 일반 대중에게 널리 보급할 책임을 느꼈던 것이다.

그가 역경사업에 본격적으로 뛰어든 것은 3·1운동으로 인해 옥중에서 출옥한 이후이다. 때문에 그의 역경은 3·1운동 당시 옥중체험을 간과할 수 없다. 그러나 그는 이미 상경한 1911년 이전인 지리산 칠불암에서 『귀원정종』이라는 책을 저술하였는데, 이 저술은 도전적인 기독교에 대응하려는 불교적인 관점에서 집필한 것으로 일종의 비교종교학의 성격을 갖고 있었다. 이 저술은 그가 임제종포교당의 후신인 선종중앙포교당에서 1913년에 발간하였다. 그즈음 그는 『불문입교문답』이라는 일종의 불교 교리 문답서를 선종중앙포교당에서 펴냈다. 이런 사정은 그가 3·1운동 이전부터 불교 포교 차원에서 저술활동을 하였음을 알게 해 준다. 더욱이 그가 포교자금 확보 차원에서 1916년부터 3년간 북청에 가서 탄광사업에 종사한 것도 예사로운 것은 아니다.

그러나 그가 역경사업에 대한 포부를 갖게 된 것은 옥중 체험을 배제할 수는 없다. 이 사정을 전하는 그의 옥중 체험을 확인해 보겠다.

대각응세 이천구백삼십육년 삼월 일일 독립선언서 발표의 일인으로 경성 서대문 감옥에서 삼년간 철창생활의 신산한 맛을 체험하게 되었다. 각 종교신자로서 동일한 국사범으로 들어온 자의 수효는 모를 만큼 많았다. 각각 자기들의 신앙하는 종교서적을 청구하며 기도하더라. 그때에 내가 열람하여 보니 모다 조선글로 번역된 것이오 한문으로 된 그저 있는 서적은 별로 없더라. 그것을 보고 즉시 통탄한 것을 이기지 못하야 이렇게 크고 큰 원력을 세운 것이다.

내가 만일 출옥하면 즉시 동지를 모아서 경 번역하는 사업에 전력하여 이것으로 진리의 나침반을 지으리라 이렇게 결정하고 세월을 지내다가 신유년(1921) 삼월에 출옥하여 모모인과 협의하였으나 한 사람도 찬동하는 사람은 없고 도리어 비방하는 자가 많았다. 30)

여기에서 우리는 용성 그가 옥중에서 타종교의 서적 대부분이 한글로 되어 있음에서 큰 충격을 받았음을 알 수 있다. 용성은 나아가서 한문에 대한 소용, 민중들의 한문에 대한 이해도, 시대사조 등을 종합적으로 고려한 결과 마침내 역경에 나설 결심을 하였다. 출옥 후, 그는 자신의 결심을 실천하기 위해 제반 준비를 하였다. 그는 자신의 뜻을 널리 알리고 동참자를 구하였으나 큰 성과를 얻지 못하였다. 오히려 반대의 목소리만 듣게 되었다.

> 余가 此로 인하여 장래를 憂慮타가 부득이 譯會를 설립하고 其 진행방법을 연구하여 全鮮 사찰에 선전하였으나 水泡 終歸할 따름이로다.[31]

반대의 목소리란 승려만이 아는 불교를 왜, 한글로 번역하여 승려의 권위를 하락시키는가였다. 그리고 당시 승려들은 역경에 나서야 하는 당위성도 이해하지 못하였다. 여타 승려들은 세상사조에만 정신이 팔리고, 거의 결혼을 하여 처자식 봉양에만 유의하고, 사미 학승들은 세간의 학문에만 정신이 나가고, 주지들은 사찰재산 탕진만 하면서 경전 번역에는 전혀 뜻이 없었다고 용성은 평가하였다.

이에 용성은 자신이 혼자, 고독하게 직접 역경사업을 전개할 수밖에 없었다. 용성이 역경을 위해 조직한 것은 三藏譯會였다. 당시 『동아일보』에서도[32] 용성의 삼장역회의 등장을 「불교의 민중화운동」이라는 취지로 그 의미를 긍정적으로 평가하였다. 삼장역회는 그가 출옥 후 거주처로 마련한 서울 봉익동의 대각교당에 두었다. 마침내 그는

---

30) 용성, 「저술과 번역에 대한 연기」, 『조선글 화엄경』(삼장역회, 1928).
31) 『용성대종사전집』 권11, 『대불정수능엄경』, 「변언」.
32) 1921년 8월 28일.

자신의 구상을 서서히, 그리고 강력하게 밀고 나갔다. 역경의 착수에
즈음하여 그는 자신이 역경을 하고 그 성과물을 보급하는 심정을 다
음과 같이 피력하였다.

> 불기 이천구백사십팔년 시월 이십오일에
> 삼장역회 백용성은 서하다
> 또다시 한말로 우리 불교를 믿는 사람에게 선전코저 합니다. 우리
> 는 오직 불심만 믿어 나의 억천겁에 어두운 마음을 타파하고 청정도
> 덕과 마음이 편안하고 참 질거운 락을 수용합시다. 빈도가 재조없고
> 지혜가 쩔으며 눈이 어둡고 손이 떨리나 오는 세상이 다하도록 모든
> 중생이 정법을 깨달아 가치 성불하기를 원하고 이 경을 번역합니
> 다.33)

즉 중생들이 불법을 깨달아 함께 성불하자는 원력이 배어 있었으
니, 이는 보살정신 그 자체였다. 그는 보살정신으로 경전번역을 하였
거니와 이는 나라 잃은 백성들에 대한 뜨거운 보살핌이었다. 이는 곧
민족의식의 표출이라고도 말할 수 있는 대목이다.

그는 보살정신, 민족의식으로 경전번역을 하면서 동시에 불교사상
의 요체도 집필하고, 그것을 간행하기도 하였다. 아래에 제시한 그의
성과물을 보면 출옥 후 불과 4년여에 적지 않은 성과를 보였음을 알
수 있다.

歸源正宗(1921.7, 재판)
心造萬有論(1921.9, 삼장역회)
鮮漢文 金剛經 新譯大藏經(1922.1, 삼장역회)

---

33) 『신역대장경』(삼장역회, 1922. 1.16).

首楞嚴經 鮮漢 演義(1922.3, 삼장역회)

修心正路(1922.6, 탈고)

覺頂心觀音正士摠持經(1922.12, 대각교회)

金比羅童子威德經(1922.9, 대각교회)

八相錄(1922.9, 삼장역회)

大方廣圓覺經(1924.6, 삼장역회)

鮮漢文譯禪門撮要(1924.6, 삼장역회, 부록으로 수심정로 첨부)

이러한 성과는 짧은 기간에 후원도 없이, 아니 비판만 받으면서도 다양한 경전을 번역하고, 그 양이 무려 2만여 권에 달하였다고 용성 스스로 평가함에서 가늠할 수 있다. 그러나 당시 용성의 속세 나이가 60여 세였다. 이에 그는 근력이 떨어지고, 신경쇠약이 오고, 눈도 침침한 지경에서 이렇듯이 역경을 한 것은 그의 집념, 민족의식이 견고한 것임을 알 수 있게 한다. 이에 그는 잠시 역경사업을 접을 수밖에 없었다. 그러나 그는 불교사업에서 완전히 손을 뗀 것은 아니었다. 망월사에서의 참선결사회를 주도하면서 역경의 휴식기간을 보내고 있었다.

그러나 그 기간에도 용성은 역경에 대한 고민을 중단한 것은 아니다. 당시에 그가 고민한 것은 한국불교 사상의 중추를 차지하고 있는 화엄경 번역에 대한 문제였다. 화엄경 번역은 그 양과 사상의 난해함에 비추어 결코 간단한 것은 아니었다. 마침내 용성은 제반 준비를 다한 후에 1926년 4월부터 번역에 착수하였다. 이때는 그가 망월사에서 통도사 내원암으로 결사회 장소를 이전하였지만, 수좌들의 나태로 불교의 존폐에 대한 고뇌를 거듭할 그때였다. 통도사 내원암 조실방에서 번역에 착수한 이래 570일 만에 그는 화엄경을 번역하였다. 이는 초인적인 힘이었다. 그러면 그 초인적인 힘을 가능하게 한 용성의 저력 및 사상은 무엇이었는가? 그 저력과 사상의 저변에는 진리에 대한 확신, 진리를 보급하여 민중들의 의식을 계몽하려는 애정, 불교의 개혁 등이 어울려서 나온 것이라 보겠다.

이에 당시 불교계에서도 용성의 성과에 대해서는 대단한 평가를 하였다.『불교』지 43호(1928.1)에 게재된 내용은 이를 간략히 전하고 있다.

> 조선불교의 경전은 한문경전뿐이므로 불교 진리를 연구하려는 연구자들에게는 그 뜻을 이해하기도 어려우며, 발전과 향상에 막대한 지장이 있어 이 문제점을 깊이 느끼고 통탄히 여긴 백용성선사(시내 봉익동 2번지 거주)는 64세의 고령임에도 불구하고 노익장의 정열로 모든 주위의 난관과 환경의 복잡한 것을 용감하게 돌파하고 1926년 4월 17일부터 화엄경 번역에 착수한 이래 1년 8개월 동안 여러 어려움을 무릅쓰고 끊임없는 정성과 노력을 경주한 결과 1927년 11월 13일에 번역의 종료를 고하게 되었으며 즉시 일면으로 인쇄에 착수하여 적어도 금년 해(음력) 안으로는 전부가 완성되리라는데 중국불교가 조선에 수입된 이래에 조선문으로 화엄경을 번역하기는 선사가 처음인만큼 장래 조선 불교계에서는 가치로 따질 수 없는 보물인 것만은 일반이 한가지로 기뻐하게 되었다.

64세의 고령을 이겨내고, 도움이 전혀 없는[34] 현실에서 화엄경을[35] 번역하고, 이를 출판하였다는 것은 간단한 일이 아니다. 이로써 용성

---

34) 이 도움은 불교계, 종단 등의 후원을 말한다. 용성 개인 차원에서의 신도들의 외호는 적지 않았을 것이다. 특히 구전에 의하면 상궁들의 후원이 많았다고 한다.
35) 그가 저본으로 삼은 것은 80권 화엄이다. 그의 번역은 선적인 표현으로 이를테면 화엄선으로 보아야 한다고 한보광은 주장한다. 한보광,「백용성스님의 역경 활동과 그 의의」,『대각사상』5, 2002, 113쪽.

은 근대 역경불사의 기념탑을 세웠다. 용성 이전에도 몇 명이 지장경, 아미타경, 화엄경 행원품 등을 번역하였지만 화엄경 전부를 번역한 것은 용성이 최초였다. 요컨대 역경사업의 새로운 길을 개척한 것이었다. 더욱이 그 이름을 '조선글 화엄경'이라 함에서는 더욱 민족의식의 함양이 강하게 드러나지 않았을까 한다. 거듭 강조하건대 용성이 이 사업을 추진한 것은 당시 민중의 근기 및 수준에 맞는 책을 전해주겠다는 원력에서 나온 것이다. 때문에 그의 역경사업을 우리는 민족불교의 개념 안에서 정리할 수 있다.

용성이 각고의 난관을 이기고 번역한 화엄경 번역은 1928년 3월, 12권으로 정식 출간되었다. 당시 『불교』지 43호의 「불교소식」에서는 이를 "삼장역회에서 조선문 화엄경 간행, 백용성선사의 후반생 필사적 노력의 결정체"라고 그 의의를 함축적으로 표현하였다. 용성은 그 이후에도 역경을 지속하고, 그 성과물을 발간하였다. 그리하여 그의 역경 장소는 서울 대각사, 사찰, 암자 등을 가리지 않았다. 그의 역경 후반기의 성과물을 제시하면 다음과 같다.

祥譯科解 金剛經(1926.4, 삼장역회)
八陽經(1928.1, 삼장역회)
조선글 화엄경(1928.3, 삼장역회)
조선글 능엄경(1928.3, 삼장역회)
覺海日輪(1930.3, 대각교당, 부록에 육조단경 요해)
大乘起信論(1930.9, 대각교 중앙본부)
灌頂伏魔經(1930.10, 대각교 중앙본부)
覺說梵網經(1933.1, 대각교 중앙본부)
靑空圓日(1933.6, 대각교 중앙본부)
修心論(1936.4, 대각교 중앙본부)

釋迦史(1936.7, 대각교 중앙본부)

臨終訣(1936.9, 삼장역회)

吾道의 眞理(1937.6, 삼장역회)

六字靈感大明王經(1937.10, 삼장역회)

吾道는 覺(1938.3, 삼장역회)

千手經(1938.5, 삼장역회)

지장보살본원경(1939.4, 삼장역회)

여기에서 주목할 것은 용성, 그는 1940년 입적하기 직전까지 역경을 하였다는 점이다. 당시 그의 속랍이 76세였다는 점을 보면 그의 초인적인 역경을 통한 진리에의 확신은 높이 평가할 수 있다고 본다. 우리는 거듭 용성의 역경사업이 불교의 포교, 불교 발전만을 위한 것이 아님을 확인해야 한다. 만약 용성을 불교계 내의 훌륭한 승려라는 제한된 의미에서 그를 바라본다면 용성의 진면목을 이해할 수 없을 것이다. 그는 진리의 전도자로서의 사명을 갖고 있었다. 이를 이해할 수 있는 대목은 그의 대표적인 불교사상서로 지칭된 『각해일륜』의 머리말에 잘 나와 있다.

覺이라는 것은 本覺, 始覺, 究竟覺이 원만하여 둘이 아님을 말하는 것이고, 海라는 것은 깊고 넓어서 헤아릴 수 없음을 말한 것이며 日輪이라는 것은 묘한 지혜가 원만하고 밝아서 비추지 않는 바가 없음을 말하는 것이니, 종교·도덕·진리·철학·과학·인과 등을 모두 갖추지 않음이 없으므로 覺海日輪이라 한다.

이처럼 용성은 불교가 종교, 도덕, 진리, 철학, 과학, 인과 등에 걸림이 전혀 없다는 확신을 갖고 있었다. 이에 용성은 자신이 알고, 깨친 그 진리를 암울한 시절의 식민지 백성으로 고통받는 일반 대중에게 전해주어야 한다는 사명의식을 갖고 있었다. 여기에서 용성은 민족의식 계발, 민족 공동체 구성원에게 대각사상을 심어주는 보살로서 나타났던 것이다. 그리고 용성은 여기에서 한발 더 나아가 역경한 그 저술의 내용을 대중들에게 전달해 주기 위한 대중 강연에도 나섰다. 대각사에 대각일요학교 개설, 대각교당에서 승려와 재가자가 함께하는 안거 수행의 실시는 그 단적인 예증이다.

지금껏 용성의 역경은 민족불교 구도에서 나온 것임을 제시하였다. 민족의 구성원들에게 불교라는 진리를 전하겠다는 고뇌에 찬 발걸음이 바로 역경이었다. 그러나 당시에는 이를 온당하게 이해하려는 승려, 대중들이 희소하였다는 것이 아쉬움이었다.

5. 선농불교 구현자로서의 용성

백용성의 성격 중에서 선농불교는 기본적으로 불교개혁의 바탕에서 나온 것이다. 그러나 용성, 그가 주장하고 실천에 옮긴 선농불교는 단순히 불교개혁의 관점에서만 바라볼 것은 아니다. 왜냐하면 용성이 선농불교를 실천에 옮기게 된 결정적인 추동은 일제강점기 불교의 타락에서 기인하였기 때문이다. 때문에 용성의 선농불교는 자연 일제강점기 불교의 극복이라는 구도에서 배태되었고, 그 구현은 곧 민족불교 구현으로 나아갔던 것이다.

그러면 용성은 언제부터 승려가 노동을 해야 하고, 신도들의 시주로부터 독립을 하고, 노동 자체를 선으로 인식하였는가? 용성의 회고에 의하면 그것은 1916년경에 그가 북청의 탄광에서 포교 자금을 위한 사업에 나설 때부터가 아닌가 한다. 이를 전하는 용성의 글을 보자.

아− 우리는 광이 들고 호무가지고 힘써 노동하여 자작자급하고 타인을 의뢰치 말자. 余는 此를 각오한 지가 이십년 전이나 勢 부득이 하지 못하고 잇다가 오육년 전에 중국 길림성 옹성습자 용산동에 수천일경 토지를 매수하여 오교인으로 하여금 자작자급케 하여 쓰며 또 과농을 종사하여 오육년간을 노력중이다.36)

여기에서는 1910년대부터 이를 각오하였다고 한다. 용성이 중국 길림성에 수천일경의 토지를 구입하여 농사를 짓기 시작한 것은 1927년 9월부터이다. 당시 『불교』지에37) 전하는 내용을 보면 그곳에서 대각교당 봉불식을 거행하였음을 알 수 있다. 용성은 이곳에서 半農半禪을 실천하였던 것이다. 용성의 또 다른 선농을 구현한 곳은 국내의 경남 함양의 화과원이었다. 화과원은 함양의 백양산에 설립한 일종의 과수원 겸 공동체로 운영한 농장이었다. 이 사정은 그곳을 탐방한 기자의 취재에 의해서 자세히 전하고 있다.

지금으로부터 육년 전에 경남 함양군 백양산에 가서, 산림 황무지 등 수만 평을 매입하여, 그를 개간하고, 과수·야채·마령 등을 재배하고 자작자급의 정신으로써 일하고 인근 촌락의 빈민 아동을 모아서 교육시키고 있었다.38)

---

36) 백용성, 「중앙행정에 대한 희망」, 『불교』 93호(1932.3), 15쪽.
37) 『불교』 40호(1927.10), 52쪽, 「대각교당 봉불식」.
38) 심두섭, 「白龍城師를 찾아서」, 『조선불교』 89호(1933.6).

즉 용성은 화과원에서 수만 평을 개간하여 과수, 야채, 감자 등을
재배하였다. 그리고 승려의 노동과 빈민 아동을 교육시키는 일종의
자급자족의 공동체 생활을 영위하였던 것이다. 용성은 그 화과원에서
자급자족을 중심으로 하는 선농불교를 실천하였다. 그러나 그곳에서
선농불교를 한 것은 단순히 승려의 노동을 통한 참선만을 강조한 것
은 아니었다. 물론 그곳에는 선방이 있어 참선 수행을 하고, 여가에는
역경을 하였다. 곧 그곳은 용성의 토굴이었던 셈이지만, 그 오지에 주
석처를 마련한 것은 간단한 것은 아니었다. 이 사정을 전하는 기자의
취재 내용에서 나오는 것과 같이

> 따라서 금후는 신도의 力에 의뢰하여 생활해 가려고 생각한다면 매
> 우 잘못된 것이다. 금후의 승려는 모름지기 스스로 노동하여 스스로
> 먹는, 소위 자기의 力으로써 생활한다는 정신을 가져야 된다.39)

변화하는 세상, 불교계의 변질 등을 고려한 전제에서 나온 것이다. 요
컨대 자급자족하지 않으면 안 될 것이라는 정세 판단에서 나왔다. 반
농반선으로 대변되는 화과원에서의 생활은 당시로서는 파격 그 자체
였다. 그리고 거기에는 단순히 승려 노동만을 강조함에 머무르지 않
고 그가 추구한 공동체에서 일반 민중에게 적합한 불교의 실천임도
아울러 강조되었다. 일반 민중에게 적합하다는 것은 불교가 민중의
바탕에 서 있는 것이 아니고, 민중을 위한, 민중의 생활과 함께 한다
는 방향을 염두에 둔 것이다. 이런 그의 구상은 그가 경봉에게 보낸
편지에서도 여실히 나온다.

---

39) 위와 같음.

生(용성)은 북간도 용정시에 大覺敎를 신설하고, 이제부터는 포교하여 革命的인 民衆敎로 힘을 쓰고 있으나 심력이 다하고 금전이 다 되어 도무지 한푼도 없습니다.[40]

그는 북간도에서 행하는 선농불교로서의 대각교당의 사업을 혁명적인 민중교라고 자평하였다. 혁명적인 민중교라 함은 기존의 불교의 폐단을 과감히 벗어 던진 새로운 불교를 지칭한 것이다. 용성이 이국 땅 만주에서 대각교당을 건립하고, 그곳의 토지를 구매하여 선농불교를 구현한 것은 만주로 이주한 동포들에게 삶의 애환을 달래주려는 것과도 연결되었다.

지금껏 정리한 것과 같이 용성은 간도의 용정과 함양의 화과원에서 선농불교를 실천에 옮겼다. 이제부터는 용성의 선농불교의 성격을 개진하고자 한다. 우선 그의 선농불교는 그가 1927년에 선언한 대각교와의 관련을 갖고 있었다. 이와 관련해서는 용정과 화과원 그곳이 대각교의 지부로 나온다는 당시 불교계의 기록을[41] 유의할 수 있다. 1927년 서울의 대각사에 대각교중앙본부라는 간판이 있었음을 고려할 경우 신뢰할 수 있는 내용이다. 대각교와의 긴밀한 구도하에 선농불교가 진행되었다면[42] 이는 기존 일제강점기 불교체제에 대한 저항의 성격을 갖는 것이다. 그리고 식민지불교에 기생하고 있는, 계율 파괴를 하는 기존 승려에 대한 강한 부정의식에서 나온 것도 동시에 파악된다.

---

40) 『삼소굴소식』(극락선원, 1997), 175쪽.
41) 석대은, 「고백용성대선사의 추모」, 『불교시보』 59호(1940.6). 『조선의 유사종교』 (조선총독부)에서는 함양군 백전면에 대각교 지부를 두었다고 한다.
42) 『대각교의식』에는 12覺文이라 하여 대각교에서의 강조점이 제시되어 있다. 그 중에서 제7항은 자기 생활에 힘으로 노동하고 남에게 의뢰하지 말자는 내용이 있다(自活努力不賴他). 이는 선농불교를 단적으로 말하는 것이다.

다음으로 그의 선농불교에는 기존 불교에 대한 과감한 개혁의 의지가 드러나고 있었다. 당시 용성은 세계사조가 급변하고, 반종교운동이 돌진하며, 불교의 기반이 와해될 수 있다는 판단하에 불교 전반의 교정을 과감하게 개신해야 한다고 보았다. 이에 대한 용성의 대안은 아래의 글에서 찾을 수 있다.

> 我는 如是히 觀한다. 세계사조가 년년월월히 변하고 반종교운동이 시시각각히 돌진하고 잇다. 吾人이 이때를 당하여 敎政을 급속도로 개신치 안이하면 안이 될 것이다. 하나는 禪律을 겸행하지 않으면 안이 될 것이다. 하나는 吾人의 자신이 노동하지 않으면 안 될 것이다. 昔日에도 황벽 임제와 위산 앙산이 다 田中에서 普請하사 친히 경작하시엿다. 아! 오인은 시급히 혹은 田業을 과농에 급무하야 자작자급하고 타인의 力을 假資하지 안이 하여사 될 것이다.[43]

요컨대 용성은 그 대안으로 禪律의 겸행과 노동의 실행을 제시하였다. 바로 이 대안이 선농불교의 이론적인 기초였다. 참선, 계율 수호, 노동이 결합된 것이 선농불교이다. 용성 그가 이러한 대안을 강력하게 내놓은 것은 당시 불교가 안일, 나태, 사적 이익의 추구, 신도에 아부하는 현상으로 인해 불교는 흡혈, 사기, 기생적인 종교 혹은 아편독과 다를 바가 없다는 지적을 받았음에서 나왔다. 이에 용성은 기존 불교의 파탄을 극복하고, 아울러 일제강점기 불교체제하의 불교에서 벗어나기 위해 자신이 20년 전부터 강구한 자신만의 길을 가게 되었으니 그것이 곧 선농불교였다. 그리하여 그 길은 그가 1927년에 선언한 대각교의 또 다른 형태였다. 즉 대각교라는 큰 울타리에서 일제강점

---

43) 백용성, 「중앙행정에 대한 희망」, 『불교』 93호(1932.3).

기 불교의 극복, 선농불교의 실천, 역경불교의 지속 등이 함께 용해되었다고 볼 수 있다. 미시적으로는 그의 선농에는 참선, 계율, 자급자족이 상호간에 맞물려서 진행되었다.

지금껏 용성이 행한 선농의 개요와 성격을 살펴본 바와 같이 용성의 선농불교는 일제강점기 불교의 극복이 개재되었다. 이 점이 여타 승려들의 선농불교와의 차별성을 갖는 것이다. 선농불교를 주장만 하고 실천에 실제로 옮긴 인물도 흔치 않은 현실에서 용성의 실례는 일정한 가치를 갖게 된다. 더욱이 용성이 선농을 행할 당시의 세속 나이가 63세에서 74세에 걸쳐 있었다는 것도 간단한 것은 아니다. 이 점은 그의 선농이 고심에 찬 노년의 용성의 모습으로 이해할 때 그것은 그의 인생 전체를 걸었던 대상임을 알 수 있게 한다. 요컨대 용성의 선농은 민족불교의 관점에서 바라볼 수 있는 대상이 분명하다고 보겠다. 불교를 살리고, 승려를 살리고, 민중을 위한 불교로 나서며, 식민지불교의 체질을 극복하는 방향에서 용성의 선농불교는 구현된 것으로 보고자 한다.

6. 결어

백용성은 일제강점기 불교에서 주어진 역사적 현실을 극복한 위대한 한국인이었다. 그가 위대한 한국인이었다는 내용과 성격은 위에서 정리한 바에서 충분히 입증된다고 하겠다. 지금까지의 용성은 불교계 내부의 인물이었으며, 간혹은 용성문중의 어른으로만 인식되었다. 그러나 비판적인 안목에서 바라보면 불교계 내에서도 적절한 자리매김을 하지 못하였다고 보는 것이 솔직할 것이다. 이제부터는 민족불교의 관점에서 살핀 용성의 생애와 사상을 재음미하면서 본 고찰에서 미진한 점을 대별하여 제시하겠다.

첫째, 용성을 불교계 인물에서 불교계 외부의 인물로 내보내야 한다. 이를 위해서는 용성의 행적, 사상, 성격 등에 대한 종합적인 고찰을 하여야 한다. 동시에 그의 행적이 있는 전국 각처의 유적지에 대한 정밀한 조사와 복원이 이루어져야 할 것이다. 물론 이러한 사업을 추진함에는 용성문중, 기념사업회가 중심이 되어야 하겠지만 이제부터는 용성문도의 전체적인 구도에서 전개되어야 한다.

둘째, 기념사업을 추진함에는 철저한 학술적인 바탕에서 추진되어야 한다. 한 인물의 영웅 만들기는 절대로 금해야 되지만 용성이 갖고 있는 사상, 행적, 민족적인 기여, 고심에 찬 노력 등이 어우러져 있는데도 불구하고 그 재료를 활용하지 못하는 것도 안타까운 일이다. 그리하여 기념사업의 추진에는 용성의 생애와 사상을 연구하는 대각사상연구원이 중심이 되어야 한다. 철저한 고증, 학술적인 바탕에서 전개될 때 용성문도, 전 국민, 타 종교에서도 동의와 지원을 얻을 수 있는 것이다.

셋째, 용성의 생애와 사상을 불교계 차원에서 교육시켜야 한다. 용성은 현재 인물이 아니다. 용성은 갔지만, 현재에 이 땅에 살고 있는 후학, 문도, 학인, 승려들이 용성과 같은 고민을 하고, 용성이 걸어간 길을 가고자 할 경우에 '용성'이라는 화두는 살아 있는 교훈으로 살아남을 수 있는 것이다. 그러므로 불교계 관련 대학, 기관, 사찰 등에서 용성을 교육시킬 수 있는 평전, 대중서 등을 간행해야 한다. 이렇게 해야만 용성은 살아 있는 인물로 한국인의 역사에 분명히 자리잡을 것이다.

지금껏 필자는 용성을 민족불교의 관점에서 그 생애를 정리하였다.

그러나 민족불교의 관점에서는 누락된 내용도 있었다. 혹은 일부 측면은 지나치게 강조되거나, 일부는 생략된 것도 있을 것이다. 이점은 관점을 달리하면 재검토될 수 있을 것이다. 예컨대 용성의 수행, 득도의 과정이 소략하게 그려졌다. 이는 어찌 보면 불교적인 색채가 강하여 필자가 의도적으로 생략한 것이다. 수행과 득도가 불교에서는 절대 필수의 과정이지만, 그것 자체가 불교 혹은 민족불교의 최종 목적일 수는 없다고 보는 것이 필자의 소견이다. 하여간 필자가 그린 용성의 모습은 민족불교라는 관점으로 재생시킨 것임을 유의하기 바란다. 다양한 관점에서 용성연구, 용성 찾기가 용솟음치기를 기대해 본다.

청담의 민족불교와 靈山圖

1. 서언

청담은 한국 현대불교의 중심적인 사건인 불교정화운동을 발의, 추진한 승려이다. 나아가서 그는 조계종단의 종정, 총무원장, 장로원장 등을 역임한 '큰스님'이었다. 그럼에도 불구하고 이 같은 청담의 수행, 정화불사, 사상에 대한 연구는 2000년 이전까지는 답보상태였다. 그러나 그의 탄신 100주년을 기해 마련된 학술세미나의 논문집 발간(2002. 10.31) 및 청담사상연구소 설립(2002.11.8)의 계기에 의해서 연구가 촉발되어 다양한 각도에서 연구성과가 축적되었다. 그 결과 청담의 연구는 새로운 관점에서 시도되고 있어 현재에는 그에 대한 종합적인 이해로 가기 위한 교두보가 마련되었다. 그러나 청담에 대한 지금까지의 연구경향을 비판적으로 조망하면 객관적인 자료에 근거한 개별적인 분석이 더욱 요망되고, 축적된 연구성과를 청담사상이라는 전체적인 틀 안에서 유기적으로 연결시켜 이해할 필요성이 있다고 본다.

본 고찰은 바로 이 같은 전제 및 배경에서 집필되었다. 필자는 청담 연구를 수행하면서 청담이 그린 이상적인 불교상은 무엇이었는가에 대한 의문을 갖게 되었다. 그런데 그가 그린 이상적인 불교상은 그가 살아온 시기, 그가 강렬하게 추진한 불교정화운동을 고려할 때 단순하게 접근할 내용은 아니다. 요컨대 당시 시대적 환경과 맞물려 있었다. 한편 필자는 청담, 그는 여타 승려들하고는 전연 다른 체질, 성격을 갖고 있음을 파악하였거니와 그것은 민족에 대한 강한 애정, 집착이 두드러진다는 점이다. 그리하여 필자는 청담이 어떤 이유로 민족에 대한 강한 관심을 갖게 되었나에 대한 의문점을 가졌다. 이는 청담이 그리는 이상적인 불교상과 상호 결합된 단면을 말해주는 것이다. 즉 청담의 이상적인 불교상이 민족불교로 나타날 수밖에 없음을 알려주는 단서라 하겠다.

이러한 전제에서 필자는 우선 청담이 민족에 관심을 갖게 된 배경을 살펴보고, 그 연후에 청담이 갖고 있는 불교의 성격을 민족불교라고 부를 수 있는 가능성을 정리하겠다. 다음으로는 그가 구상한 이상적인 불교상의 구체적인 내용을 분석하고자 한다. 필자는 청담의 이상적인 불교상을 靈山圖에서 찾고자 한다. 즉 청담은 불교개혁, 불교정화운동을 추진하면서 그가 꿈꾼 이상적인 불교세계를 대안으로 제시하였는바, 그것이 바로 영산도로 표출되었다. 부처가 살아 있을 적의 세계, 불교의 사상이 구현되는 공간이 영산, 영산회상임은 널리 알려진 바와 같다.

이에 필자는 청담의 영산도의 분석을 통하여 청담이 꿈꾸던 미래세계를 가늠해 보고자 한다. 그런데 이러한 청담의 영산도는 그가 심혈을 기울여서 추진한 불교정화운동의 전개과정에서 대두되었기에 이 고찰은 결과적으로 청담의 불교정화의 해명에도 일익을 기할 수 있을 것으로 본다.

2. 청담의 민족불교

청담의 불교관, 혹은 청담이 갖고 있는 불교적 성격은 다양한 관점에서 접근, 이해되어야 할 것이다. 여기에서는 그중의 하나인 민족불교에 대한 측면을 살펴보겠다. 민족불교라는 개념도 간단하게 말할 수 있는 것은 아니지만, 필자는 불교를 불교만의 보편성, 사상성, 신앙성에서만 찾지 않고 우리 한국 민족의 정서, 사상, 문화, 역사의 주역이었음을 강조하는 것에서 찾을 수 있다고 본다. 이러한 논리에 서게 되면 불교는 민족불교였고, 우리 민족의 역사와 문화의 중심이었으며, 앞으로도 민족불교의 성격과 위상을 갖기 위해 노력해야 하는 것으로 여긴다. 그리고 이 같은 정서와 논리를 당연한 것으로 여기게 되는 것이다. 이러한 성격이 단적으로 드러나는 청담의 글을 제시한다.

돌아보건대 8·15 광복과 더불어 우리 겨레에게는 조국 재건과 민족중흥의 대과업이 지워졌다. 그리고 우리 불교도에게는 천六백년 역사의 전통과 민족의 얼이 깃들어 있는 불교를 정화현대화(淨化現代化)함으로써 상실되어 가는 자아인간(自我人間)을 되찾고 무너진 국민도의를 재건하여 혼탁한 사회를 정화하여 구국제세(救國濟世)의 역사적 과업이 지워졌다. 이것은 곧 우리 불도의 불교정화운동이었다.
동양 정신문화의 초석이며 온 생명계의 영원한 안식처인 불타의 가르침은 일찍이 우리 국토에 가지를 뻗은 뒤 정·교(政敎)의 지도적 원리가 되고 겨레의 정신자량(精神資糧)이 되어 숭고한 도의국가를 건립하고 찬란한 정신문화를 창조하였을 뿐만 아니라 교운의 흥망은 곧 국운의 성쇠를 말하여 왔다. 따라서 우리 불교도는 퇴폐한 교단(敎團)의 혁신재건과 불교와는 아무런 상관도 없는 미신적인 제 요소들을 사원으로부터 추방하여 불교 본래의 정법(正法)을 펴서 불교신도들로 하여금 정신앙(正信仰)을 하여 안심입명처(安心立命處)를 찾게 한 것은 불타의 엄숙한 명령이요 불도의 양심적 자각인 것이다.[1]

이 글은 청담이 1969년 10월경, 자신의 불교현대화 방안을 개진한 글의 서두이다. 따라서 이 글은 그의 말년 생각이 집약되어 나타난 것으로 보여지거니와, 여기에서 필자는 그의 민족불교적인 성격을 간단하게 파악할 수 있다. 즉 한국불교는 한국의 정치와 종교의 지도적 원리가 되었고, 겨레의 정신 자량이 되어서 결국은 도의국가 건립, 정신문화 창조를 하였다고 단언하였다. 이에 불교의 흥망은 국운의 성쇠와 직결되었다고 이해하였다. 이러한 이해는 그의 민족불교관을 단적으로 드러내는 것으로 보아도 좋을 것이다. 부연하자면 그에 있어서 불교정화는 단순히 일제강점기 불교 폐해의 극복, 비구승 중심의 승단 재건, 불교 중흥에만 머물 수 없는 것이다. 달리 말하자면 청담은 인간개조, 국민도의 재건, 사회를 정화하는 것을 '救國濟世'로 보고 그를 위한 불교의 자기 정비를 불교정화운동이라고 인식하였다. 즉 불교정화가 바로 민족불교의 재건이라고 인식하였던 것이다. 그러므로 그는 불교정화의 일선에서, 정화의 선봉장이 되어, 불교정화를 위해서는 순교를 각오하고 투쟁하였다.

이렇게 청담의 불교, 청담의 불교정화에는 민족불교의 성격이 강하게 자리 잡았다면 그 요인은 무엇이며, 언제부터 그렇게 되었는가에

---

1) 이청담, 「나의 佛敎現代化 방안」, 『여성동아』 1969년 11월호, 146쪽.

대해 주목할 필요가 있다. 필자는 이를 청담이 진주제일보통학교 시절에 겪은 1919년 3·1운동 당시 만세운동에 참여한 것에서 비롯되었다고 본다. 이에 관한 청담의 회고를 우선 주목하자.

> 내 나이 17세 되던 기미년 이른 봄이었다. 빼앗긴 나라의 주권을 찾기 위하여 대한독립만세를 부르자는 것이었다. (중략)
> 목적지인 재판소 옆에 도착하니 나라없는 슬픔에 잠겨 살던 민족의 울분을 간직한 젊은이들이 골목을 꽉 메웠다. 누구인가가 太極旗를 가슴속에서 꺼내면서 누가 맨 앞장서서 이 太極旗를 들겠냐는 것이다. 나는 내 生에 처음 보는 國旗였던 것이다. 감격에 넘쳐 가슴이 울렁거렸다. 그 순간에 내가 들겠노라고 했다. 『무쇠 팔뚝 돌주먹 소년 남자야 애국의 정신을 분발하여라 다달았네 우리나라에 소년의 활동시대 다달았네』라는 민족의 노래를 以心傳心으로 부르면서 힘차게 우렁차게 앞으로 앞으로 나아가며 大韓獨立萬歲를 소리 높이 외쳤다. 나라없는 슬픈 민족의 울분은 만세로써 지축을 흔들고 男女老少 全 市民은 人山人海를 이루었다. 케케묵은 낡은 시대의 遺物인 무자비한 총칼과 말발굽 아래 平和的인 시위 군중은 짓밟히고 말았다. 나는 그때 붙잡혀 投獄되고 말았다.[2]

이렇게 청담은 청소년 시기에 3·1운동의 최일선에 당당하게 섰던 것이다. 그는 투옥되어 1주일간 갖은 모욕과 고문을 받고 풀렸났지만, 이러한 민족운동에 대한 경험은 이후 그의 일생을 관통하였다고 볼 수 있다. 석방되어 학교로 돌아온 그는 불교소년단[3]을 조직하였다.

---

2) 청담, 「나의 편력 4, 3·1운동」, 『매일경제신문』 1969.8.8.
3) 진주농업학교 친구인 박생광은 이를 불교신앙 위주의 조직체라기보다는 민족주체사상을 다져가는 그런 모임이라고 회고하면서, 청담을 그 단체의 리더로 증언하였다. 박생광, 「얼마 남지 않은 생에 이 한마디를」, 『청담대종사 전서 6, 가까이서 본 청담스님』, 124쪽.

이후 그는 진주농업학교로 진학하였다. 진주농업학교에서는 학교 내에서 학교의 정화 및 학생의 자치, 수양을 목적으로 조직된 학우단의 회장으로 활동하였다. 학생의 자치조직이었지만 그 단체는 청담이 독립운동단체로 성격 규정을 한 바와[4] 같이 저항적·민족적인 조직체였다

그리고 청담은 그 무렵에 불교에 강렬한 귀의, 관심을 갖게 되었다. 진주 호국사의 朴抱明이라는 老僧과의[5] 인연에서 불교를 통한 자신의 고민을 풀려는 간절한 문제의식이었다. 나아가서 그는 불교를 단순히 신행하는 것에 머물지 않고, 불교소년단과 불교진흥회를 조직하여 불교 포교에도 나섰다. 이러한 청담의 행보는 당시 진주 시내의 각 학교에 적지 않은 영향을 미치게 되고, 그에 따라 일본 경찰은 청담의 행보를 주목하게 되었다. 즉 일제 경찰은 청담을 요시찰 인물로 감시하기에 이르렀다.

다시 말하자면 청담이 조직한 불교소년단은 점차 반일 단체로 지목을 받고, 청담은 일제 경찰에게 붙들려 가서는 옥고를 치르게 되었다.[6] 이러한 행보에 두려움을 느낀 청담의 부모, 친척들이 묘안을 짠 것이 청담의 결혼이었다. 이에 그는 스무살의 나이로, 외아들이자 장남으로서의 유교적인 집안의 가풍에 의해 결혼을 할 수밖에 없었다. 그러나 그의 결혼도 그의 행보를 막을 수는 없었다. 당시 진주농교의 친구였던 박생광은 그 사정을 다음과 같이 증언하였다.

하지만 혼인식을 마치고 한 가정의 가장이 된 뒤에도 찬호의 굳은

---

4) 『신동아』 1967년 2월호, 「신동아 인터뷰, 종정 이청담」, 226쪽.
5) 청담은 그를 유점사 출신이며, 강원 대교과정을 마치고, 禪분야에도 식견이 있는 해박한 승려로 묘사하였다.
6) 박생광, 「이찬호와 청담스님」, 『여성불교』 1981년 11월호, 25쪽.

뜻은 꺾일 줄을 몰랐다. 그럴수록 일경들의 직접 간접적인 억압은 더욱 조여들다가 결국 또다시 연행을 한 것이었다.

이 연행은 여느 때와는 달리 상당히 강력성을 띠고 있어 찬호도 이번만은 2~3개월의 옥고를 치르지 않을 수 없었다. 진주농교 시절이었다. 이때가 바로 찬호에게는 일대 전환기인 셈이었다. 혼자서 뭔가 깊이 생각하는 횟수가 많아지더니 어느 날은 내 귀를 의심하는 선언을 한 것이었다. "따위 것 왜놈들 밑에서 공부를 하면 뭐하나? 입산을 하자 입산을." 졸업을 두 달 앞둔 마당이어서 나로서도 얼떨떨하지 않을 수 없었다.

그 이전까지만 해도 둘이서 같이 입산을 하자고 구두언약을 한 뒤 이곳저곳 사찰을 둘러보기도 하고 고성 옥천사를 오르내리며 그 뜻을 서로가 확인하곤 했었지만, 찬호에 비해 약간 소심했던 나는 그만 마지막 고비에서 고삐가 늦추어진 셈이었다.

그러나 나의 이런 뒷걸음질에도 찬호는 결코 한발짝도 물러서지 않았다.[7]

이러한 청담의 친구 박생광의 증언은 청담의 입산, 출가에는 일제 식민통치에 대한 저항이 일정하게 작용하였음을 알려준다. 즉 이는 청담의 민족불교의 성격이 입산 이전부터 잠재되어 있음을 말해주는 것이다. 마침내 청담은 진주농업학교 1개월을 남기고 입산하기 위해 스스로 자퇴하였다. 그러나 그는 재학중에 수차례의 입산, 출가에 대한 도전을 시도하였다. 당시 그는 생로병사의 괴로움에서 벗어나, 진정한 자아를 찾기 위한 결단을 단행하였다.

이 운명의 굴레에서 벗어날 수 있는 방법을 배우기 위해서 나는 세

---

7) 앞의 자료, 26쪽.

속의 영화도 버리고 머나먼 길을 떠나야 했다. 또 한때는 일본의 압제
하에 있었던지라 일인이 가르치는 학교에 다니기가 싫어졌고 또 아무
런 보람도 느낄 수가 없었다. 기미년 3월 1일에 '대한독립만세'를 소
리 높이 외치며 시가를 행진한 이후 自由와 獨立에 대해서도 깊이 생
각하게 되었다. 피상적인 自由와 獨立보다는 영원, 절대한 자유와 독립
의 길 즉 生死解脫의 길을 찾아 苦海에서 허덕이는 萬衆生(그 당시 日帝
下의 우리 民族)을 제도해야겠다는 결심이었다.8)

이렇게 그는 결심하였다. 영원한 자유와 독립을 찾기 위해 그는 속
세를 떠나는 길을 갔다. 그래서 그는 진주에서 해인사까지 210리 길
을 걸었다. 그러나 그의 옹골찬 결심을 갖고 단행한 해인사로의 출가
행은 성사되지 못하였다. 학업을 마치고 오라며 입산을 받아주지 않
았기 때문이다. 그는 사흘만에 다시 집으로 돌아와야 했지만 그의 입
산은 결코 중단되지 않았다. 그후에 그가 간 곳은 백양사 운문암이었
다. 그가 운문암으로 간 것은 그곳에는 3·1운동 민족대표 33인의 일
원이었던 백용성이 있었기 때문이었다. 그는 당시에 용성의 명성을
들었으며, 용성이 승려로서 민족운동에 가담한 민족불교의 구현자이
면서도 법력이 높아 제방의 불자들이 인산인해를 이룬다는 소식을 듣
고 있었다. 즉 그의 민족불교의 체질과 통할 수 있는 백용성을 통해
입산의 꿈을 이루려고 하였다. 그러나 그가 찾아간 그때, 백용성은 마
침 서울로 출타를 하여 부재중이었다. 여기에서도 그의 입산행은 성
사되지 못하였다.9) 이런 지난한 과정을 거치면서 그는 졸업을 불과 1
개월 남기고 학교를 자퇴하였는바, 이는 졸업을 하게 되면 출가행이
더욱 어려워질 것을 예상한 것에 나온 것이다. 이후 그는 국내에서의

---

8) 『매일경제신문』 1969.8.15, 「나의 편력 6, 사흘만에 환속」.
9) 『매일경제신문』 1969.8.20, 「나의 편력 7, 불가 입문을 포기」.

출가가 좌절되자, 일본으로 건너가 출가를 단행하였다. 그러나 일본 불교에 대한 환멸을 느껴, 국내로 귀국하여 1925년 고성 옥천사에서 재출가를 하기에 이르렀다.

이렇듯 청담 그의 입산, 출가행에서부터 우리는 민족불교의 요소가 잠재되어 있음을 파악할 수 있다. 그는 옥천사에서 서울 개운사로 올라왔다. 그는 당대의 강백인 박한영이 개운사에 강원을 열어 불교의 교학을 가르치려는 현장에 참가하였다. 그러나 그는 개운사 강원에서 수학을 하면서도 늘상 불교의 현실을 고뇌하였다. 이에 그는 고민하였다.

> 韓國의 佛敎가 憲兵에 의해 단순한 信徒團體에 불과한 日本의 眞宗 밑에 붙여지고, 帶妻僧이 판을 치고 修道僧은 절간에서보다 일반 民家에서 밥을 얻어 먹기가 수월해지는 그런 판이 되었단 말이요.[10]

> 내 나이 27세였던가? 나는 근세조선 5백년 동안 천대받던 불교를 정화, 중흥시키자는 정통 불법 수호의 기치를 들고 '朝鮮學人大會'를 열고 全國의 40여 개나 되는 강원을 찾아 행각의 길에 올랐다. 어제도 그랬듯이 오늘도 결코 우리들 修行者들의 행각은 세속의 뭇 인간들이 생각하던 만큼 평탄하지는 못했다.
>
> 그토록 많은 三寶淨財가 日人獨裁의 착취와 억압 앞에 이름도 자취도 흔적도 없이 사라질 때 아니 3천년 正法과 佛祖의 혜명마저 깡그리 파괴될 때 나의 義憤은 용솟음쳐 방관할 수 없어 난 많은 학인들을 거느리고 正法守護를 부르짖었다. (중략)
>
> 혹독한 겨울 추위에도 맨발과 홑옷으로 지냈으나 袈裟長衫은 꼭 입고 다녔다. 추운 겨울이나 무더운 여름이나 사시사철 언제나…… 근

---

10) 앞의 『신동아』, 226쪽.

세조선 5백년 동안 천대받던 '중놈'이지만 언젠가는 新羅·高麗時代와
같은 찬란한 佛敎中興을 이루어 3천만 겨레 모두에게 崇仰의 대상이
될 수 있는 중놈이 아닌 三界의 導士와 四生의 慈父가 되겠다는 나대로
의 굳은 覺悟와 決心이 있었기 때문이다.11)

이렇게 그는 당시 불교의 현실을 직시하고, 이를 개선할 각오를 하
였다. 그가 꿈꾸던 민족불교가 일제에 의해, 대처승에 의해 원칙과 역
사적 전통에서 이탈된 것을 그는 좌시하지 않았다. 마침내 그는 이를
바로 잡으려는 첫걸음을 내딛었거니와 그것이 바로 조선불교학인대
회였다. 1928년 3월, 당시 불교 교단의 본부격인 각황사에 전국 강원
의 학인대표 50여 명이 모인 그 대회는 청담의 준비, 주도에 의해서
열린 대회였다. 그 대회에서는 불교의 현상을 개선하기 위한 불교교
육의 제도 개선에 주안을 두었지만, 그 이면에는 불교정화, 불교개혁
을 위한 고뇌, 대안, 성찰이 짙게 깔려 있었다.12) 대회에서는 불교교
육의 개선 방안을 마련하고, 그 방안의 일부는 교단에 수용되었으며,
학인들의 조직체도 결성되면서 학인들의 기관지도 발간되었지만 청
담이 고려한 불교정화의 단계까지는 이르지 못하였다.

이에 대하여 청담은 대회의 소기의 목적은 달성되지 못하였다고 자
인하고, 그 같은 결과가 나온 것에 대하여 자신이 부덕한 소치라고 여
기고 그에 대한 참회심을 감당할 수 없었다고 회고하였다. 그는 개운
사 강원을 졸업한 직후 수덕사의 만공에게로 내려갔다. 그는 만공과
불교의 개혁과 미래에 대한 많은 대화를 하고, 격려를 받기도 하였다.
그런 과정에서 나온 것이 1931년 3월 14일, 선학원에서 전국의 수좌

---

11) 『매일경제신문』 1969.8.27, 「나의 편력 9, 불교정화에 앞장」.
12) 이에 대해서는 졸고, 「이청담의 불교정화정신과 조선불교학인대회」, 『한국현대
    불교사연구』(불교시대사, 2006)를 참고할 것.

50여 명이 모여 불조의 혜명을 바르게 잇고, 불법을 진작할 것을 다짐하는 제1회 전국비구승대회의 개최였다. 이 대회의 개최를 위해서 전국의 심산유곡의 사찰을 순방하고 동지를 규합하였던 것이다.13) 그러나 이 대회는 큰 의미를 갖지 못하고, 유야무야 되었다.14)

그러나 청담 그의 불교정화에 대한 정열과 기개는 여기에서 멈추지 않았거니와 1935년 조선불교선종의 수좌대회,15) 1941년 고승 遺敎法會의 개최는 이를 단적으로 말해주는 것이다. 이렇게 일제강점기에서 그는 불교정화의 추진, 민족불교의 재건을 위한 지속적인 운동을 전개하였다. 이 같은 그의 불교정화를 위한 고뇌, 민족불교 재건에는 민족의식, 애국사상16)이 있었음은 주목할 수 있는 단면이라 보지 않을 수 없다.

일제의 패망으로 나타난 8·15해방은 청담의 민족불교 재건을 보다 본격화시킬 계기를 가져다주었다. 이에 대하여 방한암의 지근거리에 있었던 보경, 청담은 다음과 같이 회고하였다.

> 청담스님이 정화해야 한다고 찾아와서 말씀하셨지요. 청담스님은 수좌들도 행정을 맡아야 한다고 하면서 한암스님에게 말씀드렸지. 한암스님이 종정이시니 종정 승낙을 받으려고 온 것인데, 그때 노스님은 절대 안 된다고 하셨어. 그때가 해방 후 청담스님이 몇 차례 오셨을 때인데, 가만히 놔두는 것이 더 낫다고 간곡히 말씀을 하셨어요.17)

---

13) 강석주, 「그때 그 기억」, 『여성불교』 1981년 11월호, 20쪽.
14) 강석주는 이를 미완성으로 끝난 1차의 패배였다고 회고하였다.
15) 이 대회에 대한 전모, 성격 등은 필자가 조계종 불학연구소 주최의 워크숍 (2006.9.1)에서 「조선불교선종과 수좌대회」라는 주제의 논고로 발표하였다.
16) 강석주는 「그때의 인욕보살」(『여성불교』 1980년 11월호)에서 이를 "해방 전부터 그분의 법문에는 항상 애국사상이 배어 있었는데 나라가 없는데 자유가 어디 있고, 자유가 보장되지 않는 마당에 종교가 어디 있겠느냐는 것이었다. 이러니 대처승들도 무릎을 꿇지 않을 수 없었다"고 하였다.

그렇지도 않아. 해방이 되자, 왜색화된 승풍을 바로 잡아야 한다는 생각으로 몇몇 스님이 뜻을 모았으나, 한국전쟁이 터지는 바람에 성공을 하지 못했어. 그러니까 1천여 비구승들이 모여 불교정화 불사의 기본 방침을 세워 공표한 54년 8월의 전국비구승대회는 첫 시도 이후 세 번째로, 25년만에 일단 뜻을 이룬 셈이었지.[18]

해방 공간에서 청담이 추구한 불교정화에 대한 구체적인 분석, 연구는 정치하게 수행되지는 못하였다. 다만 대승사에서 총림 구상, 가야총림에서의 수행, 봉암사 결사 등은 널리 알려진 바와 같다. 문제는 이러한 일련의 개별 활동들이 청담의 불교정화라는 관점에서의 내용 및 성격이 정리되지 못하였다는 것이다. 그리고 당시 교정인 상원사의 방한암을 면담하여 불교정화를 추진하겠다는 의사 표시, 추진 등에 대해서도 역시 그러하다. 그러나 해방 공간에서도 불교정화, 민족불교 재건을 기하려는 의식이 지속되었음은 분명하다고 하겠다.

지금껏 청담의 불교, 청담의 불교정화의 저변에는 청담이 불교를 민족불교로 인식하는 요체가 자리잡고 있음을 주목하면서 그 계기, 전개과정을 살펴보았다. 그 결과 필자는 청담의 민족불교관에는 그의 3·1운동 경험, 민족의식이 강력하게 존재하고 있음을 파악했다. 때문에 청담의 불교정화는 단순히 불교 내적인 문제만으로 인식할 수 없음은 분명하다. 때문에 이 측면에서 청담의 불교정화의 단계가 교단정화, 승단정화, 신도정화, 사회정화로 상승, 확대되어 가는 것도 이해할 수 있는 단서를 얻었던 것이다. 이러한 전제에서 청담이 불교정화의 계기를 1920년대에서 찾았던 것을 당연히 볼 수 있는 것이다.

---

17) 김광식, 『그리운 스승 한암스님』(민족사, 2006), 보경스님 인터뷰, 84쪽.
18) 『청담대종사전서』 6권, 「해동불교의 거봉 청담큰스님」(주간종교).

　원래 한국불교의 정화문제는 멀리 1920년대로 소급한다. 일제가 이 땅을 침략한 이래 불교를 말살시켜 민족정신을 아주 빼앗기 위한 수단으로 대처승제도라고 하는 불교의 비본질적 요소가 생겨나게 되었다. 뿐만 아니라 이 대처승 숫자가 점차로 증가됨에 따라 교단 내 또 하나의 문제가 발생하였다. 그것은 곧 대처승의 교권 장악에 따르는 순수비구들의 열세 내지는 감소라는 현상이었다. '악화가 양화를 구축한다'는 '그레샴'의 법칙이 한국불교 교단에도 그대로 적용된 셈이다.

　사태가 이와 같이 되자 한국불교의 전통적 교리를 부지하려던 청정납자(淸淨衲子)들은 드디어 움직이기 시작하였다. 이 움직임이 가장 뚜렷한 형태로 나타나기 시작한 것은 지금으로부터 16년 전, 1954년 8월 24일 서울 안국동 선학원(禪學院)에서 제1차 '전국비구승대표자대회'를 개최하여 교단정화 방침 결정을 함으로써 비롯된다. 나는 이때부터 정화의 선봉장이 되어 순교(殉敎)를 각오하고 16년 동안 종단의 비본질적 제요소(帶妻僧)와 싸웠다. 그 결과 현 대한불교조계종단이 이룩되고 종권과 중요한 문화재와 전통적인 비구승단은 어느 정도 복원되었다. 그러나 그동안 망신창이가 된 교단 자체는 가진 병마에 신음 갱생의 길은 날이 갈수록 어둡기만 할 뿐 오히려 정화이념에 역행하는 경향마저 보이고 무사안일주의, 문중파벌주의, 현대사회에 대한 무관심 이 모든 풍조가 현 대한불교조계종을 운영하는 총무원에 휩쓸고 있음을 보고 개탄하지 않을 수 없었다.

　이에 파멸 직전에 있는 한국불교를 살리기 위해서는 첫째 승려교육의 현대화, 둘째 불경 번역의 현대화, 셋째 포교(布敎)의 현대화를 성취함으로써 교단의 비본질적 제요소(대처제도, 문중파벌주의, 승려 자질의 저하, 승려의 재산 축적, 현대사회에 대한 유리감 등)의 제거가 시급히 요구되었다.19)

---

19) 앞의 「나의 불교현대화 방안」, 147쪽.

청담은 불교정화를 이와 같은 관점에서 이해하고, 그 자신이 민족불교 재건을 갈망하는 비구로서 16년간이나 불교정화의 최일선에 서 있었던 것이다. 지금껏 필자는 청담의 불교정화가 곧 민족불교 재건이었음을 입증하고자 다양한 근거, 논리를 피력하였다. 그리하여 그 대강의 입론은 설명할 수 있었다고 보고자 한다.

3. 불교정화, 민족불교 재건의 대안 靈山圖

청담의 불교, 청담의 불교정화에는 민족불교, 민족주의적 성격이 강력하게 자리잡고 있음을 앞서 살펴보았다. 지금부터는 청담이 불교정화, 불교개혁을 고민, 실천하면서 대안으로 제시한 것이 있었는가, 있었다면 그 내용과 성격은 어떠하였는가에 대하여 살피고자 한다. 필자가 근현대불교, 정화운동을 연구한 바에 의하면 청담과 같이 불교정화를 추진하면서 끊임없이 대안을 강구, 제시한 경우는 흔치 않다고 본다. 이러한 입론에서 필자는 청담의 대안, 청담의 불교정화의 초점에 영산도가 있었음을 제시하려고 한다.

널리 알려진 바와 같이 靈山은 부처가 설법한 靈鷲山을 말하며, 靈山會라 함은 석가모니 부처가 靈鷲山에서 설법을 하던 모임을 말한다. 이에 당시 그 전경을 靈山會上이라고 칭하며, 靈山이라는 의미를 확대 해석하여 부처님 당시라는 뜻으로도 이해하였다. 이에 청담이 불교정화의 대안으로 내세운 영산도는 부처님 당시, 부처님의 뜻이 구현된, 부처의 가르침이 실현되는 구상, 대안, 세계 등으로 볼 수 있다. 이를테면 근본불교, 불법에 근본을 둔 불교의 이상세계를 말하는 것이라 하겠다. 때문에 청담의 영산도도 불법의 근본이 유지되는 이상적인 세계를 구상한 산물의 성격을 갖고 있음을 우선 제시하고자 한다.

청담이 영산도와 관련된 이상적인 대안을 최초로 제시한 시점은 1935년 3월이었다.[20] 1935년 3월 7~8일, 선학원에는 전국 선원의 70여 명의 수좌들이 모여 선풍진작, 전통선의 계승, 수좌 및 선원의 조직체 결성을 결의하였다. 이 대회는 전조선수좌대회였는바, 수좌들은 조선불교선종을 성립시키고, 그 조직체의 규칙인 선종 종규, 종무원 원규를 비롯한 6종의 규약을 제정, 통과시켰다. 이 대회는 1920년대 중반 당시 수좌들의 조직의 거점 및 조직체였던 선학원, 선우공제회의 부진을 극복하기 위한 구체적인 대안의 모임이었다.[21] 1930년대 초반 재기한 선학원은 기반 구축에 다부진 노력을 한 결과 1934년 12월에는 재단법인 선리참구원으로 재출발하였다. 기반 구축에 일단 성공을 거둔 수좌들은 그 기회를 이용하여 전국 선원 및 수좌의 단결, 선풍진작, 조직체 재건을 기하기 위한 대회를 열었으니 그것이 바로 전조선수좌대회였다. 대회에서는 조선불교선종의 종정으로 혜월, 만공, 한암을 선출하고 종무원의 원장, 부원장, 이사, 선의원 등도 선출하였다.

이 대회에 청담도 이올연의 이름으로 참가하였다. 청담은 대회에서 서무부 이사로 추대되었으며, 대회순서 작성위원, 종규·종정회 규칙·선회규칙·선의원 규칙의 기초위원, 의안 사정위원, 재단기성회 조직위원 등으로 활동하여 대회의 진행을 실질적으로 주도하였다. 바로 이 대회, 3월 8일 회의에서 청담은 다음과 같이 발언하였음이 회의

---

20) 필자는 1935년 이전의 근거는 아직 확인하지 못하였다. 그럴 가능성은 있지만 속단은 금물이다.
21) 필자는 이 대회의 회의록을 입수, 분석하여 「조선불교선종과 수좌대회」, 『불교 근대화의 전개와 성격』(조계종출판사, 2006)이라는 논고를 발표하였다.

록에 전한다.

> 中央에 模範禪院 設置에 關한 問題
> 京城은 朝鮮文化의 中心地인 만큼 中央禪院의 內容을 充實히 하기 爲
> 하야 淸規 數條를 特定하야 一層 靜肅히 지내자는 李兀然 씨의 意見에
> 滿場一致 可決되다.[22]

즉 청담(올연)[23]은 서울(경성)은 조선문화의 중심지이고, 그 서울에 있는 선학원(중앙선원)은 전국 선원의 상징성을 고려하여 淸規를[24] 특정하여, 더욱 정숙히 수행해야 함을 제안하였다. 이 제안을 당시 참가한 수좌들은 만장일치로 가결하였던 것이다. 이러한 의견을 제출한 청담은 대회가 거의 막바지가 되었을 무렵에 다음과 같은 제안을 다시 하였다.

> 昔日의 靈山會上과 갓흔 大叢林 建設을 理想으로 하고 模範禪院 新設
> 에 努力키로 하자는 李兀然 氏의 提意에 滿場一致 可決되다.[25]

---

22) 회의록, 16쪽.
23) 兀然은 청담스님이 송만공에게 인가를 받았을 때 받은 법호(당호)이다.
24) 그 청규의 전모는 다음과 같다. 이 청규도 청담이 초안을 한 것으로 보이지만 그 근거는 전하지 않는다.
   제1조 본원 衲子는 무상출입을 엄금하고 매월 3, 8일에 목욕하며 교외에 산보함
        을 득함 단 개인산보는 불허함
   제2조 본 선원은 閑人 출입을 엄금함
   제3조 본 선원 坐禪衲子는 7인으로 함
   제4조 본 선원은 賓客의 숙식은 別處로 함
   제5조 본 선원은 음주, 식육, 흡연, 가요 등 일체 雜亂을 금지함
   제6조 본 선원은 佛殿 作法시에 남녀좌석을 구별하고 混雜함을 不得함
   제7조 본 선원은 坐禪 及 供養 應供시에 法服을 일제히 被着함
   제8조 본 선원은 做工上 필요없는 喧嘩와 戲談을 不得함
25) 대회록, 20쪽.

즉 청담은 예전의 영산회상과 같은 대총림 건설을 이상으로 내세우면서, 우선은 모범선원의 신설에 노력하자는 의견을 제출하였다. 이같은 청담의 제안은 참가한 수좌들의 만장일치로 가결되었다는 것이다. 여기에서 청담의 이상적인 불교정화의 세계가 영산회상으로 표출되었다. 그런데 그 영산회상은 총림건설이라는 즉 수행하는 도량의 건설의 성격을 띠고 있었는바, 이는 불법, 부처의 가르침에 근거하는 수행자의 양성을 강조하는 것이었다.

청담의 영산회상에 근거한 불교정화의 대안은 1945년 무렵 대승사 쌍련선원으로 이어졌다. 그 당시 대승사 쌍련선원에는 청담, 성철, 자운, 홍경, 종수, 정영 등 수좌 10여 명이 수행하였다. 바로 이 선원에서 수행을 함께 하였던 청담, 성철은 불교개혁의 대안을 놓고 다양한 의견 개진을 한 것으로 전해지고 있다. 이에 대한 정황은 당시 대승사의 산내 암자인 윤필암에 있으면서, 대승사 및 쌍련선원을 왕래하였던 이묘엄[26]의 회고에서 확인이 된다.

두 분(필자주, 청담과 성철)은 생각하는 모든 것이 같았다고 합니다. 그러니까 밤을 새면서 이야기 해도 다함이 없었겠지요. 대승사에서는 두 분이 해인사에 가서 총림을 하면 어떻게 할 것이냐 하는 문제를 놓고 영산도를 그리는 것을 보았어요.

지금 이 말법시대에 부처님 당시처럼 재현을 해보자고 하셨지요. 부처님 당시처럼 짚신 신고 무명옷 입고 최대한 검소한 생활을 하도록 노력할 것, 그렇게 함으로써 속에서 품기는 것을 남한테 보여줄 수 있는, 말없는 가운데 풍길 수 있는 이런 중노릇을 하자는 등의 이야기를 밤새도록 쌍련선원에 앉아서 하셨어요. (중략)

---

26) 묘엄스님은 청담의 둘째 딸로서, 그는 1945년 4월 입산하여 45년 단오날, 성철에게 계를 받아 출가하였다.

말씀 중에 영산도란 무엇인지요.(필자주, 대담자인 원택스님의 질문)
예, 두 분이 얘기를 하는데 무슨 도표 같은 것을 의논하고 계셨습니
다. 지금 생각해 보니 중국 총림의 도표였던 것입니다. 그것을 가지고
율원을 하고, 율원을 하는 데에는 누구누구다, 사람도 배치하고 하시
는데 그 이야기가 너무 재미있는 거예요. 부처님 법대로 살자는 두 분
의 뜻이 같았기 때문에 시종에 변화가 없었지 않았는냐, 그런 생각이
듭니다.[27]

이렇게 대승사 쌍련선원에서 1945년 해방 무렵,[28] 청담과 성철은
불교정화의 실천 방안 즉 해인사에서의 총림 구상을 강구할 때에 靈
山圖를 그렸다는 것이다. 영산도라 함은 위의 묘엄의 구술에서도 나온
바와 같이 부처님 당시의 세계이며, 부처님 법이 이행되는 수행도량
인 총림체제라고 볼 수 있다. 2002년에 간행된 묘엄의 회고록 성격인
『회색 고무신』에서는 이를 다음과 같이 묘사하였다.

그러던 어느날이었다. 묘엄이 큰절 대승사 쌍련선원으로 갔더니 아
버지 순호스님과 성철스님께서 백지에 무엇인가를 그리고 쓰고 있었
다. 옆에서 가만히 들여다보니 아버지 순호스님은 백지에다 부처님
당시의 영산회상도(靈山會上圖)를 그리고 있었다. 부처님께서 영취산
에서 법을 설하시던 당시의 광경 그대로. 우리도 그렇게 살아 보자는
계획을 만들고 있었던 것이다.
조실(祖室)에는 효봉스님을 모시고, 선방은 성철스님이 맡고, 운허
스님과 춘원 이광수 선생에게는 경(經)을 맡기고, 율원은 자운스님이
맡고, 선원(禪院)과 강원(講院)과 율원(律院)을 제대로 갖춘 총림(叢林)을

---

27) 『고경』 10호(불기 2542년 여름호), 32~33쪽, 「묘엄스님을 찾아서」.
28) 필자가 묘엄스님을 인터뷰한 결과, 그 시점은 애매하지만 8·15 해방 직후라고
회고하였다. 2006년 6월 18일, 봉녕사에서 대담.

해인사에 세워 제대로 된 수행생활을 하며 제대로 된 수행자를 양성
하자는 원대한 계획을 세우고 있었던 것이다.29)

여기에서는 앞에서 소개한 『고경』보다 그 정황이 더욱 상세하게
묘사되어 있다.30) 영산회상도는 영산도와 같은 이름인데, 부처님 당
시와 같이 살아보려는 구상에서 기획되었던 것이다. 나아가 구체적인
내용에는 총림체제에서 수행자 양성의 뜻이 개입되었다.

대승사에서 같이 수행을 하였던 청담, 성철이 해인사 가야총림에는
함께 동참하지는 않았지만 이들의 공동수행은 봉암사에서 결사의31)
형태로 지속되었다. 봉암사결사(1947~1950)는 부처님 법대로만 살아
보자는 취지하에 전개되었다. 그 결사는 근본불교의 성격을 띠었는데,
실제 내용은 대승사에서의 구상이 변용되어 실행에 옮겨진 것이었다.

그후 청담의 영산도에 대한 구상은 불교정화운동이 진행되던 도중
에서 간헐적으로 개진되었을 것이다. 그에 대한 구체적·입체적인 정
황은 찾을 수 없다. 다만 정화운동이 시작되었던 1954년경, 청담이 사
용한 수첩의 일지에 다음과 같은 단편적인 메모는 전한다.

> 대규모 총림(叢林) 건설 : 靈山圖32)
>
> 포교사업
>
> 徒弟교양 …… 靈山圖33)
>
> 교육사업

---

29) 『회색고무신』(시공사, 2002), 150쪽.
30) 묘엄은 필자에게 청담도 선원을 맡는 것으로 기획하였다고 회고하였다.
31) 이에 대해서는 졸고, 「봉암사결사의 전개와 성격」(『한국현대불교사연구』, 불교
    시대사, 2006)을 참고할 것.
32) 『靑潭筆影』(봉녕사승가대, 2004), 169쪽, 213쪽.
33) 위의 책, 213쪽.

이는 정화운동이 전개되는 그 와중에서도 영산도에 대한 그의 이상
이 묘사되었음을 보여주는 것이다.34) 그러나 정화불사가 한창 진행되
던 격정의 현장에서는 영산도와 같은 입체적인 대안을 표방, 구체화
시키기에는 적절하지 않았을 것이다. 그러나 정화운동이 어느 정도는
일단락되어 비구승단이 복원, 재건되어 가던 1950년대 후반, 1960년
대 초반경에는 청담의 불교정화로서의 이상적인 대안인 영산도가 등
장하였다고 보인다. 그 무렵 선학원에서 청담과 함께 기거하면서 그
정황을 목격한 채인환의 목격기는 필자의 주목을 끈다.

지금도 가장 인상에 길이 남아 있는 것은 선학원의 큰방에 대중들
을 모이게 하여 앞으로의 한국불교계의 발전을 위한 청사진을 펼쳐
보이시던 일이다. 청담스님은 흑판까지 선방인 큰 방에 들여 놓고, 종
단의 구조개혁, 교육문제, 역경문제 등 불교계의 미래상을 집약한 구
상을 '영산도(靈山圖)'로써 그려 가면서 대중들에게 뜨겁게 설명하시
던 모습이 바로 어제 일처럼 나에게 생생하게 기억되어지고 있다.35)

채인환은 이운허의 『불교사전』 간행의 팀원으로서 사전 실무작업
을 할 때, 선학원에서 5·16을 만났다 하니 그 시점은 1960~61년 무
렵으로 볼 수 있다. 바로 그때, 청담은 선학원에서 대중들에게 자신의
불교발전을 위한 청사진을 개진하였는데 그것이 곧 영산도로 표출되
었다는 것이다.36)

---

34) 이 내용은 『한국불교승단정화사』(민도광, 1996), 42쪽에서 확인된다. 즉 청담은
    1954년 8월 24일 비구승대표자대회의 말미에서 영산도 설명을 하였다고 한다.
    당시 회의 주제가 교단정화, 도제양성, 총림창설이었기에 그 대안의 방향으로
    영산도를 설명한 것으로 보인다.
35) 채인환, 「청담스님의 수행과 교화행」, 『청담대종사와 현대 한국불교의 전개』(청
    담문화재단, 2002), 386쪽.

한편 이렇게 청담의 영산도를 보았다는 또 다른 증언, 회고자는 동국대 교수를 역임한 오형근이다. 오형근은 필자와의 대담에서 이를 다음과 같이 회고하였다.

내가 학사불교회 회장을 2년 하였는데, 학사불교회는 지금 대불련 총동문회와 유사한 것인데 그때인가, 박기종 어른이 총무원장을 할 때인가 확실하지 않은데, 받기는 선학원에서 받았지. 어느 날 혼자 선학원에 가니 스님께서 그림으로 도해해서 미리 준비해 놓았던 영산도를 등사판으로 복사한 것을 정리하고 계셨는데 마침 내가 들어가니 서너 장을 나에게 주시더라구.
스님은 혁명적인 기질이 있어. 그래서 종정이, 총무원장을 하여도 늘 중앙에 계시면서 일선에 있었지. 스님은 학창시절부터 혁명기질이 있었고, 학인시절에도 불교개혁을 하겠다고 생각하였으니, 이 분은 나름대로 정화는 다 되었어도 종단이 우왕좌왕하니, 불교개혁을 해서 종단을 이끌고 가야겠다는 원력으로 영산도를 작성한 것으로 보아야지. 그 영산도는 큰 종이 한 장에 표시한, 이를테면 미래지향적인 종단의 도해도이지.37)

오형근이 학사불교회 회장을 하고, 박기종이 총무원장을 할 시기는 1967~69년 무렵이었다. 바로 이때에 청담은 선학원에 머물면서 그의 종단 운영의 미래상을 영산도로써 구체화하고, 이를 가리방으로 쓴 것을 주변에 배포하였던 것이다. 이렇게 필자가 확인한 시점만 해도 1961년 전후, 1968년 전후로 두 차례 확인할 수 있었다.

이에 필자는 청담의 정화불교, 불교개혁을 분석함에서는 영산도가

---

36) 인환스님은 필자와의 대담에서도 이를 확인해 주었다. 『아! 청담』(화남, 2004), 인환, 「인간적인 어른으로 기억합니다」, 122쪽.
37) 『아! 청담』, 오형근, 「스님의 마음법문과 포교상은 저에게 화두입니다」, 280쪽.

필수불가결한 대상의 주제로 인식하고, 영산도의 원본 혹은 사본을 구하려고 10년간 노력하였다.[38] 그러던 차, 동국대 도서관에 오랫동안 근무하면서 불교서지 분야에 남다른 정열을 갖고 있었던 이철교 선생으로부터 그 사본을 입수하여, 본 고찰을 집필할 수 있게 되었다. 여기에서 필자는 첫 번째의 영산도의 자료와 오형근 교수가 청담으로부터 직접 인수한 때로부터 15년 후인 1982년의 『여성불교』지에 소개한[39] 두 번째의 영산도를 갖고 분석에 임하려고 한다. 필자가 추정하건대 이철교가 필자에게 전한 사본이 1960년 무렵, 혹은 그 이전에 생산된 것으로 보고자 한다. 왜냐하면 이철교 사본이 보다 이상적이면서, 자세하게 묘사되고 그 해설도 27항으로 나열된 것에서 초창기 산물로 여겨지기에 그러하다. 그에 반해서 오형근 사본은 영산도가 간략하고, 그 이면에 있는 내용인 「종단 근대화안」은 종단 현실에 구현시키려는 의도가 개입된, 이를테면 영산도의 변질로 느껴지는 것이다.

우선 이철교 사본을 대상으로 하여 분석하고자 한다. 이 영산도는 등사본 2장인데, 1장에는 '靈山圖'라는 제목하에 出家部와 在家部로 대별하여 종단의 조직 체계를 도해하였고, 2장에는 '영산도 해설'이라는 제목으로 27항에 달한 설명이 제시되어 있다. 1장 영산도의 출가부의 최상단에는 證明團이 있고, 그 밑에는 宗正을 배열하였다. 그리고 종정 산하에 律院, 內院, 外院으로 종단의 조직을 구분하였다. 율원의 조직

---

38) 필자가 영산도에 대한 관심을 갖게 된 것은 『선원』 7호(1992.4)에 정화자료 공개 3, 「靈山圖에 대하여」라는 글에 의해서이다. 이 글은 동봉(당시 서울 원각사 주지)이 영산도의 내용을 소개한 글이다.

39) 『여성불교』 1982년 11월호, 오형근, 「청담 큰스님의 큰 덕을 회상하며」, 23~25쪽. 여기에서 오형근은 "종단이 근대화하려면 혁신적인 조직과 인사행정이 뒤따라야 한다고 주장하시며 영산도라는 조직표를 16절지 크기의 두 페이지에 발표하신 적이 있다"고 서술하였다.

으로는 傳戒, 羯磨, 布薩, 察衆을 제시하였다. 그리고 내원에는 參禪, 息忘, 惺寂, 圓頓, 眞言, 念佛, 誦經 등을 제시하였다. 이 내원은 사미가 소정의 교육을 마치고 입산, 수도하는 과정으로 기재하면서 승려는 10년간 의무적으로 坐禪을 해야 한다고 규정하였다.

다음은 외원이다. 외원은 율원, 내원에 비하여 상당히 복잡한 조직체로 구성하였다. 즉 외원에는 敎授, 統理, 慈護로 구분하면서도 각각의 산하에 그 집행 소임을 두었다. 교수에는 四攝과 敎育으로 대별하면서도, 교육에는 3년 수업하는 고졸의 포교사, 2년 수업을 하는 대졸의 전도사, 2년 수업의 행자수업과 3년 수업하는 대졸의 사미가 포함된 速修, 국졸로서 6년 수업을 하는 行者, 6년 수업하는 沙彌, 3년 修禪 후에 하는 硏究 등으로 구분했다. 여기에서 포교사와 전도사는 재가부 공간에 위치시켰기에 정식 승려로는 볼 수 없다.40) 그리고 四攝은 전체 교육 부문 6개 중에서 승려 교육에 해당하는 속수, 행자, 사미, 연구 등의 4개 분야를 아우르는 것을 의미한다고 본다.

외원에서 가장 중요하게 배치한 것은 統理이다. 통리에는 內攝과 外護가 있다. 내섭에는 入繩, 持殿, 警策, 書司로 구분하였다. 외호에는 維那, 監院, 書司, 知客, 伽藍, 供需, 園頭,41) 營林42) 등을 두었다. 외원의 마지막으로는 慈護가 있다. 자호에는 養老와 看病을 두었는데 양로에는 供需, 衣服을 두었으며 간병에는 衣服, 供需, 醫藥 등을 두게 하였다. 이러한 외원은 그 성격상 교육, 관리, 복지 개념으로 구분하고 그 내에서는 유형별로 조직 및 소임을 구분한 것이 특징이라고 하겠다.

이제부터는 재가부의 조직을 제시하고자 한다. 재가부의 중앙에는

---

40) 이는 재가자의 교육은 승가에서 담당한다는 의미로 보인다.
41) 원두 밑에는 채공, 원두로 구분했다.
42) 영림 밑에는 조림, 감시, 경리로 구분했다.

中央護正院을 두도록 하였다.[43] 중앙호정원 산하에는 羯磨와 統庶로 구분하였다. 그리고 갈마에는 傳戒部, 羯磨部, 布薩部, 察衆部로 구분하였으며 통서에는 總務部, 敎務部, 淨財部, 宣傳部, 組織部, 施設部, 救療部, 淸掃部, 人事部, 綠化部, 惜福部, 指導部, 美風部, 放生部로 구분하였다. 한편 각 지방에는 행정 단위별 조직체를 두도록 하였다. 즉 道에는 淨化院을, 郡에는 護世院을, 面에는 布德院을, 洞에는 光明圓[44]을 두게 하였다. 이 같은 각 지방 조직체의 산하 부서는 중앙호정원에 준하여 둘 수 있게 하였다.

청담의 영산도는 이렇게 출가부와 재가부의 이원적인 조직체계를 제시하면서도 출가부와 재가부가 긴밀하게 연결될 수 있게 하였다. 그러나 그 연결은 조직상의 연결구도라기보다는 이념적, 불교사상의 근거에 의해 가능하게 하였다. 그 이념, 즉 출가와 재가 전체를 통괄하는 것이 '慈悲光明'이라 하였다. 이 자비광명이 출가부의 증명단, 종정, 율원, 내원, 외원뿐만 아니라 재가자들이 활동하는 도, 군, 면, 동, 호에도 미치는 것으로 그렸던 것이다.[45] 이러한 이념적 구도를 설정하면서 동시에 재가자들이 율원에 '自由投書'를 할 수 있게 하였으며, 재가자들이 발심하여 행자, 사미를 통해 입산 수도할 수 있는 통로를 제도화시켰던 것이다.[46]

한편 출가부 내부에서는 자비광명을 통하여 모든 조직체가 유기적 연결을 갖도록 하였지만, 그 이면에는 動脈의 개념으로 상호간의 견제의 틀인 '監視線'과 내원에서 외원의 모든 조직체를 후원해야 하는 '外

---

43) 이는 신도회의 전국 조직체이다.
44) 光明院으로 볼 수 있으나, 원문에 '圓'으로 표기되었다.
45) 영산도에서는 재가자에 미치는 자비광명을 '出世度衆'이라 하였다. 즉 중생교화라는 개념이다.
46) 이를 靜脈으로 표현하였다.

護線'도 동시에 설정하였다. 그리고 출가부와 재가부의 연결에서 교육 분야에서도 그 창구를 두었다. 이는 외원의 교수, 사섭 부분에서 재가의 중앙호정원과 연결구도를 두었는바, 이는 재가자의 교육을 출가부에서 담당할 수 있게 한 배려로 보인다. 나아가서 출가부는 재가부를 '出世度衆'하는 것을 원칙으로 제시하였다.

그리고 청담은 이렇게 자신이 꿈꾸는 이상적인 종단의 운영안을 제시하면서 출가, 재가 양측에 관통해야 하는 원칙을 제시하였으니, 그것은 영산도에 표기한 '曹溪宗 憲章'이었다. 그 내용은 다음과 같다.[47]

第一章　各 所任은 三院長의 協議로 宗正이 任命한다.
第二章　舊參(內院 出身)은 初學(初夏 比丘·沙彌·行者)을 監督한다.
第三章　比丘·比丘尼는 優婆塞 優婆夷를 開示悟入케 한다.
第四章　優婆塞·優婆夷는 信受奉行한다.

이 헌장은 영산도가 단순히 이상적인 대안이 아니고, 종단 현실에 바탕을 둔 것임을 알게 해준다. 즉 조계종이라는 수식어에서는 불교정화의 산물로 등장한 조계종단에 적용하려는 의도를 알 수 있다. 그리고 수행자 및 승려 중심으로 신행과 종단이 운영되어야 하는 원칙을 개진하였다. 즉 청담은 사부대중을 망라하는 종단개혁, 영산도를 기획하면서 승단이 우선하는 종단개혁을 강조한 것을 알 수 있다.

지금부터는 영산도의 2면에 있는 「영산도 해설」을 제시한다. 이 해설 전체의 내용을 주의 깊게 살피면 영산도의 성격, 운영의 내용 뿐만 아니라 청담이 고려한 종단개혁의 의미까지도 파악할 수 있다.

---

47) 이는 후술한 영산도 해설의 내용과 중복되고 있다. 이는 이 내용이 영산도 해설에서 가장 중요한 것임을 말해주는 것이다.

一. 比丘・比丘尼는 優婆塞 優婆夷를 開示悟入케 한다.

二. 優婆塞・優婆夷는 信受奉行한다.

三. 律院은 四部衆의 行解를 羯磨하며 傳戒 및 布薩을 行한다.

四. 內院은 捨敎 入山한 比丘・比丘尼로 하여금 福慧雙修에 全力하여 佛果를 證得하며 生死를 解脫케 한다. 但 義務修禪은 十年間으로 한다.

五. 外院은 四部衆의 敎授, 慈護와 內攝 外護의 事務를 統理한다.

六. 證明은 無期限으로 한다.

七. 宗正과 院長의 任期는 三年으로 한다.

八. 各 宗 宗主는 無期限으로 할 수 있다.

九. 院長은 各 該院을 統括하며 代表한다.

十. 각 所任은 每年 서로 交替한다.

一一. 階位는 三年마다 向上한다.

一二. 救世와 外護를 歷任한 後에는 內院衆과 서로 交代한다.

一三. 救世板과 外護板은 每年 서로 交代한다.

一四. 證明은 宗正을 歷任한 이가 된다.

一五. 宗正은 院長을 歷任한 이가 된다.

一六. 院長은 各宗 宗主 또는 部長級을 歷任한 이가 한다.

一七. 部長은 局長級을 歷任한 이가 한다.

一八. 局長은 課長級을 歷任한 이가 한다.

一九. 課長은 係長級을 歷任한 이가 한다.

二十. 宗正과 宗主 및 各 院長의 決議에 依하야는 特進할 수 있다.

二一. 舊參(內院 出身者)은 初學(比丘・沙彌・行者)을 監督한다.

二二. 各 所任은 三院長의 協議로 宗正이 任命한다.

二三. 行者林에는 國民校 卒業한 全國 神童을 募集하야 六年間을 敎授한다.

二四. 沙彌林은 行者林을 修了하고 得度한 者에게 比丘로서의 必修 內典(經・律・論)과 外科를 敎授 修了케 한 後에 比丘戒를 受持케

한다.

二五. 速修林은 大學을 卒業한 者에게 五年間 行者와 沙彌의 內典의 必
　　修科를 修了後에 比丘戒를 受持케 한다.
二六. 硏究林은 沙彌林이나 速修林을 마친 者로서 志願함에 依하여 入
　　學케 하고 大藏經을 硏究 發表케 한다.
二七. 世間의 各 敎化機關은 護正院의 府庶에 準하여 組織한다.

위의 27개 항에 달한 영산도 해설은 앞서 살핀 영산도의 구체적인
운용에 대한 원칙을 제시한 것이다.

위의 이철교 사본 영산도가 1960년경의 것이라면 지금부터 제시할
『여성불교』에 기고한 오형근 사본은 1968년경의 것으로 이철교 사본
보다는 간략하면서도, 새롭게 추가된 것이 있는 것을 파악할 수 있다.
그러면 그 개요를 살피기 전에 오형근이 본 영산도의 성격을 살펴보
자. 즉 오형근은 영산도라는 조직표를 16절 크기의 두 페이지라 하였
다.[48] 그리고 그 내면의 제목을 '종단 근대화안'이라 하였다고 하였
다. 그런데 필자는 오형근의 대담에서 이청담에게 인수한 그 가리방
본을 소장하였으며, 이를 불교 잡지에 게재하였다고 하였다. 그런데
필자는 오형근이 입수, 소장한[49] 것을 직접 확인하지는 못하였다. 때
문에 『여성불교』에 게재된 것과 오형근이 소장하였던 것의 차별성을
개진할 수는 없다.

이런 배경에 오형근이 『여성불교』에 게재한 영산도 도해안을 요약,
제시한다. '영산도'라는 제목하에 우선 종단의 조직안이 圖로써 나온
다. 제일 상단에 종정이 있는바, 全四部衆을 지휘감독한다고 되어 있

---

48) 두 페이지는 각각 다른 종이에 가리방된 것을 의미한 것으로 보인다.
49) 2003년경, 오형근은 그 자료를 소장하였지만, 그 당시까지 자료를 소장하고 있는
　　지는 확인하지 못하였다. 즉 당신의 서재에서 찾아보아야 한다고 하였다.

다. 하단 좌측에는 종정을 추대하고, 종정을 최후로 결정한다는 長老
院이 있다. 종정 직위 하단에는 종정을 보좌하는 總攝이 있다. 총섭의
하부 조직으로는 律院, 內院, 外院이 배치되어 있다. 율원은 사법부, 삼
심제라는 설명을 하였다.50) 내원은 10년 참선을 하는 곳으로, 백장청
규에 의해 실시되며 고전 건물에서 시행한다고 하였다. 외원은 그 하
부 조직으로 조직청, 선전청, 구호청, 농림청, 공예청, 護寶聽, 교육청,
포교청, 경리청, 행정청으로 구분되어 있다. 이 같은 청의 책임자 즉
청장은 장관급 이상으로, 청의 건물은 순 현대식 건물에 둔다고 하였
다. 그리고 교육청에서 수행 연한이 종료되면 宗政 및 포교사업에 복
무한다는 원칙을 두었다.

다음으로 재가자의 조직체를 살펴보겠다. 재가 조직체의 최상단은
中央護正院으로 설정하였다. 그 산하 조직체인 도, 군, 면, 동, 리에는
正光院, 慈光院, 大慈院, 相助院, 菩提院을 둔다고 하였다. 그리고 각 戶에
서 출가 신동 선발제를 둔다고 부연하였다.

이러한 출가, 재가의 개요를 이원적으로 제시한 후 출가와 재가의
원칙을 제시하였다. 그것은 출가＝眞界＝승려＝지도이고, 재가＝세속
＝신도＝신앙이었다. 이러한 영산도를 이전의 영산도, 즉 1960년경의
것과 비교를 하면 종단의 틀은 거의 유사하지만 그 내용 및 하부 조
직체는 간략하게 제시된 것으로 보인다. 그리고 이전보다는 세속의
정치체를 더욱 모방한 것도 찾을 수 있다. 다음 재가 조직체에서는 이
전의 것과 그 틀은 유사하되, 명칭의 변동이 있었고 최하부 조직체가
이전의 洞에서 里가 추가되었다는 점이다. 이상의 분석을 통해서 필자
는 1967년의 영산도는 1960년의 영산도보다는 그 틀을 유지하면서도

---

50) 이 설명은 원래의 영산도에 기재된 것인지, 아니면 오형근이 추가로 써 넣은 것
　　인지는 확인해 보아야 한다.

상당히 축소, 간략한 구도로 전환되었다고 보고자 한다.

이제부터는 1967년 영산도의 두 번째 구도인 '종단 근대화안에 대하여 살펴보고자 한다. 이는 1960년 영산도에 있던 '영산도 해설'은 없어지고, 그 대신으로 추가된 것이다. 종단 근대화안은 종단 근대화를 이루기 위한 목적, 방법, 내용 등을 개설적으로 설명하지 않고 종단 근대화안의 운용의 요체를 圖로써 제시한 것이다. 이 같은 도해에는 종단 승려들의 법계, 학력·계력·수행력, 공직 순위, 수행년한을 각 단계별로 제시하였다. 그리고 그 전제에서 승려의 구분 및 소임의 틀을 연계시킨 것이다.

우선 승려는 승려 예비단계인 道子와 僧侶로 구분하였다. 도자는 初心, 行者, 沙彌로 구분하면서 각각 학력, 계, 수행을 상세히 구분하였다. 즉 초심은 유치원에 2년간 재학하게 한 후[51] 삼귀의 계를 갖도록 하였다. 행자는 국민학교 8년을 재학하게 하고,[52] 그 후에 5계를 수지하게 하였다. 사미는 8년간 중고교에 수학하게 한 후에 10계를 수지하게 한다.

다음, 승려는 凡僧과 聖僧으로 나누었다. 범승은 比丘, 淨德, 中德, 大德, 大敎師를 칭하고 성승은 宗師, 中宗師, 大宗師로 나누었다. 이 중 대종사는 상원(장노원)의 소임을, 중종사·종사·대교사·대덕은 하원의 소임을 볼 수 있게 하였다. 이런 전제하에 각 법계별 학력, 공직, 수행기한을 제시한다. 비구는 24세에 대학을 입학하여 30세에 졸업을 하여 비구 250계를 수지하게 하기에 수행은 6년이다. 정덕은 3년 이상 참선한 자로 한다. 여기에서 정덕은 30세에 선방에 들고 법랍이 3세가 된다. 중덕은 6년 이상 참선한 자이다. 중덕은 연령은 30세에 달

---

51) 5,6세에 입학하게 한다.
52) 8세에 입학, 15세 졸업하게 한다.

하고 법랍은 6세가 된다. 지금껏 제시한 비구, 정덕, 중덕은 종단의 공직이 없도록 하였다. 대덕은 10년 이상 참선한 자로, 연령은 40세 법랍은 10세에 달해야 한다. 대덕은 丁종급53) 사찰의 주지 및 4급 포교사의 공직을 가질 수 있다. 대교사는 불교논문으로 문학방면 노벨상을 수상하고, 병종급 사찰의 주지 및 3급 포교사를 할 수 있게 하였다. 대교사는 법랍과 연령은 정하지 않았다. 종사는 初見性을 해야 하고 乙종 사찰의 주지 및 2급 포교사를 할 수 있게 하였다. 종사도 법랍과 연령을 정하지 않았다. 중종사는 10년 이상 保任을 한 대상자로 甲종 사찰의 주지를 할 수 있으며 법랍은 20년, 연령은 40~50세로 하였다. 대종사는 20년 이상 보임을 한 대상자로 장로, 종정, 총섭을 역임할 수 있으며 법랍은 30년 이상이며 연령은 60세 이상이라고 하였다.

이렇게 청담이 제시한 영산도의 종단 근대화안은 법계, 공직, 수행에 관한 엄격한 기준을 제시한 것이다. 이러한 근대화안을 제시한 것은 역설적으로 그것이 당시 종단에서 시행되지 않고 있음을 말하는 것이다. 청담이 1967년경에 제시한 이 영산도는 1960년의 것을 변용, 계승한 것임은 쉽게 파악할 수 있다. 그런데 1967년 영산도에 대한 당시 청담의 설명이 주목된다. 그것은 1966년 12월, 청담이 조계종단의 종정에 취임하자, 『신동아』에서 청담을 인터뷰를 한 것이 1967년 2월 호에 게재되어 있다. 그 기사의 일부에는 영산도를 설명하는 구절이 있다. 청담이 인터뷰 기자(동아일보 논설위원, 권오기)에게 내놓고 설명하는 것을, "불교 근대화 5개년 계획 같은 것을 펼쳐 보였다 함"을 보면 필자가 제시한 것과 같은 자료라고 보인다. 청담은 그 자료를 다음과 같이 설명했다.

---

53) 갑을병정의 정급 사찰이다.

먼저 종정은 대통령의 위치이고 그 밑에 각종 행정 사무를 위한 외원, 10년간의 참선을 위한 도장으로서의 내원, 그리고 삼심의 사법부적인 율원을 둔다는 것입니다. 종정은 법계에서 최상위인 대종사로 구성되는 상원에서 선출하고, 총섭은 종정이 임명하도록 하며 종단사무를 맡을 외원은 행정청 경리청 호보청 포교청 교육청 구호청 선전청 조직청 개발청 공예청 농림청 등으로 나누어 불교의 모든 행정을 맡게 됩니다.

법계란 중의 계급을 말하는 것으로 지금같이 절에 들어가서 3년의 도제생활이 지나면 그 절에서 계를 더 주어 중으로 만들어 가는 것을 좀더 뚜렷하게 제도화하자는 것이지요. 처음 2년을 초심이라 해서 지내고, 그 다음 8년을 행자라는 급에서 머물고, 그 위가 사미 8년, 그 위에 비구 10년을 지내고 나면 먼저 조직에서 말하는 내원에서의 참선 10년, 이를 세분해서 처음 3년을 정덕, 다음 3년을 중덕, 마지막 3년을 대덕이라는 계급으로 부릅니다. 이로서 일반 중이 되는데, 그 위에 특출한 학자승을 대교사, 그 위에 원로승을 종사 중종사 대종사로 올라가게 하며, 대종사는 상원에 들게 하고, 대종사 가운데서 종정을 뽑는다는 것이 나의 구상입니다.[54]

이러한 청담의 설명을 보면 필자가 살핀, 즉 오형근 사본을 말하는 것임이 분명하다.[55] 여기에서 필자는 청담의 근대화안이 승려의 철저한 양성방안에서 출발한 것이며, 이를 새로운 법계에 연결시키려는 의도임을 알 수 있다. 당시 청담은 이 안을 권오기에게

---

54) 『신동아』 1967년 2월호, 228쪽.

55) 차이점이 있는 것은 오형근 사본에서는 장노원이라고 기재하였지만, 청담은 이를 상원으로 구술하였다. 그리고 권오기가 신동아지에 별표로 제시한 종단조직에서도 상원으로 기재하였다. 다만 오형근의 종단 근대화안에서는 '상원(장노원)'이라고 표현했다.

적당한 때 승려대회를 열어 이렇게 정하게 되면 어지간한 정부의
조직만큼 불교승들은 조직화 될 것[56]

이라고 언급하였다. 그런데 청담은 자신이 제시한 방안을 정부의 조
직에 비견하면서도, 일면에서는 불교의 조직화를 기하면서도 불교의
원모습으로 돌아가려는 목적에서 나온 것으로 보았다. 다음은 바로
청담의 그 발언이다.

중이라는 우리말은 衆이라는 한자에서 비구·비구니의 총칭이었습
니다. 따라서 원래 중은 조직된 상태를 의미하는 것입니다. 내가 불교
의 조직화를 말하는 것은 곧 불교가 원모습으로 돌아가자는 이야기와
같은 것이지요.[57]

그러면 청담은 불교의 조직화를 통한 불교의 근본적인 모습으로 돌
아가게 해서, 무엇을 얻으려는 것일까? 청담은 그것을 종단의 3대 지
표로 내세운 도제양성의 근대화, 역경사업, 포교의 근대화의 역군으
로서 승려를 활용하기 위한 것이었다고 고백하였다.[58]

지금까지 살펴본 바와 같이 청담의 영산도는 그가 불교혁신을 고민
하던 1930년대 중반, 1945년 해방 직전에 불교혁신의 방안의 초점으
로 자리 잡았다. 이후 불교정화운동이 일단락되었던 1960년대 초반,
중반에도 불교정화 실천의 대안으로 지속되었다. 그러므로 청담의 영
산도는 불교혁신, 불교정화의 이념적인 기반으로 기능하였다고 볼 수
있다. 그런데 청담이 조계종단의 종정을 자진 사퇴한 이후에는 그의

---

56) 앞의 내용과 같음.
57) 『신동아』 1967년 2월호, 229쪽.
58) 위와 같음.

발언, 어록 등에서 영산도는 거의 사라지고 있었다. 이는 명리에 탐착한 종단 구성원들의 안주, 화동파라 불린 대처승의 종단 유입, 정화정신의 혼미 등에서 연유한다. 다시 말하자면 종단 내외의 변화가 청담의 영산도와 병행할 수 없을 정도로 모순을 겪으면서, 청담이 그 같은 종단 변화에 보다 즉자적으로 대응하였기에 영산도로 대변되는 그의 이상과 꿈을 거론할 수 없을 정도였다는 것이다. 때문에 청담은 자신이 재건하고, 종정까지 역임한 조계종단에서 자진 탈종하겠다는 선언을 하기에 이르렀다. 이런 배경에 청담이 종단 탈퇴 직전에 재가자들과 공동으로 제출한 조계종유신재건안에 영산도의 이념과 구상을 찾아볼 수 없었던 연유도 여기에서 찾을 수 있을 것이다. 즉 영산도라는 낭만적인 이상과 꿈을 거론, 접목할 수 없었던 저간의 사정이 있었다. 저간의 사정은 청담이 스스로 지적한 교단의 비본질적 요소인 대처제도, 문중 파벌주의, 승려 자질의 저하, 승려의 재산상속, 현대사회에 대한 유리감 등이었다. 이러한 배경에서 필자는 종정까지 역임한 그가 총무원장을 자임하면서 불교의 3대시책(도제양성, 역경, 포교)을 직접 주관하려는 의사를 표시하고 실제 이를 실천한 것의 본질을 가늠할 수 있었다.

4. 결어

　지금부터는 필자가 청담의 민족불교와 영산도와의 상호관계라는 거시적인 관점을 갖고 정리한 본 고찰의 주요 내용을 정리, 요약하면서 추후 연구할 방향을 제시하는 것으로 맺는말에 대하고자 한다.

　첫째, 청담은 출가 이전부터 민족의식, 민족불교에 대한 강한 의식이 자리 잡고 있었다. 이는 곧 청담의 불교가 민족불교임을 단적으로 말해주는 견고한 단서이다. 여타 승려들이 삶의 회의, 인생과 우주에 대한 궁금증, 발심, 인연 등으로 출가를 하였다고 말하는 것과 청담의 출가 배경과는 전연 이질적이다.

둘째, 청담의 출가 배경에 민족불교의 요인이 작용하였지만, 당시 불교의 현실은 민족불교의 노선과는 큰 차별성을 가진바, 이는 자연스럽게 청담이 민족불교의 복원을 시도하게 한 기반으로 작용하였다. 민족불교와 이질적인 당시 불교의 현실은 일제강점기 불교, 일본불교의 신행을 수용한 정황, 불교의 근본과 사찰 공동체를 파괴하였던 승려의 대처화 등이 청담이 극복할 대상이었다.

셋째, 청담은 민족불교의 재건을 위해 승려로서의 전 생애를 헌신하였다. 일제강점기에서의 학인대회, 수좌승대회, 수좌대회, 고승유교법회, 대승사에서의 구상 등은 이를 말해준다. 해방 이후의 가야총림, 봉암사 결사, 불교정화운동의 주도 등은 그의 지난한 행보를 말해준다.

넷째, 청담의 민족불교 재건의 이념적 초점에는 영산회상, 영산도가 자리잡고 있었다. 근본불교적인 영산도는 1935년 수좌대회에서 시작되어 1945년 대승사 수행, 1954년 정화운동, 1960~67년 종단재건 등에 지속적으로 구현되었다. 그런데 영산도는 초창기부터 정화운동 후반에 이르면서 더욱더 구체성, 광대성, 포괄성을 띠어 갔다. 종단의 운영체계 전체를 영산도로 개념화한 것이 그 예증이다.

다섯째, 영산도의 내용적인 성격은 종단 운영체계 망라, 사부대중의 포괄, 승려 우위의 인정, 참선수행을 우선하는 수행 및 교육체계 수립, 계를 지키는 수세적인 계율보다는 공동체 생활을 강조하는 율원 공동체 지향, 신도조직화의 역점, 근본불교와 현대 사회의식을 조율하는 구도 등으로 설명할 수 있다. 때문에 청담의 영산도는 단순히 복고적·근본적인 부처님 당시와 같은 회상에서 몇 발자국을 나간 근본불교와 현대불교를 접목시키려는 청담의 웅대한 종단건설안이라 하겠다.

여섯째, 청담과 성철의 불교개혁, 정화에 대한 공통성과 차별성에 대한 정리이다. 청담, 성철은 함께 수행하면서 불교개혁을 꿈꾼 동지로서 그들이 지향한 개혁 및 정화의 노선 및 성격을 정리하는 것도 간과할 수 없는 주제이다. 더욱이 이들은 1950~90년대 한국불교, 조계종단을 대표하는 승려라는 점에서도 그러하며, 그 시기 불교를 설명하는 관점에서도 그러하다.

일곱째, 청담의 이상적인 민족불교 대안의 이념으로 나온 영산도가 당시 종단사 및 불교정화사 등에 끼친 영향을 정리해야 한다. 영산도는 단순히 청담의 불교개혁, 정화불교, 민족불교에서만 작용하였는가. 아니면 종단 내에 파급시킨 것은 없는가를 찾아내야 한다.

여덟째, 청담은 그의 삶의 후반, 1968년 이후에는 영산도를 구현시키려는 의지를 적극적으로 구현하지 않았다. 즉 그는 재가 측과 공동으로 종단개혁안 제출, 종단 탈퇴, 총무원장의 소임 담당, 입적에 이르기까지 옹골찬 종단개혁을 이행하였지만 영산도에 의거한, 영산도에서 강구한 방안은 즉자적으로 나타나지 않았다고 필자는 본다. 그렇다면 그 이유는 무엇인가에 대한 논리적·합리적인 이해가 있어야 된다. 영산도의 사상적 핵심은 지속되었는가, 아니면 변용되었는가의 문제가 남는다.

지금껏 청담의 영산도를 이해하기 위한 다각적인 분석, 추후 연구할 주제 등을 개진하였다. 그것은 역사적인 접근이 주류를 이룬 셈이다. 추후에는 불교사상, 사회학, 종교학 부문에서의 접근, 분석이 요망

된다고 본다. 청담의 종반기 생애에서 영산도라는 이상을 어떻게 접
목시키려고 하였는가 하는 실상, 청담의 고뇌 등은 필자의 후일 연구
주제로 남겨 두고자 한다.

강석주의 삶에 나타난 민족불교

1. 서언

강석주(1909~2004)는 한국 근현대불교사의 중심에서 승려로서의 삶을 치열하게 구현하였다. 이에 그의 삶은 큰스님, 무욕으로 일관한 보살, 천진보살 등으로 널리 지칭되었다. 그러나 우리가 그의 삶의 전모를 세밀히 살펴보면 평소 우리가 간과하였던 그의 다양한 부분을 살필 수 있다.

이에 본 고찰에서는 강석주의 삶이 한국 근현대불교의 중심에 굳건히 서 있으면서, 그 당시 민족이 불교에게 부여한 역사적 사명을 수행한 것과 밀접한 연관을 갖고 있음을 밝히려고 한다. 다시 말하자면 강석주의 삶을 단순한 승려로서의 일생으로만 볼 것이 아니라 파란많은 굴곡의 불교사의 중심에서, 그에게 다가온 과업을 수행한 菩薩行道로서의 행적을 조망하려는 것이다.

필자는 그가 수행하고, 고민하면서 행하였던 일체를 민족불교라는 의미로 풀어보고자 한다. 지금껏 민족불교의 개념은 미시적으로, 혹은 편협한 개념으로 인식된 감이 없지 않다. 그러나 필자는 평소 근현대불교의 특성을 민족불교의 이름을 갖고 간혹 설명해 왔다. 필자는 민족불교에 대한 개념은 정치하게 정리하지는 못하였지만, 이를 학문적인 과제로 여기고 있다. 다만 민족불교는 당시 민족 공동체(나라, 민족)가 불교에 요구하는, 나아가서는 불교가 민족을 위해 전개하였던 제반 활동과 고뇌를 묶은 전체적인 개념이라고 볼 수 있다. 때문에 민족불교는 불교에서 지칭하는 상구보리, 하화중생에서 나오는 중생의 개념을 보다 확대한 것이라 하겠다. 또한 민족불교에서는 상구보리를 한 연후에 하화중생을 한다는 단계적·계기적 인식을 거부한다. 하화중생을 하기 위한 상구보리를 우선하여 중요시 하고, 상구보리만을 위한 불교는 상대적으로 그 의미는 소홀하게 되는 것이다. 그러므로 민족불교는 결코 배타적이거나 편협한 민족주의적인 불교임을 부인한다. 불교적인 관점에서 보면 대승불교 사상의 구현이요, 민족불교를 구현하는 철저한, 온몸으로서의 보살행인 것이다.

요컨대 필자는 강석주의 삶을 민족불교의 관점에서 살피고자 한다. 미진한 점은 수정 보완을 할 예정인바, 강호제현의 질책을 요망한다.

2. 선학원에서, 민족불교의 싹을 키우다

강석주는 1909년 경북 안동군 북후면의 옹천마을에서 태어났다. 그는 5형제의 둘째로 태어났는데, 속세의 이름은 啓述이었다. 강석주는 어릴 적에 마을 인근의 봉서사라는 절에 나가 불교와의 인연을 갖고, 일곱 살 때부터 사익재라는 글방에 나아가 천자문, 명심보감 등의 한문 공부를 하였다. 그러나 집안 형편이 어려워지면서 공부를 계속할 처지가 못 되었다. 이에 그의 부모는 강석주를 서울 가회동에서 필방을 운영하면서, 친척 아이들을 불러다 하숙을 치며 돌보아주었던 9촌 아저씨(강두희)에게 보내 신학문을 배울 수 있도록 하였다.

1922년, 열네 살의 강석주는 신학문을 배우겠다는 희망을 안고 서울로 향하였다. 안동에서 소떼를 몰고 서울의 송파우시장으로 가는 소장수를 따라 500리 서울 길을 닷새 동안 걸어서 서울의 아저씨 집에 도착하였다. 강석주는 이때부터 아저씨 필방에서 잔심부름을 하며 지냈다. 그러나 9촌 아저씨의 가세가 썩 좋지 않아 신학문을 배울 처지가 못 되었다. 그때 그 필방에 자주 드나드는 단골 손님 중에 선학원의 승려인 김남전 스님이 있었다. 김남전은 항일불교의 근거처인 禪學院[1](서울 안국동)을 창건한 주역으로 선필로 명망을 떨치던 선객이었다.[2] 당시 선학원은 전국 선방의 수좌들의 중앙본부로, 禪友共濟會라는 수좌들의 자율조직의 거점이었다.[3] 이에 선학원에는 그 시절 각처의 선객들이 들러 가는 선풍의 수호, 민족불교 수호의 상징 사찰이었다.

그런데 강석주가 필방에서 근 1년간 머물 즈음, 9촌 아저씨가 남의 사업 보증을 선 것이 잘못되어 큰 빚을 짐에 따라, 아저씨는 데리고 있던 다른 아이들은 고향으로 보냈다. 그러나 강석주는 그의 부모님이 형제 가운데 한 사람은 스님으로 만들고 싶다는 말씀을 기억한 아저씨의 배려로 선학원으로 보내지게 되었다.

즉 선학원의 행자로서 인생의 새로운 전기를 맞이하였다. 1923년 봄, 열다섯이던 강석주는 이로부터 김남전을 은사로 사미 행자승으로

---

1) 서울 종로구 안국동 50번지에 소재하였던 선학원은 지금도 선학원의 이름으로 활동하고 있다. 전국 선원 500여 개의 본부(재단법인)의 사찰(중앙선원)이기도 하다.
2) 김남전에 대한 생애와 사상은 『남전선사문집』(인물연구소, 1978)을 참고 바람.
3) 김광식, 「일제하 선학원의 운영과 성격」, 『한국근대불교사연구』, 민족사, 1996.

변신을 하였던 것이다. 그 당시 선학원에는 김남전, 김석두, 강도봉, 만해 한용운 등 네 명의 승려만이 상주하고 있었다. 이때부터 강석주의 매운 시집살이, 행자생활은 시작되었다. 꼭두새벽에 일어나 도량을 청소하고, 새벽예불 준비, 대중들의 공양 준비, 장보기, 스님들 심부름, 빨래, 방에 군불 때기, 통나무를 사서 도끼로 패서 쌓아 놓기 등 그 수를 헤아릴 수 없을 정도이다. 행자는 강석주 혼자였으니 갖은 고생을 면할 수 없는 처지였다. 그리하여 하루 해가 어떻게 갔는지도 모를 정도였고, 스님들에게 무슨 잔소리를 듣지나 않을까 노심초사 하며 지내게 되었다. 그 시절, 강석주가 기억하고 있는 만해는 행자인 강석주에게 말 한마디도 건네지 않고, 자그마하고 단단해 보이는 몸으로 비구승들에게 호통을 칠 때 이외에는 항상 무표정의 얼굴이었다고 한다. 아마도 그때에는 만해가 3·1운동의 주역으로 일제에 의해 3년간을 형무소에 수감되어 있다가 나온 직후라 비타협과 강직성이 몸에 배어 있었기에 강석주는 그렇게 기억하였을 것이다. 만해는 자신에게 엄격한 만큼, 선학원의 대중들의 허물도 만해에게 걸리면 불호령이 떨어지곤 하였기에 강석주는 감히 범접하기 어려운 존재였다. 선학원의 온갖 허드렛일을 전담하였던 행자인 강석주는 만해의 입에서 어떤 말이 나올까를 조바심으로 바라보았던 것이다.

그때, 강석주는 여느 젊은이처럼 세상에 대한 궁금증도 있었고 신학문을 배우고 싶은 마음도 있었으나 선학원의 형편은 도저히 그를 염두에 둘 수 없을 정도였다. 그저 염불을 익히고, 절의 자질구레한 일만이 그를 기다리고 있었다. 더욱이 은사인 김남전은 강석주에게 사적인 용무로 인한 일체의 바깥 출입도 금하였다. 밖에 나가면 속세의 바람을 탄다는 염려에서 나온 조치였다. 그런데 절에 들어온 지 몇 달이 지났을 때, 김남전이 선학원을 장기간 비우게 되었다. 강석주는 이 틈을 이용하여 종로의 청년회관에 있는 야학을 나갔다. 거기에서 이희승, 최현배의 한글 강의도 들었는데 이때 강석주는 『초등대한역사』, 『대한국어문법』, 『조선문전』, 『개벽』 등을 구해 읽고, 은연중 일본의 식민통치에 대한 저항의식을 키워가기도 했다.

그때 강석주는 사회 친구들도 사귀었다. 어느 날은 그 친구들과 함께 만주로 건너가 독립운동을 하자는 약속까지 하였지만 강석주는 이를 실행하지 못하였다. 은사가 없는 틈에, 은사 곁을 떠나는 것은 스승에 대한 은혜를 저버리는 것이기 때문이었다. 그러나 이러한 바깥 출입, 속세와의 만남은 김남전이 다시 선학원에 돌아오면서 6개월 만에 자연 중단되었다.

그 무렵, 모두가 잠이 든 한밤중에 요란하게 대문을 두드리는 소리가 나서 강석주는 대문에 나가 보았다. 나가보니, 만해가 술을 거나하게 먹고 "우리나라는 기필코 독립할 거야! 그날을 위해 축배 삼아 한 잔 했지"라고 큰소리로 말하였다. 술에 취해 팔을 휘적이며, 자신의 방으로 들어가는 만해의 뒷모습을 보며 강석주는 나라를 잃은 선각자의 고뇌와 비애를 가슴속에 뚜렷하게 새겨 놓았다.[4] 그렇기에 강석주는 만해를 시봉하는 것을 고역으로만 여기지는 않았다. 고뇌하는 만해, 그의 고민은 몸 전체에 배어날 수밖에 없었을 것이다. 이 점에 대하여 강석주는 아래와 같이 회고하였다.

만해스님을 선학원에서 시봉했지만 평소에는 말씀도 별로 없으시고 무척 근엄하셔서 보통 사람들은 말을 붙이기가 힘든 정도로 근엄한 행동거지를 견지하셨지요. 스님은 특히 올바른 사상을 갖지 못한

---

4) 『월간 해인』 176호(1996.10), 「나의 행자시절, 선학원에서 보낸 고된 시집살이 여섯해 석주스님」.

사람은 만나지도, 곁에 가까이 하지도 않을 만큼 무척 엄격했습니다.[5]

근엄한 행동거지는 만해 자신의 고민, 사상을 가다듬으려는 표출이었다. 당시 만해는 청년 학생들에게 인기가 많아 이곳저곳을 다니며 강연을 하였다. 그러나 강연이 없을 때에는 후원의 독방에 머물며 서화를 하였다. 만해의 방에는 종이, 붓, 먹물이 항상 놓여 있었다. 또한, 화단의 화초를 키우고 금붕어를 기르는 일도 만해의 일과에 포함되었다. 대중의 승려들에게는 '중놈들'이란 표현을 하면서 화를 내고, 호통을 치며 지냈지만 화초와 금붕어에게는 미소를 띠우며 지냈다. 이런 만해의 지근거리에는 강석주가 있었음은 물론이었다.

만해는 공식적인 강연 무대에 서면 열변을 토하지만, 그 무대에서 내려오면 고뇌하는 지성, 차가운 모습으로 되돌아오곤 하였다고 강석주는 회고한다.

만해스님은 평소에는 별 말씀이 없었지만, 변재가 출중한 분이셨어. 당시에는 각 종교계의 인사들이 모여 공동 강연회를 열었는데, 만해스님께서는 뛰어난 변재로 청중들을 사로잡아 제일 인기가 좋으셨지.

강연회가 끝나면 기독교계 인사들은 미리부터 '질문을 하지 말라'고 하고는 어떤 질문도 받지 않았지. 그러나 만해스님은 달랐어. 누구나 질문을 하라고 하셨고, 청중들은 스님께 몰려들어 질문 공세를 퍼부었지. 그러면 만해스님께서 조목조목 정확하고 시원한 답변을 해주셨어. 나중에는 사회자가 나서서 '미안하지만 나중에 개인적으로 질문하라'며 떼어 놓을 정도였으니까.

그토록 박식한 분인데 그분의 방에 들어가면 이상하리만큼 책이 한

5) 강석주, 「만해스님을 기루며」, 『만해새얼』 2호(1996년 가을).

권도 없었어. 그 힘이 어디서 나온 것이겠는가? 바로 스님의 정진력이
요 도력이야.6)

강석주는 단언하였다. 만해의 청중을 사로잡는 박학다식, 출중한
웅변력은 만해의 정진력과 도력이었음을. 강석주는 만해의 방을 청소
하러 가보면 책 한 권도 없었고, 강연 준비를 위해 따로 참고도서를
보지도 않았으면서도 강연을 그렇게 잘 할 수 있다는 이유를 파악하
였다. 그것은 그 이전에 모든 책을 다 보았다는 것을. 이때부터 강석
주도 다양한 책을 구해 읽기 시작하였다. 인근의 인사동 책방에 나가
조선교육협회에서 발행한 교과서와 다양한 교양 및 역사책을 사서 읽
었다. 그리고 문학잡지, 시사 잡지를 구독하고 조선일보, 동아일보를
꾸준히 보았다. 이로써 강석주는 만해를 단순히 시봉하는 행자에서
만해 정신을 배우려는 젊은 학승으로 변모하였다. 그 시절 선학원에
는 민족단일운동인 신간회의 행사가 자주 열렸는데, 이는 만해가 서
울 지부장을 역임한 것에서 연유하였다. 이렇듯 선학원, 만해에서 나
온 정신적인 자양분은 민족운동, 민족불교, 자각 등이었다. 이에 강석
주는 민족운동의 정신을 접하게 되었다. 이러한 점이 자연스럽게 강
석주 민족불교의 싹으로 성장하는 요인이 되었던 것이다. 또한, 이러
한 측면은 여타 승려들과는 다른 성격을 보여주는 것이다.

2. 수행, 범어사와 선원에서

선학원에서 행자로 만해 한용운을 시봉하던 강석주도 어느새 속세

---

6) 김현준, 『도심속의 도인 석주 큰스님』(효림, 2005), 23~24쪽.

의 나이로 스무 살의 청년이 되었다. 세상 물정도 알게 되었고, 만해 정신도 어느 정도 체득하였으며, 행자생활 6년을 지내면서 절의 가풍 도 거의 익히게 되었다. 이제 강석주는 새로운 변화를 시도하였다.

1928년 초반, 강석주는 선학원에서의 생활을 마치고 강원으로 가서 공부하려는 마음을 내게 되었다. 그 이전 그는 강원에 가서 공부를 하 고 싶었지만 선학원의 살림살이를 도맡아 하는 자신의 역할로 인하여 그 기회는 쉽사리 다가오지 않았다. 이에 일시적으로 마음이 흔들리 고 게을러지자 은사인 남전스님으로부터 꾸지람도 받았다. 그 무렵, 선학원에 들른 범어사 승려 김경산이 김남전에게 강석주도 이제 강원 공부를 시킬 때가 되었다는 말을 계기로 범어사로 내려가게 되었다. 그의 짐꾸러미 한쪽에 만해의 『님의 침묵』이 있었던 것으로 보아,[7] 강석주의 만해정신의 체득은 간단한 것이 아니었다.[8]

1928년 2월 1일, 행자인 강석주는 사미 십계와 正一이라는 법명을 받고 정식 승려가 되었다. 이후 그는 범어사 강원에서 6년간의 공부 를 치열하게 하고, 1933년 3월 18일 강원 대교과를 졸업하였다. 이에 그는 다시 선학원으로 돌아왔다. 은사인 남전스님을 시봉하기 위함이 었다. 이때, 은사인 남전으로부터 昔珠라는 법호를 받았다.

한편 그즈음의 선학원에도 약간의 변화가 일어났는데 재정의 빈곤 을 타개하기 위한 차원의 재단법인 禪理參究院이 등장(1934.12.5)하였 다. 이때에 강석주는 그 법인의 서기를 보면서 선학원 살림살이를 맡 게 되었다. 그러면서도 수행의 끈을 놓지 않으려고 1934년에는 오대

---

7) 강석주를 면담한 조병활은 『님의 침묵』 몇 권을 가지고 가서, 범어사 승려들에게 나누어주었다고 하였다. 다만 강석주는 그 권수를 정확히 기억하지는 못하였다고 필자에게 전해 주었다.
8) 강석주는 선학원에서 만해를 자주 뵈었기에 만해의 영향을 많이 받았다고 고백하 였다.

산 상원사 선방의 방한암 회상에서 한철을 지냈다. 마삼근이라는 화두를 잡고 그는 수행에 전념하였다. 해제 후에는 상원사에서 한 달을 더 머무르면서 범망경까지 배워 선학원으로 돌아왔으나, 은사인 김남전이 1936년 4월 28일에 입적하였다. 그러나 강석주는 마음을 다시 추스리고 금강산 마하연, 덕숭산 정혜사, 묘향산 보현사 등의 선방을 다니며 수행을 지속하였다.

이렇게 강석주는 6년간의 강원교육과 그 이후 지속된 선원에서의 안거 수행을 통하여, 불교의 본질에 더욱 다가설 수 있었다. 그리고는 수행자로서의 삶을 어떻게 구현할 것인가의 문제도 다시금 새길 수 있었다.

3. 불교 전통을 수호, 유교법회의 참가

수행을 철저히 마친 강석주는 1940년 9월경, 부산 동래의 금정선원에서 원장을 맡게 되었다. 그런데 1941년 2월 말~3월 초순, 서울 선학원에서 항일불교, 민족불교 수호의 의미에서 기념적인 법회가 열렸으니 그것은 이른바 遺敎法會(이명, 高僧法會)였다. 이 법회는 이청담, 이운허의 주도로 개최되었는데 일제강점기 불교정책, 승려의 세속화, 수행의 파탄, 계율의 파탄 등을 극복하려는 의도에서 나온 것이었다. 때문에 자연 이 대회는 민족불교의 노선을 띠게 되었다.

이에 당시 대회에서는 청정 비구 40여 명을 초청하여 법회를 가졌는데 만공, 동산 등이 범망경, 유교경, 조계종지의 설법을 맡았다. 대회 직후에는 戒定均慧를 지키는 청정 비구들의 모임인 梵行壇을 조직하였다.9) 바로 이 법회에 강석주도 청정 비구로 초청을 받았던 것이다. 지금껏 강석주가 이 대회에 참가한 것은 크게 주목하지 않았다. 강석주는 이 대회에 참가한 전후 사정을 다음과 같이 개진하였다.

일찍부터 청담스님의 수행담을 들은 적이 많았고, 또 유교법회 이전에 범어사에서 설법하시는 것을 보고 크게 느낀 바 있어, 함께 일하고 싶었지만 기회가 없었는데 인연은 인연대로 만나지는 건가 드디어 동행의 날이 왔었다.

내가 '청담스님'을 직접 대면한 것은 선학원에서였다. 그때 '유교법회' 관계로 집행부 측에서 법력과 덕이 우수한 고승을 10명 초빙했는데 그중에 그분과 나도 끼게 되었다.

(중략) 그 시절 국내 사찰들의 실권을 대처승들이 장악하고 있었는데, 그분(필자주, 청담)은 결코 굴함이 없었다.

'참선을 하는 비구들은 어디 모자라는 사람으로 인식되는 이 기막힌 풍토를 정화하여야 합니다. 나는 이 한 벌 옷(목숨)이라도 바쳐 설움 받는 참된 비구들의 자격 회복을 위해 투쟁하겠습니다. 생각이 어떠신지요? 삿된 생각을 몰아내는 것, 그것은 진실로 불교 진흥을 위해 필요한 조처입니다.'

만나기만 하면 그분은 이것을 강조하셨는데, 이 소식을 접한 대처승 측이 가만 있을 리 없었다. 그렇지 않아도 수좌들이 사찰을 찾아가면 양식이 부족하다는 이유를 내세워 방부를 허락하지 않던 대처승 득세판이었으니, 살기가 등등하지 않을 수 없었다.

그런데 묘한 일은 뒤쪽에서는 그렇게 벼르고 벼르는 대처승들이 막상 그분과 정면 충돌을 하면 기를 못 편다는 사실이었다. 워낙 청정한 승려생활로 굳어진 분이라 대처승들도 감복을 하지 않을 수 없는 모양이었다. (중략)

해방 전부터 그분의 법문에는 항상 애국사상이 배어 있었는데 나라

---

9) 『불교시보』 69호(1941.4.15), 「선학원의 유교법회」.

가 없는데 자유가 어디 있고, 자유가 보장되지 않는 마당에 종교가 어디 있겠느냐는 것이었다. 이러니 대처승들도 무릎을 꿇지 않을 수 없었다.10)

이렇듯이 강석주는 1940년대 전반기에 청정 비구로 당당히 그 이름을 올렸다. 그러므로 우리는 여기에서 강석주가 후일 불교정화운동을 발기한 이력의 전후사정을 파악하게 되는 것이다. 나아가서는 정화운동의 화신이라 불렸던 이청담과의 인연도 여기에서 비롯되었음을 알게 되었다. 이런 전후 사정에서 필자는 강석주가 일제강점기의 불교에서 민족불교, 정화불교의 자생적인 싹을 키워갔다고 보고자 한다.

4. 불교의 혁신을 통한 불교정화

1945년 해방이 되자 일제는 물러가고 불교계에는 교단 혁신의 물결이 용솟음쳤다. 이에 교단 집행부는 집행부대로, 재야 혁신단체는 혁신단체대로 불교혁신의 내용과 추진방법을 놓고 치열한 공방을 전개하였다. 그러나 그 결과는 정상적으로 전개되지 않았던 것이 한국불교의 역사적 오점이었다. 요컨대 교단과 혁신단체 사이에는 상이한 현실인식과 개혁의 방안의 이질성이 놓여 있었다. 이 같은 시기에 강석주는 재야 혁신단체의 그룹에 속하였다.

1945년 8월 15일 해방된 그날, 그는 부산 범어사에 있었다. 해방이 된 다음날 강석주는 부지런히 짐을 꾸리고 준비하여 서울로 올라왔다. 그때 범어사 승려였던 김법린을 위시한 다수 승려들이 일제강점

---

10) 강석주, 「그때의 인욕보살」, 『여성불교』 1980년 11월호.

기의 불교 교단을 부인하고, 교권을 인수하여 교단을 개혁하기 위해 조계사로 올라온 것과 무관하지 않은 행보였다. 서울에 온 강석주는 선학원을 근거로 자신이 해야 할 일을 생각하였다. 그런데 당시 강석주의 판단은 전하고 있지 않지만, 결과적으로는 선학원에서 불교혁신의 활동이 일어나고 있었다.

> 나는(필자주, 석주스님) 당시에 선학원에 있으면서 혁신입장에 섰지. 조명기(전 동대총장), 정두석(전 동대총장), 백석기(당시 서울시 사회국장), 장상봉(월북), 곽서순(월북) 씨 등과 일주일에 한 번씩 모여 토론도 하고 그랬어. 그때 우리는 '정치적인 데 참여하지 말고 오로지 불교혁신만 전력하자'고 약속을 했어. 그건 끝까지 잘 지켜진 편이야. 열심히 했어. 전문학교도 하나 세우고, 혁신정책도 연구해서 총무원에 건의도 많이 하고 그랬지. 그런데 총무원이 묵묵무답이야. 그래 이 총무원 갖고는 안되겠다 생각해서 '대한불교총본원'이라는 간판도 조계사에 새로 걸고 그랬지. 나중에 여성단체 하고 이종익 씨가 했던 단체하고 힘을 합해 '불교혁신연맹'이란 걸 조직하여 힘을 모았어. 위원장을 경봉(鏡峰:전 통도사 조실)스님이 하셨지. 사회적으로 토지개혁운동이 한창일 때 우리도 논의하여 '무상몰수 무상분배'를 결의하기도 했지. 그게 좌익 주장하고 같다고 좌익이란 모함도 들었지.[11]

즉 선학원이 불교혁신의 핵심 거점 역할을 하였던 것이다. 이에 불교혁신의 내용과 지향은 강석주의 현실인식과 무관할 수는 없는 것이었다. 당시 기라성 같은 불교혁신론자들과 선학원에서 1주일마다 모여, 불교혁신책을 연구하고 그것을 총무원에 제출하였다.[12] 그러나

---

11) 『월간 봉은』 불기 2537년 6월호(복간9호), 「특별대담 : 봉은사조실 석주스님과 성문스님의 대화」, 10쪽.
12) 강석주는 『법륜』지(1989.8)에 「교단의 혁신을 위한 조선불교총본원의 활동」을

당시 교단은 재야의 혁신단체가 건의한 방안을 적극적으로 수용하지 않았다. 이에 재야 혁신단체는 총 단결하여 佛敎革新總聯盟을 결성, 교단과 대응적인 노선을 갔다.[13] 그 결과는 개별적인 총무원의 설립이었거니와 강석주가 머무르던 선학원은 혁신단체와 함께 전국불교도총연맹을 결성하고, 그 기반에서 朝鮮佛敎總本院을 조직하였다.[14] 이처럼, 강석주는 해방공간 불교에서 불교혁신을 고민하면서, 이를 실천에 옮기려는 차원에서 치열한 활동을 하였다.[15] 그러나 교단 집행부와의 이질적인 이해관계에 의해 이는 잘 이행되지 않았다. 여기에서 필자가 이 시기 불교사의 움직임을 연구하면서 느낀 소회를 강석주의 노선과 관련하여 개진하고자 한다.

당시 교단 집행부와 재야 혁신단체 간의 갈등, 대립의 저변에는 일제강점기 불교의 부산물인 대처승 문제가 자리잡고 있었다. 교단 집행부는 대처승을 인정하는 대중불교를 주장하였다. 그러나 혁신단체는 일제강점기 불교의 관행을 부정하며 대처승은 정식으로 수행하는 승려로 볼 수 없다는 취지에 의거 수행하는 수좌승을 불교의 중심에 놓고 교단을 개혁하려는 구도를 갖고 있었다. 敎徒制라 불리는 그 대안은 요컨대 청정 비구승 중심의 교단 개혁이었다. 이렇게 상이한 현실인식은 당시 대처승이 절대 다수를 차지하는 현실이었기에 양측의

기고하였다.

13) 졸고, 「불교혁신총연맹의 결성과 이념」, 『한국근대불교의 현실인식』, 민족사, 1998.

14) 김광식, 「전국불교도총연맹의 결성과 불교계 동향」, 『한국근대불교의 현실인식』, 민족사, 1998.

15) 『선원』 76호(2001.8.1), 「선학원창건 80주년, 석주큰스님에게 듣는다, 2」. 이 회고에서 "선학원에서는 나 혼자 다니다가, 당시 이사장이셨던 경봉스님과 부이사장인 용담스님이 적극적으로 참여하게 되었죠. 용담스님은 만해 한용운스님의 제자이셨죠"라고 하였다.

갈등은 쉽게 봉합되지 않고, 두 개의 총무원이 등장하는 사태로 갔던 것이다.

그러나 해방공간의 불교개혁은 미군정의 우익 중심의 정책, 또한 김구의 남북연석회의에 동참한 불교계 혁신인사들이 북한에 잔류하였던 문제, 혁신파 내부의 분열 등 다양한 요인이 결합되어 중도하차하였다. 급기야 당시 일어난 한국전쟁으로 인하여 불교혁신운동은 중도하차하여 물거품 되고, 혁신계열은 빨갱이로 매도당하였다. 한국전쟁 때 혁신계열의 대표인 김경봉은 양산경찰서로 끌려가 고문을 받았고, 서울에 있었던 강석주는 수복 후 종로경찰서에 끌려가 3일간 고초를 받았다. 후일 강석주는 자신이 공산주의자로 몰리게 된 것은 종단 집행부의 비판에서 나온 것이고, 그 과정을 불교정화운동으로 연결되었던 것으로 회고하였다.16)

이렇게 강석주는 해방공간에서 그가 일제강점기 불교에서 자신의 포부로 키워온 민족불교, 정화불교를 실천에 옮겼으나 큰 좌절을 맛보게 되었다. 그러나 그의 꿈은 완전 소멸된 것은 아니었다.

5. 불교정화, 교단 혁신의 길을 가다

해방공간에서의 자생적인 불교정화는 이행되지 않았다. 불교혁신의 명분은 강력하였지만, 불교정화는 제자리걸음이었다. 이에 청정비구들은 봉암사에 모여 부처님 법대로 살아보자는 결사운동을 추진하기도 하였다.17) 해인사에서는 교단이 주관한 가야총림이 설립되어

---

16) 『월간 봉은』 1993년 5월, 「특별대담, 내가 본 한국불교근세사 : 석주스님과 주지 성문스님의 대화」, 11쪽.

각처의 수좌들이 모여들어 효봉 회상에서 수행을 하였다. 그리고 만암은 백양사를 거점으로 비구승(정법중), 대처승(호법중)이라는 현실을 인정하면서도 비구중심의 교단을 만들려는 실험을 시도하였던 古佛叢林을 운용하였다.[18]

그런데 한국전쟁, 농지개혁으로 인해 비구승의 수행환경, 생계문제는 심각한 상황으로 전개되었다.[19] 이에 비구승 이대의는 수좌 전용 사찰 할애를 요체로 하는 건의를 만암 종정에게 하였다. 이 건의는 수용되어 교단 차원에서 그 대응책을 검토하였으나 결과적으로 이행되지 않아 비구승들의 불만이 고조되어 갔다. 바로 이때, 즉 1954년 5월 20일 이승만의 유시, 대처승은 사찰 밖으로 나가라는 발언(유시)이 있었다.

이승만의 발언은 그간 佛敎淨化를[20] 추진하려는 비구승 측에는 결정적인 도화선으로 작용하였다. 그에 반해 교단 집행부인 이른바 대처 측에서는 그 여파를 고려하여 체질 개선에 들어갔다. 그 개선은 조계종의 칭종, 교단 내부에서의 수행승과 교화승의 공존이 핵심이었다. 바로 이 시점에서 강석주는 선학원에 머물고 있었는데[21] 자연스럽게 불교정화의 중심부에 편입되었다. 이에 대한 정황은 정화운동에 참여한 이종익의 회고에서 찾을 수 있다.

---

17) 김광식, 「봉암사결사의 전개와 성격」, 『한국현대불교사연구』(2006).
18) 김광식, 「고불총림과 불교정화」, 『한국현대불교사연구』(2006).
19) 김광식, 「농지개혁과 불교계의 대응」, 『한국현대불교사연구』(2006).
20) 정화운동에 대한 전모는 졸고, 「정화운동의 전개과정과 성격」, 『새불교운동의 전개』(도피안사, 2002)를 참고 바람.
21) 당시 비구승대표자대회의 참가 명부에는 석주스님의 출신, 거주처가 태고사로 나온다. 당시 석주스님은 태고사, 즉 조계사 원주를 보았다고 전하는 것으로 보아 선학원과 태고사를 왕래하였던 것으로 보인다.

본인의 말이 자꾸 거듭되는 감이 있으나 사실대로 소개하고자 한다.

5월 어느 날 혁신회 지도위원인 이대의(李大義) 스님이 보문동에 살고 있는 법운거사를 찾았다. 이제 불교혁신을 할 때가 왔다, 이대통령으로부터 대처자는 사찰 밖에 나가 살라고 하였으니 이제 교단을 혁신정화할 때가 왔다면서 전날 혁신회의 취지를 살리자고 하였다. 대의스님은 다만 재가자를 사찰에서 내보는 것만을 혁신·정화라 생각하는 것 같았다. 이는 혁신의 취지와는 사뭇 다른 것이었다.

하지만 필자는 대의스님의 말에 동조하고 선학원을 찾아가서 김용담, 문정영 스님과 상의하고 또 이불화(李佛化=在烈)도 같이 만나서 교단정화를 발기했다.

이어서 강석주 스님, 채벽암 스님 등이 모여서 '정화추진회'를 구성하고 원로 동산스님, 효봉스님, 만암스님에게 서신을 정했다. 이어서 금오스님, 동산스님, 대월스님, 청담스님 등이 상경하였다.[22]

즉 정화 초반, 불교정화운동을 추동한 '정화추진회'에 강석주가 포함되었던 것이다. 이 정화추진회는[23] 불교 교단정화대책위원회로 변모해 갔다. 이 대책위원회는 제반 준비를 하여 드디어 1954년 8월 24~25일, 全國比丘僧代表者大會를[24] 개최하였다. 이 대회에는 각처의 수좌 65명이 모여 교단정화에 관련된 제반 문제를 토의, 결정하였다.

---

22) 이종익, 「광복이후 불교운동」, 『불교사상』 21호(1985.8). 이종익은 『주간종교』에 연재한 「한국불교 風雨半世紀, 6」(1979.8.1)에서는 "그러나 그 운동은 흐지부지되었다. 그러다가 1954년 5월에 이대통령의 사찰정화의 담화가 발표되자 대의스님은 이제 기회가 왔다고 생각하고 전에 불교혁신회의 주동자이던 이법운을 찾아가 사찰정화, 수도승단재건을 의논하자 법운은 그 원칙을 찬동하면서 대처자의 승권을 박탈하여 사찰에서 내쫓는다는 것은 불가능하다고 답하였다. 어쨌든 여러분의 의견을 모아 보자고 한 다음 불화 이재열거사와 문정영스님을 만나서 그 찬동을 얻고 이어서 강석주·채벽암스님과 상의하여 정화운동을 발기하게 되었다"고 개진하였다.

23) 위원장은 정금오, 부위원장은 김적음이었다.

24) 졸고, 「전국 비구승대표자대회의 시말」, 『근현대불교의 재조명』(민족사, 2000).

즉 교단정화의 내용과 노선을 구체적으로 정하였다. 그리고 종헌을 새롭게 하기 위한 종헌제정위원을 선출하고, 정화를 추진하는 조직체와 그 담당자도 정하였다. 이렇게 대표자대회는 불교정화의 본격적인 첫 출발이었다.

바로 이 대회에 강석주도 참석하였거니와 이로써 우리는 강석주가 불교정화의 초기 멤버임을 알 수 있다. 여기에서 강석주의 해방공간 당시의 불교혁신의 포부가 구현되었다 하겠다. 그러나 강석주는 정화운동의 초기에는 비구승 측의 종회의원, 교육위원으로 선출되었음이 기록에 보이나,25) 운동이 본격화되었던 단계에는 깊숙이 관여하지 않았다. 아마, 정화가 지나치게 급진적, 강경하게 가는 것에 대한 이견으로 그러한 것이 아닌가 한다.

그 당시에 정화운동을 둘러싸고 몇 가지 입장들이 불거져 나왔어. 동산스님, 청담스님을 위시한 대부분의 스님들은 대처승을 완전히 배제하자는 강경론적인 입장이었고, 효봉스님과 나는 자질을 갖춘 승려를 길러내는 교육기관을 갖추고 대처승도 포용하자는 온건론적인 입장을 취하였지. 성철스님 같은 경우는 정화의 필요성을 주창하면서도 이승만대통령의 유시 등 외부의 힘을 등에 업은 불교정화는 원만한 결실을 거둘 수 없다며 불참하였어. 결국 회의에서는 목소리가 큰 강경론이 받아들여지게 되어, 불가피하게 적지 않은 상처를 수반해야 했던 정화운동은 시작이 된 거야.26)

불교정화 추진에 대한 이견, 즉 온건노선을 취하게 된 것으로 인하

---

25) 『한국불교정화운동사』(민도광), 71~72쪽. 강석주는 1954년 9월 말에 개최된 비구승대회에서 종회의원으로, 임시종회에서는 교육위원으로 피선되었다. 당시 그의 재적사찰은 동래 금정사라고 전한다.
26) 김현준, 『도심속의 도인 석주큰스님』(효림, 2005), 72~73쪽.

여 불교정화운동이 본격화되었던 중후반기의 관련 기록에서 강석주의 이름은 별로 찾아지지 않다.27)

필자가 보건대 강석주는 만해의 불교사상, 정신을 철저하게 인식하고 확신하였다.28) 그러면 만해의 불교정신은 무엇인가. 그것은 민족불교 그 자체(모델)였다. 강석주가 조계종의 정화운동에 참여하며 종단재건에 남다른 헌신을 한 것도 사실은 만해정신의 계승이었다.29) 일제 불교정책으로 불교의 근본에서 이탈된 것을 바르게 정비하고, 일제강점기 때부터 피폐된 수행풍토, 사찰 환경 등 불교의 문제점을 극복하려는 것이 정화운동이었다. 그러므로 정화운동은 은연중 민족불교의 모습을 띠게 되었다.

한편 강석주는 종단이 어려울 때면 늘상 종단의 수호에 나섰거니와 총무원장을 세 번이나 역임하였음은30) 그 단적인 예증이다. 그 이외에도 그는 본사 주지31) 세 차례, 종단 비상시기에 책임자를 맡았지만32) 한 번도 자진하여 그 직책을 맡지 않았다. 늘상 추대에 의해, 주위의 강권에 의해 임무를 수행하였을 뿐이었다.

그러면서, 자신이 하지 못한 불교개혁을 위해서 후배 승려들을 감싸고, 후원하는 일을 마다하지 않았다. 그럴 때에 강석주가 최우선적으로 강조하였던 것은 불교재산 통합이었다. 불교재산 통합을 기하여

---

27) 다만 1960년 11월 24일, 대법원에서의 판결(순교단 할복, 대법원 난입)이 있기 전인, 즉 1960년 5월 20일 조계종 16회 임시종회에서는 비상대책위원회 위원으로 선임되었다.
28) 강석주, 「한용운의 불교사상」, 『법륜』 128호(1979.10).
29) 그런데 그와 만해와의 차별점은 만해는 승려의 결혼을 옹호, 실천하였지만 그는 대처승 제도를 수용하지 않은 것에 있다.
30) 1971년, 1978년, 1984년이었다.
31) 1958년 불국사, 1976년 은해사, 1985년 관음사 등이다.
32) 1983년 비상종단 운영회의 부의장, 1994년 개혁회의 의장 등이다.

불교의 포교, 학교, 역경 등 다양한 불교대중화 사업을 기해야 한다는 소신을 갖고 있었다. 이런 구도와 방법이 바로 만해가 일관되게 주장한 불교개혁이었음은 두말 할 나위가 없는 것이다.

1980년대 중반 조계종 내의 청년승려들이 주도한 이른바 개혁의 기치를 내세운 비상종단시에도 강석주는 비상종단 부의장 겸 상임위원, 총무원장의 역할을 수행하였다. 1994년 종단개혁 때도 개혁회의 의장을 수행하였다. 비록 비상종단의 개혁 실험은 실패하였고, 94 종단개혁의 성과와 평가는 단언할 수 없는 현실이지만 강석주의 고뇌 및 지향은 간단한 것은 아니었다.

이러한 내용을 구체적으로 살펴보자. 비상종단의 핵심 승려였던 이성문의 질문과 그에 대한 강석주의 답변은 이를 단적으로 보여준다.

성문 : 스님께선 선학원운동이나 혁신운동, 정화운동, 그리고 80년대 중반 비록 실패하였지만 저희들과 같이 '비상종단'에도 적극 나서주시고 해서 젊은 사람을 가장 잘 이해해주시는 종단에서도 드문 어른으로 정평이 나 있습니다. 그런 입장은 언제부터 가지게 되었습니까?

석주 : 선사들 전통이 깃든 선학원 때부터였겠지. 그리고 강원에 있을 때 『김옥균전』을 반갑게 읽었지. 개화사상가 김옥균은 독실한 불교인이었지. 김옥균의 개혁정신에 감동해 울기도 많이 울었어. 그리고 해방 후 혁신운동 영향도 있을 테고. 그런데 지금 불교계의 어려운 처지를 자기 문제로 여긴다면 혁신적인 생각을 하지 않는 사람이 이상한 거야. 개혁해야 돼. 그게 중흥하는 길이야.[33)]

즉, 선학원 때부터 개혁사상을 갖게 되었고, 해방공간 불교혁신운

---

33) 앞의 『월간 봉은』, 11쪽.

동의 영향으로 철저한 개혁정신을 갖게 되었음을 고백하였다. 강석주
가 고백한 그 저변에 만해정신이 있었음은 분명한 것이다. 이 대담에
서 강석주는 1980년대 후반 조계종단의 혁신의 대상은 사찰재산 공개
와 불교재산 통일이라고 주장하였다. 그러면서 강석주는 젊은 승려들
이 각성하고, 단결하면 불교혁신이 가능하다는 의견도 피력하였다.

2001년 3월 말, 94년 종단개혁의 실체인 실천승가회의 주역인 임효
림과 가진 대담에서도 위와 같은 기조는 여실하게 드러났다.

효림 : 후학들이 종단을 어떻게 운영해 갔으면 하는지 충고나 당부
하고 싶은 말씀은 없으시진요.

석주 : 지금 종단이 여러 면에서 어려움이 많은 걸로 알아요. 신도
도 많이 줄고. 나는 늘 이런 생각을 했어요. 사찰재산을 다 통합했으
면 좋겠어요. 불국사를 예를 들어 말하면, 지금 문중에서 지은 절이
아니거든요. 신라 때부터 내려오는 절인데 관광 사찰로 들어오는 엄
청난 수입을 왜 거기 있는 사람들만 마음대로 하는지. 신흥사든, 불국
사든 그 수입을 다 중앙에서 통합해서 거기 있는 사람들한테는 예산
을 풍부하게 주고, 총무원에 가져다가 인재양성이라든지, 역경사업이
라든지 쓸 데 많잖아요? 꼭 필요한 곳에 써야 한다고 봐요. 예전에 정
화운동할 때도 재산통일하자는 데 찬성하는 사람은 아무도 없데요.
재산공개하자고 해도 안 하고, 공개하는 게 좋다고 해도 끝까지 반대
한단 말이지. 재산통일은 꼭 해야 돼요. 그거 안하면 안 돼! 정화하자
면서 문중이 뭐고…… 아직 한참 멀었어. 생각이 덜 됐단 말이지.34)

이러한 주장을 할 때 강석주의 속세 나이는 93세였다. 80년을 불교
라는 터전에 살면서 수많은 경험을 하였을 진짜 노익장인 강석주의

____

34) 『불교저널 21』, 통권 155호(2001.4.10), 「큰스님의 사자후, 서울 칠보사 조실 석주
    큰스님」

마음속에 있었던 가장 강렬한 불교개혁은 사찰재산의 통합과 이를 통한 불교대중화의 사업이었다.

지금껏 강석주의 승려로서의 삶을 민족불교의 구현이라는 초점을 갖고 살펴보았다. 불교가 민족불교라는 방향으로 가기 위해서는 기존의 모순과 문제점을 정비하지 않으면 안 되었다. 바로 그 정비작업이 불교개혁, 혁신이었다. 강석주는 민족불교로 가기 위한 방향을 정립하였지만 여의치 않아 정화운동, 불교개혁운동에 나섰던 것이다.

6. 결어

지금껏 강석주의 삶에 나타난 행적을 중심으로 민족불교의 성격을 추출하여 보았다. 이제 맺는말은 앞서 개진된 것을 요약하고, 추후 더욱 생각해 볼 문제를 제시하는 것으로 결어에 대하고자 한다.

첫째, 강석주의 삶에는 선학원을 제외할 수 없다는 것이다. 그는 선학원에서 행자수업을 하고, 출가를 하였으며, 만해 한용운을 만나 시봉하고 자연적으로 민족, 민족불교에 대한 꿈을 키워갔던 것이다.

둘째, 그는 범어사에서 6년간 강원교육을 하고, 그 이후에는 각처 선원에서 참선 수행을 하였다. 이처럼 그는 교·선의 분야에서 균형적인 수행을 하였다. 이런 수행의 힘이 일평생 동안 유지되면서 승려로서의 균형적·모범적인 승려 상을 견지할 수 있었다.

셋째, 1941년 유교법회 참가를 계기로 그는 일제 말부터 이미 불교정화에 대한 싹을 키워가고 있었다. 이때 이청담과의 인연은 이후 지속되면서 불교정화운동으로 지속되었다.

넷째, 해방공간의 선학원은 불교혁신운동의 총본부였다. 당시 강석주는 선학원에 머무르면서 불교 및 교단의 혁신활동에 적극 참여하였다. 이는 민족불교의 구현이었다고 보인다.

다섯째, 1950년대 불교정화운동의 초기, 강석주는 정화를 발기하면서 운동에 참여하였다. 그러나 그는 온건적인 노선으로 말미암아 정화의 중반기 이후에는 깊숙이 관여하지 않았다. 그러나 조계종단은 외형적인 정화는 이루어졌지만 교단 내부에는 무수한 문제점이 놓여 있었다. 정화 이후 강석주는 정화운동의 문제점을 인식하여 개선하려는 소장파, 중견 승려들의 활동에 도움을 주면서 간혹은 그 흐름의 정신적인 중심부에 서 있기도 하였다.

지금까지 강석주의 삶에 나타난 민족불교의 성격으로 볼 수 있는 몇 가지 단면을 갖고 그 내용을 제시하여 보았다. 추후에는 다른 시각에서 강석주의 삶을 분석, 정리하려는 시도가 지속될 것으로 예상되는바, 그 경우에 있어 필자의 글이 하나의 참고가 될 수 있을 것이다.

2부

민족불교의 고뇌

명진학교의 건학정신과 근대
민족불교관의 형성

1. 서언

명진학교는 1906년에 개교한 최초의 근대 불교학교였다. 불과 4년간 유지, 운영되었지만 그 이후의 불교사범학교, 불교고등강숙, 중앙학림, 불교전수학교, 중앙불교전문학교, 혜화전문학교, 동국대학교 등으로 그 역사가 계승되어 왔다. 때문에 명진학교의 설립과 이념은 조계종 종립대학교이며 한국불교학의 중심 역할을 하고 있는 동국대학교의 역사에서 간과할 수 없는 역사적인 대상이다. 그런데 명진학교의 설립은 동국대의 역사뿐만 아니라, 한국불교사 나아가서는 근대교육사의 측면에서도 필히 탐구되어야 할 연구 주제이다.

그러나 지금껏 동국대의 역사 및 근대불교사 차원에서의 명진학교와 이를 계승한 학교에 대한 학문적인 분석, 정리, 평가작업은 매우 미약하였다. 근대불교를 연구하는 일부 학자들의 개별적인 논문[1] 몇 편과 『동대70년사』, 『동국대학교90년지』에서 그 개요가 정리되었던 것이 그간의 경과였다.

이에 본 고찰에서는 그간의 연구성과를 정리하면서 명진학교의 설립과 운영에 나타난 건학정신을 살펴보려고 한다. 또한 명진학교의 건학정신과 근대 민족불교관 형성과의 상관관계도 추출하려고 한다. 그런데 이러한 고찰이 보편타당한 객관성을 갖기 위해서는 명진학교 설립시기의 불교사 전반에 대한 심도 있는 이해가 전제되어야 한다. 그러나 그 시기에 대한 학계의 연구성과 및 수준이 일천하기에 만족할 만한 성과를 도출하기는 간단하지 않을 것으로 예상된다. 또한 그 시기 불교계의 제반 동향을 알려주는 관련 기록, 명진학교 개교의 내용을 전하는 기록 자체도 매우 미흡하기에 본 고찰의 한계성은 자명한 것이다.

이러한 전제 및 배경에도 불구하고 필자는 명진학교의 설립 전후에 나타난 불교계 동향을 시대적 배경, 당시 불교인들의 고뇌에 유의하면서 명진학교 설립의 역사적 의의를 조망하고자 한다. 그러나 필자의 학문적 역량 부족으로 인해 다소간의 난관이 예상된다. 그럼에도 불구하고 관련 자료, 연구성과 등을 적극적으로 종합하여 명진학교 설립에 나타난 건학정신을 살펴보고, 나아가서는 그 정신과 근대 민족불교관 형성과의 상호관계를 시론적으로 제시하고자 한다.

---

1) 남도영, 「구한말의 명진학교」, 『역사학보』 90, 1981.
   김순석, 「통감부 시기 불교계의 명진학교 설립과 운영」, 『한국독립운동사연구』 21, 2003.
   김광식, 「중앙학림과 식민지불교의 근대성」, 『사학연구』 71, 2003.

2. 명진학교의 설립과 추이

명진학교가 설립된 시기는 1906년이었다. 때문에 서세동점하였던 서구의 문명과 문물이 쇄도하였던 시기, 일제의 한국 침투 및 침략이 본격화되어 한국의 국권이 일제에게 강탈되어 갔던 정황, 일제의 첨병으로 한국에 침투한 일본불교의 유입이 본격화되었던 시대적 배경이 저절로 명진학교 설립의 거시적인 배경이 된다. 이러한 시대적인 배경은 한국, 한국인이 그 추세를 이해하고, 그 시대적인 변화를 자각하여, 그에 걸맞는 정신과 문명을 수용하려는 움직임으로 추동되었거니와 우리는 이를 근대화라 부를 수 있다. 다시 말하자면 명진학교의 설립은 불교계의 근대화가 어떻게 가시화, 구체화되었는가를 가늠할 수 있는 하나의 사례, 초점이 되는 것이다. 그런데 불교의 근대화, 한국의 근대화는 단순히 근대화에만 머물 수는 없었다. 즉 일면으로는 근대화를 추진하면서도 국권의 수호와 회복 즉 민족운동을 추진해야 하는 역사적인 과제를 떠 안게 되었던 것이다. 이에 그 길은 형극의 길이었으니 당시 근대화와 민족운동을 함께 추동하였던 그 시대의 인물들의 고뇌, 좌절을 간과해서는 아니될 것이다.

이러한 전제에서 명진학교 설립의 전개과정을 역사적인 순서에 의거 제시하고자 한다. 명진학교는 현재의 서울 동대문 창신초등학교에 있었던 원흥사에서 개교되었다. 원흥사에서 개교되었다 함에서 명진학교와 원흥사와의 상호관계는 필히 설명되어야 할 내용이다. 1876년 개항 이래 개항장을 중심으로 일본불교의 침투가 본격화되고, 일본불교의 사찰 및 포교당에 한국 승려들의 출입이 빈번해짐과 동시에, 그 이면에는 일본불교가 한국불교를 장악, 관리하려는 관심이 증대되었다. 그리고 국내 토호들의 사찰의 재산, 토지에 대한 침탈이 증가하면서 그에 대한 논란이 가열되었다. 이런 변동에 즈음하여 당시 구한국 정부는 국가적인 차원에서 승려 및 사찰을 관리할 필요성에 직면하였다. 이에 전국 승려 및 사찰을 중앙 차원에서 관리할 거점, 공간이 요청되었거니와, 이런 배경에서 대두된 것이 바로 元興寺였다.

1902년 1월 4일에 원흥사 창건기념 법회를 열었다 함을 보면, 그 이전부터 공사에 착수하였음을 알 수 있다.[2] 당시 그 법회에는 서울, 경기도 지역의 32개 사찰의 승려와 신도 등 8백여 명이 참가하였다.[3] 그런데 원흥사는 그 터에 있었던 홍순정의 頴眉亭이라는 별장을 구입하여 사찰의 기능으로 보수하기 시작한 1899년에는 紹興寺라고 명명하였다가, 1901년 후반경부터 원흥사로 그 이름을 전환시킨 것이다.[4] 소흥사를 설립한 것에서 전국 사찰을 통할하려는 국가적인 의지가 개입되었음을 알 수 있다.[5]

그리고 개당법회 이후인, 1902년 4월 11일에는 원흥사에 전국 사찰 및 승려를 관리하는 총본부인 寺社管理署가 법령(布達 제80호)에 의해 궁내부 관제에 정식으로 설치되었다. 그리고 사사관리서의 직원들도 근무하기에 이르렀다.[6] 바로 이 같은 원흥사, 사사관리서에서 1902년 7월 전국 사찰 및 승려를 통할하는 근거인 국내사찰현행세칙 36조가 반포되었다. 그 요체는 원흥사를 전국의 수사찰인 대법산으로 삼고,

---

2) 공사에는 황실의 내탕금 20만냥이 예상되었고, 1903년에는 대웅전, 나한전, 시왕전, 자복전 등이 본격적으로 건축되었다. 『황성신문』 1903.4.20, 「誦經祝賀」.
3) 『황성신문』 1902.1.6, 「創寺說法」.
4) 『정토종한국개교지』(1903), 65~66쪽. 김경집, 「근대 원흥사의 창건과 시대적 의의」, 『회당학보』 7집(2002), 101쪽.
5) 예컨대 소흥사 직제에 總社長, 副社長, 총무, 법주, 총섭을 두었으며 총사장에 재가자이며 황실과 가까운, 그리고 警部協辦으로 평리원장을 겸임한 실세였다.
6) 관리 1인, 부관 1인, 이사 3인, 주사 등이 있었다.

각도에 16개 중법산을 두는 것이다. 또한 대법산 원흥사에는 불교계를 자치, 운용하는 책임자인 도섭리, 내산섭리가 활동하게 되었다. 각 도의 중법산에도 섭리, 각 사찰에는 주지를 두도록 하였다.

이렇게 1902년 후반에 가서는 원흥사를 정점으로 전국의 불교계는 국가의 일정한 개입하에 자치적으로 운용될 수 있는 조직체가 마련되었다. 그러나 이 같은 운용의 틀은 1904년 1월 11일에 가서는 해체되고 말았다.[7] 이에 사찰 관리의 임무는 내부로 이관되었다.[8] 사사관리서의 폐지, 사찰 및 승려 관리 업무의 이관으로 원흥사는 일개 사찰로 전환되면서 원흥사의 관리권을 두고 일본불교와 한국불교 사이에 일정한 대응관계가 형성되었다.[9] 그런데 당시 일본불교로서 한국에 진출하여 교세를 확대하고 있었던 정토종에 영향을 받고 있었던 한국불교의 일단의 승려들이 원흥사에 학교를 세우려는 노력이 구체화되었다. 그 승려들은 정토종의 종지가 한국불교의 전통과 흡사하다고 여기고, 정토종 개교사의 권유를 받아 불교연구회를 조직하였다. 이러한 움직임의 중심에 있었던 승려는 화계사의 홍월초, 봉원사의 이보담 등이었다.

마침내 1906년 2월 5일, 불교연구회 총무 이보담과 京山 각사의 승려 9인의 명의로 된 학교를 세우겠다는 신청서를 내부에 제출하였다.

本僧 等 參會 淨土宗 已爲經年 以開敎師特令京鄕僧侶 創佛會 設學校 啓導 硏究新學問上敎育方針 故 玆以 請願 照亮後 特許伏望

---

7) 해체된 이유는 원흥사가 왕실의 기복 사찰로 운용되었던 것, 국권이 위태로운 지경에서 불교를 관리하겠다는 정부의 의지 부족, 궁내부와 내각과의 갈등 등이 중첩된 것이 아닌가 한다.
8) 1905년 2월 26일 칙령으로 내부 지방국 사무로 이전되었다.
9) 『대한매일신보』 1906.10.14, 「日僧借寺」.

光武十年 二月 五日 佛敎硏究會 都總務 李寶潭(以外 京山各寺九人 略)[10]

이렇게 일본불교 정토종에 영향을 받은[11] 승려인 홍월초, 이보담, 월해[12] 등이 주축이 되어 신학문을 계도, 연구하는 단체인 불교연구회가 신식학교의 개교 설립을 청원하였거니와 이것이 바로 명진학교의 태동이었다.[13] 당시 내부에서는 이 청원을 승인하면서 학문을 연구하고, 교육을 개발하여 慈悲와 修善에 힘쓰겠다는 취지를 받아들였다.

所願旣云 硏究學問開發敎育 務道慈悲修善 如或籍 敎生弊 隨其現發 當有相當處理事[14]

곧 2월 19일자로 학교의 설립 인가가 났다. 이러한 전개과정은 학교 설립의 주체인 불교연구회를 인정한 것이다. 당시 불교연구회는 원흥사에 근대 학문의 기초를 교육시키는 보통과 학교를 설립하겠다는 허가원을 정부에 제출하여, 그 인가를 받았다.[15] 이에 불교연구회는 1906년 음력 3월 1일부터 서울 부근 사찰의 청년승려들을 모집하여 수업을 시작하였다. 당시에 가르친 과목은 불교학, 신학문, 서양의 풍속과 문명 등이었다.[16]

---

10) 『조선불교통사』 하, 936쪽.
11) 불교연구회가 서울 명동의 정토종 교회, 관음당에서 이미 설립되었음은 그 예증이다.
12) 원흥사 승, 越海도 그에 포함되었음은 『황성신문』 1906.2.14, 「승려학교」의 내용에서 찾을 수 있다. 이 내용에는 京山 9인의 승려를 京鄕僧侶라 표기하였다.
13) 『황성신문』 1906.2.14, 「승려학교」: 『대한매일신보』 1906.2.15, 「僧校請願」.
14) 『조선불교통사』 하, 936쪽.
15) 필자는 교육을 주관하는 학부에 신청서를 제출하였던 것으로 본다. 그러나 현재 그에 관한 구체적인 단서는 확인하지 못하였다.

　이렇게 원흥사의 건물에서 개교를 주도한 명진학교의 운영진은 학교 운영의 기본을 정하고, 4월 10일에 전국의 중법산격인 사찰에 학교의 개교를 알리고 학생을 보내 달라는 취지의 공문을 발송하였다. 학교 운영의 기본을 정하였다 함은 우선 학교 운영의 주체인 불교연구회의 회장을 이보담으로 선출한 것과 학교의 이름을 정한 것이다. 학교의 이름은 원흥, 명진 두 개의 의견이 제기되었다. 원흥은 이보담과 진진응의 주장으로서 한국불교의 대석학인 원효의 '원'과 불교가 부흥한다는 의미의 '흥'을 딴 '元興'의 설이 있었다. 명진은 홍월초, 김보륜의 주장으로서 유교의 서적인 「대학」에 나온 '大學之道 在明明德 在親民 在止於至善'의 '明'과 불교 경전의 '進'을 딴 '명진'설이 제기되었다. 이 두 개의 설 중에서 '명진'을 선택하였던 것이다. 그리고 학교 운영의 경비는 전국 사찰의 중법산 사찰에서 출자를 받기로 하였다.

　이런 배경에서 불교연구회와[17] 명진학교는 학교 개교의 사실을 전국 수사찰에 알리고 학생을 보내줄 것을 요망하는 공문을 발송하였다. 이 공문은 명진학교 역사에서 매우 중요한 내용을 전하기에 그 전문을 번역하여 제시한다.

　각도의 수사찰에 통문을 보냄(명진학교에 학생을 보내는 건)
　우리 불교가 중국으로부터 동방에 이른 지 이제 수천년이지만, 그 법과 기율이 쇠해지고 승려들이 곤경에 처하기가 오늘날 같은 적이 없었습니다. 한국의 승려 된 사람으로서 누군들 분하고 원통한 마음이 없겠습니까? 게다가 요즈음에는 異敎들이 곳곳에서 봉기하여 각자

---

16) 당시 원흥사의 전경 및 명진학교의 개교에 대한 내용은 명진학교 제1회 졸업생인 이종욱이 『동대신문』 325호(1966.6.6)에 기고한 「동국60년 1, 회상기」를 참조할 것.
17) 이즈음에 불교연구회는 명진학교가 위치한 원흥사로 이전하였다고 보인다.

의 종교를 최고로 받들고 불교를 파괴, 훼손하며 불교의 전답을 빼앗아 학교에 속하게 하여 학교 운영비로 하겠다고까지 하고 있습니다. 말과 생각이 여기까지 미치니 가슴 아프고 놀라움이 진실로 클 것입니다.

만약 이런 일이 그치지 않는다면 끝없는 환란과 뜻하지 않은 변고가 이로부터 생겨날 것이니, 연못에 있는 물고기에 닥친 작은 재앙이 점차 불거져 장차 크고 작은 사찰에까지 미치게 될 것입니다. 이렇게 된 그 원인을 탐구해 보건대, 우리 승려들이 세계의 학문에 통달하지 못하고 세상 물정에 등한하였기 때문입니다. 이제 일본 정토종의 개교사 井上玄眞 씨가 한국불교가 쇠이해 감을 보고 개탄을 멈추지 않으면서 "만약 약한 것을 제도하고 강한 것을 도우며 불법을 흥왕코자 한다면 신학문을 활용하여 도모하는 것이 최선일 것"이라고 말하기까지 하였으므로 연구회, 보통과 학교를 설립하고 정부의 인가를 받았던 것입니다.

우리 불교가 흥왕할 때는 바로 오늘에 있다 할 것이므로 서울 부근의 청년승려들을 모집하여 음력 3월 1일부터 수업을 시작하였습니다. 불교의 묘한 진리와 신학문, 타종교 서적 및 다른 나라의 풍속의 산수와 언어 등을 연습함을 목적으로 합니다. 귀사는 이미 도내 수사찰이 되었으므로 장차 본회의 지원 및 학교를 설립할 것이고 또 국내 승려들은 일차 조사를 하지 않을 수 없으므로 이에 급히 알리는 것입니다. 살펴보신 후 귀사 및 귀사가 관할하고 있는 각 사찰에 널리 알려, 다 알게 하고, 승려의 수를 책으로 묶어 보고해 주시되 하나도 빠짐없이 해주시기 바랍니다.

귀사에서 우선 학생 2명을 이번 4월 그믐까지 의복과 식량을 챙겨 본원의 학교로 보내주시기 바랍니다. 불교와 신학문을 연습하고 정성을 다하여 힘쓰고 쇄신하여 그 自强의 실체를 갈고 닦는다면 却運에서 해탈하여 그 자유로운 힘을 되찾게 될 것입니다. 이는 그 이치가 틀림없다 할 것입니다. 아! 우리 승려들이 스스로 살피고 힘쓴다면 실효가 있을 것으로 기대하오니 간절히 살펴주시기 바랍니다.

　　다시 부기 하노니(再)
　　학생의 나이는 13세에서 30세까지로 한하고, 紙筆墨과 書冊 등은 본회에서 담당한다.
　　광무 10년 4월 10일(이때에 화계사 승려 홍월초와 봉원사 승려 이보담이 서로 번갈아 불교연구회장이 되어 학교를 설립하여 학생들을 모집하고 돈을 거두었다.)

이러한 통문을 전국 도내의 수사찰에 보냈던 것이다. 이에 각 사찰에서 신청한 학생들을 선발하여 학교 개교의 대비를 함과 동시에 구체적인 학교 개교에 관련된 내용 및 학교 운영의 근간을[18] 구한국 정부의 학부에서 승인을 받았다고 보여진다. 이 사정을 전하는 아래의 보도기사를 살펴보자.

　　研究會 明進學校 都總務 洪月初氏가 學部에 請願하되 矣僧侶 等이 誦佛經하야 虛送歲月터니 今當 開明進就之秋에 僅僅鳩財하야 研究會를 明洞淨土宗敎 觀音堂에 설립하고 又設明進學校하야 今至 一朔에 學員이 至爲百餘名 故로 玆以請願하오니 特爲認許 하옵시고 敎科書를 優秀 撥下하심을 伏望이라 하더라.[19]

문명의 세계에 즈음하여 승려들을 교육하기 위하여, 명진학교를 설립하였는데 학생이 100여 명에[20] 달하였다는 보고를 하면서 명진학

---

18) 이를 알려주는 학제, 규칙 등의 관련 자료가 부실하여 그 세세한 내용은 파악하기 어렵다.
19) 『황성신문』 1906.5.3, 「僧進文明」.
20) 이 100여 명은 신청자로 볼 수도 있고, 보조과를 포함한 숫자일 수도 있다.

교 개교에 대한 청원을 하였다.[21]

마침내 5월 8일에는 정식 개교를 하였다.[22] 당시 입학생들은 대개 30~40대의 학생들로서 강원의 대교과 과정을 마친 고급인재들이었다. 이들은 원흥사에서 기숙하면서 불교와 신학문을 공부하였다. 이렇게 명진학교는 개교되었다.

그런데 명진학교의 교훈, 학제, 운영, 교과과정, 교육내용 등을 자세히 알려주는 기록은 매우 희소하다. 때문에 이러한 요인이 현재로서는 명진학교 연구에 많은 장애를 제공하고 있다. 명진학교를 최초로 연구한 학자인 남도영은 「구한말의 명진학교」에서 그 전후사정을 개진하였지만,[23] 현재로서는 명진학교 규칙의 원본, 사본을 확인하기가 매우 어려운 형편이다. 남도영에 의하면 명진학교 규칙은 12개조라고 하지만 필자는 그 전모를 열람하지 못하였다. 이제 남도영 교수의 연구성과에서 나온 내용을 간략히 제시하고자 한다.

- 교훈 : 慈悲, 修善
- 교육 목적 : 宗乘, 餘乘, 신학문을 교육시켜 승려의 高德을 증대 포교 전도의 인재 양성
- 수업 연한 : 2년
- 학기 : 2학기(3~6월, 9~12월)
- 정원 : 각 학년 35명

---

21) 홍월초는 명진학교의 설립, 인가를 學部와 한성부에도 하였다. 『황성신문』 1906.7.3, 「釋家新學」.
22) 입학시의 학생은 50명으로 전한다. 여기에는 보조과가 포함되지 않았다고 보여진다.
23) 남도영은 1906년 4월, 월정사에 보내진 명진학교 학도 기송문과 함께 송부된 사본을 동국대 이사장을 역임한 이종욱이 소장하였다고 한다. 그 사본은 이재창 교수가 입수하여 보관하고 있다고 언급하였다. 『동국대 60년사』, 426쪽에는 명진학교시대 학제라 하여 1~7조가 전하지만 이 내용도 의아심이 많다.

· 보조과 : 학과를 준비, 보조하는 학과 개설, 정원 20명
· 입학 자격 : 13~30세. 대교과 수료자(보조과는 사교과 수료 증명
  자), 중법산 추천자
· 교육과목 : 불교와 신학문
  불교 : 法界觀門, 삼부경, 범망경, 천태사교의, 능가경, 사분율, 화
    엄경, 염송 및 설화, 열반경, 전등록, 종경록, 포교법, 참선
    과 근행(매일 2시간)
  신학문 : 종교학, 종교사, 산술, 역사 및 지리, 이과(博物, 生物大
    要), 주산, 농업초보, 일어, 체조, 측량, 圖畵手工, 法制大要,
    철학 및 철학사, 경제대요,
  보조과24) : 측량학, 일어, 참선, 근행(매일 2시간)
· 학교 조직 : 贊成長 1인, 찬성원 幾人, 교장 1인, 학감 1인, 寮監 1
  인, 서기 1인, 강사 幾人

　명진학교는 위와 같은 구도에서 출범하여 불교계 최초의 근대식 학
교로 자리매김하였다. 명진학교의 안정적인 개교, 운영은 구한국 정
부에서도 신뢰를 받은 것으로 보인다. 그것은 원홍사의 관리권을 두
고 일본불교를 비롯한 각처에서 경쟁이 심하였지만 결국, 1906년 6월
명진학교가 그 전체에 대한 관리권을 맡았던 것에서 이를 추정할 수
있다.25)

　한편 명진학교의 설립을 주도한 불교연구회는 명진학교 개교, 운영
을 하면서 동시에 전국적인 차원의 불교계 학교 설립에 나섰다. 이는
중앙불교계 차원의 명진학교를 두고, 명진학교 분교 형식의 예하 학

---

24) 보조과의 과목을 보면 본과에 들어오기 이전의 예비교육으로 보기에는 난점이
　　제기된다. 요컨대 보조과의 성격을 재검토할 여지가 있다.
25) 1906년 6월 14일, 경무사 박승조는 칙교를 받아 원홍사에 머물던 섭리 김월해를
　　비롯한 승려의 해산을 명하고 원홍사 전부를 명진학교에 위탁한다고 하였다.

교의 설립을 추동한 것을 의미한다. 이 내용은 1906년 4월 10일, 전국 수사찰에 보낸 통문에서도 찾아볼 수 있다. 즉 명진학교 개교 직후, 불교연구회에서는 전국 수사찰에도 학교를 세우기 위해 학부에 청원을 하였다. 우선 이를 보도한 신문기사를 보자.

> 硏究會 都總務僧 洪月初 等이 學部에 請願하되 矣等이 遯跡窮巷ᄒ야 專昧事ᄒ고 疎忽國務ᄒ와 自棄自賤이러니 當此時局ᄒ야 濫以顧光ᄒ오니 世界和通ᄒ고 天下文明이라. 人人이 各自 愛國ᄒ고 無非忠君이라. 經綸運動이 專爲國富民强이오니 雖山中枯物이라도 血氣之質과 天稟之性이 亦有ᄒ야 各出補助ᄒ와 元興寺 一隅公廨를 暫借ᄒ야 私自設立學校에 學員이 現爲五十餘名이오 十三道에 有名巨刹에 普告ᄒ야 亦設學校之意로 玆以請願ᄒ오니 旣爲認許ᄒ라 하얏다더라.26)

즉, 불교연구회에서 명진학교의 개교에 이어 13도 유명 사찰에도 학교를 설립하도록 촉구하였음을 상기하면서, 이에 명진학교의 '支校'(분교)의 개교 승인을 요청하였다. 이렇게 중앙 차원에서의 학교 설립의 촉진과 개별 사찰에서의 동조가 결합되어 명진학교의 부속학교가 전국에 자생적으로 생겨났던 것이다. 그런데 전국 각처의 학교 설립은 불교의 근대화라는 의미를 갖는 것이지만 일면에서는 사찰의 재산을 보호하려는 뜻도 개재되어 있었다.

> 東門外 元興寺內 명진학교에 도총무 홍월초씨가 학부에 청원ᄒ되 現今 시대가 교육청년이 긴급홈은 愚夫愚婦라도 共知인바 각도 각군의 사찰에 分學區 設支校ᄒ야 일반 僧尼를 교육홀 터인바 佛享沓을 或有橫侵者ᄒ야 사찰이 以是로 不能維持ᄒ얏스니 內部에 轉照ᄒ시와 각도 각

---

26) 『대한매일신보』 1906.5.27, 「僧校請認」.

군에 訓令ㅎ야 寺中에 현재혼 田土와 附屬室校ㅎ야 以達敎育케 ㅎ심을
伏望이라 ㅎ얏더라.27)

개별 사찰에서 학교 설립, 운영의 재원인 전토가 침해받는 것을 시
정해 줄 것을 불교연구회가 학부에 진정을 하였던 것이다. 즉 사찰재
산의 보호와 학교 설립, 청년승려의 교육을 동질적으로 보고 그 해결
에 나섰음을 알 수 있다. 불교연구회의 이 건의는 어느 정도는 주효하
여 학부는 내부에게 이첩을 하였고, 내부는 13도 관찰사에게 훈령을
내려 그 시정을 내렸다.28)

이런 배경에서 해인사의 명립학교, 용주사의 명화학교, 건봉사 봉
명학교, 석왕사 석왕학교, 범어사 명정학교, 직지사 직명학교, 남장사
남명학교, 송광사 보명학교 등 20여 개처의 학교가 명진학교의 분교
형태로 등장하였다.29) 서울 인근인 양주의 德寺(홍국사), 聖寺(내원암),
봉선사 등 3사찰에 불교연구회가 지원을 설립하여, 명진학교를 병설
하여 그 지역의 승려와 신도 자제를 교육시킨 것도30) 예사롭지 않다.

그런데 우리가 유의할 것은 명진학교와 명진학교의 분교를 설립하
게 추동한 불교연구회에 대한 이해이다. 이 연구회는 지금껏 연구자
들이 큰 주목을 하지 않았지만 필자는 이 불교연구회가 당시 종단, 교
단이 부재한 상태에서 그 대응 역할을 하였던 점을 주목할 수 있다고
본다. 즉 명진학교 설립의 주체이면서, 당시 전 불교계를 대표할 수

---

27) 『황성신문』 1907.4.17, 「各寺設校」.
28) 『대한매일신보』 1907.5.19, 「僧校保護」.
29) 이 학교의 개요는 김순석의 글, 147쪽 참조. 그런데 명진학교와 각처의 학교와의
    상관관계는 주의하여 생각할 문제이다. 기존의 글에서는 명진학교는 불교의 최
    고학부로 보고, 각처의 학교는 기초학교로 위상을 정리하였다. 그러나 명진학교
    를 本校로, 각처의 학교를 支校로 나오는 관행적인 표현을 참고해야 한다.
30) 『대한매일신보』 1906.6.15, 「광고」 참조.

있는 교단의 성격이 있다는 것이다. 당초 불교연구회는 일본불교인 정토종의 영향을 받으면서 가시화되었지만 명진학교 설립, 운영을 전담, 주도하면서부터는 민족불교의 노선을 간 것이 아닌가 한다.[31] 여기에는 원흥사의 건물을 독점, 관리하려는 일본불교의 행태에 대한 저항, 원흥사를 거점으로 한국불교를 장악, 관리하려는 일본불교 및 일진회에 대한 반발을 그 요인으로 볼 수 있다. 지금부터는 그 관련 자료를 제시하고자 한다.

> 日昨은 불교연구회 通常會라. 회장 홍월초씨가 명진학교 校務를 講究하고 회장을 辭免ㅎㄴ대 회장은 이보담씨로 추천하고 부회장은 손송암씨로 선정하고 씨는 評議長ㅎ야 확장 방침을 維持 紳士로 熱心爛商中인대 이보담씨는 봉원사에서 수십인 승려가 會日에 來參ㅎ얏는대 수요를 盛備ㅎ야 諸 학생을 접대ㅎ고 歡悅 閉會ㅎ얏다더라[32]

이렇게 불교연구회의 간부진은 명진학교의 교무를 확장하기 위해 분투하고, 명예에 연연하지 않는 모습을 보였다. 더욱이 불교연구회 간부들은 명진학교의 확장을 위해 과감한 임원 개선을 하는 모습도 보여주었다.[33]

한편 대한매일신보에는 각처의 사찰, 승려들의 명진학교 특별보조기의 내용[34]이 다수 전한다. 즉 명진학교는 각도 수사찰들의 재정지원도 있었겠지만 이같이 전국 사찰, 승려들의 지원이 있었음을 간과해서는 안 된다. 바로 이러한 지원에는 명진학교의 발전을 위해 노력

---

31) 불교연구회의 사무실이 정토종 명동 관음당에서 원흥사로 이전한 것도 유의할 내용이다. 그 이전 시점은 1906년 6월 13일 이전으로 보인다.
32) 『대한매일신보』 1907.2.1, 「硏究會況」.
33) 『대한매일신보』 1907.5.18, 「明校有進」.
34) 『대한매일신보』 1907.1.22, 1.23, 1.24, 1.26, 1.29, 1.30, 1.31.

하였던 불교연구회, 불교연구회의 간부들의 활동에서 일정한 자극이 있었을 것이다.

> 東門外 映楓亭 佛敎硏究會의셔 去 日曜 하오 一時에 통상회를 開허고 제반 사무를 처리ᄒᆞᆫ대 又 一문제를 제출허되 今此 國債報償에 대ᄒᆞ 야 本會의셔 국내 각 사찰에 通寄ᄒᆞ야 일반 승려가 隨力出義허ᄌᆞ고 총 무 리보담과 평의장 홍월초 有志 禪師 壹百五十餘員이 연설 決議ᄒᆞ얏더 라.[35]

그리고 불교연구회는 명진학교의 운영뿐만 아니라 국채보상운동에 도 일정한 참여를 하였음을 보여주는 위의 기록에서 당시 교단의 역 할을 하려고 한 단면이 파악된다. 나아가 불교연구회는 전국 사찰 27 개 처를 수사찰로 지정하면서, 승려 1인당 50전을 불교연구회에 납부 하는 규약을 세웠으며, 그 징수를 위해 대리인을 지방에 파견하기도 하였다. 이 같은 사실에서 완전하지는 않지만 당시 불교연구회는 준 교단의 역할을 하려고 일정한 검토, 노력을 한 것은 인정할 수 있다.

여기에서 우리는 명진학교가 종단, 교단이 부재한 현실에서도 승려 들의 자질 향상, 포교 확대를 위해 고민한 일단 승려들이 만든 불교연 구회의 주도, 운영으로 설립되었음을 파악하게 되었다. 그러나 바로 그 점이 명진학교의 한계이고, 걸림돌이었다. 즉 완전하지 못한 교단, 정체성이 애매한 불교연구회가 운영을 주도한 결과 재정의 미약, 불 교계 후원 및 결집 부족 등이 노정될 수밖에 없었다. 더욱이 불교연구 회 초기에 관여된 일본불교 정토종의 개입을 완전 떨쳐 버리는 것도 간단한 것이 아니었다.[36]

---

35) 『대한매일신보』 1907.3.7, 「釋迦愛國」.

마침내 명진학교의 운영진의 변화는 1907년 6월 25일, 각도 사찰대
표 50여 명이 모인 총회에서 나타났다. 즉 이보담이 불교연구회장과
명진학교 교장직을 사임하고, 그 후임으로 이회광이 선출되었음은 그
단초로 주목할 사실이다.37) 그리고 1907년 10월 초에 서울에 사찰을
세워 승려의 습관을 개량하고, 승려의 교육을 추진하려고 하는 계획
을 일본불교가 수립하였을 때 그 책임자는 일본인 승려가 맡고, 부 책
임자로 명진학교 설립의 주역이었던 이보담이 추천되었다 함은 불교
연구회의 변질을 엿볼 수 있는 것이다.38) 더욱이 1907년 11월 말, 명
진학교 교장이 비불교계 인사로 보이는 학부 학무국장인 윤치오가 추
천되었고, 이를 계기로 학교를 확장한다는 보도도39) 사실 여부와 관
계 없이 명진학교 진로가 혼돈에 처하였음을 말하는 것이다.

마침내 명진학교의 운영권은 1908년 3월 6일에 등장한 원종 종무원
으로 넘어가게 되었다.40) 그러나 원종의 인가가 나지도 않고, 국권이

---

36) 예컨대 정토종은 1906년 7월 17일에 작성한 「재한국정토종현황」이라는 문건에
　　서 명진학교를 자신들이 관리하는 범위 안에 있는 학교로 인식하였다. 이는 김
　　순석의 글, 137쪽 참조. 그러나 김경집은 이를 부인하고, 그 학교는 통도사와 일
　　본불교 정토종이 연합하여 세운, 통도사에 있었던 사립학교로 이해하였다. 김경
　　집, 「개항초 한일불교 교류에 대한 연구」, 『불교학연구』 10호, 2005, 212쪽.
37) 『조선불교통사』 하, 937쪽. 그런데 『대한매일신보』 1907년 7월 14일자의 보도기
　　사에는 7월 14일 직전에 불교연구회가 특별 총회를 개최하였음을 전한다. 즉 불
　　교연구회 부회장 김선은과 명진학교 부교장인 홍월초가 참석하고, 회원 100여
　　명이 모인 그 회의에서 13도 각 사찰의 대표(知事人)를 초청하여 특별 총회를 갖
　　기로 하고, 불교발전과 명진학교의 확장을 논의하는 일로 각처에 公函을 우편으
　　로 발송하였다고 한다. 이 기사에 전한 특별총회와 『조선불교통사』에서 전한 집
　　행부 교체의 사실은 같은 내용으로 볼 수 있다. 불교연구회, 명진학교 책임자인
　　이보담이 불참하였음에서 이를 추정할 수 있다.
38) 『대한매일신보』 1907.10.5, 「사찰 정리」.
39) 『황성신문』 1907.11.30, 「明進擴張」.
40) 이보담과 함께 불교연구회, 명진학교 설립과 운영의 주역이었던 홍월초가 명진
　　학교의 운영권을 이회광에 넘길 때의 입장은 알 수 없다. 그런데 홍월초는 1906
　　년 10월에 북한 총섭에 임명되었다. 이에 그는 과중한 업무로 불교연구회 명진

피탈되는 지경에 처하여 명진학교가 정상적으로 운영되기는 어려웠을 것이다. 1908년 12월, 한용운이 개입된 명진학교 부설로 명진측량강습소의 설립,[41] 1909년 2월 1일에 수업연한 3년으로 조정 등이 그 즈음의 변화로 기록될 뿐이었다. 그러나 강사의 퇴임과 학생들의 이탈이 증가하는 가운데 1910년 4월, 불교사범학교로 전환되면서 명진학교는 근대불교사에서의 역할을 마감하게 되었다.

3. 명진학교의 건학정신

명진학교의 건학정신은 지금껏 불교교육제도의 확립을 통한 불교 근대화로 지칭되어 왔다. 그러나 본 고찰에서는 명진학교의 설립에 나타난 정신, 역사적 의의를 보다 구체적으로 살펴보고자 한다. 이러한 내용은 전장에서 살핀 명진학교 설립과정 및 그 추이에서 대강은 드러났지만 이를 내용과 성격별로 대별하여 제시하고자 한다.

이러한 점과 관련하여 우리가 유익할 자료는 명진학교의 취지서이다. 지금껏 이 자료에 대한 적극적인 해석, 분석은 미진하였다.[42] 그 전문을 제시한다.

학교의 실무를 이보담에게 위임하고 자신은 외곽에서 지원하는 형식을 취하였지만 완전히 그 실무에서 손을 놓지는 않았다. 그후 그는 1909년에도 북한총섭에 임명되었다. 북한총섭은 당시 교단이 부재한 상황에서 불교계 최고의 상징 인물에게 부여한 자리였다. 『불교』 24호에 안진호가 기고한 「一號一言」 내용 참조.

41) 보조과에 있었던 학생들이 이 강습소로 옮겨 가고, 여기에는 일반 청년들도 수학하였다고 한다.

42) 그런데 이 취지서가 명진학교의 설립, 인가시의 시점에서 활용된 것인지는 애매하다.

深達物機而凡施爲는 覺皇在時에도 亦有之矣라. 所謂 學校는 養育精神之地이며 陶鑄才器之所이니 敎化之所從出也니라. 曲成其機ㅎ야 盡就其道則品物를 不遺一새 故로 巧梓는 順輪각之用ㅎ야 枉職에 無廢其材ㅎ고 長御는 適險易之宜ㅎ야 駑驥에 無失其成케 ㅎ느니 物旣如此인대 人亦宜然이라. 雖有成器成道之資나 若不深畜厚養發用이면 是는 廢材失性이니 廢失則非特無則於自己之業也라. 置其邱壑而不免毁家之棄物也리니 烏望宗敎之興과 補國之忠이리오. 且養育陶鑄之要는 存半誠신이니 存誠於中이면 亮爲稗衆無惑이요 存신於己면 可以敎大無歎ㅎ야 立而修之ㅎ고 坐而行之여늘 何必棄富貴忘功名ㅎ고 灰心浪志於深山幽谷之間ㅎ야 澗飮木食而終其身哉리오.

修身治心則與人으로 共其道ㅎ고 興事立業則與人으로 共其名ㅎ야 堅確精進成辨學業이면 所以道無不明ㅎ며 名不不榮이라. 吾之法侶가 以之而殷盛ㅎ리니 安育沙門之虧焉而國家之棄物也哉아. 有志法侶는 宜各勉지어다.

發起人 洪月初[43]

이 취지서의 내용의 요체는 개화된 시대에 승려들이 더 이상 세속을 떠나고, 은둔해서는 존립할 수 없음을 강조하는 것이다. 즉 불교의 홍법 및 중생을 제도하기 위해서는 불교뿐만 아니라 세속의 진리도 함께 배우고, 중생들과 함께 修身과 治心할 때만이 그 뜻을 실천할 수 있다고 하였다. 이를 통하여 불교의 부흥과 나라에 기여할 수 있다고 하였다. 이 같은 취지서의 내용과 전장에서 나온 내용을 종합하여 명진학교의 건립정신을 추출하고자 한다.

첫째, 명진학교의 설립을 추동한 京山 승려 9인, 불교연구회의 투철한 자각의식을 거론할 수 있다. 경산 승려 9인의 실체는 분명하지 않다. 다만 그 중심인물은 홍월초, 이보담일 것이다. 이들은 당시의 현실을 냉철히 판단하고 불교계가 처한 현실을 자각하였던 것이다. 이

---

43) 『대한매일신보』 1907.8.17, 「명진학교 취지서」.

에 그들은 현실을 직시하고, 그에 적절한 대응을 고민하면서, 어떻게 응전할 것인가에 대한 방안을 강구하였거니와 이를 투철한 현실인식으로 불러도 좋을 것이다.

둘째, 불교에 대한 강렬한 천양의식을 지적할 수 있다. 명진학교를 설립한 것은 단순히 승려교육을 위한 것이 아니었다. 명진학교의 설립 주체의 의식, 그리고 명진학교의 설립 이념, 교육과정 등에는 불교를 발전시키겠다는 의식이 진하게 배어 있다. 당시 불교는 조선후기의 산중불교에서 겨우 벗어나 도회지로 진출하려고 하였지만 여타 종교의 공격적인 포교 및 활동으로 노선상의 혼미를 거듭하였다. 그러나 명진학교의 설립 주체에서는 불교의 정체성을 찾을 수 없는 지경을 극복하려고 한 의식을 찾을 수 있는 것이다. 사찰재산의 수호, 원흥사의 침탈 저지 등은 그 부수적인 예증에 불과하다.

셋째, 승려들의 문명에 대한 적극적인 수용의식을 찾을 수 있다. 세상의 변화, 속세의 동향을 파악하려는 의식에서 문명과 속세를 이해하기 위한 승려교육을 추동하였다. 그런데 이러한 의식은 단순히 문명과 속세를 알기 위한, 이해하기 위한 차원이 아니었다. 즉 중생이 처한 현실을 직시하고, 중생의 고민을 풀어주려는 대승적 보살행의 수련인 것이다. 중생의 삶의 현장인 사회로 나아가기 위해서는 불교뿐만 아니라 속세의 학문인 신학문을 배우고 익혀야 하는 것이다. 여기에서 우리는 명진학교의 신학문의 수학이 문명의 수용, 사회의 현장의 이해를 통한 보살행의 예비단계를 엿볼 수 있다.

넷째, 민족이 처한 현실을 극복하려는 동참의식, 즉 애국애족의 정신을 추출할 수 있다. 명진학교가 설립될 그 당시는 국권이 일제에 의해 침탈되어 가던 시기였다. 즉 1905년에 일제의 통감부가 설치되어 대부분의 국정이 일제에 의해 좌지우지되었다. 즉 명진학교의 설립에 사찰 및 승려가 의연금을 제공한 것, 불교연구회가 국채보상운동에 참여한 것, 승려들도 애국할 수 있으며, 국부민강에 불교도 예외일 수 없다는 표현 등은 이를 단적으로 말해 주는 것이다. 이러한 측면은 불교가 나라와 민족이 처한 현실을 좌시할 수 없다는 민족불교 지향의 정립이라 볼 수 있다.

지금껏 필자는 명진학교 설립에 나타난 정신을 가늠해 보았다. 그것은 투철한 현실의식, 불교를 천양하려는 의식, 문명의 적극적인 수용을 통한 대승 보살행의 정신, 민족의 현실을 외면하지 않고 현실문제에 적극적으로 다가서려는 민족의식이라 하겠다. 이러한 의식의 집약점, 요체를 명진학교의 건학정신으로 보고자 한다. 명진학교는 당시 종단, 교단이 부재하고, 미약한 현실에서 등장·운영되었기에 불과 4년밖에 존속되지 못하고 역사적인 역할을 불교사범학교로 넘겼다 그러나 국운이 위태로운 시기에 역사적인 소명은 다한 것이라 하겠다.

4. 근대 민족불교관의 형성

한국의 불교는 삼국시대에 전래되어, 이 땅에 토착화된 이래 정치, 경제, 사회, 문화 각 방면에서 중심적인 역할을 해왔다. 때문에 불교사의 전개는 곧 민족불교 노선이라고 볼 수도 있다. 그러나 조선 중후기에 접어들면서 정치적 압박으로 시작된 다양한 시련으로 인하여 민족불교의 역할을 다하지 못하였다. 이에 개항기, 근대기에서의 불교는 그 이전 역사에서 구현된 민족불교의 전통을 회복하려는 노선을 고민하였다. 그러나 그것은 간단한 것은 아니었다. 우선 서구문명 및 일제의 도전이 있었으며, 한국불교보다 근대화된 경험을 갖고 한국에 건너온 일본불교의 강력한 도전이 자리잡고 있었다. 그런데 불교는 그 이전 산중불교의 체질을 탈각하지 못하고, 현실의식 및 민족의식 자체가 박약한 정황이었다.

때문에 1906년에 설립된 명진학교 설립의 정신을 추출함에 있어서는 바로 이와 같은 시대적인 상황을 고려해야 하는 것이다. 다시 말하자면 그 시기 불교가 갖고 있는 고뇌라는 전제에서 명진학교의 설립정신, 건학정신을 가늠해야 한다. 그것은 곧 민족불교 전통의 회복이요, 근대적인 민족불교의 구현인 것이다. 이러한 불교의 시대적 사명은 그 당시 지성인들에게서도 요청되고 있었다. 구한말 대표적 지성인으로 칭할 수 있는 단재 신채호의 아래의 글은 이를 단적으로 예증한다.

　승려 동포에게 고함
　나는 불법의 오의는 詳問치 못하였으나 친구를 따라 한둘을 익히니 모든 팔만사천 경의 각권을 열면 제1의가 救世 두 자에 불과한지라. 석가가 보리수 아래에서 일어나 대소승을 홍포함도 이 두 자를 위함이요, 달마가 지팡이 하나로 東來하여 진리를 전함도 이 두 자를 위함이니 이 두 자, 즉 救世主義를 버리면 불교가 無할지니 무릇 無上의 깨달음을 구하는 자여, 이 두 자가 더욱더 힘쏟을 바 아닌가.
　또한 한국의 승려는 특색을 보유한 것이 있으니 曰 국가주의를 가르침이 그것이라. 이 주의를 가르친 고로 나라의 근심된 일에 마음을 같이하여 국란에 몸을 아끼지 않은 僧徒가 역사에 연이어 나타나니 신라의 원광법사가 충절을 일으켰고, 고구려에는 수양제 침략시에 을지문덕과 함께 공로를 세운 일곱의 승려가 있었으며, 고려에 이르러 최우의 부자 전권시대에 팔백 승려가 단결하여 賊臣을 誅하여 국민을 구하고저 하다가 일이 성공치 못하여 함께 죽음을 맞이하였으니 그 늠름한 義烈은 지금도 독자의 머리카락이 솟게 함이라. 최영이 北伐을 도모할 시에 僧 玄隣이 이를 찬성하여 팔도승군을 단련하다가 朝家 혁명의 운을 당하여 崔公과 同死하매 그 英名이 청사를 빛내었고, 조선에 이르러서는 휴정, 사명 제공이 있어 壬辰變初에 義聲이 하늘과 땅을 진동케 하여 僧俗界 모두가 尊慕한바 되었으니 이상 대략 열거한 바라. 대저 국가주의에 熟勝한 것은 유독 한국승의 특색이니 이 특색을 한국승 모두가 일심으로 護持할 바 아닌가.

오호라. 佛祖의 救世의 본지를 강연하여 한국불교의 특색을 발휘함이 한국 승려된 자의 책임이다. 비록 閉門獨守의 時라도 이 책임을 잊음은 불가하거늘 항차 이때가 어떠한 때인가.

황인, 백인이 이를 갈아 동서 모두가 비바람에 鐵血이 紛飛하는 劫運인데, 그 중 한국은 고통 最深한 지옥에 떨어져 삼천리 강토에 마귀가 횡행하며 이천만 형제의 哀呼가 動地하니니 애석토다!

근세 沙門의 聲息이 어찌 그리 적막한고.

혹 면벽 구 년에 禪理를 깨닫지 못하고, 혹 벽돌을 갈라 거울을 만듦에 道力이 충분치 못하므로 '救世' 두 자에는 사상이 不到하는가.

그렇다 하나 자기가 고통을 해탈하지 못하였을지라도 우선 타인의 해탈을 도모함이 보살의 발심일지니 이와 같은 시대를 당하여 어느 겨를에 佛理를 모두 구하고서야 世事에 착수하리오.

무릇 승려 동포는 급급히 떨쳐 일어나

1. 불교 전통의 구세주의를 잊지 말 것이며

2. 한국불교 특색의 국가주의 잃지 말 것이며

3. 일체 사업을 타에 의뢰치 말고 大雄, 大無畏, 大進步할지어다.

심산 各寺에서 禪味를 獨貪하여 自家一身만 천당에 往하려 하는 것은 佛祖의 所不許라.44)

---

44) 『대한매일신보』 1908.12.13, 「승려동포에게 고함」.

신채호의 이 논설에서 필자는 근대불교가 걸어가야 할 민족불교 노선의 윤곽을 가늠하게 한다. 신채호가 고려하고 있는 불교가 가야 할 길, 즉 민족불교의 노선은 불교 본래의 전통인 救世主義와 한국불교의 특색인 국가주의와의 결합이라 하겠다. 그런데 신채호가 불교에 주문하는 것은 불교의 수행, 깨달음도 중요하지만 그 이전에 중생들이 고통을 받는 세속 현실에 우선하여 다가서는 보살행이었다. 즉 보살행으로서의 구세주의와 국가주의 실천인 것이다. 국가주의라 함은 한국불교의 전통으로서 중생의 삶의 현장이며 민족 공동체의 구현인 국가의 과업, 고뇌, 문제에 불교가 적극적으로 중심에 서는 것을 의미한다고 보고자 한다.

이렇듯이 신채호가 제시한 보살행으로서의 구세주의와 국가주의의 실천은 명진학교 건학정신에서 그 자취를 찾을 수 있다. 필자가 앞서 명진학교 건학정신으로 제시한 투철한 현실의식, 불교의 천양의식, 문명을 수용하려는 대승보살행, 민족현실을 직시하는 동참의식 등이 바로 그것이다. 여기에서 우리는 신채호가 불교에 주문한 행보와 명진학교의 건학정신이 동질적임을 알 수 있다. 이를 필자는 근대적인 민족불교관으로 보고자 한다.

그렇다면 이 같은 민족불교의 이념이 어떻게 형성, 발전되어 갔는가를 가늠해 보자. 신채호의 민족불교관이나 명진학교의 건학정신은 동질적인 것이었지만, 그 민족불교의 이념을 실천하기 위해서는 불교의 수행 및 깨달음이 완전 배척되는 것은 아니었다. 즉 수행과 깨달음이 완벽한 후에야 민족불교의 행보로 가는 것은 아니라는 것이다. 달리 말하자면 상구보리가 완벽하게, 불교의 사상에 대한 완전한 체득이 되어야만 보살행의 실천으로 나아가는 것은 아니다. 세속의 현장에서, 중생의 삶이 요동치는 현실에서, 국가와 민족의 터전에서 불교와 승려들의 활동이 요청될 때에는 즉각적으로 그 현장에 다가서야 한다는 것이다. 아니 요청되기 이전에 불교와 승려는 보살행 실천으로서 세속에, 현실에, 국가 및 민족의 현장에 적극적으로, 자발적으로 다가서야 한다는 것이다. 이에 그 현장에서 보살행 실천, 그 자체가 민족불교의 행보라는 것이다.

바로 이러한 민족불교관을 실천하는 것이 당시 불교가 가야 할 길이었다고 하겠다. 그러면 명진학교는 그러한 행보를 갔는가? 이제 어떻게 이를 이행하였는가의 문제를 생각해 보자. 필자가 보건대 그 행보는 간단하지 않았다. 명진학교는 불과 4년만 존속하였고, 졸업생도 단 2회만 배출하였으며, 그 당시에는 국권이 침탈되었기에 민족불교의 행보는 간단하지 않았다. 이에 필자는 그 가늠을 명진학교의 제1회 졸업생의 행보에서 추출하고자 한다. 여기에서는 그 실례로써의 졸업생을 추출하고, 그의 행보에 대한 성격을 요약하는 선에서 고찰을 마감하고자 한다.

그 대상은 명진학교 1회 졸업생인 권상로와 한용운을 거론하고자 한다.45) 권상로와 한용운이 명진학교를 상징적으로 대표하고, 나아가서는 동국대, 근대의 한국불교를 대표하는 인물임은 두말 할 나위가 없지만, 이 글에서 권상로와 한용운의 생애, 사상, 특성 전체를 가늠하기에는 부적절하다. 여기에서는 그들의 공통적인 입장을 우선 보고, 그 연후에는 민족불교의 차별적 단면을 제시하겠다.

권상로와 한용운의 공통점은 각각 불교개혁론을 집필하였다는 점이다. 불교개혁론을 집필하였다는 것은 어떤 의미를 갖는가. 이는 앞

---

45) 동국대에서는 이들을 명진학교 1회 졸업생으로 간주하지만 이는 재고의 여지가 없지는 않다. 퇴경은 입학 3개월 후 자퇴하였으며, 만해는 보조과 출신이었던 점이 그러하다.

서 살핀 불교의 시대적 당위로서 민족불교 노선으로 가고자 할 경우에는 필히 불교의 체질이 개혁되어야 한다는 고뇌의 산물이라는 점이다. 불교가 갖고 있는 역사적 전통을 그 시대가 요구하고 있는 체질과 행보에 조응하기 위해서는 불교의 전반이 개선, 개혁되어야 한다는 자각이었다. 때문에 명진학교 졸업생들이 불교개혁을 고민하고, 그에 대한 입장을 표명함은 민족불교 노선의 출발에 서 있음을 말해주는 것이라 하겠다.

퇴경 권상로는 1879년 문경에서 태어나 19세에 불교에 귀의하여 갑사, 홍제암, 대승사 등지에서 수학하였다. 25세에는 대승사 강사를 하다가, 그의 나이 27세에 명진학교에 입학하였다. 그러나 그는 입학후 3개월이 지나서는 자퇴를 하고 건봉사 봉명학교, 김룡사 경흥학교에서 교사를 역임하였다. 그 후에는 원종의 편집부장, 조선불교월보사의 사장으로 교단 일선에서 활동하였다. 바로 그즈음 퇴경은『조선불교월보』 3호(1912.4)부터 18호(1913.7)에 「조선불교개혁론」을 연재하였다. 퇴경은 그 글에서 한국불교가 마땅히 개혁되어야 한다는 취지에서 개혁의 의미와 필요, 개혁의 전례, 개혁의 방안 및 방법, 개혁의 주체, 개혁대상으로 승단의 제도, 사원경제, 정신개혁, 교육개혁 등을 서술하였다.46)

만해 한용운은 1879년 홍성에서 태어나 유년시절에는 향리에서 한학을 공부하였다. 고향에서 한문 선생을 하다가 19세에 백담사로 입산하였다. 그는 건봉사, 백담사에서 불교를 공부하다, 세계일주를 단행하기 위하여 시베리아로 건너갔으나, 좌절한 직후에 명진학교 보조

---

46) 양은용, 「권상로 불교개혁사상의 연구」, 『한국종교사상의 재조명』(진산 한기두 박사화갑기념논총), 원광대, 1993.
  김경집, 「권상로의 개혁론 연구」, 『한국불교학』 25, 1999.

과에 입학하였다. 이후 건봉사, 유점사 등에서 수학하다가 1908년에는 일본으로 건너가 6개월간 일본 문명을 시찰하면서 조동종 대학에서 수학하였다. 귀국 후에는 명진학교 부설로 명진측량강습소를 개설하였으나 여의치 않아 중단하고, 표훈사 강사를 역임하였다. 그리고 그는 승려 결혼을 요구한 건백서를 구한국 정부, 통감부에 제출하였는데 바로 그즈음에 『조선불교유신론』을 집필하였다. 이 유신론은 그가 항일불교로서의 임제종운동이 일단락된 1913년 5월, 불교서관에서 출간되었다. 이 유신론은 불교의 성질, 불교의 주의, 불교유신은 파괴, 승려교육, 참선, 염불당 폐지, 포교, 사원의 위치, 불상과 탱화, 불교의 의식, 승려의 인권회복은 노동, 불교의 미래와 승려결혼, 주지 선거방법, 승려의 단결, 사원의 통할 등의 내용으로 구성되어 있다. 그의 불교유신론은 그 파격성으로 당시에도 논란이 분분하였는데, 그 내용 중에서 불교는 평등주의, 구세주의에 입각하였음을 설파한 대목은 의미있는 내용이 아닐 수 없다. 요컨대 불교가 근대적인 가치관이라는 측면에서도 완전 부합한다는 선언인 것이다. 그리고 이는 근대 민족불교의 이념 핵심인 구세주의와도 일치되는 것이다.

만해는 그의 유신론 '승려의 단결'에서 승려들을 방관하는 것에서 벗어나 단결하며 일하는 경지로 옮기게 하여 國利民福의 일을 기약하고 도모한다면, 이는 부처의 衆生濟度의 정신을 실천하는 것과 같다고 지적하였다. 요컨대 만해의 유신론은 민족불교의 또 다른 이름이라고 하겠다.47) 만해가 유신론의 '사원의 위치'를 논한 내용에서 산속에 있는 사찰 중에서 기념할 만한 대상만 남기고 나머지 사찰은 도회지로 이전시켜야 한다고 강조한 것도 예사롭지 않은 것이다. 만해는 그 이

---

47) 이에 대한 세부적인 입론은 별고로 정리하고자 한다.

유를 사찰이 산속에 있어 교육, 포교, 교섭, 통신, 단체활동, 재정 등에 불리하다고 주장하였다. 이는 사원의 위치가 승려의 사상과 사업에 큰 영향을 미친다는 전제하의 입론으로 불교세력을 확장하려는 의도와 무관한 것은 아니다. 이처럼 만해의 유신론은 불교계 체질을 바꾸어 불교가 당시 사회에서 전개되는 일의 중심에 서려는 고뇌의 산물인 것이다. 바로 이러한 점이 민족불교 노선과 동질적인 것으로 볼 수 있는 대목이다.

만해는 유신론을 집필한 직후 항일불교 노선인 임제종운동의 선두에 섰거니와, 그가 유신론 집필단계의 고뇌를 즉각적으로 실천에 옮겼다는 점은 우리의 관심을 끄는 부분이다. 만해는 유신론 집필 이후에는 임제종운동의 최일선에 서 있었고, 『불교대전』(1914)을 통해서는 불교도들에게 불교 대중화를 관철시키려는 일정한 관심을 기울였지만, 그 후에는 『정선강의 채근담』(1917)의 간행과 대중 교양잡지인 『유심』 발간을 통하여 일반 청년들의 계몽활동에도 나섰다. 즉 그는 불교만을 위한 활동에 머무르지 않고, 시대와 민족이 요구하는 분야의 일선에서 활동하였다. 요컨대 그의 고뇌, 시야, 민족에 대한 관심의 지평은 확대되었다는 것이다. 이 같은 그의 고뇌와 활동이 결합되어 1919년 3·1독립운동의 최일선에 서게 되었음은 상식화된 내용이다.

이 같은 만해의 고뇌, 활동, 지향은 당시 명진학교의 후신인 중앙학림의 재학생들에게도 투영되었다. 만해는 3·1운동의 민족대표로 참여하면서도 불교계 대표임을 잊지 않고, 임제종운동의 동지이자 당시 서울에서 포교활동을 하였던 백용성도 민족대표에 포함시켰다. 그리고 중앙학림의 학생들도 3·1운동에 참여하도록 이끌어 선언서 배포, 연고 사찰의 만세운동 주도 등 불교가 민족운동의 전면에서 활동할 수 있는 여건을 마련하고 이를 추동하였다. 이처럼 만해는 개인 차원에서만 독립운동을 한 것이 아니라 명진학교의 후신인 중앙학림이 민족운동에 동참할 수 있는 무대를 만들어주었다는 점에서 그에 대한 평가는 간단하지 않은 것이다. 이는 명진학교의 건학정신의 구현이며 계승이었다. 그리고 그것은 민족불교의 완전한 투영이었다.

여기에서 우리는 근대 민족불교관의 형성이 만해 한용운의 실례에서 분명하게 드러남을 파악하게 되었다. 근대 민족불교는 곧 상구보리, 하화중생의 조화라고 말할 수 있다. 그러나 그것은 상구보리, 하화중생의 이분법적인 차별을 전제로 한 조화가 아니었고, 하화중생을 위한 상구보리의 성격도 배제할 수 없는 것이다. 때문에 여기에서는 승가와 세간이 둘이 아니고, 승가와 민족이 별개가 아니라는 불이사상을 만날 수 있다. 이러한 것은 신채호가 말한 구세주의와 국가주의의 결합이요, 중생과 민족의 현실로 뛰어드는 보살행이라 하겠다.

지금껏 명진학교 설립정신과 근대 민족불교관의 형성과의 상호 관련을 시론적으로 정리하여 보았다. 요컨대 명진학교 건학정신이 근대 민족불교관 형성에 그 단초를 마련한 것으로 볼 수 있음을 추출하였다. 그러나 명진학교의 건학정신의 계승, 그리고 근대 민족불교의 실천으로서의 보살행은 간단히 추구될 것은 아니다. 거기에는 형극의 가시밭길이 놓여 있었다. 이를 어떻게 헤치고 극복하면서 불교의 근원적 이상과 함께 민족불교의 이념을 조화롭게 실천하는가 하는 문제는 근대불교의 근원적인 과제와 결코 다른 것이 아니었음을 제시하고자 한다.

5. 결어

이상으로 명진학교 설립정신과 근대 민족불교관의 형성을 접목하여 그 대강을 정리하여 보았다. 지금부터는 그 요체를 요약하면서 그 의미를 다시금 새겨보고자 한다.

명진학교는 불교 근대화를 바라보는 가늠자였다. 나아가서는 근대 민족불교가 어떻게 형성되었는가와 동시에 민족불교의 성격을 조망할 수 있는 하나의 잣대이다. 명진학교는 1906년 봄에 설립되었다. 그러나 명진학교는 그 이전인 1902년 당시 서울의 외곽에 세워진 사찰인 원흥사에서 개교하였기에, 자연 원흥사의 역사와 불과분의 관련을 맺는다. 원흥사는 1902년에 창건되면서 전국의 사찰 및 승려를 총괄하는 위상을 띠게 되었다. 즉 원흥사에 사사관리서가 설치되며, 사찰관리세칙이 반포되었던 것이다. 이에 원흥사는 일약 근대기 벽두의 한국불교의 수사찰로서 위상과 권한을 갖게 되었다.

그러나 원흥사의 사격은 1904년경에 가서는 중도 퇴진하고 말았다. 즉 사사관리서가 해체되었던 것이다. 이에 원흥사가 갖고 있었던 역할과 역사성은 중단되었다. 이러한 정황에서 원흥사를 관할하려는 권한을 두고 한국불교와 일본불교 사이에 치열한 대응 노선이 성립하였다.

바로 이런 배경에 명진학교는 설립하였다. 서울 근교의 사찰을 배경으로 일본불교, 정토종에 영향을 받으면서 불교 근대화를 추진하였던 일단의 승려들이 만든 단체가 있었으니 그것은 불교연구회였다. 불교연구회에 속한 승려들은 원흥사를 배경으로 불교 근대화를 추진하기 위한 첫걸음을 내딛었으니, 명진학교의 설립이었다. 이에 그들은 1906년 2월 5일 구한국정부에 불교연구회 및 학교 인가를 신청하였다. 이에 대하여 그해 2월 19일 인가를 얻자, 그들은 즉시 서울 인근의 학인들을 모아 수업을 개시함과 동시에 전국의 수사찰에 공문을 발송하여 학생 모집에 나섰다. 이렇듯 학생 모집과 동시에 학교 개교와 관련된 제반 일처리를 하여 1906년 5월에는 정식 개교하였다.

당시 명진학교에서는 불교뿐만 아니라 신학문, 문명 등 다양한 속세의 학문을 승려 학인들에게 교육시키고 있었다. 불교계 최초의 근대식 학교는 이러한 배경하에 개교되었으며, 전국 각처의 사찰에서는 명진학교의 기초학교로서 보통교육을 가르치는 분교를 설립하였다. 결국 명진학교는 1906년 이후 불교계 교육분야에 혁신을 가한 촉진제 역할도 하였다. 이러한 명진학교의 건학정신은 투철한 현실의식, 불교 천양의식, 대승 보살행, 민족 현실에 다가서려는 적극성 등으로 대별할 수 있다.

그런데 이러한 건학정신은 당시 싹트고 있었던 민족불교의 형성과 불가분의 관련을 맺게 되었다. 근대 민족불교관은 당시 신채호가 지적한 불교의 구세주의와 한국불교 전통인 국가주의의 결합에서도 찾을 수 있다. 구세주의와 국가주의의 결합인 보살행으로 볼 수 있는 것인데, 바로 그 보살행의 행보를 명진학교의 설립에서 찾을 수 있는 것이다.

그렇다면, 민족불교는 상구보리와 하화중생의 균형이 아니라 하화중생을 하기 위한 상구보리인 보살행으로서 민족의 현실에 적극적으로 뛰어듦을 말하는 것이다. 필자는 그러한 민족불교관의 형성, 전개를 명진학교에서 찾고자 할 경우 명진학교는 불과 4년밖에 존속하지 못하였기에 불가피하게 명진학교 졸업생에서 이를 추출하였던 것이다.

이에 그 대상의 실례로 권상로와 한용운을 거론하였다. 이들은 각기 불교개혁론과 연관된 주목할 만한 논설, 저서를 남겼다. 이 경우 불교개혁론은 민족불교로 다가서려는 불교의 체질을 고치려는 고뇌의 산물로 보고자 한다. 이들이 그 연후에는 불교개혁, 불교발전, 불교 근대화의 일선에서 활동하였음도 민족불교의 접목과 동질적인 것이라 하겠다. 그리하여 민족의 문제에 불교가 그 중심부에 적극적으로 다가섬으로써 자연 민족불교는 구현되는 것이다. 이 경우 한용운, 중앙학림 학생들이 3·1운동 당시 그 전면에서, 전국 각 사찰에서 민족운동, 만세운동에 동참하였음은 뚜렷한 예증이라고 보고자 한다.

그러나 민족불교의 전개는 그 자체가 형극의 길이었다. 이에 불교의 이상과 민족불교의 노선을 어떻게 조화시킬 것인가의 문제는 한국 근현대불교가 감당해야 할 지성적인 과제였다.

중앙학림과 식민지불교의 근대성

1. 서언

중앙학림은 일제 식민통치하의 불교계가 불교의 교리 및 신앙뿐만 아니라 신식학문을 교육시켜, 불교계의 인재를 육성하려는 목적에서 설립한 불교계의 사립학교였다. 즉 중앙학림은 1915년 11월 불교의 홍학 및 포교사 양성을 목적으로 개교하였다. 그러나 3·1운동 직후에는 전문학교 승격문제로 나타난 재단과 학생 간의 대립으로 인해 1922년 4월부터는 장기 휴교에 들어갔다. 1928년 3월에는 불교전수학교, 1930년 4월에는 중앙불교전문학교의 이름으로 재개교하였다. 식민통치가 극성을 부리던 군국주의 시기인 1940년 6월에는 혜화전문학교로 명칭 변경을 하였고, 1944년 5월에는 일제의 강압으로 강제 폐쇄되었다. 8·15 해방 직후 복교되었으며, 1946년 9월에는 동국대학의 교명으로 정식 대학이 되었다.

이처럼 중앙학림은 일제강점기 불교의 중앙 교육기관을 대표하고 있었다. 불교계의 근대적인 학교의 연원은 1906년 5월에 창설된 명진학교에서[1] 찾을 수 있다. 그러나 명진학교는 그 존속기간이 불과 4년여에 불과하였고, 그 계승도 불투명하였다. 이런 한계는 중앙학림에서 비교적 극복되었다고 하겠다. 이와 같이 일제강점기 불교계의 동향을 심층적으로 이해하기 위해서는 중앙학림에 대한 주목, 연구는 절대적인 것으로 볼 수 있다. 그럼에도 불구하고 지금껏 중앙학림에 대한 연구는 거의 없었다. 이는 일제강점기 불교 연구의 척박성에서 비롯되었다고 하겠다.

한편 중앙학림의 설립과정을 세밀히 살펴보면 그 과정에 일제의 개입과 후원이 있었음을 알 수 있다. 요컨대 일제강점기 불교정책이 관철되었으며, 중앙학림을 추진하는 불교계에서는 비주체성이 제기되었던 것이다. 이 문제에서 우리는 일제강점기 불교의 '친일성'도 고려할 수 있지만, 그보다는 일제강점기 불교의 본질, 특성을 모색할 수 있는 단서로 활용할 수 있다고 본다. 일제강점기 불교의 '친일' 문제는 지금껏 단선적·감성적·이분적·흑백논리 차원에서 접근되었고, 일정한 논란이 있어 왔다.[2] 이에 대해 필자는 그 같은 논란을 주목하면

---

1) 남도영, 「구한말의 명진학교」, 『역사학보』 90(1984).
2) 불교계의 그 논란은 임혜봉, 박희승에 의해 주도되었는바, 그에 대한 논란의 성과는 다음과 같다. 논란에는 일제강점기 불교계의 종무총장, 종정, 지식인의 친일파 선정에 대한 해석에서 비롯되었으나, 나아가서는 일제강점기 불교계의 종단인 조계종의 자주성, 의타성, 일제강점기 불교정책 관철 등의 문제도 그 대상이 되었다. 그 관련 인물은 이종욱, 허영호, 방한암, 권상로, 이능화, 김구하 등이었다.
   임혜봉, 『친일불교론』, 민족사(1993).
   임혜봉, 「불교계의 친일인맥」, 『역사비평』 22(1993).
   박희승, 「조선불교조계종 주역 연구」, 『정토학연구』 4(2001).
   박희승, 「일제강점기 상해임시정부와 이종욱의 항일운동 연구」, 『대각사상』 5 (2002).
   김순석, 『조선총독부의 불교정책과 불교계의 대응』, 고려대 박사학위논문(2002).
   이재형, 「불교계 친일행적 어떻게 볼 것인가」, 『불교평론』 11·12(2002).
   김광식, 「조선불교조계종의 성립과 역사적 의의」, 『새불교운동의 전개』(2002), 도

서 우선은 일제강점기 불교계 제반 동향, 구체적 사실에 대한 면밀한 검토가 선행되어야 함을 고려하였다. 그 연후에는 시각, 관점, 지평을 확대하여 바라보아야 한다고 여기고 있었다. 이러한 새로운 관점은 보편적으로는 넓은 시야, 다양한 관점이라고 볼 수 있지만 거기에는 일종의 사관, 초점 등이 있어야 함은 물론이다.

본고에서 필자가 활용할 초점은 식민지불교의 '근대성'이다. 지금 껏 식민지불교의 근대성에 대한 문제제기와 이론적인 접근은 거의 이 루어지지 않았다. 필자는 이에 대한 개념의 본격적인 검토는 후일로 미루고 다만, 일제 식민통치를 받았던 시기의 불교계의 본질, 성격, 특성을 '근대성'이라고 개념화하여 당시 불교계 이해에 활용하기를 제안한다. '근대성'이라는 개념을 활용한 것은 당시 시기가 근대시기 이고, 그 근대시기의 불교의 특성이 이전 조선시대, 혹은 현대불교와 도 약간의 차별성은 있었을 것이라는 전제에서 나온 것이다.

이에 필자는 본 고찰에서 중앙학림의 설립에 나타난 일제의 개입, 후원의 문제와 일제강점기 불교의 근대성을 연결지어 보고자 한다. 이 검토에서 불교의 근대성의 본질을 완전 파악할 수는 없겠지만 그 이해의 단서를 찾고자 한다. 필자의 이 고찰에서 고려한 또 다른 문제 는 일제강점기 불교계에 대한 성격 부여에 있어 지금껏, 간혹 '친일불 교'라는 개념적인 수식이나 표현에 대한 의구심이다. 일제강점기 불 교가 당시의 여타 종교보다 '친일', '친일성'이 강력하게 연계되었는 가 하는 것이다.3) 이에 필자는 불교의 그 친일문제를 불교의 '근대성'

피안사.
3) 이는 1950~60년대 불교계 내부의 일제강점기 불교 청산이라는 명분으로 시작된 이른바, 비구·대처간의 갈등, 대립인 정화운동(법난) 과정에서 고착화되었다. 당 시 비구승은 대처승을 일제불교, 일제강점기 불교의 잔재로 강력 주장하였다.

이라는 범주에 넣어 검토하고자 한다.

2. 중앙학림의 설립배경과 연합제규

1915년 11월, 사립불교중앙학림(이하, 중앙학림으로 약칭함)이 창설되기 이전의 불교계의 근대 학교로는 명진학교(1906), 불교사범학교(1910), 불교고등강숙(1914)이 있었다. 이 같은 불교계 학교는 개항 이후 서울에 최초로 건립된 사찰인 원흥사에[4] 위치하였고, 고등교육 기관을 지향하였지만 국권의 상실 혹은 불교계의 내적인 혼란 등으로 인하여 정상적으로 운용되었다고 보기는 어렵다. 특히 중앙학림이 창설되기 직전의 불교고등강숙은 현실 타협적인 보수노선을 걸었던 교단 집행부와 이에 일정한 대응 노선을 걸었던 한용운 및 그를 따랐던 청년승려들의 대립으로 1914년 가을경 자진 해체하였다. 고등강숙이 개교한 것이 1914년 4월인 것을 고려하면, 고등강숙은 개교 후 불과 5개월 후에 문을 닫은 셈이었다.[5] 당시 한용운과 고등강숙에 재학중인 청년승려들이 조직한 단체는 조선불교회였는데, 이 단체는 불교 발전을 기하되 기존 30본산 주지 및 그들이 중앙에 조직한 30본사주지회의소의 범위를 벗어나서 활동하였다.[6] 그러나 당시 주지회의원 원장인 이회광은 청년승려들에게 조선불교회의 탈퇴를 종용하였으나, 학생들은 이를 거부하였다. 그러나 한용운은 그 사태에 직면하여 기존의 조선불교회를 중단하고, 불교동맹회라는 새로운 조직체를 결성

---

4) 김경집, 「근대 원흥사의 창건과 현행세칙에 대한 연구」, 『구산논집』 3(1999).
5) 이능화는 『조선불교통사』 권상, 「조선총독부시대」에서 그 사정을 '未幾罷之'라 하였다.
6) 『매일신보』 1914.8.15, 「불교회의 歸寂」.

하여 그가 구상하고 있었던 불교 발전의 노력을 지속하였다.[7] 이에 이회광은 각 소속 본사 주지들에게 통문을 돌리어 학생들을 각 본사 사찰로 돌아가도록 권유하였고, 고등강숙 책임자인 박한영에게도 사면하기를 권고하였고, 그 유지비도 압수하였기에 자연 학교는 문을 닫고 말았다.[8]

한편 고등강숙의 폐교의 이면에는 일제에게 국권을 상실한 직후부터 불교계 내부에 흐르고 있었던 보수, 진보노선 간의 이원적인 대립이 흐르고 있었다고 보여진다. 즉 이회광, 원종으로 대변되었던 현실안주세력과 한용운, 백용성, 임제종으로 대변되는 변화를 추구하였던 진보세력의 이질성이다. 이 양 세력은 1912년 6월경, 일제의 강압적인 불교정책에 의거 각각 원종과 임제종의 간판을 내리고 일제의 사찰령 체제에 흡수되어 간 것으로 보이지만, 그 후유증은 간단하게 마무리되지는 않았다. 요컨대 한용운, 백용성은 임제종포교당을 계승한 조선선종포교당을 거점으로 민족불교의 노선을 모색하였으며, 이전 임제종의 중심사찰인 범어사와 본산주지회의원과의 관계도 매끄러웠다고는 볼 수 없었다. 이러한 흐름하에 고등강숙의 사태가 일어났던 것이다. 때문에 우리는 그 사태를 단순하고 우연한 폐교로 볼 수 없다는 것이다. 실제 그 사태의 중심부에 한용운이 있었다.[9]

이처럼 1914년 후반 불교계는 서울에 있었던 유일한 고등교육기관을 내부의 모순에 의하여 존립, 유지시키지도 못하는 나약한 처지에 머물렀던 것이다. 이 문제의 원인을 더욱 확대하여 살펴보면 그것은 당시 종단의 부재 혹은 30본사 주지들의 연합체인 30본사 주지회의소

---

7) 『매일신보』 1915.9.5, 「동맹회도 금지」.
8) 『동아일보』 1920.7.3, 「불교개종문제(8), 박한영의 대담」.
9) 당시 고등강숙의 책임자인 박한영도 임제종운동 당시에는 한용운과 같은 노선을 경주하였다.

의 약체화에서도 찾을 수 있다. 그러나 당시 일제는 한국불교의 자주적·자생적인 종단(교단)을 인정하려는 정책을 구현할 의사는 전혀 없었다고 보여진다. 이에 일제는 기존의 주지회의소의 모순을 개선하는 선에서 일제강점기 불교정책을 관철하고 있었다. 그리고 고등강숙의 자진 폐교는 일제의 불교정책에서도 일정한 문제점을 내포하는 것이다. 일제의 불교정책은 다방면에서 추구되어야 하겠지만 교육방면에서도 일제강점기 현실체제에 순응뿐만 아니라 불교계의 고등교육을 이수한 청년승려들을 매개로 한 불교정책도 고려되어야 했던 것이다. 특히 전국 각처에서 선발되어 중앙에서 고등교육을 받게 될 그들은 일제강점기 정책의 매개자 혹은 구현자로 활용할 수 있었기에 일제 당국으로서는 중요한 대상이 아닐 수 없다. 그런데 그 대상을 교육시키는 교육기관이 불교계 내부의 갈등과 모순으로 인해, 더욱이 그 청년승려들이 한용운의 노선에 경도되었다는 사정으로 자진 폐교하였다는 사태는 일제 당국으로서는 좌시할 수 없는 현실이었을 것이다.

중앙학림의 설립은 바로 이러한 현실에서 대두되었다. 당시 일제는 기존의 30본산 주지회의원의 활동범위와 내용을 정한 '본산주지회의원 규칙'(1912.6.22 제정, 24조)을[10) 획기적으로 보수, 보강하는 방향에서 그 문제를 풀어가려는 방향을 수립하였다. 이 규칙에는 포교사업이 포함되어 있었지만 교육문제는 포함되지 않았다.[11) 이에 일제는 본산 주지 간의 '규칙'을 개선시키고, 그 개선시킨 근거에 교육문제를

---

10) 본산 주지들은 이 규칙을 성실히 이행하고, 그 운영비를 공동 부담하겠다는 연서 날인의 '締約'(10개 항)을 맺었다. 『조선불교월보』 6호, 69~73쪽 참조.
11) 다만 규칙을 보강하는 체약에 막연하게 승려교육과 인민포교를 일층 장려할 일에 공동부담한다는 정도로 취급되었다.

튼튼하게 정립시키려 하였다. 바로 그 교육문제에 중앙학림의 설립문제가 놓여 있었던 것이다.

일제의 이러한 구도하에 본산 규칙의 근본적인 개혁, 중앙학림의 설립문제 등이 논의된 것은 1915년 1월에 개최된 30본산 주지회의원 제4회의 정기총회이다.[12] 그 정기총회는 각황교당에서 개최되었는데, 각 본사 주지 29명이 참가하였다.[13] 총회는 1월 1일부터 시작되었는데, 첫날은 정기총회에서 논의할 의제 및 순서를 정하였다.[14] 1월 2일에는 조선총독의 초대를 받은 주지 일동은 총독 관저로 가서 총독의 훈시를 들었다.[15] 1월 4일에는 총독부의 내무부 장관, 지방국장, 경성고등보통학교 教諭가 주지회의원을 방문하여 30본산 주지들에게 조선불교 미래에 적극적인 뜻을 갖고 일하라는 '懇篤한 訓誘'를 하였고,[16] 이를 기념하는 사진 촬영이 있었다. 1월 5일에는 매국노, 친일파이면서 독실한 불교신도였던 이완용이 연합사무소를 방문하여 불교 진흥에 관한 취지의 '勸勉'을 하였다.[17] 1월 9일에는 총독부 지방국의 국장, 과장, 주임, 教諭(고교형)가 연합사무소를 방문하여 '조선각본사연

---

12) 『불교진흥회월보』 1호, 「조선선교양종30대본산주지회의원 제4회 정기총회 회의상황」.
13) 유점사 주지는 불참하였고, 석왕사·백양사·기림사·보현사·전등사·선암사는 주지대리가 참석하였다.
14) 그것은 각황교당 건축 경비금 처리, 불교중앙학림 설립, 불교진흥회 조직, 월보 계속 간행, 1915년도 주지회의원 및 교당 유지 문제, 1914년도 미수금 문제, 지방교육 및 포교상황 보고, 임원 선정 등이었다.
15) 그것은 주지의 책임이 중대하니 인민을 교화하여 안심입명하게 해 달라, 삼림을 보호하여 사찰의 권위를 떨어트리지 말 것, 품행과 덕을 갖추며 교육과 지식을 발달시키라는 내용이었다. 이 내용은 『불교진흥회월보』 1호, 64쪽에 전한다.
16) 그 훈유는 내무부 장관의 훈시를 말하는데, 그 요지는 『불교진흥회월보』의 1호, 64~65쪽에 전한다. 그 요지는 연합포교와 연합교육을 강조하면서, 그 강구책은 '사회의 단합'과 '본산간의 단합'이라고 주장하였다.
17) 이 내용은 『불교진흥회월보』 1호, 67~68쪽에 전한다.

합제규'의 취지를 설명하고 중앙학림 설립에 관한 '勸諭'를 하였다. 1월 10일에는 각황교당 건축 경비금 처리, 중앙학림 설립, 불교진흥회 조직, 월보 간행, 회의소 및 교당 유지비, 1914년도 미수금 납부, 지방교육 및 포교, 임원 선정 등의 문제를 논의, 결의하고 총회는 폐회되었다.

이상과 같은 총회의 개요에 의하면 당시 그 총회에서는 다양한 문제를 논의하였으며, 특히 일제 총독부 고위 관리들의 주지회의원 내방이 있었으며, 내방시에는 불교계의 진로에 대한 심도 깊은 논의가 있었음이 주목된다. 본 고찰과 관련해서는 중앙학림의 설립에 관한 권유가 총독부 고위관리들에 의해 강조되었음이 주목을 끈다. 당시 총회에서 결의한 중앙학림에 대한 내용을 보면 다음과 같다.

內務部長官 及 地方局長의 勸諭에 因ᄒ여 佛敎中央學林을 京城에 設立ᄒ기로 決議ᄒ고 此를 總督府에 申請ᄒ게 ᄒ다.18)

여기에서 중앙학림의 설립은 총독부 내무부 장관, 지방국장의 권유에 따라 당시 30본사 주지들의 결의로 서울에 설립하기로 추진되었음을 알 수 있다. 이러한 내용은 중앙학림이 불교계의 내적인 요구, 자생에 의해 설립되었으리라고 보고 있는 일반적인 상식을19) 파기하는 것이기에 그 내용을 즉시 수용하기에는 어려움이 있다. 한편 지방교육 문제를 논의하면서, 서울에 중앙학림을 설립한 후에는 지방에서는 일본 유학을 불허하고, 종교학 이외의 학문을 할 경우는 사찰의 공적

---

18) 앞의 자료, 74쪽.
19) 『동국대학교 90년지』(1998, 동국대학교), 25쪽에서는 "1914년 가을에 새로운 시대에 걸맞는 불교전문학교를 열자는 의견이 대두되었다"고 하였다. 그러나 이에 대한 구체적인 근거, 자료, 증언은 제시되지 않았다.

인 예산을 지불하지 않기로 결의하였다.

여기에서 우리는 중앙학림의 설립에 총독부의 적극적인 개입, 주도를 확인할 수 있다. 그리고 그 설립에는 조선각본사연합제규와 긴밀한 관련을 맺고 있음도 파악하였다. 그런데 이러한 제반 내용을 구체적으로 전하고 있는 일제 측 자료가 있다. 그것은 정부기록보존소에 보관되어 있는 자료로, 1915년 일제 총독부가 불교계의 연합제규와 중앙학림 설립을 주도할 당시 기록한 1차 자료이다.[20] 이 자료는 당시 일제의 불교정책과 아울러 불교계 동향 등을 세밀히 분석하고 있어 본 고찰 논지 전개에 유용한 정보를 제공한다. 이 자료 중 「朝鮮寺刹 興學·布敎의 隆昌을 圖謨한 件, 그에 첨부된 指示 要領 및 內紛·調和顚末」[21]의 내용을 요약하면 다음과 같다.

· 사찰령이 시행된 지 4년이 지나고 있는 시점에서 흥학과 포교의 현저한 효과는 각 사찰의 협동·결성에서 연결된 재력 집중 및 불충분에 달려 있다.

· 1914년부터 연구한 '강령'을 기초로 총독에게 결재(內閱)를 받아, 1915년 1월 4일 30본산주지회의라는 좋은 기회를 이용하여 내무부 장관, 지방국장, 제1과장, 촉탁이 그 회의에 참석하여 훈시를 하고 조선각 본사연합제규를 만드는 '강령서'를 내려 보냈다.

· 그 결과 내무부 장관의 훈시의 취지에 따라 聯合 '成規'를 만들고,

---

20) 필자는 동국대 불교학자료실에서 정부기록보존소의 마이크로필름에서 복사, 제본한 자료(동국대 자료, 218.09 현. 2227 1915~19)를 이용하였다. 자료명은 『寺刹雜件綴(대정 4년도 사찰관계서류)』내의 「朝鮮寺刹各本寺聯合成規認可申請의 件」의 일괄 서류이다.
   지금껏 이 자료를 활용하여 연구한 경우가 없었으나 최근 한동민은 이 자료를 이용하여, 「1910년대 선교양종 30본산연합사무소의 설립과정과 의의」(『한국민족운동사연구』 25, 2000) 논고를 작성하였다.
21) 이 문서는 1915년 1월, 지방국에 근무하였던 渡邊彰이 작성하였다.

그를 이행하게 되었다. 그 요지는 해인사 주지를 대표자로서[22] 내무부 장관에게 稟申케 하고 연합 '제규'에 관해 당국의 '腹案'이 있으면 '內示'를 받들어 신청하는 방향을 정하였다.

　· 지방국장, 제1과장, 촉탁이 1월 9일의 주지회의에 다시 참석하여 각 본사가 연합하여 홍학, 포교에 종사하도록 각 사찰의 의견의 일치를 본 것을 축하하였다.

이 자료의 개요, 내용을 유의하면 이른바 각 본사연합제규 및 그에 의거한 중앙학림의 설립은 이처럼 일제의 철저한 불교정책의 구도에서 나온 것이었다. 필자가 위에서 제시한 본사주지회의 내용은 한국불교계의 자료에 의거 재구성한 것이다. 이를 일제 측 자료와 대조하면 그 내용이 완벽하게 들어맞는다. 여기에서 우리는 연합제규와 중앙학림이 일제가 1914년에 작성한 '강령'과 1915년의 '복안'과 '지시'에 의거하여 구체화되었음을 확인하였다. 그리고 위의 일제 측 자료에는 당시 불교계 내부의 본산 간의 갈등이 있었음과 이를 일제가 조종, 화해 유도 등을 통하여 연합제규의 출범의 터전을 만들었음이 나타나고 있다. 그 주요 사항을 요약하면 다음과 같다.

　· 범어사는 종래 경성에 포교당(선종중앙포교당)을 세우고 포교에 종사하여, 다른 본사가 협동·경영하는 경성 각황교당의 유지비 부담에 가입할 이유가 없다고 주장하였다. 결국, 홍학에 필요한 중앙학림의 경영에는 참가하지만, 포교사업에는 협동시킬 수 없는 결과가 나왔다.

　· 따라서 지방국장은 범어사 주지 오성월, 해인사 주지 이회광, 용

---

22) 총독부가 해인사 주지 이회광을 대표자로 한 것은 1915년 1월 10일 이전의 본산 주지회의원의 원장이 이회광이었음을 고려한 것이다. 그러나 1월 10일 원장 재선출 투표에서 강대련이 원장에 당선되었다.

주사 주지 강대련을 1월 13일에 '呼出'하여, 그 쌍방에게 훈유를 하였다. 그것은 30본사가 一團이 되어서 홍학·포교의 2대 사항이 실행되지 않으면 불교의 隆昌을 꾀하는 일이 안 되기에, 종래 갖고 있던 일체의 惡感精을 버리고, 협동일치의 안목으로써 融和를 위하여 먼저 내무부 장관 訓示의 취지에 부응하고, 또 종교가의 면목을 부끄러워하지 않으면 안 된다고 말하였다. 이에 쌍방은 성실히 협의하여 그 결과를 밝히기로 하고 물러갔다.

· 이러한 내분의 起因은 오성월과 이회광의 의견일치가 안 되어 시작된 것이 아니고 누구라도 쌍방의 소견을 固持하면서 양보한 결과, 일방적으로 29본사가 협동하여 포교당 설립을 계획한다면, 다른 일방인 범어사 주지는 이것에 대항하는 태도를 취하고 半同意해야 하는 태도를 취한 까닭에 주지를 설득해 포교당 경영에 참가하도록 하였다.

· 결국 범어사의 主唱에 관계되는 포교당 경영 및 유지의 비용은 범어사의 獨力擔任하게 되었다. 총독부에 가지고 있던 '情想'은 버리고, 각황교당의 유지비 부담에 참가하는 것은 범어사의 입장으로서 인정하지 않을 수 없는 것이었다. 그러나 범어사가 홍학에는 참가해도 포교에는 참가하기 어렵다는 주장이 내분의 사정이었다.

· 이러한 정황은 지방국장의 訓諭를 '體得'한 오성월과 강대련이 1월 14일 총독부에 '출두'하여 원만하게 협정해서 30본산이 협력하여 홍학·포교의 2대사업을 경영하게 되었음을 먼저 지방국장에게 '신고' 하였다. 그리고 내무부 장관실로 초대를 받아 내무부 장관에게는 훈시를 받았다.

· 내무부 장관은 각 사 주지가 협력하여 홍학·포교의 사업경영을 하는 것에 대한 의견이 일치한 것을 조선불교의 전도를 축하하는 祥瑞로 언급하였다. 今後의 萬事가 넓은 마음을 갖고, 서로 양보하고 합치는 마음가짐을 갖는 것에 한마디 언급한 것은 정부와 종교와의 관계이고, 지금은 불교에 대해서 관대, 優遇의 시대라는 발언이다. 이제 불교에 대한 차별은 없을 것이며 모든 종교를 차별하지 않을 것이다.

이제 각 사찰이 연합하여 사업을 함에 있어 그 可否는 항상 다수결에 의해 행하지 않으면 안 된다. 이제 종래의 불편한 일체의 악감정을 버리고 협력일치하여 흥학·포교에 종사할 결심을 위해서 한마디 한 것으로 말하였다.

· 이 훈유를 받아들인 쌍방은 기쁘게 '퇴청'하였고, 각 본사 주지는 사무의 진행을 회의소장인 용주사 주지 강대련에게 위임을 하고 歸山하였다.

이 내용에 의하면 주지총회는 1월 10일에 종료되었지만, 총독부 및 주지 대표격인 이회광과 강대련은 연합제규 출범을 위한 사전 준비작업에 전념하였다. 물론 그 준비는 주지총회에서 기본골격과 방향이 수립되었기에 큰 문제는 없었다. 다만 그 추진을 위해 1월 13일 총독부 지방국장의 주관으로 해인사 주지인 이회광, 범어사 주지인 오성월, 본산주지회의원장인 강대련이 총독부 내에서 회담을 하였다. 이는 이전 원종과 임제종, 선종포교당과 각황포교당을 둘러싼 이질적인 행보, 갈등구도를 사전에 정비하려는 일제의 의도에서 나온 것이다. 이날의 총독부 지방국장실에서 행해진 대담의 속기록도 전하는데, 그것은 연합제규 제정 및 시행에 관련된 불교계 제반 문제에 대한 토론이었다.23) 그 내용에는 지방국장과 강대련이 常置員과 監事員, 즉 본사연합사무소의 중앙 조직체에 근무할 대상자를 놓고 의견을 교환하였음도 전한다. 이 정황을 보면 연합제규의 작성작업은 비교적 빠른 속도로 진행되었음을 알 수 있다.

1월 4일, 총독부에서 본산 주지들에게 연합제규를 만드는 지침인 이른바 '강령서'가 시달되었으며, 1월 9일에는 그 구체적인 추진방법

---

23) 이 내용은 「대정 4년 1월 13일 지방국장실에서 회의 速記」라는 제목하에 그 대화 전모가 전하고 있다.

에 대한 의견이 조율되었다. 그런데 주지 총회가 끝난 직후인 1월 13일에 주지연합사무소의 상근 근무자의 인선이 논의되었다면 13일에는 여타의 골격은 거의 완료되었다고 보는 것이 타당할 것이다. 그러면 이제부터는 일제가 30본사 주지총회에 제공한 강령서, 즉 「朝鮮各本寺聯合制規 大綱」을 살펴보자. 그 대강의 핵심을 살펴보면 다음과 같다.

· 연합은 조선 30본사를 單位로 함.[24]
· 연합사무는 승려의 학식 품위를 保함에 필요한 교육방법, 포교방법 二로 함.
· 각 본산 주지는 매년 1회씩 경성에서 회동하여 연합사무를 결정하고 각 본사 교학의 상황을 보고하여 常히 연합사무 집행의 편의상에 매년 於본산회의에 위원장 1명, 常置員 5명을 호선하고 위원장은 경성에 주재함.
· 연합교육의 방법은 각 본사에 초등정도의 학교를 설치하고, 경성에 전문정도의 학교를 설치함.
· 각 본사의 포교구역을 정하여(경성에 한하여 각 본사의 공동구역이라) 각 본사가 임명한 포교사로 하여 포교하고 포교의 방법은 본사회의에서 정한 방법에 의하여 각 본사가 此를 시행함.
· 매년 본산회의에 호선으로써 감사 3명을 정하여 당해 연도간의 회계의 상황을 심사하고 此를 회의에 보고함.

이 대강은 조속히 작업한 24개조의 각본사연합제규에 반영되었다

---

24) 일제가 본사만을 단위로 한 것은 본·말사 전체를 대상으로 하면 지나친 혼란, 그 통할의 어려움을 예상한 것에서 나왔다. 그리고 본사와 말사의 관계는 본사의 사법에 의해 운용하도록 해야 한다고 정하였다. 각 말사는 본사에 분속하여 지배를 받기에 본사만을 연합하여도 전체 사찰과 연합한 결과와 동일하다고 보았다.

고 보인다. 연합제규 24조는 기존 30본산주지회의원의 규칙이[25] 24개
조인 것에서 기인한 것으로 보이지만, 단언할 수는 없다.

이러한 배경에서 '조선각본사연합제규'는 성안되어, 일제에 신청되
었다. 그것은 1915년 1월 16일, 당시 30본산주지회의원 대표인 용주사
주지 강대련이 조선총독부 총독 寺內正毅에게 제출한 공문으로 이루
어졌다.[26] 당시 그 연합제규의 전모를 소개하겠다.[27] 이는 중앙학림
의 설립을 규정하였을 뿐만 아니라 1910년대 일제의 불교정책의 성격
을 파악할 수 있는 단서로도 이용되기 때문이다.

    朝鮮 各 本寺 聯合 制規
    第一條　朝鮮各本寺ᄂ 聯合ᄒ야 講學 布教를 行홈
    第二條　聯合事務를 處理ᄒ기 爲ᄒ야 京城에 事務所를 置홈
    第三條　聯合事務所에 委員長 一名 事務員 若干名을 置홈
    第四條　委員長은 本寺 住持의 互選에 依ᄒ야 此를 定홈 그 任期ᄂ
          一年이라 委員長은 聯合事務를 擔任홈
    第五條　事務員은 委員長이 此를 命免홈

---

25) 『조선불교월보』 6호, 69~72쪽.
26) 그 전문은 다음과 같다(당시 그 신청서는 조선불교월보사 용지를 사용하였다).
　　申請書
　　朝鮮禪教兩宗三十本山이 聯合ᄒ야 講學과 布教를 行ᄒ을바 聯合事務所ᄂ 京城府 壽
　　松洞八十二地 覺皇教堂으로 定立옵고 聯合事務를 處理ᄒ기 爲ᄒ야 聯合制規를 別紙
　　如히 添附 申請ᄒ오니 御認可ᄒ심을 伏望
　　大正四年 一月 十六日
　　原籍 京畿道 水原郡 大本山 龍珠寺 住持
　　住所 京城府 壽松洞 八十二番地 覺皇教堂
　　三十本山住持 總代 會議所
　　院長 姜大蓮
27) 이 제규는 강대련이 총독부에 제출한 초고의 내용을 제시한 것이다. 이후 관보
　　에 공고한 것과 『불교진흥회월보』 2호, 84~87쪽에 전하는 것과는 거의 같은데
　　간혹 문맥이나 일부 표현이 보완된 곳이 발견된다.

事務員은 委員長 命을 承ᄒ야 事務를 掌홈

第六條　會計事務를 監査ᄒ기 爲ᄒ야 鑑査員 三名을 置홈

鑑査員은 本寺 住持의 互選에 依ᄒ야 此를 定홈

鑑査員은 每年度 會計의 狀況을 審査ᄒ야 此를 住持會議에 報告홈

第七條　聯合事務를 議決ᄒ기 爲ᄒ야 住持會議를 設홈

住持會議는 各本寺住持를 以ᄒ야 組織ᄒ고 每年 一月에 京城에셔 開催홈

委員長은 住持會議 開催ᄒ는 期日을 定ᄒ고 豫히 住持에게 通知홈

第八條　左揭ᄒ 事項은 住持會議에 議決을 經홈

但히 第二號 及 第四號의 事項이 臨時急施를 要ᄒ는 者는 此에 不限이라

一, 本 制規를 變更홈

二, 聯合事業에 屬ᄒ 歲入 歲出豫算을 定홈

三, 經費의 徵收方法을 定홈

四, 其他 重要한 事項

第九條　住持會議의 議長은 委員長으로써 此에 充ᄒ고 其 議決은 出席 住持의 過半數의 同意의 依ᄒ야 定홈

第十條　本寺住持는 互選의 依ᄒ야 常置員 七名을 定홈

常置員은 委員長의 諮問에 應ᄒ야 意見을 提出홈

常置員의 任期는 一年이라

第十一條　左의 境遇에셔는 常置員의 意見을 聞홈

一, 第八條 但書에 依ᄒ야 專決 處分을 홀 時

二, 中央學林의 職員을 任免홀 時

前項의 境遇에셔는 常置員의 過半數 同意를 不得ᄒ면 此를 不得執行 홈이라

第十二條　聯合寺利 並히 其 末寺의 僧侶에 宗敎 其他 必要ᄒ 學術을 授

ᄒ기 爲ᄒ야 京城에 中央學林을 置홈

第十三條 各本寺 竝히 其 末寺 僧侶에 普通學 竝히 敎典을 授키 爲ᄒ야
各本寺에 地方 學林을 置홈 但히 事情으로 依ᄒ야 二箇寺 以
上 共同ᄒ야 學林을 設ᄒ기 得홈

第十四條 中央學林 竝히 地方學林에 關ᄒ 學科程度 其他 必要ᄒ 細則은
別로 此를 定홈

第十五條 聯合寺刹 竝히 其 末寺의 布敎 區域은 別로 定ᄒ 處에 依홈

第十六條 布敎ᄂ 各本寺의 任命ᄒ 布敎師가 此를 行홈

布敎師ᄂ 中央學林 卒業者 又ᄂ 此와 同等 以上의 學力으로 有
ᄒ 者로 此를 任命홈

第十七條 布敎의 方法은 住持會議에셔 此를 定홈

第十八條 布敎에 要ᄒ 經費ᄂ 各 擔任 寺刹의 負擔으로 홈

第十九條 聯合 事務에 要ᄒ 歲入歲出은 每年度 豫算으로 此를 定홈

第二十條 聯合事業에 要ᄒᄂ 經費ᄂ 聯合寺刹의 負擔으로 홈

但 地方學林에 要ᄒ 經費ᄂ 各 本寺의 負擔으로 홈

前項의 經費ᄂ 各本末寺의 協議에 依하야 末寺로 分擔케 홈
을 得홈

第二十一條 會計年度ᄂ 每年 四月一日에 始作ᄒ야 翌年 三月 三十日에
終홈

第二十二條 金錢의 出納은 總히 明細히 帳簿에 記載ᄒ야 鑑査員의 要求
홀 時에ᄂ 何時라도 此를 提示홈

第二十三條 委員長은 每年度 決算을 作ᄒ야 住持會議에 報告홈

第二十四條 本則은 朝鮮總督의 認可를 不得ᄒ면 不得 變更홈이라

이제, 연합제규 24개조의 전 내용을 살펴보았다.28) 앞서 일제가 본

---

28) 본래 1월 16일, 총독부에 제출한 제규의 저본은 총 25조로 되어 있었다. 그러나
당초 15조항에 있었던, 중앙학림 및 지방학림의 경비 조항을 삭제하고 그 대신
기존 21조의 내용을 일부 수정하고, 그 조항에 지방학림의 경비 내용을 포함시

사주지회의에 제시한 연합제규 대강의 내용이 거의 반영되었음도 알수 있다. 그리고 이 제규에서 우리는 본고의 핵심주제인 중앙학림 설립의 준거를 찾을 수 있다. 즉 본사가 연합하여 강학사업을 하는바, 그 중 본말사 승려들의 종교 및 기타 필요한 학술을 가르치기 위한 목적에서 중앙학림을 세울 것을 명문화하였다. 그리고 중앙학림 출신을 중심으로 포교사로 인정하고, 이들을 각처에 보내 포교 업무에 종사토록 하였다. 한편 중앙학림의 예산은 본사 차원의 연합사업으로 구현되었기에 연합 사찰인 각 본사들이 담당하게 되었던 것이다.

한편 이 연합제규는 총독부에서 1915년 2월 25일 정식 인가되었다. 당시 일제는 사찰령 제3조에 의거하여 인가한다는 단서를 붙였다.[29] 또한 일제는 이 제규를 승인하면서, 이를 관보에 게재하는 이유로 "연초에 내무부 장관이 지시하였던 강령에 기초하여 본산 주지 회동 때 評定하였던 것"으로 설명하였다. 바로 이 문맥에서 연합제규의 성격이 단적으로 나오는 것이다.

지금껏 우리는 중앙학림 설립 배경의 하나로 1910년대 전국 각 본사의 강학과 포교분야의 연합사업을 추진하기 위한 협의체의 근거인 연합제규를 지목하였다. 그런데 연합제규는 이전 본산 주지회의체인 30본산주지회의원을 계승, 극복한 것이었다. 그러나 연합제규가 등장

켰다(이는 이 조항 글씨체가 여타 조항과는 달리 정서체가 아니고 응급으로 추가한 글씨체의 내용에서 파악한 것임). 그리고 그 초고의 13조항의 후반에 있었던 "지방의 사정으로써 보통학은 타의 공사립 보통학교에셔 이수ᄒ기 득홈"은 삭제되었다. 이는 연합제규의 검토, 작성, 보완 작업이 긴박하게 이루어졌음을 말해주는 것이다. 『매일신보』 1915. 3. 2, 「各寺聯合制規」에도 초기의 제규 전문(25조항)이 나오는데 이곳의 전문은 본사주지회의에서 총독부로 제출할 때의 것이 제시되었다.

29) 이는 연합제규가 사찰령의 구속을 받아야 함을 확실하게 설정한 의도에서 나온 것이다.

한 저변에는 일제의 불교정책이 관철되었음을 부인하기는 어렵다. 요컨대 일제의 불교정책이라는 구도에서 연합제규가 나왔고, 그 조류에서 중앙학림이 설립되었던 것이다.

3. 중앙학림의 설립과정

이제부터는 중앙학림의 설립과정을 구체적으로 살펴보고자 한다. 중앙학림 설립을 규정한 연합제규가 일제 총독부의 인가를 받았기에 한국불교계는 그 제규에 의거, 중앙학림의 설립을 추진하는 일에 전념하였다. 불교계는 우선 그 제규에 의해 30본산연합사무소의 위원장 및 상치원을 선출하고,[30] 그 후 상치원 제1회 총회를 1915년 3월 31일에 개최하였다.[31] 상치원 7명이[32] 참가한 총회의 논의 내용 대부분은 중앙학림의 개교에 관련 문제였다. 그 내용을 요약하여 제시하면 다음과 같다.

중앙학림의 위치는 당시의 경성부 창신동 30본산 주지회의원으로[33] 결정하였다. 그리고 교직원으로는 학장에 강대련, 학감에 김하산(갑사), 강사 백초월(영원사), 국어교사에 송헌석, 산술교사에 이명

---

30) 위원장은 강대련(용주사), 상치원은 김남파(동화사), 김구하(통도사), 이설월(송광사), 김윤하(석왕사), 나청호(봉은사), 김환응(백양사), 오성월(범어사) 등 7명이었다. 그런데 이 상치원 선출이 완전 자주적인가에 대해서는 의문이 있다. 당초 연합제규 제정 즈음에는 상치원을 5명으로 검토하고, 그 대상자도 김남파, 김구하, 송종헌, 이설월, 나청호 등 5명이었으나 일제와의 대화 과정에서 상치원 숫자가 7명으로 증가되었는데 그 대상자로 범어사와 석왕사의 주지가 추가되었다.
31) 『불교진흥회월보』 3호, 82~90쪽.
32) 그러나 범어사 주지 오성월 대신 오리산이 참가하였다.
33) 당시의 주소는 경성부 崇信面 亭子洞 41통 10호였다.

칠, 寮監에 오리산(범어사)을 정하였다.34) 학생 모집에 대해서는 1등지부터 9등지까지 대별시켜 각 等地별로 인원수를 정하였다.35) 중앙학림에 입학할 학생의 자격은 사교과 이상의 졸업자로 모집하되, 입학원서를 제출하면서 동시에 본산 주지의 증명서를 첨부하도록 하였다. 상치원 회의는 4월 1일에도 개최되어, 학교 개교에 관련된 문제를 추가로 결정하였다. 우선 그 경비의 분배에 대하여 학생 모집 숫자에 대한 등급지(1~9등급)를 기준으로 납부금을 결정하였다.36) 그리고 직원의 급여도 정하였다.37) 이 같은 내용을 정한 회의는 종료되고 그 이튿날인 4월 2일에 다시 개최되었다. 회의에서는 학비지불에 대하여 해당 본말사 공비로 매월 6원씩 지불하되, 연합사무소로 교부하여 3원은 사무소로 보내어 맡기고, 3원은 학생의 자유비용으로 지불하도록 정하였다. 개학일은 7월 1일로 하고, 입학원서 제출은 6월 10일 이내로, 학생 도착은 6월 25일 이내로 정하였다. 이 같은 중앙학림의 창설, 개교에 관한 제반 문제를 정한 상치원들은 상치원 총회를 매년 3월 31일에 하는 것으로 결의하였다. 이 같은 상치원 회의는 당시 보도기사에도 아래와 같이 전하고 있다.

---

34) 그러나 지리역사, 이과교사, 서기, 供司, 소사는 선거 중이기에 확정하지 못하였다.
35) 1등지(3처) : 통도사와 범어사 4인, 해인사 2인. 2등지(4처) : 건봉사, 유점사, 김룡사, 석왕사 각 3인. 3등지(5처) : 보현사, 용주사, 동화사, 송광사, 선암사 각 3인. 4등지(6처) : 은해사 봉은사, 마곡사, 대흥사, 고운사, 월정사 각 2인. 5등지(3처) : 법주사, 화엄사, 천은사 각 1인. 6등지(6처) : 귀주사, 보석사, 패엽사, 전등사, 봉선사, 백양사 각 1인. 7등지(1처) : 기림사 1인. 8등지(2처): 성불사, 위봉사 각 1인. 9등지(2처) : 법흥사, 영명사 각 1인.
36) 다만 학생 모집시의 등급과 차별이 있는 것이 있다. 즉 3등지였던 선암사가 4등지로 가고, 5등지였던 화엄사와 천은사를 한 단위 사찰로 묶었다. 1등급부터의 액수는 135원 80전, 123원 10전, 87원, 67원, 44원 50전, 31원 50전, 10원 50전, 7원 75전, 5원 25전이었다.
37) 그 총액은 2,760원이었다. 학장은 명예직이기에 급여가 없었다.

委員長 姜大蓮氏가 常置員 諸氏를 京城에 招集ᄒ야 日前부터 常置員會
를 覺皇寺內에서 開設ᄒ고 中央學林 設立에 對ᄒ야 審議中인대 手續도 着
着 進行ᄒ야 近近 學生 募集에 着手ᄒᄂ다며 又 漏聞ᄒᆫ 즉 仁寺洞에 在ᄒᆫ
梵魚寺設 禪宗中央布敎堂 及 諫洞에 在ᄒᆫ 釋王寺 所設 能仁敎堂을 三十本
山 聯合으로 設立ᄒᆫ 覺皇敎堂에 合倂ᄒ야 財政上 經濟도 爲ᄒ며 朝鮮佛敎
의 復興과 布敎上에도 一致 合力ᄒ야 佛敎를 一層 復興케 ᄒ즈ᄂ 物議에
對ᄒ야 諸氏의 意見이 大體歸一ᄒᆷ과 如ᄒ다 ᄒ며 又 本末寺 住持와 其他
三職도 將次 該 學林 卒業者로 就職케 ᄒᆯ 事와 共進會에 對ᄒ야 如何히
ᄒᆯ 方針에 對ᄒ야도 審議中이라더라.[38]

이 내용에 의하면, 상치원 회의에서 학교설립 문제뿐만 아니라, 학
교 재정의 토대를 구축하기 위한 대안의 하나로 선종중앙포교당과 능
인교당을 각황사에 합병시키려는 방안도 강구하였음을 알 수 있다.
또한 중앙학림 졸업자를 포교사로만 활용하겠다는 연합제규의 내용
에서 한발 더 나아가 본말사 주지, 사찰의 삼직[39]에도 충당하겠다는
논의를 하였다. 이는 당시 불교계가 중앙학림에 대한 기대가 상당하
였음을 말해주는 것이다.

그러면 위의 기사에도 일부 노출되었지만 중앙학림의 설립과 관련
된 수속은 언제부터 구체화되었는가? 위의 기사는 1915년 4월 3일자
의 보도기사인데, 즉 4월 초부터 그 작업에 착수하였을까. 그러나 여
러 정황을 고려하면 4월에는 인가를 위한 수속의 준비단계로 보인다.
그해 6월에도 중앙학림 설립의 인가 준비에 대한 사정을 전하는 기사
가 있다.

---

38) 『매일신보』 1915.3.2, 「佛敎中學設立」.
39) 사찰의 삼직은 사찰의 총무, 교무, 재무의 역할을 담당하는 직종을 의미한다.

三十本山聯合事務所에서는 今年 1월 內務部長官의 訓喩롤 因ㅎ야 佛敎振
興의 方針을 定ㅎ고 京城에 中央學林 設立의 件을 總督府에 申請ㅎ얏더니
許可가 되야 其 學林 位置는 元北廟의 基址롤 特別히 貸付가 되얏슴으로
委員長 姜大蓮師 以下 諸員은 來 七月內로 開學키 爲ㅎ야 目下 熱心 準備中
인대 其 內容을 聞한즉 該 學林에서 四敎大敎의 兩科롤 卒業한 者에 限ㅎ
야 本末寺 住持와 三職과 其他 布敎師 傳道員 등의 任務를 命ㅎ기로 決定ㅎ
얏는대 今年은 創設初인 故로 入學 資格을 不拘하고 多數히 募集 敎授훌
터이나 明年度부터는 入學 程度롤 定ㅎ야 其 合格者로 入學케 훌 方針이라
ㅎ즉 佛家子弟는 如此훈 好機會에 爭先 入學훔이 適宜ㅎ겟고 朝鮮佛敎界에
人材 養性의 機關을 設立훔은 此 學林이 嚆矢가 되얏스니 將來 有望훈 人材
가 續出ㅎ야 朝鮮佛敎界에 一大 曙光이 되겟다더라.[40]

이 내용에는 그 전후사정이 자세히 나온다. 여기에서 우리의 주목
을 받는 것은 중앙학림의 위치로 당초에 정한 주지회의원에서 '北廟
의 基址'로 바뀌었다는 점이다. 그 위치가 전환된 연유는 기록에 전하
지 않는다. 추측하건대 기존 주지회의원은 본래 원흥사를 말하는 것
인데, 공간의 협소함에서 나온 것이 아닌가 한다.[41] 과정은 어찌되었
든 연합사무소 위원장이자 중앙학림 설립의 책임을 맡고 있는 강대련
은 북묘를 학사로 이용하기 위해 총독부에 청원을 하였던 것으로 보
인다. 그 결과 '특별 대부'의 형식으로 학교로 활용하게 되었다는 것
인바, 마침내 6월 28일에는 총독부 당국에서 강대련을 '호출'하여 그
'인가장'을 주고, 학교교육에 전념하라는 '훈유'가 있었던 것이다.[42]

---

40) 『매일신보』 1915.6.17, 「朝鮮佛敎의 瑞光」.
41) 이능화는 『조선불교통사』 권상, 「조선총독부시대」에서 이를 "寺後忽爲 勢力家所
　　奪"이라고 하였다. 당시 원흥사의 부지, 건물의 소유권을 둘러싼 갈등이 중앙학
　　림의 대상지에서 제외시켰던 요인으로 고려할 수 있다.
42) 『매일신보』 1915.7.2, 「中央學林 學舍 決定」.

　　그런데 중앙학림에 대한 인가를 신청하기 이전에 중앙학림의 기초 학교로 설정한 지방학림에 대한 인가신청을 먼저 하였다. 1915년 7월 15일에 지방학림이 총독부로부터 인가를 받았던 것이다.[43) 이 지방학 림은 기존의 강원을 명칭 변경한[44) 것으로 17개처에 설립되었다. 이는 보통학교, 지방학림, 중앙학림으로 이어지는 불교교육제도의 체계를 정비하는 차원에서 나온 것으로 보인다.

　　그러면 중앙학림에 대한 인가신청은 언제 이루어졌는가. 전하는 기록에 의하면[45) 그 인가는 1915년 10월 4일부로 30본사연합사무소 위원장 강대련의 이름으로 조선총독부 사내정의 총독에게 제출되었다. 그것은 조선교육령 및 사립학교 규칙에 의거하여 '사립불교중앙학림 설치 인가원'의 이름으로 제출되었고, 총독부는 학제1717호의 공문으로 동년 11월 5일에 인가하였다. 인가시 조건부에 나타난 중앙학림의 개요를 요약하면 다음과 같다. 우선 목적은 조선교육령에 기초하여 승려의 宗乘·餘乘을 가르치고, 포교 전도인의 인재를 양성하는 것이었고, 명칭은 사립불교중앙학림이었으며, 위치는 경성부 숭일동 2번지로 하였다. 교사는 숭일동 2번지에[46) 있었던 관유건물로, 1년 예산은 4,092원으로, 유지는 30본사의 출자금 및 기부금으로 하도록 하였다.[47)

---

43) 『조선불교통사』 하, 1228~1229쪽. 그것은 7월 3일부로 신청한 '朝鮮佛敎地方學林 細則 綱領御承認願'에 대한 승인으로 이루어졌다.

44) 이는 『조선불교계』 1호, 90쪽에 "지방학림은 각 사원 狀況에 의하야 早晚을 不拘ᄒ고 불교전문강원에 명칭을 변경ᄒ고 鶴科를 添削ᄒ야 지방학림으로 실시ᄒ기로 ᄒ다"고 전한다.

45) 『불교진흥회월보』 9호, 71~85쪽.

46) 그것은 3,700평이었다.

47) 각 본사의 매년 출자금은 300원부터 8원에 이르기까지 각 본사의 경제력을 고려하여 분담하였다. 그런데 본사는 아니지만 화엄사와 천은사가 87원을 매년 출자하게 한 것에 대한 연유는 알 수 없다.

이제부터는 총독부 인가시에 조건으로 첨부된 중앙학림 학칙의 개요를 소개하겠다. 학칙은 9장 43조로 구성되어 있다. 제1장은 총칙으로 학칙의 목적과 범위, 대상 등이 제시되었는데 본과와 당분간의 예과를 부설한다고 정하였고, 학생 수는 120명으로 정하였다. 제2장은 수업연한, 교과목, 교과과정, 매주 교수시수이다. 그 주요내용을 보면 수업연한은 예과 1년 본과 3년으로 하였고, 교과목은 修身·宗乘·餘乘48)·종교학 및 철학·포교법·국어·한문·보조과로49) 대별되어 있었다. 예과 1·2학년은 각각 30시간이었고 3학년은 28시간으로 배정하였는데 수업은 오전 9시부터 오후 3시까지 하였다. 제3장은 학년, 학기, 휴업일이다. 학년은 4월 1일에 시작하여 다음해 3월 31일에 마치도록 하였으며, 3학기로50) 구분하였다. 휴업일은 매주 일요일과 하기, 동기, 학년말 휴업을 두고 조선총독부 시정기념일 등도 휴업하도록 하였다. 그리고 수업을 쉬고, 의식을 거행하는 일도 구체적으로 정하였다.51) 제4장은 입학자격, 입학, 재학, 휴학 및 퇴학이다. 예과의 입학은 사교과 수료 이상으로, 본과는 지방학림 졸업자나 예과 수료자로 하였다. 제5장은 직원이다. 여기에서는 학장 1인, 교사 약간인, 서기 1인, 의사 1인을 두도록 하였다. 제6장은 수업 및 졸업이다. 시험은 학기시험과 학년시험으로 대별하였으며, 참선은 종승의 1과목으로 간주하였다.52)

---

48) 종승과 여승의 구별을 구체적으로 적시하지는 않았지만 종승의 대상으로 화엄경, 능가경, 염송, 전등록을 제시한 것을 보면 종승은 선종 중심으로 이해된다. 여승은 유식, 범망경, 사분율, 열반경 등이 제시된 것을 보면 이는 경학, 계율의 성격이 아닌가 한다.

49) 보조과는 이과, 수학, 지리, 역사 등의 大要를 말한다. 보조과는 당분간 입학자의 학력에 따라 필요한 학과를 교수하도록 하였으며, 참선은 화두를 주어 매일 2시간씩 靜坐修業하게 하였다.

50) 1학기는 4.1~8.31, 2학기는 9.1~12.31, 3학기는 1.1~3.31이었다.

51) 그것은 열반회, 석가탄신회, 명치천황제, 달마의 기일, 성도회이다.

52) 操行도 역시 1과목으로 정하였는데, 이 내용에 대해서는 알 수 없다.

제7장은 상벌이고 제8장은 생도심득이다. 생도 心得은 학생들의 마음가짐을 의미하는 것으로, 학생들의 품행 및 의상에 대한 원칙을 정하였다. 여기에서 주목되는 것은 학생들은 時事, 연합사무소 및 학림의 조치에 대하여 그 可否得失을 논의하지 못하도록 하였다. 제9장은 寮舍, 즉 기숙사이다.

이상 학림의 인가 당시의 학칙을 살펴보았다. 당시 불교계는 이 규칙에 의거하여 학생을 선발하고, 중앙학림을 정상적으로 운영하였다. 그런데 여기에서 문제되는 것은 중앙학림의 개교에 대한 문제이다. 일반적으로 말하면 인가를 득한 후에 학생을 선발하는 것이 통례이지만, 중앙학림은 인가를 득한 1915년 11월 5일 이전에 학생을 선발하고 이미 교육을 시작한 것이 아닌가 하는 의문이 있다. 이를 단적으로 전하는 것은 1916년 3월 31일에 제1회 수업식을 거행하였다는 사실이다.53) 학칙에서는 4월 1일에 학년이 시작되고, 3월 31일에 수업이 종료됨을 고려하면 1915년 4월 1일부터 중앙학림이 개교되었다고 보아야 하는 문제에 직면한다. 1915년 12월 10일에 총독부 내무부 장관, 시학관 일행이 중앙학림을 시찰하여 학생들을 격려하였다는 내용을 보면54) 그 당시 학교의 정상화를 확인할 수 있다. 문제는 인가를 득한 11월 5일 이전에도 입학, 개교, 수업이 있었는가 하는 것이다. 수업식을 거행하였다 함은 학칙에 의거 수업이 진행되었다는 것을 말한다. 그리고 입학한 대상자는 당초 40여 명이나 되었지만 입학으로부터 '幾朔'시의55) 취학자가 이십여 명에 불과하였다는56) 사정을 유의하면

---

53) 『매일신보』 1916.4.2, 「불교 중앙학림 졸업식」.
　　『조선불교계』 2호, 91쪽, 「중앙학림 수업식」, 그 수업식에서 우등생은 14명이었다.
54) 『매일신보』 1915.12.17, 「중앙학림 시찰」.
55) 여기에서 말하는 '幾朔'의 기점은 1916년 3월 초이다.
56) 『매일신보』 1916.3.25, 「중앙학림의 근황」.

인가 직후에 교육에 들어간 것으로 볼 수는 있다. 그러나 1915년 12월 15일에 간행된 『불교진흥회월보』 8호에 전하는 내용을 세밀히 검토하면,

朝鮮佛教에 三十本山의 聯合制規(講學布教)가 成立된 結果로 京城府 崇一洞 一番地 卽 北關王廟를 政府로브터 借受ᄒ야 學長 姜大蓮 學監 金寶輪 寮監 金能惺 掌財 金枕月 諸和尙의 心力으로 一新 修理ᄒ고 中央學林(卽 朝鮮佛教大學校)을 設立ᄒ고 三十本山과 逎至末寺히 聰俊學人을 募集ᄒ야 學課를 開始ᄒ얏는대 國語와 物理에는 西歐에 遊歷ᄒ고 學問도 擔當ᄒ 內地인 早川敬藏氏를 算術에는 學界에 著名ᄒ 李命七氏를 佛學에는 朝鮮에 第一講師로 有名ᄒ 淳昌郡 龜岩寺 沙門 朴漢永(法號 映湖)和尙을 請聘ᄒ야 每日 教授ᄒ는대 一般 學人이 箇箇 悅服ᄒ야 勤學用功ᄒ다 ᄒ니 佛教界에 莫大ᄒ 幸福이라 ᄒ겟더라.[57]

교사로 북묘를 총독부로부터 빌리고, 이를 수리한 후에 중앙학림을 설립하고 학생모집에 들어갔다고 한다. 여기에서는 총독부의 인가 이후에 학생을 모집하였다기보다는 학사 수리 이후에 학생을 모집하였다는[58] 행간의 뜻이 담겨져 있다. 학사를 행정적으로 인수한 것이 6월 말임을 고려하면 수리를 한 그 직후에 학생모집에 들어간 것이 아닌가 한다. 이 문제를 필자가 강조하는 것은 그만큼 일제의 후원이 있었음을 살피기 위함이다.[59] 그러나 필자는 개교일, 입학에 대한 최종

---

57) 『불교진흥회월보』 8호, 89쪽, 「中央學林에 好名譽講師」.
58) 이능화는 『조선불교총보』 1호에 기고한 「연합사무의 3개년」에서 "학장(강대련)의 職權으로 삼십본사와 기타 각사의 청년 학인을 모집하고"라고 하였다. 여기에서 말하는 직권의 내용과 그 정황은 참고할 대목이다.
59) 그런데 지방학림의 학칙, 강령을 승인해 달라는 문서(강대련이 조선총독에게 보낸 공문, 7월 3일)를 보면, "조선 각 본사 연합제규 제14조에 依ᄒ야 設ᄒ 중앙학림과 지방학림과의 間에"라는 문맥에서는 당시 불교계는 연합제규의 승인을 중

적인 단정은 일단 유보한다.

다음으로 유의할 것은 중앙학림은 정상적으로 개교하였지만 제1회 수업식을 거행한 1916년 3월경, 즉 중앙학림 초창기의 상황은 혼란스러웠다는 것이다. 그것은 각 본산에서 학생 선발 및 파견에 불성실하거나 예산 부족 등의[60] 문제 때문이었다.[61]

이상으로 중앙학림의 개교에 관련된 제반 정황을 살펴보았다. 중앙학림이 개교한 이후의 운영, 변모에 대한 문제는 후일 필자의 연구과제로 남겨두고자 한다.

4. 식민지불교의 근대성

중앙학림의 설립 및 개교의 여러 정황에 일제의 불교정책이 개입되었음은 전장에서 살펴보았다. 이제는 일제의 불교정책 구도에 나타난 중앙학림의 설립을 어떻게 보아야 하는가에 대해서 분석하고자 한다. 요컨대 이를 불교계의 친일노선으로 보아야 하는가, 아니면 당시의 불가피한 시대상황에서 나온 시대적 산물로 보아야 하는가.

우리는 중앙학림 설립에 일제의 불교정책이 관철되었음은 수긍할 수 있다. 그리고 그 불교정책은 일제강점기 통치정책에 도움을 주는 것이었음도 인정할 수 있다. 그것은 곧 식민체제의 협조, 저항의식 마

앙, 지방학림의 설립으로 인식한 것이 아닌가 한다. 다만 그 개교가 지연되었다고 볼 수 있다. 『조선불교통사』 하, 1228쪽.

60) 1915년의 경우 2,346원이 결산으로 보고되었는바, 이는 당초 예산으로 설정한 목표치에 절반에도 못 미치는 것이다.

61) 이 내용은 『조선불교계』 1호, 89~90쪽의 「교육에 관한 건」과 『조선불교계』 2호, 84~91쪽의 「제4회 상치원회회의상황」에 상세하게 전한다.

비, 일제강점기 불교정책의 관철이었다. 이러한 정황을 더욱 알 수 있게 하는 것은 1915년 12월 10일 중앙학림을 시찰한 총독부 宇佐美 내무부 장관의 발언이다.[62] 그는 중앙학림의 설립 목적이 학림의 학생들이 졸업한 이후 일반 인민에게 다대한 '公德'을 '지배'하게 하는 것으로 보고, 동시에 당시의 세계를 사회와 종교가 '경쟁'하는 기능이 확대되며 '진화'의 방법이 강구되는 시대로 전제하면서, 한국불교계도 이 같은 시대적 흐름을 인식해야 한다고 강조하였다. 이에 그는 중앙학림의 설립은 시대적 현실을 망각하고, 깊은 산속에만 칩거하는 구시대의 행태를 극복하여 일제가 추구하는 대민 교화책에 협조할 것을 강조하였던 것이다.

此와 如혼 舊夢을 喚起ᄒ기 爲ᄒ야 中央學林을 特設ᄒ야 諸君과 如혼 朝鮮佛敎의 未來 主人公을 敎育홈이니 諸君은 부디 繁榮浮華혼 風氣에 薰染되지 말고 立地를 如山ᄒ며 志操를 如氷ᄒ며 磨心을 如玉ᄒ야 熱心으로 學問을 勉强홀지어다.
(중략)
朝鮮佛敎界에는 公敵이 되지 아니ᄒ며 中央學林에는 罪人이 되지 아니 홀지 千思又萬思ᄒ야 熱心勉强ᄒ기를 深望ᄒ노라.[63]

더욱이 이 발언에서는 단순한 격려의 발언을 넘는, 즉 중앙학림의 설립을 주도한 주체로서의 자신감이 강하게 나타난다. 공적이 되지 말고, 죄인이 되지 말라는 발언은 일종의 경고성의 뜻도 담겨 있다고 본다. 내무부 장관의 이러한 의도는 1916년 1월 5일 그가 30본사연합사무소 위원장과 상치원 일동을 초청한 자리에서 행한 발언과 유사한

---

62) 『불교진흥회월보』 9호, 1~2쪽, 「中央學林學生에게」.
63) 위와 같음.

것이다.

> 中央學林의 設立 目的은 聰俊훈 學生을 養成ㅎ야 將來의 各寺 住持 又
> 는 布敎師될 資料에 在훈 則 諸君은 熱心으로 做去ㅎ야 政府의 希望을 充
> 分케 ㅎ라.[64]

곧 정부의 희망에 부응하라는 것인데, 이는 일제강점기 통치책에 협조하라는 내용과 다름이 아니다. 이 발언은 1916년 1월 3일 일제의 총독이 당시 불교계를 대표하는 승려인 강대련, 이회광, 김구하를 총독부 관저에 초청하여 행한 발언에서, 불교는 국가나 인민에게 이익을 주지 않는다고 질타하면서 국가의 도덕을 안전하게 하며 인민의 행복을 증진하여 '정부의 사업을 보조'해야 한다는[65] 주문과 같은 성격을 갖는 것이다.

여기에서 우리는 일제의 불교정책이 중앙학림에 관철되었기에, 당시 일제가 중앙학림에서 배출되는 학생들을 매개로 하는 대민교화책을 시도하였던 일단을 엿볼 수 있다.[66] 또한 불교계에서도 일제의 개입, 후원에 의해 중앙학림이 설립되었음을 당연하게 받아들인 것도 확인하였다. 그런데 문제는 설립뿐만 아니라, 그 운영에 관한 제반 내용도 일본인에게 자문을 받았던 것이다.

> 講學에 對ㅎ야는 京城 中央과 地方 各寺에 佛敎學林이라 學課課程과 敎

---

64) 『조선불교계』 2호, 99~100쪽, 「內務部長官 訓諭」.
65) 『조선불교계』 2호, 98~99쪽, 「總督閣下의 訓諭」.
66) 이러한 성격과 관련해 김구하가 『조선불교총보』 6호, 10쪽 「吾敎靑年諸君에게」 내용에서 친일적인 불교 노선을 걸었던 불교옹호회가 중앙학림을 '扶護'하기로 강령을 삼았다는 지적은 유의할 단서이다. 불교옹호회의 친일성은 『독립신문』 (상해) 1919.10.7, 「불교옹호회」의 내용 참조.

授方法을 現今時勢에 照準ᄒ야 將來 布敎에 適當호 人材를 養成홈에 不外
ᄒ는대 吾輩 山人은 禪敎 佛學 理判에 對ᄒ야는 他人에게 讓頭홀 것이
無ᄒ나 學校 管理 則 事判에 對ᄒ야는 外行으로 自認치 아니치 못홀지라
故로 現今의 朝鮮總督府 學務局 編輯課長 文學士 小田省吾氏를 學林의 顧
問으로 薦定ᄒ야써 學事에 指導를 仰ᄒ는바이니 此로 從ᄒ야 佛敎에 敎
育機關은 完全홀줄로 確信ᄒ노라.[67]

즉 불교의 교리, 사상에 대한 차원보다는 교육행정, 학교관리라는
측면에서 일본인을 고문으로 두었다는 것이다.[68] 여기에서 우리는 중
앙학림에 대한 일제의 개입, 후원을 교육사업을 성사시키기 위한 측
면으로 바라볼 수도 있는 단서를 찾은 셈이다. 이는 물론 지나치게 확
대 해석하는 것은 곤란하다.

이제부터는 중앙학림 설립과정에 나타난 사례를 갖고 일제강점기
불교의 근대성 문제를 살피고자 한다. 그 분석의 관건은 설립과정에
나타난 일제의 개입에 대한 한국불교계의 처신, 대응을 몰주체적으로
보아야 하는가에 대한 문제이다. 요컨대 자주적으로 학교를 세울 수
있는 단결, 경제력, 의지 등이 있었는가 하는 것이다. 불교계가 능히
세울 수 있었는데도 불구하고 일제가 선점하여, 주도적으로 권력과
행정을 앞세웠기에 그 기회를 놓쳤는가? 아니면 불교계는 체질적으로
경술국치 이전부터 일제, 일본불교에 대한 우호성을 갖고 있었고, 국
망 이후에는 더욱더 우호성에서 친일성으로 경도되었는가? 달리 말하
자면 중앙학림 설립의 역사적 내용을 친일불교의 잣대로만 보아야 하
는가, 아니면 또 다른 잣대로 바라볼 수는 없는가 하는 것이다. 여기

---

67) 『조선불교총보』 2호, 1~3쪽, 「警告諸方」.
68) 초기 고문은 高橋亨이었다. 그러나 그는 경성고등보통학교 교사로 전근갔기에 그
    후임으로 소전성오가 온 것이다. 『조선불교총보』 2호, 52쪽, 「學林의 好顧問」.

에서 제기한 또 다른 잣대를 필자는 식민지불교의 근대성으로 제안한다.

이 문제에 대하여 필자는 두 가지 관점에서 바라보려고 한다. 하나는 당시의 사실, 현실을 냉철하게 바라보는 것이고, 또 하나는 이에 대한 관점을 여타 사실, 시대로 확대하지 말자는 것이다. 전자는 관련 사실에서 역사 해석을 하자는 기초적인 관점이다. 그리고 후자는 이 문제를 일제강점기 전체의 관점으로 파급시키지 말자는 것이다. 그 연후에 중앙학림 설립에 나타난 특성, 체질을 갖고 식민지불교의 근대성과 연결하고자 한다.

우선 관련 사실이라는 측면을 유의하면, 전장에서도 자세히 살펴보았지만 중앙학림 설립과 전개과정에 일제의 개입, 후원, 주도가 적극 개입되었다.69) 그리고 한국불교계는 그 주도에 합류되어 갔음은 분명하다. 또한 학림의 학칙, 운영에도 일제의 입김이 작용하였다. 때문에 필자는 이 내용에서 중앙학림의 설립은 한국불교계의 내적인 주도보다는 일제의 주도, 즉 불교정책에서 나왔음을 말하고자 한다. 다만 우리가 유의할 것은 한국불교계가 개항, 승려의 도성출입금지 해금 이후 자생적인 종단의 건립, 산중불교에서 도회지로 진출하려는 일련의 노력이 적지 않았다는 것이다. 그러나 그 과정에서 내분이 있었고, 조직적인 훈련의 미비, 개인의 이익 추구 등이 노정되면서 집약적인 활동이 두드러지지 않은 면은 있었다. 이는 곧 불교의 대중화, 도회지화, 교육 및 포교가 미약하였지 그에 대한 의식, 노력, 산물이 전혀 없었던 것이 아님을 알아야 한다. 다만 중앙학림 설립에 단적으로 제기되었지만 조직력, 기획력, 행정력을 점유하고 있었던 일제에게 그 기선

---

69) 이능화는 이를 『조선불교통사』(권상, 조선총독부시대)에서 "旣蒙總督府之惠"라고 표현하였다.

을 제압당한 것으로 볼 수 있다는 것이다. 그러므로 역사적 사실이라
는 면에서, 불교사업의 추진성에서 한국불교계는 일제의 불교정책에
포섭당하고 있었음을 이해하고자 한다. 그리고 이러한 측면은 당시
불교계 구성원 대다수가 이를 당연한 것으로 인정하였다고 보인다.
이는 당시 불교계가 일제 및 일본불교의 도움, 개입을 수용하는 현실
을 말하는 것이다.

이 흐름에 대한 한국불교계의 저항과 반발은 1910년대에는 제기되
지 않았다. 이에 대한 저항은 일제강점기 불교정책의 핵인 사찰령과
사법에 대한 모순을 인식하고, 일제 불교정책의 구현자로 나선 본사
주지들의 명리추구 및 그에서 비롯된 내분, 사찰공동체의 파괴, 신학
중심의 교육에 대한 반발 등등이 중첩되는 1920년대 전반기에 이르러
공론화되었다. 다음으로 유의할 측면은 중앙학림의 사례를 즉자적으
로 다른 사례로 이전시키는 문제이다. 이 점은 각 시대 상황, 내용 등
이 전연 다르기에 필자의 의견은 중앙학림의 사례로써 일제강점기 불
교 전체의 상황으로 확대하기를 거부하는 것이다.

이제부터는 위에서 살핀 관점과 분석을 유의하면서 중앙학림의 사
례와 식민지불교의 근대성이라는 개념을 연결지어 보겠다. 식민지불
교의 근대성은 요컨대 일제강점기 불교의 속성, 체질, 성격을 어떻게
특징짓는가 하는 것이다. 식민지불교의 특성은 우선 일제강점기의 불
교였기에 식민지불교라는 개념을 활용한다. 식민지에 처해 있었기에
여타 시대와는 다른 특징을 가질 수밖에 없다는 것이다. 그 특징은 일
제 식민통치에 구속받았고, 일제의 불교정책에 구속되었으며, 일본불
교에 영향을 받았으며, 불교발전과 중흥을 기하려는 노력에도 일제의
개입과 조종이 작용하였다는 것이다. 그런데 이러한 식민지불교는 그
시대성을 광의적으로 표현하는 것이지 그 시기 불교의 내용을 말하는

것은 아니다. 이에 그 시기의 불교내용을 근대성이라는 개념을 갖고 설명하고자 하는 것이다.

그러면 식민지불교의 근대성은 무엇인가. 이는 조선시대 불교와의 질적인 차별성을 말하는 것이다. 그러나 현대불교와의 차별성은 추후에 더욱 검토되어야 한다. 본 고찰에서는 그 이전 시기인 조선시대 불교와의 질적인 변동에 우선 주목하고자 한다. 일반적으로 근대화, 근대성은 각 분야마다 그 초점이 다르지만 역사학계에서는 반봉건주의 반제국주의라는 틀을 갖고 설명해 왔다. 또한 부수적으로는 정치, 경제, 사회, 문화로 대별하고 그 내에서의 변동을 근대성으로 이해하기도 하였다. 시민민주주의, 자본주의, 신분제 해체 및 평등, 사상과 사회의식의 다양성 등이 바로 그 핵심의 줄거리였다고 본다. 그런데 이러한 구도와 개념으로써 불교를 포함한 종교분야의 근대성을 이해하기에는 난점이 있다. 즉 그 초점을 갖고는 종교, 불교의 변화상을 전체적으로 그려낼 수 없다는 것이다. 이에 필자는 종교 전체의 구도를 고려하면서 불교의 근대성을 다음과 같은 초점을 갖고 설명하려고 한다.

그것은 사상, 교단, 의례라는 개념이다. 즉 불교는 기본적으로 종교, 사상, 의식이고 그것은 승려라는 성직자만의 종교가 아니고 이를 따르고 실천하는 다수 대중들의 범위까지 포괄한다. 이에 불교도 대중성, 토착성을 확보하려는 포교의 원칙을 갖고 있다. 즉 당시 사회에서의 토착화, 대중화를 구현하고 있다는 것이다. 이런 전제에서 사상적인 측면은 불교의 경전과 교리를 재해석하거나 특정사상을 강조하여 이를 현실에 맞게 적응시키려는 노력이다. 이는 불교의 사상과 교리를 갖고 현실과 변동을 해석할 뿐만 아니라 사회 대중들의 고뇌, 모순을 해소시키려는 노력을 의미한다. 여기에서 불교의 사상과 교리를 갖고 불교의 제반 조직, 활동, 노선을 개혁하려는 불교개혁의 관점이 성립된다. 요컨대 사상의 재조명을 통해 대중에게 다가가려는 불교 대중화이다.

다음으로는 교단(종단)의 문제이다. 불교의 사상 및 교리를 수용하고, 이를 실천하고, 자신의 삶을 불교에 투영시킨 전문집단인 성직자와 이들의 사상과 가르침을 수용하여 삶을 영위하는 재가대중(신도, 교도)이 성립된다. 이 성직자와 재가대중이 일정한 단체, 교단을 만들어 공동의 신앙생활을 하는 조직체를 결성함을 말한다. 사찰을 근거로 활동할 수 있지만, 지역 및 전국을 거점으로도 활동할 수 있는 통일적인 교단이 등장하는 것이다. 여기에서 승려 및 신도들을 통할할 수 있는 조직체계와 규율이 나오는 것이다. 그리고 사상, 교단이 존재하면 승려와 신도가 불교라는 교리체계를 일상생활 속에서 구현하는 공동의 의식체계가 필요하다. 이 의식체계는 일반적으로 의례라고 지칭하지만 광의의 의미로 보면 이는 사상 및 교리의 구현이고, 종교행위의 변용이다.

지금껏 필자는 사상, 교단, 의례라는 개념으로 불교의 근대성을 설명할 수 있다고 보고, 이를 식민지불교 이해에 활용하기를 제언하는 차원에서 그 내용을 설명하였다.

사상, 교단, 의례로써 불교의 근대성을 설명함에 있어서 본 고찰에서 살핀 중앙학림의 경우는 주로 사상적인 측면이다. 사상을 재해석하고, 특정 교리를 강조하고, 이를 통하여 승려와 신도들의 수행과 교육을 당시 현실에 적응하게 유도하는 것이다. 따라서 이 사상분야에서 거론할 수 있는 대상은 학교 및 포교당의 설립, 잡지 발간 등이 해당된다고 본다. 이를 달리 표현하면 불교의 개혁, 불교개혁론으로도 칭할 수 있다.

이 같은 전제에서 중앙학림은 불교의 근대성의 대상 소재임은 분명하다. 청년승려들에게 일정한 교육을 교단 차원에서 부과하고, 그 과정을 이수한 대상자들을 포교사 및 사찰의 간부로 근무하게 하여 신진 승려와 재가대중을 계몽하게 함은 불교의 개혁론에 포함시킬 수 있다. 이럴 경우 중앙학림의 교육내용 및 과정의 분석을 통하여 불교의 근대성을 추출할 수도 있지만 본고에서는 중앙학림의 설립에서도 근대성은 찾을 수 있었다고 본다. 중앙학림은 그 학제와 운영의 틀이 신교육의 외피를 띠고 있었다. 조선시대의 불교에서는 이러한 중앙적인, 교단적인 신교육의 형태를 갖고 있었던 학교는 없었다. 강원이라고 하여 각 사찰별 교육이 있었고, 교육내용도 중앙학림과는 적지 않은 차별이 있었다. 그런데 중앙학림은 변화된 현실, 근대적인 사회에 적응하기 위한 차원에서 설립되었던 것이다.

그런데 문제는 그 설립과정에 한국불교의 자주적인 의사나 노력이 미약하였다는 것이다. 오히려 일제의 불교정책, 일제의 식민통치 구도에 매몰되었음을 수긍할 수밖에 없다. 자주적인 행태가 전혀 없었던 것은 아니지만 조선총독부의 불교정책에 합류되었다. 그러면 이런 사실을 어떻게 바라보아야 하는가. 이는 일제강점기 불교의 한계이자, 냉정한 현실이다. 때문에 필자는 이를 식민지불교의 근대성으로 표현하는 것이다. 그러므로 식민지불교의 근대성에는 새로운 시대에 합류하려는 근대화 추구 노력도 있었지만 일면에서는 식민통치에 관철당한 좌절의 아픔도 공존하는 것이다. 이 내용을 갖고 친일불교라고 단정할 수도 없지만, 자주적인 근대화의 과정이라고 강변할 수도 없는 것이다. 즉 친일불교와 식민지불교의 근대성이 혼재되었다. 이 이질적인 요소를 당시 불교계 구성원들이 얼마나 구별해냈고, 독자적으로 근대성을 달성하였는가의 여부가 일제강점기 불교 전체에 대한 평가의 초점이다.

여기에서 우리는 중앙학림의 사례가 일제강점기 불교의 특성, 혹은 식민지불교의 근대성을 말해주는 단면으로 볼 수 있다. 필자의 생각을 더욱 개진한다면 불교의 근대성 구도 내부에 친일성이 일정 부분 포함되었던 것이 아닌가 한다. 즉 친일을 위한, 식민통치에 협조하기 위한 목적에서 일제강점기 불교정책에 합류한 것은 아니었다는 것이다. 자발적인 친일, 의도적인 친일은 아니었기에 일반적인 친일과 불교의 친일은 구분해야 되지 않을까 한다. 불교의 근대화, 근대성을 달성하기 위한 과정에서 불가피하게 일제의 개입을 수용하였다. 어찌보면 수용할 수밖에 없었던 것이 시대와 불교의 한계이자 아픔일 것이다. 그러나 당시 불교계 구성원들이 이 문제를 어떻게 인식하였는가에 대한 분석은 또 다른 검토가 요청된다.

한편 지금까지의 일제강점기 불교의 이해, 서술을 기함에 있어 대부분은 깊은 고민이 없이 단순히 '친일불교', '친일성'의 관점에서 바라보았다. 필자는 이에 대해 일제강점기의 불교에 친일성은 있었지만 친일불교라는 개념은 보다 신중하게 사용할 것을 주장한다. 일반적으로 친일기독교, 친일천주교, 친일천도교라고는 지칭하지 않는다. 여타 종교와의 균형이라는 면에서 적절하지 않다. 다만 그 '친일불교'라 하였을 때의 내용이나 의미는 보다 구체적으로 적용해야 한다고 본다. 일제 식민지정책에 협조, 타협한 교계의 활동이나 움직임은 분명 있었다. 추후에는 그에 대한 보다 역사성을 띤 적절한 개념과 의미를 담을 수 있는 표현을 찾아내야 한다.

일제강점기 불교를 지금의 기준으로 보면 인식과 노선에서 투철하지 못한 경우가 적지 않다. 이 경우에도 그 시기의 관점에서 우선 보고, 그 연후에 현재적인 관점을 다시 한 번 활용해야 할 것이다. 또한 그 인식과 기준도 지금은 '민족적'인 관점만 강조하였는데, 추후에는 '종교적'인 관점도 함께 고려할 것을 제안한다.

그러면 식민지불교의 근대성을 적용할 때 우리가 최우선적으로 고려할 것은 무엇인가? 그것은 당시 불교계의 동향, 정서, 특성을 객관적으로 혹은 역사적으로 그려낼 수 있는 보편적인 용어와 개념을 찾아내는 것이라고 본다. 본고에서 필자는 근대성을 활용하였지만, 현재 학계에서 식민지불교의 근대성이라는 잣대나 표현을 한 경우는 거의 없었다. 지금까지의 일제강점기 불교에 대한 대다수의 시각은 '친일'의 잣대가 아니었는가 하는 것이다. '친일'은 항일, 저항의 상대적인 표현임은 두말 할 나위가 없다. 일제강점기 불교에도 민족불교 지향, 만세운동의 주도 및 참가, 독립군에 가담, 군자금 제공 등이 적지 않다. 일면에서는 일제의 식민통치에 좌절, 굴복하여 민족불교의 이름을 더럽힌 사례도 적지 않다. 여기에서도 우리는 식민지불교 체제를 극복하려고 하였는가, 아니면 그에 안주하였는가에 대한 이원적인 이해를 접하게 된다. 이 문제와 관련된 것이 1941년에 등장한 조계종단의 정체성의 논란이다. 근대불교사상 최초로, 합법적으로 등장한 조계종단이 자주적인가, 아니면 총독부의 불교정책 구도를 조금도 벗어나지 못한 굴욕적인 종단인가 등등의 문제가 나타난다.

이러한 배경에서 필자는 일제강점기 불교의 본질과 특성을 점검함에서 추후에는 항일과 친일, 저항과 좌절, 민족과 종교라는 이분법적인 관점을 벗어나자는 것이다.[70] 이분법적인 관점을 벗어나기 위해서

---

70) 당시 일제는 정교분리 차원에서 불교정책을 구현하였다. 이와 관련하여 우리는 친일파이며 매국노인 이완용이 독실한 불자로 불교계에 도움을 주고 불교계와 일제와의 중개에 나선 것을 어떻게 보아야 하는가. 당시 본산 주지들은 이완용에 대한 감사를 표한 경우가 많았다. 『조선불교계』 1호, 84쪽, 「李伯爵의 護法」.

는 우선 당시 사실을 면밀히 살피고, 그 연후에 당시 불교계의 현실과 한계를 인식하며, 그 후에 현대적인 관점으로 재인식, 재평가하자는 것이다. 때문에 지금으로서는 식민지불교의 근대성을 결론지을 수도 없고, 지금 현재적인 연구수준에서 일제강점기 한국불교를 전반적으로, 본질적으로 '친일적'이었다고 단정하는 것도 적절하지 않다고 본다.

5. 결어

일제강점기 한국불교계의 교육기관에서 중심역할을 하였던 중앙학림은 1915년 11월 5일 일제의 승인을 거쳐 개교되었다. 이후 1921년에 일시 휴교를 하였지만, 1928년에 재개교하였으며 이후에는 중앙불전, 혜화전문, 동국대로 계승되었던 근대 불교학교의 중심에 있었다. 중앙학림은 이전 불교계 중앙교육을 대표하였던 불교고등강숙이 1914년 가을경에 자진 폐교하면서 중앙에서의 학교교육 부재를 문제시한 일제의 불교정책에서 대두되었다. 당시 불교계는 원종 측 계열과 임제종 측 계열로 대별하여 내적인 분열에 처하여 있을 때였다. 그 분열은 불교 단합의 저해뿐만 아니라 결과적으로는 고등강숙의 폐교를 야기하였다.

이에 일제는 이와 같은 사태를 인식하고 효율적인 불교정책을 구현하기 위해 일대 단안을 내렸으니 그것이 바로 본사연합제규를 통한 본산들의 통합이었다. 이는 이전의 본사주지회의원의 한계를 보강하여 교육·포교분야에서의 사업을 활성화시키고 이를 통하여 효과적인 불교정책 및 대민통제를 기하려는 의도에서 나온 것이다. 1914년 말,

이에 대한 제반 준비를 마친 일제는 1915년 1월초 열린 30본사주지회의를 적극 이용하여 그 의도를 관철시켰다. 당시 일제는 내무부 장관, 지방국장이 직접 본사주지회에 참석하여 그 배경과 취지를 설명하고 자신들이 구상한 대강을 반영시킬 것을 요구하였다. 이에 본사주지회에서는 그 대강에 기초하여 연합제규를 성안하였다. 1915년 1월 16일 연합제규는 본사 주지 대표인 강대련의 이름으로 총독부에 인가신청을 하였고, 동년 2월 25일 총독부는 그 제규에 대한 인가, 승인을 하였다.

그런데 이 연합제규안에 바로 중앙학림의 설립 단서가 포함되었던 것이다. 30본산 주지들은 연합제규에 의거한 30본산연합사무소를 출범시키고, 제규에서 규정한 주지들의 상주 회의체인 상치원 회의를 1915년 3월 말에 개최하여, 중앙학림의 개교준비를 본격화하였다. 그러나 중앙학림의 개교는 즉시 이행되지 않았다. 그것은 당초 교사로 내정한 원흥사의 문제가 정비되지 않았기 때문이다. 당시 원흥사는 소유권을 둘러싸고 일정한 갈등이 있어왔는데, 그 해결은 총독부에 건의한 북묘 터였던 숭일동 2번지를 빌림으로써 가능하였다. 이에 동년 6월 말, 이때부터 개교준비는 더욱 본격화되었다. 중앙학림에 대한 행정적인 인가 신청은 1915년 10월 4일부로 하였고, 이에 대한 총독부의 인가는 11월 5일에 나왔다.

이처럼 중앙학림의 설립과 개교에는 일제의 적극적인 개입과 후원이 작용하였다. 이를 불교계의 '친일' 노선으로 말할 수도 있지만, 그보다는 식민지불교의 특성의 일면으로 추출할 수 있다. 요컨대 중앙학림 설립과정에 나타난 일제의 개입, 협조에서 우리는 불교 근대화, 문명화를 선점, 주도하였던 일제 및 일본불교의 문제를 파악할 수 있다. 다만 개항 이후 한국불교계도 불교의 개혁, 근대화를 추진하였지만 그 추진의 미약, 조직력의 부재, 노선의 혼미, 내적인 갈등으로 인해 불교 근대화의 주도권을 총독부에게 선점당한 것이었다. 여기에서 식민지불교의 근대성 이해에 하나의 단서를 찾은 셈이었다.

본고에서는 일제강점기 불교의 근대성을 사상, 교단, 의례라는 개념을 통해 살필 것을 제안하였다. 중앙학림은 사상적인 차원에서 접근할 수 있는 사례였다고 본다. 식민지불교를 이해하는 하나의 관점으로써 불교의 근대성은 더욱 다각적인 관점에서 접근할 수 있다. 이 고찰의 논지를 통해 우리는 일제강점기 불교의 친일성도 근원에서 재고할 수 있는 여건을 갖게 되었다. 요컨대 불교의 친일성은 일정 부분에 있어서 불교의 근대성의 범주 내에 있었다고 볼 수 있다는 것이 필자의 생각이다. 이에 대해서는 더욱 다양한 시각의 학문적인 논쟁이 요청된다.

사찰령의 불교계 수용과 대응

1. 서언

일제가 한국의 국권을 강탈한 직후 불교계를 행정적으로 통제, 관리하기 위해 1911년에 제정·시행한 법령은 사찰령이었다. 사찰령은 일제강점기 불교체제의 핵심 관건으로 해방되는 그날까지 지속적으로 기능하였기에, 일제강점기 한국불교의 실상 및 운영의 실태를 이해하고자 할 경우 최우선 연구대상이라 하겠다.

이에 사찰령에 대한 다양한 접근이 이루어져 사찰령의 개요, 성격에 대한 개괄적인 이해가[1] 가능하게 되었다. 나아가서는 사찰령과 사회진화론과의 관련, 일본불교에 영향 받은 측면 등도 검토되었다.[2]

---

[1] 정광호, 「일제의 종교정책과 식민지불교」, 『한국사학』 3, 1980.
　서경수, 「일제의 불교정책 – 사찰령을 중심으로」, 『불교학보』 25, 1982.
[2] 김광식, 「1910년대 불교계의 사회진화론 수용과 사찰령」, 『한국근대불교사연구』 1996.
　김순석, 「조선총독부의 사찰령 공포와 30본산제의 성립」, 『한국사상사학』 18, 2002.

그런데 지금까지의 연구경향을 비판적인 시각에서 바라보면 편향적인 관점이 작용하였음을 알 수 있다. 우선 첫째로 사찰령 자체의 분석에만 유의하였지 사찰령에 의거하여 불교계를 유지, 운영하였던 한국불교가 사찰령을 어떻게 인식, 수용, 대응하였나에 대한 체계적인 접근이 미약하였다. 이는 사찰령을 제정, 시행한 일제 즉 조선총독부의 불교정책의 관점을 우선하여 고찰하였다는 측면을 말하는 것이다. 둘째로는 사찰령을 접근, 이해하였던 시각에는 민족주의 기준이 주로 관철되어, 사찰령과 관련된 불교의 다양한 현실을 해석함에 있어 적지 않은 장애로 작용하였다는 것이다. 민족주의 기준이라 함은 항일과 친일, 수탈과 개발이라는 이원적인 식민지 해석의 구도에서 나온 것이다. 이러한 기준을 갖고 사찰령을 이해한 결과 사찰령에 반발·저항한 것은 항일적인 흐름이고, 사찰령을 수용하고 그에 안주한 것은 친일적인 흐름이라는 인식이 자리잡게 되었다. 나아가서 사찰령은 한국불교에 피해를 끼친 대상, 한국불교의 전통을 파괴한 주역으로도 이해되었다.

이와 같은 사찰령에 대한 연구 시각의 편향성은 추후 더욱 다양한 접근, 분석에 의해서 그 문제점이 해소될 수 있을 것이다. 필자는 본 고찰에서 우선 사찰령에 대한 시기별의 수용, 인식의 변화상을 제시하고자 한다. 이를 통하여 한국불교계 구성원들이 사찰령을 어떻게 이해하였으며, 그 이해가 당시 불교계 동향과 어떤 측면에서 연결되고 있었는지를 구조적으로 살펴보고자 한다. 다음으로는 이러한 분석과 관련하여 기존 민족주의적 시각에서 벗어나 근대화의 시각을 분석의 초점으로도 활용하고자 한다. 근대화의 시각이라 함은 기존 사찰령 체제에 안주한 주지들의 성향 및 노선을 친일적인 성격으로만 보았던 것을 재해석하려는 고뇌의 산물이다. 즉 사찰령 체제에 안주한 것을 단순히 친일로만 볼 수 있는가에 대한 의문에 대한 응답이다.

이러한 접근은 불교계 내부에 저항의 노선과 근대화의 노선 사이에 일정한 대응관계가 형성되었다는 필자의 식민지불교의 이해구도와 연관된 것이다. 지금껏 전자의 노선을 민족불교, 후자의 노선을 친일불교로 이해하여 왔다. 필자가 이렇듯이 기존의 해석을 재고하는 것은 지금껏 민족불교로 지칭한 저항의 노선에서도 진보계열과 보수계열로 구분할 수 있는 별개의 흐름이 있었다는[3] 것과 함께 후자의 노선을 친일이라는 개념으로 고정시킬 수 없다는 이해에서 나온 것이다. 일제강점기 불교의 이 같은 이원적인 노선은 교단의 변화상과 짝을 하면서 일정한 갈등 및 대응구도를 가져왔다. 그러나 이질적인 양 노선들도 불교발전을 공히 강조, 노력하였는바, 문제는 일제강점기 불교정책을 어떻게 수용, 인식하는가에서 그 차별성이 나타났던 것이 아닌가 한다.

요컨대 필자는 일제강점기 불교의 현실을 재구성하기 위한 시론으로서 사찰령 문제를 재해석하려고 한다. 본 고찰이 사찰령 및 식민지불교의 이해의 심화에 참고가 되길 기대하는바, 선학제현의 비판을 기다린다.

---

3) 진보의 흐름은 민족의식을 견지한 청년승려들에 의해 주도되었는데 이는 적극적인 불교대중화를 추구하면서도 사찰령 체제에 저항한 것으로 보고자 한다. 그에 반하여 보수적인 흐름은 선원의 수좌들이 전개한 저항의 움직임으로 한국불교의 전통을 수호하면서 사찰령 체제에 저항하였던 것으로 이해하고자 한다.

2. 1910년대의 사찰령 수용과 인식

일제는 한국의 국권을 침탈한 직후, 즉 1911년 6월 3일 사찰령을 제정, 반포하였다. 그리고 그 시행규칙은 동년 7월 8일에 발표되었는데, 사찰령은 9월 1일의 총독부령 제83호로 시행에 들어갔다. 사찰령은 전문 7조로 구성되어 있었는데 그 핵심은 사찰 및 승려의 일체 활동을 일제가 장악, 관리하는 것이었다. 불교의 인사권, 재산권을 일제가 갖고 있었음은 물론이었다. 일제가 한국불교를 이와 같이 관리하려는 근본 목적은 한국불교를 일제에 순응하게 하고, 호감을 갖게 하면서, 나아가서는 한국인의 순량화에 불교를 이용하려는 것에 있었다.

그 후 한국불교는 사찰령에 의거한 30본산제를 수용하고, 각 본산은 본산별 운영준칙인 사법을 제정하여 총독부에 인가를 받아 시행에 들어갔다. 그런데 사찰령의 내용에서 가장 큰 모순은 한국불교가 불교계를 자치하는 宗團의 부재였다. 즉 한국불교는 일제가 정한 朝鮮佛敎 禪敎兩宗이라는 종명은 있었지만, 종단을 자율적으로 운영하는 종단의 기관 및 조직체가 없었다는 것이다. 사찰령 및 시행세칙에서 이를 배제하고, 그 역할 및 기능을 조선총독부가 대행하였기 때문이다. 이에 식민지불교가 등장하였던 초반의 한국불교는 종단의 부재에, 30본산이라는 개별적인 운영구도만이 있었기에 현재와 같은 종헌, 종정, 총무원, 종회가 있을 수 없었다. 다만 주지들의 연락사무소와 본산이 공동으로 추진하는 사업의 사무소가 있을 뿐이었다. 이에 자연적으로 그 본산 운영의 책임자인 주지들이 불교계 중심으로 등장함은 당연한 논리였다.

이와 같은 사찰령 체제는 큰 저항과 무리없이 불교계에 수용, 정착

되어 갔다. 이는 사찰령 등장 이전의 한국불교의 준 종단으로 기능한
원종과 임제종이 일제의 간섭과 지시로 스스로 해소되었던 면과[4] 30
본산 주지회의(1913.6.22)에서 사찰령에 의거한 조약을 가동시키자고[5]
다짐하였던 것이 그 단적인 예증이다. 그러면 1910년대의 불교계에서
는 사찰령 체제를 어떻게 수용, 인식하였는가? 다시 말하자면, 1910년
대에서는 사찰령을 자연스럽게 수용하였다면, 왜 그런 인식을 하였는
가? 사찰령을 부인, 저항하였다면 그 이유는 무엇인가? 이에 관련된
당시 상황을 조망하면 사찰령을 적극적으로 수용한 것이 주된 흐름이
었다. 사찰령을 부인한 사례도 나오지만 이는 매우 희소하였다. 지금
부터는 사찰령을 적극적으로 수용한 내용과 그 이유를 제시하고자 한
다.

  1910년대 한국불교가 일제의 사찰령을 적극적으로 수용한 것에는
개항 이후 일본불교가 한국에 진출하여 행한 다양한 사업이 그 배경
으로 작용하였다. 일본불교가 개항장, 도회지에 세운 포교당, 사찰 등
에서 전개한 교육, 포교 및 사회사업에 한국 승려들은 큰 관심을 갖게
되었다. 이에 한국 승려들은 일본불교의 활동에 일정한 자극을 받으
면서 일본불교를 모방하여 불교 발전에 나서야 하겠다는 현실인식을
하였다. 그 같은 인식은 일본의 일련종 승려가 한국 승려의 도성출입
금지 해제령(1895)을 단행하게 함에 이르러서는 거의 절정에 달하였
다. 이런 사정에서 한국 승려들은 일본 시찰, 일본불교에서의 수계,
일본어 수학, 한국의 사찰을 일본불교의 사찰에 부속 · 관리를 요청한
관리청원, 한국불교와 일본불교와의 연합 시도 등이 나타났거니와 요
컨대 일본불교에 대한 우호성이 지배적이었다. 바로 이런 배경이 있

---

4) 『조선불교월보』 6호, 「잡보」, 「문패철거」.
5) 『조선불교월보』 6호, 「잡보」, 「회의원전말」.

었기에 사찰령은 큰 무리없이 불교계에 수용되었다고 이해하고자 한다.

이런 사정을 갖고 당시 불교인들이 사찰령 및 일제의 불교정책에 대한 인식의 단면을 살필 수 있는 아래의 자료를 제시하고자 한다.

昨年以來로 天皇陛下의 勅裁와 朝鮮總督 閣下의 府令과 政務摠監의 諭告로써 朝鮮佛敎와 朝鮮寺刹은 朝鮮僧侶로 ᄒᆞ야곰 保管케 ᄒᆞ며 維持케 ᄒᆞ심은 우리 零染者ᄂᆞᆫ 물론 人民까지 共知ᄒᆞᄂᆞᆫ 바이언이와[6]

明治 四十四年에 至ᄒᆞ야 朝鮮佛敎가 政府의 保護ᄒᆞ시ᄂᆞᆫ 恩德을 丈ᄒᆞ야 更히 中興의 機運을 逢ᄒᆞ얏도다.[7]

明治四十四年에 寺刹令 七條와 寺刹令 施行細則 八條가 頒布以來로 朝鮮 全域에 三十本山이 禪敎兩宗의 宗旨 稱號로 寺法 認可를 次第 承夢ᄒᆞ야 五百星霜에 長在墨暗ᄒᆞ던 佛敎가 三千世界에 大光明ᄒᆞᆯ 法雲이 되고[8]

寺刹令 以後로 禪敎兩宗 三十本山의 寺法을 制定ᄒᆞ야 各 住持는 行政上에 規則을 應用ᄒᆞ며 諸 法師는 布敎上에 活動을 自由ᄒᆞ며 聯合機關을 公設ᄒᆞ야 統一的으로 宗務를 處理ᄒᆞ며 中央學林을 私立ᄒᆞ야 時宜的으로 佛學을 敎授ᄒᆞ며 雜誌를 月刊ᄒᆞ여 要事를 揭布ᄒᆞ며 說敎를 週行ᄒᆞ야 宗旨를 闡揚ᄒᆞᄂᆞᆫ 中이더라[9]

위의 기록에는 사찰령 및 사찰령 체제에서 나온 일제의 불교정책을

---

6) 『조선불교월보』 2호, 「조선총독각하의 訓諭를 感홈」.
7) 강대련, 「佛敎擁護會와 法侶의 覺悟」, 『조선불교총보』 4호.
8) 이능화, 「선교양종과 강학포교」, 『불교진흥회월보』 7호.
9) 이능화, 「內地에 佛敎視察團을 送홈」, 『조선불교총보』 6호.

불교의 보호, 불교의 발전을 의도한 목적에서 나온 것으로 인식하면서 단순히 수용하는 것에서 나아가 적극 옹호, 찬양하는 인식을 찾을 수 있다. 이와 같은 유사한 내용은 1910년대에 발간된 불교계의 잡지에서 여러 사례가 적출된다. 불교계에서의 사찰령의 인식은 사찰령과 사법을 文明兒,[10] 金科玉尺,[11] 佛戒朝旨라고[12] 표현한 것에서 극명하게 나온다.

그러면 1910년대의 불교계는 사찰령에 대하여 어떤 연유로 이와 같은 인식을 하였는가. 이에 대한 필자의 의견을 정리하면 다음과 같다. 우선 사찰령이 사찰재산의 변동, 매각을 일제의 동의가 없으면 할 수 없게 하였는바, 이는 한편으로는 사찰재산 보호를 가져왔다. 이로써 사찰령 시행 이전 지방의 토호 및 개신교에서 자행한 사찰재산 침범에 대한 저지의 역할을 하였다. 다음으로는 사찰령으로 인하여 본말사 체제 및 30본산의 구도가 정립되었는데, 이는 한국불교에 갑자기 등장한 것이라고 보기는 어려운 측면이 있다. 혹자는 이를 일본불교의 제도를 이식한 것이라고 보기도 하지만 필자는 사찰령 이전인 1902년 사사관리서가 등장하면서 나온 국내사찰현행세칙에서 규정한 중법산(16개 처 사찰) 제도,[13] 그리고 준교단의 역할을 지향한 불교연구회에서 행정적 편의를 위해 정한 27사찰을 수사찰로 지정한[14] 것의

---

10) 박인석, 「사법실행이 唯在主法諸禪師」, 『조선불교월보』 10호.
11) 猊雲山人, 「讀寺法」, 『조선불교월보』 14호.
12) 猊雲山人, 「신년축하」, 『해동불보』 2호, 「논설부」.
13) 일본인 학자인 高橋亨도 『李朝佛敎』 881쪽에서, 총독부는 관리세칙(1902)의 정신을 취하여 사찰재산의 안전을 보증하고 30본산을 두어 승려의 직무를 포교 전도에 있다고 공인하여 조선조 5백년간의 未決의 승정을 명백하게 결정하였다고 평하였다. 이에 대하여 박경훈은 사찰령 전문 7조는 사사관리세칙(36조)의 일부만을 수용하였다고 지적하였다. 박경훈, 「근대불교의 승직제도」, 『승가교육』 3집(2000), 209쪽.
14) 「선암사화엄사 문제 조사보고서 補遺」(봉선사 주지 홍월초 담화). 이 자료는 국

변용이라 보고자 한다. 즉 본말사제도가 조선후기 및 1900년대의 관행적인 불교 내적인 틀의 변형이 아닌가 한다. 때문에 한국불교로서는 이를 생경하거나, 저항적인 제도로 인식하지 않았다는 것이다. 나아가서는 사찰령이 일제의 국권강탈 직전에 원종이 요청한 종단 승인과 구한국정부 차원에서 수립한 사찰재산 보호를 위한 제도적 장치의 지속이라는[15] 측면도 고려할 수 있다. 즉 일제가 나라를 강탈하여 갑자기 등장시킨 제도라기보다는 구한국 정부 시절부터 강구한 불교제도로 인식될 수 있었다는 것이다.

지금껏 사찰령 체제를 당시 불교계에서 우호적인 입장에서 수용한 배경, 이유를 점검하여 보았다. 그렇다면 그러한 배경, 이유와 연관된 현실인식을 분석해 보자. 필자는 이전에 그 이유를 당시 수용되었던 사회진화론과 연계하여 설명하였다.[16] 즉 조선후기 이래 낙후된 불교의 사회적 위상을 만회하려던 불교인들은 생존경쟁, 우승열패, 적자생존의 논리를 갖고 당시 한국에 유입되었던 사회진화론에 영향을 받았던 것이다. 이에 불교계에서는 진화론적인 현실인식하에 불교도 개혁, 개신, 진보하지 않으면 존립할 수 없다는 인식을 하였다. 그 결과로 불교가 변화, 개혁하기 위해서는 자연 일본불교를 모델로 혁신하려는 흐름이 형성되었다. 이에 불교계에서는 일제강점기에 접어들면서 그러한 진화론적인 인식에 영향 받은 혁신불교가 불교계를 주도하는 현상이 나타났던 것이다. 이에 그 현상은 불교계에서의 학교 및 포

가기록원 소장 문서인데, 필자는 동국대 불교학자료실에서 그 문서를 복사, 제책한 자료를 이용하였다.
15) 『대한매일신보』 1908.7.30, 「寺刹田土保護」.
　　『황성신문』 1908.12.10, 「寺社재산 관리규정」.
　　『황성신문』 1910.1.21, 「寺院財産管理法」.
16) 앞의 졸고, 참조.

교당 설립, 잡지 발간, 신식학문의 수학 등으로 구체화되었다.

그렇다면 이와 같은 1910년대 사찰령 체제를 우호적으로 수용하고, 사회진화론에 영향 받아 신식의 강학 및 포교에 적극적으로 나선 불교의 움직임에 대하여 어떠한 의미를 부여할 것인가의 문제가 남아있다. 지금껏 이를 '친일'적인 노선으로 이해하였다. 그러나 필자는 그 흐름을 근대화론으로 부르고자 한다. 즉 불교 근대화라는 이념에서 사찰령 체제를 우호적으로 수용하였던 것이다. 지금껏 학계에서는 강학 및 포교에 주력하였던 일련의 흐름만을 불교 근대화라고 하였지만, 사찰령 체제의 수용 및 옹호도 불교 근대화의 다름이 아니다. 그양 흐름은 동전의 앞뒤와 같은 양상으로서, 동질적인 현실인식에서나온 것이라 보여진다. 다만 당시에는 사찰령을 통해 일제가 의도한불교정책의 본질까지는 분명하게 파악할 수 없었음은 아쉬움이 가는대목이다. 현실인식이 투철하지 못하다고 하여, 이를 매도하는 것은역사학의 논문의 범주를 벗어나는 것이다.

이에 반하여, 사찰령 체제에 저항한 흐름은 매우 미약하였다. 사찰령이 사찰 및 승려의 권리를 위축시킬 것이라고 강조한 경우도 있었지만[17] 그 같은 주장은 본격적인 저항이라기보다는 소극적 차원의 이의 정도이다. 이러한 1910년대의 저항의 흐름은 대략 세 분야로 나눌수 있다. 우선 첫째로 사찰령, 사법이 등장함으로 인해 피해를 입었던 승려들의 소극적인 움직임이 있었다. 이 승려들은 사찰령 이전에 계율파괴적인 막행막식을 하거나, 일본불교와 연결되어 있었던 승려들로서, 그들의 반발은 미약하게 전개되었다.[18] 이는 사법에서 주지는비구계를 갖는 것을 원칙으로 하고, 사찰에서는 여성들과 동거할 수

---

17) 『조선불교월보』 1호, 「관보초록」, 「사찰령시행의 趣旨 告諭의 건(관통첩 제270호)」.
18) 위와 같음.

없다는 것이 규정화되고,[19] 한국불교와 일본불교와의 연계를 단절한 사찰령의 성격에서 나온 것이다.

　　帶妻食肉의 新風潮 輸入을 迎合하는 者의게는 寺法 實施도 苦가 不少 ᄒ고 講律持戒ᄒᄂ 舊制度 保守를 主唱ᄒᄂ 者의게는 淸規解弛도 苦가 莫大ᄒ도다.[20]

　　現今 寺法에 對ᄒ야는 帶妻食肉者의 嚴禁홈을 因ᄒ야 反對 不順ᄒᄂ 者 多有ᄒ다고 入聞되나 但 朝鮮僧侶의 愚昧ᄒ 者가 日本眞宗의 旨를 效嚬코져 홈에 不過홈[21]

이렇게 일본불교의 관습인 대처식육으로 상징되는 계율 파괴를 오히려 사법이 차단하는 역할을 하였던 것이다. 사법 실시의 반대 본산으로는 봉은사를 거론할 수 있다. 봉은사 내의 말사, 40여 사찰의 승려는 백련사 주지 김서웅을 단장으로 내세우면서 사법에 저항하는 조직체를 만들고 1913년 4월경에는 자신들은 사법 실시에 따를 수 없음을 주장한 장문의 신청서를 일제 당국에 제출까지 하였다. 그러나 그들은 일제당국의 설명 청취, 봉은사 본말사주지 특별총회를 거친 후에는 다음과 같은 결정을 하였다.

　　當 寺法을 ── 遵奉ᄒ며 其中에 寺刹內에 一切 女人寄宿를 不得이라 ᄒ 條件에 對하야 當寺로부터 이 署名 捺印ᄒ고 又는 違約 不遵ᄒ게 되

---

19) 사법의 주지 자격(16조)에서는 "比丘戒를 具足하고 更히 菩薩戒를 受持할 事"라 하였다. 대처 및 처자와의 연관(58조)은 "妻子를 사찰내에 住케 하거나 또는 女人을 寺中에 止宿케 한 者는 勤愼의 懲戒에 處한다"고 하였다.
20) 퇴경 沙門, 「근대불교의 三世觀」, 『조선불교총보』 6호.
21) 김성율, 「渡邊氏를 訪問ᄒ 感想으로 靑年諸君의게 紹介함」, 『조선불교월보』 18호.

면 寺法中 處罰 例에 依ㅎ야 本寺 住持의 相當호 處罰을 堪受ㅎ기로 일일 自服書롤 提出하얏다더라.22)

즉, 그들도 사법을 준수하겠다는 다짐을 하였는데, 여기에서 필자의 주의를 끄는 것은 사찰내에서 '여인기숙'을 할 수 없다는 조건을 인정하였다는 것이다. 이렇게 봉은사의 경우와 같이 은연중 수용된 '대처식육'의 신풍조, 계율 파괴를 저지하는 성격을 사법이 갖고 있었음은 의외의 사실이라 하겠다.23) 이러한 경우에 사찰령, 사법에 저항하였다.

둘째로는 사찰령에서 정한 본산 구도에 불만을 품고, 이에 저항한 경우가 있다. 이는 본산에서 누락된 사찰이 일제가 정한 30개의 본산에 포함되지 않자 해당 사찰의 역사 및 문화라는 寺格의 차원에서 이를 인정하지 않고 불만을 적극 표출시킨 것이다. 일제가 정한 30개처의 본산은 1902년에 나온 16개처의 중법산과 그 중법산에 누락된 불만으로 중법산으로 지정되려고 이의 신청을 하여 추가로 포함된 사찰 중심으로 정하여졌다. 그러나 30본산이 지정, 발표되자 본산에 누락된 일부 사찰늘은 그에 강력한 반대, 저항활동을 하였다.24) 대표적인 경우가 화엄사였다. 화엄사는 본산에 누락된 것을 비판하고, 주위 사찰인 선암사의 사격과 비교하며, 그 청원운동을 10여 년간 전개하여 1920년대 초반에는 이에 포함되었다.25) 이로써 30본산에서 31본산으로 전환되었던 것이다. 이러한 저항은 사찰령 자체를 비판한 것은 아

---

22) 『해동불보』 2호, 71쪽, 「寺法實施와 自服」.
23) 석왕사도 '帶妻者人'의 승려들에게는 법계증을 주지 않았다. 『해동불보』 4호 (1914), 105쪽, 「석왕사의 법계증서」 참조.
24) 김광식, 「일제하 금산사의 사격」, 『근현대불교의 재조명』, 민족사, 2000. 그 관련 사찰은 화엄사, 금산사, 불국사가 대표적이었다.
25) 한동민, 「일제강점기 화엄사의 본산승격운동」, 『한국민족운동사연구』 31, 2002.

니다. 사찰령에서 정한 30본산구도에서 해당 사찰이 누락된 것에 대한 이의였던 것이다.

셋째로는 한용운이 추구한 본산 구도와는 무관한 독자노선이 있었다. 한용운은 항일불교적인 임제종운동이 좌절되자, 그 거점을 조선불교 선종 포교당으로 전환시켜 불교운동을 전개하였다. 즉 만해 한용운은 그 포교당에서 조선불교회, 불교동맹회를 조직하여 독자적인 불교확장 노력을 주도, 전개하였다. 당시 한용운이 추구한 것은 기존 30본산 주지의 범위에서 벗어난 독자노선이다. 그러나 당시 주지들은 그 범위 및 성격을 놓고, 30본산 주지의 개입 문제로 인해 한용운과 갈등을 빚기도 하였다.26) 이렇게 한용운도 1914년경에는 사찰령 자체를 비판하지는 않았다. 다만 사찰령 체제에서 나온 본산 주지와는 별개의 독자적인 불교발전책을 강구하였다. 한용운이 일제의 불교정책에 이의를 제기한 것은 그가 3 · 1운동 때 민족대표로 일제에 피체된 옥중에서 쓴 「조선독립의 서」 단계에 와서이다.27)

지금껏 1910년대 사찰령 체제에 저항, 이의의 흐름을 살펴보았다. 사찰령 체제에 대한 정면의 대응이나 저항은 미약하였음이 분명하였다. 이는 앞서 살핀 사찰령에 대한 우호적 흐름 즉 불교 근대화의 주류적인 흐름이 대세였음에서 나온 것이라 하겠다.

---

26) 『매일신보』 1914.8.15, 「불교회의 歸寂」.
　　『매일신보』 1914.8.22, 「불교회의 재연」.
27) 만해는 그 문서에서 "宗敎와 敎育은 人類 全生活에 對하야 特別히 重要한 事라 何國이라도 宗敎의 自由를 許치 아니하는 國은 無하거늘 朝鮮에는 所謂 宗敎令을 發布하야 信仰의 自由를 包束하고"라 하였다.

2. 사찰령 체제의 비판과 대안 모색

사찰령 체제에 대한 본격적인 비판과 대안의 제시는 1920년대에 접어들면서 제기되었다. 이는 1919년 3·1운동이라는 민족운동에 불교계도 참여하였던 정황, 3·1운동의 문화적 충격에서 나온 각성에서 비롯된 것이라 하겠다. 그러나 무엇보다도 사찰령이 시행된 이후 10여 년간 불교계 내부에서 전개되었던 활동 및 사업에 대한 비판 및 성찰의 흐름이 있었음을 부인하기는 어렵다. 이러한 요인들이 결합되어 사찰령에 대한 재인식이 일어나고, 그 재인식을 바탕으로 교단 차원으로 문제를 풀어 가려는 움직임이 강력하게 전개되었다. 그러나 그에 못지 않게 사찰령을 수용하면서, 일제의 불교정책의 구도 안에서, 점진적으로 불교의 개혁 및 발전에 임해야 한다는 목소리도 만만치 않았다. 물론 이 노선을 후원한 것은 일제 당국이었다.[28] 이에 전자의 사찰령 비판 및 대안의 논리는 저항의 노선이었고,[29] 후자의 사찰령 체제의 지속 및 현실직시의 논리는 불교 근대화 노선의 표출이었다. 1920년대 전반기에는 일시적으로 전자의 노선이 강력하였고, 그 노선이 불교의 주도적인 흐름처럼 전개되었다. 그러나 결과적으로는 후자의 노선이 현실적으로 구현되었는데 이를 단순히 일제의 후

---

28) 김순석, 「1920년대 초반 조선총독부의 불교정책」, 『한국독립운동사연구』 13, 1999. 김순석은 이 고찰에서 조선총독부의 문화정치, 민족운동의 분열정책 구도에서 전개된 불교계의 분열정책 및 친일단체의 후원으로 인하여 교무원이 등장하였음을 설명하고 그 구도에서 자주적인 총무원이 해소되었음을 강조하였다.

29) 이 노선에는 수좌들이 한국불교의 전통을 수호하면서 일제 사찰정책에 은연중 저항의 자세를 견지한 이른바 선학원의 움직임도 포함되었다. 당시 선학원의 창설 주도자들도 조선불교청년회와 일제에 저항하면서 불교의 중앙기관의 성격을 띤 총무원에 가담하였기 때문이다. 이에 대해서는 졸고, 「일제하 선학원의 운영과 성격」, 『한국근대불교사연구』(민족사, 1996)의 초반부 내용을 참고할 수 있다.

원, 조종으로만 설명할 수 있는가의 문제가 제기된다. 지금껏 이에 대한 설명은 유보되거나, 일제의 불교정책으로만 이해되었다. 그러나 한국불교 내부의 불교 근대화 노선은 주목하지 않았다고 보인다. 전자인 저항의 노선에서도 불교 근대화를 주장, 실천하지 않은 것은 아니다. 다만 그 차별점을 일제의 불교정책에 안주한 친일적인 노선만을 갖고 이해함에는 석연치 않은 측면이 있다. 요컨대 친일적인 노선 이외의 다른 해석은 없는가이다. 필자의 관심은 바로 여기에 있다.

그러면 이러한 전제와 배경에서 우선 사찰령 비판의 입장부터 살펴보겠다. 사찰령의 비판의 목소리는 조선불교청년회의 청년승려, 학인들에게서부터 제기되었다. 조선불교청년회는 1920년 12월 15일에 창립되었는데, 그 회에서 불교혁신을 기하기 위한 유신협의회를 개최한 것이 시초였다. 당시 그 회에서는 불교 혁신의 8개의 안건을 도출하였으나,[30] 당초에는 사찰령 체제의 적극적인 비판과 대안은 없었다.[31] 다만 지난 10년간 문제시된 불교제도의 재조정과 혁신의 방안이 주된 내용이었다. 그 성격은 사찰령 체제의 비판보다는 불교 사업의 활성화 방향을 주문한 것이 지배적이었다. 그런데 청년회 산하에 불교유신을 위한 별동대로서의 조선불교유신회를 창립시키면서 그 대안은 강령으로 요약되면서 재정비되었다. 그 강령은 불교제도의 변경, 재정 통일, 사찰 소유재산 정리, 학문을 일으키고 포교를 성실히 하는 것 등이었다. 여기에서 주목할 것은 불교제도의 변경이었다. 당시 불

---

30) 그것은 다음과 같은데, 즉 조선불교는 만사를 공의에 부칠 것, 30본산연합제규를 수정할 것, 조선사찰의 재정을 통일할 것, 조선불교의 교육의 주의 제도를 혁신할 것, 종래의 의식을 개신할 것, 경성에 홍교원을 건설할 것, 인쇄소를 설치할 것 등이다.
31) 『한국근세불교백년사』 3권, 「각단체 편년」.
  『불청운동』 9 · 10합호.

교제도라 하면 사찰령의 구도 이외에는 다른 것이 있을 수 없다.

이러한 구도하의 불교유신회에서는 그 대안을 실행에 옮기기 위한 노력을 보다 구체적으로 전개하였다. 이에 자연적으로 보수적인 주지들과 대립하게 되었다. 그 과정에서 1915년에 나온 30본사연합제규는 폐기하는 방향으로 결정되면서, 그 대안을 어떻게 만들 것인가의 문제가 초점으로 등장하였다. 그리하여 그 흐름은 불교청년회, 불교유신회를 기반으로 한 진보적인 본산 중심의 불교의 통일기관을 만들어 불교의 자치를 하겠다는[32] 노선과 사찰령 체제를 지속시키면서 불교사업의 추진체를 신설하는 선에서 불교 발전을 추구하자는 보수적인 노선이 대립하게 되었다. 이에 전자의 노선에서 통일기관으로서의 총무원(1922.1)을 가동시키고 사찰령을 대치할 교헌까지 만들려고 하였다. 그러나 일제는 후자의 노선을 후원, 지지하는 입장에 서게 되었다. 이런 구도 하에 양측은 자신들의 노선이 정통성이 있음을 강조하고, 일시적으로는 폭력사태까지 나아갔다.

이런 배경에서 불교유신회, 총무원 측에서는 사찰령을 대치, 극복할 제도의 대안을 검토하면서 자신들의 주장을[33] 일제 당국에 제출하기에 이르렀다. 당시 승려 2,284명이 서명하였다는 그 건백서는 그 노선을 극명하게 보여준다. 건백서는 '서문'과 요구조건의 핵심을 담은 '조선불교의 현상'으로 이원화되어 있다. 서문에서는 조선불교는 총림 청규에 의해 자치로써 유지, 운영되어 왔음을 지적하고, 사찰령 체제의 30본산과 본산 주지의 등장 이후 수많은 폐해가 노출되었을 우

---

32) 『동아일보』 19221.10, 「통일기관이 又 問題」.
33) 『동아일보』 1922.4.21, 「사찰령의 폐단을 말하고」에서는 이를 "당국에셔는 속히 본산과 말사의 데도를 폐지하고 금후부터는 각 사찰에 자유를 주어 경성에 통일기관을 두고 모든 일을 하야 나가도록 하게 하야 주시기를 바란다는 것이더라" 고 보도하였다.

선 개진하였다. 이에 30본산제도의 철폐가 조선불교유신의 최선 요구라고 보고, 30본산제도를 변혁하여 전 조선 사찰을 直轄하는 일체의 권한을 장악하는 自立自治할 조선불교의 통일기관을 조직해야 함을 요구하였다. 이러한 원칙하에 당시 불교의 현상을 다음과 같이 분석하였다.

一. 歷史上으로 自證ㅎ는 統一的의 朝鮮佛敎는 三十本山으로 組織된 以來 遂히 今日에 至ㅎ야는 可隨 三十派의 現狀에 在하야 左와 如한 弊害를 生홈에 不得已하얏다.

(一) 三十本山은 各各 堂堂한 同一의 權利임으로 各自 爲大將으로 用乙이 互相 壓倒코저 하야 勢力 鬪爭 地位 堅固를 任으로 하야 遂히 嫉妬猜忌로 互相 軋轢하야 小分도 團□親決을 缺如혼 것

(二) 本山住持中 財産處分 公務執行에 對하야 巧히 官□을 暗欺하야 不法의 行動을 敢爲하야도 各本山 互相의 關係가 無할 뿐 不啼라. 委員長까지라도 此에 對혼 絶對의 權이 無홀뿐더러 또한 此에 服從홀 絶對의 義務가 無하야 今日의 朝鮮佛敎는 亂麻와 如한 境遇에 處在하얏다.

二. 朝鮮佛敎는 同一한 太古和尙의 一派로써 故히 此를 三十區에 分하얏스며 또한 此에 付加하기로 三十區의 本末制度를 組織홈에 對하야 左와 如한 理由로써 本末間 軋轢을 生홈에 不得已하얏다.

(一) 朝鮮寺刹의 本末關係는 內地와 異하야 本山의 開祖와 末寺의 開祖와는 全혀 異脈일 뿐 아니라 또한 同年代의 創建에 屬한 者도 잇셔 또한 前者에는 甲의 支配를 受홀 만큼 된 乙寺 又는 寺迹에 對하야 誇張홀 만혼 寺刹을 당시 寺法 編制者의 任意로 차를 能所의 關係에 結合케 혼 者

(二) 如斯혼 制度에 本山 住持는 絶對 橫暴혼 權勢를 振하야 各 末寺의 惡感을 買홀 뿐더러 此 制度로 因하야 生혼 結果는 年前 華嚴 仙岩 兩寺의 事件이 其의 一例가 될지라

三. 各 本山 住持는 當局과 密接한 關係가 有홈으로써 自己의 地位를
利用하고 勢力을 賴하야 上으로 狡猾한 手段으로 當局의 權威를 假하고
下으로 辛揀한 方法을 弄絡하야 一般僧侶에 向하는 등 怪奇의 行動을 盡
하야 佛敎 發展의 道는 不顧하고 勢力의 爭으로 事를 삼고 私腹의 充用
을 業으로 삼아 遂히 今日의 壓態를 致한 것이다.[34]

이 건백서에서는 불교의 현상을 비판적으로 분석하여 제시하고 있
다. 우선 통일적인 불교가 30본산으로 구분, 조직되어 폐해가 노정되
었다고 하였다. 즉, 30본산 간의 갈등, 세력 투쟁, 지위 견고 현상이
나타나게 되어 단결이 부재한 것과 본산주의 불법의 행위를 제어할
제도적 장치가 전무하다는 것을 구체적으로 제시하였다. 다음으로는
본사와 말사 간의 대립 및 알력이 노정되어 있음을 제시하였다. 그 실
례로 본사와 말사의 개산조의 차별성 및 본사와 말사 간의 역사 우열
의 부재에서 나온 갈등, 본사 주지가 공권력과 연계된 세력을 이용하
여 일반 승려들을 장악하고 그에서 비롯된 명리 추구를 거론하였다.
　이러한 지적은 사찰령 체제의 핵심 구도인 본말사제도를 정면으로
비판한 것이다. 이에 그 대안으로 본말사제도를 변혁하고, 불교계가
자립자치하는 통일기관을 조직해야 한다고 주장, 건의하였던 것이다.
그런데 문제시되는 것은 본말사제도의 대안을 제시하지 않았다는 것,
그리고 자치적인 통일기관을 조직해야 함을 건의, 요청한 것이다. 다
시 말하자면 본말사제의 대안이 없었다는[35] 것과 통일기관을 스스로

---

34) 『매일신보』 1922.4.29, 「佛敎革新建白」.
35) 건백서에서 조선불교는 역사적으로 통일적이었다, 동일한 태고화상의 一派였다
　　고 한 것은 선언적인 측면에서 나온 것이다. 이 전제하에 전 불교계를 어떻게 통
　　제, 관리하겠다는 대안은 뚜렷하지 않았다는 것이다. 중앙의 통일기관에서 전
　　불교계를 직접적으로 직할하겠다는 건의도 명분적인 성격이지 그것을 구체적인
　　대안으로 볼 수는 없다는 것이 필자의 판단이다.

조직하지 않고 이를 일제 당국에 조직해 달라는 의존성이다. 불교계가 스스로 대안적인 제도를 포함하고 있는 기관을 만들어, 실천을 하려는 의지가 보이지 않았다는 것이다. 물론 건백서를 제출하기 이전에 통일기관으로서의 총무원을 가동시켰지만 건백서에는 통일기관의 운영에 대한 자주성이 미흡하다는 것이다.[36]

그러나 1910년대에는 보이지 않았던 사찰령 체제에 대한 비판, 저항이 두드러지게 나왔음은 주목할 만한 변화였다. 이 같은 비판, 문제의식은 당시 국외에 있었던 불교청년들에게서도 개진되었다. 당시 일본에 유학을 하고 있었던 청년승려인 이영재는『조선일보』에 기고한 장편의 논문,[37] 「조선불교혁신론」에서 한국불교가 사찰령을 기초로 한 본말사제도로 인해 교단의 불통일, 교도의 불화합, 본산 주지의 전제 등이 노정되었다고 비판하면서 본말제의 타파를 강조하였다.[38]

그리고 3·1운동 직후 상해 임시정부에서 작성한 글「總督政治의 對佛敎策」과[39] 이 글의 후반부에 항일승려인 신상완이 기고한「일본이 한국불교에 대한 압박」이라는 문건에서도 사찰령에 저항적인 성격을 찾아볼 수 있다. 임정에서 작성한「총독정치의 대불교책」에서는 사찰령을 '조선불교'를 위한 것이 아니고 '사찰'을 위하여 규정한 것으로 단정하였다. 나아가서는 당시 사찰령의 眞相을 사찰의 新建 불허, 재산의 監檢, 統轄分의 減滅, 사찰주지의 相續으로 대별하여 그 문제점을 제시하였다. 신상완은 이 같은 불교정책의 기조에서「일본이 한국

---

36) 한용운이 조선불교유신회의 총재로 추대되었지만 노선상의 이견으로 갈등이 있었다 함은 바로 이 같은 요인에서 나온 것으로 보고자 한다.
37) 그것은 1922년 11월 ~12월의 조선일보에 총 27회 연재되었다.
38) 이에 대한 자세한 내용은 졸고, 「이영재의 생애와 조선불교혁신론」, 『한국근대불교사연구』, 민족사, 1996을 참조할 것.
39) 이 논문은 임정에서 발간한 『韓日關係史料集』에 기고하였다. 『한국독립운동사』 (국사편찬위원회) 9, 1968, 123~130쪽.

불교에 대한 압박」을 서술하였다. 그는 대한 승려의 세력, 서산대사와 승려의 애국열, 독립에 대한 승려의 각오, 왜승의 야심 실패, 불교를 弄活코자 하는 총독의 妖策, 매국당과 총독부의 암중활약, 주지선거의 구속과 간섭, 사찰계급과 본·말사의 관계, 사찰령 등으로 나누어 당시 불교계 현상을 분석하였다. 여기에서 신상완은 사찰령을

> 倭는 十數年 前부터 寺刹의 富와 僧侶의 潛在力과 思想을 看破ᄒ고 其 富를 眈ᄒ며 其勢를 利用코자 ᄒ야 寺刹令을 發布하고 寺有財産을 半官的 所有로 制定ᄒ며 僧侶의 潛在力과 思想을 拘束利用코자 하야 寺刹專務係를 設ᄒ고 僧侶의 內政을 干涉ᄒ며 僧侶 學校에 管理顧問을 置하고 僧侶를 拘束ᄒᄂ니 其 奸計를 詳論ᄒᆯ진대 一은 寺刹令이라ᄂ 奸巧한 法律을 制定ᄒ야 寺有財産을 半官的으로 看做ᄒ며 或은 此를 無償으로 收用ᄒ며[40]

라 이해하였다. 즉 사찰령은 일제가 불교를 구속, 이용하려고 제정하였다는 것이다. 이와 같은 임시정부 및 신상완의 당시 불교계 정황과 사찰령에 대한 이해와 분석은 예리한 것으로 요컨대 사찰령에 대한 비판을 핵심으로 한 것이었다.[41]

이제부터는 사찰령 체제 유지 입장에 선 흐름에 대하여 살펴보겠다. 앞서 살핀 바와 같이 1920년대 전반기에는 불교계 내부에서 사찰령 철폐 및 개정의 흐름이 주도적이었다. 그런데도 어떻게 사찰령이 존속, 유지될 수 있었는가. 그것은 일제의 불교정책에서 기인한 것이

---

40) 앞의 자료, 128~129쪽.
41) 신상완은 임정을 중심으로 독립운동을 전개하다 귀국한 1923년에는 『조선일보』(1923.11.19~21)에 「조선불교 當局 諸氏에게」를 3회로 나누어 기고하였다. 이 내용에는 당시 불교계를 적나라하게 분석한 것이 나오고 있어 당시 정황을 이해함에 참고가 된다.

지만 한국불교 내부의 어떤 요인으로 가능하였다고 볼 수 있다. 불교 유신회를 중심으로 전개된 사찰령 반대운동으로 인하여 1910년대 30본산간의 연합제규는 주지회의에서 폐기 주장의 결의와[42] 일제 당국의 추인으로 종말을 고하였다. 이제 일제 및 보수적인 주지들은 연합제규를 대신할 방안을 모색하게 되었다. 여기에는 1910년대 각 본산의 주지들이 기존의 제도에 안주하려는 보수적인 속성이 주된 요인으로 작용하였을 것이다. 기존의 제도라 함은 사찰령 체제의 본말사제도이다. 이에 주지들은 본말사제도의 유지를 유의하면서 기존 연합제규를 대치할 대안을 창출하는 것에 주안점을 두었다. 그리고 주지들은 청년승려들이 주장하는 불교발전을 위한 새로운 방안은 수용할 수 있다고 하였다. 이런 배경에서 30본산연합사무소를 대치할 새로운 중앙기관이 보수적인 주지들에 의해 설립되었으니, 그것은 재단법인 교무원(1922.5)이었다.[43] 이는 30본산이 공동으로 불교사업을 추진하는 사업체 성격을 띤 중앙기관이었는데, 일제가 이를 후원하였다.[44]

1910년대 30본산연합사무소를 대신할 중앙기관으로서의 교무원은 이렇게 등장하였다. 그런데 문제는 이를 주도하였던 주체가 누구였으며, 이들의 행동에 어떤 의미를 부여할 것인가이다. 본산 주지들 대부분이 보수적인 입장에서 교무원을 등장시키는 데에 참여했는가이다. 그러나 실제는 그렇지 않았다. 교무원과 대립적인 통일기관으로 내세워진 총무원은 초기에는 10여 본산이 참여하였고, 보수적인 주지들의 주도로 대두된 교무원 측에는 16개의 본산이 초창기부터 참여하였다.

---

42) 『동아일보』 1922.5.27, 「연합제규는 폐지」.
43) 『동아일보』 1922.5.28, 「중앙기관은 교무원」.
44) 교무원이 재단법인으로서 정식 출범한 것은 1922년 12월이었다. 교무원은 그 목적을 "조선불교의 발전을 도모하기 위해서 종교 및 교육사업을 시행하고, 조선 사찰 각 본말사의 연합을 도모하기 위함"이라고 하였다.

왜 이렇게 같은 본산 주지이면서도 총무원, 교무원으로 나뉘어 활동하였는지가 매우 의아스럽다. 이를 말해주는 단서가 있으니, 그것은 교무원의 입장에 선 본산이 처음에는 10본산에서, 중간 단계에 가서는 20여 본산, 후반 단계에 가서는 26~28본산으로 변동하였다는 내용이다. 여기에서 사찰령 체제를 존속시키려는 일제의 불교정책으로서의 집요한 개입, 조종이 작용한 것을 상정할 수 있지만 본산 주지들의 현실적인 판단도 작용하였다고 볼 수 있다. 결국 1922년 후반의 교무원 설립에 참여한 본산 주지들은 사찰령 구도에서 나온 불교제도를 인정하고, 그에 안주하였다는[45] 것이 필자의 판단이다. 더욱이 1924년 3월경, 총무원은 교무원에 합류되면서 스스로 해소되었던 정황에 가서는 사찰령의 유지, 존속은 분명하게 되었다. 이는 사찰령에 대한 저항의 흐름이 상실된 것을 말한다.

이 같은 내용을 통하여 1920년대 초반에는 사찰령 철폐와 사찰령 존속이라는 대응구도가 첨예하게 성립되었지만, 1920년대 중반으로 가면서 그 구도는 해소·변질되었음을 알 수 있다. 이는 사찰령 철폐라는 저항의 노선이 일시적으로는 강세를 띠었지만 사찰령 체제를 유지하려는 일제, 보수적인 주지들의 결합에 의해서 사찰령을 재수용하는 현상으로 고착화되어 갔음을 말하는 것이다. 다시 말하자면 1920년대에도 저항과 근대화 노선이 대치하였지만 대세는 근대화 노선의 정착으로 귀결되었다는 것이다. 그러면 일시적으로 저항노선의 세력이 만만하지 않았고, 총무원이라는 통일기관까지 설립하고, 본말사제

---

45) 현실 안주적인 판단도 작용하였지만 당시 진보적인 청년승려들의 보수 승려들에 대한 지나친 압박 및 비판, 급진적인 불교 대중화에 대한 우려, 계율파괴(결혼) 및 지나친 세속화에 대한 반발, 사찰 공동체 내부의 갈등 조장 등의 문제도 고려되어야 한다.

도 및 본산 주지의 모순이 대거 노출되었음에도 불구하고 어떤 연유로 저항의 노선이 후퇴하였는가? 이는 일제의 강력한 불교정책과 주지들의 보수화에서 찾을 수 있을 것이다. 그러나 필자는 그 외에도 본말사제도를 대치할 새로운 대안의 부재를 추가적인 요인으로 지목하고자 한다. 이와 같은 현상은 점차 당시 불교계가 사찰령에서 규정한 제반 운영의 틀에 적응해 갔음을 말해주는 단서로 이해하고자 한다. 이러한 사찰령의 적응은 불교 근대화의 안착, 체질화로 볼 수 있다.

3. 사찰령의 정착과 그 변용

1920년대 중반부터 불교계에 정착된 사찰령 체제에 한국불교는 체질화되었다고 하겠다. 이를 말해주는 단서를 제시하고자 한다. 그것은 사찰부채와 주지들의 비구계 수지의 취소였다.

우선 사찰부채 문제를 살피고자 한다. 1910년대에 이미 본산 주지들의 모순 및 비행을 개선시킬 대안을 강구하지 못한 불교계는 1920년대 중반에 가시화된 사찰의 부채는 거의 200만 원에 달할 정도로 문제가 심각하였다. 이는 사찰령의 모순 및 결함에서 나온 것인데, 그 요인의 하나는 사찰재산 관리의 실무 책임자인 주지들이 사찰재산을 담보로 한 기채이다. 사찰 주지들은 기채뿐만 아니라 사찰재정의 독단적인 운영을 통하여 개인 재산을 축적하였다. 이는 대처생활에 필요한 재정, 주지 연임에 필요한 자금 축적 등에 요구되는 재원 등 다양한 요인에서 요청되는 자금의 축적이었다. 이 문제는[46] 1926년 4월

---

46) 이에 대해서는 졸고, 「백용성스님과 일제하의 사찰재산·사찰령」, 『대각사상』 4
집(2001), 157~173쪽의 내용을 참고 바람.

경에 불교계에서 본격적으로 제기되었다. 불교유신운동을 주도하였던 범어사 승려인 김상호는 사찰령 개정을 통하여 이를 개선시키려고 하였음은[47] 그 예증이다.

> 運動者側 談
> 　現行 조선 사찰령의 제정 취지는 勿論 寺刹有財産을 완전히 維持하야 조선불교의 盛興을 其함에 在하나 실제 내용을 詳究하면 주지에게 부여한 권리가 過히 强大하야 가령 주지 其一 개인이 寺有 財産 전부를 處分하더라도 여타 승려는 一言의 容□를 加할 권리가 無하야 최근 각 사찰에 주지의 배임 횡령사건이 頻出하지만은 此를 징계치 못하고 결국은 有耶無耶에 歸케 함은 其 원인이 寺刹令이라는 법규가 不備한 所以다.[48]

위와 같은 김상호의 주장에서 사찰재산이 주지들에 의해 침해되어도 사찰령의 미비로 이를 제어하지 못하는 문제점을 알 수 있다. 총독부 당국에서도 그 실상을 익히 알고 있었기에 그에 대한 대응책을 검토하였다. 이에 총독부는 사법을 보완하여 사찰 내부에 사찰재산을 포함한 제반 문제를 논의, 결정하는 협의체를 구성하고, 그 절차를 엄격히 하도록 1928년 1월 6일에 개최된 주지회의에서 지시하고 각 본산이 사법을 개정하도록 촉구하였다.[49] 나아가서는 사찰령 개정으로도 그 문제에 적극 대처하였다. 즉 1929년 6월 10일의 사찰령 개정은 사찰령의 제5,6조를 개정한 것인바, 그것은 사찰이 부채를 취할 경우에도 조선 총독의 허가를 득하고 사찰재산을 처분할 경우 주지는 이

---

47) 『매일신보』 1926.4.6, 「사찰령개정운동 범어사승려의 봉화로」.
48) 위와 같음.
49) 『불교』 44호(1928.2), 55~57쪽, 「국과장의 훈시와 시찰단을 발기, 주지회의에서」.

를 취득하지 못한다는 것이었다.50)

이 같이 사찰령 존속의 명분인 사찰재산이 손실되고, 그에서 비롯된 사찰 공동체가 위협받는 상황에서도 일제는 사찰령의 존속, 유지를 통해 문제에 대처하였던 것이다. 이 같은 사태에 처하여도 불교계 구성원들이 강력한 이의 제기나 대안을 독자적으로 제시하지 못함은 역설적으로 사찰령 체제에 완전 적응하였음을 말해주는 것이다.

다음으로 살펴볼 대상 주제는 승려들의 결혼문제를 암시하는 '帶妻食肉'이다. 승려들의 결혼문제는 개항기, 사찰령 도입단계부터 시작되었지만 1926년경에 이르러서는 불교계의 핵심 관건으로 등장하였다. 사찰령의 사법에서는 주지 자격을 비구계 및 보살계를 수지한 대상 승려로 제한하였다. 이에 승려가 결혼을 하면 파계이고, 비구계를 받을 수 없기에 자연적으로 결혼한 승려는 주지를 할 수 없게 규정되어 있었다. 그러나 일본 유학, 일본의 대처승 제도의 모방, 계율 경시 풍조 등이 결합되어 1920년대 전반기에는 승려 결혼이 급증하였다. 이런 배경에서 1925년 가을, 결혼한 승려도 주지에 취임할 수 있도록 하기 위한 사법 개정을 위한 움직임이 있었다. 그리하여 마침내 1926년 3월에 개최된 교무원 평의원회에서는 결혼한 승려에게도 본말사 주지의 자격을 부여하자는 취지의 사법 개정안을 제정하여 이를 일제 당국에 제출하기에 이르렀다.51) 이러한 움직임에 대하여 백용성을 비롯한 수좌승 127명은 반대의 주장을 담은 건백서를 1926년 5월과 9월에 총독부에 제출하였다.52) 이에 불교계는 이 문제를 놓고 논란이 거세게 제기되었지만 결과는 사법 개정을 통한 주지 자격의 재조정이었

---

50) 『조선일보』 1929.6.7, 「사찰령개정으로 寺財 자유처분 불능」.
51) 『매일신보』 1926.3.27, 「파계승의 주지운동」.
52) 이에 대한 전후 사정은 졸고 「1926년 불교계의 대처식육론과 백용성의 건백서」, 『한국 근대불교의 현실인식』(민족사, 1998)의 내용을 참고 바람.

다. 그 재조정의 요체는 비구계 미수지자인 결혼한 승려도 주지 자격이 있음을 확인하는 것이다.

일제는 이러한 논란에 대하여 불교계 내부에서 논의, 토론이 진행되기도 이전인 1926년 4월경에 이미 사법 개정을 통한 주지 자격을 완화시키는 방침을 정하였다.[53] 그리하여 1926년 11월경에는 10여 본사가 사법 개정을 인가한다는 총독부의 지령을 받았던 것이다. 이 사정을 전하는 보도기사를 보자.

조선승려에게도 帶妻, 肉食을 許하야 본말사 주지의 피선거 자격 중에서『比丘戒 具足』이라는 조건을 철폐하기로 결정하얏다 함은 旣報한 바인대 本府 학무국에서는 全鮮 各 寺刹에 실시케 하기 위하야 曩者부터 각 본말사법 개정을 促하얏더라. 제일착으로 범어사의 신청을 필두로 용주사, 전등사, 마곡사, 화엄사, 법주사, 위봉사, 보석사 등 十餘 寺로부터 신청이 有하야 旣히 인가 지령을 발포한 자는 八九개 寺가 有한대 其 改正전 조문인 第十六條 본사의 주지는 左의 자격을 具備함을 要함.

　一. 연령이 만 四十歲 以上되는 者
　二. 比丘戒를 구족하고 更히 菩薩戒를 受持한 자
　三. 法臘이 十夏 以上되는 者
　四. 修學이 高等科 卒業 以上되는 者
를 개정하야 第二號『비구계 이하 十五字』를 삭제하고 又 第十六條 말사 주지 자격 중 第二號도 역시 삭제를 함에 주지는 비구계와 보살계를 구족하지 아니한 자도 피선거 자격을 인정하게 되얏다. 그러나 비

---

53) 『매일신보』 1926.5.21, 「내적 생활의 해방으로 조선사법 개정 결정」. 그 방침은 주지뿐만 아니라 일반 승려들도 자유로 대처식육을 할 수 있다는 조치였다. 요컨대 법적으로 대처를 공인한 것으로 일제는 이를 시대에 순응하는 조치로 단언하였다.

구계와 보살계는 승려로서의 最히 高潔한 戒命인 故로 此를 全然 철폐
함은 종교계의 神聖을 무시하고 승려 其 자신의 素行을 문란히 하는
處가 不無함으로 第十五條에 左의 조문을 加入하얏다.

  '僧尼는 品行을 愼하고 且 禪定을 恪守하야 衆生濟渡에 必須한 慧行을
行함에 努力할 事'

  그리고 비구계 受持자를 일층 대우하는 방법으로 高等科 졸업의 학
위인 大教師와 大禪師는 必히 比丘戒帖을 소지한 자가 아니면 此 학위
를 수여치 안이하기로 결정되얏는대 조선 五百餘年來 獨히 僧侶界에 대
하여만 인생의 본능을 구속하던 帶妻禁과 營養率을 제한하던 肉食禁은
此로써 완전히 撤廢되엿더라.54)

  이로써 한국불교는 계율의 측면에서 일본불교의 길을 가게 되었
다.55) 당시 백용성을 비롯한 수좌승 127명은 이 같은 조치에 강력 항
의하고, 대안까지56) 제시하였지만 대세를 막기에는 역부족이었다. 이
렇게 승려의 결혼이 합법화되고, 그것이 보편적인 승려생활의 정서로
수용됨은 불교의 계율, 신앙의 측면에서 일본불교를 체질적으로 받아
들였음을 의미하는 것으로 보인다. 그리하여 이 같은 변화는 사찰령
체제의 수용과 더불어 승려의 의식과 생활에서도 일본불교에 안주하
였음을 말해주는 것이 아닌가 한다. 즉 신행 차원에서도 일본불교의
불교 근대화 구도에 합류되었다는 것이다. 그리하여 사찰령 체제의
안착이라는 구도에 짝을 하여 승려의 생활, 의식도 자연 그에 동질적
인 방향에 서 있었다.

---

54) 『매일신보』 1926.11.26, 「사찰주지의 선거자격 개정」.
55) 『매일신보』 1926.11.27, 「논설, 조선사법의 개정」에서는 그 조치를 조선종교계의
   '一大 革命', 그리고 '시대적 요구에 順應', 승려계의 비밀한 '惡弊를 一掃한 것'으
   로 간주하였다.
56) 그 대안은 무처승려와 유처승려의 구분, 무처승려가 거주하는 사찰의 할애 등이
   었다.

이 같은 변화, 안착은 1929년 승려대회57) 및 1935년 수좌대회에서
도58) 그 단면을 찾을 수 있다. 이 승려대회, 수좌대회는 일제의 사찰
정책, 사찰령 체제에 저항한 흐름에서 나왔으며, 그 두 대회가 저항
노선의 양대 조류인 진보와 보수를 대변, 상징한다는 점에서 필자의
관심을 끌고 있다. 달리 말하자면 1929년 승려대회는 일제 사찰령의
체제를 극복한다는 불교의 자주화 정신이 개입되었고, 1935년 수좌대
회도 결국은 사찰정책의 또 다른 반발로서 한국불교의 전통을 수호하
려는 현실인식이 작용하였다. 때문에 필자는 이 두 사례를 한국불교
의 자주화, 일제 불교정책에 저항한 것으로 주목하였다.

그런데 이 승려대회, 수좌대회에서도 일제 사찰정책, 사찰령 체제
를 완전하게 극복하지는 못하였다. 1920년대 전반기와 같은 사찰령
철폐운동에서 나온 강렬한 저항정신은 보이지 않고 있다는 것이다.
이에 필자는 그렇게 강렬한 저항정신이 두드러지지 못함은 역설적으
로 은연중, 사찰령의 구도에 안주하였고 결과적으로는 불교 근대화에
젖어 있었던 것이 아닌가 하는 것이다. 이에 그 단면을 살펴보자.

1929년 1월 3~5일, 각황사에서 개최된 승려대회의 요체 및 정신은
대회에서 정한 종헌에서 찾을 수 있다. 승려대회 및 종헌의 한계성은
사찰령 체제에서 정한 인사 및 재정의 권한을 극복, 대치할 대안까지
는 나아가지 못하였다.59) 우선 종단의 명칭을 일제가 정한 조선불교
선교 양종을 그대로 사용하였고, 인사권은 거론하지 않았으며, 재산
권은 조선불교 선교 양종의 소유 재산이라고 애매하게 처리하였다.

---

57) 졸고, 「조선불교선교 양종 승려대회의 개최와 성격」, 『한국근대불교사연구』(민
족사, 1996).
58) 졸고, 「조선불교선종 종헌과 수좌의 현실인식」, 『한국근대불교의 현실인식』(민
족사, 1998).
59) 종헌은 『불교』 56호, 131~133쪽에 그 전모가 나온다.

사찰령 체제의 핵심인 본말사 구도에 대해서도 약간의 대안도 전혀 없었다. 즉 일제가 정한 31본사를 그대로 본산으로 하고, 그 외에 사찰을 말사로 칭하기로 하였다. 다만 萬機를 公決한다는 종회, 교무와 사업을 총괄하는 교무원, 중요한 교무를 裁正하는 교정을 두어 결과적으로 중앙기관을 둔 것은 의미있는 산물이었다. 요컨대 승려대회의 종헌체제는 사찰령 체제의 완전 극복, 대안 제시까지는 이르지 못한 것이었다. 나아가 종헌실행을 위해 추진한 종헌실행운동과 종헌정신을 개정 사법에 포함하려는 노력도[60] 결국은 좌초하였는바,[61] 이 원인은 사찰령 체제에 구속된 것이지만 그 저변에는 사찰령이라는 불교 근대화에 안주라는 요인이[62] 작용하였다고 보인다.

1935년 3월 7~8일, 선학원에서는 전국 선원의 수좌 대표들이 대회를 개최하였으니 바로 수좌대회였다. 이들은 그 대회에서 한국불교의

---

60) 졸고, 「1930년대 불교계의 종헌실행 문제」, 『한국근대불교사연구』(민족사, 1996).

61) 종헌이 불교계에 실행되지 않자 불교계에서는 종헌을 강력하게 추진하자는 종헌실행 세력과 종헌을 일제 당국에 인가를 받아 실행하자는 종헌인가 세력이 대립하였다. 종헌 인가설은 종헌실행 측의 강력한 반발에 중단되었지만, 결국에 가서는 종헌 자체도 유야무야되었다. 그 당시 조선불교청년총동맹에서는 종헌실행운동을 추진하면서 당시 31본산에 대한 정황을 분석하였는데 전연 反動 사찰이 5개처, 반대 또는 태만 사찰이 13개처, 종헌을 지지하고 의무 이행하는 사찰이 13개처라고 하였다. 『불청운동』 7·8호(1932.10) 31쪽, 「종헌반대 사찰에 대한 교섭 보고」 참조. 반대 사찰에서도 종헌을 지지한다고 하였지만 강제성, 규제력이 미약한 종헌보다 사찰령 구도에만 유의한 행태로 보인다.
그리고 불교계는 종헌실행을 위한 차선책으로 종헌의 정신을 각 본산의 사법에 포함하여 사법 개정을 추진하는 사법개정운동을 전개하였다. 이에 교단에서는 사법 개정을 위한 공동 노력을 기울였지만 사찰령에 구속된 의식, 행태로 추진하다가 중단되었다. 『불청운동』 3호(1931.12)에 정상진이 기고한 「改正 寺法草案의 批判」, 그리고 夢庭生(이용조)이 『불교』 92호(1932.2)에 기고한 「사법개정에 대하야」 참조.

62) 한용운은 당시 그 정황을 종헌인가설이 상당히 유포되었다고 진단하였다. 『불교』 91호(1932.1), 「사법개정에 대하야」, 3쪽.

전통을 수호하고, 선원의 독자성을 기하기 위한 노선을 결정하였다. 이에 자신들의 정체성을 선종에서 찾기 위해 조직체명을 朝鮮佛敎 禪宗으로 정하고, 전국 선원의 중앙기관인 종무원을 내세웠다. 그런데 이는 1922년에 등장한 선학원 및 선우공제회의 역사를[63] 계승하면서, 선원 및 수좌를 외호하는 조직체인 재단법인 조선불교선리참구원이 일제에 인가된 후속 선상에서 취한 조치였다. 수좌들은 종명을 선종으로 칭하면서 수좌들의 대의체인 禪會, 선원의 단일기관인 宗務院, 종무를 통괄하는 종정을 내세웠다.[64] 그러나 수좌들이 그 대회에서 정한 宗規를[65] 분석하면 사찰령 체제의 뚜렷한 비판 및 대안은 찾을 수 없다. 요컨대 승니 및 신도의 요건은 寺法에서 정한 바에 따른다고 하였고, 각 선원의 소유재산 일체는 선종의 재산이라고 하면서도 법인 (선리참구원)에 편입된 재산만을 그 대상이라는 애매한 표현을 하였다. 인사권에서도 종정, 종무원의 간부, 선회원, 선의원 등을 선출할 수 있도록 정하였지만 이들이 해당 사찰에서의 지위 및 위상에 대해서는 일체 언급하지 않았다. 즉 재정권, 인사권에서는 기존 사찰령, 사법과는 어떠한 관련을 갖는지에 대해서는 고뇌하지 않았다.

이렇게 승려대회와 수좌대회에서 나온 산물과 그 즈음의 승려 및 수좌들의 현실인식을 보면 1920년대 전반기의 강력한 저항의 노선과는 일정한 차별성이 노정된다. 이에 필자는 이를 저항노선의 쇠약이라기보다는 불교 근대화에 일정 부분 안주한 것이 아닌가 하는 주장

---

63) 이에 대한 역사 및 성격은 졸고, 「일제하 선학원의 운영과 성격」, 『한국근대불교사연구』(민족사, 1996)를 참고할 것.
64) 『동아일보』 1935.3.13, 「佛敎首座大會」.
65) 대회에서 정한 종규는 불교계 및 학계에 그 전모가 공개되지는 않았다. 필자는 당시 대회 종료 후 선종종무원에서 발간한 대회록을 입수하여 수좌대회의 전모와 성격을 논문으로 정리하였다. 졸고, 「조선불교 선종과 수좌대회」, 『불교근대화의 전개와 성격』, 조계종출판사, 2006.

을 하는 것이다. 특히 승려대회의 개최를 주도한 승려나 대회에 참가한 승려들은 정확한 통계는 제시할 수는 없지만 과반수 이상은 결혼을 하지 않았나 하는 추정을 해 본다. 즉 일본불교의 신앙 및 생활에 경도된 그들은 철저한 저항노선을 갈 수 없는 체질이었다는 것이다. 더욱이 승려대회에서 결정한 종헌체제가 1930년대 전반기에 실행을 두고 치열한 논란이 전개되고[66] 마침내는 종헌이 소멸되었음은 저항노선은 상실되고, 불교 근대화 노선이 우선하는 현실을 말해주는 것이다.

그리하여 종헌체제를 계승하고, 새로운 불교 통일운동으로 등장한 총본산 건설운동 단계에서는 그 성격이 더욱 확연해지는 것이라 하겠다. 그러므로 총본산 건설운동의 귀결 및 산물로서 등장하였지만 일제의 일정한 후원아래 성립된 1941년의 조선불교조계종의 단계에서는 두말 할 나위가 없는 것이다. 총본산 건설이라 함은 불교계 즉 31본산 전체가 동의하는 총본산을 두고, 그 본산에 전 불교계의 인사권과 재정권을 부여함으로써 불교 통일운동을 성취하자는 것이다.[67] 그런데 바로 총본산의 전제인 31본산이 일제 사찰령 체제에서 나온 것이었다. 이는 저절로 사찰령 체제, 본말사 구도를 인정하는 방안인 것이다. 이런 배경을 갖고 나온 조계종의 등장은 노선과 정신이라는 측면에서 사찰령의 완전 극복과는 그 출발부터 거리가 먼 것이었다. 이에 1941년 4월에 등장한 조선불교조계종의 체제는 사찰령 시행규칙의 개정에서 나온 총본사인 태고사 사법과 맞물려 있는 것임을 유의할 필요가 있다.[68] 요컨대 1920년대 이래의 불교계의 염원인 종단건

---

66) 졸고, 「1930년대 불교계의 종헌 실행문제」, 『한국근대불교사연구』(민족사, 1996).
67) 졸고, 「일제하 불교계의 총본산 건설운동과 조계종」, 『한국근대불교사연구』(민족사, 1996).
68) 1941년 4월 23일, 총독부령 125호로 사찰령 시행세칙의 일부 개정의 결과였다.

설운동, 통일기관 설립은 가능하였지만 그 존립은 사찰령 체제를 인
정하는 구도에서 나온 것이었다.

이와 같이 1920년대 중반부터 일제가 패망하는 그날까지 사찰령 체
제는 존속, 기능하였다. 위에서 살핀 바와 같이 1920년대 중반 이후
주지들의 체제의 안주, 승려 결혼의 보편화에서 보이는 일본불교의
계율 수용, 사찰령 체제 저항의 이완, 사찰령 체제에서 정한 본말사
구도를 인정하는 노선의 귀결로 나온 종단건설 및 조계종의 성립에서
의 사찰령은 자연스럽게 한국불교가 수용, 안주한 문화가 되었던 것
이다. 그리하여 1920년대 중반 이후에는 사찰령에 저항하는 노선은
점차 미약해지고, 사찰령을 수용, 인정하는 불교 근대화의 노선이 대
세 및 주류가 되어 갔다고 본다. 이는 곧 사찰령의 정착을 말해주는
것이며, 여기에서 사찰령에서 정한 체제 및 구도를 받아들이면서 불
교발전 및 종단건설을 추구한 당시 승려들의 활동 및 의식의 근거를
이해할 수 있게 되었다.

4. 결어

이제부터는 본문에서 분석, 정리한 내용을 재음미하면서, 추후 사
찰령 연구시 유의할 대목을 제시하는 것으로 맺는말로 대하고자 한
다.

즉 시행규칙 제2조에 조선 총독의 신청과 허가에 의해서만 주지 취직이 가능한
사찰을 정하였는데, 경기도의 경우 기존 사찰에 경성의 태고사를 추가시키는 것
이었다. 이 배경의 태고사의 사법은 총본사의 기능과 성격을 갖는 사찰임을 규
정하여 종단의 통일기관, 중앙기관을 둘 수 있게 하였던 것이다.

첫째, 1910년대 불교계에서는 일제가 제정, 시행한 사찰령을 수용하는 대세적인 흐름이 나타났다. 그러나 일부에서는 사찰령 체제에 반발한 흐름도 나타났지만 그것은 매우 미약하였다. 이렇게 사찰령 체제에 순응하고, 수용한 것은 개항기의 일본불교에 대한 우호성에서 기인하였다. 그리고 사회진화론에서 촉발받은 현실인식에서 일본불교를 모델로 한 불교의 발전을 유의하였기 때문이다. 그리고 그에 부차적인 요인은 개신교 및 토호들의 사찰재산 침범에 대한 차단, 국망 이전의 종단건설에 대한 청원과 개항기에 등장한 운영의 구도를 사찰령이 흡수한 성격 등도 거론할 수 있다. 한편 사찰령에 대한 저항의 흐름은 계율 이완을 차단하는 사법의 성격과 본산에서 누락된 일부 사찰의 불만에서 비롯되었을 뿐이었다. 즉 1910년대는 불교 근대화의 노선이 지배적인 흐름이었다.

둘째, 1920년대 전반기에 접어들면서 사찰령 체제의 모순이 노출되면서, 그에 저항하는 흐름이 강력하게 대두되었다. 이는 본말사제도의 모순, 본산 주지의 전횡 및 부정 등에서 촉발되었는데 그 대안은 사찰령 체제의 부정과 불교 통일기관의 설립으로 모아졌다. 그러나 일제 사찰정책을 수용하면서 불교 근대화를 추진하려는 흐름도 간단하지는 않았다. 그리하여 양 노선의 흐름의 대응구도는 강력한 것이었다. 그러나 일제가 후자의 노선인 불교 근대화 노선을 지원하면서 사태는 불교 근대화 노선으로 정리되었다.

셋째, 1920년대 중반에 접어들면서 불교 근대화의 노선은 정착되어 갔다. 이는 당시 주지들의 본말사제도에 안주, 일본불교에 영향 받으면서 불교 대중화 노선에 경도된 승려 대부분이 결혼을 하였던 정황, 자주적인 총무원이 일제가 후원하는 교무원에 합류하였던 배경에서 확연하게 드러났다. 이러한 정황은 1929년의 승려대회, 1935년의 수좌대회에서도 찾을 수 있다. 이전 사찰령 체제에 저항하였던 진보, 보수의 노선에 섰던 승려들이 주도한 그 대회에서 사찰령 체제에 저항하는 모습은 찾을 수 없었다. 오히려 그에 안주하거나, 사찰령 체제를 인정하는 선에서 불교계 통일의 근거인 종헌, 종규를 제정하였던 것이다. 이에 1910년대 초반부터 자생적인 종헌체제를 계승하려는 의도에서 나온 총본산 건설운동에서 그 사정은 동일하게 나왔다. 그리고 총본산 건설운동의 귀결점으로 나온 1941년의 조계종의 성립에서도 그 흐름은 지속되었다. 그리하여 1910년대 초반부터 해방될 그날까지 사찰령은 존속되었는데, 당시 한국불교계에서 이를 수용, 정착시켰던 정황을 알 수 있는 단서이다. 이 같은 흐름은 사찰령에 저항하려는 것보다는 이를 인정하고, 그 선상에서 불교발전, 종단건설을 추진한 변용적인 모습이라고 볼 수 있는 대목이다.

넷째, 지금껏 필자는 사찰령의 수용 및 대응이라는 초점을 갖고 일제강점기 불교를 저항의 노선과 불교 근대화 노선이라는 대응적인 흐름으로 정리하였지만 이는 당시 불교를 이해하려는 하나의 초점에 불과하다. 불교 근대화의 문제는 필자가 문제만 던져 놓았을 뿐 그 개념 및 성격 등은 전혀 언급하지 못하였는바 이에 대한 후속 연구가 요망된다. 그리고 여기에서 지적할 것은 불교계 민족의식, 민족불교의 문제는 별도로 정리되어야 할 문제라는 것이다. 특히 민족불교의 개념은 근현대불교를 설명하는 또 다른 관점이다.

다섯째, 사찰령 체제를 이해하기 위해서는 추후에도 다각적인 접근과 분석이 필요한 대상 주제가 적지 않다는 것을 지적하고자 한다. 우선 각 본산에서 정한 사법에 대한 정리가 최우선적으로 요망된다. 그리고 그 사법에서 정한 본말사제, 본말사 간의 다양한 양상, 조선후기의 불교계 운영구도와 본말사제와의 상관성 등도 필히 밝혀야 할 주제이다. 나아가서는 본산 주지들의 출신, 이력, 수행, 결혼 등에 대해서도 분석되어야 한다. 한편으로는 사찰령과 해방된 이후 현대불교의 불교재산관리법, 전통사찰보존법과의 비교도 누락할 수 없는 연구일 것이다.

　지금껏 본 고찰의 대강을 정리하면서 사찰령에 대한 추후의 연구 주제를 거론하여 보았다. 거시적으로 살피면 사찰령과 그 후유증의 문제는 한국 근현대불교를 관통하였던 내용이다. 이에 대한 학계, 연구자들의 관심을 촉구하면서 맺는말에 대하고자 한다.

「조선불교 학인대회록」과 불교개혁

1. 서언

1928년 3월 14~17일, 조계사의 전신인 각황사에서 당시 불교계의 모순을 개혁하려는 일단의 학승 46명이 집회를 가졌으니 그것은 조선불교학인대회였다. 이 학인대회는 당시 강원에서 수학을 하던 청년학승들에 의하여 주도되었다. 때문에 근대불교사에서는 강원의 학승들이 불교개혁을 고민하고, 불교발전을 위한 대안을 제기하고, 이를 실천하기 위한 노력을 하였던 최초의 대회였다는 역사적인 의미를 갖고 있었다. 그리고 대회에서 주장하고 결의한 일부 내용은 당시 교단에서 일정 부문 수용되었다. 지금껏 근대불교에서의 개혁은 신식학문을 수용하거나 외국유학을 갔다 온 불교청년들이 주도한 것으로 이해되어 온 감이 적지 않았다. 그러나 이 대회의 제반 개요를 살펴보면 이른바 구학 계열 강원의 청년학승들도 불교개혁에 큰 고민을 하였던 것으로 보인다.

그런데 지금껏 이 대회에 관한 학계의 관심은 매우 미약하다. 이에 이 대회가 갖고 있는 역사성, 대회에서 제기된 불교개혁의 의미, 대회의 주역, 대회가 불교계에 미친 영향 등 종합적인 이해는 극히 부실하였다. 이는 이 분야가 그간 학계에서 무관심의 지대로 방치된 결과에서 기인한 것이지만, 일면에서는 관련 자료의 부족도 이를 부채질하였다. 필자는 수년 전, 이 대회의 중요성을 인식하고 그에 관련된 논고를 발표하였다.[1] 그러나 집필 당시에는 관련 자료가[2] 부진하여 대회의 총괄적 이해를 그려내는 데는 미진한 내용이 적지 않았다.

이러한 배경에서 필자는 최근 그 대회의 총괄을 보여주는「朝鮮佛教 學人大會綠」의 원본을 입수하였다. 이 대회록은 대회를 정상적으로 마친 대회의 집행부가 1928년 4월 18일자로 발행한 것이다. 발행소는 조선불교학인대회, 편집 겸 발행인은 조선불교학인대회 대표 이순호(청담스님), 인쇄는 한성도서주식회사, 보급은 비매품으로 나왔다. 제원은 13×19cm이고, 분량은 본문이 112페이지고 도입부의 축하 지면, 목차, 사진 등의 12페이지 정도가 별도 구성되어 있다.[3]

이 자료의 전체 내용을 유의깊게 살핌으로써 우리는 그 대회의 구체적인 진행, 세부내용을 파악할 수 있다. 동시에 그에 나타난 불교개혁의 본질과 방향도 알 수 있는 것이다. 그리고 지금껏 이 대회의 참가자들이 누구였는가에 대한 세세한 사정을 알 수 없었던 것도 해소할 수 있다. 또한 지금껏 대회를 마치고 기념 촬영한 사진이 전하여졌

---

1) 「조선불교학인대회 연구」, 『한국근대불교의 현실인식』(민족사, 1998).
　　「1930년대 강원제도 개선 문제」, 『근현대불교의 재조명』(민족사, 2000).
2) 당시 필자가 이용한 자료는 『불교』, 『조선일보』 등에 보도, 게재된 관련 기사였다.
3) 겉표지에는 '二九五五年 戊辰 仲春'이 조선불교학인대회록의 우측 상단에 인쇄되어 있다. 그리고 필자가 입수한 원본에는 '趙宗泫'이라는 한문의 자필 글씨가 씌어 있다. 이로써 이 자료는 당시 대회에 참석한 조종현의 소장자료였음을 알 수 있다.

지만 그 대상 얼굴이 누구인지를 전혀 파악하지 못하였다. 그러나 대회록에 나타난 사진의 실명이 전하고 있어 우리의 흥미를 더욱 유발시킬 수 있는 것이다. 이제 이 학인대회록에 의거하여 학인대회의 전모를 소개하고, 그 내용의 불교개혁의 의미를 추출하고자 한다.

2. 학인대회의 개요

조선불교학인대회(이하 학인대회라 약칭함)의 개요를 조선불교 학인대회록(이하 대회록으로 약칭함)의 요목(목차)을 참고하여 제시하겠다. 그 요목에는 대회 강령, 기념촬영, 발기 준비회, 발기 취지서, 대회 요의, 대회 선언, 출석일람, 발기인 모집문, 제1회 발기총회록, 대회준비위원회 발표, 대회 소집장, 제2회 발기총회록, 대회 예비회록, 대회록, 견학일정, 간친회기, 교무원 교섭 전말, 대회 강연기, 의연기 등이 나와 있다. 이제 이 요목에 의거 학인대회를 재구성하고, 이를 통해 그 전모를 소개하겠다.

학인대회는 대회의 발기모임부터 시작되었다. 대회 발기준비회는 1927년 10월 29일 저녁 7시 개운사에서 개최되었다. 당시 참석자들은 조선불교 사정을 토의한 결과 학인대회의 발기를 만장일치로 가결하고, 그 준비회를 즉시에 열었다. 여기에서 발기인 모집인원을 선정하고, 발기에 관한 제반 준비사항은 모집위원에게 일임하였다. 그리고 대회는 1928년 3월경으로, 불교를 연구하는 자로서 조선불교의 부진원인과 미래의 발전을 연구하는 대상자들의 많은 찬동이 있기를 제안하였다. 그 결과 그해 11월에는 대회 발기 취지서를 작성하고, 그 발기인 모집위원에 박용하, 이순호, 정찬종, 김형진, 박홍권, 배성원, 김태완, 정화진 등 8명을 정하였다. 이들은 학인대회 발기 취지서를 작성하고, 이를 12월 21일에 전 불교계에 발송하였다. 이 취지서는 누가 작성하였는지는 현재 전하지 않고 있다.

그런데 대회록에 전하는 '학인대회 要義'에는 대회를 개최하는 목적이 일목요연하게 정리되어 있다.[4) 이 요의서에 의하면 대회 주도자들은 불교를 배우는 것이 학인 자신이 불교를 배우는 것에 그치는 것이 아니고, 중생의 제도를 위함에 있다고 단언한다. 이에 중생을 제도할 수 있는 방편을 배워야 한다는 당위를 제시하였거니와, 그 방편이 바로 불교교육제도라는 이해를 하였다. 때문에 학인대회에서 교육제도의 개선문제를 토의하여 결론을 내려야 한다는 것에 도달하였다. 그런데 당시 불교교육제도는 많은 문제점을 안고 있었고. 기성의 교단 간부들은 이 문제를 심각하게 고민하지 않았기에 학인대회를 개최할 수밖에 없었다는 인식을 하였다는 것이다.

그러하면 우리 학인은 언제까지라도 그 불완전한 교육제도 아래에서 唯唯服從하는 희생이 되야서 중생을 제도하는 불교의 대의를 沒覺할 수 없는 것이다. 그럼으로 교육제도 문제를 직접 捕捉하는 것이 학인의 본의가 아닌 줄 알면서도 부득이 이 문제를 해결하기 위하야 이 모임을 이루게 된 것이다.[5)

즉 불교의 근본과 중생을 교화할 방편을 함께 배울 수 있는 불교교육제도를 확립하기 위하여 불교 당국자 및 책임자를 각성시키려는 목적이 깔려 있었다.

---

4) 이 요의서는 언제 누가 작성하였는지 명확하지 않다.
5) 대회록 5쪽.

이러한 배경과 취지를 갖고 대회 주도자들은 대회 발기인 모집에 나섰다. 발기인 모집문은 1927년 12월 25일자로 기재되어 있었다. 모집문은 취지서를 첨부하여 배포하였는바, 그 개요는 불교계의 내분의 일단락, 재단법인 교무원의 등장이라는 정황을 우선 상기시켰다. 그러나 교육시설의 부진, 재단의 부진을 외호하는 자세에서 발기하였음을 전제하고 조선불교의 가풍을 건설하자고 강조하였다.

舊를 安立하고 新을 建設하야 조선불교 특유의 家風을 발휘하고 세계적 지위에 웅건하자 하매 먼저 질로 순화하고 양으로 대성하야 七千으로 一路에 同歸하고 三十으로 일단 완성하야 각자 僧家의 본원을 守하고 인재를 양성함에 急先하야 그리하야 思潮에 對하고 時宜에 應하자 함이 본 취지의 精華이며 발기 모집의 강령입니다.6)

조선불교 가풍의 건설은 舊를 안정시킨 후에 新을 추가하는 것임을 알 수 있다. 그리하여 발기인은 승려 및 신자로, 발기인은 단체7) 또는 개인으로 조직, 발기인은 19세 이상으로, 발기인은 승낙서를 첨부하고, 승낙서는 음력 12월 말 이내로 발송하고, 발기인은 대회 개최 때까지 책임이 있으며, 발송은 개운사의 이순호 앞으로 보내야 함을 제시하였다. 이와 같은 모집문에 의거 발기인으로 참가하겠다는 의사를 표시한 대상자를 승낙 순으로 제시하면 다음과 같다.

이신구(고양군), 박용하(유점사 동국경원), 정찬종(서울, 대각원), 이순호(개운사 강원), 박홍권(옥천사), 김태완(개운사), 김형진(개운사), 정남제(개운사), 배성원(개운사), 이문호(개운사), 김보섭(개운사), 김병하

---

6) 대회록, 13쪽.
7) 단체시에는 3인 이내의 대표를 선출하도록 하였다.

(개운사), 김동규(법주사), 강태현(제주불교협회), 안도월(제주 관음사), 오리화(제주, 관음사), 최환권(범어사 강원대표), 최중근(범어사 강원대표), 최경수(동국경원), 이능상(동국경원), 이재희(동국경원), 김동운(동국경원), 서성우(송광사 강원대표), 조동환(송광사 강원대표), 최동식(송광사 강원대표), 최학연(건봉사 강원대표), 김성전(건봉사 강원대표), 박종운(건봉사 강원대표), 조종현(동화사 강원), 신응윤(통도사 강원 신진회대표), 김병규(개운사), 김락환(개운사), 박영춘(개운사), 이해일(개운사), 박윤진(개운사), 이성화(개운사), 정두석(건봉사 중앙포교소), 황하석(개운사), 황보안(개운사), 김영선(개운사), 김영식(백양사 강원대표), 유영하(백영사 강원대표), 이지원(백양사 강원대표), 지대련(해인사 강원 불지회대표), 서병재(해인사 강원 불지회대표), 김달윤(통도사 강원 신진회대표), 황영진(건봉사), 김영호(동화사 강원 강우회대표), 박무근(동화사 강원 강우회대표)

발기인은 위의 대상자인 49명이었다.[8] 그런데 당시 대회 주도자들은 위의 발기인 총회를 개최할 시간이 촉박하다는 판단에 의거 서면 총회를 추진하였다. 이에 그들은 시급한 문제(대회 장소, 시일 등)에 대한 개요를 우선 결정하고, 기타 중요한 사항(강령, 규약)은 대회 직전에 결정하기로 정하였다. 2월 5일의 서면 총회에 회보할 내용은 대회 장소, 대회 시일(교무원 평의원회 전, 후), 대회 준비위원 선거 등 3개항이었다.[9] 그 결과 대회 장소는 중앙, 개운사, 교무원 등이 제시

---

8) 그러나 범어사 강원 대표인 최환권, 최중근은 취소를 신청하였다. 이는 3월 9일자의 범어사 강우회의 이름으로 발기인 모집위원회로 보낸 공문에 의한 것이다. 그 공문에서는 '純全한 강원학인대회가 아니기에' 승낙을 취소한다고 기재되어 있었다.

9) 이 사항에 대한 대회 주도자들은 지방보다는 중앙에서, 시일은 교무원회의 이전에, 준비위원은 준비상 서울에 거주하는 자를 발기인 모집위원에 위임하는 것으로 유도하였다. 그리고 별지에 이름을 적색으로 표시하였는데 이는 준비위원 피선될 가능성이 많은 대상자를 제시하였으며, 그렇지 않을 경우에는 7인을 선정하

되어 결과적으로는 중앙이 20건 지방이 1건으로 나와 다수결에 의하여 중앙으로 결정되었다. 대회 개최일은 교무원 평의회 전, 3월로 나와 교무원회의 이전에 하기로 하였다. 대회 준비위원은 기존 발기인 모집위원을 그대로 활용하자는 안이 18건, 새로 선출하자는 안이[10] 3건이 제기되어 역시 다수결에 의하여 발기인 모집위원을 대회 준비위원으로 선출하였다.[11]

이러한 21명(처)의 발기인들의 동참하에 지상총회가 추진되었으며, 그 지상총회를 제1회 발기인 총회로 인식하여, 그 결과를 각처의 발기인들에게 통보한 것이 1928년 2월 22일이었다. 대회 준비위원회는 2월 23일 회의를 개최하여 대회의 제반 사항을 정하였다. 우선 준비 부문의 조직을 정하였는데 서무부의 外事·교섭은 박용하, 서무부의 내무·문서는 배성원, 서무부의 응접은 김태완, 서무부의 설비는 김보섭, 박윤진, 정남제였으며 회계부에는 이신구와 이순호가 배정되었다. 그리고 대회 장소는 각황사에서, 시일은 3월 14일부터, 제2회 발기인 총회는 3월 12일 오전 8시부터 정하였다. 그밖에 대회 참가의 주의사항으로서 회비, 숙소, 휴대품, 4일간의 회의 일정 등도 정하였다.[12] 이러한 제반 개요를 정한 준비위원회는 2월 25일자로 대회 소

여 보내도록 하였다.

10) 새로 선출하자는 의견에 추천된 인물은 다음과 같다. 이신구, 정두석, 이순호, 박윤진, 김락환, 박영춘, 이해일(이것은 법주사 김동규 제안) : 이순호, 박윤진, 정두석, 김병규, 이성화, 박영춘, 이해일(이것은 서울의 이신구 제안) : 이순호, 이해일, 이성화, 정두석, 박영춘, 박윤진, 김병규(이것은 개운사 김락환의 제안).

11) 그러나 모집위원 중 정찬종, 박홍권, 김형진은 '사고'에 의하여 준비위원에 참가하지 못하여, 대신 이신구, 박윤진, 김보섭이 추가되었다.

12) 회비는 교통비는 스스로 해결, 숙박비는 4원(1인 1일분에 1원 가량), 기타 1원으로 정하여 각 5원을 회계에 납부하도록 하였다. 숙소는 각황사, 유대품은 법복(홍색가사, 장삼)과 인장, 대표위원은 해당 단체의 신임장을 지참하도록 하였다. 회의 일정은 제1일은 환영 강연회, 제2일은 분회별 준비회, 제3일은 정식회의,

집장을 엽서로 작성하여 각처로 발송하였다.

학인대회의 제2회 발기총회는 1928년 3월 12~13일 각황사에서 개최되었다. 이 총회는 제1회 총회가 지상총회였고, 대회의 제반 추진을 회의 직전에 정하기로 한 배경에서 나온 회의였기에 학인대회의 개요를 파악함에 있어서는 중요한 모임으로 볼 수 있다. 총회는 개회, 회원 점고, 좌장 선거, 경과보고, 선언 및 강령 제정, 대회절차, 회의자격, 견학문제, 강연회 개최, 대회비용, 기타사항, 폐회 등의 순서대로 진행하였다. 이러한 총회 순서에 의거 그 개요를 제시하겠다.

개회는 발기인이었던 이순호가 하고, 일동 기립하여 三寶에 귀의하였다. 회원 점고는 발기인 박윤진이 하였는바, 33명이었다.[13] 다음에는 좌장 선거에 들어갔다. 선거방법에 대해서는 이문호의 의견, 즉 임시 사회가 전형위원 5인을 선정하고, 그 선정위원이 후보자 3인을 선출하여 투표로 결정하자는 방법이 만장일치로 채택되었다. 그 결과 전형위원 박용하, 서성우, 박무근, 지대련, 이문호가 선임되어 이들이 박용하, 이순호, 조종현을 좌장 후보로 뽑았다. 이들에 대한 무기명 투표를 하여 박용하를 좌장으로 선출하였다.[14] 좌장에 선출된 박용하

제4일은 정식회의와 간친회로 정하였다.

13) 개운사 강원 : 이문호, 이순호, 조종현, 김형진, 이성화, 김락환, 이해일, 김병규, 박윤진, 황보안, 황하석, 김병하, 김태완, 박영춘

　건봉사 강원 : 최학연, 황영진, 박종운

　동화사 강원 : 김영호, 박무근

　백양사 강원 : 유영하, 김영식, 이지원

　송광사 강원 : 서성우, 조동환

　유점사 경원 : 박용하, 최경수, 이능상

　통도사 강원 : 김달윤

　표충사 강원 : 정남제

　해인사 강원 : 서병재, 지대련

　경성부 : 정찬종, 정두석

14) 박용하가 21표, 이순호가 6표, 조종현이 4표를 얻었다.

는 서기에 최학연, 사찰에 김병하와 박영춘을 지명하였다. 이어서 경과보고가 있었는데, 발기인이었던 이순호가 지금까지의 경과를 간략히 보고하였다. 선언 및 강령 제정에 관한 건은 준비위원회로부터 기초한 선언서가 제출되었으나, 선언의 범위가 적당하지 않았다 하여 다시 수정 제출하기로 하고 강령은 제정위원 5인을 선정하여 제정하게 하였다.15) 오후 12시 10분에 휴회를 하였다가 오후 2시에 회의를 재개하여 강령제정위원이 정한 초안을 보고하였고, 이를 수정하여 채택하였다. 그것은 다음과 같다.

· 우리는 불타의 근본의를 체달하기 위하야 심적 통일을 기하자
· 우리는 삼학연구와 교화방식을 시대에 적응하자
· 우리는 조선불교의 완성을 기하고 모든 것을 준비하자

다음으로는 대회 절차에 관한 건을 토의하였다. 박용하 좌장이 준비위원회가 정한 부분 회식(삼학연구부회, 교육연구부회, 교화연구부회)을 제시하였으나 최학연이 이의를 제기하였다. 그 요지는 대회순서 편성위원을 선정하고, 지방 대표의 의견을 참작하여 조정하자는 것이었는데, 이를 참가한 대중이 동의하여 가결시켰다. 그 결과 위원 7인을 구두호선하자는 황영진의 의견을 조종현과 김병규의 동의로 채택하였다. 호선된 7인은16) 대회의 순서를 검토하였다.17) 회원 자격에 관한 내용은 학인대회에 참가할 수 있는 회원의 자격의 범위를 말

---

15) 그들은 이순호, 서성우, 정찬종, 지대련, 이능상이었다.
16) 이순호, 박용하, 정남제, 최학연, 서성우, 김달윤, 김영식이었다.
17) 이 위원들은 이날 저녁에 모임을 갖고 그 순서를 토의하여, 그날 오후 9시부터 재개된 회의에 보고하였다. 그 결과 최학연이 그 개요를 보고하였고, 약간의 수정을 거쳐 채택하였다.

한다. 그 자격은 '연령 15세 이상의 조선인 사부대중으로 계정혜 삼학을 연수하는 자'에 한하되 심사위원 3인을 선정하여[18] 출석 지원자의 자격을 심사하기로 하였다. 견학에 관한 건은 대회 종료 후 서울 시내의 유명장소를 견학하기로 결정하고 그 장소를 정하였다.[19] 강연회 개최에 대해서는 대회 기간의 야간을 이용하여 강연회를 개최하는 것으로 정하였다.[20] 대회 비용에 대해서는 준비위원인 이순호가 대회 비용을 개괄적으로 보고하였는데 그 총액은 21원 4전이고, 대회록 출판비가 50원 가량이라고 하였다. 이에 대회비는 대회에서 배당하기로 정하고, 회록 발간은 불교사에 교섭하여 『불교』 4월호의 부록으로 간행하는 것으로 정하였다. 발기회의 비용에 대해서는 그 비용이 11원 13전이라는 내용을 준비위원 이순호가 보고하였다. 이 비용은 출석한 발기인에게 평균하여 처리하기로 정하였다.[21] 기타사항으로 견학시에 입을 의상에 대한 논의를 하였다. 그 결과 보통복[周衣]을 착용하기로 하였다.[22] 그리고 대회 개최 직전에 예비회를 열어 대회 순서를 결정하며 대회의장 및 그 屬員을[23] 선거하기로 하고, 예비회의 사회 및 속원은 발기회의 임원이 그대로 하는 것으로 정하였다.

이렇듯 학인대회의 개최 이전에 철저한 준비를 거친 후에 마침내,

---

18) 이능상, 박윤진, 황하석이었다.
19) 그 대상은 수송공립보통학교, 총독부 청사, 총독부 박물관, 경복궁, 조선은행, 경성우편국, 과학관, 경성역, 조선일보사, 라디오방송국, 총독부의원, 창경원 및 비원, 제생원, 서대문형무소, 용산군대, 경성제국대학, 불교전수학교, 부립 도서관, 동아일보사, 기타 등이었다.
20) 그 대상자로 검토한 인물은 최남선, 한용운, 권상로, 정인보, 박영호, 백성욱, 김법린, 이혼성, 김정설이다.
21) 그 즉시 분배하였는데 1인당 35전이었다.
22) 그러나 실제 견학시에는 견학에 나선 대상자들의 다수 의견, 즉 장삼과 가사를 착용하기로 결정하여 시행하였다.
23) 서기와 사찰을 의미한다.

1928년 3월 14일 역사적인 학인대회가 열렸다. 학인대회가 개최되기 직전인 3월 14일 오전 9시 30분에는 대회의 예비회를 각황사에서 개최하였다. 9시 30분 정각, 좌장 박용하가 삼귀의례로 개회를 선언하였다. 서기 김락영이 회원을 점고하니, 참가자는 40인이었다. 이어서 본 대회의 의장 및 속원을 선거하였다. 전형위원 7인을 선정하여 의장 후보자 4인을 선출하고, 투표로 최다수자를 의장, 차점자를 부의장으로 정하기로 하였다. 이에 그 전형위원이[24] 의장 후보자로 박승주, 차상명, 박용하, 이순호를 선정하였다. 이상 4인을 상대로 투표한 결과 박용하 21표, 차상명 9표, 박승주 5표, 이순호 5표가 되어 박용하를 의장에 차상명을 부의장으로 결정하였다. 다음으로는 서기에 주동원, 박종운, 김달윤을 정하고 사찰에는 조종현, 김병규, 김형진을 전형위원이 정하였다. 대회 순서는 발기회에서 정한 순서 중에서 일부를 수정하여 변경하는 것에 그쳤다.[25] 대회의 예비회는 오후 12시 30분에 폐회되었다.

학인대회는 1928년 3월 14일, 오후 2시 각황사에서 개최되었다. 그 순서는 개회, 회원점고, 대회 취지 설명, 경과보고, 축사, 선언 및 강령에 관한 건, 교리연구에 관한 건, 교육제도에 관한 건, 교육기관 배치에 관한 건, 교과서에 관한 건, 학인의제에 관한 건, 예식에 관한 건, 학인품행에 관한 건, 교화에 관한 건, 본회 상설기관에 관한 건, 학인대회 기관지에 관한 건, 대회록 출판에 관한 건, 대회 비용에 관한 건, 기타사항, 폐회 등이었다. 역사적인 그날의 대회에 참가한 대상자는 52인이었다. 그 대상자를 제시하면 다음과 같다.[26]

---

24) 그들은 최학연, 박용하, 이순호, 이능상, 이성화, 정남제, 김달윤이었다.
25) 그것은 박종운이 주장한 예식에 관한 건을 추가한 것, 주동원이 주장한 본회 존속에 관한 건을 본회 상설기관에 관한 건으로 수정한 것이었다.
26) 괄호안의 사찰, 강원은 당시 현주소이다. 이 대상자는 52인이다.

강리형(유점사 동국경원), 김달윤(통도사 강원), 김동운(유점사, 동국경원), 김득성(개운사 강원), 김락환(개운사 강원), 김법련(유점사), 김병규(개운사 강원), 김병하(개운사 강원), 김보섭(개운사 강원), 김영선(개운사 강원), 김영호(동화사 강원), 김주진(경성 다옥정), 김태완(개운사 강원), 김형진(개운사 강원), 권정하(개운사 강원), 권정완(봉원사), 나병구(화계사), 유영하(백양사 강원), 이능상(유점사 동국경원), 이문호(개운사 강원), 이성화(개운사 강원), 이순호(개운사 강원), 이지원(백양사 강원), 이해일(개운사 강원), 박용하(유점사 동국경원), 박무근(동화사 강원), 박승주(용문사), 박영춘(개운사 강원), 박윤진(개운사), 박종운(건봉사 강원), 배성원(개운사 강원), 서병재(해인사 강원), 서성우(송광사 강원), 신종기(범어사), 안우천(경성 간동), 오관수(옥천사), 조동환(송광사 강원), 조종현(개운사 강원), 정남제(개운사 강원), 정두석(경성 충신동), 정찬종(경성 종로), 주동원(일본 용곡대학), 지대련(해인사 강원), 차상명(범어사 동래포교당), 최경수(유점사 동국경원), 최학연(건봉사 강원), 표리정(유점사 동국경원), 한영석(경성 서대문), 황보안(개운사 강원), 황영진(건봉사 강원), 황하석(개운사 강원)

의장인 박용하의 개회 선언으로 대회는 시작되었다. 이어서 전원이 삼귀의례를 하고, 서기 박종운이 회원을 점고하니 출석자가 46인, 결석자가 5인이었다. 즉 대회가 개회되었던 그 순간에 5명이 불참한 것이다.[27] 대회의 취지는 준비위원인 이순호가 하였다. 이순호는 대회가 개최된 요인을 '朝鮮佛敎의 現狀'에서 찾았다. 즉 그는 조선불교의 불완전한 상태를 구하기 위해 대회가 개최되었음을 강조하였다. 다음으로는 경과보고를 하기로 되어 있었으나, 경과보고 준비가 미흡하여

---

27) 위의 52인의 출석원 일람은 대회록(9~12쪽)에 나온 것이다. 그런데 대회록 39면에는 출석원 46인, 결석원 5인으로 나온다. 즉 1인이 착오된 것으로 보인다. 대회록에는 대회 참가자와 불참자의 통계에는 대부분 52명으로 나온다. 요컨대 출석원인지 아니면 불참자 중에서 1인이 착오된 것이다.

뒤로 미루고, 의장 박용하가 축사를 낭독하였다.[28] 이어서 경과보고를 이순호가 하였다.

선언 및 강령에 관해서는 의장인 박용하가 그 경과를 언급하였다. 발기총회에서 모씨에게 부탁한 선언은 채용되지 못하였으며, 강령은 발기회에서 작성한 바가 있었기에 낭독할 수 있다는 발언을 하였다. 이에 김동운은 그 낭독을 요청하여, 선언과 강령이 낭독되었다. 그런데 강령의 '불교완성'이라는 문구를 두고 참가대중들의 논란이 지속되어 강령을 수정하자는 의견을 정하고, 이어서 강령 수정위원을 구두호선으로 선출하자는 의견을 정하였다. 그 결과 5인의 수정위원을[29] 선출하고, 이들로 하여금 수정하게 하고 그 발표는 기타사항의 토의시에 하도록 하였다. 이상과 같은 내용을 정하고 3월 14일 오후 3시 30분에 휴회하였다.

3월 15일 오후 4시 30분, 대회를 속개하였다.[30] 대회는 속개되어 먼저 교리연구에 관한 건을 토의하였다. 교리연구에 대한 문제는 다수 대중이 의견을 개진하여 명일, 議案으로 제출하기로 하고 오후 5시 50분에 휴회를 선언하였다.

3월 16일 오전 9시, 대회는 속회되었다.[31] 대회는 전일에 결정하지 못한 교리연구에 대한 각자의 의견을 개진하면서 시작되었다. 그런데 그 의견을 개진한 대상자가 다수였고, 그에 대한 이견이 분분하여 치열한 논란이 있었다. 당시 제기된 의견을 요약하면 다음과 같다.

· 조종현 의안 : 선학, 교학, 율학을 전문적·부분적으로 연구해야 함.

---

28) 축사는 선암사 강원, 표충사 강원, 표충사 백만기의 축전이 있었다.
29) 이순호, 박용하, 이성화, 이능상, 차상명이다.
30) 참석자는 41인, 불참자는 11인이었다.
31) 참석자는 34인, 불참자는 18인이었다.

· 박무근 의안 : 선종, 교종, 율종을 분립하여 연구, 삼학의 통일도 지향.
· 최학연, 황영진, 박종운 의안 : 계율을 수신과목으로 엄수, 선과 교
   를 분립함.
· 서병재 의안 : 捨敎入禪.
· 김병규 의안 : 초, 중, 고의 3期를 수업한 후에 선, 교, 율을 전공.
     참선－보편적으로 타인에게 주지하도록 연구.
     간경－실지로 체험하도록 연구, 大乘了義를 주로 하고, 현대 민중
     을 接引하기 위한 연구.
     염불－유심정토, 삼매현전을 기할 것.
     지계－현대인의 근성에 적합하게 고수할 것(이상의 각 조항에는
     계정혜가 포함됨).
· 김형진 의안 : 수학기－敎經 수료.
               연구기－경, 선, 율, 念, 呪 각 종을 자의로 선택하여
               연구.
· 이능상 의안 : 선교를 쌍수, 기간은 하안거 90일을 禪定期로, 그 잔
   여 기간은 修敎期로 함(단 선은 사교 수료자에게 한함).

이상과 같은 의안을 의장인 박용하가 낭독한 후 그에 대한 다양한
의견이 개진되었다. 그 결과, '先敎後禪'하는 것으로 정하였다.
교육제도에 관한 건은 교육제도 혁신에 대한 정도를 따라 초, 중,
고의 3等으로 나누고 내전 이외에도 시대에 적합한 상식적 과학을 겸
수하되, 흑판 교수로 하자는 의견이 있던 중에 의장인 박용하의 사고
로32) 부의장인 차상명이 좌장으로 진행을 주도하였다. 차상명은 교육
제도와 같은 중차대한 문제는 위원을 선정하여 위원에게 위임하는 의
견을 내놓았다. 그러자 서성우는 교육제도, 교육기관 배치, 교과서에

---

32) 이 사고의 내용은 전혀 전하지 않는다.

관한 주제를 모두 묶어 위원에게 일임하자는 의견을 내놓았다. 그러나 교육제도 1건만을 위원에게 맡기자는 의견이 채택되었다. 그 결과 위원은 12인으로 하되, 각 강원에서 1인을 의장이 선출하고, 부족한 위원은 일반 회원 중에서 호선하자는 박용하의 의견이 채택되었다. 이 의견에 의거 위원을 선정하고[33] 11시 50분에 휴회가 선언되었다.

3월 16일 오후 1시 30분, 대회는 속회되었다.[34] 토의는 교육기관 배치의 건부터 시작되었다. 이 안건은 서병재가 위원에게 의뢰하여 정하자는 의견을 제출하였지만, 김법련은 교육기관 배치, 교과서, 학인 의제, 예식 절차 등 4건을 전부 교육제도 위원에게 위임하자는 의견을 내놓았다. 투표 결과 14 : 14 동수였지만 의장이 후자의 의견에 가담하여 김법련의 의견이 결정되었다. 다음으로는 학인의 품행에 관한 건을 토의하였다. 이 문제에 대해서도 약간의 논란이 있었다. 그 결과 5계에 금연, 斷肉을 가하여 엄수하는 것으로 정하였다. 교화에 관한 건은 하기 휴가에 순회 강연, 4대 기념일에 素人劇과 강연회 개최를 하되 각 사찰이 연합하여 할 수 있는 기념회를 조직할 것, 학인의 名刺에 '조선불교 학인'이라는 肩書를 부착하고 그 이면에는 포교문을[35] 기재할 것을 정하였다. 학인대회 상설기관에 관한 건은 전조선불교학인단체 연맹을 조직하는 것으로 정하였다. 이 연맹의 규약은 규약 선정위원 5인을 두어 정하도록 호선하였으며,[36] 연맹의 期成은 동국경원에서 출석한 학인 전부에게 위임하기로 결정하였다.[37] 기관지에 관

---

33) 그 위원은 이순호, 박용하, 정남제, 박종운, 김영호, 김달윤, 서병재, 서성우, 김영식, 박윤진, 조종현, 차상명이다.
34) 출석자는 37인, 결석자는 15인이었다.
35) 그 내용은 "人世는 苦海이다. 樂을 求하려거든 佛陀의 慈航에 오르라. 먼저 나를 알라. 온갖 緣境은 다 나를 의지하여 성립되었다"였다.
36) 그 위원은 이순호, 박용하, 조종현, 정두석, 서병재였다.
37) 이런 배경에서 나온 것으로 이해되는바, 대회록에는 「朝鮮佛教學人聯盟 促成」이

한 건은 기관지를 발행하자는 의견으로 정하였다. 그 기관지는 등사로, 50항으로, 春秋간으로 발행하기로 하였다. 기관지의 경영 및 기타 제반에 대하여는 위원 5인을 회원이 호선하고, 그 위원에게 위임하는 것으로 하였다.[38] 이상과 같은 결정을 한 이후 대회는 오후 5시에 휴회되었다.

3월 17일 오전 9시, 대회는 속개되었다.[39] 전날에 교육제도를 비롯한 4개 안에 관련된 위원 중의 일원인 조종현이 등단하여 위원회에서 제정한 의안을 통독한 뒤에 1개 안씩 상정하여 결의하기로 정하였다. 우선 교육제도에 관한 건은 위원회에서 정한 초등과(3년), 중등과(3년), 고등과(4년)의 제도의 틀과 그 전제하의 과목을 정하였다.[40] 약간의 이견은[41] 있었으나 위원회 안이 통과되었다. 교육기관 배치에 관한 건은 위원회에서 제정된 의안 그대로 통과시켰다. 그 개요는 고등과 강원 1개소는 경성에 설치하되 교무원의 경영으로 운영하는 것으로 하였으며, 중등과 강원은 6개소 이상을 지방에 설치하는 것으로, 초등과 강원은 중등과 강원에 부속하고 그 이외에 상당한 사원에 설

   '金剛山 楡岾寺 東國經院內 朝鮮佛敎學人聯盟期成委員會 白'의 이름으로 나온다. 그 내용은 "離散은 滅亡의 表象이다. 分裂은 衰弱의 兆朕이다. 모래라도 뭉치면 泰山이 된다. 올액이도 合하면 동아줄 일운다. 學人이 올액이라면 聯盟은 동아줄이다. 우리는 힘잇고 굿세인 동아줄들이다. 朝鮮佛敎를 運轉할 동아줄 들이다. 朝鮮佛敎 學人이여 聯盟하자."이다.

38) 위원은 주동원, 이순호, 최학연, 서성우, 이문호였다.
39) 출석자는 36인이었고, 불참자는 16인이었다.
40) 그 교과목은 다음과 같다.
   초등과 : 석존전, 불조3경, 도서, 조선어, 일어, 산술
   중등과 : 능엄경, 기신론, 반야경, 원각경, 구사론대강, 유식론대강, 조선불교사, 조선역사, 조선지리, 동물학, 광물학, 생리학, 수학, 일어
   고등과 : 화엄경, 선문염송, 각종강요, 인명론, 불교사, 세계종교사, 인도철학, 철학개론, 세계지리역사, 물리화학, 地文, 경제학
   * 이상은 흑판 교수로 함을 원칙으로 정하였다.
41) 중등과에 영어를 배우게 하고, 초등과에 음악을 포함시키자는 의견이었다.

치하는 것으로 정하였다. 교과서에 관한 건은 교육제도의 건에 포함되었기에 토의하지 않았다. 학인의제에 관한 건은 상당한 논란이 있었다. 위원회 안은 예복은 흑색 장삼, 홍색 가사로 정하였지만 行服은 흑색 장삼을 소매만을 좁게 하되 周衣보다는 크게 하고, 가사는 선종식의 絡子로 하는 것이었다. 그러나 회의에서는 락자를 제외하자는 의견이 다수 찬동으로 가결되었다. 다만 락자를 제외하는 대신에 卍字를 銀製(4분 평방)로 하여 흉부에 揷하기로 하였다. 그 외에 모자는 나파륜帽[42]를 노소 없이 쓰는 것으로 하였다. 이상과 같은 내용을 정하고 대회는 11시 50분에 휴회하였다.

대회는 3월 17일 오후 1시 50분에 속회되었다. 우선 예식에 관한 건을 토의하였는데, 위원회에서 제정한 원안을 수정, 보완하여 통과시켰다. 그 요지는 朝夕 三頂禮만 하고, 참선 10분이었다. 夕禮, 誦呪는 先誦만 하고, 삼정례를 한 뒤 참선 10분을 행하는 것으로 하였다.[43]

다음으로는 본회 상설기관인 연맹의 규약에 관한 건을 다루었다. 먼저 연맹 규약제정위원인 조종현이 위원회에서 정한 규약을 낭독하였다. 대회에서는 이 안을 기본으로 하고, 가맹과 탈퇴의 절차, 연맹원의 처벌, 연맹의 총회 등의 문제를 보수하여 과반의 찬동으로 통과되었다. 그 규약은 다음과 같다.

- 본 연맹은 조선불교학인연맹이라 칭함.
- 본 연맹은 조선불교학인대회의 강령을 실천하기 위하여 조선불교학인의 일치행동을 期함으로써 목적함.
- 본 연맹에 참가할 자격은 조선불교학인단체로 조직함(단 5인 이

---

42) 나폴레옹을 한자 拿破崙으로 표기한 것으로 나폴레옹 모자를 뜻한다.
43) 그리고 예배는 '동국경원(유점사)式'으로 정하였는데, 필자는 이에 대한 정보가 부재하다.

상의 대표는 단체로 간주함).

- 본 연맹에 가맹 又는 탈퇴하는 절차는 연맹 총회의 결의로 此를 결정함.
- 본 연맹의 사무는 조선불교학인대회 又는 연맹 총회에서 지정한 단체에서 집행함.
- 본 연맹에 가맹한 단체는 조선불교학인대회 及 본 연맹총회의 결의 又는 본 규약을 이행할 의무가 有함.
- 본 연맹에 가맹한 단체로서 전항의 의무를 이행치 아니하거나 又는 본 연맹의 체면을 汚損할 시는 본 연맹에서 탈퇴를 명함.
- 본 연맹의 회비는 每人 每年 50전으로 하되 6월 말일 이내로 납입함.
- 본 연맹은 기관지를 발행함.
- 본 연맹은 매년 3월에 정기총회를 開하고(단 필요로 認하는 시 총회의 결의로 임시총회를 소집할 수 있음) 필요에 應하야 총회의 결의로 조선불교학인대회를 소집함.
- 본 규약은 연맹이 성립되는 때로 부터 시행함.
- 본 규약은 조선불교 학인대회에서 출석원 三分二 이상의 결의로 개정할 수 있음.

이어서 기관지에 관한 건을 토의하였다. 기관지에 관한 문제는 이미 그 개요를 정하였지만, 여기에서 다시 재론하였다. 그 결과 그 지면을 기존 50항에서 100항으로 변경하였다. 이에 기관지에 관한 개요를 제시하면 다음과 같다.

- 명칭 : 回光
- 내용 : 권두언, 교리란, 史話란, 사상란, 창작란, 遍計란, 소식란.
- 투고 : 25자 30행 내외, 6월말 及 12월일 이내로.
- 발행일 : 3월 1일, 9월 1일.

· 발행방침 : 연맹 강원이 강원 소재 寺名의 「가나다」순으로 1회씩
　발간 책임을 맡고 그 비용은 연맹에서 辨出함.
· 발행부수 : 회원 全數, 31본산, 기타 有志를 總合한 수(연맹에서 통
　지함).
· 기타 : 편집 겸 발행인, 발간 當 강원 某 停載權은 편집인에게 일
　임하고 원고는 절대로 반환치 아니함.

그리고 대회록 출판에 관한 건도 재론하여, 『불교』지의 부록으로
하지 말고, 단행본으로 출판하기를 만장일치로 결정하였다. 대회록의
출판 사무는 편의상 개운사 강원 학인에게 위임하기로 하였다. 대회
비용에 대한 문제도 토의하였다. 먼저 이순호가 대회 비용을 보고하
였는데 대회 발기, 준비 비용 수입은 11원 40전이고 지출은 11원 39전
이었다.44) 발기인 총회 비용은 수입이 11원 20전, 지출이 11원 13전이
었다.45) 대회 비용은 수입이 73원 85전이고, 지출은 73원 60전이었
다.46) 이러한 보고를 받은 대중들은 토의를 거쳐, 비용의 4/1은 회원
에게 분배하고 4/3은 강원이 분배하기로 정하였다.47)

기타사항에 들어가서는 선언과 강령을 토의 결정하였다. 위원에게
위임한 선언과 강령을 의장인 박용하가 낭독하고, 참가 대중들의 만
장일치로 통과시켰다. 우선 대회 강령을 살펴보면 다음과 같다.

---

44) 수입은 개운사 강원 학인 일동 의연금이었고, 지출은 취지서 인쇄비, 발기인 모
　집 통신비, 기타 잡비였다.
45) 수입은 발기인 출석 32명에서 나온 수입금이고, 지출은 대회 소집통신비, 기타
　잡비였다.
46) 수입에 9개 강원 분배 수입금(6원 25전씩), 회원 40인 분배 수입금(44전씩)이었으
　며 지출은 대회록 500부 출판예산액과 대회 잡비였다.
47) 그런데 이 비용 처리가 학인대회의 비용만을 고려한 것으로 이해되는데, 약간
　애매한 점이 있다.

· 우리는 佛陀的 救濟의 中心者로 弘任과 健行을 가지자.
· 우리는 時代에 適應한 敎化 方式을 만들자.
· 우리는 佛敎朝鮮의 建立에 필요한 모든 資糧을 統一的으로 準備하자.
· 우리는 自利利他의 佛旨를 體認하기 위하야 完善한 佛敎敎育制度의
  一致 確立을 期하자.

이 강령에 의하면 대회 참가자들은 불타적 구제라는 실천 목표를 정하고, 이를 위한 교화방식을 새롭게 정비해야 함을 천명하였다. 이에 그들은 그 목표와 실천이 곧 불교조선의 건립으로 제시하고 이를 달성하기 위한 준비를 통일적으로 해야 함을 역설한다. 그리고 그들은 이 노선이 '자리이타'의 불교의 근본이고, 이를 위한 불교교육제도의 확립이 급선무임을 내세웠다고 하겠다. '학인대회 선언'에서는 학인들이 가져야 할 자세와 의무에 대한 원칙을 개진하였다. 대회 주도자들은 당시 불교계가 쇠폐, 단절, 멸망에 있다고 진단하면서 이를 극복할 책임이 학인에게 있다고 주장하였다. 그러나 이를 극복할 방안은 곧 佛力으로써 가능하다고 보고, 그 구체적인 준비 내용의 요체는 '自性의 圓實'임을 강조하였다.

시대에 마치어 有情을 廣度하려 하면 방편이 잇을 것이나 切至한 적응은 自性의 圓實한 그 자리에서 이러나는 明睿가 아니면 될 수 없으며 玄籍을 誦持하매 반드시 선후와 緊懈을 알어야 할 것이다. 표준은 오즉 자성의 원실이며 조선을 불교화하야 挺特한 大建立이 잇으려 하매 반드시 여러 가지 준비가 잇어야 할 것이나 統紀는 오즉 자성의 원실이다.48)

---

48) 대회록 7쪽.

자성의 원실은 무엇인가. 이는 자기 자신의 본성을 충분히, 원만히 수행하는 것 혹은 이를 충실히 갖추는 것으로 볼 수 있다. 이에 선언에서는 자성의 원실을 기하려면 계행의 肅淨, 誦呪의 虔謹을 기해야 한다고 주장한다. 자성의 원실을 스스로 證照해야 한다는 것이다. 때문에 이러한 취지하에 추진하는 학인대회는 부처의 大悲, 大智를 나타내는 大光明의 導線으로 주장하였다. 즉 학인들의 그 자성을 원실하려는 모임이 바로 학인대회라는 것이었다.

이후 박용하의 제안, 즉 대회에서 의결한 사항 중에서 실행을 주선할 문제에 대해서는 실행위원을 선정하자는 것에 대하여 전원이 찬동하였다. 이에 구두호선에 의하여 박용하, 박윤진, 차상명, 이순호, 이능상을 선정하였다. 이어서 주동원이 보성고등보통학교에 불교를 알리기 위한 隨意科를 두도록 주선하자는 의견을 제시하였으나 시간이 지났다는 경고에 의해 의장은 폐회를 선언하였다. 곧 조선불교학인대회 만세 소리와 함께 대회는 종료되었다.

이제부터는 대회에 관련된 부수적인 내용을 소개하겠다. 우선 대회 참석자들은 3월 15일 대회 기념촬영을 하였다. 대회록에는 당시 촬영한 사진이 전한다. 그 촬영에 임한 대상자들은 이문성, 김병하, 서병재, 김락환, 유영하, 박영춘, 최경수, 박용하, 안우천, 이지원, 지대련, 김영식, 김법연, 이능상, 조종현, 조동환, 강리형, 표리정, 박무근, 김주진, 김동운, 이순호, 황영진, 권정원, 박윤진, 이성희, 황하석, 김병규, 김달윤, 서성우, 김영선, 김형진, 주동원, 박승주, 이해일, 김영호, 정남식, 최학연, 정두석, 김성인, 박종운, 황보안 등 42명이었다. 그리고 대회가 진행되는 도중에 대회를 축하해주는 의미에서 공양 보시를 받았다. 3월 16일 오찬은 임천명화(단성사 경영주 박승필의 慈堂), 3월 17일 오찬은 경인생 이씨(경성, 무교동 거주), 3월 18일 오찬은 송만암

(중앙교무원 이사)이 담당하였다.

그리고 대회 중간에는 서울 시내 주요 시설을 3월 13일, 15일, 19일에 견학하였다.[49] 3월 18일 오후 8시 반에는 각황사에서 학인대회 참가 대중간의 懇親會를 개최하였다. 참석자는 40여 명이었다. 한편 대회에서 결의한 내용을 이행하기 위한 조치를 시도하였다. 그 교섭위원이었던 박용하가 교육제도, 교육기관 배치의 2건을 교섭위원 3인의[50] 이름으로 교무원에 제출하였다. 그 추진방안은 학인대회에서 결의안을 교무원에서 채택하고, 이사회의 동의를 얻어 1928년도의 예산에 고등강원 유지비 2,400원을 편입시켜 1928년부터 실시하는 것이었다. 그러나 3월 21일, 총독부 학무국장의 '지시' 즉 "불교전수학교가 아직 허가를 얻지 못하는 도중에는 여하한 신사업을 경영함이 부당하다" 하여 예산에서 삭제되었다. 그리고 제6회 재단법인 교무원의 평의원회에 요구안을 제출하였으나 교육제도 개선, 교육기관 배치 등은 찬성하고 고등강원에 대해서는 학인대회의 요구대로 실행하기로 결정하였으나, 단 실행은 1929년 평의원회까지 유보하기로 결의되었다.

한편 학인대회가 열리던 오후에는 사회 저명 인사를 초청하는 강연회를 개최하였다. 3월 14일부터 17일까지 기간에 열렸다. 그 개요는 다음과 같다.

3월 14일, 오후 4시 : 최남선, 「학인과 학인의 사명」

---

49) 3월 13일 : 수송공립보통학교(오후 2시), 총독부 청사(오후 3시), 총독부 박물관(오후 3시 반), 경복궁(오후 4시)
　　3월 15일 : 조선은행(오전 10시), 경성우편국(오전 12시), 과학관(오후 0시 반), 경성역(오후 2시), 조선일보사(오후 3시),
　　3월 19일 : 라디오방송국(오전 10시), 총독부의원(오후 1시), 창경원(오후 2시)
50) 그 3인은 알 수 없다.

오후 7시 반 : 이혼성,51) 「환영」

오후 8시 : 정인보, 「조선불교의 근본 문제」

3월 15일, 오후 8시 반 : 백성욱, 「조선불교 학인대회와 나의 소감」

3월 16일, 오후 7시 반 : 박영호(박한영), 「교시」52)

3월 17일, 오후 8시 반 : 김정설, 「棒喝」

이들의 강연 요지는 대회록에 전하고 있다. 그러나 강연에 임한 이정섭의 강연기는 사정으로 대회록에 수록하지 않았다.53) 또한 대회 주도자들이 강연자로 적극 초빙한 한용운은 '病席'으로 인하여 응할 수 없었다. 그리고 대회록의 말미에는 義捐記가 전한다. 이는 대회의 취지를 선전할 겸 발기인 모집을 위해 영남지방을 중심으로 순방한 모집위원인 이순호에 베푼 동정의 내용을 요약한 것이다. 당시 이순호는 1928년 음력54) 12월 20일부터 약 3주간에 걸쳐 본산 및 강원의 순방에 나섰다. 이때 받은 금액이 55원 70전이었다.55)

---

51) 그는 당시 중앙교무원의 이사였다. 이를테면 교단의 실무 책임자였다.
52) 박영호는 박한영을 지칭하는데, 그는 불의에 여행을 떠나기에 10분정도의 인사나 하고 가겠다는 심정으로 학인대회에 참석한 학인들을 격려하는 차원에서 연설하였다.
53) 이정섭은 「비판적 정신」이라는 주제의 강연을 하였다. 필자는 이정섭이 누구인지, 그리고 게재하지 않은 사정을 알 수 없다.
54) 대회록에는 舊 12월 20일로 나오는데, 이를 음력으로 이해하였다.
55) 그 내용은 다음과 같다.
개운사(10원), 박한영(1원), 개운사 강원 학인(6원), 교무원 이사 김만응(2원), 동화사(3원), 동화사 강원 강우회(2원), 통도사 강원 신진회(2원), 통도사 강원 강사 조영식(1원), 통도사 강원 강사 우성연(20전), 범어사 강원 강우회(5원), 옥천사(10원), 옥천사 박홍권(1원), 진주 포교당 오택언(1원), 진주읍 김영순(3원), 함안군청 김형방(2원), 합천군청 강치남(1원 半), 해인사(5원).

3. 결어 : 학인대회록에 나타난 불교개혁

이제부터는 지금껏 살펴본 학인대회록에 나타난 제반 내용을 유의하면서, 그 대회록에서 추출할 수 있는 불교개혁의 내용을 제시하고자 한다. 그러나 이 불교개혁은 더욱 치밀하게 조망해야 하기에 여기에서는 그 방향만을 개진하려고 한다.

첫째, 학인대회가 1928년 3월에 개최되었다는 불교사적인 의의를 찾아내야 한다. 대회록에도 나타난 것과 같이 대회 주도자들은 대회의 발기를 1927년 10월 말부터 본격화하였다. 심지어는 지상으로 발기총회를 할 정도였는바, 왜 대회를 조급하게 열 수밖에 없었는가에 대한 배경을 정리해야 한다. 이러한 대회의 개최가 우연히 시작되었다기보다는 당시 불교사의 흐름, 변동에서 그에 대한 적절한 의의를 부여해야 할 것이다.

둘째, 대회 주도자들의 주요 기반은 개운사 강원이었다. 당시 개운사 강원은 1925년부터 당대의 강백인 박한영이 주석하면서 학인들을 교육시키고 있었다. 학인대회의 발기가 바로 개운사 강원의 수료식과 맞물려 있었다는 측면도 간과할 수 없는 것이다. 이러한 점은 곧 박한영에게 영향 받은 개운사 강원의 수료생, 재학생들의 불교개혁정신과 연결됨을 말한다. 여기에서 우리는 개운사 강원이 갖고 있는 근대불교선상에서의 위상을 점검해야 할 과제를 만난다. 박한영은 1910년대부터 강백으로 명망을 떨쳤고, 불교잡지 발간을 통한 불교대중화의 일선에 나섰으며, 임제종운동과 3·1운동 때에도 그 일선에 섰던 당사자였다. 지금껏 근대불교사상에서 박한영에 대한 주목은 매우 미약하였다. 박한영 그가 왜, 1925년부터 개운사에서 강원 교육의 일선에 나섰는가에 대한 불교적·사상적 의의를 설명할 과제를 갖는다.

셋째, 학인대회에 참가한 대부분의 대중들은 강원의 재학생, 수료생들이었다. 요컨대 강원교육과 연결된 대상자들이었다. 여기에서 우리는 1910년대 이래 불교 유신, 개혁, 대중화 등의 구도에서 구학교육, 강원, 구체제가 배척당하였던 일련의 사실에서 이 시기에 불교개혁의 대상과 그 내용이 변화되는 양상을 찾아낼 수 있을 것이다.

넷째, 대회 주도자들의 현실인식, 불교개혁의 본질을 점검해야 한다. 대회 주도자들의 의식, 사상을 찾을 수 있는 대회 취지서, 대회 선언, 강령, 대회 요의 등을 세밀히 분석하면 학인대회가 갖고 있는 사상성을 추출할 수 있을 것이다. 특히 이들은 불교개혁의 방향을 불교교육에서 찾고 있음은 매우 특이한 경우이다. 여타 불교개혁에서도 불교교육 분야를 개혁한다는 주장은 적지 않았으나 이 학인대회 같이 불교개혁의 노선을 불교교육에 치중한 경우는 흔하지 않은 것이다. 여기에서 우리는 이 대회의 또 다른 특성을 찾아내는 것이다.

다섯째, 대회 진행중에 제기한 학인들의 다양한 의견을 유형별로 정리하고 그에 대한 의미를 찾아내야 할 것이다. 특히 교리연구를 둘러싸고 제기된 의안은 우리의 시선을 끄는 주제이다. 동시에 그 내용들은 불교 교리, 사상을 바라보는 일정한 관점을 갖고 있다. 때문에 이는 당시 불교계의 강학분야의 문제점, 인식을 요약할 수 있는 대목이다.

여섯째, 대회 주도자들 중에서 우리의 시선이 더욱 가는 대상자는 박용하와 이순호이다. 박용하는 이운허로 널리 알려진 인물이며, 이순호는 이청담으로 널리 알려진 인물이다. 대회록에도 나오지만 학인대회를 주도한 주역은 이들이었다. 박용하는 좌장, 대회의장으로 대회를 이끌었으며, 이순호는 대회의 실무와 이면에서 대회를 조율한 당사자였다. 박용하는 이 대회 이전에는 만주지역의 독립운동에 참여하였고, 해방공간에서는 경기도 교무원장을 역임하였으며, 1960년대 이후에는 한국 현대불교의 역경을 대표할 정도로 역경분야에 헌신한 승려였다. 이런 사실에서 왜 그가 노년에 역경사업에 정열과 혼을 투여하였는가에 대한 의문을 해소할 자료로서 학인대회를 주목하는 것이다. 그리고 이순호는 1950~60년대 이른바 정화불사, 정화운동의 핵심 주역이었다. 이청담으로 불리던 그 시절에 왜 그가 불교의 정상화를 위해 수많은 역경, 비난, 위험을 무릅쓰고 불교정화에 나섰는가에 대한 역사적인 답변을 찾을 수 있을 것이다. 이청담은 자신이 수행한 정화불사의 연원을 이 학인대회에서 찾았음도 단순한 우연은 아니라 하겠다.

일곱째, 불교개혁의 다양한 노선과 성격을 찾을 수 있으며, 불교개혁사상의 폭을 넓힐 수 있다. 지금껏 우리는 불교개혁은 구질서의 파괴, 신학문의 수용 위주의 노선만 강조하였다. 그러나 근현대불교사에는 구학, 구질서, 전통 계승, 근본불교 강조 등과 연결되어 있는 불교개혁의 노선을 적지 않게 만날 수 있다. 이 학인대회가 바로 그 경우로 볼 수 있다.

여덟째, 학인대회 이후 학인들의 동향과 학인대회에서 결의한 내용들이 교단에 어떻게 수용, 변질되었는가에 대해서도 우리의 관심이 가야 된다. 학인들은 학인연맹을 결성하고, 기관지 『회광』을 발간하였다. 그리고 교단에서도 학인대회에서 결의, 제안한 내용을 수용하여 불교계에 활용할 방안을 강구하였다. 그러나 실질적인 측면에서의 성과는 매우 미진하였다. 그러면 그 미진한 원인이 무엇이었는가를 분석해야 할 것이다. 이러한 측면은 지금 현재 불교계에서도 참조할 귀중한 자료인 것이다.

지금껏 1928년 3월, 각황사에서 개최된 학인대회의 전모를 전하는 대회록을 통하여 불교개혁과 연관지어 살필 수 있는 관점을 제시하여 보았다. 추후에는 더욱 다양한 시각에서 이 대회에서 제기한 내용을 분석할 때 이 대회의 역사성은 지속될 것이다.

방한암과 조계종단

1. 서언

근현대 한국불교사에는 고승, 큰스님, 선지식으로 불리는 수많은 승려들을 찾아볼 수 있다. 이들은 각처의 사찰에서 혹은 선원 및 강원에서 불교의 정수를 익힌 후에는 후학을 가르치고, 혹은 중생을 교화하면서 자신의 본분을 다하였다. 그리하여 그들은 상구보리, 하화중생을 하면서 자신에게 주어진 사명을 마다하지 않았기에 그들의 고뇌와 행적은 역사에 남기도 하고 후학 및 후대의 사람들에게 큰 영향력을 끼쳤다. 그런데 그러한 인물 중 역사에 남을 만한 행적과 사상을 갖고 있었음에도 불구하고 역사에서 소홀히 인식되거나 심지어는 배척받은 경우도 적지 않다. 이 경우 원인은 다양한 요인에서 찾아볼 수 있지만 자료의 절대 부족 혹은 후학·후대의 계승의식에서도 비롯된다.

본 고찰의 대상 인물인 방한암의 경우가 바로 위와 같은 실례이다. 필자가 근현대불교를 연구한 결과에 의하면 방한암은 근현대불교사에서 결코 간과할 수 없는 '큰스님'이다. 그의 행적, 고뇌, 사상, 종단 사적인 위상 등을 종합하여 살펴보아도 그는 근현대불교의 거목이었다. 그럼에도 불구하고 그에 대한 객관적인 자료 정리나 관련 연구는 거의 황무지와 같은 지경이다. 이런 현실에서 한암문도회의 『한암일발록』과 김호성의 『방한암선사』가 방한암 이해의 교과서 역할을 하였을 뿐이다.[1] 이러한 문제는 후손들의 계승의식, 종단 차원의 조계종사 정리 및 이해의 미숙, 특정 승려에게 경도된[2] 현대불교사상의 이해 등이 어우러져 나온 결과이다.

이 같은 배경에서 본 고찰은 방한암과 조계종단과의 관련을 집중 조명하고자 한다. 방한암에 대한 접근·연구는 생애 및 행적, 수학 및 이력과정, 교학 및 선, 사상의 구조, 계정혜 삼학으로 요약되는 그의 사상적 특성, 종단 내의 위상 등 다양한 방면에서 가능할 것이다. 필자는 현대 한국불교의 대표 종단으로 칭하고 있는 조계종단에서 그가 갖고 있는 위상과 관련하여 종정·교정을 4차례나 역임한 사례를 갖고 그 전후사정을 정리하고자 한다. 종단의 종정이라 하면 해당 종단의 상징적인 승려임은 상식적인 이해일 것이다. 상식적이라 하면, 해당 종단의 종지 및 종풍을 대변하고, 인격 및 도덕적인 면에서도 구성원(승려, 신도)들에게 존경을 받는 대상이라고 봄이 자명하다는 것이다. 그런데 방한암이 4차례나 종정을 역임한 배경을 보면 대부분이 중요한 시기에, 역사적으로 의미가 있는 시점에 종정에 추대되었다.

---

1) 월정사 및 한암문도회에서 1995년에 펴낸 『한암일발록』(민족사)이 유일하다. 그 밖에 그의 행장을 정리한 글, 회고적인 글 등이 간혹 있었다. 그리고 김호성이 방한암에 대한 자신의 글을 모아 간행한 『방한암선사』(민족사, 1995)가 그간 방한암에 대한 길잡이 역할을 하였다.

2) 이는 성철스님 중심의 이해를 말하는 것으로 한국 현대불교사에서 성철의 위상은 신드롬적인 현상을 띨 정도로 성철불교가 조계종단, 한국불교의 중심 테제이다.

그리고 그는 스스로 종정에 오르겠다는 의사를 표시한 적이 일체 없었다. 요컨대 그의 종정 취임은 당 시대를 대표하는 최고의 인격자, 수행자임을 단적으로 말하는 것이다.

이에 필자는 위와 같은 방한암의 종정 취임 배경과 전후사정을 정리함으로써 현재 조계종단에서의 방한암의 위상을 점검하고자 한다. 이러한 정리는 방한암 연구에 새로운 시각을 제공할 수 있다고 필자는 본다. 나아가서는 조계종단사의 심화에도 일정한 기여를 할 수 있다고 여기는바, 미흡한 점은 지속적인 연구를 통하여 보완하고자 한다.

2. 조선불교 禪敎兩宗의 교정(1929)

방한암이 최초의 종정으로 추대된 시점은 1929년, 당시 그의 나이 53세 때였다. 방한암은 1925년에는 봉은사 조실로 있다가 오대산 월정사로 들어와서, 산내 암자인 상원사 선원의 조실로 있었다. 그런데 당시 그를 종정으로 추대한 종단은 조선불교 선교양종이었다. 그러나 이 선교양종은 일제가 한국을 강탈한 후 한국불교를 사찰령이라는 법령으로 통제, 장악하였을 때 일제가 강압적으로 만든 종명이었다. 일제는 사찰령을 갖고 불교를 장악하면서, 한국불교의 자생적인 종단인 원종, 임제종을 부인하고, 나아가서는 자주적인 종단의 설립을 불허하였다. 이에 한국불교 구성원들은 일시적으로 종단건설에 나섰지만 일제의 외압으로 소기의 성과를 기하지는 못하였다.

그러나 1928년 초반 1920년대 전반기 불교청년운동의 주역들이 서울에 집결하면서 점차 한국불교의 모순을 개혁하기 위한 활동에 나섰다. 당시 불교청년, 청년승려들은 한국불교의 근본적인 개혁을 기하기 위해서는 불교계의 자율적인 통제의 틀이 절대적으로 필요하다는 것을 절감하였다. 당시 불교계는 일제가 정한 사찰령에 의해 일제강점기 불교체제의 구도에 구속되면서, 그 내적으로는 사법의 틀 아래서만 운용되었기에 불교계 전체의 차원에서는 일체의 규율, 내규 등이 부재하였다. 이에 그 정황은 31본산이 군웅할거 하는 봉건체제와 흡사하다는 비판을 받기에 이르렀다. 이에 청년승려들은 그 대안을 불교계의 자율적인 운용의 틀인 종헌의 제정으로 표현하였던 것이다. 즉 종헌제정을 통하여 불교계 운용의 기틀을 만들고, 그 후에는 그 종헌에 의거 교단을 만들려고 노력하였다. 즉 불교계 통일운동이 강력하게 추진되었다. 이러한 배경에서 나온 것이 1929년 1월 3~5일, 각황사(지금의 조계사)에서 개최된 조선불교 선교양종 승려대회였다.[3] 당시 그 대회는 전국 각처에 있었던 불교계 대표 107명이 참가한 가운데 진행되었다.

대회에서는 종헌을 제정한 이후 중앙교무원칙, 교정회법, 법규위원회법, 종회법 등이 심의 통과되었다. 그리고 교육·포교·사회사업 등에 대한 근본책을 강구하였다. 이어서 종헌에서 규정한 종무원의 선거를 하였다. 종무원 선거에서는 우선적으로 종정을 선출하였다. 그러나 당시는 종정이라는 표현 대신 '敎正'이라고 하였다. 당시 종헌에서는[4] 교정을 조선불교 선교양종의 "중요한 교무를 재정하기 위하여 교정을 둔다"고 하였다. 그 자격은 "본 양종 재적 승려 중으로부터 行解가 구족하여 불교에 공헌이 있는 자로 한다"고 하였다. 그런데 당

---

3) 이 대회에 관련된 제반 개요는 졸고, 「조선불교선교양종 승려대회의 개최와 성격」(『한국근대불교사연구』, 민족사, 1996)을 참고할 것.
4) 『불교』 56호, 「승려대회 회록」 중 종헌 참조.

시 규정에는 교정을 1인으로 제한하지 않고, 교정은 "人數와 임기를 정하지 않고 교무원 각 부장 및 이와 동수의 종회 전형위원으로부터 전형하여 종회의 협찬을 거치도록" 하였다. 이렇게 교정은 다수를 둘 수 있도록 하였기에 敎正會를 두어 종무에 임할 수 있는 조직을 만들었던 것이다.[5]

이러한 배경에서 당시 대회에서는 대회 3일째인 1929년 1월 5일, 교정을 선출하였다. 즉 교정을 선출하는 전형위원 11인을 무기명 투표로 선거한 후, 그 전형위원이[6] 다음과 같은 7인의 승려를 교정으로 선출하였다.[7]

김환응, 서해담, 방한암, 김경운, 박한영, 이용허, 김동선

즉 방한암은 7인의 교정에 선출되었다. 당시 그의 속랍은 53세이고 법랍은 22세였다.[8] 즉 그는 입산, 출가 20여 년이 지난 시점에서 교정에 추대되었다. 법랍이 22세이면서 일제강점기 한국불교를 대표하는 교정에 추대되었음은 그의 수행 이력과 깊이가 간단하지 않았다고 볼 수 있다. 예컨대 1910년대 중반에 이미 통도사에서 대선사 법계를 받은 것이 그 예증이다.[9] 한편 교정이 1인이 아니고 다수였다는 것, 교정회가 있었다는 것을 고려하여 방한암은 지금과 같은 종정이 아니라고 볼 수도 있다.[10] 그러나 당시 종헌에는 교정 이외의 상위의 직급

---

5) 그 근거로써 교정회 規約을 제정하였다.
6) 전형위원은 김포광, 오리산, 김운악, 권상로, 백성욱, 이고경, 최인택, 황경운, 이대련, 김정해, 김해은 등이다.
7) 앞의 「승려대회 회록」.
8) 그는 21세 때인 1887년에 금강산 장안사에서 출가 득도하였다.
9) 『조선불교총보』 3호, 54쪽.
10) 예컨대 김호성은 『방한암선사』 연보에서 이를 원로기관으로 보았다.

승려가 없었다. 현재 조계종단의 종정이 상징적인 존재이면서 중요 종무를 보고받고, 지침을 내리는 정황을 보면 종정이라고 실무에 완전 개입하지 않는 것은 아니다. 1970년대 중반, 종정 중심제와 총무원장 중심제 논란에서 보이듯 종정도 실무, 종무의 총책임자임은 분명하다.

요컨대 필자는 1929년 교정을 현재의 종정과 유사한 것으로 보고자 한다. 다만 당시에는 종무 행정이 미분화된 상황이었음을 고려해야 할 것이다. 그리고 위에서 방한암과 같이 교정에 선출된 당사자들은 박한영을 제외하고는[11] 대부분 각 산문에서 수행에만 전념하였던 강백, 선사, 율사들이었다.[12]

그러나 방한암을 교정으로 선출한 승려대회에서 정한 종헌 실행의 구도가 정상적으로 이행되지 않아 방한암이 어떤 활동을 하였는지는 알 수 없다.[13] 종헌체제는 1932년까지는 어느 정도는 이행되었지만 1934년에 접어들면서 거의 종말을 고하였다. 이에 방한암의 교정으로서의 활동은 큰 의미를 갖지 못하였다.[14] 더욱이 당시 일제 및 일부 본산 주지들은 종헌체제를 부인, 배척하였음도 고려해야 한다. 간혹

---

11) 박한영은 1926년부터 개운사에 강원을 차리고 후학을 지도하면서 중앙불전(동국대)에서 강의를 하였다.

12) 김법린은 추대된 교정들을 "一大의 師表이시며 그 학덕의 高邁하심은 宗門의 共仰하는바"라 하였다. 김법린, 「제5회 종회 앞에 노힌 통제교정의 확립문제」, 『불교』 105호(1933.3), 17쪽.

13) 위의 김법린의 글에서는 교정회가 1회도 개최되지 못하였음을 개진하고 불교 교정의 통제를 기하기 위해서는 교정회의 활성화, 상임 교정의 선출을 주장하였다.

14) 그러나 교정은 당시 불교계에서 어느 정도는 보편화된 호칭이 아닌가 한다. 예컨대 박한영이 지방을 가면 조선불교의 교정으로 소개를 하였다는 구전, 그리고 『불교시보』 10호(1936.5.1) 9쪽의 「圓寂界」에 신계사의 金東宣의 입적 광고에서 조선불교의 교정이라는 표현을 한 것이 단적인 실례이다. 김경운의 입적을 보도한 『불교시보』 17호(1936.12.1) 7쪽, 「원적계」에서도 이를 조선불교 선교양종 교정이라고 광고하였다.

당시『불교』지에 방한암을 교정으로 소개한 경우도 나오지만,15) 방한
암은 그 교정에 대한 직책을 적극 수용하지는 않은 것 같다. 방한암은
『불교』지 70호(1929.4)에 「海東初祖에 대하야」라는 글을 기고하였다.
당시 그 기고문에는 필자를 '敎正 方寒巖'으로 기재하였다. 그러나 다
음호인『불교』71호(1929.5)의 7쪽에는 다음과 같은 '正誤'가 게재되었
다.

> 本誌 七十號(前月號)에 記載한 「海東佛敎 初祖에 對하야」의 題下에 敎
> 正 方漢巖이라 쓴 肩書의 「敎正」 二字는 本社에서 任意로 書入한 것임으
> 로 그 責任은 本社에 잇슴니다.

즉 방한암은 그 글을 기고하면서 자신의 법명만 기재하였는데 불교
사에서 임의로 '교정'을 추가하여 삽입하였다는 것이다. 누구인가 이
를 항의하여 불교사에서는 그 사정을 해명하고 '正誤'문을 낸 것이다.
그러면 누가 이의를 제기하였는가? 현재로써는 글을 쓴 당사자인 방
한암으로 보는 것이 순리일 것이다.16) 이러한 측면에서 볼 때 방한암
은 공명심, 명예와는 거리가 먼 행보를 갔다고 생각하고자 한다.

---

15)『불교』81호(1931.3) 14쪽, 「五臺山釋尊頂骨塔廟讚仰會 發起人」.

16) 혹시, 그 이의는 당시 교단이 불안하여 교정이라는 직책이 종단 내부에서 정상
　　적으로 이행되지 않은 것의 산물일 수도 있다. 그러나 그 정오를 게재한『불교』
　　지 71호 11쪽에는「故敎正幻應大禪師 追悼辭」가 실려 있다. 그 추도사를 소개한
　　내용에는 제2회 종회 개회 벽두에 선운사(장성)에서 열반한 교정 환응 대선사의
　　추도식을 거행하였기에 그 전문을 기재한다는 것을 보면 교정은 관행적으로 호
　　칭된 것이 분명하다. 그리고 다른 교정인 박한영에 대한 당시의 기록에서도 교
　　정으로 기록하고, 호칭한 것을 필자는 여러 사례를 보았다.

2. 朝鮮佛教 禪宗의 종정(1935)

1935년 방한암을 종정에 추대한 모체는 선학원이었다. 주지하는 바와 같이 선학원은 1921년 12월에 창건되었는데, 창건의 취지는 일제 사찰정책에 저항하면서 한국불교의 전통을 보호하려는 수좌들의 선풍 진작이었다. 창건 직후인 1922년 봄, 각처의 수좌들은 한국 전통선을 계승하고, 수좌들을 보호하려는 자생 조직체인 선우공제회를 조직하였다. 선학원을 본부로 하고, 전국 각처의 선원을 지부로 한 선우공제회는 선풍을 진작하려는 노력을 전개하였다. 이에 각처 수좌 365명이 회원으로 가입할 정도로 일정한 위세를 갖고 있었으며, 수좌들의 본부격으로서 선학원은 1920년대 중반 불교계에서 일정한 역사성을 갖고 있었다.[17]

그러나 창건 직후부터 제기된 재정의 어려움을 이겨내지 못하고 1925년경에는 본부를 직지사로 이전하였지만 1926년에 이르서는 중도하차하였다. 이에 선학원은 범어사 경성포교당으로 전환되었다. 그 후 선학원은 1931년에 가서야 김적음의 헌신적인 노력에 의해 재건되었다. 재건된 선학원은 이전의 경험을 고려하는 가운데 선풍의 대중화를 기하면서 기반 확충에 진력하였다. 이에 범어사에서 보조를 받기도 하였고, 당시 종단에도 지원 요청을 하는 등 자립적 기반 구축에 유의하였다. 마침내 선학원은 재정자립을 추구한 결과 1934년 12월 5일에는 재단법인 조선불교 선리참구원으로 전환하게 되었다. 즉 법인체로 새 출발을 하였던 것이다.

이처럼 선리참구원으로 새로운 출발을 기하였던 선학원 계열의 수

---

17) 졸고, 「일제하 선학원의 운영과 성격」, 『한국근대불교사연구』, 민족사, 1996.

좌들은 더욱더 자신들의 역사인식을 분명히 하였다. 즉 자신들을 한국불교의 정통 승려라 인식하고, 한국불교의 전통으로서의 선풍을 확대하겠다는 의사 표시를 하였다. 이러한 의사 표시가 조선불교 선종을 표방함과 동시에 이를 이행하는 조직체인 선종종무원을 조직하였다. 이러한 선종 표방과 종무원의 조직은 기존 종단 조직 및 노선과는 별개의 움직임이었다. 그러면 당시 그 수좌들이 표방한 조선불교 선종의 실체 및 내용을 이해하기 위하여 수좌들이 작성한 것으로 보이는[18] 종헌의 선서문을 제시하겠다.

선서문

大聖께서 示滅하신지 때가 오래며 邪魔는 强力하고 正法은 微弱하와 悲運에 헤매는 少福少智한 저의 正統修道僧徒들은 敎團의 傳統을 붓잡으며 末世正을 살리기 위하여 惶恐하옵게도 本師 釋迦牟尼 世尊님과 아울러 十方에 常主하시는 三寶님 前에 삼가 誓願을 올리오니 구벼 愛恤히 여기사 바다 匡明하옵소서

생각하옵건 朝鮮에 佛敎가 輸入된 邇來 일천육백년 이래 悠久한 歷史를 가졌습니다. 일찍이 三國을 統一하고 千餘年의 文治로 찬란한 新羅文化는 드디어 建全無比한 民族魂을 이루었던 것입니다. 其後 오랜동안 槿域 三千里 福祉社會를 建設한 業績은 實로 釋迦世尊의 大慈悲 法力이 아니면 不可能한 일인 것입니다. 國師三의 高僧大德이 繼繼傳承하야 大小 國難때마다 그를 퇴치하며 救國安民의 先鋒이 되매 四海에 佛日이 빛나드니 國運이 불행하든 李朝오백년간의 排佛壓政하에서도 우리들은 그 傳統을 死守하였으며 亦是나 救國安民에는 그 선봉이 되고 있었읍니다. 그러나 近者에 新文明 暴風에 쓰러져 가는 다수 僧徒들이 肉食飮酒하며 私淫娶妻를 恣行하면서 '중도 사람이다'라는 口號를 앞세우고 莫行莫食

---

18) 그런데 이 작성과 관련된 구체적인 전후 사정을 알려주는 기록이 없는 것이 아쉽다.

하며 破戒 雜行으로 大乘佛教 修道相이며 傳道行인양으로 宣傳함으로서
우리 教團의 嚴肅 淸淨하든 傳統은 드디어 무너지기 始作하였음니다.
그리하여 還俗한 徒輩들이 僧侶인양 自處하매 神聖不可侵의 修道場인 寺
院은 家庭化 料亭化 함으로 말미암아 寺刹 淨財는 날로 還俗者들의 生活
에만 낭비되고 各處의 修道 機關은 廢止되여 가고 있음니다. 이에 우리
正統 僧徒들은 奮然히 蹶起하여 京城내에 禪學院을 創建하고 教團의 傳統
을 死守하며 그 腐敗의 淨化를 謀議하는 根據處로 삼으며 이를 財團法人
으로 만들었음니다. 그리고 傳統死守와 教團復興을 꾀하는 이 憲章을
制定 公布하옵고 滿天下의 四部大衆과 이에 다같이 同心 合力하여 末世
正法을 復興하며 苦海 衆生을 濟度함으로서 크게 佛恩 갚고저 하는바
임니다. 우러러 뵈온건대 十方 三寶께옵서는 틈없이 護念하시오며 끝
까지 거두어 주시옵서

檀紀 四二六七年 十二月 三十日

佛紀 二九六七年 一月 五日

全國首座大會　　朝鮮正統修道僧 一同

선종종헌 공포에 관한 절차

一. 四二六七年 十二月 三十日　　조선불교선종 종헌 제정 통과

二. 四二六七年 十二月 三十日　　종정 재가

三. 四二六八年 一月 五日　　　　선종 종헌 공포 시행

조선불교선종　대표 종정 송만공 인

副書

종무원장　정운봉　인

총무부장　김적음　인

교무부장　하동산　인

재무부장　김남전　인

선종　　　　　壇　　副書　　　初代
조선불교　　　　　종정　　종무원장　정운봉　인
수석종정 만공 대선사　　총무부장　김적음　인
　　　　수월 대선사　　교무부장　하동산　인
　　　　혜월 대선사　　재무부장　김남전　인
　　　　한암 대선사

　이러한 종헌 선서문에서 유의할 점은 다음과 같다. 우선 선학원 계열 수좌들 자신이 정통 수도승도라고 자부하였다는 것이다. 수좌들은 교단의 전통을 계승하겠다는 염원을 구현하였는바, 여기에서 여타 승려들은 일본불교에 경도된 대처승이기에 한국불교의 전통에서 이탈하였다고 보았다. 나아가 이들은 그 대처승들에 의하여 청정한 교단 전통이 무너져 사원이 가정화, 요정화되었다고 비판하면서 자신들이 선학원을 창건할 수밖에 없음을 지적하였다. 이에 선학원에서 부패의 정화를 모의하는 근거처로 삼고 재단법인으로 만들었음을 인식하였다. 즉 전통 사수와 교단 부흥을 꾀하기 위하여 조선불교 선종을 내세우고 그 근거로 종헌을 제정하였음을 밝혔다.[19]

　그런데 바로 이 종헌 선서문에 종정으로 피선된 인물이 만공, 수월, 혜월, 한암이었음이 제시되었다. 이 종헌은 1934년 12월 30일에 제정되었으며, 그 시행은 1935년 1월 5일에 단행되었다고 한다. 방한암은 선리참구원이 재단법인으로 등장한 직후에 이미 부이사장으로 추대되었기에[20] 종정으로 선출된 것은 자연스럽게 납득할 수 있다. 이런 배경에 1935년 3월 7~8일, 선학원에서 조선불교 수좌대회가 개최되

---

19) 졸고, 「조선불교선종 종헌과 수좌의 현실인식」, 『한국 근대불교의 현실인식』, 민족사, 1998.
20) 『불교시보』 1호(1935.8.3), 「재단법인 선리참구원 인가」. 이사장은 만공이었다.

고, 이를 보도한 『동아일보』에 의하면 약간의 변동은 있었던 것으로
보인다.

> 조선불교 수좌대회(首座大會)는 七, 八 양일 간에 긍하야 시내 안국
> 동 사십번지에 잇는 조선불교선리참구원(朝鮮佛敎禪理參究院) 대법당에
> 서 열리엇는데 의장 기석호씨 사회로 조선불교선종 종무원 원규(宗務
> 院 院規)를 비롯하야 六종의 규약을 통과한 후 아래와 같이 임원선거
> 를 하엿다고 한다.
> 종정 신혜월·송만공·방한암, 원장 오성월, 부원장 설석우, 이사
> 김적음·정운택·이올연, 선의원 기석호·하용택·황용음 외 十二
> 人[21]

즉 기존 종정은 다시 유임되었지만 종정으로 추대된 수월은 제외되
었던 것이다. 요컨대 방한암은 종정으로 재선임되었다. 이러한 결정
을 한 것은 선학원을 재단법인 선리참구원으로 전환시킨 주도자 중심
으로 조선불교 선종을 내세우고, 선종 종헌을 제정하고, 종정 및 종무
원 간부들을 출범시켰지만 전국 각처에 있었던 수좌들에게 그 경과보
고 및 결정사항의 추인이 필요하였던 것에서 나온 것으로 이해된다.
그리고 위의 기사에서 선종 종무원 원규를 비롯한 6종의 규약이 통과
되었음을 보면 조선불교 선종은 정식으로 태동된 것이라 하겠다. 이
러한 내용은 당시 선학원의 기관지였던 『선원』지에서도 찾아볼 수 있
다.

> 지난 삼월의 전선수좌대회에서 선종의 자립과 전선 선원의 통일기
> 관으로 중앙에 종무원을 설치하기로 결의되어 동사무소를 경성부 안

---

21) 『동아일보』 1935.3.13, 「불교수좌대회」.

국동 중앙선원에 두고 원장 오성월 화상이 취임하야 우로 세 분의 종정을 모시고 아래로 삼 이사를 거느리여 선종의 확립과 선원 수 증가와 각 선원의 내용 충실을 도모한바 불과 반년에 선원 수가 십여 개소이고 전문으로 공부하는 수좌 수효가 삼백 명을 초과하게 되었습니다.[22]

여기에서도 수좌대회에서 선종의 등장, 선원의 통일기관으로 종무원이 출범하였음을 알 수 있다. 그리고 종정은 3인이었음이 언급되었는데 이는 송만공, 방한암, 신혜월이었음을 말한다. 요컨대 방한암은 1935년 초반에 등장한 선리참구원, 전국 선원, 수좌들이 주도한 조선불교 禪宗의[23] 종정으로 추대되었음이 분명하다.

그런데 조선불교 선종의 종정으로 추대된 방한암의 활동, 수용 여부 등에 대한 기록은 거의 없어[24] 더 이상의 내용은 추론하기 어렵다. 이처럼 1930년대 중반에도 수좌들 사이에서는 방한암의 수행력, 위상, 학식 등이 분명하게 각인되었다고 볼 수 있다. 더욱이 조선불교 선종의 종정으로 추대된 3인 승려 중, 1929년 승려대회에서 선출된 교정은 방한암이 유일하다. 이처럼 선종을 내세운 수좌들이 방한암을 종정으로 추대하였다는 것에서 그의 실참실수에 대한 수행력, 선사상의 깊이와 함께 당시 불교계에서 일정한 영향력과 위상을 점하고 있었던 사례로 볼 수 있는 것이다.

---

22) 『禪苑』 4호, 29~30쪽, 「중앙종무원」.
23) 조선불교 선종이라는 여타 기록은 『불교시보』 54호(1940.1.1) 「선원소식」에서도 찾을 수 있다.
24) 다만 『선원』 4호(1935.10.15)에 기고된 「年年更有新條在하야 惱亂春風卒未休라」의 글의 필자명이 '宗正 方漢岩'이라는 것이 유일하다.

4. 조선불교조계종의 종정(1941)

방한암을 종정으로 추대하게 한 또 하나의 사실은 1941년 4월 23일
에 등장한 조선불교조계종의 성립이었다. 이는 일제강점기 공식적·
합법적인 종단의 추대로서 한암은 일제가 패망하는 그날까지 종정으
로 재임하였다. 조선불교조계종은 1929년의 승려대회에서 태동한 종
단건설운동이 좌절되고, 수좌들이 추구한 조선불교 선종도 제도권 불
교에서 제 역할을 하지 못한 상황을 극복한 산물이었다. 즉 1930년대
초반 불교계에서는 종단건설의 대안으로 총본산 건설운동이 자생적
으로 일어나고 있었다. 31개 본산 중 하나의 본산 혹은 모든 본산이
동의할 수 있는 역사적으로 권위있는 사찰에 전 불교계를 통할할 수
있는 권한을 부여하자는 방안이었다.[25) 이에 그 본산 및 사찰에 전 불
교계의 인사권, 재산권 등을 부여함으로써 종단을 건설하자는 것이었
다. 이 운동은 1937년부터 본격화되어 태고국사 계승의식에 의거 북
한산에 있던 태고사를 지금의 조계사의 전신인 각황사로 이전하는 형
식을 취하는 방법으로 변용, 진행되었다. 즉 기존 각황사를 조계사로
명칭을 전환하였다. 그리하여 각황사를 새롭게 이전, 건축하여 현재
의 조계사 터에 자리잡게 하고, 그 이름을 태고사로 하였는데 이는 당
시 불교계의 태고 보우국사의 문손이라는 역사의식을 현실에 맞게 조
정한 것이다.

그후에는 기왕에 문제시되었던 조선불교 선교양종이라는 종단 명
칭을 한국불교의 역사와 전통에 맞게 재조정하자는 여론에 의거 조선

---

25) 김광식, 「일제하 불교계의 총본산 건설운동과 조계종」, 『한국근대불교사연구』,
　　민족사, 1996.

불교조계종이라는 종명을 취득하게 되었다. 이 같이 불교도들이 추진한 총본산 건설운동, 태고사 사명 취득, 조계종으로 개종 등 일런의 일들이 전개되었으며 이를 총독부에서도 승인하게 되었다. 마침내 사찰령 시행규칙을 개정하여 태고사가 총본산으로서의 사격을 갖추게 되었다. 즉 총본산(사) 태고사가 전 불교계를 통할할 수 있는 행정적 권한을 갖게 되었다. 그리하여 태고사 사법은 당시 한국불교가 실질적으로 종단의 역할을 할 수 있는 내용을 담게 되었다. 구체적으로는 태고사 주지가 조계종의 종정이었으며, 태고사에는 종단의 기능을 할 수 있는 종무원을 두도록 하였다. 이러한 내용을 갖고 있는 총본사 태고사 사법이 1941년 4월 23일부로 인가되었다.[26]

마침내 1941년 6월 15일 31본사 주지들은 태고사에 모여 주지총회와 동시에 임시 종회를 개최하였다. 이 주지총회에서 본사 주지들은 조계종의 종정을 선출하였다.[27] 당시 그 과정과 결과를 보도한 기사를 살펴보자.

本月 五日 府內 壽松町 總本寺 太古寺에서 諸位가 모여서 宗正 卽 太古寺 住持를 投票 選擧하얏는데 方漢巖 十九點, 張石霜 六點, 朴漢永 一點, 渭原馨一 一點, 李鍾郁 一點 多點에 의하야 方漢巖 大禪師가 太古寺住持로 當選되셧는데 會順은 다음과 같다.[28]

즉 방한암이 압도적인 다수에 의하여 종정(태고사 주지)으로 선출

---

26) 김광식, 「조선불교조계종의 성립과 역사적 의의」, 『새불교운동의 전개』, 도피안사, 2002.
27) 태고사법에는 종정의 자격을 55세 이상, 승랍 40년 이상, 안거 10하안거 이상, 법계 1급 등으로 제시하였다. 그리고 태고사법에서는 총본사 주지(종정)는 본사 주지의 선거로 선출하도록 정하였다.
28) 『불교시보』 71호(1941.6.15), 「총본사 태고사주지 선거」.

되었던 것이다.29) 방한암을 종정으로 선출한 종단 집행부는 방한암에게 그 사실을 알려주고 동의를 받기 위해 이종욱(월정사 주지), 안향덕(마곡사 주지), 원보산(마하연 주지) 3인을 교섭위원으로 지정하였다. 이에 그들은 6월 9일 서울을 출발하여 6월 11일 오대산 상원사에 도착하였다.

六月 五日에 31본산 주지가 方漢巖大禪師를 총본사 주지 즉 宗正으로 투표하야 추대케 되엇스나 禪師의 승낙이 업시는 인가수속을 하기가 持難한 고로 마곡사 주지 안향덕 화상과 월정사 주지 광전종욱 화상이 교섭위원으로 지정되야 마하연 주지 원보산 화상과 가치 3인이 六月 九日에 京城을 출발하야 十一日에 오대산 상원사에 가서 방한암대선사의게 三十一본사주지회 석상에서 선사를 투표하야 총본사 주지 즉 宗正으로 추대한 전말을 보고하고 조선불교를 위하야 승낙 부임하심을 懇願한즉 선사께서는 세상만사를 일체 망각하고 浮雲流水로 벗을 삼는 일개 雲水衲僧인 나의게 그러한 重任이 千萬不當하고 또는 나의 曲解인지는 모르나 나의 影子를 오대산 洞口 밧게 내보내지 안코 餘年을 마치랴는 것이 나의 信條요 내가 그러케 心約한 바이라. 절대로 赴任할 수 업다고 고사하시는 것을 안향덕 화상과 원보산 화상이 지극히 권고하야 內諾을 하시게 된바 경성 총본사 태고사에는 부임치 안으시고 상원사에 기시면서 조선불교의 一切 宗務를 監察하실 것 이로써 條件附로 하시고 快諾하섯는데 교섭위원이 사루되 認可되신 후에 一次는 京城까지 上城하서서 晉山式을 보시고 歸山함이 엇더하시냐고 한즉 一次를 나가면 二次 나갈 일이 생기고 三次 나갈 일이 생기는 고로 當初부터 一次도 아니 나가야 나의 本願을 이룬다고 하서서 그대로

___

29) 『경북불교』 48호(1941.7), 3쪽, 「조선불교총본사 제일세 주지선거회 방한암대종사 당선」. 이 내용에는 1941년 6월 5일 오전 10시, 태고사 대웅전에서 선거가 있었다고 전한다. 당시 투표권자 30명 중 용주사와 기림사 주지는 참가하지 않아 28명이 투표에 임하였다.

承諾을 밧고 와서 認可 手續의 서류를 當局에 제출하엿다.[30]

그러나 방한암은 종정 추대를 강력히 반대하였다. 그 이유는 운수납승인 당신에게 그 중책은 어울리지 않으며, 더욱이 오대산 밖으로는 자신의 그림자도 내보내지 않겠다는(洞口不出, 不出山) 자신의 신조를 지키기 위한 것이었다.[31] 이에 안향덕, 원보산이 강력하게 요청하여, 서울의 태고사(종무원)에는 부임하지 않는 조건부로 승인을 하였다. 이 과정에서 오대산 밖을 나가지 않겠다는 자신과의 약속을 지키기 위해 서울의 취임식에도 가지 않겠다는 굳은 의지를 보였다.

그러면 여기에서 당시 본사 주지들은 방한암의 어떤 면모를 인정하여 절대 다수결로 방한암을 종정으로 추대한 것일까? 즉 당시 불교계에서는 방한암을 어떻게 인식하였는가. 먼저 조계종을 창건한 주역이며, 20년간 방한암을 보좌한 월정사 주지인 이종욱의 언급을 살펴보자.

종정에 선임된 방한암 노사의 애제 월정사 주지 광전종욱(廣田鍾郁)씨는 기쁨에 넘치는 얼굴로 다음과 가티 말한다.
방스님이야말로 우리 불교계에서 가장 중망이 노프신 어른이신만큼 스님이 종정의 자리에 계신다면 우리 불교계의 앞날은 새 광명을 마지한 것과 다름이 업습니다. 스님은 금년에 예순여섯이시고 월정사에 오시기는 한 二十년 전입니다. 그전에는 평남 맹산(孟山)의 우두암(牛頭庵)에서 수도하시엿고 十九세시의 득도하신 분으로 정말 도인(道人)이십니다. 방스님은 계정혜(戒 定 慧)의 단가(檀家)의 삼학(三學)을 구

---

30) 『불교시보』 71호, 5쪽, 「방한암대선사 종정 추대의 승락」.
31) 방한암의 不出山에 대한 정신은 이능화가 『불교시보』 73호(1941.8.15), 12쪽에 기고한 「한암종정과 焚修報國」의 내용을 참조할 것.

비하신 분으로 조선불교계에서 장래를 총망바들 만한 절문 승도들은
모다 즉접 간접으로 스님의 제자 안인 사람이 업습니다.[32]

이종욱은 방한암이 종정으로 선출된 직후, 방한암을 도인으로 평가
하면서 계정혜 삼학에 투철하며, 장래를 촉망받는 젊은 승려들 대부
분이 방한암의 제자가 아닐 사람이 없을 정도로 불교계에서 중망이
높은 어른으로 개진하였다. 그리고 방한암이 종정에 선출된 것에 대
해서는 김대은과 이능화의 당시 평가도 주목된다.

선사께서는 을축년에 광주군 봉은사 조실에 기시며 납자를 제접하
시다가 距今 17년 전에 강원도 평창군 오대산 상원사로 가서 근 20년
간을 不出洞口하고 長座不臥 午後不食 單擧話頭 焚香默禱 提接衲子 이러
한 공부만을 힘써 오신 故로 戒定慧 三學이 禪師가치 具足한 분이 업다.
그런 고로 선사의 道譽가 천하에 널리 기리게 되야 雲水衲子가 겨자가
치 모히고 本府의 要路大官이 선사를 참방한 일이 不少하며 (중략)
선사는 방금 66세의 耆宿 長老로서 47년간을 수도하신 분이라 선사
를 뵈옵기만 하여도 (중략) 선사는 일견에 白髮道顔에 慈悲가 흐르고
靑蓮紺目에 智光이 빗나기시는 전형적 道人이라 누구든지 稽首瞻禮치
아니할 수가 엄는 어른이다. 그런고로 이와가치 人天의 大導師의 자격
을 자격을 가진 선사가 총본사 태고사의 제1세 주지로 추대되심은 時
宜에 適할 뿐 아니라 조선불교를 중흥 진작하는데 잇서서 큰 영광을
어든 바이며 따라서 조선인사도 선사에 대한 촉망이 多大하리라고 밋
는 바이다.[33]

---

32) 『매일신보』 1941.6.6, 「종정에 方漢巖老師」. 이 기사에서는 종정을 조선불교의 최
   고 통수권자로, 방한암이 절대다수의 신임을 받고 종정에 선출되었다는 표현을
   하였다.
33) 『불교시보』 72호(1941.7.15), 김소화(김대은), 「대도사 방한암선사를 종정으로 마
   지며」.

금일 禪界를 冷眼으로써 관찰하야 보면 見性의 美名만을 貪著하고 持戒의 苦行은 厭避하는 弊風惡法이 一世에 彌滿하다. 그런대 方漢巖禪師는 梵行이 淸淨하고 定慧가 具足하니 師는 비록 出山치 안코 佛界를 座鎭하더래도 師의 高風을 듯는 자는 누구나 다 自肅自淨한다. 是는 禪宗의 頹風을 挽回하는 것이며 불교의 생명을 更新하는 것이다.34)

이 글을 쓴 김대은과 이능화는 당대 최고의 학자, 지식인이었다. 그들은 당시 불교계를 누구보다도 객관적으로 이해한 당사자라고 볼 수 있는바, 그들의 방한암에 대한 이와 같은 평가는 비교적 신뢰할 수 있는 내용들이다. 우선 김대은은 방한암을 계정혜 삼학이 구족한 고승, 전형적인 도인, 만나기만 하여도 저절로 고개가 숙여지는 대도사로 표현하였다. 이능화는 방한암을 범행이 청정하고, 정혜가 구족하며, 그의 풍문을 듣는 사람들은 절로 자숙자정한다고 하면서 방한암의 행적과 지향 자체가 선종 및 불교를 갱신하고 있다고 단정하였다.

이렇듯 방한암은 1941년 6월, 당시 불교계의 여론 및 본사 주지의 결정에 의거 한국불교를 대표하는 종정으로 추대되었다. 이에 조계종단에서는 총독부에 방한암의 불출산의 조건부 종정 취임 승낙을 통보하였고, 총독부도 이를 인가하겠다는 의사를 표시하였다. 6월 23일부로 총본사 태고사에서는 방한암 종정 취임에 관한 행정 신청을 하였고, 이에 대하여 일제도 8월 4일부로 정식 인가를 하였다.35) 요컨대 방한암은 1941년 중반부터 일제가 패망하는 그날까지 종정으로 재임하였다. 그러나 그는 서울, 태고사, 종무원에는 일체 나오지 않고 상원사에서 종정 역할을 하였다. 한암이 이 기간에36) 어떻게 종무에 임

---

34) 『불교시보』 72호 8쪽, 無能 이능화, 「조선불교조계종과 초대종정 방한암선사」.
35) 『불교』 신 34집(1942.3), 「조계종보」, 「지시」.
36) 총본사 주지 즉 종정은 임기가 3년이었다. 한암은 재임하였다고 볼 수 있다.

하였는가는 더욱 자세한 기록, 증언이 요청된다. 그리고 이 기간에 그가 종단 기관지격인 『불교』지에 기고한 몇 편의 시국에 관한 글의 성격, 책임 등에 관련된 문제는 신중을 기하여 접근할 문제라는 점만 개진한다.

우리가 여기에서 유의할 것은 1941년 조선불교조계종은 일제강점기 한국불교로서는 공권력이 인정한 최초의 종단이었다는 점이다. 때문에 그 종단에 초대 종정으로 재임한 종정의 위상은 재론의 여지가 없는 것이다. 다만 그 종단이 불가피하게 일제에 협조, 좌절한 부끄러운 행적이 있지만 그에 대한 논란, 도덕적 책임은 본고에서 제외하고자 한다. 필자의 관심을 끄는 대목은 당시 불교계에서는 방한암에 대한 위상이 여타 승려의 추종을 불허할 정도였으며 그의 인격, 사상적 깊이, 수행, 계정혜 삼학의 균형 등이 다방면에서 균일하였다는 점이다. 당시에도 수많은 선지식, 고승, 수좌, 강백, 율사가 있었지만 방한암의 경우와 같이 다방면의 내용이 균형적으로 조화된 경우는 필자가 이 시기 불교를 공부한 한도 내에서는 흔하지 않다고 본다.

5. 대한불교의 교정(1948)

일제의 패망을 가져온 8·15 해방은 불교계에도 큰 영향을 끼쳤다. 불교계에서는 우선 일제강점기 종단 집행부가 전원 퇴진하고, 그에 대신하여 과도적인 조선불교 혁신준비위원회가 등장하였다. 이 위원회는 새로운 집행부가 들어서기 이전에 과도종단의 역할을 하였다. 즉 위원회는 1945년 9월 전국승려대회를 준비, 개최하여 새 집행부를 출범하게 하였다. 이 같은 신 집행부의 등장에 발맞추어 새로운 교단의 근거를 마련하였으니 그것은 교헌이었다. 당시 교헌에서는 종명을 표방하지 않고 대한불교라 칭하였다.37) 그런데

이 같은 해방, 교단 집행부의 교체에 즈음하여 등장한 불교계의 흐름은 과거의 사찰령 체제를 극복하고 새로운 시대에 맞는 불교발전을 추구하는 것이었다. 그러나 그 과제를 이해함에 있어 현실인식, 추진 방법 및 범위를 놓고 교단 집행부와 재야 혁신단체 간에 이견이 발생하였다. 전자는 보수적인 방법으로, 후자는 급진적이며 근본적인 노선에 서게 되면서 양측의 대응은 심각하였다. 그 대응의 저변에는 대처승 및 사찰 토지개혁의 문제가 자리잡고 있었는데, 마침내 1946년 11월 혁신단체가 조선불교혁신총연맹을 만들면서 교단은 분열상황으로 나아갔다.38)

이러한 배경에서 일제 말기 조선불교조계종의 종정이었던 방한암도 자연 종정을 사임하게 되었다. 이에 대한 구체적인 내용은 전하지 않는다. 그런데 새로운 집행부가 등장하면서 대한불교 교정으로 박한영이 추대되었다. 박한영은 당시 내장사에 머물렀지만 일제강점기에는 개운사에서 후학을 가르치며 중앙불전의 교장을 역임하고, 1929년에는 방한암과 같이 교정에 추대된 강백이었다. 그러나 교정을 역임하였던 박한영이 1948년 4월 8일(음력 2월 25일), 내장사에서 입적하였다.39) 이에 종단 집행부에서는 그해 6월 30일, 후임 교정으로 방한암을 다시 추대하였다.40) 그렇지만 필자는 방한암이 다시 교정으로

---

37) 김광식, 「8·15해방과 불교계의 동향」, 『한국근대불교의 현실인식』, 민족사, 1998.
38) 졸고, 「불교혁신총연맹의 결성과 이념」, 『한국근대불교의 현실인식』, 민족사, 1998.
39) 『佛敎新報』 24호(1948. 6.17), 「明星落地! 朴漢永老師 入寂」, 「圓寂界」(교정 박한영 대종사 음 2월 25일 입적). 박한영의 47재는 내장사에서 5월 25일 총무원장, 각 도 교구 종무원장, 고승대덕 등 사부대중 천여 명이 참가한 가운데 거행되었다.
40) 이철교, 『한국불교총람』의 부록, 「한국불교사 연표」 1360쪽.

추대된 과정, 전후사정, 수락 내용 등에 관한 자료는 확인·열람하지
는 못하였다.

그러면 방한암이 다시 교정에 추대된 연유, 의미를 어떻게 이해할
것인가. 현재로서는 방한암의 학식, 사상, 수행력 등이 탁월한 위상을
갖고 있었으며, 이를 당시 불교도들이 인정한 결과의 산물이라고 볼
수 있는 정도이다. 추측건대 방한암이 입적도 하기 전에 8·15해방이
라는 돌변적인 상황에서 종정을 사임한 방한암에 대한 위상을 다시
인정해야 된다는 여론에 힘입은 것이 아닌가 한다.

방한암이 교정에 추대된 이후 재임과정에서의 활동도 우리가 주목
할 수 있지만 그에 대한 정황 자료는 파악하기 힘들다. 그런데 당시
총무원장인 박원찬이 총무원장에 취임하면서(1948.12.26) 인사차 오대
산 상원사를 가서 종정인 방한암에게 인사를 한 내용의 편린이 전한
다.

작년 12월 30일, 신임 총무원장 박원찬은 오대산 상원사에 계신 교
정 방한암 예하를 배알하고 6일만에 귀원하였는데 교정 예하의 안부
와 □□에 보내는 예하의 말씀을 박원장은 다음과 같은 담화로써 발
표하였다.

漢巖老師께서는 古稀의 고령이신건만 극히 좋은 건강을 유지하고 계
십니다.

해방 전에 뵈옵던 그때나 지금 뵈읍는 요사이의 尊顔이 조금도 틀
리지 않습니다. 그런데 부단히 강행하시는 勇猛精進의 탓인지 몸이 조
금 파리하신 것만이 눈에 띠입되다. 해방된 뒤에 이 산을 나스신 일이
없이 回祿된 뒤에 곧 복구된 淸楚閑寂한 上院禪院에서 雲水衲子 30명을
提接하시며 끊임없이 민족 국가의 번영을 기원하시며 정진을 □□하
시고 계십니다. 老師께서는 특히 나에게 命하시여 몇마디 말씀을 교계

여러분에게 전달하라고 말씀하시었습니다.

"僧家란 원래 和合이 爲主니 우리 僧團 전체는 서로서로 合心하고 和協하게 지내야만 할 것이다. 가끔 들리는 말에는 서로 뜻이 안 맞는 일이 있는 듯이 전해지는데 이럴 때마다 너무 섭섭한 것이 느끼었다. 老小나 上下가 서로 同心 合力하야써 지금 위기에 처해 있는 우리 敎의 慧命을 이여 가기를 老僧은 빌고 바랄 뿐이다."41)

이와 같은 박원찬 총무원장의 담화는 우리에게 귀한 정보를 준다. 우선 당시 방한암의 건강이 비교적 좋다는 것을 알려주는데, 그래도 그 고령에도 상원선원에서 운수납자를 제접한다고 하였다. 그러면서 한암은 승단에 대한 우려를 하면서 승가의 화합을 강조하고 교단구성원 간의 合心과 和合을 당부하였던 것이다. 비록 산중에 있지만 승단에 대한 애정과 불교 발전에 대한 정성이 지극함을 엿볼 수 있다. 필자는 이 대목에서 특기하고 싶은 것은 방한암 그가 교정으로서 종단에 대한 진정성뿐만 아니라 민족 국가의 번영을 기원하고 있었다는 내용이다. 누구나, 어느 교정도 그러할 수 있지만 방한암은 불교만을, 조계종만을 유의하지 않고 나라 발전에도 유의하였음은 중생교화, 나아가서는 불교 밖의 공동체에 대하여도 큰 관심을 갖고 있음을 지적하려는 것이다.

방한암의 이러한 종단관을 단적으로 알 수 있는 사건이 1949년 9월 29일 종단, 총무원에서 발생하였다. 그런데 당시 발생한 종단 내 폭력 사건에 대한 방한암의 입장표명을 한 특명서가 전하고 있다. 이 사건은 종단의 종권을 두고 갈등을 벌이던 재야의 승려, 청년들이 총무원 청사를 습격하고, 총무원장을 감금한 내용을 말한다.42) 당시 이를 주

---

41) 『佛敎公報』 창간호(1949.5.4), 1쪽, 「敎正 方漢巖猊下 近況 ― 朴總務院長의 談話」.
42) 『불교신보』 36호(1949.10.15), 「총무원 불상사 사건 진상」.

도한 승려는 유엽, 한보순, 장도환, 이덕진 등이었는데 이들은 그들의
지지자 40여 명을 이끌고 종단 사무소를 진입하여 총무원장의 사표를
받아내고 종단의 현금을 접수하기도 하였다. 사건의 명분은 종단 내
에 사회주의자가[43] 있어 이를 색출하고, 그를 방임한 총무원장의 축
출을 기도하는 것이었지만 그 이면에는 종권의 장악이라는 흐름이 있
었다고 보여진다. 사건 주도자들은 해방 직후 종단의 간부들이었는데,
이들은 종권을 상실한 이후 후임 집행부에 대한 불만을 갖고 있었다.
이에 그 불만 노출이 폭력사태로 나아갔던 것이다. 방한암은 이 사건
을 10월 10일경 전해 듣고 그에 대한 대응책의 교시를 발표하였다. 우
선 그 전후과정을 보도한 신문 기사를 보자.

교단에 뜻하지 않은 一대 불상사가 돌발되자 그의 수습이 매우 근
심되어 교단의 장내를 걱정하는 선배들과 기타 여러 사람들은 오직
우리 교단의 최고 영도자이신 교정 방한암(敎正 方漢巖) 큰스님의 태도
표명에만 모든 관심을 집중하고 있었는데 지난 十월 十일에 총무원
불상사의 보고를 받고 아뢰 우려고 간 총무원 직원 박성도(朴聖道) 씨
에게 별항과 같은 중앙교무회의장에게 나리시는 특명서(特命書)를 보
내 왔다. 그 문구는 매우 간단한 말로 되어 있으되 요사이 같이 혼란
무질서한 이때에 우리의 홍분되고 착난한 머리를 시켜주시는 一대 청
량제(淸凉劑)임을 다시금 음미(吟味)하게 된다. 이에 뒤지기 四일만인
十월 十四일에 교정스님에게 총무원 사건 보고와 금후수에 대하여 품
청(稟請)간 황태호(黃泰鎬) 씨 등 세 분에게도 모든 일은 대회에 가서
"서로 다투지 말고 청정 자비로써 행하라"는 몇마디 말씀을 나리시어
분주 혼란한 교단 질서 정비에 커다란 광명을 주었다.[44]

---

43) 이는 곽서순을 말한다. 당시 사건 주도자들은 곽서순 사건에 관련하여 총무원
　　직원들이 연루되었다는 좌익 프락치설이 있어 이를 사전에 해결하기 위함이라
　　고 하였다.

즉 방한암은 교정으로서 그 사건을 보고받고 지금의 종회 의장과
같은 중앙교무회의 책임자에게 사건 해결의 지침인 특명서를 내렸다.
당시 종단 간부와 불교언론에서는 이를 사건 해결의 청량제로 평가하
였으며, 그 해결을 위한 집회에서도 청정, 자비로 행하라는 지침을 주
었는데 교단 간부들은 이를 교단의 질서 정비에 광명을 준 것으로 인
식하였다는 것이다. 그러면 이런 전후사정을 갖고 있는 방한암의 특
명서의 전문을 소개한다.

特命書

示　中央敎務會議議長　郭基琮
今次 十一月 召集 敎務會議가 當頭 故로 玆以 告示하오니
當 其時 如法 公儀하시와 佛祖의 正法을 善解 受持하시와
未來 際가 盡토록 切勿 口諍嫌猜하야 敎內에 汚點이 無하고
淸淨 慈悲로 實行하심을 切望함
　　右 特命　　檀紀 四二八二年 十月 十日
　　朝鮮佛敎 敎正　　方 漢 岩[45]

즉 사건 발생으로 기해 열리는 중앙교무회의에서 문제 해결의 지
침, 원칙을 제시하였던 것이다. '如法 公儀'로 문제 해결에 임하라고
단호한 입장을 개진하면서, 불조의 정법으로 언쟁, 시기와 혐오를 일
체 없애야 한다고 하였다. 이에 교단 내에 오점이 없도록 문제를 해결
하고 청정 자비로 추진할 것을 거듭 강조하였던 것이다.

그런데 방한암의 특명서가 내려진 중앙교무회의의 내용, 사건 해결
의 추이 등에 대한 구체적인 사정은 알 수 없다. 다만 사건에 연루된

---

44) 앞의 『불교신보』, 「대회소집을 특명」.
45) 위의 『불교신보』, 「대회소집을 특명」.

박원찬 총무원장을 비롯한 교단 집행부는[46] 해임되었고, 총무원장에 새로 선임된 인물은 김구하였다. 그리고 방한암이 교정으로서 행한 더 이상의 역할 및 내용은 알 수 없다.[47] 방한암의 교정으로서의 역할은 그의 입적으로 마감되었다. 그는 한국전쟁 기간중인 1·4후퇴 직후인 1951년 3월 22일(음력 2월 14일)에 그의 칩거처였던 상원사 선원에서 좌탈입망의 자세로 입적하였다. 그의 입적은 그가 교정뿐만 아니라 승려로서, 한 인간으로서의 삶을 마치게 된 것이다. 한국전쟁 기간이었기에 종단에서는 그에 대한 적절한 조치를 취할 수 없었다. 다만 그의 49재를 맞아 1951년 5월 8일(음력 4월 3일), 부산 묘심사에서 故敎正方漢巖大宗師奉悼法會가 개최되었다.[48]

6. 한암의 종정·교정에 나타난 성격

본 장에서는 앞에서 살펴본 방한암의 교정, 종정을 역임한 사례에서 나타난 성격 및 유의할 점을 대별하여 제시하겠다. 이러한 분석은 방한암을 연구하기 위한 사전 검토로 보아도 좋을 것이다.

첫째, 근현대불교사에서 방한암은 결코 간과할 수 없는 대상임이

---

46) 집행부의 간부는 총무부장 손계조, 교무부장 곽서순, 재무부장 구연운 등이다.
47) 『묵담대종사문집』(민족사) 21쪽에는 국묵담의 진영에 한암이 찬한 영찬법어가 있다. 이 글에는 자신을 "조계종 前 第二世 敎正 五臺山 漢巖 讚"이라고 하였다. 이렇게 그가 전 교정이라고 한 것의 의미는 알 수 없다.
48) 당시 그 법회에 참석한 인물들의 관련 조사가 『한암일발록』(한암문도회, 민족사 간) 부록에 전한다. 김구하 총무원장의 봉도문, 김경봉의 추도문, 중앙교무회의 의장 김법린의 조사, 문교부장관 조사, 월정사 주지 이종욱의 조사, 동국대 교수 권상로의 조사 한국불교연합교무원장 박대륜의 봉도문, 각도 교무원장 대표 박성하 봉도사, 임전구국불교총연맹본부 대표 위원장 전진한의 조사 등이다.

분명하게 밝혀졌다고 본다. 이에 근현대불교 및 조계종단의 역사 및 흐름을 검토할 경우 방한암은 반드시 유의할 대상 승려이다. 지금껏 방한암은 근현대불교사와 조계종단사에서 적절하게 검토되지 않았다. 비판적으로 보면 홀대받았다고 보는 것이 타당할 것이다. 특히 그는 근대불교와 현대불교의 가교 역할을 한 것으로 필자는 보고 싶다. 이로써 그에 대한 탐구는 더욱더 흥미로운 것이다.

둘째, 방한암의 사상, 도덕, 수행관, 계정혜 삼학에 대한 검토가 시급하다. 교정, 종정을 4차례나 역임한 것은 간단한 것이 아니다. 그러한 결과는 그럴 만한 원인이 있을 것이다. 이는 현재의 승려상에 대한 하나의 전범 역할도 제공할 수 있는 것이다. 다시 말하자면 흔히 말하는 선지식의 모범 사례로도 인식할 수 있다. 방한암의 사례를 통하여 우리는 수좌 연구도 심화시킬 수 있다고 본다.

셋째, 방한암의 행적을 유의깊게 살피면 그는 결코 소극적이거나 배타적인 입장을 견지하지 않았다. 비록 오대산이라는 깊은 산중에 칩거하였지만 교정, 종정이라는 직위를 무조건 배척하지 않았다. 이는 자신의 소신과 철학을 견지하면서 그가 속한 종단에서 부여한 책임을 마다하지 않은 것이다. 요컨대 그의 행적은 적극성, 소임에 대한 봉사성이 나타난다는 것이다. 그는 산중에 있었지만 『불교』지와 『선원』지 등에 자신이 생각하는 입장을 개진하였다. 그 소재는 종조, 선, 스승인 경허의 행장 등이었다. 추후에는 이러한 개별적인 글을 분석하여야 할 것이다.

넷째, 그러면 어떤 연고로 그가 근현대불교, 조계종단의 역사에서 소홀하게 인식되었는가에 대한 물음에 답변을 해야 한다고 본다. 여기에는 우선 그가 머물던 사찰인 오대산 월정사의 내부 문제, 조계종단 내부의 수행풍토 변질 및 사상적 흐름 등이 분석되어야 할 것이다.

필자가 보건대 방한암의 선, 강백, 계율 등 각 분야에서 그의 정신과 지향이 올곧게 계승되었다고 보기는 어렵다. 왜 이런 현상이 나타났는가에 대한 적절한 분석이 뒤따라야 한다.

다섯째, 추후에는 방한암의 행적, 고뇌, 수행 이력, 사상적 구조 및 특성 등이 종합적으로 연구되어야 한다. 이를 위해서는 그에 대한 자료수집이 선행되어야 할 것이다. 그의 문집이『한암일발록』으로 발간되었지만 더욱더 다양한 자료를 수집해야 한다고 본다.

이상 필자가 생각하는 방한암의 연구를 진일보하기 위한 입장에서 그 내용을 대별하여 보았다. 지금껏 고승에 대한 연구, 분석, 서술은 역사 및 사상, 그리고 종단사 등이 조화·종합되지 않고 개별적으로 진행되어 왔음을 부인하기 어렵다. 필자는 방한암 연구에 있어서는 분산적·고립적·미시적·제한적인 접근을 극복하고 다원적인 시각을 가지면서도, 그 다면적인 측면을 종합, 회통할 수 있는 연구가 필요함을 역설하는 것이다.

7. 결어

근현대불교의 교단사에서 방한암은 간과할 수 없는 고승임은 분명하다. 이를 단적으로 말해주는 것이 방한암이 조계종단에서 종정을 다수 역임하였다는 사실이다. 우선 최초의 선출은 1929년 1월의 승려대회에서 이루어졌다. 이 대회는 일제의 사찰령 체제를 극복하려는 자각의식하에 불교의 자율적인 질서인 종헌을 제정하기 위해서 개최되었다. 이에 각처 불교계 대표가 참여한 가운데 각황사에서 개최된 대회에서 방한암은 7인의 교정으로 피선되었다. 당시 그의 속랍 53세였을 때 교정에 선출됨은 그의 계정혜 삼학에 대한 명망이 교단에 널리 알려짐에서 가능한 것이 아닌가 한다. 방한암의 두 번째 종정 추대는 1935년 초반이었는바, 이는 수좌들의 중앙 근거처인 선학원이 재단법인 선리참구원으로 전환되었던 사실과 연계되어 있다. 수좌들은 선리참구원을 재단법인체로 전환시키면서 한국불교의 전통은 선종임을 표방하면서 불교정화를 기치로 표방하고, 기존 교단과의 차별성을 극명하게 내세웠는데 그것은 조선불교 선종이었다. 방한암은 이 선종의 3인 종정의 한 사람으로 추대되었다. 이처럼 수좌들이 주도하는 선종 및 선리참구원에서 종정으로 추대되었음은 방한암이 전국 선원 및 수좌들 사이에서 인망이 상당하였음을 알 수 있는 단서라 하겠다.

방한암이 종정으로 추대된 것은 1941년 조선불교조계종이 창립되었을 때였다. 조계종의 창립은 일제강점기 불교계의 종단건설의 움직임인 총본산건설운동과 일제강점기 불교정책이 조율된 산물이었다. 당시 방한암은 불교계 대표들의 구성체인 종회에서 거의 만장일치로 종정에 추대되었다. 이때의 종정 추대는 일제강점기 최초의 종단인 조계종의 초대 종정이었다는 측면에서 이전의 종정 추대와는 약간의 차별성을 갖는다. 즉 완전한, 합법적인 제도권 불교에서의 추대였다. 이로써 방한암의 당시 불교에서의 위상은 의심받을 수 없다 하겠다. 한암은 일제말, 일제 패망시까지 종정을 역임하였다. 그러나 해방이 되자, 자연적으로 종정을 사임하였다. 한암의 후임은 내장사에 주석하였던 대강백 박한영이 추대되었다. 그러나 박한영이 1948년 입적하자, 당시 교단 간부들은 그 후임으로 방한암을 또다시 추대하였다. 이에 방한암은 그가 입적한 1951년 3월까지 종정으로 재직하였다.

이와 같은 방한암의 종정 추대의 전후 사실에서 한암은 근현대불교, 조계종단사에서 간과할 수 없는 대상이라는 것을 파악하였다. 그러나 추후에는 한암 연구의 필요성이 강하게 요청된다. 이는 한암의 사상, 수행을 이해하기 위함뿐만 아니라 당시 불교계 동향 및 정서를 파악하기 위한 차원에서 시급한 과제라 하겠다. 다음으로는 그가 수행한 월정사, 상원사를 비롯한 한암 일생에 대한 전모가 구체적으로 분석, 정리되어야 한다.

본 고찰에서 필자는 방한암의 일제강점기의 불교, 조계종단에서 종정을 역임한 사례를 소개, 분석하였다. 추후에는 이러한 측면뿐만 아니라 그의 사상, 수행 등 종합적인 연구를 심화시키고 그 전제에서 교단사, 근현대불교와 연계된 연구의 다각화를 추진해야 한다고 본다.

조선불교조계종과 이종욱

1. 서언

1941년 4월에 등장한 조선불교조계종에 대한 개요와 성격을 분석하고 그에 담긴 의의를 정리하는 것은 한국불교사의 연구에서 중요한 학문적인 과제이다. 그럼에도 불구하고 지금껏 이 주제에 대한 불교학, 역사학에서의 관심은 매우 미미한 것이었다. 이는 무엇보다도 근대불교에 대한 학문적 접근의 부재에서 비롯된 것이다. 그런데 최근 조선불교조계종에 대한 관심이 제기되고 있다. 그 관심은 우선 현재 조계종단의 정체성을 파악하려는 움직임의 흐름을 지적할 수 있다.[1] 다음으로는 조선불교조계종 및 조계종 창설의 주역과 일제강점기 불교정책과의 연관성이다. 여기에서 말하는 연관성이라 함은 '친일성'의 문제이다. 다시 말하자면 조선불교조계종이 일제강점기 불교정책의 산물인가,[2] 그리고 조계종을 만든 주역이 친일파인가 아닌가이

다.[3] 이렇게 조선불교조계종을 '친일'의 잣대로 보려는 움직임은 최근 과거사 청산, 친일파 규명이라는 정치, 사회분야에서의 구도와 맞물려 있다. 그러나 불교사에서의 그 문제는 불교계 내부의 동향, 조계종을 만든 승려들의 고민 혹은 한국 근대불교사의 맥락에서 신중하게 접근, 검토되어야 한다. 이런 특수성이 고려되면서 그 연후에 보편성, 일반사와의 균형을 기해야 할 것이다. 즉 필자의 의견은 실사구시적인 기준에서 분석, 서술, 재조명되어야 한다는 입장이다.

필자는 몇 년 전 조선불교조계종이 일제강점기 총본산 건설운동 및 불교계의 통일운동의 산물이라는 점을 개진함과[4] 동시에 조선불교조계종의 성립과 역사적 의의에 대한 연구를 하여 이를 지상에 발표하였다.[5] 필자의 요지는 조선불교조계종의 설립은 일제강점기 불교정책에 대응한 현실인식, 그리고 불교 종단을 만들겠다는 당시 불교도들의 40여 년간의 강렬한 노력의 산물이라는 것이었다. 그럼에도 불구하고 필자가 보기에 현재 불교계, 불교학계의 구성원들의 조선불교조계종에 대한 이해는 극히 미약한 실정이라 하겠다.

---

2) 이 논리를 학문적으로 정리한 김순석의 연구가 참고된다.
　　김순석, 「1930년대 후반 조선총독부의 '심전개발운동' 전개와 조선불교계」, 『한국민족운동사연구』 25, 2000.
　　김순석, 「중일전쟁 이후 조선총독부의 불교정책과 불교계의 대응」, 『한국근현대사연구』 17, 2001.
　　김순석, 『일제시대 조선총독부의 불교정책과 불교계의 대응』, 경인문화사, 2004.
3) 임혜봉, 『친일파 108인』, 청년사, 2005. 임혜봉은 『친일불교론』(민족사, 1993)에서 조선불교조계종과 이종욱의 '친일' 행적을 처음으로 조명하였다.
4) 김광식, 「일제하 불교계의 총본산건설운동과 조계종」, 『한국근대불교사연구』, 민족사, 1996.
　　김광식, 「일제하 불교계 통일운동과 조계사」, 『새불교운동의 전개』, 도피안사, 2002.
5) 김광식, 「조선불교조계종의 성립과 역사적 의의」, 『새불교운동의 전개』, 도피안사, 2002.

이에 본 고찰에서는 필자가 기왕에 정리, 발표한 내용을 요약하면서 조선불교조계종이 갖고 있는 역사적 의의를 다시 한 번 개진하고자 한다. 한편 현재 조계종단에서는 1950년대 이른바 비구·대처 간의 갈등 즉 불교정화운동을 극복하고 양측이 합의한 1962년 4월의 통합종단을 근현대기 종단의 출발로 인식하고 있다. 이는 몰역사적인 인식의 단면이라고 볼 수밖에 없다. 1700년 불교사를 내세우면서 과거 역사, 특히 일제강점기 및 해방공간의 역사를 부정하는 기형적인 역사인식인 것이다. 이에 본 고찰에서는 이러한 역사인식을 비판하면서 현재의 대한불교조계종과 조선불교조계종과의 상관관계를 제시하고자 한다. 다음으로는 조선불교조계종을 만든 주역인 지암 이종욱과 조선불교조계종과의 상호 관계를 조명하고자 한다.6) 요컨대 이종욱은 어떤 연유로 종단 창설의 일선에 서게 되었는가를 중점적으로 살피고자 한다. 이종욱은 31본사 주지대표로 조선불교조계종을 만들었고, 창설된 조선불교조계종의 초대 종무총장으로 활동하였는데, 어떤 요인이 그를 이렇듯이 당시 한국불교의 대표로 활동하게 하였는가를 조명하고자 한다.7)

일반적으로 불교계에서는 선지식, 대종사, 대선사, 대강백, 깨달은 승려 등을 중심으로 불교사, 종단사를 서술하였다. 그러나 종단, 단체, 사찰 등에는 이를 유지하고 수호하며 발전시키는 주역들이 늘상 있어 왔다. 이들을 흔히 이판, 주지, 행정승, 혹은 권력승이라는 수식을 하지만 우리가 알아야 할 것은 이들의 고뇌, 피와 땀, 노력, 헌신의 바탕

---

6) 이에 대해서는 박희승이 『정토학연구』 4집(2001)에 「조선불교조계종의 주역 연구 —종정과 종무총장을 중심으로」를 발표하였다. 박희승은 이종욱의 독립운동, 종단 수호라는 측면에서 자료발굴을 통한 정리를 하였다.
7) 때문에 본 고찰에서는 이종욱이 친일파였는가, 아니면 외형으로는 친일활동을 하면서 이면적으로 독립운동을 한 위장친일이었는가에 대한 논의는 하지 않는다.

에서 현재의 종단, 단체, 사찰이 있다는 것이다. 이런 관점에서 이종욱의 활동을 조선불교조계종의 창설과 연계하여 조명하고자 한다.

2. 조선불교조계종의 개요 및 의의

1941년 4월, 한국불교사에 등장한 조선불교조계종은 근대불교사에서 합법적으로 창설되고 운영된 역사성 있는 종단이다. 여기에서 역사성이라 함은 종명, 종지, 종통, 공권력의 인정, 불교계 구성원들의 합의, 실제 운영 등이라는 측면에서 실질적인 종단활동을 하였음을 말한다. 다만 여기에서 당시 시대가 일제강점기라는 국권강탈의 시기였기에 완전한 의미의 자주성은 한계가 적지 않았다. 즉 식민통치에 협조, 일제강점기 불교정책에 구속되었던 것이다. 그리고 그 과정에는 일제 식민정책에 협조하였다고 비판을 받는 승려들의 활동이 있었다. 그럼에도 불구하고 조선불교조계종이 갖고 있는 역사성 자체를 부정하는 것은 객관적인 역사인식의 자세라고 볼 수는 없다. 요컨대 역사인식의 균형이 절대 필요함을 필자는 강조한다.

근대불교의 기점을 암시하는 대상인 개항, 승려 도성출입금지 해제 이후 불교계에서는 기존의 산중불교를 극복하고 도회지 불교로의 전환을 적극 시도하였다. 이런 구도에서 학교 및 포교당의 설립, 잡지 발간, 외국 유학 등 불교 근대화를 추진하기 위한 다양한 방책이 강구되었다. 그 방책에서 가장 중요하게 여긴 것이 불교 종단(교단)을 만드는 것이었다. 불교 종단이라 함은 조선 중기 이후 산중불교로 자리매김을 당하면서 사라진 불교계 구성원들의 자생적인 협의, 결정, 집행의 기관을 새롭게 만드는 것이었다. 그리하여 1908년 전국의 승려대표들이 원흥사에 모여 만든 종단이 圓宗이었다. 원종을 만든 승려들은 이를 당시의 공권력인 구한국정부 및 통감부에 승인을 받으려고 갖은 노력을 다하였다. 심지어는 친일파인 송병준, 일제의 침략 첨병으로 한국에 건너온 일본 승려의 도움까지 받았으나 끝내 성사시키지 못하였다. 급기야는 한국의 원종을 일본불교의 일개 종파인 조동종에 팔아 버렸다는 비판을 들었던 조동종 맹약까지 체결(1910.10)하였다. 그러나 이 맹약은 한국불교의 자주성 훼손이라는 전 불교계의 비판과 대응에 의해 와해되었다. 당시 한국 승려들은 그 맹약을 비판하면서 한국불교는 선종 중에서도 임제종 계열의 맥을 계승하였다는 현실인식에서 자생적인 臨濟宗을 출범(1911.2)시켰다. 그리하여 일시적으로는 원종과 임제종이 대치되어 이들을 남당(임제종)과 북당(원종)으로 지칭하는 사태까지 나타났다. 임제종의 주역들(한용운, 박한영 등)은 송광사, 쌍계사, 범어사 등 남쪽 지방의 유수 사찰을 배경으로 그 기반을 강화하고 서울 및 각처에 포교당을 만들면서 임제종을 정통적인 종단으로 내세웠지만 일제의 탄압으로 중단되고 말았다.[8]

당시 일제는 국권을 강탈하면서 불교를 행정적으로 지배, 통치하기 위한 차원에서 사찰령을 만들었다. 사찰령은 불교계의 모든 운영을 조선총독부에서 장악하기 위한 법령이었다. 그 결과 한국불교는 이 사찰령에 의해 완전 구속되었다는 말을 들을 정도가 되었다. 일제는 사찰령을 통해 불교를 장악, 조정하면서 한국불교의 자생적인 종단의 등장을 허용하지 않았다. 다만 종명은 朝鮮佛敎 禪敎兩宗으로 내세우고, 실제 운영은 각 본산별 사법을 제정하게 하여 그 범위 내에서 운영하도록 하였던 것이다. 요컨대 1910년대 전반기에는 종단이 부재하

---

8) 김광식, 「1910년대 불교계의 조동종맹약과 임제종운동」, 『한국근대불교사연구』, (민족사, 1996) 참조.

였다. 다만 각 본산 간의 연락, 총독부의 교섭 차원에서 필요한 사무소만 두었거니와 그것이 바로 30본사주지회의소(1912.5)였다.

이처럼 일제는 불교 종단을 없애고 식민통치를 강구하다 보니, 불교계 내부의 사업 부진을 절감하였다. 불교 내의 공통적인 사업은 강학과 포교였다. 각 본산별로, 혹은 개별 사찰 차원에서 학교와 포교당이 설립, 운영되었을 뿐 불교계 전체, 중앙 차원에서의 사업은 극히 미약하였다. 그런데 이러한 부진을 극복하기 위해 일제는 대책을 강구하였다. 일제가 이에 관심을 기울인 것은 단순히 한국불교의 발전을 고려한 것에서 나온 것이 아니었다. 거기에는 포교당, 학교를 통하여 식민통치의 우호성을 전파시키기 위한 정책이 개재되었다. 나아가서는 포교당과 학교의 주체인 법사, 교사를 식민통치의 외호자로 만들려는 의도와 무관하지 않았다. 그런데 한국불교의 불교대중화는 지지부진이었고, 본산 간의 단결도 미약한 현상이었기에 일제가 적극 개입하여 학교, 포교의 문제에 뛰어들었다. 이 구도에서 나온 것이 1915년 2월에 발족한 30본사연합사무소였다.[9] 강학과 포교의 연합 사무를 취급하기 위한 사업 추진체를 결성하게 하여 그 과정에 일제가 주도적으로 개입하였다. 때문에 이 30본산연합사무소는 자생적인 종단이 될 수 없었다.

불교 종단을 자생적으로 만들려는 노력은 3·1운동 이후 민족의식에 영향을 받으면서 시작되었다. 당시 불교 청년, 학승들은 기존의 연합사무소를 출범하게 한 근거인 연합 제규의 철폐를 강력히 주장하였다. 나아가서 청년들은 사찰령의 철폐, 개정까지 주장하였다. 즉 일제강점기 불교정책에 비판, 반대를 강력히 추구하였다. 일제강점기 불

---

9) 한동민, 「1910년대 선교양종 30본산연합사무소의 설립과정과 의의」, 『한국민족운동사연구』 25, 2000.

교정책을 비판하면서, 그에 기생한 본산 주지들의 비행도 노골적으로 불교발전의 장애로 인식하였다.

이에 일제는 연합 제규의 존속을 염두에 두었으나 불교 청년들의 반발로 이를 철폐할 수밖에 없었다. 그리하여 불교계는 일제의 불교정책을 수용할 것인가, 아니면 비판적인 입장에서 자주적으로 불교사업을 추진하고 나아가서는 자생적인 종단을 만들 것인가를 고민하였다. 이런 이질적·대응적인 입장의 차이가 뚜렷하게 나타나 당시 불교계는 거의 분열되었다. 즉 자주적인 불교사업의 추진, 불교 종단의 설립을 의도한 본산 및 불교청년들은 과도기적인 단계로서의 총무원을 만들었다. 당시 이 계열의 승려들은 2,284명이 서명한 사찰령 철폐 운동을 추진하였다. 그러나 이에 반한 일부의 본산 및 보수적인 승려들은 일제의 불교정책을 수용하는 노선에서의 재단법인 교무원을 만들었다. 즉 총무원과 교무원의 대립이 1920년대 전반기 불교계의 특징이었다. 이 같은 대립적인 흐름의 저변에 싹트고 있었던 대안은 불교 종단을 만들자는 움직임이었다. 그것은 종무기관, 통일기관의 건설로 표현되었다.

그러나 1924년 3월에 가서는 일제의 개입이 작용한 가운데 총무원이 교무원에 합류하였기에, 일시적으로 종단 창설 움직임은 중단되었다. 불교 청년의 퇴조, 청년승려의 외국 유학의 급증, 불교청년회의 활동 중단 등은 이를 반영하는 것이다. 종단 창설의 재건 움직임은 1928년 불교청년들의 재기에서 시작되었다. 불교청년들은 기존 조선불교청년회를 재건시키면서 불교계 전체의 통일을 기하는 운동을 시작하였다. 이는 1929년 1월의 조선불교선교양종 승려대회로 귀결되었다. 전국 불교계 대표 100여 명이 참가한 가운데 개최된 승려대회에서는 사찰과 승려들의 통일적인 활동을 담보하는 종헌과 종법을 만들어 냈다. 그리고 이 근거에서 종정(대표), 종회(대표), 교무원(행정)을 출범시켰다. 이 같은 성과를 낸 승려대회는 종단 창설, 불교자주화 측면에서 큰 의의를 갖고 있는 것이다.[10] 그리하여 당시 불교계 구성원들은 승려대회에서 정한 종헌을 이행할 과제에 직면하였다. 이에 일시적으로는 그 종헌은 실행에 옮겨졌다. 그런데 불교계 일부에서는 종헌의 이행에 비협조적이었다. 종헌의 비협조, 이행의 난관은 우선 종헌 자체에서 기인하였다. 일제가 정한 종명을 그대로 사용하였는바, 이는 일제의 사찰령 체제를 완전 부인하지 못한 것을 말한다. 즉 사찰령 구도 내에서의 종단 창설이라는 기형성을 갖고 있었다는 것이다. 또한 사찰의 재산 처분, 주지의 임면도 종헌에서 정하지를 못하였는바 이것도 사찰령 체제에 안주한 것을 말한다. 요컨대 종헌 자체의 모순이 있었다. 더욱이 일부 주지계층은 자생적인 종헌보다는 사찰령, 사법, 일제 당국에 의존하는 비자주성의 행태를 노정하였다.

그리하여 불교계는 1932년경부터는 종헌의 실행 및 비협조라는 대응적인 구도를 갖고 분열되기 시작하였다. 이 분열은 곧 승려대회의 정신과 종헌체제의 몰락을 야기시켰다. 일시적으로 종헌실행운동, 종헌 반포일 기념식 거행, 사법개정운동 등이 추진되었지만 그 흐름을 되돌려 놓을 수는 없었다. 이러한 과정에서 그 대안이 나왔거니와 그것은 총본산안과 교무소안이었다. 총본산안은 당시 31본산위에, 31본산을 지도 감독할 수 있는 본산(본사)을 새롭게 만들자는 것이었고, 교무소안은 31본산을 지도 감독하는 사무소를 두자는 것이다. 총본산, 교무소에서는 각기 불교계 전체의 인사와 재정을 장악하는 것으로 논의되었다.[11]

---

10) 김광식, 「조선불교선교양종 승려대회의 개최와 성격」, 『한국근대불교사연구』(민족사, 1996), 참조.

1934년경에 가서는 종헌체제가 완전 소멸되었다. 그런데 1935년에 접어들면서 일제는 중일전쟁을 추진하기 위한 방책의 하나로 심전개발운동을 강구하였다. 심전개발운동은 내선일체의 구도에서 한국인을 황국신민화시키는 것이었다.12) 이 배경에서 일제는 불교계에 연락기관을 만들라는 지침을 하였는바, 이를 수용한 불교계는 이를 대표기관13) 설립으로 풀려고 하였다. 그러나 1936년 말에도 그 사업은 이행되지 못하였다. 그러던 차에 한국에서 활동하였던 일본불교계 박문사(이등박문 기념사찰)를 거점으로 한국불교를 장악하려는 움직임이 노골화되었다. 이 움직임은 한국 승려들에게 포착되어 그 대응 방안이 강구되었다. 이처럼 공식적·비공식적으로 불교계의 기관을 만들 수밖에 없는 새로운 환경이 조성되었다. 즉 종단건설은 한국불교계가 도전해야 하는 문제로 다가왔다.

이런 도전에 응전하지 못하면 한국불교의 기관은 부재하거나, 아니면 일본불교에 장악될 형편이었다. 그런데 1936년 12월경 한국불교 내부에서 그 이원적인 도전을 인식하면서, 이에 대응하려는 일단의 승려들이 등장하게 되었다. 그리고 1937년 초반에는 전남5본산연합회, 경북불교협회, 경남3본산종무협의회 등의 지방 본산에서 본산 화합, 총본산 건설을 내세우게 되었다. 그리하여 중앙 차원에서의 대응과 각 지방 불교계에서의 대응이 큰 조류로 합류되면서 총본산 건설의 이름을 띤 종단 창설 움직임은 급물살을 타게 되었다.14) 이러한 불

---

11) 김광식, 「일제하 불교계의 총본산건설운동과 조계종」, 『한국근대불교사연구』, 410~414쪽 참조.
12) 한긍희, 「1935~37년 일제의 '심전개발'정책과 그 성격」, 『한국사론』 35.
   김순석, 「1930년대 후반 조선총독부의 '심전개발운동' 전개와 조선불교계」, 『한국민족운동사연구』 25, 2000.
13) 그 명칭은 조선불교선교양종 종무원이었다.
14) 김광식, 「조선불교조계종의 성립과 역사적 의의」, 『새불교운동의 전개』(도피안

교계 구성원들의 합의, 조류, 급물살의 중심에 본 고찰의 대상 인물인 지암 이종욱이 있었다. 1937년 2월, 서울에서 개최된 본산주지회의에서 총본산 건설을 통한 종단 창설을 결의하였으니, 이는 전 불교계 차원에서 종단건설을 향한 첫 발자국이었다. 당시 주지회의에서는 총본산의 위치, 건설비, 유지비, 부과방법, 징수방법, 징수기간, 총본산 기구, 종의기구, 감찰기관, 종법제도 등을 심의하였다. 요컨대 총본산이라는 종단건설을 철저하게 검토하였다.15)

이런 검토, 준비에서 총본산으로서의 각황사 재건축이 본격화되어 1938년 10월 25일에는 대웅전이 준공되었다. 그후에는 총본사의 사격을 재검토하여 태고국사 계승의식에 의거하여 1940년 7월 15일부로 그 절 이름이 태고사로 전환되었다. 또한 기존 조선불교 선교양종이 한국불교의 역사성, 전통 계승의식에서 문제점이 상당하다는 것을 인정하고, 태고국사 계승의식에 의거하여 조계종으로 해야 한다는 그간의 여론을 수렴하여 본사 주지회의에서 종명 개정을 결의하였다. 마침내 1941년 4월 23일부로 총본산 건설운동, 종단건설운동의 집결체인 총본사의 근거를 담은 조선불교조계종 총본사 태고사법이 인가, 합법화되었다.

이제부터는 조선불교조계종 출범이 갖고 있는 역사적 의의를 제시하겠다. 우선, 1910년 전후부터 전개되어 온 한국불교의 자생적·자주적 종단 창설의 노력이 귀결되었다는 점이다. 종단 부재, 불교계의

사, 2002), 72~75쪽.

15) 간혹, 이 과정에 일제의 개입, 후원, 조종으로 인하여 종단이 설립되었다고 하여 조계종을 일제강점기 불교정책의 산물로 보는 견해도 있다. 그러나 조선총독이 참여한 주지회의(2.26~27) 이전에 본산 주지들의 회의에서 총본산 건설이 결정되었음을 유의해야 한다. 물론 일제도 총본산 건설을 동조, 묵인, 후원하는 것이 불교계 통치에 효율적이었기에 그 흐름을 인정하였을 것이다. 요컨대 불교계의 종단건설에 나타난 자주성을 부인할 수는 없다.

분산으로 빚어진 모순을 극복하는 토대의 마련이라는 점에서 그 의의는 분명하다. 여기에는 조선왕조의 불교 배척으로 조선 중기 이후 산중불교로 나온 무종단 시대를 마감하였다는 뜻도 개재되었다. 둘째로는 종단건설과정에서 비교적 종단 구성원들의 합의, 동의를 구하였고 나아가서는 그들의 재정적 후원으로 조계종단이 등장하였다. 셋째, 조계종단의 건설과정에서 종명, 종지, 종조에 대한 논의가 제기되어 자연적으로 한국불교 역사에 담긴 전통의 계승, 불교 종단의 정체성 확립이라는 점에서 자기 정비를 기하였다. 한편 조선불교조계종의 설립에는 불가피하게 일제의 개입, 후원이 자리잡고 있었다. 이런 측면으로 조선불교조계종이 간혹 비자주성, 친일성의 논란이 개입될 수 있다, 그러나 위에서 필자가 제시한 역사적 의의를 간과하면서 그러한 비자주성을 논하는 것은 균형적인 역사적 평가라고 볼 수 없다. 필자도 그 건설과정에 일제의 외압, 개입이 존재함을 부인하는 것은 아니다. 일제의 개입이 있었다 하여도 그에 담긴 의의를 소홀하게 대해서는 곤란하다는 것이다.

2. 대한불교조계종과 조선불교조계종

현 조계종단 구성원의 대부분은 1962년 4월 1일에 등장한 이른바 통합종단에16) 의거하여 대한불교조계종이 창설된 것으로 보고 있다. 그 단적인 예가 현재 조계종의 종헌은 1962년 3월 22일에 제정된 통합종단의 종헌을 기점으로 인식한다는 것이다. 그러나 그 종헌 전문

---

16) 김광식, 「대한불교조계종의 성립과 역사적 의의」, 『승가교육』(조계종교육원, 2004) 5.

의 내용이나, 불교사의 역사적 전개의 내용을 유의하면 이러한 인식은 적지 않은 모순을 띠고 있다. 요컨대 1700년 한국불교사를 주장하고, 이를 대내외에 선전하면서 근현대불교를 공백으로 처리함은 납득할 수 없는 일이다. 그 같은 근현대불교의 공백에서 가장 중요한 대상인 1941년 4월 23일에 제정, 시행된 조선불교조계종의 태고사법은 상징적인 예증이라 하겠다. 이러한 문제를 환기하는 필자의 주장은 곧 1962년 통합종단 이전에도 조계종이 있었다는 것이다. 물론 고려 중·후기에도 선종으로서의 조계종이 있었다. 그럼에도 불구하고 1941년의 조계종을 애써 부인하려는 저간의 사정을 이해 못하는 것은 아니지만 그럴 경우에는 역사의 단절을 야기한다는 점에서 문제가 심각한 것이다.

그러면 우선 현재 조계종단의 종헌에 나타난 그 정황을 먼저 제시하고자 한다. 1994년 종단개혁 과정에서 일부 수정된 종헌의 전문에는 조계종을 다음과 같이 인식하였다.

麗朝의 衰微와 함께 敎勢가 不振하려 할새 太古國師께서 諸宗을 包轄하사 曹溪의 單一宗을 公稱하시니 이는 我國佛敎의 特色인지라 世界萬放에 자랑할 만한 事實이어니와 我宗은 朝鮮朝 5百年의 排佛毁釋의 政治的 法難에도 不搖不屈하고 懸絲의 慧命을 嗣續하면서 定慧雙修와 理事無碍를 제고하며 大乘佛敎의 成佛度生을 實踐하여 온 것이다.

邇來 宗名을 公稱하고 宗憲을 制定하여 戒法을 崇尙하고 理判을 推奬하여 內로는 正法眼藏을 秘傳綿綿케 하고 外로는 度生門戶를 豁開하여 敎化活動을 向上케 하니 禪敎竝彰이 從此而始라 하겠다.

여기에서 주목할 것으로, '종명을 공칭하고 종헌을 제정하여'라는 문맥이 있는데 종명을 공칭하였다는 것과 종헌을 제정하였다는 시점과 사실은 어떤 내용을 말하는지 애매하다. 우선 종명을 공칭한 것이 태고국사 시절인지, 1941년의 사실인지, 아니면 1954년 정화 직전의 사실인지, 1955년 정화운동의 직후인지, 1962년 통합종단의 시점인지가 분명하지 않다. 그리고 종헌을 제정한 것이 1929년 승려대회 시점인지, 1941년의 시점인지, 1954년 정화운동 초창기의 사실인지, 1955년 8월 전국승려대회 당시인지, 1962년 통합종단 시점인지 필자로서는 가늠하기 어렵다. 위의 종헌 문맥상으로는 종명의 공칭은 태고국사 당시로 보이며, 종헌의 제정은 1962년의 시점으로 보인다. 이 문맥에 의해 고려 후기에 조계의 단일종을 공칭한 것을 조계종의 연원으로 인정하여, 그때부터 조계종이 시작되었다고 볼 수는 있다. 그러나 현 조계종의 종헌에서는 조선 후기 이래 무종단시대를 거치고, 개항 이후 자생적으로 종단을 만들려는 지난한 고투의 과정을 거쳐 마침내 1941년에 등장한 조선불교조계종은 역사 인식의 대상으로 포함시키지 않고 있다. 그 결과 1962년에 등장한 통합종단의 종헌만을 역사인식의 대상으로 삼기에 이르렀다.[17]

이 같은 일제강점기 불교, 식민지불교 체제에서 등장한 1941년 조계종은 정통 불법, 계맥에서 약간의 문제점이 있는 것은 사실이다.[18] 그렇다고 문제점이 있다고 하여 역사적 사실, 행적 등을 정면으로 인식하지 않는다는 것은 역사의 부정, 홀대, 축소를 의미한다고 볼 수밖에 없다. 이에 대해서는 현 조계종단 종헌에 아래와 같이 서술되었다.

8·15光復後 敎團의 淸淨과 僧風을 振作하려는 宗徒들의 願力에 의해

---

17) 이에 관해서는 길희성의 논고, 「한국불교정체성의 탐구 : 조계종의 역사와 사상을 중심으로」(『한국종교연구』 2, 2000)가 참고된다.
18) 계율파괴, 대처승의 묵인 등을 의미한다.

佛紀 2498(1954)년 淨化運動이 일어나 自淨과 刷新으로 마침내 宗團의 和合이 이룩되어 불기 2506(1962)년 3월 22일 宗憲을 제정하고 統合宗團이 出帆하게 되었다. 그리하여 敎團의 淸淨性과 三寶 護持의 基本틀이 다져지고, 修行衲子의 家風이 振作되었으며, 布敎와 伽藍佛事에 힘을 기울여 韓國 佛敎는 유례없는 敎勢 擴張을 이루었다.

이 종헌 전문에서는 통합종단의 이전의 역사가 있었음을 인정하고, 이를 정화운동으로[19] 요약하였다. 그리하여 여기에서는 광복 이후에는 청정과 승풍을 이루려는 정화운동이라는 긍정적인 역사에 의해 통합종단이 출범할 수밖에 없었음을 인정하였다. 그러므로 광복이전의 역사는 청정하지 못하였고, 승풍이 부재하였다는 인식이 은연중 드러나고 있다. 즉 일제강점기의 불교를 비판적·부정적으로 보려는 인식이 나왔던 것이다. 요컨대 조계종의 종헌 및 조계종 구성원들의 인식에서는 1962년 통합종단을 종단의 기점으로 보고 있음은 분명하다. 그 결과로 종정, 종회, 총무원장 등의 계승의식도 그 영향을 받고 있다.

이렇게 개화공간의 불교, 일제강점기 불교, 통합종단 이전의 불교, 해방공간의 불교를 조계종단의 역사로 인식하지 않는 것은 중요한 문제이다. 흔히 말하는 1700년 불교사는 수긍할 수 있다. 그러면 조계종단의 역사는 몇 년인가? 도의국사 이후부터 종단의 역사로 말해야 하는가? 일제강점기 및 해방공간의 불교사는 조계종단사의 범주에 포함시킬 수 있는가? 그런데 최근 조계종 교육원 불학연구소 주관으로 나온 『조계종사』(근현대편)에서는 개화공간, 일제강점기 불교, 해방공

---

19) 정화운동에 대한 전모는 필자의 논고, 「정화운동의 전개과정과 성격」(『새불교운동의 전개』, 도피안사)을 참고할 것.

간, 정화불교 등을 모두 종단사 영역으로 포함시켰다. 여기에서 필자
는 종헌과 조계종사 간의 괴리를 지적하지 않을 수 없다. 추후에는 종
단사와 종헌을 재검토하여 이를 조율해야 한다고 생각한다. 물론 여
기에는 불법 파괴의 상징으로 지칭한 대처승의 인식, 식민지불교에
대한 인식문제 등이 놓여 있다. 나아가서는 현재 조계종단의 정체성,
계율 수지, 비구승의 정의 등 정리할 문제가 있다. 이렇게 역사, 현실,
지향을 일치시키는 것이 조계종단의 과제이다.

이러한 전제가 되어야만 1941년 조선불교조계종의 역사 및 의의가
살아날 것이다. 그 연후에야 조선불교조계종을 만든 주역들의 고뇌,
행적 등에 대한 일정한 의의를 부여할 수 있을 것이다. 필자는 2002년
조계종 교육원 주최의 통합종단 출범 40주년 기념 세미나에서 통합종
단의 성립과 역사적 의의에 대한 논문을 발표하였다.[20] 그 논문에서
필자는 통합종단의 정신을 일제강점기 불교, 해방공간의 불교에서 찾
을 수 있다고 주장하였다. 그것은 1921년에 창건된 선학원의 정신,
1926년 백용성의 대처식육 금지 건백서, 1928년의 조선불교학인대회
정신, 1941년 4월의 조선불교조계종의 등장, 해방공간에서의 불교개
혁 정신(고불총림, 봉암사 결사, 가야총림), 불교정화의 이념 등이다.
이처럼 통합종단의 연원과 정신이 그 이전의 불교사에서부터 연속성
을 갖고 있었던 것이다. 그리고 조선불교조계종의 초대 종정으로 일
제강점기 불교를 대표한 선사인 방한암이 활동하였을 뿐만 아니라 그
종무고문에도 송만공, 장석상 등 당시 수좌계를 대표하는 선승들이
참여하였다. 이처럼 조선불교조계종은 선을 생명처럼 내세우는 조계
종단의 선지식들과 불가분의 관련을 맺고 있었음을 인식해야 한다.

---

20) 김광식, 「대한불교조계종의 성립과 역사적 의의」, 『승가교육』 5, 2004.

이런 전제하에 필자는 1962년 11월 16일, 당시 총무원장 직무대행이었던 김서운이 문교부장관에게 대한불교조계종과 해방공간의 불교 교단이 동일체임을 확인해 달라고 요청한 것은 우리가 참고할 대상이다.[21] 비록 그 확인을 요청한 것이 1941년의 조선불교조계종까지 이르지는 못하였고, 현실적인 불교 교단 단체 등록의 필요에 의해서 나온 것이지만 역사 계승의식은 분명히 존재하였다. 이렇게 통합종단, 즉 대한불교조계종의 역사를 역사성, 연속성에서 찾아야만 한국불교사, 조계종단사가 재정립될 수 있다고 생각한다.

3. 조선불교조계종 창설의 주역 이종욱

조선불교조계종의 역사, 의의, 현 조계종단과의 연관 등은 앞서 살펴보았다. 이제부터는 조선불교조계종의 주역으로 칭할 수 있는 지암 이종욱과 조선불교조계종과의 연관을 살피겠다. 이종욱은 조선불교조계종을 만들 때 31본사주지대표로 그 작업을 진두지휘하였으며, 조

---

21) 이 자료는 조계종 중앙기록관에 소장된 문서인데, 그 전체를 보면 다음과 같다.

證 明 願

證明 事項
1. 大韓佛敎曹溪宗과 舊朝鮮佛敎는 同一體임
2. 大韓佛敎曹溪宗 宗正과 舊朝鮮佛敎 敎正은 同一함
3. 大韓佛敎曹溪宗 總務院과 舊朝鮮佛敎 中央總務院은 同一體임
4. 大韓佛敎曹溪宗 總務院 간부는 정원 5명 현원 3명임
재단법인 佛敎中央敎園 理事 名儀 變更 登記 및 佛敎 團體登錄에 必要하오니 上記 사항에 相違 없음을 증명하여 주시기 바라나이다.
1962년 11월 16일
대한불교조계종 총무원장 직무대행 김서운 인
문교부 장관 귀하

선불교조계종이 설립되자 초대 종무총장에 선출되었다. 그는 일제가 패망하였던 1945년 8월 15일까지 종무총장을 역임하였던 것이다. 이런 사실로 보아 그는 조선불교조계종의 주역이었음은 분명하다고 하겠다.

필자가 평소 의아심을 가졌던 것은 왜 이종욱이 본사 주지의 대표로 활동하였는가이다. 그리고 이종욱은 어떤 요인으로 본사 주지의 대표로 선출되었는가, 이종욱은 권력 지향적인 승려였는가, 당시에는 이종욱을 능가하는 승려가 없었는가에 대해서도 궁금증을 갖고 있었다. 그리고 조계종을 만들 때의 이종욱의 고민은 무엇이었는가. 이종욱이 조계종을 설립할 때와 조계종 종무총장으로 재직하였을 때에 권력지향적이었는가 등도 그 의문에 포함된다. 그러나 이에 대한 명쾌한 답변을 해 줄 수 있는 기록은 흔하지 않다. 그리고 잘 아는 바와 같이, 인물에 대한 평가는 매우 어려운 문제이다. 그는 정말, 친일적인 의식을 갖고 있었나? 친일 행적은 분명하지만, 이면에서는 독립운동을 하였는가. 이러한 의문을 갖고 있었지만 필자는 그에 대한 의문을 풀 수는 없었다. 그리고 그 관련 자료, 증언도 풍부하지 못한 형편이다.

한편 우리는 종단사, 불교사를 서술할 때에 고승, 선지식 중심으로 그 개요 및 내용을 서술한다. 그러나 우리가 알고 있는 바와 같이 종단, 사찰, 단체들이 유지되고 발전하는 데는 그에 헌신적인 주역들이 있다. 그럴 경우 그 대상자들은 헌신, 양보, 중도적인 일처리, 미래지향적인 예측, 화합으로써 일 추진 등을 역사에 남긴 경우가 많다. 이러한 내용들이 역사의 물줄기에서 어떤 자리매김을 받을지는 간단하지 않다. 여기에서 필자는 종단사, 불교사에서 이런 일을 담당한 이판승, 행정승, 주지 등에 대한 인식을 어떻게 할 것인가에 대한 문제 제기에 그치고자 한다.

그러면 이러한 전제에서 이종욱의 종단사 관련 활동을 요약하겠다. 지암 이종욱(1884~1969)은 강원도 양양군 명주사에서 1896년 13세의 나이에 출가, 득도하였다.22) 이종욱은 그후 15세에 홍보룡을 은사로 하여 사미계를 받고, 이후에는 각처의 강원 및 선지식을 찾아가 수학하였다. 1908년 25세에는 설악산 백담사 오세암에서 이설운에게 건당하였다. 1913년 월정사 산중회의에서 주지대리로 선출되어 월정사 수호에 매진하였다.23) 이것이 그가 공적인 일에 처음으로 참여하게 된 것이다. 1919년 3·1운동 당시에는 서울 파고다공원에서 만세운동에 참가하고 27결사대의 일원으로 참가하는 등 독립운동의 일선에 서 있었다. 3·1운동 직후에는 상해 임시정부로 망명하여 청년외교단, 애국부인회의 조직에 관여하였으며, 임시정부 의정원에서는 강원도 대표로 피선되었고, 국내 독립운동 단체와의 비밀조직인 연통제에 관여하였다. 이렇게 그는 국내, 상해를 오가면서 임시정부와 연계를 맺으며 불교계의 독립운동을 임시정부에 연결시키는 일에도 개입하였다.24) 그러나 그는 1920년경 일제에 체포되어 함흥감옥에서 3년여의 옥고를 치르기도 하였다.

옥고를 치른 그가 월정사로 다시 돌아온 시점은 1926년경이었다. 당시 월정사는 강릉포교당 사업을 추진하면서 발생한 채무로 고리대

---

22) 이종욱의 연보는 『이종욱전집』 권1의 '지암화상평전'의 부록에 실린 연보를 참고하였다. 『이종욱전집』은 지암문도회가 1991년 11월 30일, 삼장원에서 발행하였는데, 1권은 「지암화상평전」이고 2권은 이종욱이 번역하였던 「보조법어」이다.
23) 이 주장은 문도회에서 간행한 『지암화상평전』의 연보에 나온 것인데, 필자는 그 기록은 찾지 못하였다.
24) 이종욱의 독립운동에 대해서는 박희승의 고찰, 「일제강점기 상해임시정부와 이종욱의 항일운동 연구」(『대각사상』 5, 2002)를 참고할 수 있다.

자본의 책동에 휘말려[25] 법정에서 그 시비를 가리고 있었다. 이에 그는 월정사의 빚을 해결하는 책임을 맡게 되었다.[26] 그 일환으로 이종욱은 당대의 선승인 봉은사 조실로 있던 방한암을 오대산 상원사로 주석하게 하여 오대산 수호의 정신적인 버팀목으로 삼기도 하였다.[27] 하여간에 당시 월정사는 당시 12만 원의 채무를 지고 있었는데 그 소송의 1심에서는 승소하였으나 2, 3심에서 패소하였다. 그 결과 월정사는 채무자로부터 월정사 전 재산과 600여 석을 추수하는 강릉에 있는 토지와 절에서 벌채하는 나무, 1926년에 추수하는 쌀 등을 거의 차압당하였다.[28] 그리하여 월정사와 본말사의 승려들은 1927년 8월 25일 월정사 본말사 연합총회를 갖고 비상대책을 강구하였다.[29] 이때 이종욱은 총회의 임시의장으로 활동하였으며, 그 사태를 해결할 책임을 맡게 되었다. 바로 이런 사정이 이종욱을 월정사로 복귀하게 한 결정적인 요인으로 작용하였다. 이종욱은 이를 해결하기 위하여 강원도,

---

25) 그 시점은 1921년이었다. 요인은 강릉에 포교당을 건립하기 위한 기채에서 비롯되었다.

26) 지암문도들은 이 직위를 월정사 사채정리 총무위원이었다고 한다. 『지암화상평전』(삼장원,1991), 132쪽. 문도회에서는 이종욱이 주지로 선출되었으나 이종욱이 독립운동 및 옥고 등으로 인하여 공권이 회복되지 않은 결과로 해석한다.

27) 『22인의 증언을 통해 본 근현대불교사』(선우도량, 2002), 61쪽의 용명스님의 증언. 조용명은 당시 방한암을 시봉한 상좌로 봉은사에서 오대산으로 들어올 때의 시좌였다. 그 증언에 의하면 이종욱은 월정사 책임을 맡기 이전 양양 명주사 주지였는데 오대산 책임을 맡으려니 겁이 나서 1926년 봉은사로 방한암을 찾아와 월정사를 건져 달라고 부탁하고 오대산이 물이 좋다고 하니 방한암이 응하였다고 한다. 당시 방한암은 속이 아픈 병이 있어 물이 좋은 곳으로 가려던 차에 이종욱의 간청에 응한 것으로 회고하였다.

28) 『매일신보』 1926.12.24, 「지방단평, 위기에 든 조선사찰」, 「풍전등화의 신라고찰 월정사」.

29) 『동아일보』 1927.9.6, 「月精寺法侶大會」. 이 보도기사에는 본말사 승려들이 이종욱의 직위를 '本山職員'으로 선정하였으며, 강릉포교당과 포교당이 경영하는 유치원을 유지하는 데에 드는 경비를 각 말사가 부담하기로 하였다고 전한다.

총독부 등을 다니면서 그 해결책을 모색하였다. 그는 월정사의 강릉 토지를 5만 원에 매각하여 빚을 갚고, 잔여 빚 8만 원은 기채하여 충당하기로 하였다. 그러나 해결이 늦어지면서 1928년 7월경, 그 해결은 총독부가 개입하는 가운데 강원도에 寺有財産整理委員會를30) 조직하여 방안을 강구하도록 하였다. 그 결과 월정사 임야의 나무를 매각하여 빚을 갚도록 하고, 우선은 식산은행에서 7만 원의 저리 자금을 받아 이전 고리 부채를 상환하게 하고, 10년 계획으로 월정사 재산 정리를 완결하도록 하였다.31) 이런 과정에서 이종욱은 그 해결의 중심에 선 것으로 보인다.

그런데 월정사 부채는 당시로서는 상당한 거금이었기에 해결은 쉽게 끝나지 않고 1936년까지 진행되었다. 이에 월정사는 그 해결을 위해 월정사의 암자인 상원사가 진신사리를 보관하고 있는 한국불교의 최고성지라는 위상을 널리 알렸다. 그것은 이른바 1930년 5월에 설립한 五臺山釋尊頂骨塔廟讚仰會였는바, 방한암 교정과 31본산 주지, 재가 불자를 망라한 조직체였다.32) 이 위원회를 통하여 월정사부흥운동을 전개하였던 것이다. 마침내 1932년 12월에 가서는 월정사 부채 5만 원을 거의 갚게 되었다. 이 사정을 보도한 『불교』지를 살펴보겠다.

二九五九年 十二月 三十日 午後 六時에 市內 太西館에서 在京有志 法侶 諸氏가 모여 月精寺 負債 整理로 這間 慘憺 勞力한 結果 最近 整理 完了를 하게 된 李鍾郁師의 慰勞會를 開催하였다는데 今般 負債 整理로 말하면

---

30) 이 위원회에는 관계 직원을 간부로 하였다는 것을 보면 이 위원회에 이종욱이
　　참여하였을 것으로 보인다.
31) 『매일신보』 1928.7.29, 「월정사 부채 정리 진보」.
32) 『불교』 81호(1931.3), 12~15쪽의 규약, 발기인, 찬동한 인물 명단 참조. 이종욱은
　　제3회 종회에서 이 찬앙회를 종회 의원들에게 소개하였다. 『근현대불교자료전
　　집』 권67, 「제3회 종회회록」, 6쪽.

月精寺에 對하여 年來의 苦痛을 輕減할 뿐 아니라 中央財團 五萬圓 月精寺 土地 事件이 全然 解決됨에 대하여 多幸한 일이라더라.[33)

즉 1932년 12월 30일, 월정사 부채의 정리가 완료되어 서울에 있는 승려들이 그 해결에 힘쓴 이종욱을 위한 위로회를 개최하였다는 것이다. 해결방법은 월정사 소유의 입목 전부를 30년간 벌채할 수 있는 대금 11만 원을 동양척식주식회사에 매각하고 그 대금으로 부채 전부를 청산하는 방법이었다.[34) 한편 월정사는 1936년에 가서는 독지가들의 후원으로 강릉의 토지까지 추가로 구입하는 등[35) 월정사는 오히려 재산이 증가하였는데 여기에도 이종욱의 공로가 있었다. 즉 1936년 월정사 부채의 해결에도 이종욱이 그 중심에 있었음은 물론이었다. 이를 전하는 아래의 기록을 보자.

大本山 月精寺에서는 財團法人 教務院에 出資 寄附로 無償 讓與한 江陵 土地 七百餘石 밧는 것을 九月中에 當寺 住持 李鍾郁氏가 現金 五萬餘圓을 教務院에 支拂하고 當寺 土地를 返還하여 갓다는데 此를 因하야 衰運에 드럿든 月精寺는 前日과 똑가치 復舊될 뿐만 아니라 四百餘石 밧는 것을 더 사게 된 것이 되엿다는데 此는 모다 現 住持 李鍾郁和尙의 功績이라 하야 該 本末은 勿論 朝鮮佛教界에서 師에 대한 稱誦이 藉藉하다고 한다.[36)

---

33) 『불교』 104호(1933.2), 「교계소식」, 「월정사 주지 이종욱사위로회」.
34) 『불교』 104호(1932.2), 「교계소식」, 「월정사 부채 정리의 희보」.
35) 『불교시보』 14호(1936.9.1), 7쪽, 「대본산월정사 부흥」에는 1936년에도 월정사 부채가 있었음을 전하는 내용이 있다. 이 내용에 의하면 독지가들이 5만 원을 희사하여, 그 자금으로 빚을 갚고 강릉의 토지까지 구입하였다고 한다. 여기에서 말하는 빚은 교무원에 낼 공금으로서의 5만 원이 아닌가 한다.
36) 『불교시보』 15호(1936.10.1), 9쪽, 「대본산월정사 토지를 교무원으로부터 반환」.

월정사 주지였던 이종욱은 월정사의 부채를 완전히 해결한 이후, 1936년 9월에는 교무원에 출자 기부자금이 없어 무상양여한 토지인 강릉의 토지(5만 원 상당)를 다시 인수하였다는 것이다.37) 그리고 700석을 받았던 강릉 토지의 인수뿐만 아니라, 추가로 400석 받는 토지까지 인수하였다. 이를 주도한 월정사 주지인 이종욱에 대해서 월정사 본말사와 전 불교계에서도 칭송이 대단하였다고 전한다. 이러한 기록에서 우리는 월정사 부채 완전 해결의 주인공이 이종욱이었음을 알 수 있다. 그리고 그가 1930년에 월정사 주지에 취임한 것도 이러한 공적인 활동, 열성에서 나온 것으로 볼 수 있다. 여기에서 우리는 그의 헌신, 열성을 확인한다.

다음으로 이종욱이 중앙 교단에서 활동한 내용은 1929년 1월 각황사에서 개최된 조선불교 선교양종 승려대회의 참가에서부터 찾을 수 있다. 이 승려대회는 불교의 자주화, 종단건설의 차원에서 중요한 의미를 갖고 있었다. 이종욱은 이 대회에 월정사 대표로 발기회와 본 대회에 참가하였다.38) 또한 그는 이 대회에서 의안심사위원으로 활동하였다. 대회에서는 불교의 종헌, 종법이 제정되고 교단 성격인 교무원, 종회가 출범하였다. 이에 불교계는 종헌체제를 실행하는 것을 일제강점기 불교체제를 극복하는 것으로 인식하였다. 이 같이 종단건설운동 차원에서 큰 의의가 있는 승려대회에 이종욱이 참가하였다는 것은 그

---

37) 『한국근현대불교자료전집』 권66, 504쪽에는 「교무원 제15회 정기 평의원회록」이 전한다. 이 회록의 서무부 경과보고에는 「강릉토지환부의 건」이 있는데, 그 내용에 의하면 월정사와 교무원이 1926년 8월 1일, 1932년 4월 24일에 체결한 약정에 의하여 월정사의 강릉 토지를 교무원이 소유하였다. 1936년 8월 25일, 월정사가 51,958원을 교무원에 납부하자 교무원은 그 토지를 월정사로 환부하였다고 한다.
38) 김광식, 「조선불교선교양종 승려대회의 개최와 성격」, 『한국근대불교사연구』(민족사, 1996), 318, 326쪽 참조.

가 승려대회의 정신을 체득하였다고 볼 수 있다. 적어도 그는 이 대회에서 한국불교의 문제점, 혹은 불교계 통일이 긴요함을 인식하였을 것이다.

그리고 이종욱은 이 승려대회 직후 점차 중앙불교계에서 두각을 나타내고 있음을 여러 자료에서 찾을 수 있다. 우선 승려대회 직후 개최된 제1회 종회에서 이종욱은 부의장으로 활약하였다. 화엄사 승려인 대강백으로 유명한 진진응이 연로하여 피로를 느끼자, 이종욱은 진진응을 대신하여 사회를 보았다.[39] 이종욱이 1929년 제1회 종회에서 부의장으로 피선되었다 함은 그가 당시 중앙불교계에서 어느 정도는 인정받았다는 것을 말한다. 그리고 종회에서의 그의 활동을 전하였던, 도진호는 이종욱이 '好男兒'라는 평을 받았다고 소개하였다. 제1회 종회에서 부의장이었던 이종욱은 1930년 제2회 종회에서는 의장으로 사회를 보고,[40] 1931년 제3회 종회에서는 의장으로 재선출되었으며,[41] 1932년 제4회 종회에서도 의장으로[42] 활동하였다. 이렇듯 이종욱은 1930년대 전반기 중앙 교단을 대표하는 인물로 두각을 나타내고 있었다.

이종욱의 중앙불교계에서의 활약은 당시 준교단의 역할을 하고 있었던 재단법인 교무원 서무부장의 취임으로 이어졌다.[43] 그 취임은

---

39) 도진호, 「종회 短評」, 『불교』 59호(1929.5), 54쪽.
40) 이는 종회법에 대한 해석이 분분하여 곽유종이, 1929년에 선출된 의장이 회의를 진행하고 1931년 종회에서 의장을 선거하자는 의견이 통과되어, 의장 선거는 생략하기로 한 결과이다.
41) 『근현대불교자료전집』 권67, 25쪽, 「제3회 종회회록」. 종회법에 의하여 이전 의장인 진진응과 부의장인 이종욱이 임기 만료되었기에 의장, 부의장을 선거로 선출하였다. 그 결과 의장에 이종욱, 부의장에 곽기종이 당선되었다.
42) 『근현대불교자료전집』 67권, 52쪽, 「제4회 종회회록」.
43) 이종욱은 제4회 종회의 셋째날인 1932년 3월 28일, 임원선거에서 24점을 얻어 서무부장에 당선되었다.

1932년 3월이었는데,[44] 이종욱이 중앙불교계에서의 신망이 성장한 결과가 아닌가 한다. 그러면 당시 이종욱의 취임 소감을 전한 내용을 보자.

> 新任 人事 招待席上에서의 李部長의 政見 發表(?)가 있을 때에 "나로서는 아무 政策도 없습니다. 다맛 어려분의 意見에 쫏을 뿐입니다. 그러오니 어려분의 소리가 敎務院 대문으로만 들어와서 그 소리가 다시 그 대문으로 나가게 헤주시기 바랍니다"라는 民衆政治家然한 演說 正히 滿點! 그 態度 그 寬量으로 全朝鮮 寺務를 統制헤가도록 包容헤 가도록[45]

이 기록에 의하면 이종욱은 서무부장의 취임 연설을 민중정치가와 같은 스타일로 하였는데 그 태도, 포부가 상당하였음을 알 수 있다. 그리고 그는 서무부장의 소임을 대중들의 의견에 충실히 따르는 대중화합적인 원칙에서 수행하겠다는 입장을 강력하게 개진하였다.

지금껏 이종욱의 중앙불교계에서의 활동, 성향, 신임 등을 살펴보았다. 이는 앞서 살핀 월정사 부채를 해결한 공로가 전 불교계에 퍼진 것과 맞물리면서 적지 않게 상승작용한 결과로 볼 수 있다.

한편 이종욱은 1933년 1월 4일에 종헌의 철저 실행을 위해 개최된 제1회 종헌 반포 기념식에서 서무부장의 자격으로 종헌을 봉독하였다.[46] 여기에서 그는 비록 공인으로 종헌을 낭독하였지만, 그 과정을 통하여 종헌 실행에 대한 중요성, 불교계 통일운동에 대한 강한 의무감을 느꼈을 것으로 보인다.

---

44) 이종욱은 제5회 종회에서는 서무부장으로 개회 선언을 하고, 교정 김경운의 宣示를 봉독하였다. 『근현대불교자료전집』 권67, 81쪽, 「조선불교선교양종 제5회 종회회록」.
45) 『불교』 95호(1932.5), 63쪽, 「三菱鏡의 李鍾郁新庶務部長의 政治家的」.
46) 『불교』 104호(1933.2), 「교계소식」, 「종헌발포기념대회」.

그런데 이종욱의 종무 행정에 임하는 자세는 자신이 언명한 것에서 보이듯 화합, 대중 의견을 존중하는 것이었다. 이러한 자세는 극단적인 방법보다는 온건한, 대중 중심의 일 처리가 아닌가 한다. 이러한 이종욱의 일 추진의 성향은 현실 인정, 온건성으로 말할 수 있다. 1932년 청년총동맹 주최로 당시 교단의 현상 타개를 위해 열린 재경유지자 간담회에는 한용운, 허영호, 김법린, 김적음, 민동선 등 당시 교계 중심인물들이 다수 참가하였다. 이종욱도 교단 대표자로 참여하였는바, 그 회의록을[47] 유의깊게 보면 이종욱은 여타 인물과는 다르게 현실을 고려한 일의 추진이 체질화되었음을 간파할 수 있다. 이렇게 공공사업의 일을 정열적으로 추진한 이종욱은 그 실행도 온건하게, 그리고 현실적인 바탕에서 추진하였다. 이처럼 이종욱은 그가 주도한 월정사 부채 정리가 성공을 거둔 것이 불교계에 알려지면서 1935년 이후에는 종단 내에서의 이종욱의 위상이 더욱더 상승되었던 것으로 본다.

이종욱이 조선불교조계종 출범에 주역이 된 단초는 1935~36년경 한국에 있던 일본불교가 이등박문을 기념하여 만든 사찰인 박문사를 거점으로 한국불교를 장악하려 한 음모 때문이다.[48] 이 음모를 전해 들은 한국 측 승려들은 이를 분쇄하기 위한 이면의 노력을 기울였는데 그 일원이 바로 이종욱이었다.[49] 그런데 당시 일제는 한국불교에 대표기관을 만들라는 공식적인 지시를 하였지만 1936년 말까지도 한국불교는 적절한 대응을 하지 못하였다. 이에 이종욱, 김상호 등은 한

---

47) 『불교』 104호(1933.2), 59~68쪽, 「재경유지자 간담회」.
48) 김법린, 「한국불교의 독립을 위한 항일투쟁기―조계사는 이렇게 창건되었다」, 『대한불교』 41호(1963.8.1, 9.1).
49) 그것은 총독부에 근무한 한국인 김대우가 박문사 주지가 한국불교를 장악하려는 기획서를 중추원에 제출하였다는 사실을 이종욱에게 전달한 내용이다.

국불교가 독자적·자주적인 종단으로서 총본산을 만들지 못하면 일
본불교에 예속될 것이라는 판단을 갖고 전국을 돌면서 반드시 종단을
수립할 것을 설득하였다. 마침, 그 즈음 전남, 경상, 경북 지역의 본사
들도 이에 호응을 하여 총본산 건설은 1937년 2월경에 접어들면서 활
기를 띠게 되었다. 요컨대 지상(지방 본산), 지하(이종욱, 김상호)의 흐
름은 합류되었다.[50]

한편 일제도 1937년 2월 초, 한국불교 측에 불교진흥을 논의하기
위한[51] 총독이 주재하는 본산주지회의를 갖자고 제의하였다. 이 주지
회의에서 총본산 추진의 방향이 정해지기도 하였다. 이 측면을 강조
하여 총본산의 자주성, 일제의 예속성을 지적할 수는 있다.[52] 그러나
일제의 그러한 의도를 간파하여 이에 적극적으로 대응한 한국불교의
움직임을 소홀히 인식할 수는 없다. 당시 한국 측 승려들은 총독부의
주지회의 이전에 자체적인 주지회를 개최하여 총본산의 개요 및 추진
방법을 정하였다. 즉 총본산의 명칭, 위치, 건설비 및 유지비, 건설자
금의 부과방법 및 징수기간, 기구(종정, 종무총장), 설계도, 총본산의
대의기관(종회) 및 감찰기관, 종법, 종회법, 종정선거법, 종무원칙 등
에 대한 상세한 원칙을 제정하였던 것이다.[53] 이는 자주적·적극적인
종단 창설의 산물이라고 볼 수 있다.

바로 이러한 총본산 건설이 시작되었던 초창기, 이종욱은 1937년 2

---

50) 김광식, 「조선불교조계종의 성립과 역사적 의의 」, 『새불교운동의 전개』(도피안
　　사, 2002), 72~74쪽.
51) 그 주제는 사전에 배포되었는데 조선불교 진흥책에 관한 건, 재단법인 교무원과
　　불교전문학교의 개선에 대한 문제였다.
52) 김순석, 「중일전쟁 이후 조선총독부의 불교정책과 불교계의 대응」, 『한국근현대
　　사연구』 17, 2001.
53) 김법린은 1936년 7~8월경에 총본산의 기구, 사법 등에 관한 협의가 완료되었다
　　고 증언하였다.

월 25일 주지회의에서 총본산 건설 기초위원으로 선출되었다. 총독부에서의 주지회의(2.26~27)를 마친 후에 열린, 2월 28일 31본산주지회의에서는 임시의장에 선출되었고, 총본산 건설위원회에 주지대표로 선출되었다. 그리고 이종욱은 주지대표로서 사법 인가 신청과 건설 사무에 관한 건도 위임받게 되었다. 마침내 1937년 3월 5일에 제1회 총본산건설위원회가 개최되었거니와, 이때부터 이종욱은 31본산 주지대표의 자격을 갖고 총본산 실무에 뛰어들었던 것이다.54) 총본산 실무의 첫 번째는 주지하는 바와 같이 현재의 조계사인 각황사 대웅전의 건설이었다. 대웅전 자재로 활용한 것은 정읍 소재의 보천교 십일전 건물이었는데, 1938년 10월 25일에 대웅전이 준공되었다. 이러한 총본산 건설, 즉 종단 창설 활동 당시 이종욱은 총본산 건설위원 대표, 31본사주지대표, 총본산 건설 사무소 대표 등의 직함을 갖고 그 실무를 총괄하였다.

  바로 이렇게 종단건설로서의 총본산이 추진되었을 때, 이종욱은 자신의 구상을 당시 경북불교협회의 기관지인 『경북불교』에 기고하였다. 그 전문을 보면 다음과 같다.

  朝鮮佛敎의 不振의 原因으로는 여러 가지 遠因과 近因이 多多합니다마는 첫째로 統制機關이 업는 것입니다. 兄弟만 잇고 父母가 없는 것과 같이 三十一 本山이 恰似 많은 兄弟 같이 잇으나 이 폐단을 통제하는 기관이 없어서 따라서 層生 頻出로 나는 弊端이 非一非再입니다. 그러나 現 制度로 이것을 認定하면서도 防禦할 道理가 없음니다.
  하로 밧비 總本山이 法的으로 실현되어야 할 줄 압니다.
  둘째로는 捨舊從新이 反爲害임니다. 근래 소위 新知識을 배우고 학교

---

54) 이상의 내용은 『불교』 신4집(1937.6), 「교계소식」, 「31본산주지회의록초」 참조.

를 졸업한 분의게 신임하고 주지나 기타 사원 중요 직무를 위임함니다. 其中에서도 잘하서 가신 분도 없는 바 안이로되 대부분을 듯고 보건댄 사원 수호는 도로혀 그 前 舊式 인물만도 못하고 혹은 불교의 本面目에 배치되는 행동을 하니 이역 조선불교의 부진의 한 원인으로 遺憾千萬임니다.

셋째로는 寺有財産이 도로 없엇드면 함니다. 남들은 모다 돈이 잇서야 한다고 하는 세상이 도로혀 寺有財産이 없엇드면 하는 것은 異常히 생각하실는지 모르겟음니다마는 오늘날 승려의 多分을 보면 얼마 업는 사유재산에 依賴執着하야 승려의 本分을 망각하고 活動性이 너무나 없음니다. 이 사유재산이 이러케 되고 보니 도로혀 없엇드면 하는 생각이 남니다.

다음 朝鮮佛敎 振興策으로는 구체적 計劃이 없는 바인임니다마는 아즉 그것을 발표한다는 것보담 爲先 總本山 실현이 긴급한 문제임니다. 조선불교의 總本營格인 총본산이 되기 전에 다른 진흥책은 별로 없을 줄 알고 믿는 동시에 하로 밧비 總本山의 實現을 기대할 뿐이다.55)

이종욱은 1938년경의 불교계의 문제점을 통제기관의 부재, '捨舊從新'으로 요약하는 신학문의 경도, 사찰재산에 의존하는 승려들의 행태에서 찾았던 것이다. 그리고는 이러한 문제점을 극복하는 최우선의 대책은 불교계를 통일하는 총본산 건설이라고 개진하였다. 이에 그는 총본산 건설에 매진하였다. 총본산의 사명을 태고국사 계승의식에 의거한 태고사로 전환, 한국불교의 역사성에 부합한 종명 개정으로 조선불교조계종의 취득, 총본산 태고사의 위상과 사격을 정한 태고사법 제정 등이 추구되었는데 그 중심에는 31본산 주지 대표인 이종욱이

---

55) 『경북불교』 20호(1938.1.1), 2쪽, 「조선불교의 부진의 원인과 조선불교의 진흥책에 대하야」. 이종욱은 31본산 주지대표로서 이 주제의 글을 작성하여 기고한 것이다.

있었던 것이다. 마침내 1941년 4월 23일자로 사찰령 시행 규칙의 개정을 통하여 총본산태고사법은 인가되어 시행에 들어갔다. 6월 5일에는 주지총회를 개최하여 조계종의 종정이자 태고사 주지로 방한암을 선출하였다. 그리고 9월 18일에는 종무고문으로 김경산, 김구하, 강대련, 송만공, 송만암, 장석상이 선출되고 종무총장에 이종욱이 발표되었다.

그런데 당시 종정으로 선출된 방한암과 총독부는 조계종 출범에 즈음하여 상호간의 입장을 개진하였는데 그 과정에서 종무총장의 자격에 대한 기준이 제시되었다.[56] 이는 종무총장이 당시 한국불교를 총괄하는 중요한 직위였기에 기준을 서로 제시한 산물로 이해된다. 방한암과 총독부가 제시한 그 자격 요건을 살펴보겠다. 우선 방한암의 기준은 다음과 같다.

- 信力이 堅實하야 於事業上에 有始有終한 者
- 金錢上에 過失이 無한 者
- 逆境界에 處하야도 勘忍耐者
- 於事於理에 明白 圓融하야 衆心을 悅可케 하난 者
- 佛事 門中에 功勞가 多하되 矜慢이 無한 者

방한암의 이 기준은 신심이 견실하면서 일의 추진에 처음과 끝이 분명하며, 금전 문제에 흠결이 없고, 역경을 이겨낼 수 있으며, 사리가 명백하고 원융하여 대중을 즐겁게 하며, 불교계에 공로가 많으면서도 교만하지 않는 대상자였다. 이 기준에 의거 이종욱이 선출되었기에 이종욱은 종정 방한암의 기준에 부합된 인물로 볼 수 있다. 다음

---

56) 동국대불교학자료실 소장, 『현대한국불교사료, 1941년도』, 1372~1385쪽. 「조선불교조계종 총본사 태고사 종무총장 채용 인가신청문서, 그에 관련된 지령안」.

으로 총독부의 입장을 제시하겠다.

- 총본사 태고사 설립에 관한 특별한 공적이 현저한 자
- 본사 주지직에 있는 자 또는 본사 주지의 경력이 있는 자
- 전 조선불교계의 일원적 통제기관 운용과 남북 균형을 保持할 자
- 총본사 태고사의 재정 안정을 見透히 확실하기 위해 잠정적 조치로 본사 주지직에 있는 자를 총본사 간부로 겸임하게 함은 지장이 있으며
- 본건 전형은 총본사 주지(필자 주, 방한암)의 의견을 존중함

총독부가 제시한 위의 기준에도 이종욱은 거의 부합되었다. 이처럼 종정인 방한암과 총독부의 기준에 완전 일치되었기에 이종욱이 종무총장에 선출되었다. 실제 방한암은 이종욱을 종무총장으로 추천하였는바,57) 이종욱은 1941년 10월 8일에 종무총장에 취임하였다.58)

그러나 일제는 총본산 태고사가 출범하자, 조계종을 한국불교의 종단으로 인정하면서도 태고사(불교의 본부인 종무원 소재)를 통하여 불교계 통제를 단행하였다. 일제가 의도한 본질은 바로 그러한 불교계 통제에 있었다고 볼 수도 있다. 이에 조선불교조계종은 의도하지는 않았지만 해방될 그날까지 갖은 고난으로 일제에게 일정한 협조를 할 수밖에 없었다. 그러한 구도에서 이종욱은 종무총장으로 영광, 오욕이 교차된 그 길을 갈 수밖에 없었다. 그로서는 한국불교의 40여 년의 염원인 종단을 설립하였지만 엄혹한 시절의 가시밭길을 피할 수는 없었다.

---

57) 『불교시보』 76호(1941.11.15) 사설, 「총본산태고사의 기구조직과 종정운전에 대한 희망」. 이종욱은 1941년 10월 3일에 총독부로부터 취임 인가를 받았다.
58) 『불교시보』 75호(1941.10.15), 「총본사태고사 종무총장급 삼부장 취임식」.

5. 결어

이상으로 조선불교조계종과 이종욱과의 상관관계를 정리하여 보았다. 맺는말은 지금까지 서술한 내용의 핵심을 제시하는 것으로 대하고자 한다.

첫째, 조선불교조계종의 설립은 일제강점기 불교정책에 대응적인 성격을 갖고 있다. 그것은 일제가 한국불교의 자생적인 종단을 만들지 못하게 억압하면서, 한국불교를 직접 장악하려는 사찰령 체제에서 나온 것이다. 이에 한국불교는 종교 본연의 역할에 많은 장애를 겪었을 뿐만 아니라, 일제에 기생하는 친일노선과의 내적인 갈등에 직면하였다. 그리하여 이 같은 모순을 극복하려는 노력이 1910년대부터 지속적으로 전개되었다. 그러므로 1941년에 등장한 조선불교조계종에는 이 같은 불교계 통일정신, 일제강점기 불교체제의 극복정신, 자생적인 종단 운영을 추구한 정신이 담겨져 있었다. 요컨대 일제강점기 불교에 대한 저항정신이 개재되었던 것이다. 그러나 설립과정과 설립 이후에 일제에 협조를 받고, 협조를 하였던 정황은 분명하였다. 이러한 측면은 별도로 고찰해야 할 것이며, 추후에는 필자가 개진한 조선불교조계종의 성격과 함께 검토할 수 있을 것이다.

둘째, 1941년의 조계종과 1962년 통합종단 조계종과의 연속성, 역사성을 적극 고려해야 한다. 현재 조계종단 구성원들이 이해하고 있는 1962년 중심의 종단관은 분명히 재검토, 재인식, 수정, 재교육되어야 한다고 본다. 이는 몰역사적인 인식이며, 한국불교사의 맥을 부정하는 결과로 이어질 가능성이 농후하다. 그 이면의 고충, 정체성 혼미, 정화운동의 이면 등을 모르는 것은 아니지만 언제까지 그 인식을 방치할 수는 없다고 본다. 이제는 1941년의 조계종과 1962년의 조계종을 역사적 맥락에서 계승해야 할 것이다. 바르고, 긍정적, 자랑스러운 것도 역사이지만 부끄럽고, 혼란하였으며, 보기 싫은 것도 역사임을 알아야 한다. 균형 잡힌 역사를 만들고, 가꾸어 가는 것이 이 시대 불교공동체 구성원들의 역사적 과제인바, 이를 후학들에게 물려주어야 할 책임도 있다고 본다.

셋째, 지암 이종욱이 종단 대표, 본사 주지 대표, 총본산 건설 대표 등으로 활동한 이면에는 이종욱이 갖고 있는 개인적 품성이 개재된 것으로 보인다. 이종욱은 사찰 수호, 종단 활동 등에서 헌신, 정열, 선공후사 등의 행적을 우리에게 남겼다. 그는 월정사의 패망을 구하기 위해 동분서주하여 오늘의 월정사를 만든 장본인이었다. 이 사실을 지나치게 견강부회할 것까지는 없지만 이종욱은 자신이 맡은 일을 위해 헌신하고 분투한 것은 분명하다. 그리고 그는 일처리에서 현실 중심, 화합 중심이라는 기준을 강조하였다고 보인다. 이러한 요인으로 그가 대립적인 종단정치의 중심에 설 수 있지 않았을까. 필자가 이번 논문을 준비하면서 확인한 것은 이종욱은 1929년부터 일제가 패망한 1945년까지 15년간 한국불교 종단의 얼굴이었다는 것이다. 종회의장, 종단 서무부장, 31본사 주지대표, 총본산 건설위원 대표, 종무총장 등이 그의 이력이었다. 이 같은 그의 이력에서 보여준 자질과 품성이 당시 종정으로 추대된 방한암이 제시한 초대 종무총장 자격과 부합되었다고 본다. 여기서 필자는 사판승, 행정승이라는 이름에서 느꼈던 부정적인 요소를 밀어내고 헌신, 정열, 공심, 봉사 등의 요소를 환기시키고 이를 재생산할 수 있는 종단 풍토, 역사 인식의 중요성을 강조한다.

제주 근대불교의 전개와 성격

1. 서언

21세기 현재의 제주불교는 다양한 종파 및 신앙을 근거로 불교 발전을 위한 활동을 전개하고 있다. 그러나 제주불교의 미래는 제주불교가 걸어온 행적과 현재 관련된 제반 내용을 충실히 검토함으로써 그 방향을 가늠할 수 있을 것이다. 이러한 입론에서 근대 제주불교에 대한 학술적인 접근의 필요성을 우리는 인정할 수 있다. 또한 근대 제주불교는 거시적으로 보면 한국근대불교사 및 제주 근대사에 대한 질적·양적인 지평의 확대를 위한 차원에서도 간과할 수 없는 대상이라고 볼 수 있다.

그러나 지금까지의 제주 근대불교와 관련된 연구성과를 보면 황무지, 불모지라는 수식어가 어울릴 수 있는 지경이다. 전체적인 개요는 말할 것도 없고 기본적인 사건과 운동, 관련 인물 등에 대한 최소한의 사실 확인도 부재한 상황이었다. 최근 1918년의 법정사 항일운동이[1] 제주도 지역 사회의 주목을 받은 사실이[2] 있었지만, 그 이외에는 주목할 움직임이 거의 없었다는[3] 것이 솔직한 고백이다. 제주도 내외에서 큰 주목을 받았고, 다양한 연구의 성과물이 축적되고 있는 4·3항쟁에서도 불교와 관련된 접근이나 시각은 거의 없었다. 때문에 이런 배경과 전제에서 본 고찰은 근대 제주불교에 관련된 필자의 추후 연구의 초석으로 삼으려는 의도에서 작성되었다. 필자는 최근 근현대불교사에 관련된 다양한 자료수집과 저술작업을 해[4] 오면서, 해방공간 제주불교에 관련된 논고를 발표한 바 있다. 그 주제는 1945년 12월에 개최된 '조선불교혁신 제주승려대회' 전후의 제주 불교계의 동향이었다.[5] 당시 그 주제와 연관된 자료수집을 하는 과정에서 의외로 제주도는 관련 자료가 많이 남아 있고, 동시에 관련 인물도 아직까지 생존해 있다는 특성을 찾을 수 있었다.

이러한 배경과 취지에서 본 고찰에서는 1876년 개항 이후부터 1948년의 이른바 4·3항쟁까지의 근대 제주불교의 개요를 요약, 정리하고

---

1) 『불교신문』 1994년 3월 2일, 「3·1절 특집 발굴, 무오년 제주 법정사 항일 무장봉기, 승려주도로 이루어진 제주 첫 항일거사」.
2) 1995년에 제주 중문청년회의소가 주최한 학술토론회는 그 실례이다.
3) 제주 출신으로 제주도 김녕에 있는 백련사의 오성스님이 주도한 '제주불교연구회'에서 수년간 근현대 제주불교사를 복원하겠다는 원력으로, 이 분야의 노스님들을 면담하고 그것을 녹취한 작업은 큰 의미를 갖고 있다. 그러나 이는 개별적인 차원에 머물렀다는 한계를 갖고 있었다.
   그리고 1998년 초에 발굴된 해방공간에서의 제주승려대회 관련 자료도 제주지역 불교 언론계의 큰 주목을 받았으나, 발굴 이후 추가적인 움직임은 없었다. 『한라불교』 1997년 7월 15일, 1998년 1월 16일, 「승려대회명부 발견」, 「조선불교혁신 전도승려대회 회의록 발견, 해방직후 제주불교 흐름 한눈에」.
4) 필자의 이 분야 관련 저술은 다음과 같다.
   김광식, 『한국근대불교사연구』, 민족사, 1996.
   김광식, 『한국근대불교의 현실인식』, 민족사, 1998.
   김광식, 『근현대불교의 재조명』, 민족사, 2000.
   김광식, 『우리가 살아온 한국불교 백년』, 민족사, 2000.
5) 김광식, 「해방직후 제주불교계의 동향」, 『한국독립운동사연구』 12, 1998.

그 전개과정에 담긴 성격을 추출해 보고자 한다. 그러나 이에 관련된 기본적인 연구가 절대 부족한 현실이기에 구체적인 서술에는 적지 않은 무리가 따를 것이다. 이 점은 이 분야의 연구가 다양화, 심화되어 많은 성과물이 축적됨과 동시에 보완해 나가야 할 것이다.

그리고 본 고찰 서술의 초점은 보편성과 특수성이다. 요컨대 보편성과 특수성이 제주불교에서 어떻게 전개, 융합되었는가의 관점을 유의하고자 한다. 보편성은 한국 근대불교사 전체의 흐름과 전개과정을 지칭하는 것이고, 특수성은 제주불교에서 찾을 수 있는 특별한 내용을 말하는 것이다. 또한 구체적인 서술에 있어서는 개별적인 사실, 운동, 전개과정, 인물에 나타난 성격보다는 필자가 이 시기의 불교사를 연구하면서 느낀 단상들을 제주불교에 연결시키는 형태를 취하고자 한다.

2. 개항과 제주불교 : 태동과 토착화

1876년의 개항은 한국 근대사 및 한국 근대불교사에 큰 영향을 끼쳤다. 그것은 주지하는 바와 같이 서양의 문물, 문명의 유입이었으며 나아가서는 제국주의와의 접촉, 일제의 국권침탈 및 강탈로 이어졌다. 또한 이 같은 변동은 한국의 근대민족운동 및 독립운동을 촉발시켰다.

이러한 배경에서 불교계에 나타난 문제는 일본불교의 유입, 접촉과 일제의 침략 선봉대의 성격을 띤 일본불교의 침투였다. 그리하여 개항장을 중심으로 일본 사찰이 등장하였다. 그런데 당시 조선후기 이래 정치, 사회적으로 억압을 받았던 불교계는 일본불교에 적지 않은 영향을 받으면서도 일본불교를 모방하여 불교의 중흥, 발전을 기하려는 움직임이 서서히 등장하였다. 일본어 수학, 일본 시찰, 일본불교의 포교방법 수용, 승려 결혼 등 다양한 분야에서 그 움직임은 파급되고 있었다.

이러한 시기에 있어서 제주불교는 어떠하였을까? 이에 대해서는 지금껏 관련 자료가 부재하고, 그 움직임을 찾으려는 노력이 미미하여 이렇다 할 내용이 없었다. 다만 근대 제주불교의 주역인 봉려관의 관음사 창건(1909)을 언급하였을 뿐이었다. 그러나 다양한 자료를 충분히 검토하고, 당시 시대적 배경을 불교와 연계하여 살피면 제주불교의 흔적은 찾을 수 있다고 본다. 그러한 의식과 노력이 없었음을 우선 인정해야 한다. 필자가 우선 주목하는 것은 조선 숙종연간에 제주도 목사인 이형상에 의해 사찰과 암자가 거세된 이후 개항 무렵까지 불교와 관련된 사찰이나 암자가 전혀 없었고, 불교와 연관된 신앙, 의례 등도 전혀 없었을까 하는 점이다.

우리는 조선왕조 500년간 유교를 정치·사회의 지배 이데올로기로 삼은 현실에서도 육지의 경우, 수많은 사찰들이 건재하였음을 유의해야 한다. 비록 산중불교로 전락하여 정치와 사회의 중심에서 배제되었지만 산중에서 수행, 신앙, 사찰 수호를 하면서 묵묵히 불교를 지켜왔던 것이다. 그렇다면 제주도에서도 이러한 일반적인 정황은 나타났을 것이다. 이는 보편적인 관점이다. 그러나 제주도에서는 육지와는 다른 형태의 불교가 존재하였던 것인데, 바로 제주가 갖고 있었던 특이한 현실을 추출해내야 한다.

이런 관점에서 우리는 첫 번째로 제주 무속의 전개와 성격을 주목해야 할 것이다. 여기서 말하는 무속은 광의의 민속의 흐름, 혹은 민간신앙을 의미한다. 무속이나 민간신앙은 그 성격상 생명력이 강인하다. 때문에 이를 전해주는 문헌, 증언, 구전, 설화 등을 면밀히 검토하면 18~19세기 제주불교의 단면을 찾을 수 있을 것이다. 이는 달리 보면 근대기 제주불교의 특성으로도 볼 수 있는 대목이다.6) 우리는 지금껏 이러한 시각을 갖고 있었나 하는 점과 실제적인 작업은 이루어졌는가 하는 점을 성찰해야 한다. 구체적인 작업을 하지도 않고 막연한 단정이나 이해는 동의할 수 없다.

두 번째로는 개항 전후에 제주도를 다녀간 유명 인사들의 행적과 그들의 기록을 유의해야 한다. 그들은 유배, 정치적 피신 등에 의하여 제주도에 머무르며 제주의 문화에 일정한 영향을 끼쳤다. 그들 중에는 불교신자도 있었을 것이며, 불교에 우호적인 인물도 있었을 것이다. 이들은 속성상 학문을 하고, 문장을 할 수 있는 인물이었던 점을 주목할 수 있다. 그들이 남긴 행적, 이력, 회고록 등을 면밀히 살피면 불교와 연관된 내용을 추출할 수 있다. 예컨대 최근에 발간된 유홍준의 『완당평전』(학고재, 2002)을 보면 김정희와 제주도와의 관련이 비교적 자세하게 정리되어 있다. 그 내용을 천착하면 제주불교의 흔적을 찾을 수 있다고 본다. 그리고 구한말의 격동의 정치에서 일익을 담당하였던 김윤식의 기록인 『속음청사』에도 간헐적으로 불교 의례의 내용이 전한다. 우리는 이런 인물들의 행적과 기록에서 제주 근대불교의 구슬을 찾아내 이를 엮어야 한다.

세 번째로는 제주 출신으로 이 시기에 불교에 입문한 다양한 인물(승려, 거사, 신도 등)을 발굴해 내야 한다. 관음사 창건주인 봉려관은 근대 제주불교를 연 승려로서 그에 대한 제반 정리는 반드시 해야 할

---

6) 예컨대, 『불교시보』 20호(1937.3) 8쪽, 「제주도법화산림대작불사」의 내용에 전하는, 즉 제주불교는 미신과 습합되어 있어 이를 타파하기 위하여 법화경 산림불사를 대대적으로 시행하였다는 내용은 우리가 음미할 대목이다.

것이지만, 그 인물만을 갖고 근대 제주불교의 출발을 설명하기에는 아쉬움이 많다. 즉 근대 제주불교의 총량이라는 면에서 내용이 빈약하다는 것이다. 최근 제주도 내 사찰에서 발굴된 「교적부」 및 「이력서」를 다양한 시각과 접근 방법으로 분석한다면 의외의 결과를 얻을 수 있을 것이다. 이러한 자료는 불교학, 종교학, 사회학, 역사학, 민속학 등 다양한 분야의 전문가들에게 제공하여 근대 제주불교의 풍성함을 만들어 내야 한다. 예컨대 법정사 항일운동에 참가하였던 강창규는 제주 출신으로서 1892년에 임실의 죽림사에서 출가하여, 건봉사에서 강원 이력을 마친 후 1913년 제주도로 복귀하여 법정사에 주석하였다.[7] 그리고 제주도 최초의 선원을 개설하였다는 김석윤도 제주 출신인데, 그도 1894년에 위봉사에서 출가하고, 대흥사·용화사에서 강원 이력을 마쳤다. 김석윤은 1902년경 제주도에 복귀한 이후 교사, 의병운동, 사찰 신축 등 다양한 활동을 하였다.[8] 바로 이 같은 강창규와 김석윤의 사례에서 우리는 개항 직후 제주불교의 자생성을 살필 수 있다. 때문에 우리는 강창규, 김석윤과 같은 사례를 더욱더 찾아내고 정리해야 한다. 그래야만 수많은 사례에서 공통적으로 추출된 것, 공통분모에 의미를 부여하고 일반화를 시도할 수 있을 것이다.

네 번째로는 근대 제주불교의 구체성을 담보하고 있는 관음사 창건과 관음사 창건의 주역인 봉려관의 행적이다. 필자는 관음사와 봉려관을 이해함에 있어서는 필자가 제시한 세 측면의 전제와 이해 속에 가능하다고 본다. 지금껏 관음사와 봉려관의 행적과 내용을 전하는 기록이 미진하다고 하여 그 자료만을 갖고 당시 정황을 살피는 것은 한계가 있다고 본다. 그 내용을 개괄적으로 보면 봉려관의 불사에 도

---

7) 『근대제주불교사 자료집』(2002, 제주불교사연구회), 230쪽.
8) 위의 책, 214~215쪽.

움을 준 일단의 사람들이 있었음을 주목할 수 있다. 그 도움은 제주도 내부에 불교적인 정서나 신앙의 흔적이 있었기에 가능하다는 것이다. 한편 봉려관의 출가와 관음사 창건에는 육지 불교와의 연계가 있었다. 즉 대흥사에 가서 출가를 하고 제주도로 복귀하여 관음사 창건을 주도하였다. 이는 곧 제주도 내부에서는 출가, 수학할 수 있는 여건이 부재함을 말해준다. 이는 근대 제주불교의 한계이자 특성이었다. 다시 말하자면 근대 제주불교에는 강원, 선원 등 승려의 수학 및 수계를 할 수 있는 토양이 미진하였음을 말하는 것이다. 그럼에도 불구하고 관음사 창건은 개항기, 근대기 제주불교가 보다 구체성을 갖고 근대 제주사에 분명한 족적을 남겼다는 점에서 중요한 사실이었다.

지금까지 대별하여 살핀 내용은 곧 근대 제주불교의 태동과 연관된 것이었다. 그것은 무속신앙(민간신앙)과의 연계 및 습합, 제주도를 다녀간 인사와의 관련, 제주 출신으로 불교에 입문한 인물, 관음사 및 봉려관의 등장 등이었다. 바로 이 같이 근대 제주불교의 태동은 다양한 방면에서 시작되었다. 때문에 우리는 이러한 각 분야의 움직임을 세밀히 검토하고 이를 적절하게 자리매김 함으로써 제주불교의 자생성 즉 태동에 접근할 수 있다. 나아가서 이러한 태동과 연계된 움직임은 근대 제주불교의 토착화로 가는 출발이었다.

2. 일제의 식민통치와 제주불교 : 중흥과 독자성

일제는 1876년 개항 이후부터 한국을 침략하기 위하여 다양한 분야에서 지속적인 침탈과 강탈을 자행하였다. 특히 1905년 외교권 박탈 직후에 등장한 통감부 설치 때부터 이는 더욱 가속화되었다. 그리하여 1910년 8월 29일 한국은 일제에게 국권을 상실당하였다. 이 과정에 일본불교가 개입, 협조하였음은 두말 할 나위가 없는 것이다.

바로 이 같이 일제가 한국의 국권을 강탈한 시기, 즉 일제강점기의 제주불교는 어떠하였을까? 이 시기의 제주불교는 지금껏 1918년 법정사 항일운동을 중심으로 이해하여 왔다. 그러나 현전하는 다양한 자료를 섭렵하면 이 시기의 제주불교는 불교 발전 혹은 제주불교의 독자성을 모색하기 위한 적지 않은 노력을 기하였다. 물론 일부에서는 일제강점기 불교에 좌절한 흔적도 찾을 수 있다. 그러나 분명한 것은 제주불교도 기본적으로는 일제가 한국불교를 강압한 법령인 사찰령에서 파생된 본말사체제하에 놓여 있었다는 것이다. 이에 본 장에서는 우선 식민지 체제에 놓인 제주불교의 특성을 살피고, 다음으로는 일제강점기 불교에 저항한 내용을 살펴보고자 한다. 그리고 이러한 전제에서 이 시기에 두드러졌던 제주불교의 독자성을 만들기 위한 움직임을 정리하겠다. 물론 이 독자성 추구는 불교 발전을 위한 행보임은 분명하다.

일제 사찰령 체제는 한국불교의 행정, 인사, 재정권을 일체 장악한 법령이었다. 그런데 사찰령 반포 직후 당시 불교계 구성원들은 이 사찰령을 불교 발전 및 중흥을 담보하는 것으로 여겼다. 여기에는 당시 토호, 개신교, 천주교 등에 억압당하였던 불교도들의 인식이 작용하였다. 그러나 이 인식은 3·1운동 이후 민족의식에 영향을 받으면서 점차 극복되었다. 즉 지난 10년간 사찰령의 모순을 확인한 청년승려들의 반발이 구체적으로 전개되었거니와 그것은 사찰령 철폐운동이었다. 그런데 제주불교에서는 사찰령에서 규정한 본산(본사) 사찰이 없었다. 일제강점기의 제주도에는 수십 개의 사찰이 있었지만 본사급 사찰은 없었던 것이다. 다시 말하자면 일제강점기의 제주 사찰은 본사 사찰도 없었고, 본산의 말사로 등록된 사찰도 없었다. 그러면 그 수많은 사찰들은 어떠한 형태로 일제에 관리되었을까? 그것은 육지 사찰의 포교당 형태로 관리되었다. 예컨대 제주불교의 근거 사찰인 관음사는 1918년부터 전남의 본사 사찰인 대흥사(대둔사)의 포교당으로 등록되었다.9) 예컨대 1928년 3월, 조선불교중앙교무원에서 발간한 『조선불교일람표』의 「조선사찰일람표」에도 제주지역의 사찰은 전혀 나오지 않는다. 그런데 이 일람표의 「포교당조사표」에는 백양사, 대흥사, 화엄사포교당이 '제주군'에 있다고 전한다. 이런 현상은 8·15 해방 직후 일제강점기 불교를 극복한 차원에서 나온 「조선불교 교헌」에서도 동일하다.10) 이는 중앙 차원에서 그렇게 관리되었음을11) 말한다. 그러나 당시 제주도 내부에서는 어떻게 불리고,12) 당시 승려 및 신도들이 어떻게 수용하였나 하는 문제는 더욱 규명할 문제이다.13)

---

9) 『조선총독부 관보』(35권 490쪽)에는 1918년 6월 11일, 대흥사 제주도 포교당이 제주도 제주면 아라리 387번지에 설립 허가를 득하였음을 전하고 있다. 그리고, 그 해 7월 19일에는 이화담의 이름으로 포교담임자를 정하여 총독부에 屆出하였다. 대한불교조계종 총무원이 발간한 『일제시대 불교정책과 현황』 상권, 856쪽과 858쪽에 재수록.

10) 『근현대불교자료전집』(민족사, 1996) 권65인 『근대불교기타자료(3)』에 있는 「조선불교 교헌」 참조.

11) 일제강점기의 『불교』, 『불교시보』에도 대부분은 포교소, 포교당, 교당으로 표기되어 있다. 해방 이후의 『불교신문』 속간 3호(1951.12)에는 「불교제주교구 관내 각 사암수」가 전하는데, 여기에 보면 관음사는 관음사로 표기되어 있지만 여타(35개처)는 교당 혹은 포교당으로 전하고 있다.

12) 예컨대 『불교시보』 15호(1936.10), 11쪽의 「제주한라산관음사대웅전신건축진행」은 그 단적인 예로서, 관음사로 불렸다는 경우이다. 그 밖에도 『불교시보』 30호(1938.1)의 19쪽 근하신년란에는 제주도 사찰, 즉 대본산 백양사 제주도 고내봉 보광사, 대본산 위봉사 제주도 상귀리 월령사, 대본산 대흥사 제주도 법화사가 나온다. 그리고 『불교시보』 28호(1937.11), 5쪽에도 「제주법화사의 기원제」의 기사가 나온다. 이런 정황은 당시 제주도내 일부 사찰들은 사찰로 표기되었음을 말하는 것이다.

13) 예컨대 1945년 12월에 개최된 제주승려대회 회의록에는 분명히 사찰로 전한다.

그리하여 일제강점기 제주지역의 수많은 사찰들은 육지 사찰의 포교당 형태를 띠며 존립하였다. 제주지역의 포교당을 관리하였던 사찰들은 대흥사, 백양사, 화엄사, 위봉사, 기림사, 선암사, 실상사, 법주사 등이었다. 이는 제주불교가 행정적으로는 독자성을 갖고 있지 못하였음을 말한다. 달리 말하자면 근대 제주불교는 육지불교에 부속되었다는 것이다. 개항기 이래 제주도 내에는 승려의 출가, 수계, 수행 등을 독자적으로 행할 불교의 공간이[14] 미약하였음을 알려준다. 그러나 제주불교 내부에서 이러한 독자성을 추구하려는 시도가 전혀 없었던 것은 아니다. 후술하겠지만 이세진이 해방직전 관음사를 거점으로 강원을 열었다는데, 이 점은 우리가 주목할 내용이다.

제주불교에서 일제의 식민통치 혹은 일제강점기 불교에 저항하였던 사례는 법정사 사례 이외에는 현전하지 않는다. 그리고 제주불교에는 일본 사찰 및 일본 승려와의 관련 자료도 흔하지 않다.『황성신문』1906년 5월 29일에 전하는 기사「제주도 재무통신」을 보면, 일본 승려는 적지 않은 문제를 야기한 것을 감지할 수는 있다. 그리고 1915년 12월에 일본불교 진종대곡파의 제주포교소가 설립되었음이 전할 뿐이다. 그러나 더 이상의 구체적인 정황은 전하지 않고, 그에 반발한 제주도민 혹은 불교도들의 반응도 알 수 없다. 한편 여기에서 우리는 1901년에 일어난 이른바 제주'교안' 즉 '제주민란'과 관련하여[15] 이 사건이 불교에 영향을 준 것은 없었는가도 살필 수 있다. 그 움직임이 천주교도의 비행 혹은 천주교회에 의해 야기된 토착신앙의 배격으로

---

14) 여기서 말하는 공간은 단순한 장소로서의 공간이 아니다. 역사, 전통, 고승 등이 어우러진 공간을 의미한다.

15) 이 사건은 중앙에서 파견된 봉세관의 수탈과 천주교도들의 비행(교폐)에 저항한 제주도민들의 봉기와 그로 인하여 제주지역 천주교도 수백 명이 민군에 의해 살해됨을 말한다.

서 천주교에 대응한 토착민들의 반발로 구체화되었지만,16) 혹시 그 사건 이후 당시 제주민들의 심리가 불교에 대한 우호적인 정서로 작용되지는 않았는가 하는 점이다. 나아가서는 그 제주교안 당시의 정서가 법정사 항쟁에 영향을 준 것도 하나의 배경으로서 짚어 볼 대목이라 하겠다. 즉 법정사 항쟁의 원인을 사회적·경제적·정치적인 측면에서 다각화하여 살피자는 것이다.

법정사 항일운동과 관련하여 우리는 우선 이 사찰이 언제 창건되었으며, 사찰을 창건하고 운영을 주도한 인물은 누구인가에 대한 객관적인 정리를 해야 한다. 그래야만 법정사 항쟁의 성격, 주도세력 등을 파악하기에 용이하다. 필자는 이 법정사 항쟁의 성격과 관련하여 불교중심인가, 아니면 보천교 중심인가는17) 관심의 중심에 있지 않다. 법정사의 사찰로서의 출발과 초기의 상황을 정밀히 관찰하면 이 문제는 저절로 해답이 나올 것이다. 법정사도 봉려관에 의해 창건되었다고 하지만, 법정사 문제를 언급할 때에는 봉려관의 개입이 제외되는 것을 주목해야 한다고 본다. 추측건대 여기에는 봉려관으로 대표되는 주체와 김연일과 방동화로 대표되는 주체 간의 운영의 주도권, 나아가서는 이질적인 주체가 상징하는 흐름이 있었을 것으로 보인다. 바로 이 같은 정황을 살피고 그 의미를 찾아야 할 것이다. 다만 지금껏 논의의 중심이었던 법정사 신도 가운데 보천교도와 관련된 것은 당시 제주도에 보천교의 유입, 전래 등의 문제가 깔려 있을 것이다. 그리고 보천교 상층부가 제주도에 내왕을 하였다는 정황, 일제가 보천교 주

---

16) 박찬식, 「한말 제주지역의 천주교회와 '제주교안'」, 『한국근현대사연구』 4, 1996.
　　박찬식, 「한말 천주교회와 토착문화의 갈등」, 『한국민족운동사연구』 29, 2001.
17) 법정사 항쟁이 보천교와 깊은 연계하에 전개되었다는 주장은 안후상이 『종교학연구』(서울대, 종교학연구회) 15집에 기고한 「무오년 제주 법정사 항일항쟁 연구」가 참고된다.

도자들을 체포하려는 정황을 다시 보아야 한다. 이제까지의 법정사 문제에 있어서 보천교 개입의 사료 해석에 있어서 일부 무리한 점이 있었다고 보인다. 그러나 법정사 항일과 관련해서 제주불교계가 시급히 해결할 것은 운동 종료 후 일제에 피체된 대상자(총 66명) 중에서 승려 출신으로 거론된 인물들에[18] 대한 행적의 조속한 정리이다. 이런 기초적인 사실도 정리하지 않고 불교와의 관련만을 강조한다는 것은 앞뒤가 맞지 않는 것이다.

다시 말하자면 법정사 항일운동은 1910년대 제주불교의 단면이다. 이에 우리는 이러한 측면에서 법정사 문제에 접근하자는 것이다. 한편 우리는 이 법정사 항일활동 이외에는 제주불교가 관련된 항일적인 움직임을 찾기 어렵다. 물론 김석윤이 제주도에 복귀하여 육지의 의병장과 연계되어 의병을 일으키려다 일제에 사전 발각되었던 사실은 있다. 필자가 관심을 갖는 것은 거족적인 3·1운동 당시 제주지역의 불교와 관련하여 만세운동, 독립운동이 있었는가 하는 점이다. 법정사 항쟁이 있은 직후 불과 몇 달 후에 3·1운동이 일어났는데 제주지역에서 사찰, 승려, 신도와 관련된 만세운동이 있었는가 하는 점이다. 그 움직임이 있었다면 어떠하였으며, 없었다면 왜 없었을까 하는 점을 규명해야 할 것이다. 필자는 전자의 입장을 취하는바, 법정사 항쟁은 당시 제주도에 적지 않은 영향을 끼쳤기 때문이다. 요컨대 어떤 형태로든 그 반응은 나타났다고 볼 수 있다.

3·1운동 직후 중앙불교계에서는 사찰령을 철폐하려는 움직임이

---

18) 『제주항일운동사』(제주도, 1996), 147~149쪽 참조. 여기에서 제시된 인물 중 승려는 김연일, 김삼만, 장림호, 김태화(김기화), 김명돈, 최태유(최진수), 김상언(김읍언), 강창규, 정구룡, 방동화(방하룡), 강민수, 김용충, 한윤옥 등이다. 그리고 김연일 조카인 김인수, 강창규의 동생인 강수오 등도 분석 대상이다.

대대적으로 전개되었다. 그리고 그와 동시에 불교의 중흥과 발전을 기하려는 차원에서 불교계 통일운동이 거세게 전개되었다. 그리하여 사찰령 철폐에 동의한 승려가 2,280여 명에 달하였으며, 통일기관으로 등장한 총무원과 교무원이 양립하기도 하였다. 즉 불교계 내부의 보수와 진보라는 노선 간의 갈등이 심화되었다. 당시 일제가 보수적인 노선을 후원하자 불교계에서는 그 이행을 둘러싸고 일대 격돌이 벌어졌던 것이다. 이 같은 중앙 차원의 불교계의 움직임에 제주불교와 관련되어 지금껏 논의되거나 그 관련 자료가 제시된 바는 없다. 다만 1930~40년대 제주불교계의 주역이었던 이일선이[19] 중앙에서 수학하면서 조선불교청년회의 주역으로 활동한 사례가 나타날 뿐이다.[20]

이제부터는 제주불교의 중흥이라는 측면을 살펴보겠다. 이는 우선 관음사가 제주불교의 중심으로 확고히 자리잡아 간다는[21] 전제를 인정하고 그 개요를 요약하는 것이다. 이와 관련하여 1920년 5월 제주공립보통학교에서 원족(소풍)을 관음사로 갔으며, 생도들이 독립만세와 독립창가를 고창하였다는 보도기사는[22] 우리에게 여러 내용을 시사해준다. 이는 관음사가 당시 제주민들의 의식에 분명히 자리잡았음을 말해준다. 그리고 원족에서 돌아오던 생도들이 만세를 불렀다 함

---

19) 이일선은 장성 출신이었지만 백양사에서 수학한 후, 1930년대부터는 제주불교계에서 활동하였다. 『조선불교』 1호(1924.4), 8쪽, 「장성백양사에 법파 상속식」.
20) 『동아일보』 1921.8.9. 『조선불교총보』 22호(1921.1)에 전하는 조선불교청년회 취지서 및 발기인 명단 참조.
21) 『매일신보』 1918.3.2~3, 「제주도 아미산 봉려암의 기적」에는 봉려관이 관음사를 확장하고, 신도가 수백 명에 달하였으며, '법정산 법돌사'라는 절도 건설하였다고 보도하였다. 이를 보면 1918년경의 관음사는 제주에서 확고히 자리를 잡았다고 볼 수 있다. 이에 반하여 당시 법정사는 항일사건에 휘말리는 바, 이 같은 두 사찰의 이질성에 대한 고찰은 우리의 주목을 받을 수 있는 것이다.
22) 『매일신보』 1920.5.31, 「제주보통생의 독립만세 호창」.

은 직접적으로 관음사 관련은 없지만 적어도 불교의 사찰 근처에서 만세는 관음사가 제주도민의 민족의식과 연결되었다고 하겠다.

다음으로 주목할 것은 1923년 9월 제주도내 불교도들이 불교연구회를 창립하기 위한 발기회를 가졌다는 내용이다.[23] 현재 이 발기회 주도인물 7인에 관한 전모는 알 수 없지만 일단 불교를 교리적으로 연구하기 위한 모임을 만들겠다는 의사 표시는 이전 단계보다는 진전된 것이다. 비록 이 연구회는 정상 활동까지는 이르지는 못한 것으로 보이지만 개항기 전후의 민간신앙과 습합된 단계를 극복하려고 하였다는 점에서 주목할 내용이다.[24] 이러한 자생적인 불교연구회의 경험에서 진일보한 것은 1924년 11월에 창립된 제주불교협회이다. 제주불교협회는 육지불교에서 왕성한 활동을 하던 이회명과 그와 연결된 관음사의 승려들과의 긴밀한 결합에서 나온 것이다. 이회명은 1908년 원종 출범 당시부터 중앙불교계에서 크게 활약하였으며, 전국적인 포교활동을 전개하였던 승려였다. 그는 이미 1921년, 1922년 제주도를 왕래한 이력이 있었는데 1924년 초파일에 거행된 관음사 중창 낙성식에도 참여하였다. 관음사 중창 낙성식은 제주불교 중흥의 기념비적인 의의를 갖고 있다. 그것은 관음사 불사가 성사되었다는 측면, 낙성식에 육지불교의 유명한 승려들이 대거 참여하였다는 점, 행사에 동참한 제주도민이 만여 명에 달하였다는 정황, 낙성을 계기로 제주도 순회의 포교를 시도한 것 등은 우리의 주목을 끄는 것이다.[25] 특히 이 중 참관자가 만여 명이라는 것은 대단한 숫자이다. 거기에는 과장이

---

23) 『조선일보』 1923.9.23, 「불교연구회 발기」.
24) 다만 이 모임이 일본 사찰인 동본원사에서 있었음은 일본불교의 일정한 영향이 있었던 것이 아닌가 한다.
25) 『매일신보』 1924.6.4, 「제주관음사 낙성식」.
　　『매일신보』 1924.8.31, 「관음사 확장과 포교」.

개입된 면도 있겠지만 이는 분명 제주불교가 이즈음 제주의 토착사회에서 확고하게 자리잡았음을 말한다. 그리고 관음사 행사에 육지불교에서 크게 활약하는 승려가 다수 참가하였다는 것은 제주불교가 육지불교와 거의 대등한 수준으로 올라섰음을 보여주는 사례이다.

관음사의 이 같은 성장하에 제주불교의 발전을 담보하였던 것은 제주불교협회의 창설이다.26) 이는 협회의 창설 목적이 불교 진흥, 심신수양, 지방문화 발전이라는 표방에서 더욱 극명하게 나타난다. 불교진흥은 불교의 발전을, 심신수양은 신도들의 신앙과 수행을, 지방문화 발전은 제주불교의 독자성과 이를 통한 제주문화를 고양시키겠다는 의도로 받아들여진다. 한편 제주불교협회의 임원에는 재가불자뿐만 아니라 당시 제주도의 행정부서의 관련자들도 대거 보이고 있다. 특히 일제의 제주도 행정 책임자도 있었다. 이는 일면으로는 제주불교협회를 통한 식민통치의 관철을 읽을 수도 있지만 역설적으로 보면, 그만큼 제주불교가 성장하였다는 것을 말해주는 것이다. 협회 창설 이후에는 제주불교부인회의 창립, 제주불교소녀단의 창립, 포교당 신축, 다양한 불사 및 행사의 개최 등이 이어졌다. 그리하여 그 정황을 '無佛國'이었던 제주가 '有佛國'의 제주가 되었다는 지적도 나왔다.

이러한 제주불교의 정립은 제주불교도들이 제주불교를 성찰할 수 있는 여건도 제공하였다. 예컨대 제주불교협회의 교육부장을 역임한 강태현(원혜거사)이 『불교』지 32호(1927.2)에 「제주불교의 유래」를27) 기고한 것은 그 단적인 예증이다. 그리고 제주불교협회의 간부인 안도월(포교부장), 강태현(교육부장)이 오이화(제주 관음사 포교당 대표)

---

26) 『불교』 6호(1924.12), 「불교소식」, 「제주불교협회」.
27) 이 내용은 民情 및 風俗, 불교의 과거, 불교의 현재, 불교의 미래로 구성되어 있다.

와 함께 1928년 3월 서울 각황사에서 개최된 조선불교학인대회에 참
가한 것도 중요한 사실이었다. 이 학인대회는 당시 불교 교육분야를
개혁하기 위한 구학분야의 학인들이 주도한 대회였는데, 이 대회에
위의 3인이 발기인으로 참가하였음은[28] 제주불교가 불교계의 중심에
진입하고 있음을 말하는 것이다.[29]

지금껏 살핀 바와 같이 1924년의 관음사 중창 낙성식과 제주불교협
회는 분명 근대 제주불교의 중흥의 확증임을 거듭 확인할 수 있었다.
그러나 여기에도 일정한 한계는 있었다. 즉 제주불교의 독자성이 미
약하였다는 것이다. 제주불교협회의 취지에서는 일정 부분 제주불교
의 독자성을 추구하겠다는 의식이 보이고 있다. 그러나 그 중심인물
이 외부에서 유입된 이회명이라는 점에서 제주불교의 중흥과 독자성
을 추진하는 중심체가 나약하다는 점이다. 이는 이회명이 부재하거나,
제주불교를 떠날 경우에는 적지 않은 부담 내지는 위험요소로 작용할
소지가 다분한 것이었다. 실제 그러한 정황은 몇 사례에서 나타난다.
즉, 이회명을 초빙하기 위해 서울로 올라갔다든가, 1927년 이회명이
협회장을 사임한 후 그 후임 협회장이 제주 島司인 일본인이었다는
것,[30] 이회명이 부재한 상황에서 포교당 건축비의 문제로 어려움을
겪었다는[31] 제반 정황들은 바로 이를 말해주는 것이다. 이는 곧 1920
년대 중반 제주불교에서의 이회명의 위상을 말해주는 것인데, 이는
역설적으로 제주불교의 독자성의 기초가 견고하지 못함을 말하는 것

---

28) 『불교』 44호(1928.2), 「조선불교학인대회 發起人承諾 催促」.
　　졸고, 「조선불교학인대회연구」, 『한국근대불교의 현실인식』(민족사, 1998), 59쪽.
29) 이는 또한 제주불교의 교육문제에 관심을 기울였음을 의미한다. 교육문제에 관
　　심이 있다는 것은 일반적으로 미래를 위한 준비를 말하는 것으로 볼 수 있다.
30) 『매일신보』 1927.3.3, 「제주불교협회장 前田島司로」.
31) 『매일신보』 1929.2.22, 「제주불교총회」.

이다.

　이러한 문제는 당시 제주불교의 구성원들도 충분히 파악한 것으로 보인다. 제주불교의 중심인물인 이회명이 1927년에 제주를 떠나면서 제주불교의 운영과 진로가 난관에 부딪치자, 제주불교의 중심인물들은 이 문제를 해결하기 위한 고뇌를 하였던 것이다. 그 결과가 1931년 11월 29일에 개최된 '제주불교임시대회'로 나타난 것으로 파악된다. 이 대회의 주도자는 안도월, 허응대, 오일화였는데 안도월은 관음사 주지를 역임한 1920년대 제주불교의 주역이었지만 허응대와 오일화는 1920년대의 기록에는 나타나지 않은 인물이다.[32] 하여간 제주불교 임시대회에는 1920년대 제주불교의 모순을 극복하려는 의지가 개재되어 있다고 본다. 이는 그 회의에서 당면한 제주불교 상황을 분석하였다는 것과 그 회의의 목적이 제주도 포교사업을 일층 확장하는 것이었다는 내용에서 파악할 수 있다. 그리고 불교의 진보와 장래 敎務를 쇄신할 정신을 강조하였음은 이 대회를 주도한 자들의 현실인식을 분명히 알 수 있는 것이다.[33] 여기에서도 제주불교의 중흥과 독자성을 추구하였음은 분명하다. 그러나 이 임시회의의 관련 기록이 없는 것을 보면 제주불교대회는 성사되지 못한 것으로 보인다.

　제주불교의 재정비 및 통합은 1939년 4월 2일의 제주불교연맹의 창립에서 구현되었다.[34] 이 연맹은 집행위원장, 서기장 겸 서무부장, 회계장 겸 재무부장, 포교·교육·수양·체육부장, 검사위원, 고문, 찬

---

32) 이들의 출신과 활동에 관해서 필자는 파악할 수 없었다.
33) 당시 그 회의에서 협의한 사항은 신사업, 포교, 교육, 역원 선거, 각 포교소 상황 조사 등이었다. 이를 보면 당시 제주불교의 전반적인 운영과 노선에 대한 검토를 하였음을 알 수 있다. 그러나 이 임시회의 이후에 정식의 제주불교대회가 개최되었지는 그에 관련된 기록이 없어 단언할 수 없다.
34) 『불교시보』 47호(1939.6), 16쪽, 「제주불교연맹 결성」.

조원 등을 갖춘 조직체로 출발하였다. 이 연맹에 참여한 인물들의 면면을 보면 당시 제주불교의 주역이 대거 동참한 것으로 보인다.[35] 요컨대 이 연맹은 당시 제주불교의 대표성을 분명히 말한다. 그런데 우리가 유의할 것은 이 연맹이 일제의 개입과 주도로 작용하였다는 점이다. 이는 창립 당일에 제주도 경찰서에서 있었던 이른바 시국좌담회에 참가한 직후, 장소를 옮겨 제주시 대흥사포교당에서 창립한 것에서 알 수 있다. 즉 일제의 분명한 의도가 개입하였다. 이는 연맹의 출범 목적이 제주불교의 통제, 신앙보국의 실천, 대중불교의 실현이었다는 면에서도 거듭 확인된다. 제주불교의 통제와 신앙보국의 실천은 일제의 군국주의 식민통치에 불교계를 끌어들이려는 의도의 표현이다. 이러한 측면은 제주불교연맹이 제주도 전역을 순회하면서 개최한 불교 강연회의 개최 장소와 강연 내용에서도 찾을 수 있다. 즉 학교, 공회당 등에서 강연회가 개최되었음은 일제의 행정기관이 개입하였음을 말하고, 강연 주제도 상당 부분 시국과 연관되어 있었다.

그리고 이 연맹의 창립 배경은 당시 전 불교계 차원으로 추진된 심전개발운동이었다. 제주불교의 경우 1936년 9월 15~16일 제주에서 개최된 대흥사포교사 문학연의 강연을 들 수 있다.[36] 이 강연회는 당시 제주도 島司가 문학연을 초청하여 전 제주도, 중견청년지도강습회로 개최되었다. 그 강연회에는 島廳員, 각 邑員, 13面 직원, 어업조합원, 해녀조합원, 중견청년지도자, 기타 단체 단원 등 7천여 명이 참가하였는데 '관민'의 대환영하에 진행되었다고 한다. 그런데 이 강연회의 주

---

35) 특히 관음사를 대표한 오이화, 1931년 제주 불교임시대회를 주도한 오일화, 법정사 항일운동 가담자인 방동화, 조선불교청년회의 주역인 이일선, 내장사 출신으로 개운사 강원에서 수학한 이세진 등이 참여하였다.
36) 『불교시보』 15호(1936.10), 휘보, 11쪽, 「문학연씨 초빙 대강연」.

제가 심전개발이었다. 요컨대 이 강연회의 성공에 고무된 당시 제주
도의 島司의 의지가 제주불교연맹으로 연결되었을 가능성이 농후하
다.

원컨대 제주에서의 이 같은 제주불교연맹을 통한 불교계 통제는 심
전개발운동의 구도에서 나온 것이다. 당시 심전개발운동과 불교와의
관련은37) 육지불교의 기반인 모든 道, 郡에서 나타나고38) 있었다. 각
도, 군별로 불교를 통제할 수 있는 조직체를 정비하고, 사찰 정화, 불
교 중흥, 승려 수양, 신도 교육 등이 다양하게 전개되었다. 이는 일제
가 추진한 심전개발운동의 구체적인 전개 양상이었다. 심전개발운동
은 일제가 만주사변(1931), 중일전쟁(1937)을 추진하면서, 조선 민중의
효율적인 통제를 기하기 위한 방안으로 나왔다. 즉 황민화정책으로
식민지 정책에 순응하는 순량한 인민이 되도록 건전한 신앙심을 함양
하는 것이었다. 이에 구체적으로는 시국 협조 및 시국 이해, 순량한
마음 육성 등이 심전개발운동의 초점이었다.39) 이 같은 구도에서 당

---

37) 『불교시보』 9호(1936.4), 6쪽, 「본부학무국에서 심전개발의 解說作制 배포」.
38) 『매일신보』 1935.6.22, 「각도지사에게 통첩한 사찰정화 구체안」.
  『매일신보』 1935.7.7, 「재래의 폐풍을 일소 심전개발을 圖하라」.
  『매일신보』 1936.1.14, 「경북 오본산이 협력 심전개발에 加鞭」.
  『매일신보』 1936.1.23, 「불교를 중심으로 심전개발 도모」.
  『매일신보』 1937.3.3, 「유, 불 양교를 진두로 심전개발운동 적극화」.
  『매일신보』 1938.6.29, 「춘천에 있는 불교 각파 강력연맹을 재조직」.
  『매일신보』 1940.5.7, 「충북불교협회 기구 개혁에 착수」.
        1940.12.6, 「전선승려대회 공주 마곡사서 성황」.
  『불교시보』 2호(1935.9), 「조선불교심전개발사업촉진회」.
  『불교시보』 20호(1937.3), 「전남5본산연합회」. 제주도와 연계가 많은 선암사, 송
  광사, 화엄사, 백양사, 대홍사 등 5본산은 연합회를 조직하여 종무통일, 포교・
  교육・사회사업을 공동으로 추진하고 그 여가에 심전개발운동을 가일층하기 위
  한 순회 강연을 기획, 시행하였다.
39) 일제는 심전개발운동의 구체적인 대안으로 국체관념 확립, 경신숭조 사상 및 신
  앙심 함양, 보은・감사・자립의 정신 함양을 강조하였다.

시 불교계도 이 구도에 합류되어 갔음은 물론이었다.40)

그런데 우리가 여기에서 유의할 것은 일제의 이 같은 심전개발운동에 제주불교도 합류했다는 점이다.41) 동시에 간과해서는 안 될 것은 심전개발운동이 제주 각처에서의 강연회, 법회, 불사 등으로 연결되면서 일면에서는 불교의 중흥, 발전이 적지 않게 나타나고 있었다는 것이다. 이는 의도나 목적의 귀결처는 일제의 식민통치 순응에 있었지만 그 부산물로 불교 자체에 있어서는 긍정적인 측면이 있었다는 것이다. 이러한 측면은 보다 다양한 관점에서 이해와 설명이 요구된다고 본다.

심전개발운동의 구체적인 활동으로서 강연에 임했던 연사들의 의식이라든가, 일제의 개입을 감수하면서 행한 활동에 대한 평가 등은 보다 냉정하게 다루어야 할 것이다. 그러나 일부 승려들의 경우 제주불교연맹 이전의 행적과는 이질적인 노선을 간 것은 분명하다. 즉 친일적·협조적·굴절된 행적을 보인 경우도 분명히 있었다. 그런데 필자가 제주불교연맹에서 단언하지 못하는 것은 이 연맹의 활동이 불과 1년 이상 전개되지 않은 연유이다.42) 일제의 공권력까지 개입되었는

---

40) 김순석, 「1930년대 후반 조선총독부의 '심전개발운동' 전개와 조선불교계」, 『한국민족운동사연구』 25, 2000.

41) 『매일신보』 1937.12.8, 「제주 성산포 포교당 赤誠」.
　　『불교시보』 21호(1937.4) 9쪽, 「제주관음사주최의 심전개발대강연회」.
　　『불교시보』 30호(1938.1) 16쪽, 「제주도내 각포교당의 국방헌금」, 「총후적성국방금모집헌납 급기원제 위령제거행」.
　　『불교시보』 35호(1938.6) 9쪽, 「제주도서귀포교당의 국방헌금」.
　　이러한 제반 정황은 제주불교연맹 창립 이전에도 제주불교는 일제의 식민통치에 일정 부분 협조하였음을 말해주는 것이다.

42) 이는 현전하는 자료에 더 이상의 순회 강연회 이외의 제주불교연맹의 관련 내용이 없음에서 기인한 것이다. 혹시 자료에는 나오지 않았지만 2년 이상을 존속하였을 가능성도 배제할 수는 없다.

데 어떤 연고로 지속적인 활동이 없었는가 하는 점이다. 제주불교 내부의 역량 부족인지, 아니면 일제의 연맹을 통한 불교계 통제를 거부하고, 비협조적인 태도로 나간 제주불교 구성원들의 반발인가 하는 점이다.

한편 이 시기에 제주불교 발전과 독자성 추구에 있어서 주목할 대상은 제주 출신이지만[43] 내장사 및 개운사에서 수학하고,[44] 표훈사 강사를 역임한 이세진이 관음사제주포교당(대각사)에서 1939년 중반부터 1941년 3월까지 추진한 승가교육이다.[45] 즉 제주 출신의 학인 승려들을 위한 사집, 사교, 대교과로 구성된 강원교육이었다. 비록 관음사포교당에 기거하면서 강의를 받지는 못하고 각 개별 사찰에 거주하며 출석 강의의 형태를 띠었지만 그 시도나 운영은 이전 제주불교의 현실을 고려하면 대단한 변화이다. 또한 강의가 2년이 채 못되어 단절되었지만 제주불교 독자성을 성취하였다는 점에서[46] 주목할 내용이다. 다만 이 과정을 마치면서 '비구계'를 받았다고 하는데, 이 계를 어떻게 이해할 것인가의 문제는 남는다. 즉 정상적인 수계로 볼 수 있는가 하는 대목이다. 육지불교에서 일반적으로 있었던 戒師는 있었

---

43) 『불교시보』 15호(1936.10), 「휘보」, 10쪽, 「近來 稀有의 孝上佐」.
44) 『불교』 105호(1933.3), 64쪽, 「경성개운사전문강원 대원회 망년강연회 개최」.
45) 『죽비소리』(1998.1), 「우리시대 노스님, 연종스님 : 젊은이들은 다 어디로 갔는가」.
46) 한편 1938년 9월, 서울 선학원의 지방분원 성격을 띤 '제주선원월정사'가 제주읍 내에 설립되었지만, 그 위상과 영향은 어떠하였는가에 대해서는 단언하기 어렵다. 이 월정사는 중앙 차원에서 설립되었기에 이세진이 추진한 강원과는 일정한 차별성이 요구된다. 『불교시보』 39호(1938.10) 교계소식, 「제주도제주선원낙성식 및 기념강연」 참조. 한편 이 '제주선원'(필자주, 월정선원으로 이해됨)의 현황은 1943년 「선학원의 전국선원안거방함록」의 표에는 1943년 하안거에만 대중이 4명이라고 전하는데, 조실 및 선덕 등은 전혀 기재되어 있지 않다. 그리고 이 내용 이외에는 그 방함록에 월명선원과 관련하여 어떠한 기재도 전혀 없다. 이를 보면 일제말기 월명선원의 존재는 미미하였다고 보인다. 이는 정광호, 『한국불교최근백년사편년』(인하대출판부, 1999), 271쪽 참조.

는가, 혹은 수계증은 있었는가 하는 의문점이 남는다.[47]

그리고 이 승가교육을 시도한 이세진이 1942년부터 서관음사에 기와공장을 세우고, 거기서 생산한 기와를 팔면서 시도한 승가의 자립 및 혁신의 움직임이다.[48] 이는 그가 수학하였던 내장사의 승려 백학명이 시도한 선농불교의[49] 변용이라고 볼 수 있다. 현재는 이에 관련된 문헌기록은 전하지 않고 구전으로만 확인한 내용이지만 제주불교의 발전과 독자성 추구라는 측면에서는 중요한 사례이다. 더욱이 1942년 전후는 일제의 가혹한 식민통치가 기승을 부리던 암울한 시절이었고, 사회 전반의 지성인들이 일제에 타협, 좌절, 변절하는 분위기 속에서 자주적·자생적으로 승가의 경제적 자립을 시도한 것은 큰 의의를 부여해도 지나침은 아닐 것이다. 이 서관음사에서의 경험이 8·15 해방 이후 제주불교 혁신의 밑거름이 되었다는 점도 유의할 내용이다. 이 사례는 육지불교에서 찾을 수 없는 독특한 내용이다.

한편 필자가 이 시기 불교사를 살피면서 제주불교에서만 찾을 수 있었던 대상은 신도들의 움직임이 육지불교보다는 비교적 활발하였다는 것이다. 예컨대 각 사찰, 교당별 '總代'의 선출, 불교친목회 활동, 신도중심의 사찰 창건 및 중건 등의 관련 내용이[50] 많이 보인다는 점이다. 이 점은 추후 더욱 다각적인 측면에서 해명되리라 본다.[51]

---

47) 예컨대, 1937년 8월경 대흥사 제주도 원당포교당에서 보살계 산림을 거행하면서 육지 불교에서 정금오를 계사로 초청하였음은 주목할 내용이다. 『불교시보』 30호(1938.1), 19쪽, 「보살계산림회거행」 참조,
48) 앞의 『죽비소리』.
49) 김광식, 「백용성의 선농불교」, 『근현대불교의 재조명』, 83~85쪽.
강유문, 「內藏禪院 一瞥」, 『불교』 46·7합호(1928.5), 83쪽.
50) 『불교』 57호(1929.3), 110쪽, 「제주교당의 信徒總代 選擧」. 「제주교당의 성도기념식 거행」.
『불교시보』 25호(1937.8), 15쪽의 「성산포교당 봉불식」, 「표선리교당의 봉불식」.
51) 여기에서 사찰 운영에 신도들의 영향력이 적지 않다는 것도 생각할 수 있다.

지금껏 일제강점기 불교의 공간에서 제주불교의 중흥과 발전의 내용을 제시하여 보았다. 그 요체는 법정사 항일운동, 불교연구회 설립 추진, 관음사 중창, 제주불교협회의 창립과 활동, 제주불교임시대회의 개최, 제주불교연맹의 발족, 이세진의 승가교육 및 승가경제의 자립 시도 등이었다. 이 내용에는 육지불교와 유사한 사례도 있지만 대부분은 제주불교에서만 나타난 특수성이 깊게 깔려 있었다고 보여진다. 요약하여 말하면 보편성과 특수성의 지속적인 교차로써, 보편으로 나아가려는 움직임이었다고 보고자 한다.

4. 해방공간과 제주불교 : 혁신과 다양성

일제강점기 불교로부터 해방을 맞이한 한국불교는 식민지불교의 잔재를 극복하고, 자주적인 불교 건설에 나섰다. 그 주요 흐름은 사찰령 철폐를 선언하고 새로운 교단(종단)을 건설하는 움직임으로 가시화되었다. 이에 일제강점기의 교단 집행부가 퇴진하고 새로운 집행부가 등장하였다. 그 과정에서 1945년 9월 22~23일의 전국승려대회가 개최되고, 새로운 교헌이 반포되었다. 그런데 그 흐름의 이면에는 불교혁신을 기하려는 움직임이 개재되었음을 유의해야 한다.

이러한 중앙불교계의 구도에 발맞추어 제주불교도 그 흐름에 동참하였다.[52] 그것은 1945년 11월 30일에 개최된 제주불교청년단대회, 동년 12월 2~3일에 개최된 제주승려대회였다. 불교청년단대회에서는 청년단의 조직, 사업 내용을 정하였다. 승려대회에서는 제주불교의

---

52) 해방공간 제주불교의 전체적인 개요는 졸고, 「해방직후 제주불교계의 동향」을 참고할 것.

기반을 정비하고, 사업의 내용과 방향을 확정하였다. 이러한 움직임에서 우리가 주목할 것은 우선 중앙불교계의 동향에 촉발되고 그에 일정하게 연결되었다는 점이다.53) 이는 일제강점기 불교계에서는 확연하게 드러나지는 않았지만 해방공간에서는 이 점이 더욱 노골화되었음을 유의할 수 있다. 즉 중앙불교계 결정이 제주불교에 전달되고, 제주불교의 회의에서는 중앙불교계에 동참한다는 것이 확인되었다. 이러한 구도에서 '제주교구'가 구체화되었다.54) 이는 제주불교만의 독자성이 교단 내부의 제도로 수용되었음을 의미한다.

다음으로는 제주불교에서는 건국정신의 진작, 사찰정화 등 불교혁신에 관련 대상이 비교적 원만하게 합의되었다는 점이다. 중앙불교계에서의 불교혁신의 주요 쟁점은 이른바 대처승 처리와 사찰 운영의 합리화였는데,55) 제주불교에서는 이 점에 대하여 공통의 의사를 만들어 낸 것은 뜻 깊은 것이었다. 아울러 제주에서는 제주불교만의 불교신앙 정비에 대한 의논으로 용왕, 토신, 산신, 구병시식 등을 폐지하는 것으로 결정하였다. 이는 제주의 불교신앙이 민간신앙과 습합되었던 근대기의 정황을 극복하려는 의지로 이해된다. 그리고 일제 말기 이세진에 의해 주도된 제주불교의 교육문제가 중요한 과제로 논의되

---

53) 이에 관련된 인물은 원문상이었다. 그는 승려대회에서 중앙불교계의 정황을 보고하고, 대회에서는 중앙에 파견될 제주지역의 대의원으로 결정되었다.

54) 제주교구가 당시 중앙교단에서 정식 인정된 것은 1946년 11월 25~27일에 개최된 제2회 중앙교무회에서였다. 이는 『불교』 신년호(1947.1), 60쪽, 「수도교구와 제주도교구설치」에 전함. 이는 당시 미군정에서 濟州島가 행정의 독자성을 띤 濟州道로 정식 출범한 시점인, 1946년 8월 1일과 일정한 연계를 갖는다고 볼 수 있다. 『미군정법령총람』(한국법제연구회), 285쪽, 재조선미국육군사령부군정청 법령 제94호, 「제주도의 설치」.

55) 제주에서는 이를 대처식육과 내연화주 동거를 절대 금지하는 것으로 결정하였다. 그리고 사찰내 수입은 화주 및 止住(주지) 주관의 단독적 처리를 절대 엄금하자고 결의하였다.

었다. 그것은 강원 설치, 인재양성, 모범총림의 창설 등이었다. 특히 여기에서 우리의 관심이 가는 것은 모범총림의 건설이라 하겠다. 모범총림은 당시 중앙불교계에서도 검토, 논의되었으며 그 결과 1946년 11월 해인사에 교단이 설립한 가야총림이 출범하였다. 이렇게 지방 차원에서 총림 건설을 내세웠음은 제주불교가 갖고 있는 미래지향적 인 대안으로 볼 수 있는 것이다.

그러나 이러한 의미를 갖고 있었던 해방공간 불교혁신의 흐름에 약간의 장애로 등장한 것은 제주불교 구성원들의 출신에서 나온 이질성 이었다. 즉 일제강점기부터 제주불교의 하나의 특성으로 지적된 육지 불교와의 관련에서 나온 것으로 대흥사 계열, 백양사 계열, 기림사 계열, 관음사 계열 등등이 바로 그것이었다. 그러나 이 문제는 해방공간 에서는 수면 밑으로 잠복하였고 구체적인 모순으로까지는 전개되지 않았다. 그것은 제주불교의 혁신, 독자적 출발을 기하려던 바로 그 시기에 4·3항쟁이 일어났기 때문이다.

한국 현대사 및 제주 현대사에 큰 영향을 미친 4·3항쟁은 최근 10여 년 간의 자료수집, 객관적인 정리, 학술적인 접근, 개념 부여, 기념 사업 등으로 전개되면서 그 성과물은 질적·양적인 면에서 상당하다고 볼 수 있다. 그러나 지금까지의 성과물을 일별하면 불교에 관련된 개별적인 시각은 미진하였다. 전체 4·3항쟁사, 제주도사라는 큰 틀에서 불교와 관련된 내용이 혼재되었기 때문이다. 이제 전체적인 4·3항쟁사에서 불교만의 내용, 사건, 의의 등을 별도로 정리할 필요성이 제기된다. 이는 불교만의 지엽적인 문제에 매달리자는 것보다는 제주 불교사 혹은 제주근현대불교사라는 독자적인 영역을 정비하기 위한 차원으로 이해되어야 할 것이다.

지금껏 나온 제반 자료를 살펴볼 경우 4·3항쟁과 불교와의 관련은 다음과 같은 내용으로 대별할 수 있다. 첫째는 해방공간 제주불교의 혁신을 주도한 승려의 상당수가 4·3항쟁의 소용돌이 속에서 희생되었다는 점이다. 예컨대 이일선, 이세진, 원문상 등이 그 실례이다. 이들은 제주불교의 주역이었는데 이들의 희생은 제주불교의 혁신과 독자성 추구에 결정적인 장애로 작용하였다고 보고자 한다. 즉 교구 차원의 운동이나 제주불교의 통일성이 소멸된 것을 여기에서 찾을 수 있다는 점이다. 둘째는 4·3항쟁에 제주불교의 주역들이 희생됨으로 인해 그들이 추구하였던 이념, 노선이 사라진 것으로 보인다. 그 결과 제주불교에는 해방공간에서 제기된 치열하고, 미래지향적인 의식이나 대안은 점차 소멸된 것으로 보인다. 즉 4·3항쟁 이후의 제주불교는 행정적인 독자성은 가졌지만 이념, 사상, 노선에서의 독자성은 가질 수 없었다. 그리하여 그 결과는 외형적인 다양성으로 나타났지만[56] 그 다양성은 이념, 노선이 혼미한 상태로 진행된 것이 아닌가 한다. 현재 제주불교의 성향을 냉철히 분석해 보아야 하겠지만 민간신앙과의 결합이라든가, 순수불교의 지향에 대해서는 다양한 의문이 나올 것이다. 그리고 해방공간 이후 불교계 인물이 얼마나 나왔는가에 대한 문제도 생각해 볼 문제이다. 즉 제주 출신의 승려로, 혹은 재가불자로 현대 제주 문제의 중심에서 활동하고 있으며, 불교사상을 갖고 현대의 문제와 대결하였던 인물에 대한 관심이다. 만약 없었고, 미진하다면 그 이유를 찾아야 할 것이다. 필자는 이는 4·3항쟁에 불교계 주요 인사가 희생당한 것에서부터 찾아야 할 것으로 본다. 물론 여기에는 1954년부터 10여 년간 전개된 불교계 '내분'(비구·대처간의

---

56) 1960년대 초반의 제주불교는 『대한불교』 1960.4.1, 「제주도의 불교현황」 참고. 이 당시 제주도에는 공설 사암이 30여 개소, 사설사암이 30여 개소에 달한다고 분석하고 제주불교는 약간 분열되었다고 기술하였다.

대응, 정화, 법난 등)의 요인도 부인할 수는 없다.

　지금껏 필자는 해방공간에서의 제주불교의 흐름을 정리해 보았다. 그것은 제주불교의 혁신과 다양성으로 요약하고자 한다. 해방공간의 제주불교에 나타난 것은 청년단대회와 제주승려대회였는데 그 이면에는 제주만의 불교혁신 노력이 강하게 개입되어 있었다. 그러나 거기에는 중앙불교계 차원에서 고민하고 논의한 문제도 포함되어 있어 제주불교의 현실 인식과 대안이 단순하지 않았음이 인정된다. 즉 보편성과 특수성이 조화되었다. 그러나 4·3항쟁에 제주불교의 주역들이 대거 희생됨으로 인해 제주불교의 혁신과 보편성에 치명적인 장애로 나타났다. 이는 나아가서 희생된 인물들이 추구한 이념과 노선의 상실로 전개되었다고 하겠다. 이는 달리 보면 다양성이지만, 그 다양성은 내용과 의의가 있는 다양성인가에 대해서는 의아심이 적지 않다고 볼 수 있는 대목이다.

5. 결어

　본 고찰의 맺는말은 근대 제주불교에 대한 추후의 연구 지평을 촉발할 수 있는 여러 문제를 필자의 단상으로 제시하는 것으로 대하고자 한다. 이는 이 시기 불교사를 연구하면서 제주불교와의 일정한 연관을 갖고 있는 필자의 주장이다. 이 주장이 추후 이 분야 연구자, 제주불교에 관심있는 이들에게 참고가 되기를 기대한다.

　첫째, 근현대 제주불교사 혹은 제주불교사에 대한 관심과 애정이 긴요하다. 이 같은 불교사의 정립, 재창조 작업이 현재 및 미래의 제주불교에 대한 희망과 비전을 줄 수 있다는 의식을 강조함이다. 이는 역사의식을 말하는 것이지만, 이러한 작업이 제주불교를 더욱 살찌울 수 있다는 확신이 필요한 것이다. 이 작업은 개인적인 차원이나 소수의 인력으로는 힘들고 그 성과는 미진하다. 보다 조직적으로, 체계적으로 임할 수 있는 조직체가 필요한 것이다. 제주불교사암연합회, 제주불교사회문화원, 혹은 관음사의 위상을 고려하여 관음사가 그 중심으로 나설 수도 있을 것이다.

둘째, 제주불교사, 근현대 제주불교사의 정립에 필요한 광범위한 자료수집이 필요하다. 제주불교와 연관된 문헌자료, 신문, 잡지, 회고록 등을 발굴해야 한다. 그리고 그 연후에 제주불교의 정황을 기억하는 인물들로부터 증언을 청취, 채록, 정리해서 출판해야 할 것이다. 증언을 해줄 수 있는 대상자는 점차 희소해지고 있는바, 이는 조속히 서둘러야 한다. 이는 증언사 작업인바, 이 분야는 최근 국내의 각 분야에서도 왕성하게 일어나고 있음을 유의해야 한다.

셋째, 제주불교와 관련된 다양한 학술 세미나의 개최를 요망한다. 앞서 제시한 선행 작업이 어느 정도 성과가 축적되면 이를 바탕으로 한 학술 발표회, 간담회 등 다양한 학술적인 행사는 가능할 것이다. 여기에는 제주도사 정립 차원도 가미될 수 있다.

네 번째, 자료수집, 자료집 출간, 학술적인 작업하에 검증되고 여과된 것을 총정리하여 이를 바탕으로 역사 대중화에 나설 수 있다. 예컨대 제주지역 불교신도들을 중심으로 한 성지순례, 학생·일반인들과 함께 하는 역사탐방에 불교 유적지를 포함시킬 수 있다. 더욱이 제주도는 국내외적으로 유명한 관광지가 아닌가? 불교 유적, 불교 역사, 사찰 등은 최근 광범위하게 전개되고 있는 문화 이벤트의 대상으로 적극 참고할 수 있다. 이를 문화산업이라고 볼 수 있다. 이러한 역사 대중화, 문화 이벤트화에는 제주도의 관공서, 언론, 사회단체 등과 연계하여 시작하면 더욱 효과적일 것이다. 또한 중요한 불교 사적지에 그 관련 내용을 요약하는 비석, 기념비 설립도 생각할 수 있다.

지금껏 필자는 제주 근대불교사의 전개와 성격에 관한 개요를 제시하였다. 그러나 이 고찰은 객관성, 완전성 등에 있어서 미진한 점이 적지 않음을 고백한다. 미진한 점은 필자나 이 분야에 관심을 갖고 있는 눈밝은 이들에 의하여 수정, 보완되길 기대하는 바이다.

오대산수도원과 김종후

1. 서언

한국 현대불교사에서 간과할 수 없는 역사로 자리잡고 있는 불교정화가 겨우 일단락되었을 때인 1956년 4월, 강원도 오대산 월정사에는 승려, 재가자 20여 명이 모여 있었다. 이들이 월정사로 모이게 된 것은 불교를 포함한 동양철학을 배우려는 갈망에서 비롯되었다. 여기에는 한국 현대불교의 강백으로 불리는 탄허스님의 원력이 작용하였다. 그 원력은 다름아닌, 불교정화의 참뜻을 계승하여 불교계 주역으로 일할 수 있는 인재를 양성하겠다는 뜻이었다. 이렇게 배우겠다는 갈망과 불교계의 인재를 양성하겠다는 원력이 만나 등장한 것이 오대산수도원이었다.

때문에 오대산수도원의 개설과 운영에는 다양한 의미를 찾을 수 있다. 조계종단을 재정비한 불교정화운동의 계승, 오대산수도원 원장이었던 탄허스님의 사상과 교육 철학, 월정사의 역사와 전통, 한국 현대불교에서의 교육불사 등이 그것이다. 나아가 오대산수도원의 지향에서 민족불교의 이념을 찾을 수 있다. 필자는 근현대불교사의 흐름을 민족불교의 개념으로 재정립하려는 기획을 갖고 있다. 이러한 작업은 추후 다각적인 관점에서 접근, 시도되어야 하겠지만 1950년대 월정사에서 전개된 오대산수도원의 활동, 좌절, 고뇌도 그 범주의 하나로 검토될 수 있다. 이에 필자는 오대산수도원의 설립 및 활동이 오대산 월정사의 역사 및 탄허스님 연구뿐만 아니라 민족불교 탐구에서도 간과할 수 없는 주제임을 파악하고 이에 관한 개략적인 글을 발표하였다.[1]

그런데 우리가 유의할 것은 오대산수도원에 들어와서 공부한 수도원생들에 대한 탐구이다. 수도원에 들어온 대상자는 누구였으며, 그들이 공부한 것은 구체적으로 어떤 내용이었으며, 그들이 수도원에 들어온 근본 동기는 무엇이었고, 수도원에서 나간 이후의 진로 및 행적은 어떠하였는가 등등이다. 필자는 이전의 글을 집필할 당시에도 이러한 궁금증을 갖고 있었지만 자료의 한계, 필자의 게으름 등으로 인하여 이에 대한 적절한 답을 찾지 못하였다.

한편, 필자는 이와 같은 미진한 연구를 마친 후 그 의문을 해소해야 한다는 필자 스스로의 약속을 마음 한편에 갖고 있었다. 이런 심경을 갖고 있었을 때, 오대산 수도원의 원생이었던 金鍾厚의 유족을 만나게 되었다.[2] 필자는 그 유족에게 김종후의 관련 자료를 협조받게 되어, 수도원생의 사례 연구의 일환으로 이 글을 쓰게 되었다.[3] 이에 이 글

---

1) 김광식, 「오대산수도원과 김탄허」, 『정토학연구』(한국정토학회) 4집(2001) 참조. 필자의 이 글은 졸저인 『새불교운동의 전개』(도피안사, 2002)에도 수록하였다. 이 글은 탄허스님의 제자였지만 환속 후에는 불교전문 출판사인 민족사를 경영하는 윤창화의 자료 제공, 연구비 지원 등의 후원에서 가능하였다.
2) 그 유족은 속초에 살고 있는데, 부인인 최옥분 여사와 여식인 김해란이다.
3) 필자는 김종후 유족을 본 고찰 집필과 관련하여 5차례 만나 증언을 청취하였다.

은 오대산수도원에 대한 필자의 후속연구이면서, 오대산수도원이 개설되었던 초창기에 입사하여 수도원이 자진 해산될 때까지 수도원에 머물렀던 원생인 김종후에 대한 연구 보고서이다. 김종후의 삶의 전모, 문학평론가로서 입산하였던 그의 행적 및 문학세계 등은 필자의 역량 밖이기에 다룰 수는 없다. 필자는 김종후가 오대산수도원에 들어온 배경, 수도원에 들어와서 공부한 내용 및 생활, 당시의 고뇌, 승려로 출가, 수도원 해산 후의 행적, 30세의 나이로 1958년에 요절하기까지의 내용을 정리하고자 한다. 즉 오대산 월정사, 오대산수도원의 끝자락에 역사의 뒤안길에 남아 있었던 김종후를 역사의 무대로 끌어올리고, 그의 불교와의 인연을 살펴보고자 한다. 이로써 우리는 한국 현대불교사에서 김종후라는 이름을 분명히 찾을 수 있게 될 것이다.

2. 修道의 길, 오대산수도원으로

오대산수도원생이었던 김종후의 고향은 함경북도 청진이었다. 그는 독립운동가 출신이었던 선친의 6남매 중 넷째 아들로 1928년에 태어났는데, 고향에서 나남공립중학교를 졸업하였다. 이후에는 청진 교원대학에서 박물과를 졸업하였으며, 단천의 광천고급중학교에서 교사로 근무하다 월남하였다. 월남하기 전 그의 집안은 비교적 여유있는 가세를 갖고 있었다. 어장을 갖고 있었으며, 조선소도 경영하였다. 그의 형이 일제강점기에서도 국비로 독일 유학을 갔다는 정황은 이를 말해주는 것이다. 이처럼 그는 한국전쟁이 나기 이전에는 이북에서 경제력, 교육의 기반을 갖고 있는 집안의 출신이었다.

그런데 그가 23세의 나이로 한국전쟁 때 월남한 사정은 정확하지 않다. 자본가, 재력가, 지주들이 공산주의 정치에 적응하지 못하여 월남한 일반적인 사정은 찾아지지 않는다. 다만 그가 월남하였던 시점이 1951년 1·4후퇴였는데, 당시 그가 단신 월남하였고 임시로 내려왔다 바로 고향으로 올라갈 예정임을 모친에게 말하였다는 것을 보면 정치적인 연계는 찾을 수 없다.

그러나 그는 금방 돌아갈 것을 생각해서 남하하였지만 결과는 그렇지 못하였다. 피란으로 경상도 안동까지 내려가서는 머슴노릇까지 하며 고생하였다. 그후, 1951년 4월경에는 미해병대 통역으로 1년간 근무하였다. 이때부터는 의정부에 자리를 잡게 되었다. 1952년 4월부터는 의정부여자고등공민학교 교사로 근 1년간 재직하였다. 그리고 1953년 5월에는 서라벌예대 문예창작과에 입학하여 1956년 3월에 졸업하였다. 서라벌예대에 재학중에는 『현대문학』지의 문학평론 분야의 2회 추천을 받아 정식으로 문학평론가로 등단하였다. 그리고 재학중에는 생활의 방편으로 9개월간 상공통신사 편집기자로도 활동하였다.

이것이 김종후가 오대산에 들어오기 이전 대략의 이력이다. 여기에서 주목할 것은 그가 이북에서 공부한 것은 박물과였지만 월남 후에는 문학을 공부하여, 문학평론가로 활동한 측면이다. 이는 전혀 새로운 분야의 도전이었다. 그가 월남 후에 외롭고, 고독하며, 경제적으로 어려운 생활을 하면서 삶의 근원, 혹은 민족이 처한 현실에 대한 새로운 각성을 한 산물로 추측은 할 수 있지만 단언하기는 어렵다. 그러나 우리는 문학적인 재주, 소양을 발견하고 자기가 처한 현실뿐만 아니라 민족의 분단을 지켜보면서 민족이 처한 여러 문제를 고민하지 않았을까를 생각해 볼 수 있다. 이러한 바탕이 있었기에 우리가 집중적으로 살필 오대산수도원에 입사할 수 있는 정신적인 자각을 하고, 그로 인해 불교와 동양철학까지 관심을 갖게 되었다고 본다.

  김종후, 그가 오대산수도원에 입사하게 된 동기는 신문에 난 오대산수도원생 모집 광고이다. 당시 그 광고는 동아일보와 조선일보에 게재되었다. 동아일보는 1955년 11월 13일이며, 조선일보는 1956년 2월 5일이었다. 우선 동아일보에 보도된 광고문안을 보자.

수도생 모집(승속불문)

  대한불교조계종 강원도종무원에서는 정화기념으로 제일회 불교연구생을 좌기와 如히 모집함

  記

  1. 모집인원 : 30명

  2. 모집 자격 : 대교 졸업자, 육경 수료자, 대학 졸업자

  3. 모집기한 : 단기 4288년 自 12월 1일 至 12월 15일 15일간

  4. 원서접수 및 수험장소

      ① 서울시 종로구 수송동 44번지 대한불교조계종 총무원 총무과

      ② 강원도 평창군 진부면 오대산 월정사 수도원

  5. 응시일자 : 단기 4289년 1월 10일

  6. 연구과목

      ① 전공과 修禪看經(一大藏經 諸祖語錄)

      ② 수의과 九流哲學

  7. 수료기간 : 만 5개년간

  8. 경비 : 의식주 일체를 종무원에서 부담함

단기 4288년 11월 11일
오대산수도원

  이처럼 오대산수도원은 강원도종무원의 주관으로, 일체 경비를 받지 않고 5년간 불교연구를 할 수 있는 인재를 모집하였다. 김종후는

대학을 마쳤기에 지원 자격도 되었고, 의식주 일체를 제공하는 특별한 지원을 받으면서 불교 및 동양철학을 공부하는 조건에 큰 호감을 갖게 되었을 것으로 보인다. 그가 수도원에 들어온 계기를 그의 유족에게 "순수하게 동양철학을 공부하고 싶어서"라고 말한 것도 유사한 사정이다.

그런데 그가 이 광고문을 보고 조계종 총무원에 가서 시험을 본 것은 확인되지 않는다. 조선일보의 광고는 동아일보의 내용과 거의 유사하지만 모집기간, 원서접수 및 수험장소, 수험일자가 다르다.4) 조선일보가 광고한 2차의 수도생 모집의 시험장소는 월정사임을 보면 김종후는 처음으로 광고된 동아일보를 보고 시험에 응모하여 합격한 것으로 보인다.

이에 그는 수도원생 모집에 합격하고 자신의 짐은 고향친구인 김영한의 집인 서울 낙원동에 맡기고 월정사로 내려가게 되었다. 당시 그의 나이는 28세였다. 그는 서울에서 강릉행 버스를 타고 약 열 시간이나 걸려서 월정사 입구인 진부에 하차하였다. 거기서부터는 도보로 걸어서 월정사로 들어갔다. 이런 상황은 그의 일기에서도 찾아 볼 수 있다.

4. 7. 토
3시에 월정에 도착. 눈이 나리다. 중도에 웬집 마루에서 김밥을 먹다. 월정사 모두들 반가히 맞어주다.

김종후가 월정사에 들어간 것은 1956년 4월 7일이었다. 그는 수도

---

4) 그것은 1956년 2월 1일~20일이고, 원서접수 및 수험장소는 월정사였으며, 수험일은 2월 10일이었다.

원이 개설된(4월 1일) 직후에 입산한 것이다. 당시 월정사는 한국전쟁의 참화로 절 전체가 전소된 후유증에서 벗어나지 못할 때였다. 그러나 김종후는 그런 참상도 보았지만 오대산의 산세, 절 옆에 흐르는 물, 새소리, 바람소리 등에서 신선한 생기를 느꼈다. 더욱이 그곳에는 오대산수도원장인 탄허스님, 각처에서 배움에 고파서 찾아온 12명의 원생(승려, 재가자들)도 이미 와 있었기에 그는 뛰는 가슴을 주체하지 못하였다. 월정사에 도착한 그는 머리를 깎고, 수도생들이 입는 도복을 입고 수도원생으로의 생활을 시작하였다. 이 사정도 그의 일기에서 찾을 수 있다.

4. 8. 일
朝饌은 죽, 식사 의식을 배우다. 머리 깎고 道服 입다. 畫食부터 정식 공양 참석. 대전에서
신도(女) 오다. 트럭 내 짐을 못 가져 오다. 석식에 떡 사과 과자를 먹다. 坐禪 참가.

4. 9. 월
새로운 수도생(李)과 방을 같이 하다. 처음으로 강의를 듣다. 참선이란 여간 힘든 것이 아니다.

4. 11. 수
오후중 한 시간 강의, 밭 갈고 감자 심다. 오후 植樹 밤에 원장, 교무스님 찾아오셔 院 經營問題 議論

이렇게 그는 수도원생으로 바로 편입되었다. 1956년 4월 1일에 개원된 오대산수도원은 이처럼 즉시 정상적으로 운영되었다. 그는 수도원에서 정한 계획에 의거 불교, 동양철학을 배우게 되었다. 그러나 그

공부는 보통 학교에서 배우는 과정과는 사뭇 다른 것이다. 새벽부터 저녁까지 일정한 코스에 의하여 사찰 승려들의 생활에 준하는 과정이었다. 당시 김종후는 그가 수도원에 입사하여 생활, 수도하는 과정을 『현대문학』 21호(1956.9)에 「나의 修道記」라는 제목으로 기고하였다. 이 수도기에는 당시 수도원의 생활이 잘 묘사되어 있다. 그중 하루의 일과와 연관된 내용에서 그 전모를 살펴보자.

아직 동녘이 트기에는 시간 반을 더 있어야 할 세 시면 기상해야 하는 것입니다. 세수하고 법당에 모여 예불에 참례합니다. 예불이 끝난 뒤 곧 이어 한 시간 동안의 좌선에 들어가는 것입니다.

여섯 시에 아침 공양(식사)이 있습니다. 법공양이라고 해서 이게 또 여간 까다롭고 가관스러운 것이 아닙니다.

일곱 시부터는 한 시간 동안의 논강이 있습니다. 말하자면 대중이 한자리에 모여 앉아 그날 배울 학과목을 예습, 토론하는 시간입니다. 논강이 끝나는 대로 곧 세 시간 또는 네 시간의 수강에 들어갑니다.

또다시 있는 저녁 예불, 좌선, 아홉 시 취침시까지는 자유학습 시간으로 충당되고 있습니다.

이렇게 수도원은 새벽 3시부터 저녁 9시까지 일정한 수도과정을 정해 놓았다.5) 이는 사찰의 규율에 의거한 생활이었다. 김종후는 이처럼 새벽예불, 좌선, 논강, 수강, 자유학습 등의 과정을 통하여 점차 불

---

5) 오후에는 예습, 복습, 등사, 운력, 청소, 빨래 등을 하였다. 토요일 오후와 일요일에는 강의가 없었다. 이에 일요일에는 운력, 자유시간, 월정사 인근 탐방 등이 있었다.

교, 동양철학을 익히게 되었다. 그러나 그에 적응하는 것은 간단하지 않았다. 김종후는 수도원에 내려갔을 때 문학 관련 책 몇 권을 가져갔다. 그러나 탄허스님이 주관한 2~3시간의 강의 준비를 위하여 여타 10여 시간을 준비해야 하는 관계로 그 문학 책을 읽을 여유도 없다고 고백하였다. 경전의 암송에 집중하는 공부로 인한 어려움이 있었다. 김종후는 그 과정을 1년 정도 지나면 동양철학에 대한 명제를 파악할 수 있을 것이라고 예측하였다. 그리고 김종후와 같은 입사생들은 당시로서는 상당한 고급 학력의 소지자들이었다. 이에 그들은 영어, 독어, 중국어에 능한 사람들도 있어 수도생들이 나서서 자신의 능통한 외국어를 다른 수도생들에게 가르쳐 주기도 하였다. 당시 수도원에 입사한 원생들의 평균 연령이 30~40대였기에 그들은 사회에서 일정한 전문실력도 있어 자신들의 전문지식을 돌아가며 특강의 형태로 동료들에게 가르치기도 하였는데, 이를 巡講이라고 하였다.6) 또한 외부의 전문학자도 초빙하기도 하였다.

이러한 생활을 김종후는 자유스러운 생활, 뜻 있는 시간으로 인식하였다. 정식 승려는 아니었지만 당시 수도생들은 머리도 삭발하고, 의복은 도복으로 표현한 승복을 입고 공부하였다. 금욕, 채식생활이었음은 두말 할 나위가 없다. 그리고 김종후는 사찰로 들어간다는 것에 대한 부정적 인식을 개진하면서도, 이에 신경쓰지 않겠다는 단호한 자신감을 피력하였다. 요컨대 자신이 사회생활의 패배자라로 인식될 수 있는 시선에 강하게 저항하였던 것이다. 오히려 김종후는 사회에서는 유복한 생활을 하였다고 회고하면서 사회에서 자멸, 고통을 경험하지 못한 것을 아쉬워하였다. 아니 그보다는 사회에서의 지엽

---

6) 그는 문학, 헌법, 사회 경험 등이었다. 김종후는 4월 14일에 서구와 한국의 현대문학 개관이란 주제를 갖고 특강을 하였다.

적·말소적인 생활을 하기 이전에 불교를 먼저 알게 되어, 불교적인 인생관, 세계관을 수립하지 못한 것에 아쉬움을 갖기도 하였다. 김종후는 점차 수도원 생활에 적응하면서 불교적 가치관을 받아들이고 있었다. 이에 대한 김종후의 생각을 살펴보자.

> 며칠 전 어느 친구에게서 편지가 와 묻기를 왜 내가 入山했느냐고 묻는 것이었습니다.
> 별달리 까다로운 곡절이 있는 게 아닙니다. 修道한다면 道를 닦는대서 금욕생활해서 현실사회를 완전히 떠나 버리는데 있는 것 같지를 생각하고 있습니다만 나 일개인뿐의 생각뿐 아니라 此門의 근본 취지가 그런데 있는 것이 아니었습니다.[7]

그것은 이처럼 입산의 이유를 사회로부터의 도피가 아닌 것으로 자부하면서, 오히려 수도는 사회생활의 意義를 찾기 위한 것으로 보았다. 즉 사회생활을 영위하기 위한 신념과 힘을 키우기 위한 수단에서 찾았던 것이다.

한편 그는 입산 이전에는 5~6년간을 기독교 신자로 지냈다. 세례까지 받을 정도였지만, 입산 이후에는 개종하여 불교신자로 변신하였다. 그가 이처럼 개종한 것은 기존 기독교의 신앙 구조에 대한 불인정에서 나온 것이었는데, 그것을 촉발하게 한 것은 수도원에서의 생활이었다. 기독교 신앙에서 자아를 무시하고 학대하는 것을 인정할 수 없었던 것이다. 이에 그는 기존의 신앙생활에서 자기의 본질(자아)를 저버렸다고 회고하면서, 결과적으로는 인생의 究竟 목표를 망각하였다고 자인하였다. 그리하여 김종후 그는 불교에서 인생의 가치와 목

---

7) 『현대문학』 21호(1956.9), 「나의 修道記」, 237쪽.

적을 찾게 되었다.

> 이제 나는 희미하나마 나의 힘, 또 인생의 구경목표를 알아보기 시작했습니다. 내가 나를 깨닫는데 그 어떤 '여호아'든 '크리스트'든 관여시킬 바 아니었습니다. 또 나로서 能하거든 그 누구에게 의탁할 바가 아니었습니다. 自力으로 또 자기가 곧 부처(신이라고 생각해도 좋습니다)인 것을 내가 성불했을 때 나는 無所 不在하고 전지전능하여 영원불멸하는 '여호아'(기독교적으로 말하자면)이며 '크리스트'의 힘이 여기에 미치지 못한다면 크리스트는 나의 아들일 수밖에 없을 것이었습니다.[8]

이렇게 김종후는 불교에서 그의 인생, 자아를 찾았다. 그는 자기가 부처라는 성불론을 자각하였음이 분명하다. 한편 그의 수도생활은 여타 수도생들하고는 그 접근이 매우 달랐음을 필자는 파악하였다. 즉 김종후는 입산 이전에 박물학인 자연과학을 전공하였으며, 일선 학교에서도 생물교사를 역임하였으며, 문학평론가로서 활동하였다. 이런 차별성은 그가 월정사라는 사찰 내에 설립된 수도원에서 불교, 동양철학을 공부하는 데에 하나의 기초로 작용하였다는 점이다. 다시 말하자면 불교를 바라보고 이해할 경우에, 탄력적인 관점에서 볼 수 있다는 것이다. 이 점은 김종후가 스스로 개진한 글에서도 찾을 수 있다.

> 이전에 나는 자연과학을 전공한 적이 있었습니다. 지금에 와서 나는 자연과학을 어느 정도라도 안다는 사실을 매우 다행으로 여깁니다. 왜냐하면 종교라고 하면 일반적으로 자연과학과는 상극된 위치에

---

8) 『현대문학』 21호(1956.9), 「나의 修道記」, 237~238쪽.

있는 것같이 생각하기가 보통입니다만 정작 此門에 들어와 보니 그 같은 예상과는 반대로 자연과학을 알므로서 此學을 더 배우기 쉬웠을 뿐만 아니라 한술 더하여 이미 오래되어 있던 어떤 점을 상기시켰고 또 새로운 지식을 주입시켜 주기도 했습니다.

김종후는 자연과학을 전공한 경험이 불교 공부에 도움이 되었다고 인정하였다. 나아가서는 그런 이력으로 인하여 불교경전에 나오는 과학적 요소를 추출할 수 있다고 보았다. 즉 그는 경전에서 과학의 기초인 公理나 原理를 발견하였으며, 정신과 물질을 분석하여 서구적인 인생관의 말로를 생각하고, 통합의 원리를 알아내고자 하였다. 이러한 그의 불교에 대한 탐구는 곧 자기 자신이 우주이며, 주체라는 생각에서 나온 것이다. 이러한 그의 생각은 아래의 그의 발언에서 명쾌히 나온다.

　　"天上天下 유아독존". 오직 나는 '覺'해야 했습니다.9)

지금껏 살펴본 바와 같이 김종후는 수도원에 들어와서, 불교 및 동양철학을 배우고 익히면서 불교의 매력에 빠져들었음을 알 수 있었다.10) 이는 수도원 생활에 잘 적응하고 있음을 말해주는 것이다. 더욱이 그는 탄허스님의 학덕 및 실력에 감탄을 하였다. 공부하다 보니 탄허스님 철학의 모든 것을 모방, 흡수하고 싶다는 발언을 고려하면11) 당시 그의 수도원 생활은 그로서는 매력적인 공부였을 것이다.

---

9) 『현대문학』 21호(1956.9), 「나의 修道記」, 238쪽.
10) 그는 1956년 6월 2일 일기에서 "周易, 재미있는 공부라고 느끼다, 이곳에 온 보람 느끼다"라고 썼는데 이 글에서 그의 심정이 단적으로 나온다.
11) 유족 최옥분의 증언.

그러면 여기에서 당시 수도원을 이끌던 탄허스님과 김종후와 함께 원생으로 월정사에 있었던 김운학의 회고를 통하여 그 정황을 다시 살펴보자.

> 수도생을 위하여 화엄학을 중심으로 교수하고 있었는데 그 기초과 정은 영가집(永嘉集), 기신론(起信論), 또는 능엄경을 배워 갔다. 그래서 어느 정도 수준에 오른 다음에 화엄학을 공부하기로 하였던 것이다. 그리고 특강으로 노장학(老莊學)이나 주역(周易) 등을 간간히 했었다.[12]

> 起信論, 華嚴論, 莊子, 老子, 周易禪解 등 동양학에 권위 있다는 것들은 다 내려보고 있었다.[13]

탄허스님의 회고에서 수도원의 중심과목이 화엄경임이 나왔다. 그리고 영가집, 기신론, 능엄경, 노장학, 주역 등도 배웠음을 알 수 있다. 그리고 김운학의 회고에도 탄허스님이 언급한 과목이 거의 그대로 확인된다. 김운학은 수도원에 있으면서 김종후에게 영향 받아 문학평론가로 데뷔하였고, 후에는 일본 유학을 거쳐 동국대 교수로 재임하였다. 그런데 당시 위에서 제시된 과목의 강의는 대부분 탄허스님이 담당하였으며, 그 교재는 수도원생들이 직접 등사를 하여 교재로 활용하였다.

그리고 수도생들은 7인의 자치회의를 조직하여 수도원 생활에 임하였다. 그것은 반장, 서기, 찰중, 지객, 원두 등이었다.[14] 강의는 월정사의 인법당으로 불리는 공간에서 하였으며, 숙박은 서별당으로 불리

---

12)『불광』 1980년 7월호, 「화엄경의 신앙세계」.
13)『대한불교』 1966.10.23, 「장편수기, 하늘가에 서다 35」.
14) 김종후는 처음에는 지객이었으나, 6월 10일 이후에는 원두 책임을 맡았다.

운 요사채에서 2인 이상씩 공동의 방을 이용하였다. 수도원생들의 호칭은 道子를 활용하였는데, 예컨대 김종후는 김도자라 칭하였던 것이다. 또한 정규학교와 같은 방학은 없었지만 동안거, 하안거를 마치면 그때부터 한 달 동안의 방학은 주어졌다.

한편 김종후는 수도원 생활에 적응하면서 불교, 동양철학 전반에 대한 공부를 하면서 점차 그의 진로에 대하여 고민하였을 것으로 보인다. 위에서 살펴본 바와 같이 그는 불교라는 새로운 사상의 매력에 빠지고, 불교를 통하여 현실인식을 하였다. 이제 그는 불교를 떠나서 생존을 생각할 수 없는 단계로 나갔다고 보인다. 그런데 당시 수도원을 이끌던 탄허스님은 수도원을 설립, 운영한 목적의 하나가 기존 승려의 재교육이었다. 그러면서 동시에 수도원생에서 훌륭한 인재에게는 출가를 권유하여 승려로 키울 생각도 하였다. 이에 탄허스님이 고려한 그 대상자로 김종후가 선정되었다. 그 정황도 그의 일기에 나온다.

> 5. 21. 日 晴
> 나물뜯기패 모두 돌아가다. 아침 좌선에 빠지다. 이종린 '교통' 受信. 밤에 院長(필자주, 탄허) 저와 尹兄 불러 놓고 僧侶가 되란다. 快히 承諾. 약 20일 후엔 계를 받을 것이다. 내일 서울 갈 승낙 받다.

이제 그는 1956년 가을[15] 동료인 윤정기와 함께 삭발, 득도하여 승

---

15) 김종후가 정식으로 승려가 되었던 날짜는 확인하지 못하였다. 그리고 그는 탄허를 은사로 수계하지 않고 낙산사의 최원허를 은사로 하여 출가하였다. 그의 일기, 8월 15일에 보면 "19일 중이 되는 계를 받게 되는 것이랍니다." 한 것을 보면 1956년 8월 19일에 수계하였을 가능성도 고려할 수 있다. 그러나 8월 19일의 일기에서는 "내일은 7월 보름 해제날입니다. 원장이 계셨드라면 승려계를 받을 것인데"라 한 것을 보면 8월 19일에도 수계하지 못하였다. 이런 사정 때문에 낙

려의 길을 갔다. 김종후는 이제 印相이라는 법명을 받고16) 새로운 출발을 하였다. 그 길은 그가 수도원에 들어와서 고대한 길이었는지도 모른다. 김종후는 이제 불교를 단순히 배우는 수도생이라는 신분을 벗어나 불교를 배우면서, 불교의 교리를 실천하는 승려로 거듭 태어났던 것이다.

2. 고뇌, 진로를 걱정하다

수도원에 들어와 불교, 동양철학을 공부하였던 김종후는 불교라는 새로운 정신세계로 들어갔다. 그러나 그는 입산 이전부터 그의 주된 특기였던 문학평론을 그만두지는 않았다. 필자가 조사한 바에 의하면 그는 입산 이후에 4편의 문학평론을 『현대문학』지에 기고하였다.17) 그런데 그가 입산하여 불과 4개월이 지난 1956년 8월부터는 여러 가지 문제로 고뇌를 하게 되었다. 그에게 닥친 문제는 몇 가지로 대별할 수 있다. 우선 그것은 수도원 내의 자체적인 것과 그의 개인적인 것으로 구분할 수 있다. 수도원의 문제는 수도원의 정상적 운영에 필요한 재정상태의 난관과 당시 비구, 대처의 갈등이 월정사에서도 일어났던 것을 말한다. 개인적인 문제는 그가 그해 7월경부터 시작된 낙산사 부설 유치원인 낙산보육원의 보모로 근무하고 있는 여성과의18) 연애

산사 최원허에게서 계를 받은 것이 아닌가 한다.
16) 김종후는 출가 후 강원도 영동지구 감사반에 임명한다는 임명장이 있다.(유족 보관) 이 문서에는 그 임명이 1956년 11월 20일로 전하는데, 이로 미루어 보면 그의 출가는 11월 20일 이전으로 보인다.
17) 그것은 다음과 같다. 「민족문학 소론」(『현대문학』 17호, 1956.5) ; 「동양의 휴머니즘」(『현대문학』 23호, 1956.11) ; 「三敎 契合의 종지」(『현대문학』 28 · 29호 1957.4.5) ; 「노자사상의 현대적 의미」(『현대문학』 34호, 1957.10).

에서 나온 고민이었다. 지금부터는 이런 문제를 구체적으로 살펴보고
자 한다.

오대산수도원의 설립은 김탄허와 당시 건봉사 주지를 역임한 양청
우의 약속에서 비롯되었다. 당시 양청우는 수도원의 재정은 자신이
해결하겠다고 약속은 하였지만 여러 사정에 의해서 그 이행을 지키지
못하였다. 더욱이 월정사의 재정도 열악하였기에 수도원의 운영은 말
할 것도 없고, 수도생들의 식량을 걱정하는 처지였다. 그래서 수도생
들의 주식은 보리밥과 감자였으며, 아침에는 늘상 죽을 먹어야만 되
었다. 이러한 재정상태는 김종후의 일기(1956년 8월 6일, 17일)에도 나
온다.

　　식량이 떨어져서 아츰은 죽, 점식 저녁은 밥알이 보일 둥 말 둥하게
　감자만을 먹습니다. 감자도 한두 번이지 계속해 주식으로 먹자니 실
　증이 나는군요.

　　아츰 죽은 굵고 점심 저녁 깡보리밥에 창자가 어떻게도 뒤끓는지
　모르겠습니다. 영양부족에 현기증은 날이 감에 따라 더해만 갑니다.
　아무리 생각해도 이 상태를 5년은 고사하고 단 5개월을 지내기 곤란
　할 것 같습니다. 어떻게 다른 방도를 강구해야만 될까 합니다.

이렇게 표현될 정도로 수도원의 재정이 열악하니 문제는 심각한 것
이었다. 그리하여 그 방책으로 월정사 승려, 수도생들은 머리를 맞대
고 그 방안을 강구하였다. 그 결과 나온 것이 수도생들이 직접 일선
사찰에 나가서 식량을 구해오는 것이었다. 그래서 수도생들은 지역을

---

18) 이 여성이 현재 속초에 살고 있는 유족인 최옥분이다. 최옥분은 1957년 김종후
　　와 잠시 동거하였으며, 그 결과로 女息 1명을 두었다.

구분하여, 팀을 짜서 식량 확보에 나선 것이다. 이 사정도 김종후 일기(1956년 8월 23일)에서 찾아볼 수 있다.

예불 후 수도생이 모여 앉아 당면한 식량난 해결에 대한 토의 끝에 두 패로 나누어 강원도 일대 사찰 공출미 걷우러 나서기로 했습니다.

그러나 사찰로 나가서 식량을 구하는 것도 일시적인 현상에 지나지 않았다. 더욱이 김종후는 건강 상태, 특히 위장이 좋지 않아 늘상 먹는 보리밥은 체질적으로 맞지 않아서 더욱 고생을 많이 하였다. 이에 탄허스님은 그에게 특별히 쌀밥을 주라고 발언하는 등 그를 많이 봐주었다고 한다.19)

수도원의 재정상태, 특히 식량도 해결할 수 없는 형편에 수도원을 더욱 혼란하게 한 것은 대처승들의 월정사 진입 노력이었다. 그 당시에는 전국적으로 비구, 대처 간의 갈등이 한창 전개되었을 때였기에 그 사정은 월정사도 예외일 수 없었다. 이런 사정은 김종후의 일기에도 나온다.

오늘 오후 3시에 대처승이 쳐들어온다기에 조마조마 기다렸으나…… 내내 음산한 공기 속에서 보낼랴니 험악합니다. ……오늘쯤 틀림없이 쫓겨난다 싶어드니 무사히 지내니 무엇보다도 다행이랄까요 한숨 놓입니다. 舊 주지의 말로는 내일은 기필코 쳐들어온다는 것입니다. 그들이 선전하고 돌아다닌 탓으로 절 빗받이들이 달려들어 야단법석들입니다.(8월 5일)

---

19) 최옥분의 증언.

오늘 하루 역시 무사히 보내놓고 보니 어인 일인고 싶습니다. 역시 그들도(대처승) 큰소리 치고 다닙니다만 힘을 해서 쳐들어오기는 꺼리끼나 봅니다. 더욱이 법적 입주할 근거가 애매한 일 보니 당분간 아무런 사고가 없이 지내볼 수 있을 듯싶습니다.(8월 6일)

역시 무사했슴이 다행이었습니다. 대처승들 더 이상 무지스런 행동으론 나올 것 같지 않습니다.(8월 7일)

이렇게 대처승의 월정사 진입은 수도원의 존립 자체를 위협하였던 것이다. 간혹 수도생들이 대처승과의 대치에 내몰리는 것이 괴로워 도망가는 일도 나타났다. 식량 부족, 대처승의 진입은 수도원의 존립을 파괴하는 것이다. 이 사정은 당시 수도생이었던 김운학의 회고에도 나온다.

때에 마침 수도원의 운영도 기울기 시작했다. 비구 대처의 분쟁이 이런 산골에도 뻗쳐 재산이 거의 동결되고 움직여지지 않음에 삼십 명이나 되는 수도원의 운영이 순조로울 리 없었다. 수도생의 경비 일부가 자담 형식으로 되었다면 또 모르지만 그 전부가 다 산하 각 사찰을 대상으로 한 자체 부담이라는데 여간 고충이 되지 않을 수 없었다.

그래 경우에 따라서는 수도생들이 증수반의 일원으로 각사에 출장한 일도 있었다. 강원도 종무원이 월정사에 있었고 이 종무원장이 곧 수도원장이었기 때문에 강원 사찰의 행정적인 사무를 오대산에서 보고 있었다. 때문에 그 사찰에 있는 우리들은 더러 중책도 맡게 되고 사무에 협조도 해주지 않으면 안 되게 되었다.

이렇게 되니 자연 공부할 시간과 분위기는 차차 사라져 수도생들의 신심도 차차 해이해 되기 시작하였다. 수도생들은 하나 둘 흩어져 갔다. 그러나 그 흩어지는 율이 결코 이런 사정 때문에만 흩어지는 것이 아니었고 오히려 더 많은 사람은 이 생활과 고적을 감당하지 못해 나갔다.[20]

이처럼 1956년 8월부터는 수도원이 흔들리기 시작하였던 것이다. 5년을 목표 기한으로 두고 시작된 수도원이 개원 5개월 만에 그 존립이 위협받게 되었다.

이러한 수도원의 문제가 강력하게 대두될 즈음, 김종후는 그의 개인적인 난관에 봉착하였다. 김종후는 위에서 살핀 수도원의 문제로 인해 곤혹을 치르고 있는데다가 자신의 문제까지 나와 매우 괴로운 생활을 하게 되었다. 그러면 그의 개인적인 문제는 무엇이었는가. 그것은 당시 낙산사 유치원의 보모인 최옥분과의 연애에서 나온 갈등이다. 현전하고 있는 김종후 일기에 최옥분이 최초로 나온 시점은 1956년 7월 3일이다. 그러면 그 이전에 최옥분을 만나고 연애를 시작하였다는 것이다. 7월 3일의 일기에 최옥분이 월정사로 왔다고 기재되어 있다. 필자가 최옥분을 만나 당시 사정을 질문한 결과, 김종후는 수도원생과 함께 낙산사에 구경을 왔을 때 처음 만나고, 월정사로 돌아간 김종후가 책을 보내 와서 교제가 시작되었다고 회고하였다.[21] 이때에는 승려 신분이 아니었기에 연애에 대한 도덕적 괴로움은 없었지만, 수도하는 신분에서의 연애 감정은 그를 당혹하게 하였다. 그러나 지속된 연애는 그가 정식 승려로 전환되기 전후 무렵, 그의 말 못하는 심적 갈등의 요소로 작용하였던 것이다. 김종후는 그때부터 낙산사를

---

20) 앞의 김운학 회고.
21) 최옥분은 당시 김종후가 문학을 한다고 자신을 소개하였으며, 자신은 김종후가 법대생들이 사찰에 가서 고시공부 하러 오는 것과 같이 동양철학을 공부하는 대학생으로 처음에는 알았다고 회고하였다.

찾아가는 또 하나의 생활이 생겼다. 그에게 돌연 등장한 연애 감정은 주체하기 어려운 것이었다. 20대 후반의 나이에 등장한 연애는 자연스러운 것이지만, 그가 처한 공간과 그가 지향하는 삶의 세계에서는 단순히 받아들일 수는 없는 형편이었다. 이런 감정은 그의 일기(8월 15일)에 분명히 나온다.

확실히 나에겐 사랑하는 이가 있다는 것이 사랑하는 상대에게 뿐만 아니라 무엇보다도 나 자신에게 有害한 것이어서 結局은 둘 사이 不幸밖엔 더 초래될 것이 없다고 생각됩니다. 아니면 보세요. 이렇게도 못 견디게 안타까이 당신을 그리는 것이니 그 어디 하룬들 여유있게 공부할 수 있을 때를 가져볼 수가 있어야지요. 확실히 공부하는 놈에게 사랑의 □來한 유해한 것임을 알았습니다.

19일 중이 되는 戒를 받게 되는 것이랍니다. 몇 해나 중노릇을 해 먹게 될 것인지 씨원스레 俗界의 미련 활활 떨어 버리고 독실 중으로만 지낼 수 있는 결심이 이루어지기를 간절히 바랄 뿐입니다.

지금만 해도 당신과 마음 놓고 만날 수 있는 기간 얼마 남지 않았습니다.

우연히, 밀물처럼 다가온 사랑의 감정에 그는 괴로워하였다. 그러나 그에게 다가온 그 감정은 그 스스로도 고백한 것과 같이, "가장 외로울 때에 만나 서로의 마음을 주고받을 수 있게" 된 것이었기에 그는 이를 현실로 수용하였다. 그러면서도 그는 자신의 처지에서 원만한 연애를 하지 못하는 것을 괴로워하였다. 즉 공부하는 자신에게 불리하고, 만나기도 어려운 현실에 가슴 아파하였다. 더욱이 정식 출가를 얼마 남겨 놓은 처지에서의 돌출된 연애는 그 자신이 스스로 해소하는 것은 간단하지 않았다. 즉 김종후는 세간과 출세간, 이상과 현실의 틈새에 끼인 정황이었다. 그리하여 그 시절의 김종후는 고뇌하였다.

> 하루 종일 나리는 비에 그만 지쳐 버리고 말았습니다. 아무 공부 머리에 들지 않습니다. 뭐고 쓰임새도 영 손에 잡히지를 않습니다.
> 까닭 없이 죽고만 싶습니다. 살아야 할 아무런 이유도 없다고만 생각되기 때문입니다. 정말 왜 살아야 하는지 그저 죽지 못해 사는 그것 뿐입니다. 自殺이란 가장 勇敢하고 위대한 사람만이 수행 성취할 수 있는 樂天行입니다.[22]

공부도 되지 않고, 죽고만 싶다고 뇌이며, 자살을 꿈꾸는 생활로의 전락이었다. 연애의 대상자인 최옥분이 근무하는 낙산사 유치원으로 찾아가기도 껄끄럽고,[23] 최옥분이 월정사로 찾아와 만나기도 부담스러운 형편이었기에 당시 김종후가 택한 방법은 편지를 통한 통정이었다. 우편배달부가 오기를 손꼽아 기다리며, 최옥분에게 전하는 편지를 쓰는 것이 당시 그의 유일한 낙이었다.

김종후가 이처럼 격정의 연애를 한 것은 그 자신이 이북출신이었고, 남한에 친인척도 없이 거의 혼자서 사는 고독한 삶과 무관하지 않을 것이다.

> 보리밥에 배가 뒤끓어 또 설사가 시작되는 같습니다. 이래서 절 생활은 도무지 못하게만 만드는군요. (중략)
> 가을은 그저 슬프기만 합니다. 죽어버리고 싶은 계절입니다. 창 넘어 휘황한 달을 바라보며 사무실 마룻방에 자리를 펴고 누웠습니다.

---

22) 8월 17일의 일기.
23) 그는 유치원의 아이들을 보기가 거북하였다고 일기에 쓰고 있다.

시계를 보니 두 시를 치는데 잠이 오질 않습니다. 모든 지나간 가지가지 일들을 회상하지 않길 애써 봅니다. 더욱이 꿈속 일만 같은 고향 생각은 애타게 하기 때문입니다.

고향을 그리워하는 그의 마음속에서 그의 열애 대상자인 최옥분에 대한 그리움, 사모의 심정은 너무나 강열한 것이었다. 한편 그의 고뇌는 최옥분과의 열애뿐만 아니라 수도원생으로서 공동체 생활을 하는 처지였기에 더욱 곤혹스러운 것이다. 예컨대 아래의 8월 23일자 일기에 나온 원장인 탄허스님의 지적은 그에게는 직접적인 내용이었다.

주지스님 말씀이 지난번 수도생 일동이 낙산사에 다녀온 후 修道에 一大 정신적 지장을 가져 왔다나요. 당신과 나와의 관계를 빗대고 하는 말만 같습니다.

그렇잖아도 오래 전부터 풍기 단속을 강조해 오든 터에 당신과 나 사이에 단 한 오리의 통신마저 끊어버리고 말지 않을까 싶습니다.

내가 이곳 수도원을 떠나지 않는 한 애초에 이렇게 될 바엔 우리 영영 잊고 말아야 할 것이 아닌가 싶어 가슴이 미어지게 안타깝습니다.

이것저것 다 뿌리치고 다시 서울로 올라가 버리고도 싶습니다. 하나 널리 내 當初의 뜻을 아는 서울 同僚들이 이제 아무 所得없이 되돌아간다면 얼마나 나를 웃을 것입니까. 이곳을 떠나드래도 당초 1, 2년간 서울에 돌아가기는 거북한 立場입니다.

당신을 내 가슴속에서 지워버리느냐 아니면 이곳 수도원을 떠나느냐 하는 岐路에 닥다들었습니다. 당신도 그대로 영원히 간직하면서 어떻게 밥풀이나 붙힐 수 있는 곳, 그런 곳을 지금의 나는 아직 發見치 못했습니다. 대구 어느 곳에 갈 수는 있습니다만 당신의 곳과 너무나 멀어서 선뜻 마음이 내키지를 않습니다.

어쨌든 한번 당신을 만나서 잊기로 하든지 아니면 좋은 궁리 짜 내
도록 배포 해야겠습니다.

이렇게 김종후는 수도원 생활을 하면서 연애할 수밖에 없는 자신의
처지를 심히 괴로워하였다. 더욱이 수도원생이 단체로 사찰 순방에
나선 낙산사 시찰[24] 이후 수도에 지적이 있었다는 탄허스님의 지적에
그는 움찔하였다. 이에 그는 수도원의 탈출을 꿈꾸었다. 그 탈출로 그
는 대구, 서울을 대상처로도 고려하였다. 그러나 그는 그렇게 하지 못
하였다. 대구는 연애 대상자가 머무는 낙산사와 너무 먼 이유로, 서울
로 가는 것은 1년간의 수도도 하지 못한 상태에서 나오는 것을 아는
지인들의 따가운 시선으로 인해 어떤 단행을 하지 못하였다. 마침내
그는 스스로 정리하기를 연애 대상자와의 만남의 단절을 고려도 하였
고,[25] 제3의 길을 찾으려 하였다. 그러나 그로서는 어떠한 결정을 할
수 없었다. 이에 그는 자신의 현실을 받아들였다. 즉 주어진 현실을
수용하여, 지속적으로 수도를 하면서 최옥분과의 교류도 단절하지 않
았다. 그리고 그에게 숙명처럼 다가온 승려의 길도 떨쳐버리지 않았
다. 이제는 수도원생, 승려, 고뇌하면서 청춘을 구가하는 청년 등의
길을 묵묵히 가야만 되었다. 그의 현실에 일종의 청량의 낙을 주는 것
은 이따금 낙산사에 가서 그의 애인을 만나는 것이었다.
　그런데 1956년 후반부터 1957년 후반까지의 여러 정황은 잘 알 수

---

24) 이 시찰이 언제인지 구체적인 날짜는 확인하지 못하였다. 김종후는 당시 낙산사
　　탐방을 소재로 하여 『현대문학』 28・29호(1957.4・5)에 「落山寺 紀行」이라는 글
　　을 기고하였다.
25) 최옥분에 의하면 그와 김종후가 강릉에서 만나 뚝길을 걸었을 때에 자신의 처지
　　를 심히 괴로워하는 발언을 하였다고 한다. 그것은 만날 수 없다는, 승려의 길을
　　가야 할지 등등이었다고 한다. 김종후가 최옥분을 강릉에서 만난 사실은 그의
　　일기(56년 8월 25)에도 나온다.

없다. 그것은 우선 관련 기록의 부재이다. 김종후는 자신의 운명을 받아들이면서 수도에 임하고, 자신의 본래의 영역인 문학 평론의 작업도 지속하였다. 그러나 1957년 가을경부터는 수도원이 해산되는 지경으로 나아갔다. 거기에는 여러 사정이 작용하였다. 위에서 살핀 수도원의 재정 결핍, 대처승 간의 갈등 재연, 그리고 이러한 일들의 반복에서 나타난 공부 분위기 상실, 수도원생들의 잦은 출입(입산, 퇴진 등) 등이 중첩되고 있었다. 그리고 수도원에서는 월정사 승려와 수도생 간의 알력도 작용하였다. 현재로서는 납득하기 어렵지만 당시로서는 승속의 구분이 명쾌하게 신분적인 차원에서[26] 작용하지 않았던 정황도 고려되어야 한다. 더욱이 수도생들이 나이가 많은 경우도 많고, 그들의 학력이나 경험의 측면에서도 기존 승려들에게 결코 눌려 지낼 여건이 아니었다. 이런 정황은 승려와 수도생 간의 갈등, 대립의 요소였다. 김종후의 일기에서

    곤경 氏와 교무스님 싸우다. 원장스님 大怒하시고 수도원 해산하자고 머리 숙여 빌고 진정시키다.[27]

라 한다. 그리하여 1957년 11월경에 수도원이 해산의 빌미가 된 사건이 일어났다. 이에 대한 문헌적인 기록은 전하지 않는다. 이는 필자가 그 당시 사정을 알고 있는 여러 증언자의 회고를 종합하여 정리한 것이다. 그것은 월정사 승려가[28] 종무행정, 수도원 강의 등에 고생하고 있는 탄허스님을 위하여 산삼을 제공하였다고 한다. 그 산삼은 전국

---

26) 이른바 불법승 삼보에 대한 공경이 지금처럼 심하지 않았고, 승려들도 그에 대한 자의식이 심화되지 않았다. 그래서 승려와 재가자 간의 구별이 미약하였다.
27) 김종후 일기, 1956년 5월 12일.
28) 그는 장희찬스님인 것 같다.

신도회장을 역임한 박완일의 장인이 제공한 것으로 알려지고 있다.[29] 그런데 수도원 원장인 탄허스님이 산삼을 먹은 사실을 알게 된 수도 원생들의 반발이 있었다고 한다. 그 반발의 선두에서 이의를 제기한 당사자는 이지도라는 수도생이었다. 그 이의는 수도생들은 감자, 보리밥만 먹는 처지인데 어찌 원장이 산삼을 먹을 수 있냐는 항의성 의견 개진이었다. 이 사건을 빌미로 그간 수도원에 내재하였던 그간의 모순이 일거에 폭발하여 결과적으로는 수도원은 해산되었다.

이렇게 수도원이 해산되자 김종후는 월정사에 잔류하기가 난감하였다. 이에 그는 이전부터 연애하고 있었던 낙산사 보모인 최옥분의 거처에 머물면서, 자연 동거생활에 들어갔다. 그로서는 남한에 친인척도 없고, 집도 없는 처지에서 불가피한 현실이었을 것이다. 그래서 그는 이따금 머물다 가게 되었다. 마침 최옥분은 그의 거처를 속초에 마련하였기에 김종후에게는 다행이 아닐 수 없었다. 그리고 김종후는 그때부터 그 이전의 꿈인 문학으로의 길로 나가기 위해 자신의 은사인 백철이 재직한 중앙대의 석사과정에 입학하기 위한 준비를 하였다. 그러나 그 준비과정에서 김종후는 1958년 1월 9일 서울에서 속초로 오는 버스를 타고 오다, 홍천에서 버스가 전복하는 대형 사고로 인하여 사망하였다.

이에 김종후는 요절하였다. 월정사, 오대산수도원에서 배운 불교, 동양철학의 바탕을 둔 새로운 문학평론의 꿈을 펼쳐 보지 못하고 그는 좌절하였다. 그보다는 수도원이 당초 기획대로 5년 이상을 지속하여, 그가 불교권 내에서 승려로 계속 활동하였다면 우리는 지금의 불교계에서 또 다른 큰스님, 선지식을 만날 수 있었을 것이 아니었나 하

---

29) 탄허스님이 산삼을 먹은 회수가 한 번인지 몇 번인지는 알 수 없다.

는 추측을 할 수 있다.

4. 결어

이상으로 오대산수도원과 김종후의 관계를 중심으로 오대산수도원의 한 측면을, 그리고 김종후의 복권을 위한 김종후의 삶의 일부분을 조명하였다. 맺는말은 지금껏 개진한 내용에서 우리가 함께 생각할 점을 제시하는 것으로 대하고자 한다.

첫째, 오대산수도원의 보강이라는 측면에서 본 고찰은 어느 정도의 역할은 다하였다. 추후에는 당시 수도원생 전모, 변신, 진출 등에 대하여 관심을 기울여야 할 것이다. 그리고 이와 관련하여 수도원이 갖고 있는 성격과 위상도 재검토되어야 한다.

둘째, 수도원의 교육이 불교와 동양철학의 조화였다면 현재 불교교육의 지향에도 하나의 참고자료로 이용될 수 있다. 이는 불교교육의 지평을 확대하는 인식의 문제이다.

셋째, 수도원의 사례에서 나온 것처럼 교육불사는 그것을 이끄는 지도자 혹은 지도자의 이념의 중요성을 새삼 느낄 수 있는 것이다.

넷째, 교육불사에서 경제적 기반이 얼마나 중요한 측면인가도 아울러 생각게 한다. 아무리 좋은 지향, 이념이 있어도 그것을 가능하게 하는 경제적 기반이 부실할 경우에 불사는 존립할 수 없는 것이다.

다섯째, 1950~60년대 불교계 인재양성의 다양성을 생각게 한다. 탄허스님의 수도원 개설 근본 취지는 불교계의 인재양성이고, 일반사회의 인재를 불교계로 흡수하는 것이었다. 이와 관련하여 탄허스님을 비롯한 당시 큰스님들이 그 시절의 대학생 포교에 얼마나 고심하였는가도 알 수 있는 사례이다. 이 사례로 유의할 주제는 대학생불교연합회와 봉은사에 설립된 대학생수도원이다. 필자는 이 주제를 연구할 필요성을 강조하거니와, 다양한 측면에서 조속한 연구가 가시화되길 기대한다.

근대불교사 연구의 성찰 : 회고와 전망

1. 서언

한국 근대불교사는 일제강점기 불교계의 역사를 주로 지칭한다. 그러나 개항 이후, 도성출입금지 해제 및 국권상실로부터 1945년 8·15 해방까지의 불교사로도 볼 수 있다. 그러나 그 중심에는 일제강점기 불교가 포함되고 있음은 분명하다. 이 같은 근대불교에 대한 학문적인 접근, 분석, 이해는 지금껏 다양한 관점에서 이루어져 왔다고 볼 수 있다. 그 결과 근대불교에 대한 연구의 토대는 이루어졌다고 하겠다. 그러나 주지하는 바와 같이 이 시기 불교에 대한 접근, 연구가 학문적인 입장에서 본격화된 것은 불과 15년 전인 1990년대 초반이다.[1]

---

[1] 필자는 1993년 임혜봉의 『친일불교론』 발간을 그 기점으로 이해하였다. 정광호의 단행본 『근대 한일불교 관계사 연구』의 간행도 1994년이었다. 임혜봉, 정광호의 저서 발간 이전에 근대불교의 교과서 역할을 하였던 강석주·박경훈의 공저인 『불교근세백년』(중앙일보)은 1980년에 간행되었다. 1993년 이전에도 역사, 종교, 불교 등의 분야에서 간헐적으로 근대불교에 대한 논문이 나왔지만 개설적·교양적인 측면이 강하였다. 즉 이 분야를 전적으로 연구하는 학자가 나오지 않았다는 연구사 측면에서 일정한 구분을 가할 수 있다고 본다.

물론 그 이전에도 근대불교의 연구가 일부 수행되었지만 비판적인 측면에서 보면 황무지와 같은 상황이었다.[2] 1990년대 초반 이후부터 역사학, 불교학, 종교학, 철학 분야에서 연구자가 서서히 등장하였다. 그리하여 관련 자료집이 발간되고, 교단 및 사찰에서도 일정한 관심이 등장하고, 각처에서 관련 세미나가 개최되기도 하였다. 그 결과 지금은 관련 학술연구서의 발간, 학술 논문의 축적이 상당한 수준이 되었다.

그러나 근대불교사에 대한 학문적인 성과를 비판적인 입장에서 살펴보면 적지 않은 문제점이 나타난다. 우선 관련 연구자의 희소를 들 수 있다. 연구자의 빈약은 곧 관점, 시각의 제한을 야기하였다. 다음으로는 연구대상 자료의 한계이다. 연구를 심화시킬 수 있는 자료의 부족으로 인하여 보다 풍부한 연구를 촉발시키지 못하였다. 그리고 연구의 무대가 협소하였을 뿐만 아니라 유관 연구자 간의 교류, 혹은 학제 간 공동 연구가 희박하였다. 때문에 앞으로의 연구 활성화는 위에서 지적된 문제를 극복하는 방향에서 검토될 수 있다.

한편, 근대불교사는 다음과 같은 측면에서 연구 중요성을 강조할 수 있다. 우선 조선시대 불교사의 전개, 변천에 대한 이해의 구도에서 반드시 연구되어야 한다. 조선왕조 500년의 불교사는 그 자체로서 연구되어야 하지만 조선시대 불교의 이행이라는 계기적인 관점에서 연

그러므로 필자는 1993년 이전은 근대불교 연구의 개척기로, 1993년 이후는 근대불교 연구의 심화기로 구분하고지 한다.

2) 이 요인도 다양한 각도에서 해석될 수 있는 여지가 많다. 그간 필자는 이를 불교계의 역사의식의 미흡, 사상 및 교리 위주로 연구를 하는 불교학계의 정서, 동국대 교수들의 선배 교수들이 연관된 친일 행적의 논란 기피, 중앙승가대의 호교주의적 학문 정서, 정화운동으로 인한 일제강점기 불교에 접근하는 자체를 꺼리는 흐름, 서양철학 중심의 연구, 한국불교사 연구의 경도(고중세 불교 중심) 등으로 보아 왔다.

구 및 이해가 필요하다. 이는 전근대불교에서 근대불교로의 전환이라는 격변의 흐름을 조망하는 차원인 것이다. 다음으로는 근대불교사는 근대불교의 해명, 분석의 차원에서 연구가 절대 필요하다. 식민지불교의 실상, 성격, 흐름을 객관적으로 살피기 위한 본격적인 연구가 필요함은 두말 할 나위가 없다. 연구의 초보 단계이기에 해석을 요하는 수많은 과제가 산적되어 있다. 마지막으로는 현대불교를 이해하기 위한 전제로 근대불교의 이해는 간과할 수 없는 대상이다. 거시적으로 보면 현대불교사는 근대불교의 연장선장에 있으며 현재 불교계의 제반 모순은 일제강점기 불교에서부터 잉태된 것이기도 하다.

이러한 연구의 중요성이 있었음에도, 근대기 불교에 대한 연구는 이제 출발이라고 할 정도이다. 더욱이 연구 성과물을 유의해서 살피면 양적·질적인 측면에서 적지 않은 문제점이 있다. 한편 이 시기 연구에는 연구의 장애물이 적지 않게 존재하였다. 이 장애물은 지금도 작용하고, 추후에도 지속될 전망이다. 우선은 전문 연구자들이 학술적인 연구를 하기 이전에 이 시기에 대한 과도한 이해가 존재하였다. 그 이해는 다양한 요인에 의해서 구축된 것이지만 연구자들의 객관적·학술적 접근을 어렵게 하였다. 왜색불교, 친일불교라는 과도한 수식어가 이를 단적으로 말해 준다. 이는 1950~60년대 이른바 불교계 내부의 정화불사, 법난이라고 불리는 치열한 대립의 부산물이다. 이런 문제는 지금도 유관 교단 및 단체, 그리고 후손들에 의해서 지속적으로 제기될 전망이다. 이러한 문제는 연구자의 외부 환경에서 유입된 것이다. 그리고 이러한 문제와는 약간의 차별성을 갖고는 있지만 연구자 내부에서도 연구의 난점을 제기한 경우도 있다. 즉 근대불교를 연구함에 있어 개인적인 판단, 감정, 선입감 등이 지나치게 개입되었던 것이다. 이는 다른 학문에서도 나올 수 있는 보편적인 문제이지만 지나친 주관, 감성 그리고 현재적인 기준을 갖고 이전 불교사를 재단하는 것은 위험을 초래할 수 있다. 마지막으로는 연구자들이 불교와 유관한 연구를 수행하면서도 불교, 불교사상, 승려, 승단 및 교단에 대한 이해가 충분하였는가에 대한 의문을 갖게 하였다. 객관적인 학문을 수행함에 있어 그 해당 종교를 충분히 이해하고 있는가는 필요 충분의 조건이라고는 단정할 수 없지만, 일정한 상식을 갖는 것이 보다 유익할 것이다.

본 고찰은 이러한 근대불교 연구의 성과, 한계, 성격, 문제점 등을 유의하면서 근대불교사 연구에 나타난 몇 가지 주제를 갖고 근대불교사 성격의 단면을 논의하려는 글이다. 그 주제는 항일·친일, 일제의 불교정책·종단설립, 전통불교의 수호·불교대중화이다. 이 주제는 근대불교사의 중요한 흐름이었고, 그렇기 때문에 연구자들의 관심을 촉발시켰다고 본다. 그런데 이 주제들은 상호간에 뒤엉켜 있었기에, 이를 일률적으로 구분하여 이해, 서술하기에는 난점이 제기된다. 그러나 그에 담긴 흐름, 의의 등을 분석하기 위해서는 불가분 과도한 분류를 시도할 수밖에 없었다. 그리고 그 주제에 대한 모든 연구를 취합, 정리하기에는 난점이 예상되어[3] 그 주제와 관련된 직접적인 연구, 주된 연구 등을 중심으로 정리하려고 한다.[4]

---

[3] 본 고찰에서는 석사학위 논문, 대중적인 글, 교양적인 글, 자료집 발간(법어집, 문집 등)은 분석 대상으로 취급하지 않았다. 그러나 필요한 경우에 한정을 하여 참고하고, 이를 서술하겠다.

[4] 불교사 흐름의 중심인 승려, 불교인의 생애와 사상은 본 고찰에서 제외하였다. 이는 불교철학 및 사상의 분야에서 접근할 수도 있기에 불교사 흐름을 중점적으로 살피는 필자의 글과는 약간의 이질성이 예상되기 때문이다. 그리고 인문학적인 초점을 갖고 근대불교의 종합적 고찰을 시도하는(고려대, 민족문화연구원) 세미나 (2006.12.7)의 불교철학을 담당하는 발표자(조성택)와 중복될 것을 고려함에서 나온 것이다. 다만, 심재룡의 글, 「근대 한국불교의 네 가지 반응 유형에 대하여」(『철학사상』 16호 별책 1권, 2002)는 이 시기 불교사의 단면을 들여다보는 데에 있어 좋은

이에 그 주제에 담긴 의미, 연구자의 관점, 연구의 한계 및 과제 등을 서술하고자 한다. 이를테면 연구의 회고와 반성으로서의 성찰이라고 할 수 있다. 이러한 접근, 분석을 통하여 일제강점기 불교계 인물들의 고뇌, 지성을 이해하면서 동시에 연구자들의 고민, 지성의 일단도 찾을 수 있다고 본다. 나아가서는 이러한 분석을 통하여 근대불교사 연구가 현대 인문학 방면(불교계)에 끼친 영향과 의미를 바라볼 수 있는 관점을 가늠해 보고자 한다.

2. 항일·친일

항일·친일은 근대불교의 성격을 가늠하는 핵심적인 초점이다. 그리하여 근대불교의 연구자들은 이 주제에 대하여 일정한 관점을 갖고 있음이 두드러지게 나타났다. 나아가서는 이를 두고 연구자 간에, 관련 교단 및 단체 사이에서 긴장감이 노정될 정도로 그에 대한 해석은 첨예하였다. 여기에서는 근대불교의 성격뿐만 아니라, 당시 불교인들에 대한 개인적인 평가, 명예와도 맞물려 진행되었다. 이른바 친일파 논란이 바로 그것이다.

근대불교의 항일·친일에 대한 성격 논란이 제기된 배경은 세 측면에서 대두되었다. 첫째, 1950년대 불교 정화운동(법난, 분규)이 진행되면서 당시의 대처승들은 왜색승이며, 식민지불교는 일제강점기 불교정책이 구현된 시기로 단정하는 흐름이 있었다. 여기에서 대처승은 일제강점기 불교의 잔재로 척결되어야 하는 대상으로 인식되었다. 이

시사를 주고 있음을 부연하고자 한다.

러한 흐름에서 근대불교는 부정적인 불교이며, 친일의 불교로 간주되었다. 둘째, 1970년대 민족주의라는 시대 인식에 의거 불교계의 항일적인 인물이 집중 부각되었다. 이는 불교 내부에서 호국불교라는 논리와 맞물려 있었다. 그 결과 민족운동에 참여한 승려, 민족의식이 있는 업적 및 활동이 자연 주목을 받게 되었다. 만해 한용운의 경우가 그 대표적인 경우이다. 셋째, 최근의 정부 및 시민단체에서 주도하고 있는 친일청산 작업이다. 해방공간에서 수행하지 못한 친일청산을 반성하면서 민족정기를 정립하고, 이를 역사에 남기려는 의도에서 친일파의 조사, 분석, 대상자 적출 등이 이루어졌다. 그 결과 불교계의 해당 인물들이 공개적으로 발표되고, 일부 후손들이 그에 정면 반발하였다.

이러한 배경에서 불교계의 항일 · 친일에 대한 연구 흐름을 요약하고자 한다. 우선 항일이라는 입장에서 연구를 선도한 학자는 정광호이다. 정광호는 1965년부터 근대불교사에 대한 자료의 수집, 정리 작업을 추진한 삼보학회의 『한국불교최근백년사』[5] 편찬부의 실무자로 근무하면서 이 시기 연구를 개척한 인물이다.[6] 그는 경희대에서 받은 박사 학위논문을 보완하여 『근대한일불교관계사연구 ─ 일본의 식민지정책과 관련하여』를 인하대출판부에서 1994년에 펴냈다.[7] 이 저술에는 그간 1965년부터 자료수집, 기고 활동을 하면서 쓴 저술들도 포

---

5) 이 책에 대한 심층적인 검토는 김광식의 「삼보학회의 『한국불교최근백년사』 편판 시말」(『인하사학』 7, 1999)의 글이 참고되는바, 이 글은 김광식의 저서 『근현대불교의 재조명』(민족사, 2000)에 수록되었다.
6) 그의 고려대 석사학위 논문(1969), 「일제의 한국 침략이 불교계에 미친 영향」이 필자가 파악하기에는 근대불교사를 주제로 한 최초의 학위논문이다.
7) 이 책은 2001년, '도서출판 아름다운 세상'에서 『일본침략시기의 한 · 일 불교 관계사』라는 제목으로 재간행되었다. 한문을 한글로 전환시키는 등 윤문, 윤색하였으며 책의 골자는 변동이 없었다.

함되었기에 그의 연구 관점을 단적으로 드러내고 있다. 예컨대 정광호가 일제강점기 불교사의 성격을 항일적인 흐름에서 이해하려는 글,「일본 침략시기 불교계의 민족의식」이 이 책에 수록되어 있다.8) 이 글에서 그는 1910년대부터 체계화된 형태로 민족의식이 성숙해 가고 있었다고 서술하여, 그의 관점을 명료하게 드러냈던 것이다. 그러면서 일제에 항거한 민족의식의 구체적인 산물로 1910~12년까지의 임제종운동(반조동종운동), 3·1운동을 전후한 민족운동에의 참가 활동, 1929년의 종헌 개정, 1937년의 총본산(태고사) 건립 등을 제시하였다. 정광호의 연구가 교단적인 접근이라면 불교계 독립운동 관점에 대해서는 김창수가 「일제하 불교의 항일 독립운동」이라는 글을 집필하였다.9)

이러한 정광호의 연구는 근대불교(일제강점기 불교)에 대한 항일적인 입장을 대표하였지만 그 연구의 심화도라는 측면에서는 적지 않은 한계를 갖고 있었다. 항일적인 접근은 저항적인 불교, 민족의식이 면면하였던 불교, 민족운동에 참여한 불교를 의미하는 것이었다. 이 연구는 1960년대 중반부터 제기된 민족주의 흐름에서 연구의 대상으로 주목받은 만해 한용운의 경우와도 동질적인 것이었다. 그 결과 만해의 민족의식, 3·1운동의 준비 및 주도, 3·1독립선언서의 '공약삼장' 작성, 「조선독립의 서」의 집필, 신간회 참여, 일제말기까지 지조 유지 등이 집중적으로 연구되었다.10)

---

8) 이 글은 『윤병석교수화갑기념 한국 근대사논총』(지식산업사, 1990)에 기고된 논문이다.

9) 김창수는 이 글을 『가산이지관스님화갑기념논총』(1992)에 기고하였다.

10) 이에 대해서는 김광식, 「한용운 민족운동의 연구에 대한 성찰」, 『만해연구, 성찰과 모색』(민족문학작가회의, 2004)을 참조. 이에 대해서는 조지훈, 박노준, 인권환, 신석호, 안계현, 신국주, 홍이섭, 안병직, 전보삼, 김상현, 고명수, 김광식 등의 연구자가 관련 논문을 발표하였다.

정광호, 김창수의 연구를 계승하면서 불교계의 민족의식과 유관된 연구를 수행한 연구자는 김광식이다.[11] 그는 특히 정광호의 입장을 수용하면서도 그에 관련된 단체, 인물, 흐름을 집중 조명하는 입장을 견지하였다. 그리하여 정광호가 민족의식과 연관되어 있다고 지적한 단체, 흐름을 상당 부분 분석, 정리하였다. 이에 그는 1994년부터 임제종운동, 조선불교청년회, 조선불교여자청년회, 승려대회, 종헌, 총본산 건설운동, 한용운, 김법린, 최범술, 백초월, 만당, 조선독립의 서, 법정사 항일 등을 연구하여 그 결과를 발표하였다.[12] 이러한 연구성과를 갖고 그는 「일제하 불교계 독립운동의 전개와 성격」이라는 글을 발표하였다.[13]

그리하여 일제강점기 불교계의 민족운동, 민족의식에 대해서는 기초적인 정리가 되었다고 하겠다. 그런데 이러한 정광호, 김창수, 김광식의 연구에는 일정한 문제점이 있음을 부인할 수 없다. 우선 민족의식, 민족운동이 당시 교단 및 승가공동체인 사찰과의 관련성을 입체적으로 조명하지 못하였다는 것이다. 그리고 일제의 불교정책과의 대응도 선명하게 부각시키지 못하였다는 지적을 받을 수 있다. 이러한

---

11) 필자는 1993년에 발간된 임혜봉의 『친일불교론』을 읽고, 불교계에는 친일만이 있었는가에 강한 의구심을 갖고 그에 대응적인 항일불교를 정리하려는 입장에서 출발하였다. 이런 입장을 갖고 선학의 연구를 찾다 보니, 유일한 산물이었던 정광호의 연구에 일정한 영향을 받았음을 고백한다.

12) 이 연구성과는 김광식의 저서 『한국근대불교사연구』(민족사, 1996), 『한국근대불교의 현실인식』(민족사, 1998), 『근현대불교의 재조명』(민족사, 2000), 『새불교운동의 전개』(도피안사, 2002)에 분산, 수록되어 있다. 그리고 「백초월의 삶과 독립운동」은 『불교학보』(동국대, 불교문화연구원) 39집에, 「한용운의 '조선독립의 서' 연구」는 『만해학연구』(백담사 만해마을, 만해학술원) 창간호(2005)에, 「법정사 항일운동의 재인식」은 『한국독립운동사연구』(독립기념관, 한국독립운동사연구소) 25집(2005)에 기고되었다.

13) 이 논문은 2000년 백담사의 만해축전에서 발표되었으며, 그의 저서 『새불교운동의 전개』(도피안사, 2002)에 수록되었다.

점은 후학, 다른 연구자에 의해서 극복되어야 할 것이다.

이제부터는 친일의 측면을 서술하고자 한다. 근대불교의 친일성에 대하여 처음으로 자료수집, 분석, 출간을 시도한 연구자는 임혜봉이다. 임혜봉은 제도권 학교에서 수학한 연구자는 아니다. 그는 안동지방의 교사로 재직하다 늦깎이로 출가한 승려이다. 그는 문학적인 재능을 겸비한 승려였는데, 우연한 기회에 불교의 친일문제에 큰 관심을 갖게 되었다. 이에 그는 1990년경, 일제강점기 불교계 친일의 문제를 본격적으로 정리하여 관련 저술을 내기로 작정하고 다양한 자료를 수집하여 1993년에 『친일불교론』(민족사, 1993)을 두 권으로 펴냈다. 이 출간은 불교계 내외에 큰 반향을 일으켰다. 그래서 저자와 출판사는 찬성과 비판을 동시에 격렬하게 받았다. 『친일불교론』은 불교계의 부끄러운 친일의 문제를 정식으로 들추어냈다는 점에서 그 의의는 평가받아야 할 것이다. 다만 짧은 기간에 자료수집과 집필을 한 결과로 친일의 성격이라든가, 불교사의 흐름과 연관성이라는 면에서는 미흡함을 드러냈다. 그리고 친일행적이 있다고 판단한 일부 대상자들의 서술에서는 과도한 감성적인 표현이 나타났다.

임혜봉은 『친일불교론』을 발간한 이후 지속적인 연구를 통해[14] 자신의 논지를 강화하였다. 그러한 결과로서 2005년에는 『친일승려 108인』(청년사)을 펴냈다. 이 저술은 이전 『친일불교론』에서 친일승려로 지목한 대상자들과 이후의 연구에서 밝혀낸 친일 행적이 있다고 필자가 판단한 대상 승려에 대한 친일행적을 종합한 보고서 형식의 책이다. 임혜봉은 불교계의 친일문제를 학문적 연구대상으로 끌어 올렸다는 데에서는 일정한 평가를 받을 것이 분명하다. 다만 과도한 해석,

---

14) 그는 『수원문화연구』 6호(2004)에 「일제강점기 수원 용주사 주지 강대련의 친일 행위」를 기고하였다.

감성적인 서술, 첨예하고 예민한 인물의 평가를 단정적으로 한 것에 대해서는 비판, 이의가 있을 것이다.15)

임혜봉의 친일승려, 불교계 친일문제의 연구에 대한 제도권 학자들의 후속 연구는 아직 뚜렷하지 않은 것으로 보인다. 다만 임혜봉의 저술에 자극을 받은 일부 역사학계 연구자들의 접근이 있었다. 우선 고려대에서 일제시대 불교정책을 주제로 박사학위(2001)를 받은 김순석과 중앙대에서 사찰령 체제의 본산제도로 박사학위(2005)를 받은 한동민이 관심을 갖고 있다고 보인다. 김순석은 일제의 불교정책을 연구하였기에 자연 일제의 불교정책에 협조한 사례, 승려들에 대하여 적지 않은 사실을 인지하고 이를 정리하는 입장에 서 있었다고 하겠다. 그는 일본불교의 한국 침투, 1920~1930년대 일제 불교정책에 대한 연구를 수행하였기에 불교의 친일에 대한 정보를 파악하고 그에 대한 입장을 정리하였다. 그것은 『불교평론』 22호(2005년 봄호)에 기고한 「불교계 친일문제 어떻게 볼 것인가」의 글이다. 이 글은 전문논문은 아니지만 그의 관점을 분명하게 엿볼 수 있다. 그 내용은 친일파 처리, 친일행각, 해방 이후 행적, 친일승 처리 문제 등으로 나누어 자신의 생각을 피력하였다.

한동민은 용주사 주지이면서 친일승려의 대명사로 지칭된 강대련에 대한 연구 논문, 「근대불교계와 용주사 주지 강대련」을 2002년에 발표하였다.16) 그는 2003년 1월 23일, 불교계 내부의 단체인 조계종 선우도량 부설의 한국불교근현대사연구회가 주최한 「종교와 친일」

---

15) 임혜봉이 친일파라고 규정한 이종욱과 최범술의 제자, 후손들이 이에 반발하면서 지암사상연구회, 효당사상연구회를 결성하였다. 조만간 그 연구회에서 대응적인 연구 성과물이 나올 것이다.
16) 이 글은 『경기사학』 6호에 기고되었다.

토론회에서[17) 「불교계의 친일문제」를 발표하였다. 그 내용은 연구동향, 친일의 논쟁 지점, 친일과 항일의 계선을 넘어서라고 대별되어 있었다.[18) 그 밖에 불교계의 정서를 살필 수 있는 것으로 법보신문 기자인 이재형이 『불교평론』 11·12호(2002년)에 기고한 「불교계 친일행적 어떻게 볼 것인가」의 글이 있어 참고된다.

이상과 같은 불교계 친일 문제에 대한 연구는 이제 막 시작이라고 할 정도로 그 연구의 기반이 나약하다. 임혜봉의 정열적인 작업, 즉 자료수집과 분석으로 관련 정보, 행적이 제기되었지만 이제는 이를 학문의 대상으로 가져와서 객관화, 입체화, 역사적 평가를 추구해야 할 것으로 본다. 여기에서 유의할 것은 지금 현재의 관점이 일제강점기의 행적, 인물을 이해함에 있어서 장애물로 작용되면 곤란하다고 본다. 친일 행적이 있는 승려를 조명하는 것도 중요하지만, 친일의 논리와 친일의 범위를 어떻게 설정하고 정리할 것인가가 더욱 긴요한 문제가 아닌가 한다.

3. 일제의 불교정책·종단설립

불교정책은 일제가 식민지 경영의 일환으로 구현한 불교정책을 칭하는 것으로 불교정책의 실체와 성격을 조명함을, 종단건설은 일제의 불교정책에 저항하면서 자생적으로 종단을 만들려는 흐름을 의미한다. 이에 종단설립은 조선후기의 무종단 시대를 극복하기 위한 고뇌, 노력에서 식민지불교정책에 맞부딪히면서 자치적·자율적인 종단을

---

17) 그 토론의 부제는 '불교계 친일을 어떻게 볼 것인가'였다.
18) 그런데 이 글은 공개적인 학술지, 잡지에 기고되지는 않은 것으로 보인다.

설립한 일체를 총칭한다. 이는 종교의 속성상, 혹은 근대불교의 성격과 직접적으로 연관되는 중요 연구대상이다.

일제의 불교정책은 우선적으로 일제가 국권을 강탈하기 이전인 개화기 당시부터 한국에 건너온 일본불교의 현황, 즉 내용과 성격을 정리하는 연구가 있어 왔다. 그리하여 여기에서는 일본불교의 침투, 도래가 갖는 목적과 성격이 일제 침략의 선발대의 성격을 갖느냐, 아니면 불교 우호성, 불법 전파 등 보편적 측면을 인정해 줄 것인가가 초점이 되어 왔다. 침략성, 침투성을 강조한 최초의 연구자는 정광호이다. 그는 「메이지 불교의 내셔널리즘과 한국 침략」(1988)이라는 논고에서[19] 일본불교의 침략성을 처음으로 지적하였다. 이후 이 분야 연구를 계승한 연구자는 최병헌, 김순석, 정영희, 채상식이다. 이들은 일본불교의 침투과정, 개요, 그리고 그로 인한 일제강점기 불교의 성격을 더욱 밀도있게 분석하였다.[20] 이에 반해 명선은 일본불교가 한국불교의 근대화에 영향을 끼쳤다는 논지로 일본불교의 도래를 진단하였다.[21]

그런데 그간의 연구에서는 일본불교의 침투, 전래에 대해서는 주로 개항부터 1910년대를 중점 대상으로, 그리고 그 대상 종파도 정토진

---

19) 이 연구는 그의 저서, 『일본침략시기의 한일 불교관계사』에 수록되어 있는바, 원래는 인하대 『인문과학연구소 논문집』 14권(1988)에 수록되어 있었다.
20) 최병헌, 「일제불교의 침투와 식민지불교의 성격」, 『한국사상사학』 7, 1995.
최병헌, 「일제의 침략과 불교」, 『한국사연구』 114, 2001.
정영희, 「한말 일본불교의 침투과정」, 『이현희교수 화갑기념논총』, 1997.
김순석, 「개항기 일본 불교종파들의 한국 침투」, 『한국독립운동사연구』 13집, 1999.
채상식, 「일본 명치년간 정토진종의 추이와 그 특성 ─ 한말 불교침탈 배경과 관련하여」, 『한국민족문화』 16, 2000.
21) 명선, 「일본불교의 포교 ─ 정토진종대곡파의 한국포교를 중심으로」, 『대각사상』 6, 2003.

종을 집중적으로 분석하였다. 1920년대부터 1945년까지 한국에 건너온 일본불교의 종파별 변동, 활동, 영향 등에 대한 종합적인 접근, 연구는 거의 없다고[22] 본다. 추후 이 분야에 대한 집중적인 연구가 요망된다.

일제강점기의 불교정책과 관련된 주된 연구는 사찰령을 중심으로 전개되었다. 이 분야에 대해서는 정광호의 「일제의 종교정책과 식민지불교」(1980)와[23] 서경수의 「일제의 불교정책－사찰령을 중심으로」(1982)가[24] 선구적인 업적을 갖고 있었다. 이들의 연구에 의해서 일제 식민지불교의 근간은 사찰령임이 밝혀졌고, 그에 대응되는 한국불교는 일제, 조선총독에게 행정적으로 구속, 예속되었음이 제기되었다. 이 연구는 이후 식민지불교의 성격을 가늠하는 주요한 잣대로 기능하였다.[25]

그후 일제의 불교정책과 사찰령에 대한 연구는 김순석에 의해 집중적인 조명을 받았다. 김순석은 개항기 불교의 침투에 대한 연구를 시작하였는데 이후에는 사찰령, 1920년대 초반부터 1945년까지의 불교정책을 시기별로 구분하여 불교정책의 실상을 점검하였다.[26] 그리고

---

22) 김순석의 「조선불교단 연구」(『한국독립운동사연구』 9, 1995)가 유일한 것으로 알고 있다.

23) 이 논고는 『한국사학』 3집에 기고되었다.

24) 이 논고는 『불교학보』 25집에 기고되었다.

25) 김광식은 사찰령 수용에 사회진화론이 작용하였음을 지적하는 글, 「1910년대 불교계의 사회진화론 수용과 사찰령」(『한국근대불교사 연구』, 1996)을 발표하였다.

26) 김순석, 「일제의 종교정책－불교정책을 중심으로」, 『승가교육』 2, 1998.
김순석, 「1920년대 초반 조선총독부의 불교정책」, 『한국독립운동사연구』 13, 1999.
김순석, 「1930년대 후반 조선총독부의 심전개발운동의 전개와 조선불교계」, 『한국민족운동사연구』 25, 2000.
김순석, 「중일전쟁 이후 조선총독부의 불교정책과 불교계의 대응」, 『한국근현대

그는 이 같은 연구를 자신의 학위논문, 저서로 이어갔거니와 그것이
『일제시대 조선총독부의 불교정책과 불교계의 대응』(경인문화사,
2003)이었다. 이 분야의 연구에 가세한 연구자는 한동민이었다. 그는
최근27) 「사찰령 체제하 본산제도 연구」라는 논문으로 박사학위를 취
득하였다. 그는 일제의 불교정책의 근간인 사찰령 체제를 기본적으로
인정하고, 그로 인해 나타난 본산제도를 다각도로 분석하였다. 여기
에서 일제의 사찰령, 불교정책에서 한발 나아가 본산제도가 갖고 있
는 실상을 조명하였다. 그리고 본산제가 단순히 일본불교의 영향을
받은 것이 아니라 조선후기, 개항기 불교 내부의 제도를 흡수, 변질되
었음을 언급하였다. 한편 김광식은 사찰령이 불교계에 수용, 정착된
것을 이해한 기존의 해석을 재고시키는 주장을 개진하였다. 기존 이
해가 일제 불교정책의 구현과 친일성으로만 이해된 것에 이의를 제기
하고, 불교 근대화의 측면에서 재고할 것을 주장하는 논문을 발표하
였다.28)

이 같은 일제의 불교정책에 대한 연구로 그 개요, 성격의 대강은 조
명되었다. 그러나 불교정책으로 인한 불교계 각 분야에 미친 영향, 변
동, 사찰령 및 사법의 변동과의 관련성에 대해서는 아직 접근조차 하
지 못하였다. 승려결혼 문제는 그 대표적인 주제이다. 추후 이에 대한
다각적인 분석이 요망된다.

일제의 불교정책에 대응되는 주제는 종단설립이다. 일제가 행정
적·강압적으로 불교를 통제하고 장악하였다면 그에 대응되는 한국

사연구』 17, 2001.

김순석, 「조선총독부의 사찰령 공포와 30본산제의 성립」, 『한국사상사학』 18,
2002.

27) 2005년 12월 중앙대 대학원에서 박사학위 논문을 제출하여, 학위를 취득하였다.
28) 김광식, 「사찰령의 불교계 수용과 대응」, 『한국선학』 15(2006).

불교계는 어떠한 입장을 취하였고, 자생적으로 종단을 설립하여 자주적으로 운용하려는 노력, 흐름이 있었는가의 문제이다. 이에 대한 세부 주제는 도성출입금지 해제, 원종 및 임제종, 종단(교단)의 설립, 종헌 제정, 총본산 설립운동, 조계종 등장 등이 그에 해당된다. 이 연구를 수행한 대부분의 연구자는 일제의 제약, 억압이 있었지만 이를 극복하려는 의식이 충만하였고, 일정 부분은 자주적인 종단설립을 추동하였다는 입장을 갖기에 이르렀다.

우선 도성출입금지 해제가 일본의 종파인 일련종 승려에 의해서 단행되었는가, 아니면 한국 내 불교계의 건의, 추동에 의해서 단행되었는가의 논란이 있었다. 일련종 승려의 주도로 이루어졌음을 수긍하면 근대불교의 초반부터 일제의 불교정책에 긴박되었음을 의미하는 것으로 해석될 여지가 있기 때문이다. 때문에 이에 대해서는 박희승이 자생, 자주적인 입장에서 해제령이 나왔음을 강조하는 저술이 간행되었다.29) 그리고 김경집도 시대적 분위기에 힘입어 해금되었다는 주장을 내놓았다.30) 이에 반해 일본불교의 건의가 실제로 작용되었음을 근거로 해금의 타율성을 지적하는 다수 연구자의 지적이 있었으나, 이는 개설적인 언급에 지나지 않고 본격적인 글은 부재하다. 최근 이 주제에 대한 본격적인 논문으로 서재영의 「승려의 입성금지 해제와 근대불교의 전개」라는 글이 나왔다.31) 서재영은 양 측의 입장을 검토하면서, 해금으로부터 근대불교가 전개되었다는 견해를 피력하였다.

개항기의 종단설립 노력 및 원종(1908)에 대한 검토는 김경집에 의

---

29) 박희승, 『이제, 승려의 입성을 허함이 어떨는지요』, 들녘, 1999.
30) 김경집, 「근대 도성출입 해금과 그 추이」, 『한국불교학』 24, 1998.
31) 동국대 불교문화연구원의 학술진흥재단 지정 중점 연구소 중간발표회(대주제, '동북아 삼국의 근대화와 불교계의 대응' 2006.8.29)에 발표되었다. 그 직후 『불교학보』 45집(2006.8)에 게재되었다.

해 수행되었다. 김경집은 불교계의 주체적 발전이라는 관점에서 동국대에서 「한국불교 개화기 교단사 연구」로 박사학위를 취득한 이후 개화기 교단 설립 노력을 중점 연구하였다.32) 이에 그는 원흥사 창건, 원종 설립에 대한 논문을 발표하여 개화기의 교단 설립에 대한 자생성, 자주성을 강조하였다.33)

일제의 국권강탈 후 사찰령이 시행되면서 일제는 한국불교계에 대해서 완전한 의미의 종단설립을 불허하였다. 사찰령에 의거하여, 조선 총독이 행정적으로 관리만 할 뿐 자생적·자주적으로 종단을 설립, 운용하는 것 자체를 거부하였다. 그리하여 불교는 일제에 긴박당할 수밖에 없었으나, 3·1운동 이후부터 이 문제를 자각하고 종단을 설립하려는 움직임을 본격화하였다. 이러한 문제에 대해서는 김광식이 임제종운동을,34) 한동민이 교단인 30본산 연합사무소의 개요를 통하여 그 성격을 정리하였다.35) 그리고 사찰령에 대한 문제점을 지적하면서 사찰령 구도 자체가 모순이 있었고, 그 일부가 변화되었다는 점에 대해서도 김광식과 한동민의 관련 논문이 있다.36)

3·1운동 이후 불교계에서는 민족의식이 계발되면서 교단의 문제점과 정체성을 점검하려는 움직임이 강력히 나타났다. 그 움직임은

---

32) 그는 그의 학위논문을 보완하여 『한국근대불교사』(경서원, 1998)를 펴냈다.

33) 김경집, 「근대 원흥사의 창건과 현행세칙에 대한 연구」, 『구산논집』 3, 1999.
  김경집, 「근대 원종의 설립과 의의」, 『한국불교학』 29, 2001.
  김경집, 「원흥사 창건과 시대적 의의」, 『회당학보』 7, 2002.

34) 김광식, 「1910년대 불교계의 조동종 맹약과 임제종운동」, 『한국민족운동사연구』 12, 1995.

35) 한동민, 「1910년대 선교양종 30본산연합사무소의 설립과정과 의의」, 『한국민족운동사 연구』 25, 2000.

36) 김광식, 「일제하 금산사의 사격」, 『근현대불교의 재조명』 2000.
  한동민, 「일제 강점기 화엄사의 본산 승격운동」, 『한국민족운동사연구』 31, 2002.

사찰령 철폐운동, 불교계 통일운동37) 등이었다. 이 같은 움직임은 주로 청년승려들 중심으로 시작되어 전 사찰로 파급되어 갔다. 그러나 보수층의 반대, 일제의 개입과 맞부딪치면서 그 이행은 간단하지 않았다. 그러나 불교계를 통일하는 종단설립의 노력은 종헌제정운동으로 구체화되면서, 1929년 승려대회에서는 종헌제정을 마무리하여 종단설립의 토대를 마련하였다. 그러나 정상적인 종헌 이행을 둘러싸고 불교계 내부에서 치열한 갈등이 노정되면서, 그 대안으로 총본산 설립운동이 일어났다. 1937년부터 1940년까지 전개된 그 운동의 산물로서 조선불교조계종, 태고사(총본산)가 등장하였다. 그러나 그 운동에는 불가피하게 일제의 동의, 도움을 받을 수밖에 없었던 한계가 있었음은 분명하다. 이러한 종단설립에 대한 연구는 정광호가 그 연구의 단서를 제공하였으며, 그를 이어 받은 김광식에 의해 수행되었다. 김광식의 입장을 대변한 글은 「조선불교 선교양종 승려대회의 개최와 성격」, 「일제하 불교계의 총본산 건설운동과 조계종」, 「일제하 불교계 통일운동과 조계사」 등이다.38)

이러한 종단설립의 노력을 조명한 다수의 논문을 통해서 불교인들의 저항성, 불교의 정체성과 모순을 자각하여 종단을 설립하려고 고투하였던 불교인들의 정체성 확인 활동은 찾을 수 있었다. 그런데 지금까지의 연구에서 종단의 설립을 억제한 일제의 의도 및 정책에 대한 심화된 연구가 거의 없었음은 아쉬움이 남는 대목이다. 그리고 한국불교계 내의 종단설립과 운영을 방해한 부류에 대하여 막연하게 친일승려, 친일적 행동으로만 간주되었는바, 이에 대한 적절한 해석을

---

37) 이는 성격상 종단설립으로 볼 수 있다.
38) 이 논고는 김광식의 『한국근대불교사연구』, 『새불교운동의 전개』에 수록되어 있다.

내놓지 못하였다.

4. 전통불교의 수호·불교대중화

전통불교의 수호는 일제의 불교정책과 일본불교의 유입으로 인하여 한국불교의 전통이 왜곡, 변질되었기에 이를 극복하려는 일련의 움직임을 지칭한다. 그리하여 변질, 왜곡된 것은 계율 이완, 승려의 결혼, 사찰공동체(산중공의제, 원융살림 등) 파괴, 구학의 퇴진 등을 지목할 수 있다. 지금까지의 연구에서는 선방 및 수좌의 결속으로서의 선학원과 승려 결혼이 연구대상으로 주목을 받았다.

다음으로 불교대중화는 조선후기의 산중불교에서 도회지 불교로 전환하려는 일체의 이념과 노력으로 볼 수 있다. 보다 많은 민중, 대중에게 불교를 전달시키려는 활동이라고 하겠다. 여기에서는 불교의 정체성과 모순을 자각하고, 기존 모순을 고치려는 의식 및 대안으로서의 불교개혁, 학교 및 포교당의 설립, 잡지 발간, 역경 및 출판 등이 포함된다. 그런데 이 불교대중화에는 일본불교의 모방, 영향, 일제의 개입 등이 노정되었다.

우선 전통불교의 수호의 주제를 살펴보겠다. 이에 대하여 정광호는 선학원 등장이 민족의식에 자극받았으며, 전통불교를 수호하려는 승려들에 의해서 1921년에 설립되었다고 주장하였다. 정광호는 당시 수좌들이 寺와 庵을 이용하지 않고 禪學院이라는 명칭을 내건 것은 일종의 위장 칭호를 쓴 것39)으로 주장하였다. 그는 「한국 전통선맥의 계

---

39) 이는 은연중 사찰령의 지배를 받지 않으려는 의식의 발로였다고 주장한 것과 연결된다.

승운동」이라는 글에서 불조의 정맥을 계승한다는 취지 아래 선종의
중앙기관으로 설립한 사찰이 선학원이라고 하였다.[40] 이러한 정광호
의 입장을 받아들인 김광식은 「일제하 선학원의 운영과 성격」, 「조선
불교선종 종헌과 수좌의 현실인식」,[41] 「선학원의 설립과 전개」,[42] 「
조선불교선종과 수좌대회」[43] 등을 발표하였다. 이 논고들에서 김광식
은 선학원의 설립 주체, 변동, 재건, 1935년의 선종 선포, 수좌 및 선방
의 중앙기관인 종무원 등장, 수좌의 현실인식 등을 조명하였다. 이로
써 선학원에 관련된 대강의 흐름과 의의는 확인할 수 있었다.

한편 이와 같은 정광호, 김광식의 연구에 이의를 제기한 연구자는
김순석이었다. 그는 선학원의 의의나 성격에 대한 정광호, 김광식의
논지에 대해서는 동의하였다. 그러나 선학원이 설립된 배경을 재해석
하고, 1930년대 중반 이후부터는 선학원도 일제에 협조하는 등 변질
을 겪었다고 하였다.[44] 김순석은 선학원 창립의 배경을 일제의 통치
정책이 무단통치에서 문화정치로 전환된 것에서 찾고, 구체적으로는
사찰령에서 사찰의 신규 창립에 관한 조항이 없는 것을 그 단서로 부
연하였다. 그리고 1934년 12월 재단법인체로 전환된 것도 총독부의
간섭 및 통제체제하에 편입됨을 의미한다고 피력하면서, 중일전쟁 이
후 총독부 정책에 협조하는 면모를 보였기에 결과적으로 친일행적을

---

40) 이는 「한국 전통 선맥의 계승운동」이라는 글에서 나왔는바, 이 글은 정광호의
   앞의 저서에 수록되어 있다. 본래 이 글은 정광호가 『대한불교』 1972년 5~9월
   에 11회 연재한 것을 묶은 것이다.
41) 『한국근대불교사연구』, 『한국근대불교의 현실인식』에 수록되어 있다.
42) 김광식은 이 논고를 『선문화연구』 창간호(한국불교선리연구원, 2006)에 기고하
   였다.
43) 김광식은 이 논고를 『불교근대화의 전개와 성격』(조계종출판사, 2006)에 수록하
   였다.
44) 김순석, 「일제하 선학원의 선맥계승운동과 성격」, 『한국근현대사연구』 20, 2002.
   김순석, 「중일전쟁 이후 선학원의 성격 변화」, 『선문화연구』 창간호, 2006.

남겼다고 주장하였다. 또한 김경집은 선학원이 전통불교의 수호뿐만 아니라 진보된 근대적 불교운동의 전형의 성격을 갖고 있었다는 의견을 내놓았다.[45]

이러한 선학원의 연구를 통하여 일제강점기 불교에서도 한국불교의 정체성, 선의 정체성, 수좌의 정체성을 찾으려는 의식과 노력이 있었음을 확인하였다. 다만 그 의식과 노력에 대하여 지나친 의미 부여를 하는 것도 경계를 해야 하겠지만, 그것이 갖고 있는 역사적인 의의는 냉정하게 그리고 객관적으로 정리해야 한다고 본다. 특히 선학원 연구에서는 그 주체인 수좌들에 대해서는 기초적인 연구도 안 되었음을 유의해야 하고, 추후에는 수좌들의 행적도 면밀하게 정리할 필요성이 제기된다. 식민지 공간, 해방공간, 정화불사의 공간에서의 수좌의 활동을 분석, 정리해야 한다. 그러한 움직임이 근현대불교사의 큰 조류에서 어떤 의미를 줄 것인가는 간단한 것이 아니다.

한편 전통불교의 수호와 연관해서 당시 수좌들이 전통불교의 수호에 결정적으로 장애물로 인식한 승려의 결혼, 즉 대처식육에 대해서는 정광호, 김광식, 심재관의 연구가 있다.[46] 정광호는 대처식육이 일본불교의 유입으로 인한 산물로 보았고, 김광식은 1926년 백용성의 대처식육금지건백서 제출에 나타난 당시 상황을 분석하였으며, 심재관은 불교 근대성의 확실한 지표로 대처식육을 인식하였다. 대처식육으로 표현된 일제강점기 한국불교의 단면은 더욱 새로운 각도에서 분

---

45) 김경집, 「근대 선학원 운동의 불교사적 의의」, 『선학원 설립의 사적 의미 고찰』 2005.
46) 정광호, 「한국 근대불교의 대처식육」, 『한국학연구』 3, 1991.
  김광식, 「1926년 불교계의 대처식육론과 백용성의 건백서」, 『한국독립운동사연구』 11, 1997.
  심재관, 「근대 한국불교의 한 진경(珍景) — 고기먹기와 마누라 꿰차기」, 『불교평론』 22, 2005.

석, 연구해야 하는 주제이다. 일본불교의 영향 이외에 불교 내부에 또 다른 요인은 없었는지에[47] 대한 종합적인 분석이 요청된다. 이 문제는 한국 현대불교사의 정화운동과 연관되어 있으며, 현재 조계종을 제외한 상당수의 종단에서 승려 결혼을 묵인, 인정하는 추세와 관련되어 있다. 이 문제를 제외하고는 한국불교 전통의 내용과 현대 불교 종단의 정체성을 해명할 수 없기 때문이다.

이제는 불교대중화에 관해서 살펴보고자 한다. 불교대중화는 이념, 활동, 성격 등으로 대별할 수 있다. 불교대중화의 이념은 불교의 정체성, 불교가 처한 환경, 불교가 행해야 할 과업 등과 연관되는바, 이에 대한 다양한 의견 개진이 있었다. 우선 불교개혁론의 조류와 개혁론을 제기한 당사자들에 대한 연구가 적지 않게 구축되어 있다. 불교개혁론의 조류에 대해서는 이봉춘, 양은용, 김광식, 이재헌, 김경집이 그 개요를 정리하였다.[48] 그리고 송현주는 개혁론과 의례와의 상관성을 정리했다.[49]

개별적으로 불교개혁론을 주장한 인물은 한용운, 백용성, 권상로, 이영재, 백학명 등이다. 한용운의 개혁론은 주로『조선불교유신론』의 분석을 통해 이루어졌다. 이에 대해서는 정광호, 김영태, 전서암, 안병직, 서경수, 이영무, 최병헌, 김호성, 서재영, 종명, 김광식, 허도학, 이도흠, 유승무 등 다양한 방면의 연구자들이 논문을 발표하였다.[50] 그

---

47) 김광식,「용성의 건백서와 대처식육의 재인식」,『용성진종조사의 사상과 한국불교의 좌표』, 죽림정사, 2007.

48) 이봉춘,「근대불교개혁론의 이념과 실제」,『석림』26, 1993.
양은용,「근대 불교개혁운동」,『한국사상사대계』(정신문화연구원) 6, 1994.
김광식,「근대 불교개혁론의 배경과 성격」,『종교교육학연구』7, 1998.
이재헌,「근대 한국 불교개혁 패러다임의 성격과 한계」,『종교연구』18, 1999.
김경집,「일제하의 불교혁신운동 연구」,『대각사상』3, 2000.

49) 송현주,「근대 한국불교 개혁운동에서 의례 문제」,『종교와 문화』6, 2000.

리하여 만해가『조선불교유신론』에서 피력한 의도, 만해 개혁론의 내용 및 성격 등에 대하여 상세히 분석하였다. 다만 김광식은 만해의 개혁론이 1910년대에 출간되었기에 1931년『불교』지 88호에 기고한「조선불교 개혁안」을 연구의 대상으로 삼을 것을 제안하면서 이를 분석하였다.51)

권상로의 개혁론은 양은용, 김경집, 이재헌, 권기현에 의해 정리되었다.52) 백용성과 백학명에 대한 개혁론은 광덕, 한보광, 김광식, 김정희가,53) 이영재에 대해서는 김광식과 김경집이 개별 논문을 발표하였다.54) 근대 불교개혁론에 대해서는 김경집이 관심을 갖고 다각적인 정리를 하였다. 그는 권상로, 이영재, 한용운, 백용성, 회당의 불교개혁론을 요약, 비교한 저술『한국불교 개혁론 연구』(진각종 종학연구실, 2001)를 펴냈다.

이러한 불교개혁론의 바탕에서 당시 불교계 구성원들은 불교대중화를 단행하기 위하여 신식학교 및 포교당 설립, 잡지 발간, 역경 및 출판 등 다양한 사업을 추진하였다. 이러한 대상들은 연구자의 관심

---

50) 이에 대한 논문의 근거는 김광식이 정리한 글,「한용운 불교 연구의 회고와 전망」,『만해학보』9호(2004)의 108~109쪽에 제시되어 있다.
51) 김광식,「한용운의 '조선불교의 개혁안' 연구」,『유심』24호, 2006.
52) 양은용,「권상로 불교개혁사상의 연구」,『진산한기두박사 화갑기념 한국근대 종교사상사』, 1993.
　　김경집,「권상로의 개혁론 연구」,『한국불교학』25, 1999.
　　이재헌,「권상로의 불교개혁사상 연구」,『보조사상』13, 2000.
　　권기현,「권상로의 생애와 불교개혁사상」,『밀교학보』6, 2004.
53) 광덕,「용성선사와 새불교운동」,『석림』13, 1979.
　　한보광,「용성선사의 불교개혁론」,『회당학보』2, 1993.
　　김광식,「백용성의 불교개혁과 대각교운동」,『대각사상』3집, 2000.
　　김광식,「백학명의 불교개혁과 선농불교」,『불교평론』25호, 2005.
　　김정희,「백용성의 이상사회와 불교개혁론」,『철학사상』17호, 2002.
54) 김광식,「이영재의 생애와 조선불교혁신론」,『한국독립운동사연구』9, 1995.
　　김경집,「이영재의 불교혁신사상 연구」,『한국불교학』20, 1995.

을 끌기에 충분한 것이었다. 그러나 그 성과물이 매우 적은 것이 오히려 이상할 정도이다. 지금껏 연구 주제로 나온 것은 명진학교,55) 중앙학림,56) 보성고보,57) 중앙불전,58) 각황사,59) 그리고 출판,60) 역경 및 포교,61) 지방 사찰인 범어사의 사회운동과 성격62) 등에 불과하다.63) 명진학교에 대한 연구 논문이 몇 편 있을 뿐 여타의 대상은 그 연구가 일천한 것이 분명하다. 한편 불교의 대중화, 근대화를 기함에서는 일본, 일본불교의 영향이 상당하다는 것은 상식적인 견해이다. 이와 관련된 일본 시찰, 재일 불교유학생, 일본불교와의 교류 등에 대한 개별적인 연구가 일부 있는64) 정도에 불과하다. 불교 대중화로 인한 강

---

55) 남도영, 「구한말의 명진학교」, 『역사학보』 90, 1981.
   김순석, 「통감부 시기 불교계의 명진학교 설립과 운영」, 『한국독립운동사연구』 21, 2003.
   김광식, 「명진학교의 건학정신과 근대 민족불교관의 형성」, 『불교학보』 45, 2006.
56) 김광식, 「중앙학림과 식민지불교의 근대성」, 『사학연구』 71, 2003.
57) 김광식, 「일제하 불교계의 보성고보 경영」, 『한국민족운동사연구』 19, 1998.
58) 김혜련, 「식민지 고등교육정책과 불교계 근대고등교육기관의 위상 ─ 중앙불교전문학교를 중심으로」, 『불교학보』 45, 2006.
   황인규, 「중앙불교전문학교의 개교와 학풍」, 『불교근대화의 전개와 성격』, 조계종출판사, 2006.
59) 김광식, 「각황사의 설립과 운영」, 『대각사상』 6, 2003.
60) 김광식, 「일제하의 불교출판」, 『대각사상』 9, 2006,
61) 김광식, 「일제하의 역경」, 『대각사상』 5, 2002.
   김광식, 「근대불교의 청소년 포교와 조선불교소년회」, 『대각사상』 8, 2005.
62) 채상식, 「한말, 일제시기 범어사의 사회운동」, 『한국문화연구』 4, 1991.
   김광식, 「일제하 범어사의 사격과 선찰대본산」, 범어사 학술회의 자료집, 2005.
   조명제, 「근대불교의 지향과 굴절 ─ 범어사의 경우를 중심으로」, 『불교학연구』 13, 2006.
   김광식, 「범어사의 사격과 선찰대본산」, 『선문화연구』 2, 2007.
63) 한보광은 백용성의 대중포교, 청소년 포교, 역경, 출판 등의 활동을 정리하여 『대각사상』 5~9호에 집중 기고하였다.
64) 김광식, 「1920년대 재일 불교유학생 단체 연구」, 『이현희화갑기념논총』, 1998.
   김광식, 「1930~1940년대 재일 불교유학생 단체 연구」, 『한국근대불교의 현실인

원에서의 구학과 신학의 갈등, 교육제도의 변용도 중요한 과제이지만 그 개요 및 성격에 대해서는 연구가 미진하며[65] 선원에 대한 분석은 전무한 형편이다.

그러므로 불교대중화에 관련된 세부 대상에 대한 개별적·심층적인 접근이 요망된다. 나아가서는 불교대중화의 이념과의 연계, 개별적으로 추진한 불교대중화 사업들의 시기별·주제별 공동 연구를 통해 그 의미를 더욱 추구해야 할 것이다.

5. 결어 : 성찰과 대안

본 고찰의 맺는말은 서언에서 제기한 근대불교사 연구에 대한 성찰, 그리고 본문에서 살핀 주제별 연구 성찰에 나타난 것을 아우르면서 연구 활성화를 기함에 있어 참고할 대목을 대별하여 제시하는 것으로 대하고자 한다. 그 연후에는 이러한 근대불교사에 대한 연구가 현대불교계의 인문학에 미친 실제, 의미에 대하여도 살피고자 한다. 우선 연구 활성화를 기함에 있어 유의할 점을 먼저 제시한다.

첫째, 연구자의 협소함, 연구 무대의 미약을 우선적으로 지적하고

식』, 1998.
　이경순, 「일제시대 불교유학생의 동향」, 『승가교육』 2, 1998.
　김경집, 「개항초 한일불교 교류에 대한 연구」, 『불교학연구』 10, 2005.
65) 이에 대해서는 다음의 논고가 참고된다.
　김광식, 「조선불교학인대회 연구」, 『한국독립운동사연구』 10, 1996.
　김광식, 「1930년대 강원제도 개선문제」, 『승가교육』 2, 1998.
　김경집, 「근대 강원의 역사와 교육과정」, 『월운스님 고희기념 불교학논총』, 1998.
　김광식, 「조종현·허영호의 불교교육제도 인식과 대안」, 『충북사학』 11·12, 2000.

자 한다. 이 분야 연구가 본격화된 것이 1990년대 초반이고, 제도권 학교에서 이 분야 강좌 개설이 전무한 상황에서 이는 당연한 결과로 보인다. 그러므로 연구의 활성화를 기하기 위해서는 제도권 학교에서 관련 강좌의 개설이 가장 긴요한 과제로 제기된다. 이는 안일한 제도권의 커리큘럼, 나약한 학문의식, 몰역사의식에서 비롯된 것이다. 다시 말하자면 현실과 무관한 화석화된 학문에 경도된 기성학자들의 아집의 결과이다. 즉 현장, 현실과 무관한 불교학의 다름이 아니다. 최근 근현대불교를 주제로 한 연구가 불교계에서 거세게 일어나고 있음에도 제도권 학교에서는 오히려 그 추세를 전혀 인식하지 못하고 있다고 보인다. 근현대불교를 한국불교사의 일부분으로만 여기는 현재의 풍토가 개선되지 않을 경우, 이에 대한 변화는 요원한 실정이다. 근현대불교는 이 시대 불교를 이해하기 위한 첩경이요, 현재 불교를 분석하기 위한 필수 불가결의 대상임을 인식해야 한다.

둘째, 연구 시각의 제한성이다. 이는 앞서 언급한 연구 및 강의의 빈약에서 기인하는 것으로 보인다. 다양한 분야에서 다수의 연구자가 속출할 때, 이 문제는 저절로 해소될 수 있을 것이다. 지금과 같이 역사학, 불교학 등 극히 제한된 연구 인력으로는 근대불교가 갖고 있는 학문적인 사명을 감당하기에는 어려움이 예상된다. 최근 동국대의 불교문화연구원이 학술진흥재단으로부터 중점연구소로 지정되면서, 한·중·일 삼국의 불교 근대화를 프로젝트로 진행하고 있는바 그 연구 성과물에 대한 기대가 적지 않다.

셋째, 지금까지의 연구 성과물을 개략적으로 보면 연구성과의 불균형이 상당하다는 것이다. 한용운, 조선불교유신론, 불교개혁론 등은 비교적 연구의 기반이 구축되었지만 여타의 경우는 상대적으로 연구의 취약지대로 볼 수 있다. 특히 불교대중화에 관련된 연구는 그 필요성에 비해 너무나도 열악한 성과를 갖고 있다.

넷째, 연구의 주제가 아직까지는 정치성이 짙은 것을 대상화하였다. 추후에는 불교의 수행성, 종교성에 대한 연구가 보다 활성화되어야 할 것이다. 이러한 점과 연관해서 다양한 연구 주제를 발굴해야 한다고 본다. 필자가 본 고찰에서 제시한 것 이외에도 연구가 수행된 것은 적지 않다. 예컨대 승가교육, 선농불교, 일본 유학, 일본불교 영향, 선원 및 강원, 비구니, 지방의 사찰, 사찰공동체의 변모, 사찰재산, 사찰 내부의 갈등, 의식과 지성, 승려의 출가와 퇴속, 당시 사조(진화론, 개조론, 사회주의, 민족운동 등)와의 연관, 계율의 인식, 승려의 사회관, 승려의 유교 인식, 승려의 기독교 인식 등을 지목할 수 있다.

여섯째, 불교계 내외에서 제기되고 있는 문제에 대한 적극적인 해명, 학문적인 정리가 요망된다. 그것은 불교계의 친일, 호국불교, 불교와 민족, 승단의 공권력 의존, 불교의 세속화, 불교계 갈등 등이 바로 그것이다. 이런 주제에 대한 불교 연구자의 손길이 요청된다.

일곱째, 근대불교, 현대불교를 아우르는 학회의 결성이나 연구소의 출범도 필요하다고 본다. 이러한 무대에서 공동의 자료수집, 연구, 발표 등을 수행하고 그 성과물을 대학, 종단, 신도, 단체 등에 제공할 수 있어야 한다. 근대불교, 현대불교는 현재 불교계의 총체적인 문제를 이해함에 있어 절대적인 탐구 대상이다. 한국에서의 불교의 영향력을 고려할 때 지금과 같은 연구상황은 수긍하기 어려운 것이다.

이제부터는 지금까지 제시하고, 분석한 내용을 유의하면서 근대불교사 연구가 현대불교계에 끼친 영향, 혹은 상호간의 연관성, 연구를 추동한 흐름 등을 대별하여 제시하겠다. 이러한 제시는 그 자체가 연구 주제로도 손색이 없는 것이다.

첫째, 호국불교라는 관점으로 연구되었으며, 그 연구 성과물은 불교가 호국불교의 성격을 갖고 있음에 활용되었다. 여기에서는 호국불교에 대한 긍정, 부정을 논하지는 않지만, 그것이 현대불교의 존립에 대한 하나의 시각으로 활용되었음만 인정한다. 만해 한용운과 백용성의 연구, 한용운과 관련된 독립운동, 불교의 3·1운동, 종단설립, 일제 불교정책에 저항, 전통불교 수호 등이 그것과 직간접적으로 연결되었다. 이런 관점이 유효하다면 근대불교사를 개척한 정광호의 접근, 해석은 여기에 해당된다. 정광호가 강조하는 불교와 불교인의 민족의식이라는 것은 크게 보아 이 범주에 포함될 것이다. 그리고 그가 관련된 단체인 삼보학회에서 『한국불교최근백년사』 작업을 시도한 것이 1965년이라는 시점, 그리고 그가 연구를 시작한 시점이 1960년대 중후반이라는 것도 참고할 내용이다.[66] 최근 김광식이 개념화하려는 민족불교라는 것도 실제는 호국불교의 대안 및 계승의 성격을 갖는다.[67] 이러한 호국불교, 민족불교는 한국불교의 정체성 정비작업과 맞물려 있으며, 승려 정체성의 점검 혹은 불교계의 지향점 탐구와 무관한 것은 아니다.

둘째, 불교의 친일성, 일제강점기 불교의 모순점 등은 승려, 승가, 불교계의 사회의식의 고양과 유관한 연구였다. 개별 연구자들이 친일, 일제강점기 불교의 모순에 대해 개별적으로 접근한 측면도 있지만 1980년 초부터 줄기차게 진행된 불교계의 성찰 움직임, 자각, 사회의식 고양, 민주화에 동참이라는 새롭게 등장한 흐름에 일정한 영향을 받았다고 하겠다. 해인사 승려대회, 실천승가회와 선우도량의 등장,

---

66) 삼보학회의 근대불교사 자료수집, 편찬 실무자인 서경수가 근대불교에 관한 글을 쓴 것도 이 범주에 포함되었다고 보인다. 그의 근대불교에 관한 논문은 그의 유고집인 『불교철학의 한국적 전개』(불광출판부, 1990)에 수록되어 있다.
67) 필자는 독립기념관에 10년 넘게 근무하였는바, 독립기념관의 우파적 성격을 인정할 수 있다면 필자의 연구 관점도 우파적 접근이다.

종단개혁 등이 그 예증이다. 근대불교 연구자들이 일정 부문 승가단
체와 연계를 갖고 있었던 것이다.[68]

셋째, 근대불교사 연구에는 불교계의 문중, 문도 등의 영향, 후원,
개입이 적지 않게 있었다. 그 실례를 제시하면 다음과 같다. 수덕사에
서 주관한 한국불교선학연구원에서 경허, 만공을 중점적으로 연구하
게 하면서 관련 세미나를 개최하고, 『덕숭선학』을 발간하였다.[69] 조
계종 대각회에서는 대각사상연구원을 설립하여 백용성의 생애와 사
상뿐만 아니라 근현대불교에 대한 연구를 주관하고 있다. 매년 세미
나를 개최하고, 『대각사상』을 펴내고 있다. 재단법인 선학원에서는
한국불교선리연구원을 최근 출범시켰는데, 매년 세미나 개최와 학술
지 『선문화연구』를 발간하고 있다. 최근 월정사에서는 한암사상연구
원의 이름으로 방한암에 대한 연구 진작을 기획하면서 세미나를 개최
하였고, 『한암사상』을 펴냈다.[70] 이러한 개별 문중, 문도에서의 근대
불교 관여는 결과적으로는 근대불교사 연구를 진작시킬 것이다. 그러
나 문제는 그 문중, 문도가 개입하는 부정적인 측면을 어떻게 효율적
으로 조율할 것인가의 문제가 있는 것은 사실이다. 이러한 연구는 해
당 문중, 문도 승려들의 자긍심, 정체성 함양에 도움을 주게 될 전망
이다. 최근에는 종단 차원에서도 정체성 정비, 역사 찾기 차원에서 이
시기 불교를 연구하려는 작업이 본격화될 것으로 기대된다.[71] 과거에

---

68) 대표적으로 선우도량에서 발간한 자료집에서 도움을 받았고, 선우도량에서 주최
　　한 세미나에 참석하였다. 선우도량은 불교근현대사연구회를 조직하여 근현대불
　　교사에 관한 자료수집, 인터뷰, 세미나 개최, 자료집 발간 등을 1990년대에 왕성
　　하게 하였다.
69) 현재는 중단되었다.
70) 그리고 한암문도회에서는 김광식과 공동으로 방한암에 대한 구술 인터뷰 자료
　　집을 펴냈다. 그것은 『그리운 스승 한암스님』으로 민족사에서 2006년에 발간하
　　였다.

는 연고 있는 고승들의 법어집, 문집의 발간에 머물렀는데, 이제는 한 발 진척된 역사 찾기라는 점에서 이 점도 새로운 현상의 하나임에는 틀림없다.

넷째, 근대불교사 연구는 개별 사찰들의 주관, 후원으로도 진행되어 왔으며, 이러한 양상은 더욱 확대될 전망이다. 이러한 사례의 대표적인 사찰이 백담사이다. 백담사는 한용운의 출가, 깨달음, 창작의 터전 등의 연고 사찰이다. 이런 배경으로 백담사에서는 만해사상실천선양회라는 법인을 만들어 만해대상 시상, 만해축전 개최 등 다양한 문화행사를 추진하였다. 최근에는 백담사 인근에 만해마을을 조성하여 복합적인 문화공간을 운영하면서 더욱더 심화된 문화행사를 주관하고 있다. 이러한 터전에서 한용운에 대한 다양한 연구 업적이 구축되고 있으며 부설 연구기관으로 만해학술원을 세워『만해학연구』를 발간하고 있다. 이런 사례로 제주불교의 경우를 간략히 소개한다. 제주에 거주하는 승려, 신도들이 결합하여 제주불교사연구회를 조직하여『근대 제주불교 자료집』발간, 세미나 개최, 연구 논문 집필, 지역 사찰과 연계된 사업 도모(법정사 항일), 구술 인터뷰 시행, 해당 지방의 시청 및 신문사와 결합하여 문화사업 시행 등을 해 왔다. 이렇게 개별 사찰들의 역사 찾기(근현대불교)는 최근에만도 전등사, 통도사, 범어사, 죽림정사, 신흥사에서 시행된 바가 있다.[72] 추후 이러한 개별 사찰들의 역사 찾기는 지속될 것으로 추측한다. 이러한 개별 사찰에서의 연구는 개별사찰의 문화 전통 재정비, 해당 승려들의 자각 및 정체성 정비 등을 동시에 추구할 수 있을 것이다.

---

71) 종단에서는 연구소, 연구실을 개설하는 것이 특징이다.
72) 범어사 주지가 당연직 이사장으로 근무하는 금정중학교의 100년사 자료집이 금년에 발간된바 이것도 경이로운 역사 찾기이다.

　지금까지 근대불교사 연구와 관련된 현대불교계와의 상관성을 대별하여 제시하였다. 이러한 측면은 추후 더욱 새로운 관점에서 정리, 분석되어야 할 것이다. 본 고찰은 미래의 작업을 위한 기초적인 정리를 한 것이다. 후학, 다른 연구자들의 새로운 시각에 의한 연구 및 성찰 작업을 기대하는 바이다.

　한편 이러한 근대불교가 인문학에 미친 실제 및 영향과 관련해서는 다음과 같이 정리하고자 한다. 즉, 근대불교는 불교 구성원 및 종단의 정체성 찾기를 위한 노력(종단건설, 전통불교 수호)이었으며, 동시에 불교가 공동체의 일원임을 자각하면서 공동체에 기여하려는 활동(민족의식, 불교대중화)이었다. 그러나 그에 관련된 이념, 사상 등에 대해서는 아직 접근하지도 못하였다는 것이 솔직한 고백이다.

찾아보기